柏拉图全集

第 二 卷

王晓朝 译

人民出版社

目　录

欧绪德谟篇 ……………………………………… （1）

克拉底鲁篇 ……………………………………… （56）

斐德罗篇 ………………………………………… （134）

会饮篇 …………………………………………… （205）

国家篇 …………………………………………… （270）

    第一卷 ……………………………………… （272）

    第二卷 ……………………………………… （312）

    第三卷 ……………………………………… （347）

    第四卷 ……………………………………… （389）

    第五卷 ……………………………………… （427）

    第六卷 ……………………………………… （472）

    第七卷 ……………………………………… （510）

    第八卷 ……………………………………… （545）

    第九卷 ……………………………………… （581）

    第十卷 ……………………………………… （612）

泰阿泰德篇 ……………………………………… （649）

巴门尼德篇 ……………………………………… （754）

欧绪德谟篇

提　要

　　在柏拉图的所有对话中,这篇对话可能会使苏格拉底和柏拉图的雅典与我们的距离显得最为遥远。我们被带回这样一个时代,语言在那时开始变得极为重要,而语言本身和推理当时在大多数场合下还是口头的。双关语或双重含义对一场严肃的讨论来说是决定性的。在对话中,苏格拉底与欧绪德谟兄弟俩遭遇。他们是所谓的辩论家,或用语言来打仗的人。在他们与苏格拉底的辩论中,这样的语言圈套不断出现,变得令人生厌,而苏格拉底承认自己在这方面只是他们的学生。例如,苏格拉底问狄奥尼索多洛所使用的短语是什么意思,① 他反问道:"有意思(感觉)的事物有灵魂吗? 或者说无灵魂的事物也有意思(感觉)吗?"苏格拉底回答说:"只有有灵魂的事物才有感觉。"而在这个时候他就胜利地驳斥道:"那么,你怎么知道哪个短语有灵魂?"针对苏格拉底的回答他还说:"那么,你刚才为什么要问我的短语是什么意思?"在一旁围观的大批听众都认为他的回答是对苏格拉底的一个致命打击。

　　当然,柏拉图一直在嘲笑这一类谈话,但他也觉察到要把一个想法用语言表达出来是多么艰难。一位手头有各种现代语言辞典可供使用的俄国诗人说过:"思想一旦用语言说出来就成了谎言。"

---

　　① 　此处的"意思"和"感觉"在原文中是一个词。

柏拉图心里也一定经常出现类似的想法。他不仅想知道真理,而且还想发现真理的表达方式。只管使用语词而不顾其实际意义,在这种做法成为一种时尚的时代里,他不得不创造自己的语言,而后世所有哲学都在使用这种语言。《欧绪德谟篇》对柏拉图不得不与之做斗争的东西作了生动的描述。

正　文

271　　　　**克里托**　苏格拉底,昨天在吕克昂和你谈话的那个人是谁?当时围观的人太多,我想挤进去听,但怎么也无法离你们近一些,只好踮起脚来望一眼。我猜,和你谈话的是个陌生人。他是谁?

　　　　苏格拉底　你问的是哪一个,克里托? 在那里跟我谈话的有两个人,不是一个人。

B　　　　**克里托**　我问的是坐在你右手这边第三个位置上的人,在你和他中间坐着阿克西俄库的儿子。我想他已经长大成人了,苏格拉底,和我们自己的克里托布卢一样高,但是克里托布卢比他瘦,而这个孩子身体健壮,相貌俊美。

　　　　苏格拉底　克里托,你问的这个人是欧绪德谟。而坐在我左边是他的兄弟狄奥尼索多洛,他在谈话中起助手作用。

　　　　克里托　我对他们俩都一无所知,苏格拉底。我猜想,他们是C　新人,是智者。他们是哪里人? 有什么擅长?

　　　　苏格拉底　很难说清他们是哪里人,我想他们原先是开俄斯人,后来离开,加入了在图里的殖民城邦,不过他们又转回来在这里过了许多年。你问他们是干什么的? 你会感到惊讶,克里托,他们什么都干,几乎可以说是无所不知。我到现在也还不知道什么是全能运动员,而这两个人是全能冠军! 他们比阿卡奈人俩兄弟D　还要强。他们虽然是全能运动员,但除了会用身体打仗,其他什么都不会。但你瞧这俩人！首先，他们是一流的用身体打仗的好手，可以和所有来访者作战，他们自己就是穿盔甲作战的大师，只要向他们付学费，他们还能使别人成为这方面的专家。其次，在法庭上的战斗中他们也是冠军，他们可以相互竞争，教别人讲话，能够撰写适合在法庭上发表的演讲。好吧，这就是他们擅长的事情，而现在他们很快就要功德圆满了，因为他们现在已经掌握了惟一剩下的战斗，没有人胆敢与他们交手——他们已经能纯熟地打口仗，能够同样成功地驳斥任何人说的话，无论这话是对还是错！所以，我亲爱的克里托，我想做他们的学生，因为他们说自己在很短时间里就能使人像他们一样娴熟。

克里托 我说，苏格拉底！你难道不担心？你这把年纪不嫌太老吗？

苏格拉底 我一点也不担心，亲爱的克里托，我有足够的依据和勇气使我无所畏惧。我想学辩论，而这两人自己在开始学习这门学问时，已经到了你可以称之为老人的年纪，去年或者前年，他们还没得到这门学问。惟一使我感到害怕的是，我可能会败坏这两位陌生人的信誉，就好像那位可怜的琴师、梅特洛比乌之子孔努斯，他到现在还想教我弹竖琴。那些孩子们，我的同学，看着我发笑，把孔努斯叫做"老不死的老师"！有些人可能也会用这个绰号笑话这两位陌生人，他们也很可能怕别人笑话而拒绝收我做学生。但无论如何，我亲爱的克里托，我已说服其他一些老人跟我一道去向孔努斯学习，在这里我也想这样做。你怎么样？愿意做我的同学吗？我们可以带上你的儿子做钓饵。我保证他们也会教我们，因为他们想要那些孩子。

克里托 如果你想这样做，苏格拉底，那么我愿意。但是你得先告诉我，他们的学问是什么，这样我就知道我们要学些什么了。

苏格拉底 这要不了多少时间。我不能在我确实很留意的时候假装没注意。我记得很清楚,所以让我从头开始把整个故事告诉你。

E　　　我坐在你看到我的那个地方也真是凑巧了。一开始只有我一个人在那个更衣房里。我想该走了,可就在我起身的时候,通常在

273　我心里出现的神明显现了。于是我又坐下。不一会儿,体育场里来了两个人,欧绪德谟和狄奥尼索多洛,还有几个人跟在他们后面,我想可能是他们的学生。这两人走进来后就沿着回廊来回走。走了两三圈,克利尼亚也进来了。你说他已经长大成人,说得没错。在克利尼亚后面是一大群他的崇拜者,其中有克特西普,来自

B　培阿尼亚。他长得很英俊,但比一般青年要粗野些。克利尼亚在入口处就看到我在这里独坐,于是就径直朝我走来。他在我的右边坐下,就像你说的一样。欧绪德谟和狄奥尼索多洛看见了他。他们起初站在那里说话,还不时地朝我们这边看——因为我很留意地注视着他们——然后,他们走了过来。其中一个,欧绪德谟,在克利尼亚的边上坐下,另一个挨着我的左边坐下,其他人也一一坐下。

C　　　我对他们说了声问候的话,因为我看到他们已经有好一会儿了;然后我对克利尼亚说,克利尼亚,这两个人,欧绪德谟和狄奥尼索多洛,是智慧之人,他们的智慧确实不小。他们懂得战争的所有事情,做将军需要的一切他们全都懂,战略战术、统领军队、穿盔甲打仗,此外还有,他们能使一个人在法庭上为自己的错误行为辩护。

D　　　他们注意地听着,然后相互看了看,笑了起来。欧绪德谟说,我们现在不再为这些事情操心了,苏格拉底,我们现在把这些事当作杂耍。

　　　我答道,这太出乎我的意料了。如果这么伟大的科目都成了杂耍,那么你们的主要表演一定非常出色。苍天在上!告诉我,这

种出色表演是什么?

是美德! 苏格拉底,我们相信自己能够传授美德——世上无人能够做得这么好,做得这么快!

噢,天哪,真了不起! 这种天赐的本领是从哪里来的? 我刚才说,我认为你们俩特别擅长穿盔甲打仗。这是我说的,因为当你们第一次在这个镇上逗留时,我记得你们自己也这样说过。好吧,如果你们现在真的有了这种知识,请对我仁慈——我谦卑地把你们当作神,祈求你们宽恕我前面说过的话。但你们一定要想一想,欧绪德谟和狄奥尼索多洛,——你们肯定这是真的吗? 听到你们这样的豪言壮语,人总是禁不住要表示怀疑。

他们说,放心吧,苏格拉底,是真的。

那么我要向你们表示祝贺,因为你们拥有了这种智慧,比祝贺伟大的国王拥有一个大帝国还要热烈! 如果你们能证明自己心中拥有这种智慧,那么请允许我提问,可以吗? 或者说,你们想怎么办?

如果有人愿意学的话,我们可以证明和传授这种智慧,我们就是为了这个目的才到这里来的,苏格拉底。

让我来为所有那些还没有得到这种智慧但是愿意学的人做担保! 首先我自己算一个,然后是在这里的克利尼亚,无疑还有克特西普以及其他人。我一边说,一边指着那些克利尼亚的崇拜者——这个时候他们全都站着围观。因为克特西普原先是坐着的,所以我想这是一个摆脱克利尼亚的好办法,欧绪德谟在和我说话时身体前倾,挡住了坐在我们俩中间的克利尼亚,使克特西普无法看到他爱恋的俊男,克特西普急于想听到克利尼亚讲话,于是就起身站到我们面前,其他人看到他这样,也都纷纷站了起来,既有克利尼亚的崇拜者,也有欧绪德谟和狄奥尼索多洛的同伴。我说所有愿意学的人指的就是他们。克特西普急忙说对,其他人也说对,他们全都要求这俩兄弟把他们智慧的力量证明给所有人看。

于是我说,我亲爱的朋友欧绪德谟和狄奥尼索多洛,请你们满足这些人的要求,也为了我,努力证明吧。如果你们想一气呵成,那么这是一项大工程。不过请先告诉我一件事——你们能使人成

E 为善人,仅当他已经相信自己必须向你们学习呢,还是当他们对美德这种东西能够传授,或者对你们能传授美德表示怀疑,因此还没有信服的时候? 对处在这种状况下的人来说,如果你们乐意使他相信美德可教,或使他相信你们是他学习美德的最佳老师,那么你们使他相信前者的技艺和使他相信后者的技艺是相同的吗? 或者说它们是两种不同的技艺?

狄奥尼索多洛说,没有什么不同,苏格拉底,它们是同样的技艺——我们的技艺。

275 我说,所以你,狄奥尼索多洛,是这个世界上能使人倾向于哲学并实践美德的最优秀的人,对吗?

对,苏格拉底,我们是这样想的。

我说,那么很好,把其他证明留到以后再做,现在只需要证明一件事就可以了。你们要说服这个青年,让他一定要热爱智慧和实践美德,这样就能使我和所有这些人感到满足了。说真话,我和所有这些人全都急切地希望这个孩子尽可能变好。他是阿克西俄库之子、名人阿尔基比亚德之孙、现在还活着的阿尔基比亚德的外

B 甥,他的名字叫克利尼亚。他还年轻,我们都为他担心,就像对其他年轻人一样,怕有人会抢先把他的心灵引向歧途,毁了他。你们来了,那我们可真是太幸运了。如果你们不在意,那么就请拿这个小伙子做试验,当着我们的面和他交谈。

我在说这些话的时候,欧绪德谟几乎对我的每句话都勇敢大

C 胆地做出回答。他说,噢,我们不在乎,苏格拉底,只要这个年轻人愿意回答问题。

干么要这样说,他习惯于回答问题。我说道。在场的这些人老是来和他谈话,问各种各样的问题,所以他对回答问题一点儿也不感到羞怯。

下面该说什么了,克里托,我要怎样叙述才是恰当的？要回忆和复述如此伟大的智慧可不是一件小事！所以我要像诗人一样开始我的描述,呼唤缪斯和记忆女神！

噢,我想起来了,欧绪德谟当时是这样开始的： D

克利尼亚,哪一种人是学习者,是聪明人还是无知的人？

这是个大问题,所以那孩子羞红了脸,带着疑惑的眼光望着我。见他遇上了麻烦,我说,我亲爱的克利尼亚,放宽心,大胆地回答问题,无论你怎么想都请说出来,这样做也许能使你受益。 E

就在这个时候,狄奥尼索多洛脸上带着微笑,凑到我耳边小声说,你瞧,苏格拉底,我预料这个小伙子无论怎样回答,都会遭到驳斥！

当狄奥尼索多洛这样说的时候,克利尼亚说话了,所以我没有时间告诫他要小心。他答道,聪明人是学习者。 276

欧绪德谟说,有一种人你称之为老师,对吗？

克利尼亚表示同意。

老师是学习者的老师,例如,音乐老师和语法老师是你和其他孩子的老师,而你们是学习者,对吗？

他说是。

在学习的时候,你们当然还不懂你们正在学的事情,对吗？

他说,对。

那么你们在不懂这些事情的时候是聪明的吗？ B

他说,肯定不聪明。

如果是不聪明,那么就是无知,对吗？

对。

所以你们这些孩子,在学你们不知道的事情时,是无知的,正在学习,对吗?

克利尼亚点了点头。

所以,我亲爱的克利尼亚,无知者学习,而不是你假定的聪明人学习。

当他说这句话的时候,就像一名指挥对合唱队那样,他作了一个手势,而他们全都发出欢呼,笑了起来,我指的是狄奥尼索多洛、欧绪德谟和他们的追随者。然后,还没等那个孩子喘过气来,狄奥尼索多洛迫不及待地接过话头说,我亲爱的克利尼亚,当一个懂文法的人要你听写时,情况会怎样?什么样的孩子在学习听写下来的东西:聪明的孩子还是无知的孩子?

克利尼亚说,聪明的。

那么是聪明的孩子在学习,而不是无知的孩子在学习,所以你刚才对我兄弟作出的回答是错的。

这两人的崇拜者大笑起来,长时间为他们的智慧鼓掌欢呼,而我们这些人全都目瞪口呆,一句话也说不出来。欧绪德谟看到我们这个样子,想要我们更加佩服他,所以他不放过那个孩子,而是继续发问,像一名能干的舞蹈家,把同一个问题颠过来、倒过去地反复提问。他说,学习者学习他们知道的东西,还是学习他们不知道的东西?

此时狄奥尼索多洛又贴在我耳边小声说,这是另外一个问题,苏格拉底,和第一个问题很像。

我说,天哪,我真的以为你们第一个问题是个好问题!

我们所有问题都一样,苏格拉底——不可阻挡!

我说,我现在明白了你们在学生中为什么有这样的名声。

这时候,克利尼亚回答欧绪德谟说,学习者学他们不知道的东西,而欧绪德谟又按照前面的方式继续问,很好,那么你不认识字母吗？

克利尼亚说，我认识。

全部认识？

克利尼亚说，是的。

当一名教师要学生听写时，他不是在要他们听写字母吗？

克利尼亚表示同意。

如果你认识全部字母，那么他要你听写的只是你所知道的一小部分，是吗？

克利尼亚又表示同意。

欧绪德谟说，很好，所以你并不在学习，只有那个不认识字母的人在学习字母，对吗？

克利尼亚说，不对，我确实在学习字母。

那么你在学你知道的东西，因为你知道全部字母。

他表示同意。

欧绪德谟说，那么你刚才的回答是错的。   B

这话还没完全出口，狄奥尼索多洛就像接球似的接过话头，对那孩子说，欧绪德谟在哄你，我亲爱的克利尼亚。你只需要告诉我，所谓学习不就是在获得某人所学到的知识，而无论这种知识是什么，对吗？

克利尼亚表示同意。

他继续说，但是，知道不就是已经拥有某些知识吗？

克利尼亚说，是的。

那么，不知道就是还没有拥有知识，对吗？

克利尼亚对此表示同意。   C

好吧，那么这些得到知识的人是已经拥有知识的人，还是还没有拥有知识的人？

是已经拥有知识的人。

你不是同意说,那些不知道的人也属于这类人,即还没有拥有知识的人?

克利尼亚点头表示同意。

学习者属于要得到知识这类人,而不属于那些已经拥有知识的人,对吗?

他说对。

那么是那些不知道的人学习,而不是那些知道的人学习。

D　　这个时候,欧绪德谟正在做准备,就像摔跤比赛一样,想要把这位青年第三次摔倒。我看到这个孩子快要支持不住了,想给他一些时间休息,免得他对我们感到失望。为了鼓励他,我说,亲爱的克利尼亚,如果你对这些论证很陌生,那么请别感到奇怪。你也许并不明白我们的来访者有什么意图。他们的所作所为和科里班忒举行仪式是一样的。当一名新人被接受入会的时候就举行某种仪式,会有舞蹈和游戏,如果你曾入过会,那你知道是怎么回事。

E　　现在这些人围着你狂吼乱叫,想要你入会。所以你现在就把它当作智者仪式的开始。普罗狄科说过,你首先必须学会正确地使用语词,而这正是两位来访者刚才表演给你看的,因为你不知道人们

278　　实际上在两种意义上使用"学习"这个词:第一种是某人起初对某件事情没有知识,后来得到了知识;第二种是某个已经对某事物拥有知识的人使用这种知识来考察他要做的或谈论的相同事情。这第二种意义倒不如称作理解,而不是学习,不过人们有时候仍旧把它称作学习。然而你忽略了这个差别。他们把同一个词用于相反

B　　的人:有知识的和无知识的。第二个问题也差不多,他们问你,人们学习他们知道的东西还是学习他们不知道的东西。好吧,所有这些都只不过是一种涉及学习这个字眼的小把戏,所以我说他们正在和你做游戏。我之所以称之为游戏,那是因为这种东西学得再多,哪怕全都学了,也不可能朝着认识这些事物到底是什么的方

向前进，而只能用它来和别人做游戏，利用语词的不同意义把人弄
得晕头转向，就好比有人想要坐下，而有人把凳子抽走，当他摔得
四脚朝天时，其他人就哈哈大笑。所以你必须把这些做法都看做
这些先生们的游戏的一部分，但是我敢肯定，克利尼亚，从现在开
始，这杰出的哥俩会告诉你一些严肃的事情。让我来开个头吧，这
样他们就能说出答应过要向我们提供的东西了。你记得他们说过
会向你显示能吸引你的技艺，而到现在为止，我猜想他们可能认为
从做游戏开始比较好。

我亲爱的欧绪德谟和狄奥尼索多洛，游戏就做到这里吧——
我们可能已经够了——现在请你们吸引这个孩子，告诉他如何实
践智慧和美德，借此证明你们的能力。

不过我想先向你们说明一下我对这种事情的看法，让你们明
白我想听的是哪一类事情。如果你们认为我这样做是愚蠢的、可
笑的，那么请别笑话我，我只不过是急于想听到你们的智慧，所以
相当大胆地在你们面前粗略地限定一下这种智慧的范围。请你们
宽容我，你们和你们的学生都请注意听，别发笑。至于你，克利尼
亚少爷，请你回答我的问题。

我们全都希望在世上生活得很好，对吗？或者说这可能是会
令你们发笑的问题之一，无疑，甚至连提出这样的问题都是愚蠢
的，是吗？毕竟，有谁不希望在世上生活得好呢？

克利尼亚说，一个都没有。

我说，那好吧。接下去，由于我们全都希望生活得好，那么我
们该如何生活得好呢？如果我们有许许多多好东西，嗯……这样
提问也许比刚才那个问题问得更蠢。因为我想，世上显然有许许
多多好东西，对吗？

他表示同意。

很好，那么在所有东西中，什么东西对我们来说是好的呢？我

想这个问题不难,不需要一本正经地回答,几乎每个人都会告诉我们,富裕是好的。你认为呢?

他说,确实如此。

B　　还要有健康、俊美,以及身体方面的其他足够的优点。

克利尼亚也这样想。

还有在你们自己国家里,出身、权力、荣誉,这些东西显然是好的,对吗?

他表示同意。

有哪些好东西还没提到呢?不是还有节制、正直、勇敢吗?以上苍的名义起誓,克利尼亚,你怎么想——如果我们把这些也算作好东西,这样做对不对?也许有人会就此而与我们争论。你怎么想?

克利尼亚说,这些是好东西。

C　　我说,很好,那么我们在这样的展示中应该把智慧放在什么地方?放在好东西中,还是放在你说的什么地方?

放在好东西中。

现在请注意,我们已经提到所有值得一提的好东西,一样也没有落下。

克利尼亚说,对,我认为一样也没落下。

这时候我突然又想起一样好东西,并且说,哎呀,我向你保证,我们差点把一种最伟大的好东西给落下了!

他问,是什么?

是好运,克利尼亚,每个人都说这是最伟大的好东西,连最愚蠢的家伙也会这样说。

他说,没错。

D　　思索片刻,我又说,我年轻的先生,在这些来访者的面前,我们几乎把自己弄得非常滑稽可笑!

他问道，现在又怎么啦？

因为我们把好运放在首位，而我们接下去还会再谈到它！

即便如此，那又如何？

如果有样东西本来一直摆在我们面前，而我们还要把它摆在面前，还得再说同样的话，我想这样做是可笑的！

他问道，你这样说是什么意思？

我说，我认为智慧是一种好运，连孩子都知道这一点。

克利尼亚听了这话感到非常惊讶，他还很年轻，头脑当然简单。看到他那副困惑的样子，我说，克利尼亚，你在干吗？以吹笛子为例，你不认为笛手拥有最好的运气吗？ E

他说，是的，他拥有。

我说，那么在书写和朗读字母方面，懂文法的人拥有最好的运气，对吗？

那当然。

想一想海上的危险吧。一般说来，你肯定不会认为会有人比聪明的舵手更加幸运吗？

当然不会。

那么好，在打仗时，你喜欢与一位聪明的长官一道分享危险和幸运，还是与一位愚蠢的长官在一起？

聪明的长官。

如果你病了，你宁可与一位聪明的医生还是与一位不懂医术的人一起冒风险？

聪明的医生。

我说，那么，与聪明人在一起要比与无知者在一起更加幸运，难道你不这样看？ 280

他表示是这样看的。

那么，智慧在任何地方都会使人拥有好运。我想，这是因为智

慧决不会犯错误,而是永远正确,永远幸运,否则的话,它就不再是
智慧了。

B　　我们最后总算达成一致意见,可以小结如下:凡有智慧在场之
处,无论是谁,只要拥有智慧就不需要智慧以外的别的好运。达成
这个一致看法以后,我又问他我们前面承认的东西现在是否还成
立。我说,我们前面说过,如果我们有许许多多好东西,那么我们
就会幸福地过上好日子。

他说,是的。

我们之所以幸福是由于我们拥有这些好东西。那么,这些好
东西是否给我们带来好处呢?

C　　他说,它们给我们带来好处。

如果我们只是拥有一样东西,但并没有使用它,那么它会给我
们带来好处吗?

他说,不会。

就拿所有工匠来说吧,如果他们各自拥有工作所必需的一切,
但并没有加以使用,那么这些工匠会由于拥有做工所必需的东西
而工作得很好吗? 比如,一个木匠拥有所有木工的工具和充足的
木头,但他并没有做工,那么他会由于拥有这些东西而得到好处
吗?

D　　他说,根本不会。

再说,如果某人拥有财富以及我们刚才提到的所有好东西,但
他并不加以使用,那么他会仅仅因为拥有这些好东西而幸福吗?

根本不会。

我说,可见,一个人要想幸福不仅必须拥有这些好东西,而且
也必须使用它们,否则就不可能由于拥有这些好东西而得到好处。

非常正确。

E　　那么好,克利尼亚,要使某人幸福,既拥有这些好东西又加以

使用是否就足够了？

我想是这样的。

他还必须正确地使用，或者说，如果他错误地加以使用，结果也一样？

只有正确使用才会有这样的结果。

我说，没错。如果某人错误地使用一样东西而不是把它搁在一边，那么我想这样做害处更大——第一种做法是坏的，第二种做法无所谓好坏。你同意吗？

他表示同意。

很好，就木匠的工作和使用木头来说，所谓正确使用只不过 281
就是运用木匠的知识，对吗？

没错。

还有，我认为正确使用工具也是知识的产物，对吗？

他表示同意。

我说，那么好，我们该如何使用一开始提到的那些好东西——
财富、健康、俊美——正确使用它们的向导是知识，还是别的什么 B
东西？

他说，是知识。

可见，知识在各种行业中不仅给人类提供好运，而且还产生好的行动。

他表示同意。

我说，那么以神的名义起誓，没有理智和智慧，能从其他东西中产生任何好处吗？一个白痴拥有很多东西，也做了很多事，但他能因此得到什么好处吗？如果他不用心做事，也许还能得到些好处。请这样想：如果他干得越少，犯的错误也就越少；如果他犯的 C
错误越少，他干的事情也就不那么坏；如果他干的事情不那么坏，他也就不会那么不幸了。对吗？

他说,确实如此。

哪种人像是做事比较少的,穷人还是富人?

他说,穷人。

软弱的人和强壮的人呢?

软弱的人。

地位高的人和地位低的人呢?

地位低的人。

勇敢的、节制的人做得少,还是胆小的人做得少?

胆小的人。

那么迟钝的人也要比敏捷的人做得少吗?

他表示同意。

跑得慢的人比跑得快的人做得少,近视的人和听力不好的人比视觉和听觉都很敏锐的人做得少,对吗?

D 我们同意在所有诸如此类的比较中结果都一样。

我说,我亲爱的克利尼亚,现在让我们再来小结一下。事实上,就我们一开始所说的所有好东西来说,问题的关键不在于它们本身生来怎么个好法,而在于下述情况。如果是无知在引导它们,那么它们就是比它们的对立面更大的罪恶,因为它们侍奉起这个恶的向导来更加能干;但若是理智和智慧在引导它们,那么它们是更加伟大的善,但就其本身来说,它们无善恶可言。

E 他说,好像是你说的这么回事。

那么我们从中又可以推论出什么来呢?除了智慧是善、无知是恶以外,其他任何东西都无所谓善与恶。

他表示同意。

282 我说,让我们来考虑剩下的问题。你瞧,由于我们全都希望幸福,我们已经说明要通过使用事物和正确地使用它们来获得幸福,通过知识来交好运,所以每个人都必然会用各种方式尽可能变得聪明。这样说对吗？

他说，对。

我想，人应当从他的父亲、监护人、朋友那里得到知识，尤其是向那些自称爱他的人学习，无论是本地的还是外国的；他应当恳求他们把智慧赐给他。克利尼亚，为了得到智慧去侍奉情人，或做他人的奴隶，这样做并不耻辱，也不应受到责备，因为他愿意为了变得聪明而热情地提供高尚的侍奉。你认为怎么样？我说道。

他答道，我想你说得对。

我说，好，克利尼亚，仅当智慧能够传授，仅当它不是一样与生俱来的东西——这是我们还没有加以考虑的要点，对此你我还没有达成一致意见。

他说，好吧，苏格拉底，我认为智慧能够传授。

我非常兴奋地说，说得好，可爱的孩子！无论智慧能否传授，我都会对你肯与我长时间讨论这个问题表示感谢。现在，由于你认为智慧能够传授，只有智慧能使人在这个野蛮的世界上幸福和交好运，那么你难道不会说一定要热爱智慧，你自己一定会这样做吗？

他说，我会这样做的，苏格拉底，我一定竭尽全力！

听了这话，我非常高兴。我说，欧绪德谟和狄奥尼索多洛，这是我提供的样品，我希望听到的有吸引力的谈话就是这个样子的，不过它也许有点啰嗦，比较笨拙，也可能太长。现在你们中间不管哪一位想要为我们做同样的证明，那么就请你们像艺术家那样做得漂亮些。或者说，如果你们对是否这样做并不在乎，那么就请照我的样告诉这孩子必须得到各种知识，或者说，如果有一种知识他必须获得，方能成为好人和幸福的人，那么请告诉他这种知识是什么。我在开头就说过，这一点对我们来说极为重要，因为这位青年应当成为聪明的和善良的。

283　　　　克里托，这就是我当时说的话，我尤其注意到后来发生的事，
为了鼓励这位青年实践智慧和美德，看他们如何使用论证，论证的
起点是什么。那位做哥哥的狄奥尼索多洛首先说话了，我们全都
B 望着他，期盼着能听到他的精彩论述。克里托，从他开始的这个论
证确实妙极了，值得好好听一听，看看要鼓励人们实践美德的论证
是个什么样。

　　　狄奥尼索多洛说，告诉我，苏格拉底，还有你们这些在场的先
生，你们说自己希望这位青年变成聪明人，在这样说的时候，你们
是在开玩笑，还是认真、严肃的？

　　　他的话使我以为，当我们请他们与这位青年交谈时，他们以为
C 我们是在开玩笑，正因为如此，所以他们也开玩笑，没把它当真。
于是我就更加真诚地对他们说，我们确实是严肃认真的。

　　　狄奥尼索多洛说，请注意，苏格拉底，你不得不否认你刚才说
的话。

　　　我答道，我是在注意，但我决不会否认刚才说的话。

　　　他说，很好。你说你想要他变得聪明。

　　　确实如此。

　　　他说，但是，克利尼亚现在聪明不聪明？

　　　我说，克利尼亚说他还不聪明。他不会吹牛，这你是知道的。

　　　狄奥尼索多洛说，你们这些人想要他变得聪明，而不想要他成
为一名笨伯，是吗？

　　　我们表示同意。

D　　　那么你们希望他变成一个不是他的人，不再是从前那个他
了。

　　　听了这话，我感到困惑。看我这个样子，狄奥尼索多洛又说
道，进一步说，由于你们希望他不再是现在的他，所以你们看起来
想要毁了他！确实没错，珍贵的朋友和情人一定会竭尽全力要他

们心爱的人儿完蛋!

克特西普听了此话,为他的情人勃然大怒。他说,这位先生, E
图里的来访者,我不得不说句粗话,去你妈的吧!你怎么能够当众
撒下如此弥天大谎,我都无法重复你那些不体面的话,竟然说我希
望这位年轻的先生完蛋!

欧绪德谟说,我亲爱的克特西普,你真的以为有可能撒谎吗?

对,老天在上,否则就是我理智错乱。

你说的撒谎者提没提出一个相反的陈述?

他答道,提出了。 284

如果他提出了,那么在这种情况下,他不就是在提出与他真正
要说的事实不同的另外一个事实吗?

怎么会呢?

他所说的显然是与其他事实不同的另外一个事实。

就算是吧!

欧绪德谟说,因此在叙说的时候,他正在叙说另外一个事实,
是吗?

是的。

因此,叙述这个事实和其他事实的人在说真话,所以狄奥尼索
多洛在叙述事实的时候并没有对你们撒谎。

克特西普说,没错,但是欧绪德谟,他在作这些陈述时并不在 B
叙说事实——他并不在说存在的事情。

这时候欧绪德谟继续说,这些事情肯定是不存在的,是吗?

不存在。

不存在的事情肯定不能存在于任何地方,对吗?

对。

那么任何人,我不在乎他是谁,有可能对这些不存在的东西做
任何事,使它们成为不存在于任何地方的东西吗?

克特西普说，我不这样认为。

很好，演说家当众演讲时，他们是否什么都没做？

不，他们做了。

如果他们做（do）了，那么他们也造（make）了吗？

是的。

那么，说（speak）既是做又是造，对吗？

他同意了。

欧绪德谟说，那么无人能说不存在的事物——因为这样一来他马上就会把这些不存在的事物造成某种东西，而你承认没有人能够造出不存在的东西——所以，按你的说法，没有人撒谎，但由于狄奥尼索多洛说话了，所以他说的是真话，他说的事情是存在的。

克特西普说，没错，但我的意思是他说的那些事情只以某种方式存在，而不是真正地存在。

狄奥尼索多洛插话说，你在说什么，克特西普！确实有人按照事物的存在方式来说话吗？

他答道，确实有，所有体面的先生，还有那些说真话的人。

狄奥尼索多洛说，好极了，好事物是好的，坏事物是坏的，对不对？

他同意了。

你认为体面的先生按照事物的存在方式来说话吗？

是的。

那么，克特西普，先生们很坏地叙说坏事物，因为他们得按照事物的存在方式来说话，对吗？

他说，是的，我向你保证，至少对粗鲁的人来说是这样。如果你听我讲话，那么你要小心，免得不再是你自己，或者说好人们会谈论你的坏。你可以确信，好人会很坏地谈论坏人！

欧绪德谟说，他们会很大地谈论大的东西，很热地谈论热的东西吗？

克特西普说，是的，他们至少会很干脆地谈论干脆的东西，就好像你们的讨论。

狄奥尼索多洛说，真是粗俗的滥用，克特西普，你太粗俗了！

克特西普说，还不止一点儿，我虽然喜欢你，但作为朋友我要 285
警告你。我劝你绝对不要对我那么粗鲁，说我想要使最心爱的人完蛋！

当我看到他们相互出言不逊的时候，我就对克特西普开玩笑说，我亲爱的克特西普，如果我们的来访者在好意地帮助我们，那么我认为必须接受他们告诉我们的东西，而不要为只言片语发生争执。如果他们懂得如何使人完蛋，以便使坏人和蠢人变成好人 B
和聪明人，无论这是他们自己的发明，还是从别人那里学来的一种死亡或毁灭的方法，那么他们都能毁掉坏人和造出好人。如果他们懂得这种方法——他们显然懂，至少他们说过这种新近发现的技艺能使坏人变好——那么让我们允许他们自便，让他们把这个青年毁掉，再造一个聪明的出来，对我们其他人也可以这样做！但 C
若你们这些青年像卡里亚的奴隶一样[1] 感到害怕，那就拿我来做试验。我已经老了，所以打算冒这个险。我把自己交给狄奥尼索多洛，他就好比是科尔喀斯的美狄亚。[2] 让狄奥尼索多洛把我给毁了，他要是喜欢的话，还可以把我给煮熟了，只要他能让我变好。

---

[1]　这是古希腊人的一句习语。卡里亚(Caria)是地名，该处的奴隶据说十分邪恶。

[2]　美狄亚(Medea)是希腊神话中科尔喀斯(Cholcis)国王的女儿，精通巫术。

克特西普说,苏格拉底,我也做好了准备,让我们的来访者把我也给毁了。如果他们喜欢,甚至可以剥我的皮,比现在更坏地对待我,只要我的皮最后不会成为一个空皮袋,就像玛息阿① 一样,而要装满美德。你瞧,狄奥尼索多洛以为我对他生气了,但我并没有生气。我只不过是在反对他,因为他对我说的话不中听。你听着,狄奥尼索多洛,大方一些,不要再说反对你就是粗俗的滥用,那完全是两码事!

狄奥尼索多洛答道,克特西普,当你说"反对"某人的时候,你认为有"反对某人"这一说吗?

克特西普说,为什么没有,当然有,我亲爱的狄奥尼索多洛,你难道认为没有吗?

狄奥尼索多洛答道,不管怎么说,你不能够证明自己曾听某人说过"反对"另外一个人的话?

克特西普说,真的吗? 正好相反,让我们现在就来听,看我能否向你证明我克特西普说过"反对"狄奥尼索多洛的话。

你愿意证明这一点吗?

他说,当然愿意。

狄奥尼索多洛说,那么好,让我们开始。有没有一些语词可以用来描述存在的每一个事物?

当然有。

那么这些事物各自作为存在的事物存在,还是作为不存在的事物存在?

作为存在的事物存在。

狄奥尼索多洛说,对,如果你还记得,那么我们刚才说过没有

D

E

286

----

① 玛息阿(Marsyas)是希腊神话中的一位神灵。他与阿波罗神比赛,他吹笛子,阿波罗弹竖琴。后来被阿波罗活剥了皮。

人会按照不存在的样式谈论某个事物,因为显然没有人谈论不存在的东西。

克特西普说,对,那又如何? 这样一来,你和我之间的意见就不那么对立了吗?

当我们双方都在描述同一件事时,我们的意见会相互对立吗,或者说我们并不是在谈论同一件事?

克特西普承认是在描述同一件事。

狄奥尼索多洛说,当我们俩都没有说那个描述这件事的语词时,这种时候我们会说出互相对立的话来吗? 在这种情况下,我们俩确实都根本不在考虑这件事,对吗? B

他对此也表示承认。

狄奥尼索多洛说,另一方面,当我说了那个描述这件事的语词,而你说的语词描述的是其他事情,在这种时候我们说的话互相对立吗? 或者说我描述了这件事,而你什么也没说,在这种情况下又如何? 什么也没说的人又如何反对说了的人呢?

克特西普沉默了,但我对整个论证感到惊讶。我说,你这是什么意思,狄奥尼索多洛? 我承认自己从前听许多人讲过这个论证,但每次听我总是感到惊讶。普罗泰戈拉和他的人曾经强有力地使用它,在他们之前也有人用过。但不知怎么回事,我总是感到纳闷,它如何能够到处引起人们思想上的混乱,而它自身确实也是混乱的——然而,我想最好还是从你这里听到它的真相。撒谎真的不可能吗? 这就是这个论证的含义,是吗? 于是,要么说真话,要么什么也不说? C

狄奥尼索多洛表示同意。

那么,撒谎不可能,但有可能说出一个错误的意见,对吗? D

他说,甚至连那也不可能。

我说,那么根本就没有错误的意见。

他说，没有。

也没有无知或无知的人，是吗？假如无知确实存在，那么无知不就是在某件事情上当受骗吗？

他说，当然是。

我说，但那是不可能的。

他说，不可能。

我说，狄奥尼索多洛，你这样说话只是为说话而说话，只是为了说出一些稀奇古怪的东西，还是真的认为这世上没有人是无知的？

E　　他说，你只管驳斥我好了。

用你自己的论证来说，如果没有人说错话，还会有驳斥这回事吗？

欧绪德谟说，没有。

我说，如果是这样的话，狄奥尼索多洛刚才不是要我驳斥他吗？

欧绪德谟答道，没有，因为一个人怎么可能要一种不存在的东西呢？你说是吗？

我说，我亲爱的欧绪德谟，我怕自己不太弄得懂这些精妙、可敬的事情，我的心灵太迟钝了，所以我也许还是像一个粗俗的普通

287　人那样说话比较好，但你们一定要宽恕我。请注意听，如果错误、错误的思想、无知，都是不可能的，那么无论谁做任何事情也就不可能犯错误，对吗？因为在做事情的时候，人们不会在他做的事情中犯错误——这不就是你们的意思吗？

他答道，当然是。

我说，那么我的普通的或粗俗的问题是：如果我们在行为、言论或思想中都不会犯错误，如果是这样的话，那么老天在上，你们到这里来教什么？你们刚才不是说过自己能够比世上任何人都要

更加能干地把美德灌输给那个想学的人吗？

　　这个时候狄奥尼索多洛说话了。苏格拉底，你这个老糊涂可
真奇怪，现在来提醒我们一开始说过什么话，我去年说过的话你可
能都记得，但你却不知道如何对付我们现在说的话？

　　因为现在说的太难了——当然，贤人也这样说过——你说的
对，最近的事是最难对付的。狄奥尼索多洛，你说我不知道怎么对
付，这样说是什么意思？你的意思不就是说我不能驳斥它吗？请
你告诉我，"我不知道怎么对付"这话还有其他意思吗？

　　他说，没别的意思，就是你说的，但并不难对付。你只管回答
我就行。

　　我说，在你回答我之前吗？

　　他说，难道你不愿回答？

　　这样做公平吗？

　　他说，很公平。

　　我说，你的根据是什么？这就是你的根据——你作为对语言无
所不知的人来访问我们，你知道什么时候必须回答，什么时候不必
回答，现在你不愿回答任何问题，因为你感到现在不必回答，对吗？

　　他说，你在这里喋喋不休，你怕自找麻烦而不肯回答问题。来
吧，老兄，按我说的去做，回答我的问题，因为你自己承认我是聪明
的。

　　我说，那么我无法违抗，只能按你说的去做，因为你就好像是
我的主人。你问吧。

　　有感觉的事物在有感觉时，它们身上有灵魂吗？或者说无灵
魂的事物也有感觉？①

B

C

D

————————————

　　①　上文苏格拉底说："狄奥尼索多洛，你说我不知道怎么对付，这样说
是什么意思？"这句话中的"意思"和此处的"感觉"在原文中是一个词。

只有有灵魂的事物有感觉。

那么你知道有什么"短语"① 有灵魂吗?

E

我确实不知道。

那么你刚才为什么要问,我的短语有什么感觉(意思)?

我说,噢,这是个错误,因为我太蠢了——不过它也许不是错误,我可以说那个短语有意思。你说它是不是错误? 如果它不是错误,那么尽管你是聪明的,也不能驳斥我,不知道该对我说的话怎么办;如果它是个错误,那么你们刚才讲的话就不对了,你们说过犯错误是不可能的。要知道我现在说的并不是你们去年说的话。我亲爱的狄奥尼索多洛和欧绪德谟,我们现在的谈话似乎并没有使我们前进半步,而仍旧是在"打倒对方和使对方跌倒",甚至你们的技艺也没能使我们远离这种方式,尽管我们刚才的讨论非常注意谈话的精确性。

这时候克特西普说,来自图里或者开俄斯的尊敬的先生们,你们的称号是从哪里得来的? 怎样得来的? 你们说话确实令人惊讶——而你们似乎并不在意自己如何胡言乱语!

我担心他的粗鲁会引起另一番争执,于是就想让克特西普冷静下来。我说,我亲爱的克特西普,我得把刚才对克利尼亚说过的话对你再说一遍,你不知道我们客人的智慧有多么深邃,只是他们不愿认真地加以证明罢了。他们正在为我们变戏法,就像那名埃及智者普洛托斯。所以让我们以墨涅拉俄斯为榜样,② 在他们真的显出本来面貌之前不要让他们离开,因为我相信只要他们开始认真证明了,美好的东西就会出现。来吧,让我们祈祷,恳求他们

288

B

C

---

① 此处"短语"指苏格拉底在上文中说的"你说我不知道怎么对付"。

② 墨涅拉俄斯(Menelaus)是希腊神话中的斯巴达王,阿伽门农的兄弟,美人海伦的丈夫。

真实地表现自己。我真的想要再给他们做个示范,告诉他们我想
要他们加以显示的东西是什么样的。让我从前面中断了的地方开
始,尽力把前面那个示范继续下去,希望他们能被我的真诚所感
动,真实地表现自己。

　　我又说,克利尼亚,这回该轮到你了,提醒我刚才的讨论在什
么地方中断。我想大概是经过一番讨论,我们同意必须热爱智慧,
是吗? 你想说什么?

　　他说,是的。

　　热爱智慧就是得到知识,对吗?

　　他说,对。

　　那么我们应当得到什么样的知识? 能给我们带来好处的知识
不就是对这个问题最简洁的回答吗?

　　他说,没错。

　　如果我们知道如何到各地去寻找埋藏在地下的大量黄金,那
么这种知识对我们有好处吗?

　　他说,也许有好处。

　　我说,但在此之前我们已经证明,哪怕我们无需挖掘就能得到
所有黄金,我们仍然一无所有,即使我们知道如何点石成金,这种
知识仍然对我们没有任何价值,除非我们也能知道如何使用黄金,
否则拥有黄金没有任何好处。你记得吗?

　　他说,对,我记得。

　　同理,如果只知道如何制造而不知道如何使用,那么其他任何
知识也不会有任何好处,比如做生意的知识、医学知识。不是这样
吗?

　　他说,是这样的。

　　哪怕拥有一种关于如何使人不朽的知识,但若没有如何使用
这种不朽的知识,那么依照我们前面接受的前提推断,这种知识

仍旧不会带来任何好处。

我们对此取得了一致意见。

我说,那么,我迷人的孩子,我们需要的知识要能够结合制造和使用。

他说,好像是这样的。

所以我们一定不能像那些制造竖琴的人一样,举例来说,我们
C 不想成为拥有这种知识的大师,因为制造的技艺是一回事,使用的技艺则完全是另一回事,每种技艺分别涉及竖琴的不同方面。制造竖琴的技艺和弹奏竖琴的技艺很不一样。不是这样吗?

他说,是这样。

我们不需要再提到制造笛子,这是另一个相似的例子。

他表示同意。

我说,好吧,如果我们应当学习制造言语的技艺,那么向天发誓,得到它就能使我们幸福的技艺就是这种技艺吗?

克利尼亚答道,不,我不这么看。

D 我问,你有什么根据?

他答道,我看到有些言语制造者并不懂得如何使用他们自己制造出来的言语,就像那些竖琴制造者对待他们制造的竖琴一样;不过也有其他一些人能够使用别人制造的言语,而自己不能制造。可见在言语方面也一样,制造是一门技艺,使用是另一门技艺。

我说道,我认为你提供的证据已经够了,言语制造者的技艺并
E 非那种任何人一旦得到就能幸福的技艺。我不认为我们长时间一直在寻找的知识会在这附近出现。克利尼亚,当我碰到那些言语制造者时,我确实感到他们好像是绝顶聪明的,他们的技艺显得那么神圣和高尚。然而,这不值得奇怪,因为它是巫师技艺的一部
290 分,但又差一些。因为巫师的技艺可以吸引蝰蛇、毒蜘蛛、蝎子,以及其他害人虫,而他们的技艺只不过是法官、议员一类人用来吸引

和说服人的技艺。你不认为他们的技艺是这么回事吗？

他说，这很清楚，是这么回事。

我说道，那么我们现在该说什么了？还有什么技艺要说呢？

他答道，我敢肯定我说不出来。

我说，为什么说不出来？我想自己已经找到这门技艺了。

克利尼亚说，什么技艺？

我说，将军的技艺。肯定是这门技艺，得到它就能幸福！　　B
我不这么看。

我说，为什么不？

这种技艺在我看来好像和猎人的技艺同类。

我说，那么还有什么技艺呢？

他说，狩猎的技艺都不能算，我们必须到打猎和捕捉以外的技艺中去寻找。当捕到猎物时，猎人和渔夫不能使用它们，而要把猎物交给厨师，几何学家、天文学家、算术家——这些人是另一类猎　　C
人，他们不仅制造各种图表，而且还想发现真正的意义——由于不知道如何使用，而只知道如何猎取，所以他们也得把自己的发现交出来，而我会接过来把它们交给辩证法家去使用，不过我们至少可以说，所有这些交出自己猎物的人并非不聪明。

我说道，好啊，噢，克利尼亚，你真是一个最漂亮的孩子、最聪明的推理者！确实是这么回事吗？

他答道，确实如此！将军也一样。每当他们捕捉到一座城市　　D
或一支军队，他们就交给政治家——因为他们自己不知道如何使用猎物——正好像捕鹌鹑的交给养鹌鹑的。克利尼亚继续说，如果我们需要这种技艺，知道如何使用制造或捕捉来的东西，才能使我们有福，那么我们一定要去寻找其他技艺，而不是将军的技艺。

克里托　你在说什么，苏格拉底？这些话都是那个年轻人说　　E

的吗？

苏格拉底 你有什么怀疑吗，克里托？

克里托 我一点儿都不相信！我想，如果这些话都是他说的，那么他根本不需要欧绪德谟或其他人来教育他！

苏格拉底 老天保佑我们，我的老朋友，这些话也许是克特西普讲的。瞧我这记性！

291　**克里托** 克特西普？肯定不是！

苏格拉底 那好吧，克里托，老天在上，有一点我可以保证，讲这话的既不是欧绪德谟也不是狄奥尼索多洛！也许有某种更高的力量在那里说出这些话来！我向你保证，我肯定听到这些话了。

克里托 好吧，好吧，苏格拉底，是有某种更高的力量。我也是这样想的，对此我并不怀疑。但在那以后，你们继续寻找那种技艺了吗？你们找到想要的东西没有？

B　**苏格拉底** 天哪，找到它！没有，你会笑话我们的——就像一群孩子在追逐云雀，我们总以为自己能从后面捉住每一种知识，而那些知识又总是逃跑。干吗要兜个大圈子呢？我们还是直接考察国王的技艺吧，看它是否能提供和制造幸福。然而这种考察就像进入了一座曲里拐弯的迷宫，走了老半天以为快要到头了，可是却蓦然发现自己又回到原地，半点儿都没有前进。

C　**克里托** 怎么会发生这种事，苏格拉底？

苏格拉底 我会告诉你的。我们认为政治的技艺和国王的技艺是一回事。

克里托 接下去怎么说？

苏格拉底 那些将军和各行各业的人把自己所控制的东西交给这种技艺，因为这是惟一知道如何使用这些东西的技艺。因此，

D　它显然就是我们要找的技艺，也是城邦里的公正行为的原因，确实

就像埃斯库罗斯① 所描述的那样,它独自掌握政权,指挥一切,统治一切,使一切都有用。

克里托 你认为这是个好念头吗,苏格拉底?

苏格拉底 如果你听了后来发生的事,克里托,那么你自己就能作出判断。你瞧,我们继续用这样的眼光看待这种技艺,祈求这种统治一切的国王的技艺能够为我们制造一切。我们相互说,它　E肯定能做到。克里托,你也会这样说吗?

克里托 是的,我会。

苏格拉底 那么你说它会制造什么呢? 请你这样想。假定我问的是医生的技艺,它统治它所统治的一切,为我们制造,你难道不会说它制造健康吗?

克里托 是的,我会。

苏格拉底 你的农业技艺怎么样? 这种技艺统治它所统治的　292一切。它制造什么呢? 你难道不会说它从大地中为我们生产食物吗?

克里托 我会这样说。

苏格拉底 那么,国王的技艺统治它所统治的一切,这种技艺又如何? 它制造什么? 你也许无法准确地说出来,是吗?

克里托 我确实说不出来。

苏格拉底 我也不行,亲爱的克里托。但我知道一件事,这就是如果它是我们要找的技艺,那么它一定有益。

克里托 那当然。

苏格拉底 所以它一定会给我们提供一些好东西,对吗?

克里托 显然如此,苏格拉底。

---

① 埃斯库罗斯(Aeschylus,公元前 525 年—前 456 年)是希腊第一位悲剧家,被誉为"希腊悲剧之父"。

B　　　**苏格拉底**　但是克利尼亚和我一起同意过,所谓好无非就是某种知识而不是其他。

　　　克里托　对,你们是这样说过。

　　　苏格拉底　还有,所有其他所谓的"政治活动"——政治活动有许多,例如使民众普遍富裕和自由——这些东西自身都无所谓

C　善恶,重要的是使民众聪明,使他们分享知识,因为知识对他们有益,使他们幸福。

　　　克里托　说得对,按照你的复述,这也是你们同意过的。

　　　苏格拉底　那么国王的技艺使民众聪明和善良吗?

　　　克里托　为什么不,苏格拉底?

　　　苏格拉底　它使所有人在一切方面都善良吗?它传授各种知识,制鞋、木作,以及其他知识吗?

　　　克里托　我不这么想,苏格拉底。

D　　　**苏格拉底**　那么它传授什么知识?我们该如何对待它?因为它肯定不是那些无善恶之别的事物的发明者,它一定不能传授其他知识,而只能传授它自己。那么我们能说出它是什么,该如何对待它吗?你是否愿意我们说,它是这样一种东西,凭借它我们能够使其他人变好。

　　　克里托　是的,确实如此。

　　　苏格拉底　那么什么东西能使这些人变好呢,它对我们有什么用呢?我们是否要说,使这些人变得和我们一样,让他们再去使

E　别的人变得和他们一样,等等,等等?使这些人在哪方面变好?我们看不出来,因为我们轻视这些事。一般被称作政治技艺所做的事情,如格言所说,总是"宙斯之子科林苏斯"那一套。要想知道能使我们幸福的知识是什么,我们还差得很远,进一步说,我们还不知道什么是能使我们幸福的知识。

　　　克里托　对,确实如此,苏格拉底,你似乎陷入了奇怪的困惑。

苏格拉底 老朋友,发现自己陷入这种困惑,我又能怎么办? 293
我只好大声叫嚷,再次向两位来访者求救,请他们把我和这位青年
从逻辑圈套中解救出来,他们就像另一对救世神(卡斯托耳和波吕
丢克斯)。① 我对他们说,不要再开玩笑了,认真些吧,把这种知识
告诉我们,一旦得到它,我们就能安度余生。

克里托 接下去怎么样了? 欧绪德谟愿意告诉你们吗?

苏格拉底 当然愿意! 我的好朋友,他以一种极为庄严的方
式开始了。

他说,亲爱的苏格拉底,你喜欢哪种方式? 是我来把这种令你 B
长时间困惑的知识教给你,还是让我来指明你拥有这种知识?

我说,老天保佑,我的大好人! 你能这样做吗?

他说,我能。

我说,那么求求你,请你向我指明我拥有这种知识,因为这样
做对我这样的老头来说比重新学习要容易得多。

他说,很好,你只要回答我的问题就行了。有什么东西是你知
道的吗?

我说,有,多得很,但都是些微不足道的小事。

他说,没关系,这就够了。你认为对任何存在的事物来说,有
可能不再是它自己吗?

我说,干吗不说不,我不这样认为。 C

他说,那么你知道某些事情吗?

我知道。

那么你是有知识的,因为你知道,对吗?

当然对,就我知道某些事情而言。

---

① 在希腊神话中,卡斯托耳(Castor)和波吕丢克斯(Polydeuces,亦作
Pollux)是俩兄弟,同称狄奥斯库里(Dioscuri)。

他说,那没什么区别。既然你有知识,你还有必要去知道吗?

我说,为什么没有必要,我还有许多事情不知道。

如果你不知道某些事情,那么你是无知的。

我说,对某些事物无知,我的朋友。

你会因此而不那么无知吗? 但你刚才还说你有知识,所以你D 现在确实既是你自己,又不是你自己,相对于同一事物同一时间而言!

我说,那好吧,欧绪德谟。如谚语所说,"既是这又是那,你永远不会说错话!"但我对我们正在寻找的知识该如何理解? 假定我们刚才讲的就是我们要找的知识,对同一事物来说不可能既存在又不存在。如果我知道一样事物,那么也就知道了所有事物,因为我不能在同一时间既有知识又没有知识。由于我知道一切,所以我也必定拥有那种知识! 你瞧,这就是你要告诉我们的吗? 这就是你们智慧的话语吗?

E 他说,你听着,苏格拉底,你正在驳斥你自己!

我说,就算是吧,那又怎样? 欧绪德谟,你自己不也遇到同样的困难吗? 不管怎么说,只要我和你以及亲爱的老狄奥尼索多洛在一起,遇到任何困难我都不会感到恼火! 告诉我,你们俩知道某些存在的事物,但又不知道其他存在的事物,对吗?

狄奥尼索多洛说,决非如此。

我说,这是怎么回事! 你们不是知道某些事物吗?

他说,对,我们知道。

294 我问道,那么你们知道一切,因为你们知道某些事物,对吗?

他答道,我们知道一切,你也一样。如果你知道一样事物,你也就知道了一切。

我说,噢,天哪,真是个奇迹! 世上的其他所有人都知道一切,还是一无所知?

他说,他们肯定不能知道某些事物而又不知道其他事物,否则的话他们就会落入既有知识又无知识的地步。

我说,他们知道什么?

他说,任何人如果知道一样事物,他就知道了一切事物。

我说,苍天在上!狄奥尼索多洛,老天有眼!我现在明白你　　B们俩都是认真的,也明白我劝你们俩认真去做的是一件什么样的工作!你们俩真的确实知道一切吗?比如说,制鞋、做木工?

他说,当然知道。

所以你能缝皮子?

他说,对,还能补皮鞋。

你也知道这样一些事情吗,比如说星辰和沙子的数量?

他说,当然知道。你以为我们会否认这一点?

这时候克特西普插话了,以神的名义起誓,证明给我看,狄奥　　C尼索多洛,让我能知道你们俩说的是真话。

他说,要我向你证明什么呢?

你知道欧绪德谟有几颗牙齿?他知道你有几颗牙齿?

他说,告诉你我们知道一切难道还不够?

克特西普说,请不要这样说。你只需要告诉我们一件事,说出对方有几颗牙齿就能说明你们说的是真话,到时候我们来数一下,以此证明你们确实知道,这样一来我们马上就能相信其他所有事情了。

他们认为克特西普在开玩笑,所以不愿意这样做。克特西普　　D毫无约束地继续向他们提问,一个接一个,但他们仍旧坚持说自己知道一切。最后,克特西普连最丑恶的事情都提到了,问他们知道不知道。但他们勇敢地面对每一个问题,坚持说自己知道,就像面对投枪的野猪。克里托,这时候我也很怀疑他们说的话,最后我问狄奥尼索多洛是否懂得如何跳舞。

E　　　他说,是的,我懂。

　　　我说,好吧,我假定你不会跳剑舞,也不会在车轮上踩圆圈,因为你一把年纪了,对吗? 你的技艺有那么多吗?

　　　他说,没有什么事情是我不会的。

　　　我问道,你只是现在知道一切,还是始终知道一切?

　　　他说,始终。

　　　当你还是个孩子,当你刚出生的时候,你就知道一切吗?

　　　这俩兄弟不约而同地说,对。

295　　对此我们实在难以置信。欧绪德谟问,苏格拉底,你不相信?

　　　我答道,我只能说你们俩真是聪明的一对。

　　　他说,要是你愿意回答我的问题,我会证明给你看,你也会承认这些令人惊奇的事。

　　　我说,那么好吧,你用这样的方式来证明,我会很乐意的。如果我是聪明的,但并不知道自己聪明,而你能向我证明我知道一切并且始终都是这样,那么我这辈子还能拥有什么更大的幸运呢?

　　　他说,那么你就回答吧。

B　　　行,请问吧,我会回答的。

　　　他说,苏格拉底,告诉我,你现在知道某些事情还是不知道?

　　　我知道。

　　　那么你知道那个你凭着它才知道自己知道的东西吗,或者说你是依靠别的什么东西?

　　　依靠它我才知道自己知道的那个东西,我想你指的是灵魂,或者说你指的不是灵魂,对吗?

　　　他说,苏格拉底,你这样说不感到耻辱吗? 别人向你提问题,而你却反问对方?

　　　我说,噢,亲爱的,我该怎么办? 我愿意按你说的去做。但要是我对你的问题不太清楚,我仍旧只能回答,而不能提出自己的疑问来吗?

假定听了我的话,你总能悟出某些意思来,对吗? C

我答道,是的,我能。

那么就按照你悟出来的意思回答好了。

我说,如果你说的话是一种意思,而我把它理解成另一种意思,然后就按照我的理解来回答——如果我根本回答不到点子上,这对你来说够吗?

他说,对我来说够了,但是对你来说不够,因为我把它拿走了。

我说,那么,欧绪德谟,在找到它之前,我会告诉你我不愿回答。

他说,你不愿按照你在各种情况下的理解来回答,因为你比那些像你这种年龄的老人还要愚蠢得多,只会喋喋不休地胡言乱语。

这时候我明白他对我生气了,他在用一张语言之网捕捉我,而 D
我在他的话语中找漏洞。此时我想起,每当我不愿对孔努斯让步时,他也会生气。由于我要做欧绪德谟的学生,所以我想必须对他让步,否则他就会认为我愚蠢,拒绝接受我。于是我说,好吧,欧绪 E
德谟,如果你认为这样做是合适的,那就这样做吧。不管怎么说,你对辩证法的掌握比我好得多,而我只学到一点儿皮毛。你从头开始问吧。

他说,行,我再问你,你是否知道你凭着某样东西才知道自己知道什么东西?

我说,是的,凭着灵魂。

他说,你又犯规了,答的比问的多! 我没问你凭什么,我问的 296
是你是否凭某样东西?

我说,噢,对,我回答得太多了,因为我一心想要受到教育。请你一定要原谅我,从现在开始我要简单地回答——我凭着某样东西知道所知道的东西。

他问道,你所凭的东西始终是同一个吗,还是某个时候凭这样东西,某个时候凭那样东西?

我说,始终是同一个,仅当我知道的时候,我是凭着这样东西。

他说,嗬,别把其他意思放进去!

但我不想让这个"始终"使我们受挫!

B　　他说,它不会使我们受挫,只会使你受挫。但你还是回答问题吧。你始终凭着这样东西去知道吗?

我说,始终,因为我必须把我刚才加上去的"当……的时候"拿掉。

那么你始终凭着这个东西去知道。你凭着它知道某些事情,凭着别的东西知道其他事情,或者说你凭着它知道一切?

我答道,我凭着它知道一切——我所知道的一切。

他说,你又来了,真是画蛇添足!

我说,好吧,我把"我所知道的"这几个字去掉。

C　　他说,嗬,别拿掉了,我不需要你帮什么忙。你只要回答我的问题。如果你不知道每一样东西,你能知道所有东西吗?

我说,如果能的话,那可真是个奇迹!

他接着说道,继续说下去,把你想说的都说出来,你承认你知道一切了。

我说,听起来好像是的,因为"我所知道的"这几个字已经被弄得没有力量了,所以整句话听起来就像是我知道一切。

你也承认自己始终凭着这样东西知道你所知道的事,至于这些事情是"你所知道的"还是别的什么样,反正随你的便,因为你已经承认你始终知道,既在同一时间又是知道一切。因此显然可见,

D　　当你还是个孩子,当你出生的时候,当你还没生下来的时候,在你存在之前,在天地产生之前,你知道一切,因为你始终知道。要

是由我来选择的话，那么凭着神，你自己始终知道，并且知道一切。

我说，嗬，我尊敬的朋友欧绪德谟，如果你确实是在说真话，那你就选择吧！只是我还不太相信你能做到这一点，除非你的兄长狄奥尼索多洛也能选择，如果是这样的话，那就可以了。但是请你们俩回答我的问题。我不敢与你们这些能创造奇迹的天才争论，你们俩说我知道一切，而我说自己不知道一切，但确实有些事情我无法说自己知道，欧绪德谟，好比说善人是不正义的。如果你们愿意回答，那么你们说我知道不知道？ E

他说，你肯定知道。

我说，我知道什么？

善人是不正义的。

我说，嗬，对了，我很久前就知道，但这并不是我的问题。我要 297
问的是我从哪里学来善人是不正义的？

你没有从任何地方学到这件事，狄奥尼索多洛说道。

我说，那么我不知道这件事。

欧绪德谟对他的兄长说，你正在糟蹋这个论证，它会证明这个人不知道，他会同时既知道又不知道。

狄奥尼索多洛涨红了脸。我说，欧绪德谟，你这样说是什么意思？你认为你那无所不知的兄长不对吗？ B

狄奥尼索多洛马上又插话说，我是欧绪德谟的兄长吗？

我说，我的好朋友，还是让我把话问完吧，直到欧绪德谟教会我，说我知道善人是不正义的。别对我那么吝啬，别不肯让他教我。

狄奥尼索多洛说，苏格拉底，你正在逃跑，不肯回答问题。

我答道，那当然了，我不是你们俩任何一个人的对手，所以我 C
完全应该从你们俩那里逃走！我当然要比赫拉克勒斯要软弱得

多,但连他也不能打败许德拉,① 因为额头高高的许德拉非常能干,如果有人砍去他的一个头,他能再生出许多头来,来自异国他乡的另一个高额头的家伙也会从海上来到岸边,伪装成一只螃蟹,不断地和那位英雄说话,在他的左侧伺机咬他,使他痛苦不堪。所以赫拉克勒斯把他的外甥伊俄拉俄斯喊来,结果帮了大忙。但要

D　是我的伊俄拉俄斯来帮我,那么他只能帮倒忙。

　　狄奥尼索多洛说,念完这通咒语后,你回答问题吧。赫拉克勒斯的外甥伊俄拉俄斯和你的外甥有什么区别?

　　我说,狄奥尼索多洛,看来我最好还是回答你的问题。我敢肯定你的问题永远没个完,因为你心怀妒忌,不愿让欧绪德谟把那种智慧教给我,所以不断地进行干扰。

　　他说,现在就回答我的问题。

　　我说,好的,我现在就回答。那位伊俄拉俄斯是赫拉克勒斯的

E　外甥,但我的外甥和他很不一样。因为我的兄弟帕特洛克勒不是我外甥的父亲,而赫拉克勒斯的兄弟名字好像叫做伊菲克勒。

　　他说,帕特洛克勒是你的兄弟吗?

　　我说,对,我们俩同母不同父。

　　那么他既是你的兄弟又不是你的兄弟。

　　我说,我亲爱的朋友,从父系方面来看我们不是兄弟,他的父亲是凯瑞德姆,我的父亲是索佛隆尼司库。

　　但是,凯瑞德姆是父亲,索佛隆尼司库也是父亲,对吗?

　　我说,没错,一个是我的父亲,一个是他的父亲。

298　　他说,那么凯瑞德姆是这个父亲以外的什么吗?

　　我说,他是我的父亲以外的父亲。

　　那么他是一个父亲以外的父亲,对吗? 你怎么像块石头一样?

---

①　许德拉(Hydra)是希腊神话中的九头水蛇。

我说,我想你也许可以证明我是石头,但我并不认为自己是石头。

他说,那么你是石头以外的东西吗?

我说,我肯定是石头以外的。

他说,你是石头以外的,所以你不是石头,对吗? 你是金子以外的,所以你不是金子,对吗?

都对。

他说,凯瑞德姆是一个父亲以外的东西,所以他不是一个父亲。

我说,听起来他好像不是一个父亲。

这时欧绪德谟插话说,我假设,如果凯瑞德姆是一个父亲,那么索佛隆尼司库是一个父亲以外的东西,所以他也不是一个父亲。所以你,苏格拉底,是没有父亲的。

克特西普说话了。他说,你们俩的父亲不也一样吗? 他是我父亲以外的东西。

欧绪德谟说,根本不是。

克特西普说,什么! 你父亲和我父亲是一样的吗?

肯定一样。

我不希望如此,欧绪德谟。他只是我的父亲还是世界上所有人的父亲?

他说,他也是其他人的父亲。否则的话,你就得认为同一个人既是父亲又不是父亲,是吗?

克特西普说,我并不这样想。

嗯,那么不是金子的金子,不是人的人,是这样吗?

克特西普说,如谚语所说,这两根线不能扯到一块去,欧绪德谟。如果你的父亲是所有人的父亲,那么你说的这件事太奇妙了。

但他是父亲。

他是所有人、所有马、所有其他所有动物的父亲吗?

欧绪德谟答道,他是所有一切的父亲。

D　　你母亲也是所有一切的母亲吗?

我母亲也是。

克特西普说,由于你母亲是海兽的母亲,所以她也是海胆的母亲!

欧绪德谟答道,你母亲也是。

克特西普说,那么你是小鱼、小狗、小猪的兄弟!

欧绪德谟说,你也是。

克特西普说,公猪和公狗是你爸!

欧绪德谟说,你爸也是公猪和公狗!

这时,狄奥尼索多洛说,没错,克特西普,如果你愿意回答我的问题,那么你马上就会承认自己就是这些畜生。来吧,告诉我,你有狗吗?

克特西普说,有,有一只恶狗。

它有小狗吗?

E　　克特西普说,有许多小狗,像这只老狗一样坏。

那么老狗是小狗的父亲,对吗?

克特西普说,我亲眼看到这只老狗与母狗交配。

很好,这只老狗不是你的吗?

克特西普说,肯定是。

那么作为一名父亲的这条狗是你的,所以这条狗成了你的父亲,你成为小狗的兄弟。

还没等克特西普说话,狄奥尼索多洛又接着说道,克特西普不知如何反击了。再问一个小问题。你打这条狗吗?

克特西普笑着说,没错,我打这条狗,因为我不能打你!

299　　那兄弟俩中另一位说,那么好,你打了你自己的父亲。

　　克特西普说,确实妙得很,还有更好的理由可以推论我打了你的父亲。欧绪德谟,什么原因使他生下如此能干的两个儿子? 如果说你们的能干有什么好处的话,那么我想就是可以供你们的父亲——也是小狗的父亲——寻开心吧!

　　但他并不想要许多好处,克特西普,你也不想要。

　　欧绪德谟,你自己也不想要,对吗?

　　这世界上任何一个人都不想要。克特西普,告诉我,你认为当　　B
一个病人需要喝药的时候,喝药对他来说是好的,还是不好的? 或者说,当他要去打仗时,他带武器比不带武器要好吗?

　　克特西普答道,我肯定会这样想,但我知道你马上又会说出一套鬼话来!

　　欧绪德谟说,你马上就能看到。你只管回答问题就好。你承认在必要的时候,喝药对人来说是好的;那么这个人当然就要尽可能多地喝这种好东西,这时候要是有人碾一车藜芦① 给他喝,必定会有奇效!

　　克特西普说,确实好极了,欧绪德谟,除非喝你那些药的人身　　C
材有德尔斐的神像那么高大!

　　还有打仗,带武器是好的,所以你必须尽可能多地携带长枪和盾牌,因为武器是好东西!

　　克特西普说,我是这样想的,欧绪德谟,但我怀疑你是否也这样想。你宁愿只带一支枪和一面盾,不是吗?

　　是的。

　　克特西普说,那么革律翁和百手巨人布里亚柔斯② 怎么样——也给他们一支枪、一面盾吗? 我认为你对武器知道得很多,你是重装

① 　一种草药。
② 　布里亚柔斯(Briareus)是希腊神话中的巨人,有五十个头和一百只手。

兵,你的同伴也是!

　　欧绪德谟哑口无言,但是狄奥尼索多洛又重提克特西普前面
D 的话,继续发问。他说,我们也可以金子为例——你认为拥有金子
是件好事吗?

　　他答道,确实是好事,我希望拥有很多金子!

　　很好,那么你认为我们必须始终拥有好东西,到处拥有好东
西,对吗?

　　他说,应当尽可能多地拥有!

　　你承认金子是好的吗?

　　他说,对,我承认。

　　那么一个人必须始终拥有金子,到处拥有金子,尤其是他自
E 身! 如果某人的肚子里有三塔伦特① 金子,他的脑壳里有一塔伦
特金子,他的每只眼睛里有一个金斯达特,② 那么这个人会成为
最幸福的人吗?

　　克特西普说,没错,确实有人说过,西徐亚人中最幸福、最优秀
的人把大量黄金放在他们"自己的"脑壳里——我说"自己的"这个
词和你说"拥有"那个狗父亲的意思是一样的③ ——更加令人惊
讶的是,他们甚至用他们自己的镀了金的脑壳喝酒,各自用手拿着
自己的脑壳,还能看见里面的金子!

300　　欧绪德谟说,没错,他们看见了,无论是西徐亚人还是别的什
么人,他们看可看的东西还是看不可看的东西?

　　我假定是看可看的东西。

---

　　① 塔伦特(talent),希腊重量及货币单位,合 26.2 公斤。

　　② 希腊人把一定重量的铸币称作斯达特(stater),有金银两种,银币也
称为 tetradrachma,一个金斯达特约值 20 德拉克玛。

　　③ 此处英译文为 own,可解作"自己的",也可解作"拥有的",作动名词
时则为"拥有"(own-ing)。此处克特西普利用语词的歧义来进行争论。

他说,那么你也是这样吗?

是的,我也这样。

那么你看我们的衣服了吗?

是的。

那么这些衣服是能看的!

克特西普说,妙极了!

他问道,它们看什么?

克特西普答道,它们什么也没看。但也许你并不认为它们在看,对吗? 你这个灵魂空虚的家伙! 欧绪德谟,我认为你正在大白天说梦话,如果说有可能谈论根本不存在的事物,那么你现在正在这样做!

狄奥尼索多洛说,沉默的谈论(a speaking of silent)是可能的吗?　　B

克特西普说,极不可能。

或者说,谈论的沉默(a silence of the speaking)有可能吗?

他说,更加不可能。

但是,当你谈论石头(speak of stone)、木头、铁块的时候,不就是沉默的谈论(speak of the silent)吗?

如果穿过铁匠铺,那么我不会在那里说话,相反,如果有人在那里打铁,那么铁块也会叮叮当当地大声说话。所以,从这个问题来看,你的智慧使你看不到自己实际上什么也没说。还有,你可以把另一件事继续证明给我看,怎么会有谈论的沉默(a silence of the speaking)这种事?

我认为克特西普想要出风头,因为他喜欢这样做。　　C

欧绪德谟说,当你沉默的时候,你不是对一切都沉默了吗?

他说,是的。

那么你在谈论事情的时候也是沉默的,因为这些事情也是一切事物的一部分。

克特西普说,你说什么? 一切事物难道不是沉默的吗?

欧绪德谟说,我认为不是。

那么我亲爱的先生,一切事物都讲话吗?

我认为讲话的事物讲话。

他说,但我问的不是这一点。我问的是一切事物是沉默的还是说话的?

D 狄奥尼索多洛这时候鲁莽地插话说,既不是沉默的又不是说话的,或者说既是沉默的又是说话的! 我敢肯定你不知道如何对付这个回答!

克特西普像通常那样大声狂笑起来,他说,我亲爱的欧绪德谟,你的兄长把你的论证给"既……又……"掉了,真该讨打!

克利尼亚高兴地笑了起来,这样一来,克特西普更加趾高气扬,忘乎所以。但我认为凶猛的克特西普所用的技艺就是从这些人那里捡来的,因为这种技艺在今天不可能来自世上的其他人。

E 于是我说话了,克利尼亚,你为什么要对如此严肃和美好的事情发笑?

狄奥尼索多洛说,苏格拉底,你怎么啦,你见过美丽的事物吗?

我说,对,我见过,狄奥尼索多洛,我见过许多。

他问道,它们与美丽的事物是不同的,还是相同的?

301 在这个地方,我真的进退维谷,我想,在这个问题上发发牢骚完全可以理解。然而,我说,它们与美丽本身是不同的,但它们各自都拥有某种美。

他说,如果有一头公牛跟你在一起,那么你就是一头公牛;现在我跟你在一起,所以你就是狄奥尼索多洛,对吗?

我说,嗬,打住,别这样说!

他说,那么当不同的事物与一个不同的事物在一起的时候,不同的事物为什么应当是不同的呢?

我问道,你为此着急吗?——此时我已经在试图模仿这俩人　B
的智慧,我一直在等待时机。

他说,我怎么不着急呢? 我和世上每一个人都对这个不存在的东西着急,不是吗?

我说,狄奥尼索多洛,你这样说是什么意思? 美丽的东西不是美的,丑陋的东西不是丑的,对吗?

他说,如果我是这样想的话。

你难道不这样想?

他说,我确实这样想。

那么相同的东西不是相同的,不同的东西不是不同的,对吗?　C
因为我假定不同的东西不是相同的东西,我认为甚至连一个孩子也不需要为此着急,认为不同的东西不是不同的。但是我亲爱的狄奥尼索多洛,你故意忽略了这一点,因为我认为你们俩的辩证法非常完善,就像一名好工匠,做每件事都很恰当。

他说,那么你知道对各种匠人来说,什么工作是恰当的? 首先,某个人的恰当工作是摆弄那些金属,你知道他是谁?

我知道,是铁匠。

制造陶瓷器皿的是谁?

是陶工。

好,是谁在屠宰、剥皮、切肉、烹饪、油炸?

我说,是厨师。

如果任何人都做适宜的工作,那么他会把事情做好吗?　D
当然会。

你说切肉和剥皮对厨师是适宜的,对吗? 承认还是不承认?

我说,对,但请你宽恕我。

　　他说,假如有人把那厨师宰了,切成肉片,煮熟或油炸,那么他显然在做适宜的工作,假如有人把铁匠放在铁砧上锻打,或者把陶工放在窑中烧,他也在做适宜的工作。

E　　噢,天哪![1] 我说道,你们的智慧终于原形毕露了! 啊,但愿我的智慧不是这个样子!

　　他说道,你就不能把它当作你自己的智慧吗,苏格拉底,如果它能变成你的智慧?

　　我说,如果你来选择,那么我显然可以这样做。

　　他说,好吧,你相信自己能认出自己的东西来吗?

　　除非你说我不能,因为我必须从你开始,到欧绪德谟这里结束。

302　　他说,很好,你认为这些东西是你的吗,你是它们的主人,可以随意使用它们——比如一头公牛和一只绵羊,如果你可以随意把它们送给别人或拿去献给任何一位神,那么你会认为它们是你的,对吗? 而那些你不能如此加以使用的东西不是你的,对吗?

　　我想有些美好的东西就要从他们的问题中显现出来了,我急于想听个究竟,所以我说,肯定没错,只有这样的东西是我的。

　　他说,你把那些有生命的东西称作动物吗?

　　我说,是的。

B　　你承认只有你可以自由处置的动物才是你的,这是我刚才问的,对吗?

　　我承认。

　　这时候他神秘地停了一下,似乎在酝酿某个重大问题,他说,苏格拉底,你有家族神宙斯吗?

　　我猜想这场谈话已经快到尽头,于是就竭力想要逃走,然而过

---

[1]　此处原文为波塞冬(Poseidon),希腊神话中的海神,宙斯的兄弟。

不了多久我就只能像被网住了的鱼一样乱蹦了。我说,不,狄奥尼索多洛,我不拥有。

那么你一定是可恶的贱民,根本不是雅典人,你既没有家族神又没有献祭,也没有其他美好的东西。　　C

我说,这样说对你狄奥尼索多洛倒是适宜的。嘘,别做声,别对我恶意地布道。我有自己的祭坛、宗教、家族祷告,以及其他诸如此类的东西,像其他任何雅典人一样多。

那么其他雅典人也没有家族神宙斯吗? 他问道。

我说,没有一个伊奥尼亚人① 这样称呼宙斯,无论是我们自己还是其他殖民城邦;由于伊安② 的世系,我们的家族神是阿波罗。我们不把宙斯称作家族神,而是称作庭院神和氏族神,雅典娜是我们的氏族神。　　D

狄奥尼索多洛说,嗬,够了。看起来,你既拥有阿波罗和宙斯,又拥有雅典娜。

我说,对。

他说,那么这些都是你的神吗?

我说,是我的祖先和主人。

他说,不管怎么说,他们是你的。你难道不承认他们是你的吗?

我说,我承认,我怎么能不承认呢?

他说,那么这些神不也是动物吗? 因为你承认说无论什么有生命的东西都是动物。这些神难道没有生命吗?　　E

---

① 伊奥尼亚(Ionia),古代希腊地区名,位于小亚细亚西岸中段从南到北的一条狭长地带,还包括萨摩斯和开俄斯两个岛屿。希腊人在这里建立的十二个殖民城邦,其中包括米利都、爱菲索、科罗封等,是希腊哲学最早发生的地方。

② 伊安(Ion),出处不详。

我说,他们有生命。

所以他们也是动物,对吗?

我说,对,他们是动物。

但是你承认过,你可以自由馈赠、出售、随意献祭给任何神灵的动物是属于你的。

我说,没错,我承认过,因为不这样说我就没有别的出路,欧绪德谟。

欧绪德谟说,那么直截了当地告诉我,你承认宙斯和其他神灵是你的,你是否可以自由地出售、馈赠他们,或者可以像对待其他动物一样对待他们呢?

你瞧,克里托,到了这一步我就被那个论证打倒了,躺在那里默不作声。但是这时候克特西普前来助战。他大声喊道,好啊!①噢,赫拉克勒斯! 多么优美的言论!

狄奥尼索多洛说,赫拉克勒斯是一个坏蛋,还是那个坏蛋是赫拉克勒斯?

然后克特西普说,噢,天哪! 多么奇妙的言论! 我屈服了,这两个人是战无不胜的。

我亲爱的克里托,当时在场的人都无一例外地赞扬他们,把这两个人和他们的谈话捧上了天。他们欢笑、鼓掌,直到筋疲力尽为止。在此之前,虽然每个关键之处都有一阵喧哗,但只来自欧绪德谟的崇拜者,而现在吕克昂的每一根柱子几乎都回荡着欢笑声。

我自己也打算承认以前从未见过如此能干的人。他们的技艺完全征服了我,于是我开始赞扬他们,向他们表示祝贺。我说,噢,幸福的哥俩,你们真是神奇的天才! 在如此短暂的时间里你们迅速地完成了这项艰巨的工作。欧绪德谟和狄奥尼索多洛,你们的言语

①　此处原文为μεγάφωνος,喝彩声,这个词另一个意思是坏蛋、亡命徒。

充满精华,但最神奇的还在于你们并不在乎多数人怎么想,也不在乎那些严肃的或拥有巨大名望的人怎么想,而只注意像你们一样的人。我敢保证,很少有人会像你们一样赞扬这些论证,而其他人对这些论证所知甚少,他们感到要他们用这样的言语方式驳斥他人比他们自己受到驳斥还要可耻。在你们的言语方式中有一件事表现了公众精神和仁慈。你们说没有什么东西是美丽的、好的、白的,等等,事物根本就没有任何区别,这个时候你们确实真的缝住了大家的嘴,但这样一来似乎也把你们自己的嘴缝上了。如果从你们的言语中把那些无礼的成分都去掉,那么你们确实说得很好。最主要的是,你们深入细致地用这样一种技艺思考了一切事物,任何活人在很短时间里都能学会这种技艺。我仔细观察过克特西普,他很快就能对你们进行模仿。还有一点和你们的方法有关——能够敏捷地作出反应是好的,但用于公众场合并不适宜。如果我可以大胆地向你们提建议,那么请你们不要对公众讲话,否则他们可以学得很快而忘了对你们表示感谢。你们俩最好在私下里争论,如果需要第三个人在场,那么就让一个能向你们交学费的人参加。我还要向你们的学生提出同样的建议,如果你们是谨慎的,那么决不要去和其他人争论,只能和你们的老师争论,或者在你们之间争论。欧绪德谟,物以稀为贵,而如品达所说,水是最好的,也是最贱的。我说道,如果你们愿意,请接受我和克利尼亚做你们的学生。

克里托,说完这番话没一会儿,我们就散去了。你肯定会和我们一起去接受那两个人的教育,你知道他们宣称能教任何愿意付学费的人,无论年纪与智力如何——任何人都欢迎,每个人都能轻易地学会他们那种能干的方法——为了你的利益,我还得特别强调,他们说过这种学习并不妨碍人们去挣钱。

克里托　那好吧,苏格拉底,我这个人很好奇,也总是乐意学

D　习。但问题在于我并不是欧绪德谟这样的人，而是你提到的另一类人中的一个，宁可被这种谈话所驳斥也不愿用这种谈话去驳斥别人。我现在要是向你提建议显得可笑，但我还是想把我听到的一件事跟你讲。我必须告诉你，我昨天碰到一个人，当时他从人群中挤出来，而我正在外围走动。他认为自己是个能人，擅长在法庭上讲话。他对我说，喂，克里托，你怎么没坐在那些聪明人的脚跟前？

我说，没办法，我想靠近些，但里面太吵了，我听不见。

他说，这场谈话很值得一听。

我问道，这是一场什么样的谈话？

E　你也许听说过使用辩证法的人，在现在还活着从事谈话的人中间，这种人最能干。

我说，那么你认为他们怎么样？

他们？无论谁听了他们谈话都会认为他们在胡说八道，谈论一些根本没有价值的事情，或者小题大作。

这是他的原话，一字不落。然后我说，不过，哲学是一样迷人的东西。

305　他说，呸，呸，迷人，得了吧！我告诉你，一文不值！如果你刚才在场，我敢肯定你会为自己的老朋友感到耻辱，他是个大傻瓜，竟然把自己交到这样的人手中，他们只会咬文嚼字，根本不在乎自己在说些什么。这些人竟然还算是当今最强大的人。克里托，这些人运用的整个方法确实是卑鄙的、可笑的。

B　在我看来，苏格拉底，这个人责备这种方法是不对的，其他人责备这种方法也不对，至于他认为不要当众与这样的人争论，我认为他的态度是正确的。

苏格拉底　我亲爱的克里托，这样的人确实神奇。但我现在还不知道该怎么说。那个和你说话、挑哲学毛病的人属于哪类人？

他是法庭辩论专家,还是演说家,或者是专门撰写讲稿让演说家去
讲演的人?

克里托　他确实不是演说家,我也不认为他曾去过法庭。但
我告诉你,有人说他懂得这门技艺——一个会撰写演讲稿的能人。 C

苏格拉底　啊! 现在我知道了。我正想去找这样的人谈话。
我亲爱的克里托,普罗狄科把这些人称作介于哲学与政治之间的
边疆居民。他们认为自己最聪明,不仅是最聪明的,而且也被许多
人认为是最聪明的,所以在取得举世公认的名声的道路上,他们惟
一的对手是哲学的学生,其他再也没有别人了。正因为此,他们相 D
信如果能削弱哲学家的名望,把哲学说得一文不值,自己就能马上
在公众心目中无可争议地赢得智慧之人的名声。他们相信自己确
实是最聪明的,但在非正式谈话中,只要他们稍微一迟缓,就会被
欧绪德谟这群人截断。如果他们认为自己聪明,那么应该说这样
想是相当合理的,他们知道自己在哲学和政治方面都有适度的修 E
养,在两方面都有足够的知识,因此在享受智慧之果时,他们能够
避免这两个领域中的危险和冲突。

克里托　那么你是怎么想的,苏格拉底? 他们说的这些话有
意思吗? 他们当然自视甚高,把自己说得天花乱坠。

苏格拉底　对,就是这么回事,克里托,看起来很好,实际上并 306
没那么好。因为要说服他们接受这两个领域中的真理并不容易。
对人和事物来说,如果位于两个事物之间,并分有它们,那么当它
们一好一坏的时候,居间者就会比其中的好事物坏,而比其中的坏
事物好;当位于两个并非针对同一对象而言的好事物之间时,居间
者比这两个好事物都要差,因为这些事物作为组成部分各有自己
的用处;当这两个事物是并非针对同一事物的坏事物时,那么居间
者就是由这两个坏事物组成的,并处在二者之间,居间者只比那些
它们在其中拥有某个部分的事物要好些。如果哲学和政治行为都 B

是好的,但各自针对不同的事情,如果这些人位于它们之间并拥有
二者的某个部分,那么他们就没有任何东西可说,因为他们比二者
都要坏;如果二者一好一坏,那么他们比一样东西要坏,比另一样
东西要好;如果二者都是坏的,那么这些人会说出某些真理,否则
的话,他们就根本不能说出真理。现在我不认为他们会承认这两样
C 东西都是坏的,也不会承认一好一坏;实际上,这些分有二者的
人比只从事政治或哲学的人要差,尽管他们确实是第三种人,他
们想要人们把他们当作第一位的。我们一定不要由于他们的野心
而对他们太严厉,一定不要生气,但我们必须相信他们就是这样
的人。因为,无论什么人只要他说的话是在向智慧接近,只要他
勇敢地追随智慧,并为此而努力工作,我们都必须对他表示满
意。

D 　　　**克里托**　好,苏格拉底,你知道我老是跟你讲,我对自己的儿
子感到困惑,不知该如何对待他们。我的小儿子还很小,但是克里
托布卢已经长大成人,需要有人帮助他。事实上,每当我遇见你,
我就想起自己所碰到的种种麻烦,全都是为了这个孩子,好比说找
E 个出身高贵的妇女结婚给他们做后娘,多挣些钱让他们能够富裕。
总之,要我放弃他们的教育在我看来简直是发疯。但是每当我看
307 到这些自称能教育人的人,我就感到可怕。说实话,他们在我看来
没有一个适宜做这项工作,所以我不知道如何让我的孩子去学哲
学。

　　　苏格拉底　我亲爱的克里托,你难道不知道无论哪一行,愚蠢
卑劣的人居多,严肃高尚的人极少? 体育怎么样? 你认为体育是
个好行当吗,还有演说、指挥战争?

　　　克里托　这些行当确实不错。

B 　　　**苏格拉底**　很好,你难道看不出在各种行业中大多数人都显
得很可笑?

克里托 没错,你说的完全正确。

苏格拉底 但你会因此而回避从事任何行业,也不让你的儿子去从事某个行业吗?

克里托 这样做就不对了,苏格拉底。

苏格拉底 那么,克里托,不要做你一定不能做的事。别为那些实践哲学的人担心,无论他们是好是坏,只要能认真仔细地考察事物本身。如果哲学在你看来是样坏东西,那么就让所有人都回避它,而不仅仅是你的儿子;但若你对哲学的看法也和我一样,那么如谚语所说,让"你自己和你的家人"鼓足勇气去追求它,实践它。

C

克 拉 底 鲁 篇

提　要

　　本篇对话讨论语言的起源,基本上是一个新主题。苏格拉底对这个问题的探讨包含许多奇妙的猜测,偶尔也有对真理的洞察,甚至是非常深刻的顿悟。第一条建议是:人的语言来自神,但他与这种观点没什么关系。他说,这不是一个推理,而只是一个无需任何理由的托词。就像一名悲剧诗人,遇到难题就把宙斯当作工具搬出来应急。

　　对话的主要部分用于猜测希腊语词的派生,当然啦,只有能读希腊文的人才能理解,像所有猜测一样,它也显得使人厌倦。大部分读者会很快放过这篇对话,但这样做是一种遗憾,因为苏格拉底的形象正是通过大量使人疲倦的阅读才显现出来。苏格拉底经常竭尽心智,就一些无关紧要的事情提出许多错综复杂的论证,但他又像是在与人的心力开玩笑,用他自己的话来说,"我老是从进来那个门里出去","经过大量研究,我发现自己比没研究之前更加困惑。"

　　对话结尾处,开玩笑和讥讽消失了。他说,要发现真理,语言的精确和变化都没有什么帮助。善与美是存在的、永恒的,而我们用来表达它们的语言决不会适宜。他吩咐克拉底鲁说:"好好思考吧,当你发现了真理,再来告诉我。"

正　文

赫谟根尼　假定我们让苏格拉底成为论证的一方。　　　383

克拉底鲁　只要你乐意。

赫谟根尼　我要向你做些解释，苏格拉底，我们的朋友克拉底鲁一直在对名称进行论证。他说名称是自然的，而非约定俗成的——名称不是人们一致同意使用的那种声音的一部分——名称的真实性或正确性对希腊人和野蛮人来说都是一样的。我问他，你　　B自己的名字克拉底鲁是否真实？他回答说是。苏格拉底的名字呢？也是。我对他说，那么每个人的名字就是别人称呼他的那个名称。对此克拉底鲁回答说，如果世上所有人都叫你赫谟根尼，那么赫谟根尼就不会是你的名字了。我急于想得到进一步的解释，这时他露出一副嘲讽和神秘的样子，看起来他要是愿意的话，他会　　384说出自己对这件事的看法，如果他能把话说明白，那么也一定能够完全令我信服。苏格拉底，告诉我，这个神谕是什么意思，或者要是你擅长这种事，那么也可以把你自己对名称真实性或正确性的看法告诉我，这样的话我就能先听为快了。

苏格拉底　希波尼库之子，有句古谚说"好知识最难获得"。　　B关于名称的知识是知识的一大部分。如果我不那么穷，我就会去听伟大的普罗狄科讲授那门 50 德拉克玛的课程，这是一门完整的语法和语言课——这是他自己的原话——要是这样的话，我马上就能回答你有关名称正确性的问题。但我确实只听了门一个德拉　　C克玛的课，因此我不懂名称的真实性。然而我很乐意帮助你和克拉底鲁考察这些事情。他说你的名字并非赫谟根尼，我怀疑他只是在和你开玩笑，他的意思是说，你并非赫耳墨斯真正的儿子，因为你一直在寻找好运，但从来没交上好运。但我说过，要获得这类知识很难,所以我们在听到双方意见之前最好不要下结论。

赫谟根尼　我经常和克拉底鲁或是其他人谈论这个问题,但
D 除了说它是约定俗成的和人们一致同意的,我无法相信名称的正
确性还有其他什么原则。在我看来,你提出的任何名称都是正确
的,如果你换一个名称,那么这个新名称也和老名称一样正确——
我们经常给自己的奴隶换个名字,我们给他们起的新名字就和老
名字一样好。因为自然并没有把名字给予任何事物,所有名称都
是一种习俗和使用者的习惯。这就是我的看法。但若我错了,我
乐意听到克拉底鲁的批评,向他学习,或向其他任何人学习。

385　　　**苏格拉底**　我敢说你是对的,赫谟根尼。让我们来看——你
的意思是,每一事物的名称只是大家都同意用来称呼它的那个东
西,对吗?

　　　　赫谟根尼　我是这样想的。

　　　　苏格拉底　名称的赐予者是一个人或一个城邦,是吗?

　　　　赫谟根尼　是的。

　　　　苏格拉底　好吧,现在让我们来举例。假定我把一个人叫做
马,或把一匹马叫做人,那么你的意思是说,我个人把这个人叫做
马是正确的,而世上其他人把他叫做人也是正确的;或者我个人把
他叫做人,而世上其他人把他叫做马也是正确的——你是这个意
思吗?

B　　　**赫谟根尼**　在我看来这些说法都对。

　　　　苏格拉底　那么它们的真实性如何? 你承认语词有真实与虚
假之分吗?

　　　　赫谟根尼　当然有。

　　　　苏格拉底　命题也有真实与虚假之分吗?

　　　　赫谟根尼　当然有。

　　　　苏格拉底　真实的命题说的是存在的事物,虚假的命题说的

是不存在的事物,对吗?

赫谟根尼 对,除此之外还能有别的回答吗?

苏格拉底 那么,在一个命题中有真实与虚假吗?

赫谟根尼 当然有。

苏格拉底 但一个命题的真只能是整个命题的真,而它的部   C
分可以是不真的吗?

赫谟根尼 不可能,部分也和整体一样真。

苏格拉底 你说的部分是大部分而不是小部分,或者说你指
的是每一部分?

赫谟根尼 我要说每一部分都是真的。

苏格拉底 命题有可能分解为比名称还要小的部分吗?

赫谟根尼 不可能,名称已经是最小的部分了。

苏格拉底 那么名称是真命题的一个部分吗?

赫谟根尼 是。

苏格拉底 它是一个部分,而且你说它是一个真实的部分。

赫谟根尼 对。

苏格拉底 虚假的部分不也是虚假的吗?

赫谟根尼 是。

苏格拉底 但若命题可真可假,名称不也可真可假吗?

赫谟根尼 我们必须这样推论。

苏格拉底 任何事物的名称是由任何人加以肯定的那个名称   D
吗?

赫谟根尼 是的。

苏格拉底 那么,如果每个人都说到某个事物,这个事物就会
有许多名称,对吗?这些名称在被说出来时都是真实的名称,对
吗?

赫谟根尼 对,苏格拉底,我感到名称的正确性无非就在于

E 此。你提供一个名称,我提供另一个,对同一事物来说,不同的城市和国家有不同的名称。希腊人和野蛮人使用不同的名称,希腊的几个部族使用的名称也不一样。

386 **苏格拉底** 但是赫谟根尼,你会说名称不同事物也不同吗?如普罗泰戈拉所说,它们都只与个人相关联,对吗? 他说过,人是万物的尺度,对我来说,事物就是它们对我所显现的那个样子,对你来说,事物就是它们对你所显现的那个样子。你同意他的看法吗,或者你会说事物有它们自己永久的本质?

赫谟根尼 苏格拉底,在我困惑不解的时候,我曾经好几次想要投靠普罗泰戈拉,但我并不完全赞同他的观点。

B **苏格拉底** 什么! 你曾被迫承认根本没有坏人这样的事物吗?

赫谟根尼 我确实没有,我经常想,很坏的人是有的,但也有许多好人。

苏格拉底 好吧,你曾见过非常好的人吗?

赫谟根尼 不太多。

苏格拉底 但你还是见到过,是吗?

赫谟根尼 是。

苏格拉底 你认为非常好的人是非常聪明的,非常坏的人是非常愚蠢的,对吗? 这是你的看法吗?

赫谟根尼 是的。

C **苏格拉底** 但若普罗泰戈拉说得对,真理就是事物对某人显现的那个样子,那么在我们中间如何可能有些人聪明,有些人愚蠢呢?

赫谟根尼 不可能。

苏格拉底 另一方面,你若是认为智慧和愚蠢真的有区别,那么我想普罗泰戈拉的论断几乎不可能正确。如果事物对每个人所显现的都是真的,那么一个人实际上不可能比其他人更聪明。

赫谟根尼 不可能。 D

苏格拉底 你也不会倾向于欧绪德谟的看法,认为一切事物在同一时刻同等地属于一切人,并且始终如此,因为这样一来,如果美德和邪恶始终同等地属于一切人,那么就不可能有些人是好人,有些人是坏人。

赫谟根尼 不可能。

苏格拉底 如果这两种看法都不对,事物并非与个人相关联,一切事物并非同等地在同一时刻属于所有人,并且始终如此,那么必须假定事物有它们自己专门的、永久的本质;它们并非与我们相 E 连,或受我们影响,按我们的想象动摇不定,而是独立的,保持着它们自己的本质和自然给它们规定的联系。

赫谟根尼 苏格拉底,我认为你说得对。

苏格拉底 我所说的只适用于事物本身,还是同样也适用于这些事物发出的行为? 行为不也是一类存在吗?

赫谟根尼 对,行为也像事物一样真实。

苏格拉底 所以行为也按照它们的专门性质来完成,并非按 387 照我们对它们的看法来完成,是吗? 例如在切割中,我们并非随意的,可以随便使用什么工具,而是只使用恰当的工具,按照切割的自然过程进行,这种自然过程是正确的,会取得成功,而其他过程则会失败,根本没有什么作用。

赫谟根尼 我会说,这种自然的方式是正确的方式。

苏格拉底 还有,在燃烧中,并非每一种方式都正确,只有自 B 然的方式是正确的,使用自然的工具是正确的。

赫谟根尼 对。

苏格拉底 这对一切行为都可以成立吗?

赫谟根尼 对。

苏格拉底　讲话是一种行为吗?

赫谟根尼　对。

C　　**苏格拉底**　随心所欲地讲话是正确的吗?成功的讲话者不就是按照自然的方式、依据事物必须被讲述的方式、使用自然的工具讲话的人吗?按照其他任何方式讲话都会导致谬误和失败。

赫谟根尼　我非常赞同你的意见。

苏格拉底　提到事物的名称是讲话的一部分,对吗?因为人们讲话时总会提起事物的名称。

赫谟根尼　没错。

苏格拉底　如果讲话是一种行为,那么与这种行为有关的提到事物的名称不也是一种行为吗?

赫谟根尼　对。

D　　**苏格拉底**　我们看到这种行为并非与我们自己相连,而是有其自身特性,是吗?

赫谟根尼　确实如此。

苏格拉底　那么论证会引导我们得出这样的结论:必须按照自然过程用恰当的工具来给事物命名,而不能随心所欲;只有这样我们才能成功地命名,除此别无他途。

赫谟根尼　我同意。

苏格拉底　还有,被切割的东西必须要用某种东西来切割吗?

赫谟根尼　对。

E　　**苏格拉底**　被编织或穿孔的东西必须要用某种东西来编织和穿孔吗?

赫谟根尼　确实如此。

苏格拉底　被命名的东西必须要用某种东西来命名吗?

赫谟根尼　对。

苏格拉底　我们用什么东西来穿孔?

赫谟根尼　钻子。

苏格拉底　我们用什么东西来编织？　　　　　　388

赫谟根尼　梭子。

苏格拉底　我们用什么东西来命名？

赫谟根尼　名称。

苏格拉底　很好，那么名称是一个工具吗？

赫谟根尼　肯定是。

苏格拉底　假定我问，梭子是一种什么样的工具？你会回答说，编织工具。

赫谟根尼　对。

苏格拉底　我又问，我们在编织时用梭子做什么？回答是用　B
它把纬线和经线分开。

赫谟根尼　非常正确。

苏格拉底　对钻子，或一般的工具，不也可以做出同样的描述吗？

赫谟根尼　肯定能。

苏格拉底　假定我现在就名称提一个相同的问题，你能回答我吗？把名称当作一样工具，当我们在给事物命名时，我们在做什么？

赫谟根尼　我说不出来。

苏格拉底　我们不是在把信息相互传递，按照事物的性质区别它们吗？

赫谟根尼　我们确实在这样做。

苏格拉底　那么名称是教育和区分性质的工具，就像梭子把　C
织网的线分开。

赫谟根尼　对。

苏格拉底　梭子是织工的工具吗？

赫谟根尼 肯定是。

苏格拉底 那么织工会很好地使用梭子——这里很好的意思就是像个织工,对吗? 教师会很好地使用名称——这里很好的意思就是像个教师,对吗?

赫谟根尼 对。

苏格拉底 当织工使用梭子时,他很好地加以使用的成果是谁造的?

赫谟根尼 是木匠造的。

苏格拉底 每个人都是木匠,还是只有掌握了木工技艺的人是木匠?

赫谟根尼 只有掌握了木工技艺的人是木匠。

D　　**苏格拉底** 当钻孔的人使用钻子时,他很好地加以使用的钻子是谁造的?

赫谟根尼 是铁匠造的。

苏格拉底 每个人都是铁匠,还是只有掌握铁匠技艺的人是铁匠?

赫谟根尼 只有掌握铁匠技艺的人是铁匠。

苏格拉底 当教师使用名称时,他用的东西是谁造的?

赫谟根尼 讲到这里我又感到困惑了。

苏格拉底 你至少可以说出是谁把我们使用的名称给了我们,是吗?

赫谟根尼 我确实说不出来。

苏格拉底 你不认为把名称给我们的是法律吗?

赫谟根尼 对,就算是吧。

E　　**苏格拉底** 那么当教师给我们一个名称时,他在使用立法家的成果吗?

赫谟根尼 我同意。

苏格拉底　每个人都是立法家,还是有立法技艺的人才是立法家?

赫谟根尼　有立法技艺的人。

苏格拉底　那么赫谟根尼,并非每个人都能提供名称,只有名称制造者才能提供,他就是立法家,在世上所有艺人中,有这种技艺的人最少。

389

赫谟根尼　对。

苏格拉底　立法家如何制造名称? 他看着什么把名称造出来? 请参照前面的例子来考虑这个问题。木匠在制造梭子时看着什么? 他不是在看着一个天然的、适宜起梭子作用的东西吗?

赫谟根尼　没错。

苏格拉底　假定在制造时,那个梭子破了。他会在造另一个梭子时看着这个破梭子吗? 或者说他会照着它的形状① 另外再造一个吗?

B

赫谟根尼　按我的想法,是照着它的形状。

苏格拉底　这个形状难道不应当公正地被称作真正的或理想的梭子吗?

赫谟根尼　我认为应当这样看。

苏格拉底　在织造衣料时,无论厚薄,无论是用亚麻、羊毛,还是别的材料,不管需要用什么样的梭子,都必须具有梭子的这种真正的形状。最适宜各种工作的梭子无论是个什么样,它必定是梭子的制造者按各种具体情况生产出来的那种形状的梭子。

C

赫谟根尼　对。

苏格拉底　对其他工具来说也一样。当一个人发现了天然适

①　此处的形状与柏拉图哲学的核心概念"型"是一个词,英文译为form。为贴近此处的语境,译为形状。

合某样工作的工具,他必须把这种工具天然的"型"表现出来,不管
他用的是什么材料,而不能凭想象随意把它表现成其他样子。例
如,他必须知道如何把天然适合各种用途的铁钻的"型"放入铁。
对吗?

　　赫谟根尼　当然对。

　　苏格拉底　他也必须知道如何把天然适合各种用途的梭子的
"型"放入木头吗?

　　赫谟根尼　对。

D　　**苏格拉底**　因为梭子的几种形式针对不同织物而设,制造工
具莫不如此。

　　赫谟根尼　对。

　　苏格拉底　至于名称,如果立法家是任何真正意义上的给事
物命名的人,那么立法家不也要必须知道如何把每一事物真正的、
天然的名称放入声音和音节中去,看着这个理想的名称① 制造和
E　提供一切名称吗? 我们必须记住,不同的立法家不会使用相同的
音节。因为尽管每个铁匠可以为同一目的而制造相同的工具,但
他们决不会从同一块铁里把它们都造出来。"型"必须是相同的,
390　但质料可以是多样的,无论用什么样的铁,造出来的工具可以一样
好,无论在希腊还是在外国——没有什么区别。

　　赫谟根尼　你说得很对。

　　苏格拉底　至于立法家,只要他用任何音节提供了真正、恰当
的名称的形式,那么无论他是希腊人还是蛮族人,你不会因为他的
出身而视之为低劣的立法家——这与他是哪个国家的人没有关
系。

　　赫谟根尼　非常正确。

————————————

　　①　即名称的"型"。

苏格拉底 那么无论用什么样的木头制造梭子,由谁来决定 B
赋予梭子的型是否合适? 是制造梭子的木匠,还是使用梭子的织
工?

赫谟根尼 苏格拉底,我想说是使用梭子的人。

苏格拉底 谁使用竖琴制造者的产品? 不就是那个懂得如何
指导演奏竖琴,也知道竖琴好坏的人吗?

赫谟根尼 当然是。

苏格拉底 他是谁?

赫谟根尼 竖琴演奏者。

苏格拉底 指导造船的是谁?

赫谟根尼 舵手。 C

苏格拉底 谁最能指导立法家的工作,知道他的产品好坏,在
这个国家或其他国家? 立法家的产品的使用者不就是人吗?

赫谟根尼 是的。

苏格拉底 不就是懂得如何提问的人吗?

赫谟根尼 是。

苏格拉底 不就是懂得如何回答的人吗?

赫谟根尼 是。

苏格拉底 你把懂得如何提问与回答的人称作辩证法家吗?

赫谟根尼 是的,这是他的名称。

苏格拉底 那么木匠的工作是造舵,如果要把舵造好,必须得 D
到舵手的指导。

赫谟根尼 对。

苏格拉底 立法家的工作是提供名称,要想正确地提供名称,
辩证法家必须指导立法家的工作,对吗?

赫谟根尼 对。

苏格拉底 那么,赫谟根尼,我要说提供名称并非像你想象的

那样容易,或是轻而易举,或是随便什么人都能做到。克拉底鲁说

E　得对,事物的名称是自然的,并非每个人都可以提供,而只有那些
能够看出事物天然名称的人才能这样做,才能用字母和音节表达
事物的真正形式。

391　　　　**赫谟根尼**　苏格拉底,我无法作答,但要我马上改变观点也很
勉强。如果你能告诉我,你所说的名称的天然适宜是什么意思,那
么我会被逐渐说服的。

　　　　苏格拉底　我的好赫谟根尼,我没有什么可以告诉你。我刚
才不是讲过——而你忘记了——我一无所知,但是愿意和你一起
探讨,不是吗? 你和我现在正在谈论这个问题,并且已经前进了一

B　大步,因为我们已经发现了一个真理:名称是自然的,并非每个人
都知道如何给事物起名称。

　　　　赫谟根尼　说得好。

　　　　苏格拉底　这个真理,或名称正确性的真理,具有什么样的性
质呢? 如果你想知道的话,这就是下一个问题。

　　　　赫谟根尼　我当然想知道。

　　　　苏格拉底　那么就想一想吧。

　　　　赫谟根尼　怎么个想法?

　　　　苏格拉底　正确的方式是向那些懂行的人请教,你得向他们

C　付钱,还要深切地感谢他们——这些人是享有智慧盛名的智者,其
中有你的兄弟卡里亚。但你还没有得到你的继承权,因此你最好
去找他,恳求他的教导,让他把从普罗泰戈拉那里学来的关于名称
恰当性的知识告诉你。

　　　　赫谟根尼　但是这样一来我就显得自相矛盾了,一方面驳斥
普罗泰戈拉和他的真理,另一方面却又肯定他和他的书具有价值!

D　　　**苏格拉底**　如果你藐视他,那么你必须向荷马和其他诗人学习。

　　　　赫谟根尼　荷马在什么地方讨论过名称? 他说了些什么?

苏格拉底 他经常谈论名称——最明显的是区别诸神和人给同一事物起的不同名字,说得非常得体。在这些段落中,他难道没有对名称的正确性做出杰出的论述吗? 我们必须认为诸神一定会用事物正确、自然的名称来称呼事物,你难道不这样认为吗?

赫谟根尼 为什么不? 如果诸神提到过事物,他们当然会正确地称呼事物。你想从中推论出什么来呢?

苏格拉底 你难道不知道荷马提到过那条与赫淮斯托斯① 进行过一场战斗的特洛伊河——荷马说:"是谁被诸神称作克珊托斯,② 而被凡人称作斯卡曼德?"③

赫谟根尼 我记得。

苏格拉底 那好,荷马有关这条河的谈论——懂得它为什么要被称作克珊托斯,而不是斯卡曼德——不是一堂严肃的课吗? 或者关于那种鸟的谈论不也是这样吗? 他说:"诸神称之为铜铃鸟(chalcis),而凡人称之为苍鹰(cymindis)。"④ 接受他的教育,懂得为什么铜铃鸟比苍鹰这个名称要正确得多——你会轻视这种讨论吗? 或者说,你会轻视关于巴提娅和密里娜⑤ 的谈论吗? 荷马和其他诗人那里还有其他许多同样的观察。我想,这些已非你我所能理解,但是关于斯卡曼德里乌和阿斯堤阿那克斯这两个名字,荷马说这是赫克托耳的儿子的两个名字⑥,这种事还是处在人的能

E

392

B

---

① 赫淮斯托斯(Hephaestus),希腊神话中的火神。
② 克珊托斯(Xanthus)是希腊河神,即斯卡曼德(Scamander)。
③ 荷马:《伊利亚特》第20卷,第74行。
④ 荷马:《伊利亚特》第14卷,第291行。
⑤ 巴提娅(Batiea)和密里娜(Myrina)出处不详。
⑥ 在特洛伊战争中,赫克托耳(Hector)是特洛伊一方的猛将,后来被阿喀琉斯杀死。赫克托耳与其妻安德洛玛刻生阿斯堤阿那克斯(Astyanax),他的另一个名字是斯卡曼德里乌(Scamandrius)。

力范围之内。我倾向于认为,诗人所说的正确性在这个例子中更容易被理解。我敢说,你记得我说的这行诗。

赫谟根尼　我记得。

苏格拉底　那么让我来问你,荷马认为阿斯堤阿那克斯和斯卡曼德里乌这两个名字中哪一个对赫克托耳的儿子比较正确?

C

赫谟根尼　我不知道。

苏格拉底　如果问你,聪明人和不聪明的人,哪一个能提供比较正确的名称,你会怎么答?

赫谟根尼　我当然会说聪明人。

苏格拉底　按类别来说,一座城市里的男人和女人,哪一种人比较聪明?

赫谟根尼　我会说,男人。

苏格拉底　这你是知道的,荷马说特洛伊城的男人称他为阿

D

斯堤阿那克斯(词义为城邦的王),如果说这个名字是男人叫的,那么他的另一个名字斯卡曼德里乌只能是那里的女人叫的。

赫谟根尼　可以这样推论。

苏格拉底　荷马难道不会认为特洛伊的男人比他们的妻子更聪明吗?

赫谟根尼　他肯定会。

苏格拉底　那么他一定会认为,对这个孩子① 来说,阿斯堤阿那克斯这个名字比斯卡曼德里乌更加正确,对吗?

赫谟根尼　显然如此。

苏格拉底　这样说有什么理由呢? 让我们来考虑一下。荷马

E

说:"你为他们保卫城门和巍峨的护垣。"② 荷马在这里不是提供

---

① 指赫克托耳之子。
② 荷马:《伊利亚特》第22卷,第507行。

了一个很好的理由吗？就如荷马所注意到的那样，这孩子的父亲是拯救了这座城市的国王，所以特洛伊人用阿斯堤阿那克斯这个名字称呼国王之子，这似乎是个很好的理由。

赫谟根尼　我明白了。

苏格拉底　噢，赫谟根尼，连我都还没有明白，你就明白了吗？

赫谟根尼　不对，我确实还不明白。

苏格拉底　但是请你告诉我，荷马自己不也在给赫克托耳起　393
名字吗？

赫谟根尼　什么名字？

苏格拉底　在我看来，这个名字和"阿斯堤阿那克斯"非常接近——都是希腊人的名字。国王(ἄναξ)和持有者(ἕκτωρ)的意思非常接近，都可以用来描述国王，因为这个人显然持有他作为国王　B
所拥有的东西——他统治、拥有、持有。也许你会认为我在胡说八道，在假定自己受到荷马对名称正确性的看法的激励时，我确实相信自己并不知道自己在说些什么。

赫谟根尼　我向你保证，我也不这么想，但我相信你已经走上正道了。

苏格拉底　我认为有理由把幼狮称作狮子，把马驹称作马；我现在讲的只是动物合乎自然本性产下来的后代，而非那些奇异的降生。如果违反自然本性，一匹马生下了一只牛犊，那么我不会把　C
它称作马驹，而会称为牛犊；我也不会把任何非人的东西生下来的后代称作人，而只会把合乎自然本性生下来的人称作人。同样的道理也可用于树木和其他事物。你同意吗？

赫谟根尼　对，我同意。

苏格拉底　很好。但是你最好对我提高警惕，免得上我的圈套。按照同一原则，国王的儿子被称作国王。无论这个名称所用　D
的音节是否相同，都没有什么差别，只要能保持它的含义；只要在命名的过程中事情的本质还保持着,在名称中显现,那么字母的增减也不会造成什么差别。

　　赫谟根尼　你这样说是什么意思?

　　苏格拉底　我的意思很简单。我以字母的名称为例来加以说明。你知道,除了 ∈,υ,ο,ω 这四个字母以外,字母的名称与字母本身并不一样。其他字母的名称,无论是元音还是辅音,都是由我们
E　添加的其他字母组成的,但只要我们把意思说清楚了,那么不会搞错,字母的名称还是正确的。例如字母 beta 的名称——添加了 η,τ,α 这几个字母,但并不会引起冒犯,不会使整个名称失去立法家为它规定的价值——立法家非常懂得如何把名称赋予字母。

　　赫谟根尼　我相信你说得对。

394　　**苏格拉底**　同样的道理不也可以用来解释国王吗?国王的儿子经常也是国王,优秀或高贵的君王会有优秀或高贵的儿子,同理,每个物种的后代在自然过程中都会与父母相似,因此拥有同样的名称。然而,表达同一事物的音节也可以被伪装起来,使无知者认不出它们的本来面目,以为它们表示不同事物,而实际上它们表示的事物是相同的,就好像我们中间有个人不认识处在不同颜色
B　和气味伪装之下的相同的药,而对熟悉药性的医生来说,它们是一样的,不会因为增添了什么就认不出来。以同样的方式,词源学家并不会因为一两个字母的增加、换位、减少而认不出这个词来,哪怕字母全部发生了变化也没有什么关系,因为这些都不会影响词的涵义。如我们刚才所说,赫克托耳和阿斯堤阿那克斯的名字只
C　有一个字母相同,这就是τ,然而它们有着相同的含义。城邦统治者(Archepolis)这个名称与他们的名字相同字母很少,然而涵义却是一样的。其他还有许多名称的意思也是国王。此外,将军也可以有好几个名称,例如"埃吉斯"(Agis,领袖)、波勒玛库斯(Polemarchus,统帅)、欧波勒谟斯(Eupolemus,好武士);医生也有几

个名称,比如"雅托克勒斯"(Iatrocles,著名的医师)、"阿凯西布罗图"(Acesimbrotus,医者)。诸如此类的例子不胜枚举,名称的音节不同,但拥有相同的涵义。你难道不这样看吗?

赫谟根尼 你说得对。 D

苏格拉底 那么一定要给那些顺从自然过程的人指定相同的名称,对吗?

赫谟根尼 对。

苏格拉底 对那些不顺从自然过程而出现反常的人该怎么办呢?例如,当一个虔敬的好人有了一个不虔敬的儿子,那么这个儿子一定不能拥有他父亲的名称,[①] 而应当用他所属的那类人的名称来称呼他,就好比我们前面举过的例子,母马生下了牛犊。

赫谟根尼 非常正确。

苏格拉底 那么虔敬父亲的不虔敬儿子应当被称作不虔敬的 E 吗?

赫谟根尼 那当然。

苏格拉底 他不应当被称作"塞奥菲鲁"(Theophilus,为神所爱的)、"涅西塞乌斯"(Mnesitheus,认真待神的),或其他任何一个这样的名称——如果正确地给他命名,他的名称应当具有与此相反的意义。

赫谟根尼 当然如此,苏格拉底。

苏格拉底 还有,赫谟根尼,俄瑞斯忒斯(Orestes,山民)[②] 这

---

① 即不能被称为虔敬的好人。

② 俄瑞斯忒斯(Orestes)在希腊神话、戏剧中是阿伽门农之子。阿伽门农(Agamemnon)是阿耳戈斯王和迈锡尼王,特洛伊战争时的希腊联军统帅。战争结束后返国时被其妻及奸夫谋杀后,俄瑞斯忒斯被他的姐姐送走,长大后与姐姐共谋杀死母亲及其奸夫为父亲报仇。为此受到复仇女神惩罚,变成疯子。后来被女神雅典娜解救,归国继承王位。

个名字似乎起得不错,无论它是偶然得来的,还是因为有些诗人刻意想要表现这位英雄本性中的残忍、凶猛和山民般的野性。

395　　**赫谟根尼**　苏格拉底,你说得像那么回事。

　　苏格拉底　他父亲的名字也是顺从本性的。①

　　赫谟根尼　显然如此。

　　苏格拉底　对,因为他的名字也表现了他的本性。阿伽门农(Agamemnon,因坚韧而受人崇敬的)行动刚毅,坚忍不拔,由于他的

B　美德而成为国王,他的名字所表示的含义在特洛伊得到证明。他在那里统帅大军,表现出巨大的耐心和坚韧。我也认为阿特柔斯这个名字叫得对,因为他谋杀克律西波斯,极为残忍地对待堤厄斯忒斯,因此毁坏了自己的声誉。② 这个名字有些变化和伪装,并非每个人都能理解,但词源学家不难看清它的涵义,因为不管你认为

C　他是愚蠢的(ἀτειρ́ς),还是无所畏惧的(ἄτρεστος),或是摧毁者(ἀτηρός),从各个不同角度看,这个名称完全正确。我认为珀罗普斯③ 这个名称也起得很恰当,正如这个名字的涵义所示,他被称作珀罗普斯是因为他只能看见眼前的事物(ὁ τὰ πέλας ὁρῶν)。

　　赫谟根尼　怎么会这样呢?

---

　　①　此处"本性"与"自然"是一个词。

　　②　阿特柔斯(Atreus)是珀罗普斯之子。克律西波斯(Chrysippus)和堤厄斯忒斯(Thyestes)都是阿特柔斯的兄弟。阿特柔斯与堤厄斯忒斯一起杀死克律西波斯,然后逃往迈锡尼,在那里当了国王。后来堤厄斯忒斯勾引阿特柔斯之妻,企图篡夺王位,阴谋败露后逃离迈锡尼。阿特柔斯杀了堤厄斯忒斯的两个儿子,并把他们的肉做成菜肴宴请堤厄斯忒斯。堤厄斯忒斯发现自己吃了儿子的肉后诅咒阿特柔斯的子孙,这个诅咒在阿特柔斯的儿子阿伽门农身上应验。

　　③　珀罗普斯(Pelops)是坦塔罗斯(Tantalus)之子,他的父亲把他剁成碎块供神食用,但宙斯使他成活。他后来去了厄利斯,与那里的国王俄诺玛俄斯比赛驾车,获得胜利后娶公主希波达弥亚(Hippodamia)为妻。

苏格拉底 按照传说,珀罗普斯对谋杀密耳提罗斯① 会给他 D
的整个部落长期带来灾难这件事毫无预见;他只看到眼前的事情
和利益,眼前也就是"近"(πέλας),因为他急于想用一切手段来达
到娶希波达弥亚做新娘的目的。如果关于坦塔罗斯的传说是真
的,那么他的名字也是正确的,与本性相吻合。

赫谟根尼 关于他有哪些传说?

苏格拉底 他的一生有许多可怕的灾难降临于他——最后一
桩灾难是他的国家最终毁灭——死后在冥府受罚,头顶上有石头 E
高悬(ταλαντεία)。这些说法都与他的名字非常吻合。你可以想
象,有些想称他为"灾难深重者"(ταλάντατος)的人把这个名字改
成坦塔罗斯(Tantalus),由于某些误传也就成了现在这个样子,这
个词确实已经变形了。坦塔罗斯的父亲据说是宙斯,这个名字也
有丰富的涵义,尽管很难理解,因为这个名字就像一个句子,可以 396
分成两半。有些人用了名字的一半,称他为宙那(Ζῆνα);而有些
人使用另一半,称他为狄亚(Δία)。两部分合在一起象征着这位
神的本性,因为我们说过,名称的作用就是表达本性。他是万民之
王、万物之主,除他之外我们的生命没有其他的创造者。因此我们
称他为宙那和狄亚是对的,尽管有两个名字,但实际上是一个名 B
称,意思就是一切生灵因之而拥有生命的这位神(δι' ὃν ζῆν
ἀεὶ πᾶσι τοῖς ζῶσιν ὑπαρχει)。把他称作克洛诺斯之子初看上
去是不虔敬的,因为克洛诺斯在谚语中是愚蠢的代名词,我们宁可
希望宙斯是伟大理智之子,而这是一个事实,因为这正是他父亲的
名字的意思——Κρόνος类似Κόρος (κορέω,扫除),它不是指年轻

---

① 密耳提罗斯(Myrtilus)是赫耳墨斯之子、国王俄诺玛俄斯的御者。他
被珀罗普斯收买,锯断主人的车轴,使主人赛车失败。他后来被珀罗普斯抛
入海中。

人的心灵,而是指 τὸ καθαρὸν καὶ ἀκήρατον τοῦ νοῦ(纯粹的、精
C 细的心灵),亦即 ἀπὸ τοῦ κορεῖν。我们从传说中得知,克洛诺斯
是乌拉诺斯生的,这样称呼乌拉诺斯是对的,因为乌拉诺斯这个名
称源于"向上看"(ἀπὸ τοῦ ὁραν τὰ ἄνω),而哲学家告诉我们,向
上看是使心灵纯洁的方法,因此乌拉诺斯这个名称是正确的。如
果我能记得赫西奥德的神谱,我还能继续追根溯源,对诸神的远祖
得出同类结论——这样我就能知道这种刹那间来到我心里的智慧
D 是否能贯穿始终,而现在我还不知道。

　　赫谟根尼　苏格拉底,在我看来,你很像是一位最新受神激励
的预言家,正在宣布神谕。

　　苏格拉底　对,赫谟根尼,我相信是普罗巴提亚区①的那位
伟大的欧绪弗洛在激励我,他给我上了很长一堂课,从拂晓时就开
始了。他在那里讲,我在那里听。他的智慧伴随着迷人的魅力,不
E 仅充斥我的双耳,而且占据我的灵魂。今天我想要让他那超人的
魔力起作用,完成对名称的研究——看来胜券在握——但是到了
明天,如果你也愿意的话,我们会用魔法把他驱除。只要我们能找
397 到某些擅长举行涤罪仪的祭司或智者,那么我们要清除欧绪弗洛
的影响。

　　赫谟根尼　我还是真心诚意地想听到其他部分,我对关于名
称的研究非常关心。

　　苏格拉底　那就让我们开始吧。但我们应当从什么地方开始
呢,因为我们已经了解了这类研究的大致情况? 名称自身可以证
明它们不是人为地给予的,而是具有天然的适当性,是吗? 一般说
B 来,英雄和凡人的名字容易使人误解,因为他们经常按照祖先之名
而得名,因此他们的名字经常并不符合他们的真实情况,或者说这

---

　　①　普罗巴提亚区(Prospaltian deme)是雅典的一个区。

些名字仅仅表达了一种希望,比如说"欧提基德斯"(Eutychides,幸运之子)、"索西亚斯"(Sosias,救助者、救星)、"塞奥菲鲁"(Theophilus,为神所爱的),等等。但我想最好还是把这些名字搁下,因为要在那些本质不变的名称中发现名称的正确性还有更多的机会——我们一定要更多地留意这些名称的命名,而在赋予这些名称时,可能有某些 超人的力量在起作用。 C

赫谟根尼 我也这样想,苏格拉底。

苏格拉底 我们一定得从诸神开始考虑,说明他们被称作神是对的,是吗?

赫谟根尼 是,这样做很好。

苏格拉底 我的想法是这样的。我怀疑太阳、月亮、大地、星辰、天空是希腊土著居民所知道的仅有的神灵,它们至今仍是许多 D 野蛮人的神。由于这些东西总是在移动和奔跑,因此根据它们奔跑的性质,它们被称作神(θεούς)或奔跑者(θέοντας),随着人们开始熟悉其他神灵,于是就把它们全都称为神了。你认为是这么回事吗?

赫谟根尼 我确实这样看。

苏格拉底 我们下面该说什么?

赫谟根尼 诸神后面不就是守护神、① 英雄和凡人吗? E

苏格拉底 守护神! 这个词是什么意思? 如果我说得对,你就告诉我。

赫谟根尼 你说吧。

苏格拉底 你知道赫西奥德如何使用这个词?

赫谟根尼 我不知道。

苏格拉底 你不记得他说首先出现黄金种族的人类吗?

---

① daemon = demon,亦译为精灵。

赫谟根尼　我记得。

苏格拉底　他是这样说的："自从这个种族被大地埋葬之后，他们被称为大地上的守护神。他们无害、善良、是凡人的守护者。"①

398　　**赫谟根尼**　从中又能推论出什么来呢？

苏格拉底　推论！我假定他使用黄金种族这个说法的意思，并不是字面意义上的用黄金造成的人，而是指当时的人是善良的、高尚的，我相信这一点，因为他接下去还说到我们是黑铁的种族。

赫谟根尼　没错。

B　　**苏格拉底**　你难道不认为我们自己这个时代的好人也会被他说成是黄金种族的人吗？

赫谟根尼　完全有可能。

苏格拉底　好人不是聪明人吗？

赫谟根尼　是，好人是聪明人。

苏格拉底　因此我完全相信，他之所以把他们称作守护神，那是因为他们有知识，或者是聪明的(δαήμονες)，在我们阿提卡的老方言中有这个词。他和其他诗人确实说过，好人死去以后在死者中拥有光荣和伟大，成为一个守护神，赋予他这个名称就表示他

C　　有智慧。我还要说，每个聪明的好人在生前和死后都不只是人(more than human, δαιμονον)，称之为守护神是正确的。

赫谟根尼　那么我宁可认为自己与你的想法一致，但是英雄(ἥρος, 古体写作ἔρως)这个词的意思是什么？

苏格拉底　我想这不难解释，这个名称没有多少变化，表示他们是爱情的结晶。

赫谟根尼　这样说是什么意思？

苏格拉底　你难道不知道英雄是半神(demigods)吗？

---

①　赫西奥德：《工作与时日》，第 121 行。

赫谟根尼　那又如何？

苏格拉底　所有英雄都是神与凡人爱情的产物，要么是神与　D
凡间妇女所生，要么是女神与凡间男人所生。你想一想这个词在
古代阿提卡方言中的形式，英雄(heros)这个词与厄洛斯(Eros，爱
神)这个词只有微小的差别，英雄们都来自爱神。无论这个词的意
思是不是这样，他们都一定像修辞学家和辩证法家那样技艺娴熟，
能够提出问题(ἐρωτᾶν)，因为εἴρειν相当于λέγειν。所以如我所
说，在阿提卡方言中，英雄转义为修辞学家和提问者。这些变化要　E
发生是很容易的，英雄们的高贵后裔组成了一个智者和修辞学家
的部落。但你能否告诉我，为什么人要叫做ἄνθρωποι？这个问题
比较难。

赫谟根尼　不行，我办不到。即使我能做到我也不想做，因为
我认为你似乎更能取得成功。

苏格拉底　也就是说，你相信欧绪弗洛的激励。　　　　　　399

赫谟根尼　当然。

苏格拉底　你的坚信不会落空，因为此刻有一种新思想在我
心中产生出来，如果我不再克制些，那么明天拂晓我会聪明过头。
现在注意听，首先记住我们经常增加或减少语词的字母，在起名字
时也随意改变重音。举例来说，Διὶ φίλος，为了把这个句子变成一　B
个名词，我们省略了一个ι(iota)，并且把中间这个音节的锐音改成
抑音；另一方面，有时候人们在语词中不是省略而是塞入字母，原
先的抑音之处则改为锐音。

赫谟根尼　没错。

苏格拉底　人(ἄνθρωπος)这个名称曾经是一个句子，现在成　C
了一个名词，它的变化就属于这种情况，字母 α 被省略了，而最后
一个音节上的锐音则变成了抑音。

赫谟根尼　你这是什么意思？

苏格拉底　我的意思是人这个词意味着其他动物从来不考察、考虑,或探究(ἀναθρεῖ)它们看到的东西,只有人不仅看(ὄπωπε),而且还考虑和探究他所看到的事物,因此在所有动物中只有人可以被正确地称为ἄνθρωπος,这个词的意思就是(ἀναθρῶν ἃ ὄπωπεν,探究所看到的东西)。

赫谟根尼　我可以请你考察另一个令我感到好奇的词吗?

苏格拉底　当然可以。

D　赫谟根尼　我要问的这个词在我看来与刚才那个词在秩序上正好相连。你知道灵魂与肉体的区别吗?

苏格拉底　当然知道。

赫谟根尼　让我们像刚才一样努力分析它们。

苏格拉底　你想要我先考察灵魂(ψυχή)这个词的天然适当性,然后再考察肉体(σῶμα)这个词吗?

赫谟根尼　是的。

苏格拉底　如果要把我此刻涌现在心中的想法说出来,那么我会想象那些最先使用ψυχή这个名称的人想要说的意思是,灵魂

E　在肉体中的时候是生命之源,提供了呼吸和再生(ἀναψῦχον)的力量,如果这种力量失败了,那么肉体就会衰亡,如果我没弄错的话,他们把这种力量称作灵魂(Psyche)。但请等一会儿,我想我能发

400　现某些更能为欧绪弗洛的门徒所接受的东西,因为我担心他们会嘲笑这种解释。你对另一种说法想说些什么?

赫谟根尼　让我听一听。

苏格拉底　什么东西能够掌握和承载肉体的整个本性,为之提供生命和运动? 除了灵魂还有什么能做到这一点呢?

赫谟根尼　只有灵魂。

苏格拉底　阿那克萨戈拉认为心灵或灵魂给一切事物安排秩序,并包含一切事物的原则,你相信吗?

赫谟根尼　是的,我相信。

苏格拉底　那么你蛮可以称这种力量为φυσέχη,它承载和掌 B
握本性(ἡ φύσιν ὀχεῖ καὶ ἔχει),而这个短语可以精练为ψυχή。

赫谟根尼　确实如此,我认为这个派生词更加合理。

苏格拉底　是这样的,但若我假定这就是这个名称的真正含
义,那我止不住要笑出声来。

赫谟根尼　我们对另一个词该怎么说呢?

苏格拉底　你指的是肉体(σῶμα)。

赫谟根尼　对。

苏格拉底　这个词有各种各样的解释,如果允许有一些置换
的话,那么可以作出的解释就更多了。有些人说肉体是灵魂的坟 C
墓(σῶμα),可以把灵魂看做今生就被埋葬的;还有一种看法说肉
体是灵魂的指标,因为肉体把灵魂的迹象显示出来(σημαίνει)。
这个名称可能是由奥菲斯教的诗人们发明的,他们感到灵魂由于
犯罪而正在接受惩罚,肉体是圈养或囚禁灵魂的地方,使灵魂保持
安全(σῶμα,σώζηται),如σῶμα这个名称的含义所表示的那样,直
到惩罚完毕。按照这种观点,这个词的字母无需作任何改动。

赫谟根尼　苏格拉底,关于这类词我认为已经说够了。但是 D
关于诸神的名称我们还有更多的解释吗,就像你对宙斯的解释那
样? 我想知道是否能把同样的正确性原则运用于其他神灵?

苏格拉底　对,确实如此,赫谟根尼,有这么一条很好的原则
我们作为聪明人必须接受——我们对诸神一无所知,无论是他们
的本性还是他们给自己起的名字,但我们可以肯定,无论他们如何
称呼自己,他们用来称呼自己的名称肯定是正确的。这是一条最
优秀的原则,接下去我们最好说,就像在祈祷中一样,我们可以用
他们所喜欢的名称或源于父名的名字来称呼他们,因为我们不知 401
道其他还能怎么办。我想这也是一个很好的习俗,很希望能够遵

守。所以,如果你愿意,让我们首先向诸神宣布,我们并不是在探究诸神——我们并不认为自己能够这样做。我们探讨的是给诸神起了那些名字的人是什么用意——这样我们受到的谴责会少一些。

赫谟根尼　苏格拉底,我认为你说得很对,我愿意照你的话去做。

B　　**苏格拉底**　那么我们要按照习俗,从赫斯提① 开始吗?

赫谟根尼　要,这样做很恰当。

苏格拉底　我们可以假定提供赫斯提这个名字的人有什么用意呢?

赫谟根尼　这是另外一个问题,肯定是最困难的。

苏格拉底　我亲爱的赫谟根尼,最先起名字的人必定心思缜密,我们有很好的理由说他们都可以算是哲学家。

赫谟根尼　好吧,他们是些什么样的人?

C　　**苏格拉底**　这些人把名称强加给我们。甚至连外国名字也一样,如果你要分析,那么它们的含义还是能觉察到的。例如,我们称之为οὐσία的东西有些人称之为ἐσσία,还有些人称之为ὠσία。而这个事物的本质应当称作ἑστία,与前面那个叫法相近(ἐσσία =ἑστία),这样称相当合理。雅典人有理由呼唤ἑστία,这个词包含着οὐσία。因为古时候的人也说ἐσσία来代替οὐσία,你可以注

D　　意到,这一点一直是那些人的看法,他们规定献祭首先应当献给ἑστία,如果他们认为ὠσία的意思是事物的本质,那么这样做是很自然的。还有,那些说ὠσία的人似乎倾向于赫拉克利特的看法,一切皆流,无物常住;他们把推动这条原则ὠθοῦν当作一切事物的原因和支配力量因此正确地称之为ὠσία。这一点说够了,我们这

E　　些一无所知的人能加以肯定的就是这些。在赫斯提之后,我们接

---

　　①　赫斯提(Hestia),希腊灶神或家室女神。

下去必须考虑瑞亚① 和克洛诺斯,尽管克洛诺斯的名字已经讨论过了。但是我敢说,我现在正在胡说八道。

赫谟根尼　为什么? 苏格拉底。

苏格拉底　我亲爱的朋友,我已经发现了一大群智慧。

赫谟根尼　什么性质的?

苏格拉底　相当可笑,但又似乎有理。 402

赫谟根尼　怎么个有理法?

苏格拉底　我在想,赫拉克利特重复了古人聪明的传说,这个时代就像克洛诺斯和瑞亚的时代那么久远,而荷马也谈论过这些事。

赫谟根尼　你这是什么意思?

苏格拉底　假定赫拉克利特说过,一切皆流,无物常住;他把事物比做一道川流,说你不可能两次走下同一条河。

赫谟根尼　没错。

苏格拉底　所以,把克洛诺斯和瑞亚这两个名称给了诸神祖 B 先的是赫拉克利特,这样做与赫拉克利特的学说完全吻合,我们又如何能够不做这样的推论呢? 把两位祖先都称作河流难道纯粹是偶然的吗? 对照一下荷马的诗歌,我相信还有赫西奥德的,荷马说:"俄刻阿诺,众神的始祖,众神的母亲忒提斯"②。还有,奥菲斯说:"俄刻阿诺美丽的河流是最先婚配的,他与他的姐妹忒提斯结婚,她也是他的母亲之女。"③ 你瞧,存在着一种惊人的相似性,全 C 都和赫拉克利特的思路一致。

赫谟根尼　苏格拉底,我认为你说的有点意思,但我不明白忒

---

①　瑞亚(Rhea)在希腊神话中是众神的母亲。她是乌拉诺斯和该亚之女,克洛诺斯之妻。

②　荷马:《伊利亚特》第14卷,第201行。

③　同上书,第302行。

提斯这个名字的含义。

苏格拉底　好吧,这几乎是不言而喻的,它只不过就是清泉这
D　个词略加伪装,因为凡是渗出来的或过滤的东西(διαττώμενον,
ἠθούμενον)都与泉水相似,忒提斯这个名字就是由这两个词构成
的。

赫谟根尼　这真是一个天才的想法,苏格拉底。

苏格拉底　那当然了。下一个该轮到谁了? 宙斯我们已经讲
过了。

赫谟根尼　对。

苏格拉底　那么我们接着讲他的两个兄弟,波塞冬和普路托,
无论后者叫这个名字或者还有别的名字。①

赫谟根尼　就这么办吧。

E　**苏格拉底**　波塞冬(ποσίδεσμος)的意思是脚上的锁链。最
早发明这个名字的人在走路的时候被水挡住了,没法前进,因此他
呼唤水这种元素的统治者波塞冬;ε 这个字母作为装饰音而插入
403　这个词。然而,情况也许并非如此,这个词最初写的时候可能有两
个 λ,而不是只有一个 λ,意思是这位神知道许多事情(πολλὰ
εἰδώς)。还有一种可能是,作为大地的摇撼者,他的名字源于摇晃
(σείειν),再加上 π 和 δ。普路托赐予财富(πλοῦτος),他的名字的
意思是财富的赐予者,而财富来自于土地。人们一般会想象哈得
斯这个词与"不可见"(ἀειδές)有关,对此他们感到恐惧,因此就用
普路托来称呼这位神,而不称他为哈得斯。

B　**赫谟根尼**　这个名字的正确词源是什么?

------

①　在希腊神话中,波塞冬(Poseidon)是海神,普路托(Pluto)是冥王,均
为宙斯的兄弟。在宙斯推翻克洛诺斯的统治以后,三兄弟分别掌管天界、水
界和冥界。普路托又名哈得斯(Hades)。

苏格拉底 尽管人们对这位神灵的权能有错误的看法,对他抱有一种愚蠢的恐惧,比如害怕死后要一直和他在一起,摆脱了肉体的灵魂要去他那儿,但我相信整个解释是一致的,这位神灵的职司和名称真的是相应的。

赫谟根尼 为什么,怎么会这样?

苏格拉底 我会把我的想法告诉你。但我首先要问,对任何动物来说,什么样的束缚比较强,哪一种东西更能把他束缚在一个地方——是欲望还是必然性? C

赫谟根尼 欲望,苏格拉底,欲望要强得多。

苏格拉底 如果哈得斯不用最强大的锁链束缚那些去他那里的灵魂,你难道不认为会有许多灵魂想逃离他吗?

赫谟根尼 它们肯定会逃。

苏格拉底 我由此当然可以推论,他使用的最强大的锁链就是某种欲望,而不是必然性,对吗?

赫谟根尼 这一点很清楚。

苏格拉底 欲望有许多,是吗?

赫谟根尼 是。

苏格拉底 如果这种锁链是最强大的,那么他使用的就是最大的欲望,对吗? D

赫谟根尼 对。

苏格拉底 还有什么欲望比想要与他人交往而变好更大呢?

赫谟根尼 肯定没有。

苏格拉底 赫谟根尼,去了他那里的没有一个想回到我们中间来不就是这个原因吗?甚至连塞壬们① 也像世上的其他人一

---

① 塞壬(Siren)是希腊神话中的人身鸟足的美女神,共八名,另一说共三名,此处为复数。

E　样,在他的魔力下躺倒。我想象这位神灵的话语一定有魔力。按照这种看法,他是一名完善的、有造诣的智者,是另外一个世界居民的保惠师,甚至对我们这些还生活在地上的人,他也从地下赐给我们无数的福祉。他拥有的东西超过他在地下的需要,因此他被称作普路托(财富)。不过也请你注意,他与还在肉身中的人并没有什么关系,仅当灵魂从肉体的欲望和邪恶中解脱出来时,他才会
404　这样做。哲学对此作了大量反思,因为只有那些从肉体中解放出来的人,他才能用美德的欲望束缚他们,而当他们还被肉身弄得激动与疯狂的时候,连诸神之父克洛诺斯也不能用他为人称道的锁链约束他们,使他们与他呆在一起。

　　　　赫谟根尼　你说的话里有很多真理。

B　　　**苏格拉底**　对,赫谟根尼,立法家之所以称他为哈得斯,并非源于"不可见"($\dot{\alpha}\epsilon\iota\delta\acute{\epsilon}\varsigma$)——远非如此——而是源于他拥有关于一切高尚事物的"知识"($\epsilon\dot{\iota}\delta\acute{\epsilon}\nu\alpha\iota$)。

　　　　赫谟根尼　很好。关于得墨忒耳、赫拉、阿波罗、雅典娜、赫淮斯托斯、阿瑞斯,以及其他神灵,我们能说些什么呢?

　　　　苏格拉底　得墨忒耳的意思是食物提供者,她像一位母亲那样提供食物($\dot{\eta}$ $\delta\iota\delta o\hat{\upsilon}\sigma\alpha$ $\mu\acute{\eta}\tau\eta\rho$)。① 赫拉的意思是爱人($\dot{\epsilon}\rho\alpha\tau\acute{\eta}$),
C　因为按照传说,宙斯爱她,与她结婚;这个名字也可能是立法家思考着天空时起的,因此它只是空气($\dot{\alpha}\acute{\eta}\rho$)这个词的变形,将第一个音节放到最后。如果重复念几遍赫拉这个词,你就会明白的。人们害怕斐瑞法塔② 这个名字就像害怕阿波罗的名字一样——很难说出有什么理由。如果我没弄错,那么这种恐惧的产生只是由
D　于他们对名称性质的无知,由于害怕,他们把斐瑞法塔这个名字

---

① 得墨忒耳(Demeter)是希腊神话中的谷物女神。

② 斐瑞法塔(Pherephatta)是珀耳塞福涅(Persephone)的另一个名字。

改成珀耳塞福涅，而这个新名字只表示这位女神是聪明的（σοφή）。由于世上一切事物都处在运动（φερομένων）中，只有智慧才能把握这条原则并跟踪这些事物。因此，这位女神可以正确地被称为"斐瑞珀法"（Pherepapha，Φερεπάφα），或者与此相似的名字，因为她接触运动着的事物（τοῦ φερομένου ἐφαπτομένη），由此显示她的智慧。聪明的哈得斯娶她为王后，因为她是聪明的。现在她的名字变成了斐瑞法塔，因为现在这代人注重声音的悦耳胜过注重正确性。还有阿波罗这个名字，如我所说，一般认为有某种可怕的意思。你注意到这个事实了吗？　　E

赫谟根尼　我当然注意到了，你说得对。

苏格拉底　但在我看来，这个名字确实最能表现这位神灵的权能。

赫谟根尼　怎么会这样？

苏格拉底　对此我会努力解释，因为我太不相信用一个名称 405 就能涵盖和表达这位神灵的所有四个方面的本事——音乐、预言、医药、箭术。

赫谟根尼　如果是这样的话，那一定是一个非常奇怪的名字，我想听听你的解释。

苏格拉底　倒不如说是一个和谐的名字，适宜用来称呼这位和谐之神。首先，医生和巫师使人净化和洁身，用他们的药物熏烟和熏香，还让人清洗去垢和喷淋除邪，这些做法全都有着同样的目　B的，这就是使人的身体和灵魂清洁和纯洁。

赫谟根尼　非常正确。

苏格拉底　阿波罗难道不是一位消除各种不洁的涤罪者、清洗者、赦免者吗？

赫谟根尼　是的，这样说非常正确。

苏格拉底　那么作为一名医生，阿波罗命令人们沐浴和涤罪，

C 与此相关,称他为"清洗者"('Απολούων)是对的;而在作预言方面,他的真实和真诚,这两个词是一回事,也使他可以最适当地被称作'Απλῶς,这个词源于ἀπλοῦς(真诚),就像在帖撒利方言中一样,因为所有帖撒利人都称他为"阿波洛"('Απλός)。还有,他一直在射箭(ἀεὶ βάλλων),因为他是射箭能手,从来不会射不中靶子。还有,这个名称也可以指他的音乐禀赋,就像在ἀκόλουθος,ἄκοιτις,以及其他许多词中一样,字母 α 的意思是"和……在一起";因此阿波罗的名字的意思是"推动……到一起来",无论是所

D 谓天穹的两极,还是歌曲的和谐,这些都被视为协和,因为他用一种协和的力量把一切推向和谐,就像天文学家和音乐家巧妙地宣布的那样。他是主掌和谐之神,使万物聚在一起,诸神也好,凡人也罢。就像在ἀκόλουθος和ἄκοιτις这两个词中,字母 α 替代了

E ὁμο,所以'Απόλλων这个名字相当于ὁμοπολῶν,只有第二个 λ 是增加的,为的是避免与毁灭(ἀπολῶν)这个词的该诅咒的声音相混。对这种毁灭性的力量的疑心现在仍旧悬在那些不考虑名称真正价

406 值的人的心上,而阿波罗这个名称的价值,如我刚才所说,与这位神的所有权能都有关,他是惟一者、永远发射者、清洗者、聚合者(ἀπλοῦς,ἀεὶ βάλλων,ἀπολούων,ὁμοπολῶν)。

　　缪斯(Muses)这个名称和音乐的名称似乎源于他们所作的哲学思考(μῶσθαι)。勒托① 之所以叫这个名字,那是因为她是一位仁慈的女神,愿意(ἐθελήμων)满足我们的要求,她的名字也许叫

B 勒娑(Letho),异乡人经常这样叫她——这样叫似乎指她的和蔼可亲、平易近人和从容的行为方式。阿耳忒弥② 这个名字源于她的

---

　　① 勒托(Leto)在希腊神话中是提坦巨人科俄斯和福柏的女儿,被宙斯所爱,生阿波罗和阿耳忒弥。

　　② 阿耳忒弥(Artemis),月亮和狩猎女神,阿波罗的孪生姐妹。

健康（ἀρτεμής）、生性擅长安排，或因为她喜爱贞洁，也可能是因为她通晓美德（ἀρετή），或是由于她痛恨交媾（τὸν ἄροτον μισήσασα）。给女神起这个名字的人可能有某个理由，也可能各种理由并存。

赫谟根尼　狄奥尼修斯① 和阿佛洛狄忒② 是什么意思？

苏格拉底　希波尼库之子，你问了一个庄严的问题。对这两 C 个名称有一种严肃的解释，也有一种开玩笑式的解释；你从我这里虽然听不到这种严肃的解释，但你听到这种开玩笑式的解释时也不要提抗议，因为诸神也喜爱开玩笑。狄奥尼修斯Διόνυσος这个名字很简单，就是葡萄的赐予者（διδοὺςοἶον）——开玩笑时把他叫做Διδοίνυσος——οἶονς特指οἰόνους，因为葡萄酒使那些喝了葡萄酒的人在失去理智时以为（οἴεσθαι）自己有理智（νοῦν）。阿佛洛狄忒这个名字的由来是因为她在海浪泡沫（ἀφρός）中诞生， D 依据赫西奥德的权威可以接受这种解释。

赫谟根尼　苏格拉底，还剩下雅典娜。作为一名雅典人，你肯定不会忘了她，此外还有赫淮斯托斯和阿瑞斯。

苏格拉底　我不太会忘记他们。

赫谟根尼　不会，确实不会。

苏格拉底　要解释雅典娜的其他称号不难。

赫谟根尼　什么称号？

苏格拉底　我们称她为帕拉斯。

赫谟根尼　没错。

苏格拉底　如果我们假定帕拉斯这个名称源于携带武器的舞 E

---

① 狄奥尼修斯（Dionysus）是希腊酒神。

② 阿佛洛狄忒（Aphrodite）是希腊爱与美的女神，相当于罗马神话中的维纳斯。

蹈,那么不会有错。因为人的举手投足,或地上任何事物的摇晃,

407　我们称之为摇摆(πάλλειν)或跳舞。

赫谟根尼　说得很对。

苏格拉底　这就是关于帕拉斯这个名字的解释,是吗?

赫谟根尼　是的。但对另外一个名字你怎么说?

苏格拉底　雅典娜?

赫谟根尼　对。

苏格拉底　这个问题就比较大了,我的朋友。我想,现在解释

B　荷马的人可以从古人的解释中得到帮助。在对这位诗人作解释
时,这些人中间的大多数断言他用雅典娜这个名称的意思是指心
灵(νοῦς)和理智(διάνοια)。这些名称的制造者对这位女神似乎
有一个想法,他们确实想用一个更高的称号"神的理智"(θεοῦ
νόησις)来称呼她,就好比制造者会说,就是她拥有神的心灵
(θεονόα)——用 α 作为方言中的变体取代 η,再把 ι 和 σ 去掉。然
而,Θεονόη 这个名称也可以意味着她比其他任何人都更好地知道
神圣的事情(θεῖα νοοῦσα)。要是做这样一个假定,我们也不会错
得太离谱,这个名称的制定者希望把这位女神等同于道德上的理

C　智(ἐν ἤθει νόησιν),因此就给她起了 Ἠθονόη 这个名称,然后,要
么是这位制定者,要么是他的后继者,把这个词变换成他们所认为
更好的形式,称之为雅典娜。

赫谟根尼　关于赫淮斯托斯你怎么说?

苏格拉底　你说起过"光明的君主"(φάεος ἵστορα)吗?

赫谟根尼　当然说过。

苏格拉底　Ἥφιστος(赫淮斯托斯)就是 Φαῖστος,只是前面
添加了字母 η,任何人都能看清这一点。

赫谟根尼　这很有可能,除非我听到有其他更好的解释。

苏格拉底　为了防止这种情况发生,你最好问阿瑞斯这个名

称的词源。

赫谟根尼 什么是阿瑞斯?

苏格拉底 如果你愿意的话,阿瑞斯这个名称来自这位神的 D
男子气(ἄρρεν)或男子气概,或者你愿意的话,也可以说来自他的
刚毅不屈的性格,这就是ἄρρατος这个词的意思,后一个词作为词
源在各方面对这位战神都很适宜。

赫谟根尼 非常正确。

苏格拉底 现在,天哪,让我们不要再谈诸神了,我怕了他们
了。除了诸神,你可以随便问,这样你就能看到欧绪佛洛的战马如
何昂首阔步,一往无前。

赫谟根尼 我只想再问一个神!我想知道赫耳墨斯,有人说 E
我不是他真正的儿子。① 让我们对他的名字作一番理解,这样我
就能知道克拉底鲁说的话是否有什么意思。

苏格拉底 我应当想象赫耳墨斯这个名字必定与语言有关, 408
表示他是一个解释者(ἑρμηνεύς),或者信使、贼、骗子、讨价还价
者,所有诸如此类的事情都与语言有极大的关系。我要告诉你,
εἴρειν这个词表示使用语言,还有一个经常出现的荷马用语
ἐμήσατο,意思是"他发明"(谋划)。用εἴρειν和μήσασθαι这两个
词,立法家构造了这位发明了语言和讲话的神的名字,我们可以
想象这位立法家正在把这个名字的用法告诉我们。他对我们说,
噢,我的朋友,由于他是一个故事或言语的发明者,你们可以正 B
确地称他为Εἰρεμης。这个词后来又由我们改良为赫耳墨斯。伊
里斯② 这个名字似乎也起源于动词"告诉"(εἴρειν),因为她是
一位信使。

---

① 参阅本篇384C。
② 伊里斯(Iris),希腊彩虹女神,负责为诸神报信。

赫谟根尼　现在我敢肯定克拉底鲁没说错,我不是赫耳墨斯真正的儿子('Ερμογένηs),因为我不擅长讲话。

苏格拉底　我的朋友,潘作为赫耳墨斯双形的儿子①也是有原因的。

C 　　**赫谟根尼**　你是怎么想出来的?

D 　　**苏格拉底**　你知道,言语表达一切事物(πᾶν),并且总是把它们转来转去,具有正确与错误这两种形式,是吗?

赫谟根尼　确实如此。

苏格拉底　在潘的身上表现出两种形式,一种是精细和神圣的正确形式,是居住在天上的诸神拥有的,另一种是粗糙的虚假形式,是下界凡人拥有的,就像悲剧中的羊人那样粗陋,因为故事与虚假的传说一般说来与悲剧的或羊人的生活有关,悲剧是它们的处境,这样说不对吗?②

赫谟根尼　非常正确。

苏格拉底　那么潘肯定是一切事物(πᾶν)的言说者、一切事物永久的推动者(ἀεὶ πολῶν),他被称作αἰπόλοs(山羊般的)是对的,作为赫耳墨斯双形的儿子,他的上半部分是精细的,他的下半部分是粗糙的,像山羊一样。还有,作为赫耳墨斯之子,他是言语或言语的兄弟,而兄弟之间应当相似并不是什么奇迹。不过,我亲爱的赫谟根尼,我说过了,不要再谈诸神了。

赫谟根尼　我们一定不要再谈这类神了,苏格拉底。但我们

E 为什么不讨论一下另外一类神呢——太阳、月亮、星辰、大地、以太、空气、火、水、季节、年?

---

①　潘(Pan),希腊山林、畜牧神。他的身子是人,腿和脚是羊,头上有角。

②　希腊悲剧起源于羊人剧。

苏格拉底 你把如此繁重的任务强加于我。不过,如果你希望我这样做,那么我不会拒绝。

赫谟根尼 你会满足我的要求的。

苏格拉底 你希望我如何开始呢? 我也应该首先讲太阳吗,这是你首先提到的?

赫谟根尼 这样做很好。

苏格拉底 太阳这个名称的起源在多利亚方言中可能比较清楚,因为多利亚人称他为ἅλιος,之所以给太阳起这个名称,那是因为当太阳升起时,它把人聚集(ἁλίζοι)在一起,或者是因为它一直沿着轨道在大地周围转动(ἀεὶ εἰλεῖν ἰών),或者说这个名称源于αἰλεῖν,这个词的意思与ποικίλλειν(使多样化)相同,因为太阳使大地的出产多样化。

赫谟根尼 σελήνη(月亮)是怎么回事?

苏格拉底 对阿那克萨戈拉来说,这个名称相当不幸。

赫谟根尼 怎么会呢?

苏格拉底 这个词似乎已经预先道出了他最近的发现,月亮的光是从太阳那里接受来的。

赫谟根尼 你为什么这样说?

苏格拉底 σέλας(明亮)和φῶς(光)这两个词的意思很接近,是吗?

赫谟根尼 是。

苏格拉底 如果阿那克萨戈拉的追随者说得对,那么月亮的光永远是新的(νέον),也永远是旧的(ἕνον)。因为太阳在运转中永远在增添新的光,而前一个月亮的光是旧的。

赫谟根尼 没错。

苏格拉底 月亮也经常被称作σελαναία。

赫谟根尼 对。

409

B

C 　　**苏格拉底**　它拥有的光永远既是旧的又是新的（ἕνον νέον ἀεί），因此它拥有σελαενονεοάεια这个名称是非常适宜的，这个词再加以整形就成了σελαναία。

　　赫谟根尼　苏格拉底，这确实是对名称的真正颂扬。但是对月份和星辰你会怎么说？

　　苏格拉底　月份（Μείς）这个词来自μειοῦσθαι（减少），因为它承受着减少的痛苦，而星辰（ἄστρα）这个词似乎源于ἀστραπή（暗光），这个词是ἀναστρωπή的改进形式，表示眨眼睛（ἀναστρέφειν ὦπα）。

　　赫谟根尼　你对πῦρ（火）与ὕδωρ（水）会怎么说？

D 　　**苏格拉底**　我不知该如何解释πῦρ，要么是缪斯和欧绪佛洛把我给抛弃了，要么是这个词确实难度极大。然而请你注意，每当我陷入这样的困境，我会用什么样的方法摆脱它。

　　赫谟根尼　什么方法？

　　苏格拉底　我会告诉你的，但我先要知道你能否告诉我πῦρ这个词的意思。

　　赫谟根尼　我确实不能。

　　苏格拉底　为了正确解释这个词和其他一些词，我必须把我
E 的猜测告诉你。我相信它们是一些外来词。因为希腊人，尤其是那些处在蛮族控制下的希腊人，经常向蛮族人借用语词。

　　赫谟根尼　从中又能推论出什么来呢？

　　苏格拉底　你要知道，任何人想要证明这些名称的适当性，若是按照希腊语而不是按照这些名称原来的语言形式，都会犯错误。

　　赫谟根尼　对，确实如此。

410 　　**苏格拉底**　那么好，考虑一下πῦρ是不是外来词，因为要把它与希腊人的语言联系起来可不是一件易事，弗里基亚人的方言中有个词与它很接近，正好比他们有ὕδωρ（水）、κύνες（狗）以及其他

许多词汇。

赫谟根尼　没错。

苏格拉底　我们要避免歪曲这些词的意思，因为要找到对这些词义的解释并不难。就这样，我把πῦρ和ὕδωρ给打发了。赫谟根尼，'Ἀήρ（空气）这个词可以解释为从大地上升起（αἴρει）的元素，也可以解释为永远流动（ἀει ῥεῖ），或者由于空气的流动形成风，因此诗人们把风称作气流(ἀῆται)。这样说来,使用这个术语的人用这个词表示空气流动ἀητόρρουν，这是在"狂风"(πνευματόρρουν)的意义上使用的,因为他使用的关于空气的两个词(ἀήρ = ἀήτης ῥέω)都可以表达流动的风。我应当把αἰθήρ(以太)解释为ἀειθεήρ,这样说可能是正确的,因为这种元素总是"在空气之上流动"(ἀεὶ θεῖ περὶ τὸν ἀέρα ῥέων)。当γῆ(土、大地)这个词以γαῖα的形式出现时意思更加清楚,因为大地确实可以被称为母亲(γαῖα, γεννήτειρα),就好像在荷马用语中,γεγάασι的意思就是γεγεννῆσθαι。

赫谟根尼　很好。

苏格拉底　下面我们该说什么了？

赫谟根尼　季节（ὧραι）。还有年的两个名称,ἐνιαυτός和ἔτος。

苏格拉底　如果你想知道有关这些名称的合理真相,那么ὧραι这个词应当用古阿提卡方言来拼写,季节被称作ὅραι是正确的,因为季节划分（ὁρίζουσιν）了大地的夏天、冬天、季风、果实。ἐνιαυτός和ἔτος这两个词似乎是一样的——指的是使大地上的植物在既定时刻产生和生长,并为了再生而死亡(ἐν ἑαυτῷ ἐξετάζει)——这个论述分成两个词,ἐνιαυτός来自ἐν ἑαυτῷ,ἔτος来自ετάζει,就好像宙斯（Ζεύς）最初的名字分成Ζῆνα和Δία,整个论述的意思表示这种更新的力量来自一个整体,但有两

B

C

D

个名称,用ἔτος和ἐνιαυτός表示,这两个词都来自一个论述。

E **赫谟根尼** 苏格拉底,你确实取得了惊人的进步。

苏格拉底 我跑得很快。

赫谟根尼 没错。

苏格拉底 但这还不是我最快的速度。

411 **赫谟根尼** 下一步我想知道你如何解释美德。智慧、理智、正义以及其他美德——在这些迷人的字眼中有什么正确性的原则?

苏格拉底 你正在挖掘的这类名称数量巨大,不过,既然已经在与虎谋皮,那么我一定不能当懦夫。我认为自己必须考虑智慧
B (φρόνησις)、理智(σύνεσις)、判断(γνώμη)、知识(ἐπιστήμη)这些语词的意思,以及其他所有迷人的词汇,这是你说的。

赫谟根尼 那当然了,在发现它们的意思之前,我们决不能罢休。

苏格拉底 以埃及神犬的名义起誓,我此刻心中出现的想法并不坏。我相信最先提供这些名称的人在探讨事物的性质时,由于不停地转圈子而头晕目眩,这时候他们就想象这个世界也在朝
C 着各个方向旋转和运动。他们把源于自身内在状况的这种现象假定为事物的真实性质,认为没有任何事物是稳定的或永久的,一切事物都在流动,这个世界永远充满各种运动和变化。对这些名称的思考导致我产生这样的想法。

赫谟根尼 怎么会这样呢,苏格拉底?

苏格拉底 你也许没注意到,我们已经提到过的那些名称确实都在表示事物的运动、流变或发生。

赫谟根尼 我确实从来没有想到这一点。

D **苏格拉底** 以你提到的第一个名称为例,这个名称显然表示运动。

赫谟根尼　哪个名称?

苏格拉底　φρόνησις(智慧)这个词可以表示φορᾶς καὶ ῥοῦ νόησις(运动和流变的观念),或许是φορᾶς ὄνησις(运动的好处),但不管怎么说,它与φέρεσθαι(运动)有关。再说γνώμη(判断),这个词肯定包含对发生(γονή)的沉思或考虑(νώμησις),沉思或考虑是一回事。或者如果你愿意的话,还有刚才提到的νόησις,这个词来自νέου ἕσις(对新事物的向往),而νέος(新)这个词蕴涵着这个世界永远处在创造过程之中。这个名称的提供者想要表达他灵魂的期待,因为这个名称最初是νεόεσις,而不是νόησις,后面这个词用 η 取代了两个ε。σωφροσύνη为我们正在考虑的智慧(φρόνησις)这个词的解释提供了出路(σωτηρία)。① Ἐπιστήμη(知识)这个词与此同类,表示灵魂擅长追随(ἕπεται)事物的运动,既不超前也不落后;而这个词应当被读作ἐπειστήμη,塞入一个字母ε。Σύνεσις(理智)以同样的方式可以被视为某种结论,这个词源于συνιέναι(赞同、附和),就像ἐπίστασθαι(知道)一样,意味着与事物性质相伴的灵魂的进步。Σοφία(智慧)这个词的来历模糊不清,好像是个外来词,意思是"涉及运动或事物之流"。你必须记住,诗人们在谈到任何迅捷的运动时,常用ἐσύθη(急速行进)这个词,有位著名的拉栖代蒙人名叫Σοῦς(Rush),因为拉栖代蒙人用这个词表示快速行动,σοφία这个词也表示触及(ἐπαφή)运动,因为一切事物都被假定为处在运动之中。好(ἀγαθον)这个名称用来表示某种值得尊重的(ἀγαστῷ)性质,因为,尽管一切事物都在运动,但仍旧有运动程度的差别——有些快,有些慢——有某些事物因为快捷而值得敬重,性质的这个可尊重的部分称作ἀγαθον(好、善)。

E

412

B

C

---

①　此处"出路"的原文为"拯救"(salvation)。

Διαιοσύνη（正义）这个词显然表示δικαίου σύνεσις（对正义的理解），然而实际上δίκαιον这个词的意思更加困难。人们只在一定程度上对正义有相同的看法，然后就各持己见了。因为那些假定一切事物都在运动的人把大部分自然仅仅视为容器，他们说有一种力量渗透、贯穿于其中，这种力量是一切创造的工具，是最精细、最迅捷的元素，因为如果它不是最精细的，最迅捷的，不是一种没有任何东西可以阻挡的力量，能在其他事物呈现静止时穿越事物，那么它就不能渗透这个运动着的宇宙。这种主宰、穿透（διαῐόν）一切事物的元素，称之为δίκαιον是正确的，添加字母κ只是为了声音的悦耳。如我所说，人们对正义性质的看法一般说来是一致的，但是赫谟根尼，我作为一名热心的学生，有人对我说，我正在谈论的神秘的正义也是世界的原因。还有人到我耳边小声说，所谓原因就是由于它而事物被创造出来，正义之所以是正义，乃是因为它对原因性质的分有。听了这番话，我开始与他温和地交谈。我说，好吧，我杰出的朋友，就算这些都是正确的，我仍旧想知道什么是正义。就这样，他们认为我的问题令人厌烦，因为在他们看来障碍已经跃过，这个问题已经得到充分的回答。他们试图用一个又一个不同的说法来使我满意，并为此发生争论。他们中有个人说：正义就是太阳，因为只有太阳是穿透（διαῐόντα）和燃烧（κάοντα）的元素，是自然的卫士。当我高兴地重复这个美好的想法时，有人用讥笑的口气说：你在说什么？当太阳下山时，世界上就没有正义了吗？当我诚心诚意地请他说出自己最真实的看法时，他说正义是抽象的火。但是另一个人说：这个说法不太合理，正义不是抽象的火，而是火中抽象的热。另一个人开始对这些说法发笑了。他说：正义是心灵，这是阿那克萨戈拉说过的，因为心灵拥有绝对的力量，不与任何事物混合，为一切事物安排秩序，穿越一切事物。我的朋友，最后我发现自己在正义性质问题上比开始学习之前还要困惑。正义这个名称使我说了这么一番离题话，但我仍旧认为这个名称之所以得名乃是因为我已经提到过的这些原因。　　D

赫谟根尼　我想，苏格拉底，你现在已经不是在即兴发言。关于正义这个名称的解释你一定是从别人那里听来的。

苏格拉底　我的其他解释就不是从别人那里听来的吗？

赫谟根尼　几乎不是。

苏格拉底　那么好，下面我希望能使你们继续相信我对其他名称的解释具有原创性。正义后面还剩下什么呢？我想我们还没有讨论过勇敢($\dot{\alpha}\nu\delta\rho\epsilon\dot{\iota}\alpha$)。非正义($\dot{\alpha}\delta\iota\kappa\dot{\iota}\alpha$)这个词无非就是对那　E个穿透性原则($\delta\iota\alpha\dot{\iota}\acute{o}\nu\tau o s$)的一种阻碍，这很明显。好吧，$\dot{\alpha}\nu\delta\rho\epsilon\dot{\iota}\alpha$（勇敢）这个名称似乎包含着战斗的意思——这场战斗发生在这个存在的世界，按照流变的学说，勇敢是一种反流变($\dot{\epsilon}\nu\alpha\nu\tau\dot{\iota}\alpha\ \rho o\acute{\eta}$)。如果你把 δ 从 $\dot{\alpha}\nu\delta\rho\epsilon\dot{\iota}\alpha$ 中去掉，这个名称马上就表示这个事物，你可以清楚地明白 $\dot{\alpha}\nu\delta\rho\epsilon\dot{\iota}\alpha$ 不是与每一条河流相对的河流，而只是与　414正义相对，否则的话勇敢就不会受到赞扬了。$\dot{\alpha}\rho\rho\eta\nu$（男性）和 $\dot{\alpha}\nu\dot{\eta}\rho$（男人）这些词也包含着相同的向上流变($\tau\hat{\eta}\ \dot{\alpha}\nu\omega\ \rho o\hat{\eta}$)的原则。我怀疑 $\Gamma\nu\nu\dot{\eta}$（妇女）这个词和 $\gamma o\nu\dot{\eta}$（生育）是相同的，$\theta\hat{\eta}\lambda\nu$（女性）这个词似乎部分源于 $\theta\eta\lambda\dot{\eta}$（乳头），因为乳头就像下雨一样使事物茂盛($\tau\epsilon\theta\eta\lambda\acute{\epsilon}\nu\alpha\iota$)。

赫谟根尼　这完全可能。

苏格拉底　对，$\theta\dot{\alpha}\lambda\lambda\epsilon\iota\nu$（茂盛）这个词似乎表示青年的成长，快速而又突如其来。立法家在这个名称中表达了这层意思，这个　B名称由 $\theta\epsilon\hat{\iota}\nu$（跑）和 $\dot{\alpha}\lambda\lambda\epsilon\sigma\theta\alpha\iota$（跳）这两个词复合而来。你瞧，我策马奔驰在平坦的大道上有多么顺利啊！还有许多名称需要解释，人们一般认为它们很重要。

赫谟根尼　对。

苏格拉底　比如,τέχνη(技艺)这个词的意思。

赫谟根尼　没错。

C　**苏格拉底**　这个词也许可以和 ἑχονή 等同,表示心灵的拥有——你只要把τ去掉,再分别在 χ 和 ν,ν 和 η 之间插入 o 就可以了。

赫谟根尼　这种关于词源的解释非常低劣。

苏格拉底　对,我亲爱的朋友,但是你要知道,为了声音悦耳,人们一直在给最初的名称增添或减少字母,以各种方式歪曲或修饰它们,这样一来,原先的名称就变得面目全非了,时间的流逝对这种变化也起着作用。以κάτοπτρον(镜子)这个词为例。为什么D　要插入 ρ 这个字母? 这肯定是某个丝毫不关心真相、只想着字正腔圆的人干的。这样的添加频繁地发生,最后使得无人能够知道这个词的最初意思。另一个例子是σφίγξ 和σφιγγός,而它们本来应当是φιγξ 和φιγγός,其他例子也还有许多。

赫谟根尼　你说得很对,苏格拉底。

苏格拉底　如果人们可以随意增添或减少字母,那么名称就太容易创造了,可以对任何对象使用任何名称。

E　**赫谟根尼**　对。

苏格拉底　情况确实如此。所以一位聪明的听写者,好比你自己,应当注意节制和可能性的法则。

赫谟根尼　我是想这么做。

415　**苏格拉底**　我也想这么做,赫谟根尼。但别太在意精确性了,"免得使自己也失去了勇力。"① 如果你允许我把μηχανή(发明)添加到τέχνη(技艺)之上,那么我就称心如意了,因为我感到μηχανή是伟大成就(ἄνειν)的象征,因为 μῆκος 有大的意思,μῆκος 和ἄνειν这两个词合在一起构成μηχανή。如我所说,尽管我已经称心

---

① 荷马:《伊利亚特》第 6 卷,第 265 行。

如意,但我还是想要考虑一下ἀρετή(美德)和κακία(邪恶)这两个 B
词的意思。我还不太明白ἀρετή,但κακία非常清楚,与前面的原
则相符,因为一切事物都处在流动(ἰόντων)之中,κακία就是
κακῶς ἰόν(变坏),这种坏的运动存在于灵魂之中就有了κακία这
个一般的名称,或称之为邪恶,这个词特别适宜。κακῶς ἰέναι的
意思可以进一步用δειλία(胆怯)这个词的用法来说明,我们本来 C
应当在提到ἀνδρεία之后就提到它,但我们刚才忘了,我担心这也
不是被我们忽略了的惟一的词。Δειλία表示灵魂被某种强大的锁
链(δεσμός)捆绑,因为λίαν的意思是强大,因此δειλία这个词表示
灵魂所受的最强大的束缚。ἀπορία(困难)是一种同样性质的恶,
这个词源于α(前缀"不")和πορεύεσθαι(去),而"去"这个名称像
其他任何事物一样,具有一种运动的紧迫性。然后,κακία这个词
似乎表示κακῶς ἰέναι(变坏、跛行、停止),其结果就是灵魂充满邪
恶。如果κακία是这类事物的名称,那么ἀρετή就是它的对立面,首 D
先表示运动的停止,其次表示好灵魂的流动被阻塞,失去出路,或
受到阻碍,因此被称作ἀρετή。这个词应当更加正确地称作
ἀειρειτή(永远流动),也许还有另一种形式αἱρετη(适宜的),表示
没有比美德更适宜的东西了,这个词经过浓缩也就成了ἀρετη。我 E
敢说,你会把这个解释当作我的另一个发明,但我想如果前面那个
κακία是正确的,那么ἀρετη也是正确的。

　　赫谟根尼　但是κακόν(坏)是什么意思,这个词在你前面的 416
讨论中起了重大作用?

　　苏格拉底　对这个词我就是无法形成一种看法,因此我必须
求助于自己的办法。

　　赫谟根尼　什么办法?

　　苏格拉底　外来词的办法,我把它也当作外来词来处理。

　　赫谟根尼　你很可能是正确的,但假定把这些词都撇开,让我

们来努力看一下καλόν(美)和αἰσχρόν(丑)这两个词的合理性。

B　　　**苏格拉底**　αἰσχρόν 的意思很清楚,只不过就是 ἀεὶ ἴσχον ῥοῆς(始终阻碍流动),这个解释与我们前面的解释一致。因为提供了这个名称的人是各种阻塞的大敌,因此把 ἀεισχοροῦν 这个名称给了阻碍流动(ἀεὶ ἴσχον ῥοῆς)的东西,后来就浓缩成了αἰσχρόν。

　　　赫谟根尼　但你对καλόν有什么可说?

　　　苏格拉底　这个词就更加晦涩了,然而从形式上看只是一个字母数量问题,通过把 ου 换成 o 而发生变化。

　　　赫谟根尼　你这是什么意思?

　　　苏格拉底　这个名称似乎表示心灵。

　　　赫谟根尼　怎么会呢?

C　　　**苏格拉底**　让我问你每个事物都有一个名称的原因是什么。这个原因不就是制定名称的原因吗?

　　　赫谟根尼　确实如此。

　　　苏格拉底　这个原因不就是诸神的心灵,或凡人的心灵,或二者都是吗?

　　　赫谟根尼　是的。

　　　苏格拉底　心灵不是在用事物的名称称呼(καλέσαν)事物吗? 心灵不是美好的(καλόν)吗?

　　　赫谟根尼　这很清楚。

　　　苏格拉底　理智和心灵的工作不是值得赞扬吗,其他工作不是该得责备吗?

　　　赫谟根尼　那当然。

D　　　**苏格拉底**　医学的工作就是医生的工作,木工手艺的工作就是木匠的工作,是吗?

　　　赫谟根尼　一点没错。

苏格拉底　美的原则做的工作是美的工作,对吗?

赫谟根尼　当然对。

苏格拉底　我们肯定心灵是这个原则吗?

赫谟根尼　非常正确。

苏格拉底　那么把心灵称作美是对的,因为我们承认并说心灵所做的工作是美的,是吗?

赫谟根尼　这很清楚。

苏格拉底　我们还剩下哪些名称需要解释?

赫谟根尼　有许多词与 $\dot{\alpha}\gamma\alpha\theta\acute{o}\nu$ 和 $\kappa\alpha\lambda\acute{o}\nu$ 相关,例如 $\sigma\nu\mu\varphi\acute{\epsilon}\rho o\nu$, $\lambda\nu\sigma\iota\tau\epsilon\lambda o\hat{\nu}\nu$,$\dot{\omega}\varphi\acute{\epsilon}\lambda\iota\mu o\nu$,$\kappa\epsilon\rho\delta\alpha\lambda\acute{\epsilon}o\nu$,以及它们的对立面。

417

苏格拉底　在前面这些例子的启发下,我认为你自己就可以发现 $\sigma\nu\mu\varphi\acute{\epsilon}\rho o\nu$(紧急)这个词的意思,因为这个词与 $\dot{\epsilon}\pi\iota\sigma\tau\acute{\eta}\mu\eta$ 好像是姐妹,意思就是灵魂伴随着世界的运动 $\varphi o\rho\acute{\alpha}$,依据这个原则完成的事情被称作 $\sigma\acute{\nu}\mu\varphi o\rho\alpha$ 或 $\sigma\nu\mu\varphi\acute{\epsilon}\rho o\nu\tau\alpha$,因为它们与世界一道进行。

赫谟根尼　这种解释有可能。

苏格拉底　还有,$\kappa\epsilon\rho\delta\alpha\lambda\acute{\epsilon}o\nu$(有收益的)这个词源于 $\kappa\acute{\epsilon}\rho\delta o\varsigma$(获得),但你必须把前面这个词的 ν 换成 δ 才具有这个意思,因为这个词也表示好,但形式不一。制定这个名称的人想要表达混合($\kappa\epsilon\rho\alpha\nu\nu\acute{\nu}\mu\epsilon\nu o\nu$)的力量和善的普遍渗透,然而为了构造这个词,他塞入 δ 来取代 ν,由此构成 $\kappa\acute{\epsilon}\rho\delta o\varsigma$。

B

赫谟根尼　好吧,什么是 $\lambda\nu\sigma\iota\tau\epsilon\lambda o\hat{\nu}\nu$(有益的)?

苏格拉底　赫谟根尼,我假定人们并不用有益这个词来表示有收益,或用来表示支付($\lambda\acute{\nu}\epsilon\iota$)给小贩的东西,而是在迅捷的意义上使用这个词。你可以把 $\lambda\nu\sigma\iota\tau\epsilon\lambda o\hat{\nu}\nu$(有益的)这个词当作存在的最迅捷的事物,不允许事物滞留、停止或结束运动,而是如果有什么终点的话,始终让事物再次动起来($\lambda\acute{\nu}\epsilon\iota$),使运动成为不朽的、

C

永不停止的。在我看来,从这个观点出发,善幸运地支配着 λυσιτελοῦν——它就是那个使运动的终点(τέλος)松弛(λύον)的东西。Ὠφέλιμον(有利的)派生于ὀφέλειν,这个词的意思是创造和增加;后一个词是荷马用语,带有外来语的性质。

D　　**赫谟根尼**　关于这些词的对立面你怎么说?

苏格拉底　这些词的对立面就是对这些词的否定,我并不认为有什么谈论的必要。

赫谟根尼　有哪些否定词?

苏格拉底　ἀξύμφορον(不紧急的)、ἀνωφελές(无益的)、ἀλυσιτελές(无利的)、ἀκερδές(无收益的)。

赫谟根尼　对。

苏格拉底　我倒宁可解释一下βλαβερόν(有害的)和ζημιῶδες(造成伤痛的)。

赫谟根尼　好。

E　　**苏格拉底**　βλαβερόν就是那个据说阻碍或伤害(βλάπτειν)流动(ῥοῦν)的东西;βλάπτον就是βουλόμενον ἅπτειν(寻求把握或捆绑),因为ἅπτειν和δεῖν相同,而δεῖν一直是个受到质疑的术语;βουλόμενον ἅπτειν ῥοῦν(想要捆绑流动)合成为βουλαπτεροῦν,我猜想这个词以后又改进为βλαβερόν。

赫谟根尼　你的解释给名称的使用带来了可疑的后果,苏格拉底,当我听到βουλαπτεροῦν这个词的时候,我止不住想到你正

418　在把你的嘴变成笛子,向雅典娜吹奏一首序曲。

苏格拉底　这是名称制造者的错,赫谟根尼——不是我的错。

赫谟根尼　你说得很对,但是ζημιῶδες这个词是怎么变来的?

苏格拉底　你问ζημιῶδες的意思? 让我重申一下,赫谟根尼,我说过通过插入和抽掉字母,语词的意思发生了巨大的变化,

这种说法多么正确啊，甚至非常细微的置换有时候也会产生完全相反的意思。我可以用δέον这个词为例，我刚想起这个词来，它就好像在提醒我要对你说些什么，语言在现代发生的那些优美的重构已经歪曲、伪装和完全更换δέον和ζημιῶδες这两个词的本来含义，而在古语中它们的意思是很清楚的。

赫谟根尼 你这样说是什么意思？

苏格拉底 我会试着向你解释。你知道我们的祖先喜欢ι和δ的发音，尤其是妇女，她们在古代语言的使用中是最保守的，但现在人们把ι改成η或ε，把δ改成ζ——这样做据说是为了增添声音的雄浑。

赫谟根尼 你这样说是什么意思？

苏格拉底 好比说，古时候的人把日子叫做ἱμέρα或ἑμέρα，而我们叫做ἡμέρα。

赫谟根尼 没错。

苏格拉底 你注意到了吗，只有这个词的古代形式才表现出名称制定者的意向？这个原因就是人们期待（ἱμείρουσι）和热爱继黑暗之后到来的光明，因此日子被称作ἱμέρα，源于ἵμερος（欲望）。

赫谟根尼 这很清楚。

苏格拉底 但是现在这个名称被歪曲了，你无法依据这个词辨别这个名称的意思，尽管有些人设想日子被称作ἡμέρα是因为它使事物变得ἥμερα（温和）。

赫谟根尼 这是我的看法。

苏格拉底 你知道古人说δουγόν，而不说ζουγόν吗？

赫谟根尼 他们是这样说的。

苏格拉底 ζουγόν（轭）这个词也看不出什么意思来——它应当是δουγόν，这个词表示为了拉犁而把两匹牲口绑在一起（δυεῖν ἀγωγή)——它已经变成了ζουγόν。要说明类似的变化还有许多其他例子。

赫谟根尼 是有很多。

苏格拉底 按同样的思路前进,我可以指出δέον(义务)这个词有一个与"好"的其他所有名称相反的意思,因为δέον在这里是一种"好",然而又是运动的锁链(δεσμός)或障碍,因此它是βλαβερόν(有害的)这个词的兄弟。

赫谟根尼 对,苏格拉底,这很清楚。

419 　　**苏格拉底** 如果你恢复这个词的古代形式,把它读作διόν而不是δέον,那么这个古代形式更加像是正确的。如果你按古代的习惯在ε的后面塞入一个ι,那么这个词就与其他表示好的词一致了,因为是διόν,而不是δέον,表示好的意思,是个褒义词。名称的制定者并没有自相矛盾,δέον(有义务的)、ώφέλιμον(有利的)、λυσιτελοῦν(有益的)、κερδαλέον(有收获的)、ἀγαθόν(好)、συμφέρον(紧迫的)、εὔπορον(丰硕的),在所有这些各种各样的名称中都包含着一个决定性的、渗透一切的、受到称赞的原则,而束

B 缚和捆绑的原则是受批评的。这可用ζημιῶδες(有伤害的)这个词来进一步说明,如果只是将ζ改成δ,就像在古语中那样,变成δημιῶδες,那么你可以察觉到这个名称用来表示束缚运动的东西(δοῦντι ἰόν)。

赫谟根尼 关于ἡδονή(快乐)、λύπη(痛苦)、ἐπιθυμία(欲望)以及其他相似的词,你会怎么说,苏格拉底?

苏格拉底 赫谟根尼,我并不认为这些词难度很大——ἡδονη就是ἡ ὄνησις,表示旨在谋取利益的行动,我们可以假定它最初的

C 形式是ἠονη,但是由于插入了δ而发生变化。Λύπη之所以得名似乎是因为肉体在悲伤时感到的松弛(λύειν)无力;ἀνία(麻烦)之所以得名是因为对运动的阻碍(α加上ἰέναι);如果我没弄错的话,

ἀλγηδών(苦恼)是个外来词,源于ἀλγεινός(悲伤的);ὀδύνη(伤心)这个名称源于悲伤的增加(ἔνδυσις);ἀχθηδών(恼火)这个词谁都能看出来自"太麻烦";χαρά(欢乐)表示灵魂的流畅和扩散(χέω);τέρψις(高兴)这个词来自快乐潜入(ἕρπον)灵魂,这个词可能与　D呼吸(πνοή)这个词有关,也就是合成为ἑρπνοῦν,但后来随着时间的推移而变成τερπνόν。Εὐφροσύνη(欢乐)和ἐπιθυμία这两个词自身就可以解释其来历;前者本来一定是εὐφεροσύνη,后来变成了εὐφροσύνη,每个人都可以看出,之所以有这个名称是因为灵魂与自然一道和谐地运动(φέρεσθαι);ἐπιθυμία这个词确实就是ἡ ἐπὶτὸν θυμόν ἴουσα δύναμις,就是进入灵魂的力量。Θυμός(情欲)这个名称来自灵魂的冲动(θύσεως)和沸腾,ἵμερος(欲望)表示最　E吸引灵魂的流动(ῥοῦς),διὰ τὴν ἕσιν τῆς ῥοῦς(借着这种流动),欲望(ἱέμενος)的流动表示在对事物的长久期待之前把灵魂剧烈　420地吸引到欲望中来,而ἵμερος就表示对这种力量的拥有;πόθος(期待)表示一种现在不存在、缺乏或存在于别处(που)的欲望;这就是为什么πόθος这个名称用于缺乏的事物,而ἵμερος这个词用于存在的事物。Ἔρως(爱)之所以得名是因为无来由的流动(ἐσρῶν);这种流动不是内在的,而是通过眼睛导入的一种影响,在古时候,　B流入称作ἔσρος,当时用ο代替ω,称作ἔσρως,而现在则用ω取代了ο。你为什么不再给我另一个词?

赫谟根尼　你认为δόξα(意见)怎么样,还有这一类词?

苏格拉底　Δόξα要么源于δίωξις(追求),表示灵魂在追求知识时的进步,要么源于弓τόξον的发射。后一种解释更有可能,οἴησις(思考)这个词可以确认这一点,这个词只不过就是οἶσις　C(移动),把灵魂的运动用于每一事物的本质,正如βουλή(商议)必定与发射(βολή)相关,而βούλεσθαι(希望)把目标和审慎的观念结合在一起——所有这些词似乎都追随δόξα,都含有发射的意思,另一方面,就好像ἀβουλία(缺乏商议)一样,这个词表示一种误发,或错过、失落,或者在靶子、目标、建议、对象方面所犯的错误。

D 　　**赫谟根尼**　你现在正在加速前进,苏格拉底。

　　苏格拉底　你说得没错,我要把最后这部分奉献给神,但在此之前我还得解释ἀνάγκη(必然),而在这个词之后还有ἑκούσιον(自愿)。Ἑκούσιον这个词肯定是屈服(εἶκον)和不抵抗——这个观念所包含的是屈服和不反对,而我刚才说过,屈服就是服从与我们意志相一致的运动。但是必然和抗拒,作为与我们意志相反的东西,意味着错误和无知;这个观念取自步行穿过不可逾越的深谷,

E 山路崎岖,草木丛生,无法前进——这就是ἀνγκαῖον这个词的来源,ἀν᾽ ἄγκη ἰον的意思是穿越深谷。但我的气力快要用完了,让我们保存一点力气,希望你把问题减少一些。

421 　　**赫谟根尼**　好吧,让我选最伟大、最高尚的名称来问,比如ἀλήθεια(真理)、ψεῦδος(谬误)和ὄν(存在),但我们也别忘了探讨一下,为什么ὄνομα(名称、名字)要叫ὄνομα这个名称,而这正是我们讨论的主题。

　　苏格拉底　你知道μαίεσθαι(寻找)这个词吗?

　　赫谟根尼　知道,这个词的意思和ζητεῖν(探讨)一样。

　　苏格拉底　Ὄνομα这个词似乎是由一个句子压缩而成的,表示ὂν οὗ ζήτημα(借助它来寻找),这个意思在ὀομαστόν(著名的)这个词中表现得更明显,在许多词中表示正在寻找的真正存在的

B 东西(ὂν οὗ μάσμα);ἀλήθεια也是θεία ἄλη(神的漫游)的压缩,包含着存在的神圣运动的意思。Ψεῦδος(谬误)这个词是运动的对立面,立法家还把另一个不吉的名称给了停滞和被迫的不动,他把这个意思比做睡眠(εὕδειν),这个词的本来含义则由于添加了ψ而变得认不出来了。Ὄν和οὐσία源于ἰον,只是去掉了ι;这种做法与真正的原则倒是一致的,因为存在(ὄν)也是运动(ἰόν),对非

存在也可以这样说,非存在也可以称作不动(οὐκιον 或 οὐκὶ ὄν,等 C
于 οὐκ ἰόν)。

赫谟根尼 你已经有力地把这些名称解释掉了,但若有人对
你说,ἰόν 这个词是怎么回事? ῥέον 和 δοῦν 又是怎么回事? 把它们
的正当性讲给我们听。

苏格拉底 你的意思是,我该如何回答他们?

赫谟根尼 对。

苏格拉底 我已经建议过一种回答的方式。

赫谟根尼 什么方式? D

苏格拉底 把我们不懂的名称说成是外来词,这样的回答很
可能是正确的,但也有某些我们不懂的名称也可能是正确的,只是
由于年代的久远,它们的最初形式已经发生了变化而不为我们所
知;名称以各种方式发生着变化,如果与我们现在使用的语言相比
较,古代语言在我们看来就像是一种野蛮的语言,对此我不会感到
惊讶。

赫谟根尼 很像是这么回事。

苏格拉底 对,很像。不过我们的探讨仍旧需要我们真诚的
关注,我们一定不能退缩。因为我们应当记住,如果一个人通过语 E
词来分析名称,探讨这些语词的构成要素,并且一直重复这个过
程,那么对这个作答的人最终一定会绝望地放弃探讨。

赫谟根尼 你说得非常正确。 422

苏格拉底 在哪一点上他会失去信心,放弃探讨? 当他进到
那些名称,其构成要素来自其他名称和句子,他一定不会停顿下来
吗? 但有些名称不能假定为由其他名称构成。比如,我们说过的
那个 ἀγαθόν(好)是一个复合词,由 ἀγαστος(可尊敬的)和 θοός(快
捷)组合而成。θοός 这个词可能也是个复合词,还有其他一些词。
但若我们碰到一个已经无法再作进一步分解的词,那么我们可以

正确地说它已经是最基本的成分了,不需要再进一步分解。

赫谟根尼　我相信你是对的。

苏格拉底　假定你现在问的名称已经是基本成分了,那么我们难道不应当按照某些新的方法来考察它们的真相或法则吗?

赫谟根尼　非常应该。

苏格拉底　是这么回事,赫谟根尼。我们前面所说的话都会
C 导致这个结论。我想,如果这个结论是正确的,那么我要再次对你说,请你帮助我,免得我在陈述有关基本名称的原则时陷入荒谬的境地。

赫谟根尼　让我听一听,我会尽力协助你。

苏格拉底　我想你会对我说的这条适用于所有名称的原则表示赞同,既适用于基本的名称,也适用于派生的名称——所有名称都只被当作名称来看待,就其是名称而言,它们之间没有区别。

赫谟根尼　当然没有区别。

D 　**苏格拉底**　我们正在解释的所有名称都用来表示事物的性质。

赫谟根尼　那当然了。

苏格拉底　基本词就像派生词一样真实,因为基本词也是名称。

赫谟根尼　确实如此。

苏格拉底　但我察觉到,派生词的意义是从基本词中派生出来的。

赫谟根尼　这很明显。

苏格拉底　但若我们要开始分析的基本词是真正的名称,那
E 么它们在有可能显示的范围内如何表现事物的性质呢? 在这里我要向你提个问题。假如我们不会发出声音或没有舌头,而又想相互交际,那么我们岂不是要像聋子和哑巴那样,用手、头和其他肢

体来示意吗?

赫谟根尼　不会有别的选择了,苏格拉底。

苏格拉底　我们会模仿事物的性质;我们双手上举表示轻松 　423
和向上;双手下垂表示沉重和向下;如果要表示骏马或其他动物的
奔驰,我们就会用身体尽可能模仿它们的姿势。

赫谟根尼　除此之外,我不知道我们还能怎么办。

苏格拉底　没办法,因为我们只能靠形体姿势来表达事物。　　B

赫谟根尼　非常正确。

苏格拉底　当我们自己想要表达的时候,要么用声音,要么用
舌头,要么用嘴巴,这种表达不就是在模仿我们想要表达的事物
吗?

赫谟根尼　我想,必定如此。

苏格拉底　那么名称就是对声音所要模仿的那个对象的模
仿,是吗?

赫谟根尼　我认为是这样的。

苏格拉底　不对,我的朋友,我倒认为我们还没有达到真理。　　C

赫谟根尼　为什么还没有?

苏格拉底　因为这样一来我们不得不承认那些模仿绵羊、公
鸡或其他动物的人给他们所模仿的东西命名。

赫谟根尼　没错。

苏格拉底　那么我正在说的还能是正确的吗?

赫谟根尼　在我看来,不正确。但是苏格拉底,我希望你能告
诉我名称是一种什么样的模仿?

苏格拉底　我会回答说,首先,它不是一种音乐式的模仿,尽　　D
管这种模仿也有声音;其次,它也不是对音乐所模仿的对象的模
仿;在我看来,这些都不是命名。让我们以这样的方式来把问题说
清楚。一切物体都有声音和形体,许多物体有颜色,对吗?

赫谟根尼　确实如此。

苏格拉底　但是命名的技艺并不关心这一类模仿。与之有关的技艺是音乐和绘画,对吗?

赫谟根尼　对。

E　　**苏格拉底**　再说,每一事物不都有一个本质,就好像有颜色和声音一样,对吗? 颜色、声音以及其他任何事物不是都有一个本质吗?

赫谟根尼　我应当这样想。

苏格拉底　好吧,如果有人能够用字母和音节表达事物的本质,他会不表达事物的性质吗?

424　　**赫谟根尼**　应该会。

苏格拉底　音乐家和画家是你给另外两种模仿者起的名字。这种模仿者应当叫他什么呢?

赫谟根尼　我想,苏格拉底,应当叫他命名者,或名称提供者,我们正在找他。

苏格拉底　如果这样说是对的,那么我们现在可以来考虑一下你刚才问过的ῥοή(流动)、ἰέναι(进行)、σχέσις(停滞)这些名称,

B　这样我们就可以看到这个命名者是否用字母和音节把握了它们的性质,这些名称是否对事物本质的模仿。

赫谟根尼　很好。

苏格拉底　但是基本名称只有这些,或是还有其他?

赫谟根尼　一定还有其他。

苏格拉底　所以我应当期待。但我们该如何进一步对它们进行分析,模仿者是从什么地方开始的? 对本质的模仿借助音节和

C　字母。因此我们难道不是必须首先把名称中的字母分开,就好像那些从音乐的节奏开始的人首先分出基本节奏,然后把它们组成复合音,当他们这样做了以后,而不是在此之前,对节奏的考虑也

就开始了,是吗?

赫谟根尼　是。

苏格拉底　我们也一定要以同样的方式开始处理字母——首先按照我们从那些有学问的人那里学来的知识,把元音字母挑出来,然后再把辅音字母和不发音的字母挑出来,也还要再对元音字母作区别,因为还有一类半元音,既不是元音字母,又不是不发音的字母,这样做不对吗? 有了对事物的完善分类,我们就可以给它们命名,并且看它们是否像字母一样有许多类别,这样我们就可以看到事物的性质,也看到事物是否像字母一样有自己所属的类别。这些都考虑完了以后,我们应当知道如何把字母用于与之相似的事物,是否用某个字母表示一个事物,或者要用几个字母的混合一起来表示,就好比绘画,画家只用紫色给某个事物着色,或者用其他颜色,或者有时候几种颜色混用,这就是他给事物着色的方法——按照他画的东西所需要的颜色来着色。同样,我们也要用字母来表达对象,按照对象的需要,用一个字母或几个字母构成所谓的音节,再用音节构成名词和动词,最后再通过名词与动词的组合构成庞大、漂亮、完整的语言。像画家绘画一样,我们说话就是在使用命名者或修辞学家的技艺,或者使用别的技艺。我现在所说的意思不能从字面上理解为在讲我们自己,而是在泛论语言的形成——我的意思是这种语言形成的方式不是我们的,而是古人的,如果我们想对整个主题有一种科学的看法,那么古人怎样构成语言,我们就要使用同样的方式。我们必须看所提供的基本名称以及派生名称是否正确,如果没有正确提供,那么我亲爱的赫谟根尼,它们的组合是可悲的,在要朝着一个错误的方向前进。

赫谟根尼　对此我很相信,苏格拉底。

苏格拉底　那么好,你假定自己能够按这种方式对这些名称进行分析吗? 因为我肯定自己不行。

　　赫谟根尼　如果你不行,那我就更不行了。

　　苏格拉底　那么我们得撇下它们吗? 或者说如果按我们的能
C　力能够做到的话,我们得试着用祈祷的方式去发现一些关于它们
的解释,就像我前面说过的对待诸神的方式一样,我们对它们的真
相一无所知,我们做的只是在考虑凡人对它们的看法。在当前的
考察中,在我们开始前让我们对自己说,这种比较高级的方法是我
们或其他为了良好的目的想要分析语言的人必须追随的,如我们
所说,在当前情况下我们也必须尽力而为。你怎么想?

　　赫谟根尼　我完全同意你的做法。

D　　**苏格拉底**　应当用字母和音节来模仿对象并加以表达,这样
的想法似乎滑稽可笑,赫谟根尼,但又无法避免——没有其他更好
的原则我们可以用来寻找最初名称的真相。如果放弃这种做法,
我们就得像诗人一样祈求神的帮助,他们一遇上困惑就让他们的
诸神等候在空中,我们也可以用同样的办法摆脱困境,我们可以说
E　"诸神赐予了最初的名称,因此这些名称是正确的。"这也许是最好
的发明了,但也许会有其他更好的看法,比如说最初的名称来自某
些野蛮民族,因为这些野蛮人的生活年代比我们早,或者我们可以
说古代给这些名称蒙上了厚厚的面纱,这也是一种最后的遁辞。
426　上述这些看法都不是理由,而只是一种不真实的推托,因为关于语
词的真相并无理由可言。然而,对最初的名称或基本名称的任何
一种无知都会引起对派生名称的无知,因为它们只能用基本名称
来进行解释。所以很清楚,语言教师们应当对最初的名称作非常
清晰的解释,否则的话,他对其他名称的解释都只不过是胡说八
B　道。你认为我这样的假定对吗?

　　赫谟根尼　当然对,苏格拉底。

　　苏格拉底　我对原创名称的这些初步看法确实是荒诞的、可
笑的,尽管你愿意接受,我也不想把这些解释向你灌输。我希望你

会把你拥有的更好的想法说出来，算是对我的一个回报。

赫谟根尼　别担心，我会尽力的。

苏格拉底　首先，字母 ρ 在我看来是个基本工具，可以用来表　　C
达一切运动（κίνησις）。但我还没有解释后面这个词的意思，这个
词只不过就是ἴεσις（去、进行），因为古人不使用 η 这个字母，他们
只用ε，而这个词的词根是κίειν，这个词根是外来词的形式，与
ἰέναι相同。κίνησις这个古词是正确的，就像与现代字母相对应的
ἴεσις一样。假定κίειν这个外来的词根允许 η 的变化，再插入 ν，　　D
我们得到了κίνησις，它本来应该是κιείνησις或ἴεσις，στάσις是
ἰέναι（或εἷσις）的否定，后来才改变成στάσις。如我所说，字母 ρ
对名称制定者来说就好像是表达一切运动的精良工具，出于这个
目的，他频繁地使用这个字母。例如在ῥεῖν和ῥοή这些词中，他用 ρ
表示运动——同样在τρόμος（颤抖）和τραχύς（崎岖不平的）这些词
中，还有κρούειν（打击）、θραύειν（压碎）、ἐρείκειν（碰伤）、θρύπτειν
（折断）、κερματίζειν（弄碎）、ῥυμβεῖν（转动）。所有这些运动他一　　E
般都用字母 ρ 来表达，想必他注意到这个字母的发音必须最大限
度地鼓动舌头，极少有静止的时候，为了能够表达运动，他就这样
用了，就好像为了表达穿越一切事物的精细元素，他用 ι 这个字
母。这也是他为什么要用字母 ι 来模仿运动（ἰέναι和ἴεσθαι）的原
因。还有另外一类字母：φ，ψ，σ，ζ。这些字母的发音伴随着长时间　　427
的呼吸；它们被用来模仿ψυχρόν（哆嗦）、ζέον（沸腾）、σείεσθαι（震
撼）、σεισμός（震惊）这样一些观念，当名称的赐予者想要模仿刮风
φυσῶδες一样的事物时，他总是引入这些字母。他好像也想到发 δ
和τ这两个字母时舌头要封闭和受到压力，因此它们可以用来表　　B
达盲目和静止在某处。他进一步注意到 λ 这个字母发音时舌头滑
动，可以用来表达平滑，就好像在λεῖος（水平）这个语词中一样，还
有ὀλισθάνειν（滑动）这个词本身以及λιπαρόν（柔滑）、κολλῶδες

(粘的),等等;γ 这个字母沉重的发音阻留着舌头的滑动,这两个字母要是结合在一起会产生一种粘滑的意思,比如在 γλίσρος,γλυκύς,γλοιῶδες 这些语词中。他注意到 ν 这个字母的声音是从后

C 腭发出的,因此有一种在内的意思;所以他就把这个声音导入 ἔνδον 和 ἐντός;他指定用 α 来表达尺寸,用 η 表达长度,因为它们是大字母,o 是圆的符号,因此 γογγύλον(圆)这个词包含好几个 o。就这样,立法家把一切事物都还原为字母和音节,用它们构成名称

D 和符号,然后再通过对它们的模仿,复合出其他符号。赫谟根尼,这就是我对名称真相的看法,但我想听听克拉底鲁说过些什么。

赫谟根尼 苏格拉底,我前面跟你说过,克拉底鲁把这件事弄得很神秘。他说名称有一种适当性,但从来没有解释这种适当性

E 是什么,所以我无法辨别他的晦涩是不是故意的。① 克拉底鲁,现在请你当着苏格拉底的面,告诉我你是否同意苏格拉底关于名称说过的这些看法,或者说你自己有更好的看法? 如果你有,那么就把你的看法告诉我,这样的话你就可以向苏格拉底学习,苏格拉底和我也可以向你学习。

克拉底鲁 很好,赫谟根尼,但你肯定不会假定自己能在刹那间学会任何重要的主题,也不会假定我能在刹那间把重要的主题解释清楚——不管怎么说,我说的重要主题不是语言这样的主题,而是,或者说可能是,一切主题中最伟大的。

428　　**赫谟根尼** 我确实不会这样假定。但是,赫西奥德说过:"在原有基础上积累"会更有价值,② 我同意他的看法。因此,如果你认为自己能为我们增添什么知识的话,那么无论你增添的东西多么微小,都请你不厌其烦地满足苏格拉底的请求,还有我的请求,

---

① 参阅本篇 384A。
② 赫西奥德:《工作与时日》,第 359 行。

我们肯定有权利要求你这样做。

苏格拉底 我和赫谟根尼提出的这些看法绝不是确定无疑的,克拉底鲁,因此请你不要犹豫,把你的想法说出来,如果你的想法比我好,我会很乐意地加以接受。如果你发现了某些更好的想法,我一点儿也不会感到惊讶。因为你显然思考过这些问题并有过老师,如果你真的对名称的真相拥有更好的理论,你可以把我算作你的信徒。

克拉底鲁 你说得对,苏格拉底,我对这些事情作过研究,也有可能使你皈依。但我担心更有可能出现相反的结果,我发现自己已经要情不自禁地对你说出阿喀琉斯在那段"祷告词"中对埃阿斯说的话来,"杰出的埃阿斯,忒拉蒙之子,民众的长官,你说的这一切合我的心意。"① 苏格拉底,你对我来说就像一个神谕,你提供的回答很合我的心意,你要么是受到欧绪佛洛的激励,要么是有些缪斯早就居住在你胸中,而你自己并没有意识到。

苏格拉底 杰出的克拉底鲁,我对自己的智慧一直感到恍惚,不敢相信自己。我想自己必须停下来向自己发问,我在说什么?因为没有比自我欺骗更糟糕的事了——这个骗子就在你家里,一直和你在一起——自我欺骗非常可怕,因此我必须经常回顾自己走过的道路,努力"瞻前顾后"②,这是荷马以前说过的话。现在让我来看,我们进到哪里了? 我们不是已经说过正确的名称表示事物的性质了吗? 这个命题已经得到充分证明了吗?

克拉底鲁 是的,苏格拉底,我倾向于认为你说的非常正确。

苏格拉底 那么,提供名称是为了指导吗?

克拉底鲁 肯定是。

B

C

D

E

---

① 荷马:《伊利亚特》第9卷,第644行。
② 荷马:《伊利亚特》第1卷,第343行;第3卷,第109行。

苏格拉底　命名是一门技艺,有命名者吗?

克拉底鲁　是的。

苏格拉底　他们是谁?

429　　**克拉底鲁**　立法家,你一开始就提到他们。

苏格拉底　这种技艺也像其他技艺一样在人们中间生长吗?让我来解释一下我的意思。画家,有些好,有些差,对吗?

克拉底鲁　对。

苏格拉底　好画家的工作做得好些,我指的是他们的作品,差画家的工作做得差些。建筑工也一样,好的建筑工造的房子漂亮些,差的建筑工造的房子差一些。

克拉底鲁　对。

B　　**苏格拉底**　在立法家中,有些人的工作做得好些,有些人做得差些,对吗?

克拉底鲁　不对,在这一点上我不同意。

苏格拉底　那么你不认为有些法律好些,有些法律差些吗?

克拉底鲁　不,我确实不这么看。

苏格拉底　或者说,一个名称比另一个要好?

克拉底鲁　肯定不会。

苏格拉底　那么所有名称的制定都是正确的吗?

克拉底鲁　是的,如果它们是名称的话。

C　　**苏格拉底**　好吧,你对我们的朋友赫谟根尼的名字怎么说,我们在前面提到过——假定他身上根本不具有赫耳墨斯的任何性质,我们该说这是个错误的名称,还是说这根本不是他的名称?

克拉底鲁　我应当回答说,赫谟根尼根本不是他的名称,而只是好像是他的名称,但实际上是别人的名称,这些人拥有与这个名称相应的性质。

苏格拉底　但若有人叫他赫谟根尼,这样叫岂不是虚假的吗?

如果他不是赫谟根尼,那么你能不能叫他赫谟根尼就有疑问了。

克拉底鲁 你这样说是什么意思?

苏格拉底 你坚持不可能有虚假吗? 如果这是你的意思,我   D
应当回答说,各个时代都有许多撒谎者。

克拉底鲁 为什么,苏格拉底,一个人怎么能说出不存在(不
是)的东西来——说了某事物但实际上什么也没说? 虚假不就是
说那些不存在(不是)的东西吗?

苏格拉底 朋友,你的论证对我这把年纪的人来说太精细了。
但我想要知道,有些哲学家认为虚假的东西可以说,但说了等于什
么也没说,你是不是其中之一?   E

克拉底鲁 虚假的东西既不能说,也不能说出来。

苏格拉底 既不能被表达也不能对它讲话? 举个例子吧,假
如有人在国外和你打招呼,拉着你的手说,你好,雅典来的客人,赫
谟根尼,司米克里翁之子——这些话,无论能不能说、能不能说出
来、能不能被表达、能不能对它讲话,都不是针对你,而是针对我们
的朋友赫谟根尼,或者说根本不针对任何人?

克拉底鲁 在我看来,苏格拉底,讲这些话的人只是在胡说八
道。

苏格拉底 很好,如果你能告诉我这些胡说八道是真还是假,   430
或者是部分真部分假,那么对我来说已经足够了,这就是我想要知
道的全部。

克拉底鲁 我会说这样做使他自己处于一种无目标的运动之
中,他讲的话是一种无意义的声音,就像敲打铜壶发出的噪声。

苏格拉底 但是让我们来看我们之间是否就找不到一个结合
点,克拉底鲁,因为你会承认名称与被命名的事物不是一回事,对
吗?

克拉底鲁 我承认。

B　　　**苏格拉底**　你会进一步承认名称是对事物的模仿吗?

　　　　克拉底鲁　当然会。

　　　　苏格拉底　你会说图画也是对事物的模仿,但模仿的方式不一样,是吗?

　　　　克拉底鲁　是的。

　　　　苏格拉底　我相信你说得对,但我不能正确理解你的意思。请你说这两种模仿——我指的是图像的模仿和语词的模仿——在模仿事物时的属性和用法是不一样的。

C　　　**克拉底鲁**　它们是不一样。

　　　　苏格拉底　对这个问题请首先这样看。你可以把男人相同的地方说成是男人的,把女人相同的地方说成是女人的,其余类推,对吗?

　　　　克拉底鲁　当然对。

　　　　苏格拉底　相反,你也可以把男人相同的地方说成是女人的,把女人相同的地方说成是男人的,对吗?

　　　　克拉底鲁　没错。

　　　　苏格拉底　这两种指称方式都对,还是只有第一种方式对?

　　　　克拉底鲁　只有第一种方式对。

　　　　苏格拉底　这也就是说,这种指称方式把属于某个事物并与该事物相同的属性说成是这个事物的。

　　　　克拉底鲁　这是我的看法。

D　　　**苏格拉底**　作为朋友,现在我想很好地理解这个论证,请允许我把自己的看法告诉你。第一种指称的方式,无论是用图像还是名称,我称之为正确的,当这种方式只用于名称时,我称之为既真实又正确;另一种方式提供了不同的名称和指称,我称之为错误的,当它只用于名称时,我称之为既虚假又错误。

　　　　克拉底鲁　就图像来说,你的看法也许是对的,可以有错误的指称。但就名称来说——它们必定永远正确。

苏格拉底 为什么？这里有什么区别？难道我就不能去对某个男人说，这是你的画像，把这幅画与他相同的地方指给他看，或者把这幅画与某个女人相同的地方指给他看，我说的指给他看就是使他产生视觉效果。

克拉底鲁 你确实可以这样做。

苏格拉底 难道我不能再去对他说，这是你的名称吗？因为名称也像图画一样是一种模仿。我难道不可以对他说，这是你的名称吗？在具体情况下，当我说这是一个男人，或这是一位女性的时候，难道我就不可以使他产生听觉效果来对他自己进行模仿吗？这些不都是极为可能的吗？

克拉底鲁 我很乐意表示赞同，苏格拉底，因此我说，就算你对。

苏格拉底 你真是太好了，就算我说得对，这一点现在不用争论。但若我能用名称以及图像来指称对象，那么我们把正确的指称叫做真理，把错误的指称叫做谬误。现在如果有这样一种名称的错误指称，那么也会有错误的或不恰当的对动作的指称，有名词就有动词，句子就是由它们构成的。你会怎么说，克拉底鲁？

克拉底鲁 我同意，我认为你说得非常正确。

苏格拉底 进一步说，最初的名词可以比做图像，在画画时你可以恰当地着色和画出图形，或者说你根本不能这样做——有些是需要的，有些可能是多余的——对吗？

克拉底鲁 非常正确。

苏格拉底 提供了所有这些东西的人提供了一幅完善的图画或图形，消除或增加画中的某些东西的人也提供了一幅图画或图形，但不是一幅好图画。

克拉底鲁 对。

E

431

B

C

D

　　苏格拉底　以同样的方式，如果用音节和字母模仿事物性质的人提供了所有适宜的东西，那么他会创造一个好形象，换言之，创造一个好名称，但若他去掉或增加了一些东西，那么他也会创造一个形象，但不是一个好形象。因此我推论，有些名称创造得好，有些名称创造得不好。

　　克拉底鲁　没错。

E　　**苏格拉底**　那么，给事物命名的技艺家有时候是好的，或者说他可以是差的，是吗？

　　克拉底鲁　是。

　　苏格拉底　给事物命名的技艺家叫做立法家吗？

　　克拉底鲁　是的。

　　苏格拉底　那么与其他技艺家一样，立法家可以是好的或差的，如果我们前面承认了的东西是对的，那么推论必然如此。

　　克拉底鲁　非常正确，但是你瞧，苏格拉底，语言的情况不一
432　样。因为当我们靠着语法学家的帮助把字母 α 和 β，或其他字母指定给某个名称时，如果我们增加、减少或误置某个字母，那么我们不仅错写了这个名称，而且可以说根本就没有写，因为它已经成为这个名称以外的东西了。

　　苏格拉底　我怀疑你的观点是否完全正确，克拉底鲁。

　　克拉底鲁　怎么会呢？

　　苏格拉底　我相信你说的这种情况对数字来说可能是正确的，要么就是这个数字本身，要么就根本不是这个数字。例如十这
B　个数字要是增加或减少其中的一个部分，马上就会成为十以外的其他数字，对其他数字来说也一样，但这种状况并不适用于事物的性质或由用形象来表现任何事物。我倒宁可说，如果形象能在任何具体一点上都表现整个实际事物，那么这个形象也就不再是形象了。让我们假定有两个对象。一个是克拉底鲁，另一个是克拉

底鲁的形象。我们还要进一步假定,某个神在刻画克拉底鲁的形象时,不仅像画家那样使它有外形和颜色,而且也创造出像你的内脏一样的内在组织,也有同样的热度和柔软,并使之能够运动,把 C 和你一样的灵魂和心灵输入其中,简言之,模仿你拥有的一切性质,造就另一个你。在这个时候,你会说这是克拉底鲁,那是克拉底鲁的形象,还是会说有两个克拉底鲁?

克拉底鲁　我会说有两个克拉底鲁。

苏格拉底　那么你瞧,我的朋友,我们必须寻找某些关于形象的真理原则和关于名称的真理原则,不要坚持说增加或减少了某些东西,形象就不再是形象。你难道没有觉察到,形象与形象所代 D 表的真实事物以及与真实事物完全相同的对应物相差甚远吗?

克拉底鲁　是的,我明白。

苏格拉底　那么,事物的名称如果与事物完全一模一样,结果会有多么可笑!因为这样一来名称就成了第二个事物,无人能够决定哪一个是名称,哪一个是实际事物。

克拉底鲁　非常正确。

苏格拉底　但是你别因此而感到害怕,要有勇气承认有些名 E 称的命名是正确的,有些名称的命名是不正确的,不要坚持说名称应当与事物完全一样,而要允许经常发生的字母误换,哪怕句子中的字母和名词,乃至整个句子,是不适宜的,还要承认事物可以被命名和描述,只要你的描述还保持着事物的一般性质。请记住,这是赫谟根尼和我在字母的名称这个具体问题上提出的看法。 433

克拉底鲁　是的,我记住了。

苏格拉底　好,只要一般的性质保留下来了,即使缺了某些字母,事物仍旧得到指称,——如果提供了所需要的所有字母,那么就是好的;如果只提供了所需要的小部分字母,那么就是不好的。我认为我们最好承认这一点,免得像那些夜晚在伊齐那城的大街

B　上漫游的旅行者一样受到惩罚,就好比真理本身对我们说,你们来得太迟了。否则的话,你必须发现某些关于名称正确性的新观点,不再坚持名称是借助字母或音节对事物的表达,因为如果你同时承认二者的话,就会自相矛盾。

克拉底鲁　我承认,苏格拉底,你说得非常有理。

苏格拉底　那么既然我们到目前为止达成了一致,让我们问自己,一个正确制定了的名称是否必须要有恰当的字母。

克拉底鲁　要。

C　**苏格拉底**　恰当的字母就是那些与事物相似的字母吗?

克拉底鲁　是的。

苏格拉底　那么关于正确提供名称我们已经说够了。正确制定的名称大部分由恰当的、与事物相似的字母组成,否则就不会有名称与事物的相似性,但同样也有一部分名称制定得不恰当,糟蹋了语词的美和结构。你承认这一点吗?

克拉底鲁　跟你争论没有用,苏格拉底,因为说一个不正确地提供了的名称根本就不是名称,我对这种说法不满意。

D　**苏格拉底**　你承认名称表现事物吗?

克拉底鲁　我承认。

苏格拉底　但是你不允许有些名词是基本的,有些是派生的,是吗?

克拉底鲁　我允许。

苏格拉底　如果你承认基本的或最初的名词是事物的表现,那么除了尽力使之与要表现的事物相同,此外还有什么更好的表现方式呢?或者说你宁可接受赫谟根尼以及其他许多人的看法,

E　名称是约定俗成的,拥有命名者一致赞同的意思,这些人对被命名的事物拥有在先的知识,习俗是命名的惟一原则,是吗?至于你是遵守现存的习俗,还是制定一个新的相反的习俗,把小叫做大,把

大叫做小,只要大家都同意,他们说这不会造成什么差别。这两种观点你倾向于哪一种?

克拉底鲁 用与事物相似的东西来表现事物比随意的指称要 434
强得多,苏格拉底。

苏格拉底 很好,但若名称与事物相似,构成最初名称的那些字母也必须与事物相似。回到图画的形象这一点上来,我要问,如果绘画的颜料在性质上与被模仿的事物没有一点儿相似之处,那 B
么人们怎么能够创作出一幅画来。

克拉底鲁 不可能。

苏格拉底 除非构成名称的最初元素与被模仿的名称有某种程度的相似性,否则的话,名称也不可能与真实存在的事物有相似之处。

克拉底鲁 对。

苏格拉底 我现在想请你考虑一下赫谟根尼和我关于声音所 C
说的那些话。我们认为字母 ρ 表示快捷、运动和坚硬,你同意吗?我们这样说是对还是错?

克拉底鲁 我得说你们是正确的。

苏格拉底 字母 λ 表示圆滑、柔软以及类似的性质吗?

克拉底鲁 也没错。

苏格拉底 然而你清楚,被我们称作 σκληρότης 的东西在埃雷特里亚人那里叫做 σληρότηρ。

克拉底鲁 这我知道。

苏格拉底 那么字母 ρ 和 σ 可以相互替代,作为词的结尾它们的意思相同,在他们那里是 ρ,而在我们这里是 σ,或者说这两个字母有一个对我们来说没有意义。

克拉底鲁 不对,两个字母对我们都有意义。 D

苏格拉底 就这两个字母的相似性而言,还是就它们的不同而言。

克拉底鲁　就它们的相似之处而言。

苏格拉底　它们完全相同吗?

克拉底鲁　对,它们都可以表示运动。

苏格拉底　对插入字母 λ 你有什么要说的吗? 因为这个字母表示的不是坚硬而是柔软。

克拉底鲁　为什么要这样问,也许插入字母 λ 是错误的,苏格拉底,应当换成 ρ,当你们谈论名称不时地增加和减少字母时,你对赫谟根尼这样说过,我认为你们说得对。

E　　　**苏格拉底**　很好,但这个词对我们来说仍旧是可以理解的。当我说 σκληρός(坚硬)的时候,你知道我说的是什么意思。

克拉底鲁　对,我亲爱的朋友,对它的解释是一种习俗。

苏格拉底　习俗不就是约定俗成吗? 我发出一个声音,懂得
435　它的意思,你也知道我懂这个声音的意思——这就是你说的习俗的意思吗?

克拉底鲁　是。

苏格拉底　当我和你说话而你懂我的意思时,我对你有一种指示吗?

克拉底鲁　是的。

苏格拉底　表达我的意思的这种指示可以从不相似的东西开始,也可以从相似的东西开始,举例来说,σκληρότης 这个词中的字母 λ。如果这是对的,那么你与自己有了一种约定,名称的正确性成了一种习俗,因为不相似的字母同样也可以表示相似的东西,只要它们能被习俗和约定所批准。即使假定你把习俗与约定区别开
B　来,你仍旧得说语词的意义是由习俗决定的而不是由相似性决定的,因为习俗既可以用相似的东西来指示,也可以用不相似的东西来指示。对此我们表示同意,克拉底鲁,我把你的沉默当作同意,

所以我们必须假定习俗和约定对表达我们的思想有贡献。假定我们以数字为例。我的好朋友，除非你允许你说的习俗和同意在决定名称的正确性方面具有权威性，否则你怎么能够想象自己会发现名称与每个具体数字具有同样的性质呢？我非常同意你的说法，语词应当尽可能与事物相同，但我担心这样一来我们所说的相似性就如赫谟根尼说过的那样变得非常可怜，必须要由习俗的帮助方能维护其正确性。因为我相信，如果我们能够一直，或几乎永远使用相似的东西、完全适宜的东西来表达事物，那么这是语言最完善的状态，与之相反则是最不完善的。但是让我来问你，什么是名称的力量，名称的用途是什么？

C

D

克拉底鲁　苏格拉底，我想名称的用途就是告知。简言之，知道了名称也就知道名称所表达的事物。

苏格拉底　克拉底鲁，我假定你的意思是，名称就是事物，知道名称也就知道事物，反之亦然，因为它们是相同的，所有相同的东西都可以归入同一门技艺或知识，因此你会说知道名称的人也知道事物。

E

克拉底鲁　这确实是我的意思。

苏格拉底　但是让我们考虑一下这种关于事物的消息有什么性质，按你的说法，这些事物是由名称给予我们的。名称是事物最好的消息吗？或者说还有其他消息？你怎么说？

克拉底鲁　我相信这是关于事物的惟一的消息，而且是最好的消息——没有其他消息了。

436

苏格拉底　但是，你相信在发现它们的时候，发现了名称的人也就发现了事物，或者说这只是一种指导的方法，并且还有其他探讨和发现的方法？

克拉底鲁　我确实相信探讨和发现的方法也具有指导的性质。

苏格拉底　很好，克拉底鲁，但是你难道看不到追随名称去探

B

索事物,分析它们意义的人处在上当受骗的巨大危险之中吗?

克拉底鲁 怎么会呢?

苏格拉底 最先提供名称的人显然按照自己对那些要加以指称的事物的印象来命名,难道不是吗?

克拉底鲁 是的。

苏格拉底 如果他的印象是错误的,那么他据此提供的名称也是错误的,作为他的追随者,我们会发现自己处在一种什么样的状况之下? 我们难道不会受他的骗吗?

C   **克拉底鲁** 但是苏格拉底,我认为他必定知道事物,否则的话他的名称就根本不是名称,这是我说过的,这样想难道错了吗? 你也提供了清楚的证明说他不会错过真理,这个证明是——他始终是完全一致的。你有无注意到你在讲话时说出来的所有语词都具有共同的性质和目的?

    苏格拉底 我的朋友克拉底鲁,这不是一个回答。因为,如果

D 从一开始就错了,他可以迫使其他的都错,因而与他最初的错误和他本人相一致。这并没有什么可奇怪的,在几何证明中,一开始要是有一点细微而不可见的缺陷,后续一长串的推论也都会有始终一贯的错误。这就是为什么每个人都应当着重思考他的第一原则——看它们是否正确地建立起来。如果他愚蠢地作了错误的选

E 择,那么后来事情也就错了。现在我应该对名称确实始终一致表示惊讶。在此让我们返回我们前面的讨论。我们不是说过一切事物都处在运动、进步、流动之中,而这个运动的观念是用名称来表达的吗? 你难道不认为这就是名称的意义吗?

    克拉底鲁 对,这确实就是名称的意义,是它们真正的意义。

437   **苏格拉底** 让我们回到ἐπιστήμη(知识)这个词上来,观察它有多么晦涩,它表示的意思似乎是灵魂在事物面前止步而不是灵魂围绕事物转,所以我们应当保留它的开头,不是把ϵ去掉,而是

在中间再插入一个 ι 来取代 ε（不是 πιστήμη，而是 ἐπιστήμη）。再
举一个例子，βέβαιον（稳当的）显然表示静止和位置，而不表示运
动。还有，ἱστορία（探讨）这个词带有河流停滞（ἱστάνια）的字面
意思，而 πιστόν（忠实的）这个词肯定表示运动的停止；还有，每个
人都能看出 μνήμη（记忆）这个词表示灵魂的静止，不运动。再说，
像 ἁμαρτία 和 συμφορά 这样的贬义词按照它们的词源来看，与
σύνεσις 和 ἐπιστήμη 这样一类褒义词是一样的（例如，ὁμαρτεῖν，
συνιέναι，ἕπεσθαι　συμφέρεσθαι）同样的情况还有 ἀμαθία 和
ἀκολασία，因为 ἀμαθία（无知）可以解释为 ἡ ἄμα θεῷ ἰόντος
πορεία（与神在一起的人的进步），而 ἀκολασία（不受约束的）可以
解释为 ἡ ἀκολουθία τοῖς πράγμασιν（伴随着事物的运动）。在这些
事例中我们发现，含义最坏的名称与含义最好的名称的构成原则
是一样的。我相信任何人只要不怕麻烦都能找到许多例子，名称
的提供者用它们表示的不是运动或进步着的事物，而是静止的事
物，它们是运动的对立面。

克拉底鲁　对，苏格拉底，但是请你注意，表示运动的名称要
多一些。

苏格拉底　这又怎样，克拉底鲁？我们要像选举一样一个个
点吗？名称的正确性就是多数人的声音吗？我们得说多数就是真
理吗？

克拉底鲁　不对，这样做不合理。

苏格拉底　肯定不对。但是让我们结束这个问题，开始另一
个，我想知道在另一个问题上你是否同意我的看法。我们承认过，
各国最初的名称提供者是立法家，有希腊人，也有蛮族人，提供名
称的技艺是立法家的技艺，对吗？

克拉底鲁　非常对。

苏格拉底　那么告诉我，最初的立法家，作为最初的名称提供

者,知不知道他们命名的事物?

克拉底鲁 他们肯定知道,苏格拉底。

438 **苏格拉底** 为什么,噢,我的朋友克拉底鲁,他们几乎不可能是无知的。

克拉底鲁 我应当说不可能。

苏格拉底 让我们再回到我们前面离开主题的地方。如果你还记得,你说过提供名称的人肯定知道他所命名的事物。你仍旧坚持这个观点吗?

克拉底鲁 对。

苏格拉底 你会说最初名称的提供者也拥有他所命名的事物的知识吗?

克拉底鲁 我会。

B **苏格拉底** 如果最初的名称还没有提供,那么他怎样从名称中学习或发现事物? 如果我们的看法是正确的,那么我们学习和发现事物的惟一办法就是为自己发现名称或向别人学习名称。

克拉底鲁 我认为你说的很有意思,苏格拉底。

苏格拉底 但若只有通过名称才能知道事物,我们如何能够在有名称之前,因此也在他们能知道名称之前,假定名称的提供者拥有知识,或者说他们是立法者?

C **克拉底鲁** 苏格拉底,我相信对这个问题的真正解释是,赋予事物最初名称的力量绝不是凡人的力量,这样提供的名称必定是它们真正的名称。

苏格拉底 如果名称的提供者是神灵附体的或者就是神,那么他怎么会自相矛盾呢? 我们刚才不是说过,他用某些名称表达静止,用有些名称表达运动吗? 是我们弄错了吗?

克拉底鲁 我假定这两类名称中有一类根本不是名称。

苏格拉底 那么我的朋友,哪一类根本不是名称,表达静止的,还是表达运动的? 我以前说过,这个问题不能靠清点它们各有多少来决定。

克拉底鲁　不能,这个办法不行,苏格拉底。　　　　　　　D

苏格拉底　但若这是一场名称的战斗,它们中有些说自己是真理,其他一些则认为它们才是真理,那么我们该如何决定,凭什么标准? 因为我们不能诉诸其他名称,而显然必须要有另一个不用名称的标准来弄清楚哪一类名称是正确的,这就是用来揭示真理的标准。

克拉底鲁　我同意。

苏格拉底　但若这是真的,克拉底鲁,那么我假定没有名称也　E可以知道事物,对吗?

克拉底鲁　显然如此。

苏格拉底　但你会怎样期待着知道它们? 除了真实和自然的道路,通过它们自身,以及当它们相互表现出关联时,通过与它们相似的东西,还能有其他认识它们的方法吗? 因为其他和不同必定表示另外的东西和与它们不同的东西。

克拉底鲁　我认为你说得对。

苏格拉底　好吧,但是请想一想。我们不是三番五次地承认　439正确给予的名称是与它们所表示的事物相同的,名称是事物的形象吗?

克拉底鲁　是的。

苏格拉底　让我们假定,只要你喜欢,都可以通过名称的中介来学习事物;我们也假定你可以通过事物本身来学习事物。这好像是一种更加高尚、更加清晰的方式——一种方式学习形象,以形象为真理的表达方式,并且要正确地察觉形象;另一种方式学习真　B相,事物的真相及其形象在适时地起作用,对吗?

克拉底鲁　我应当说我们必须学习真相。

苏格拉底　我怀疑你我如何能够学习或发现真正的存在。但我们可以承认,事物的知识并不是从名称中派生出来的。不是,要学习和研究事物必须学习和研究事物本身。

克拉底鲁　这很清楚,苏格拉底。

C　　**苏格拉底**　还有一个要点。我不希望我们留下这样的印象,众多的名称全都朝着一个方向发展。我本人并不否认名称的给予者在提供名称时确实认为一切事物都处在运动和流变之中,但我认为他们的这个看法虽然真诚,但却是错误的。就像掉进了某种漩涡,他们身不由己地越卷越深,还想拉着我们一起往下掉。克拉底鲁,我经常在想一件事,应当问问你的看法。请告诉我,有没有

D　　一种绝对的美或善,有没有其他绝对的存在。

克拉底鲁　肯定有,苏格拉底,我是这样想的。

苏格拉底　那么就让我们来寻找真正的美,而不是去问有没有漂亮的脸,或诸如此类的问题,因为所有这些事情都好像处在流变之中,让我们问真正的美是否永远是美的。

克拉底鲁　当然是。

E　　**苏格拉底**　我们能正确地谈论一直流逝着的美吗,起先是这个样子,然后是那个样子?话音未落,同一件事情不就已经出现、退隐、消失了吗?

克拉底鲁　无疑如此。

苏格拉底　那么如何可能有从来都不能处于同样状态的真正事物?因为相同的事物在保持着同一时显然不能变化,如果始终处于相同状态,从不离开最初的形式,它们就决不会变化或运动。

克拉底鲁　它们确实不能。

440　　**苏格拉底**　它们也不能被任何人所知,因为当观察者在某一时刻接近它们时,它们已经变成了另一样东西,具有了另一种性质,因此你就无法进一步知道它们的性质或状态,对于没有状态的

东西你是无法知道的。

克拉底鲁　对。

苏格拉底　如果一切事物都处在变动之中，无物常住，克拉底鲁，那么我们也不能合理地说有知识。因为这样一来知识就不能继续是知识，除非它能始终常住和存在。但若知识的性质发生变化，在变化发生时它们就不是知识，如果变迁一直在进行，那么就一直没有知识，按照这个说法，不会有任何人知道，也不会有任何东西被知。但若知者和被知者一直存在，美、善和其他各种事物也存在，那么我认为它们不会像河流一样流动变化，就如我们刚才的假设一样。如果事物有无永恒的性质，或者真理就像赫拉克利特及其追随者，还有许多人所说的那样，是一个难以决定的问题，那么没有一个聪明人会把自己置于名称的力量之下，或者去接受教育。在此范围内他也不会相信名称或名称的给予者，不会相信任何一种把他自己和其他存在谴责为非实体的不健康状态的知识；他不会相信一切事物都像一口漏锅，也不会相信这个世界就像一个人在流鼻涕。克拉底鲁，这些看法也许是真的，但也极有可能不是真的，因此我不想让你轻易地接受它们。好好想想吧，像一个人那样，不要轻易地接受这样的学说，因为你很年轻，正处在学习的年纪。你什么时候找到了真理，就来告诉我。

克拉底鲁　我会按你说的去做，尽管我向你保证，苏格拉底，我已经考虑过这个问题了，结果是一大堆麻烦，我还是倾向于赫拉克利特的观点。

苏格拉底　那么，我的朋友，当你哪一天回来的时候，给我上堂课，但是现在还是去那个国家吧，这是你的打算，而赫谟根尼会给你指路。

克拉底鲁　很好，苏格拉底，然而我希望你自己也会继续思考这些问题。

斐 德 罗 篇

提　要

　　本篇是柏拉图最伟大的对话之一,应当与《会饮篇》一起阅读。两篇合在一起提供了柏拉图关于爱的思想。《斐德罗篇》是一种交谈,而不是专题讨论或一连串的问答。苏格拉底和斐德罗一起在城外散步,边走边谈,想到什么就说什么,但他们是雅典人,更因为其中一个是苏格拉底,因此如何在步行时愉快地消磨时光,他们的想法——以及柏拉图的想法——与我们现在很不一样。

　　爱是他们交谈的第一个话题。斐德罗把手头拥有的一篇文章读给苏格拉底听,这篇文章受到人们的赞叹,而苏格拉底对此表示反对,因为作者认为爱主要是一种肉体的欲望。在苏格拉底看来,爱是一种冲动,充满着美和善,是一种提升灵魂、使之能够踏上通往真理之路的神圣的迷狂。这种冲动首先朝着哲学前进,在爱恋可见的、肉体的美时寻求更加高尚的东西——用柏拉图的话来说就是寻求"超越的东西"。

　　要完全把握希腊人的美到底是什么意思几乎是不可能的。美是一种伟大的力量,对他们的日常生活产生着深刻的影响。据说,底比斯最伟大的领袖对他的同胞说,不把帕特农诸神① 给弄到底比斯来,他们就决不能征服雅典。每个希腊人都明白这句话的意

---

　　①　帕特农(Parthenon)神庙位于雅典卫城。

思。当然,有了这种美,底比斯人会变得更好、更勇敢,也更加聪明。在《国家篇》中,柏拉图的"哲学王"必定是既俊美又聪明。苏格拉底向斐德罗描述了恋人的感受,这个叙述把当代的爱情诗远远地撇在后面。陷入真爱使人踏上上升之路,使人在完美的真理中得到爱的满足。

《斐德罗篇》的侧重点在可见之美,但柏拉图的读者必须始终记住,最受人们爱戴并且最爱所有人的苏格拉底与这种可见之美毫无关系。他一次又一次地对可见之美瞪大眼睛,嗤之以鼻。他既不英俊,又不标致。他那神奇的美是内在的。

对话的最后部分涉及书本与写作、沉思与讨论、阅读与推理、修辞术与辩证法孰优孰劣等问题。这里讲的思想和讨论指的是只关心寻求知识,而不涉及是否将其构成他人能够接受的形式。好书所起的作用无非就是提醒,让他们明白自己知道什么。惟一真正有价值的写作方式是把真善美刻在灵魂上。

正　文

苏格拉底　你从哪里来,我的朋友斐德罗,要到哪里去？　　227

斐德罗　苏格拉底,我上午一直和凯发卢斯之子吕西亚斯在一起,坐了那么久,现在出城来走走。我们共同的朋友阿库美努建议我沿着大路走,他说这比在柱廊里散步更加能够使人精力充沛。

苏格拉底　对,这样说没错。吕西亚斯好像在城里。　　B

斐德罗　是的,他和厄庇克拉底在一起,住在莫里库斯曾经住过的那所房子里,靠近奥林比亚宙斯的神庙。

苏格拉底　你们在那里忙些什么？ 吕西亚斯无疑会在那里向同伴展示他的口才。

斐德罗　如果你能花点时间和我一起走走,愿意听我讲话,那么我会告诉你。

苏格拉底 什么? 你以为我会介意这点时间? 套用品达的话来说,我要把它当作"头等大事"①,听一听你和吕西亚斯如何消磨时光。

C　　**斐德罗** 那你就跟我走吧。

苏格拉底 你请说。

斐德罗 苏格拉底,我们的谈话对你很合适,因为我们讨论的主题可以说与爱情有关。你要知道,吕西亚斯写了一篇文章,描写一位美少年如何受到诱惑,但引诱他的人并不是一个爱他的人——妙就妙在这里。② 他坚持说这位少年应当接受不爱他的人,而不是接受爱他的人。

苏格拉底 真是妙极了! 我希望他还说过不应当接受富人而
D　应当接受穷人,不应当接受青年而应当接受老翁,总而言之就是接受像我这样的普通人。这是一种多么诱人的民主理论啊! 我急于听到他是怎么说的,我发誓,哪怕你按希罗狄库③ 推荐的方法一直走到麦加拉城墙脚下,再从那里走回来,我都不会离开你。

228　　**斐德罗** 你这是什么意思,我的好朋友? 你难道指望像我这样的成年人背诵这篇文章,而不会糟蹋它的作者? 吕西亚斯是当今最有才华的作家,为了写这篇文章花了好几周闲暇时间? 尽管我宁可拥有这样的才华而不要发财,但要我把这篇文章背诵下来,远远超过了我的能力?

苏格拉底 这我知道,斐德罗。我对吕西亚斯非常了解,就像了解我自己一样。我也敢肯定你斐德罗不止一次地听吕西亚斯背

---

① 　品达:《伊斯弥亚颂歌》,第 1 首,第 1 行。

② 　此处指男子同性恋,这种现象在希腊社会相当普遍。

③ 　希罗狄库(Herodicus)是当时的名医和体育家。

诵他的作品,一遍遍地要他重复,而吕西亚斯则非常乐意照办。但 B
即便如此仍不能使你满足。到最后,你把手稿要到手,开始熟读其
中最吸引人的部分,就这样坐了一个上午,直到有了倦意出来散步
为止。我向你保证,我确实相信这篇讲稿虽然很长,但你已经熟记
了整篇文章,现在溜出城来就是为了找机会练习一下。然后,你就
和某个急于听到这篇讲演的人碰上了,这个时候你喜出望外,以为
有人可以分享你的狂热,因此就要他与你一同散步。但当这位爱 C
好者请你复述的时候,你感到有点难,装出不想背诵的样子,尽管
你最后还是会这样做的。哪怕你碰上一位要求不那么坚决的听
众,也得强迫自己复述。所以斐德罗,你还是干脆一点,按我的请
求去做吧。①

斐德罗 我要是不把这篇讲演复述给你听,我想你是不会放
过我的,所以我最好还是尽力而为吧。

苏格拉底 你对我的意图把握得很准。

斐德罗 那么我就试试看。我的确不能逐字逐句背诵,但我 D
会抓住几个把有爱情的人和没有爱情的人进行对照的要点复述个
大概,从头开始,按顺序来。

苏格拉底 很好,我的同胞,但你首先必须告诉我你左手拿着
藏在衣襟下的是什么,我猜就是那篇文章。如果我没猜错,那么我
向你保证,尽管我爱你,但我不想听你在我面前练习讲演,就像吕
西亚斯本人在场似的。来吧,拿出来给我看。 E

斐德罗 我无话可说,苏格拉底。你把我的希望粉碎了,我本
想对你试一试我的能力。好吧,你希望我们坐在哪里读呢?

苏格拉底 从这里拐弯,然后沿着伊立苏河走,由你选,找个 229
安静的地方我们可以坐下来读。

---

① 此段提到斐德罗时原文中均用第三人称,中译文按第二人称译。

斐德罗 这很方便,不是吗? 我正好赤脚,而你从来不穿鞋。我们趟水也没什么关系,特别是夏天这个时候在溪里走走更开心。

苏格拉底 那我们走吧,找个可以坐下来休息的地方。

斐德罗 你看到那边那棵高大的梧桐树了吗?

苏格拉底 当然看到了。

B　**斐德罗** 那里有树荫,有风凉,有草地可坐,如果我们愿意,还可以躺下。

苏格拉底 那我们就去那里。

斐德罗 告诉我,苏格拉底,人们说波瑞阿斯从河里把俄里蒂亚抓走,[①] 是不是就在这一带?

苏格拉底 对,传说是这样的。

斐德罗 可不就是这里吗? 这里河水清澈,正适合姑娘们嬉水。

C　**苏格拉底** 不对,在下游大约一里路的地方,[②] 穿过狩猎女神[③] 的圣地,附近还有一座波瑞阿斯的祭坛。

斐德罗 我从来没有真正地注意过,但是请告诉我,苏格拉底,你相信这个故事是真的吗?

苏格拉底 如果我不相信这个故事,那么我倒是挺时尚的。我可以像那些有知识的人一样,提出一种科学的解释,说这位姑娘在与法马西娅[④] 一道玩耍时被波瑞阿斯刮起的一阵狂风吹下山

D　崖,她死后,人们说她是被波瑞阿斯掠走的,尽管按另一种说法,这件事也可以发生在战神山。[⑤] 斐德罗,在我看来,诸如此类的理论

---

①　波瑞阿斯(Boreas)是希腊神话中的北风神,掠走雅典公主俄里蒂亚(Orithyia),和她生子多人。

②　此处的英译文为"四分之一英里"。

③　原文为 Agra,词义为打猎,指狩猎女神。

④　法马西娅(Pharmacia)是俄里蒂亚的女伴。

⑤　战神山(Areopagus)位于雅典卫城西北,音译为阿雷奥帕古斯山。

无疑很诱人，但只是一些能人的虚构，我们不一定要羡慕这些勤奋的人，道理很简单，因为他们一开了头，就必须继续解释肯陶洛斯① 和喀迈拉②，更不要提那一大群怪物了，戈耳工、③ 帕伽索斯④ 以及神话传说中的无数其他怪物。我们的疑心再加上他那种有点残忍的科学，如果按这些传说是否可能的标准对这些怪物逐个进行考察，那就需要大量的时间。而我自己实际上肯定没时间干这件事。把原因告诉你，我的朋友。我还不能做到德尔斐神谕所告诫的"认识你自己"，只要我还处在对自己无知的状态，要去研究那些不相关的事情那就太可笑了。所以我不去操心这些事，而是接受人们流行看法。我的研究，如我刚才所说的那样，宁可针对自己，看自己是否真的是一个比堤丰⑤ 更加复杂、更加傲慢的怪物，还是一个比较单纯、比较温和、有上苍保佑的生灵，有着与堤丰不一样的平和的性格。呃，这不就是我们刚才要找的那棵树吗？

E

230

B

斐德罗　对，就是这棵。

苏格拉底　我向你保证过，这里确实是个休息的好地方。你瞧这棵高大的梧桐，枝叶茂盛，下面真荫凉，还有那棵贞椒⑥，花开得正盛，香气扑鼻。梧桐树下的小溪真可爱，脚踏进去就知道有多

---

① 肯陶洛斯(Centaur)，希腊神话中的半人半马怪物，又称马人，有许多位。此处是复数。

② 喀迈拉(Chimera)，希腊神话中的喷火怪物，前半身像狮子，后半身像蛇，中部像羊。

③ 戈耳工(Gorgons)，指海神福耳库斯(Phorcus)的三个女儿，她们的头发是毒蛇，嘴里长着野猪的长牙，身上还长着翅膀。

④ 帕伽索斯(Pegasus)，生有双翼的飞马，此处是复数。

⑤ 堤丰(Typhon)是希腊神话中的巨人，与半人半蛇女怪生下许多怪物。

⑥ 此处原文为 agnos，树形类似柳树。

C　么凉爽! 你瞧这些神像和神龛,想必一定是阿刻罗俄斯①和某些仙女②的圣地。呵,这里的空气真新鲜! 知了齐鸣,好像正在上演一首仲夏的乐曲。要说最妙的,还是斜坡上厚厚的绿草,足以让你把头舒舒服服地枕在上面。我亲爱的斐德罗,你确实是陌生人最好的向导。

斐德罗　但是你真让我感到奇怪,我杰出的朋友。就像你自
D　己说的那样,你一点儿都不像本地人,反倒像个陌生人要别人带路。我相信,这是因为你从不离开城邦到国境以外的地方走走,甚至从来没出过城。

苏格拉底　你必须原谅我,亲爱的朋友,我爱好学习,树木和田园不会教我任何事情,而城里的人可以教我。但你好像发现了一种魔法,能吸引我出城。饥饿的牲口,只要在它面前摇晃一下胡萝卜或是青草,就能让它跟着走;同样的道理,我相信,用那些文章
E　做诱饵,你可以让我跟着你跑遍整个阿提卡,或者去你喜欢的其他地方。不过,现在我们已经到了,我说过要找个地方躺下来休息,而你可以选一种最适合朗读的姿势,开始读给我听吧。

斐德罗　好吧,那我就开始读。

231　"你已经知道了我的情况。我跟你说过,这件事应当发生,而且对双方都有利。③ 现在我宣布,我对你的要求不应当仅仅由于我对你没有爱情而遭到拒绝。首先,有爱情的人一旦追求的对象到手,就会反悔以前付出的恩惠,而其他类型的人④ 却没有机会反悔已经付出的东西。没有爱情的人在施予恩惠时不受爱情的约

---

① 阿刻罗俄斯(Achelous)是河神。
② 此处原文为 nymphs,指居住在山林水泽的仙女,亦译"宁妇"。
③ 此处讲的"这件事"指男子同性恋。
④ 指没有爱情的人。

束,他们是自由的,他们会量力而行,同时也顾及自身的利益。其次,有爱情的人会算计他们的爱情能得到多少好处,付出的代价又有多大,他们要花费额外的精力去算计花费多久才能收支平衡;而没有爱情的人却不会为了爱情而忽略自己的事业,不用算计过去花费的心机,也不会与亲属发生争执。既然这些麻烦都不存在,那么他们所要做的就是把自己的精力用在能够博取对方欢心的事情上。

　　再次,有人争辩说,应当看重有爱情的人,因为有爱情的人对所爱的人特别好,会用各种言语和行动来讨得爱人的欢心,但这些言行会引起他人的厌恶。如果情况确实如此,那么有爱情的人显然也会为了明天的爱人而抛弃今天的爱人,如果新的爱人有这种要求,那么他无疑也会伤害过去的爱人。

　　说实话,把如此宝贵的东西① 慷慨地给予在苦恼中辛劳的人有什么意义?没有人知道这种苦恼是怎么回事,也不知道如何消除它。有爱情的人承认自己不健康,有病,知道自己愚蠢,但就是不能控制自己。那么,这样的人在神智复原时还会认为自己在疯狂的时候所要做的事是好事吗?

　　看到这种情况,如果你还要在有爱情的人中间选择最好的情人,那么你的选择范围很小,但若你在一般的人中间进行选择,那么你的选择范围就很大,也就更有希望找到最配得上你的友谊的人。

　　你也许敬畏已有的习俗,害怕事情泄露后受到民众的指责。如果是这样的话,那么你可以看到有爱情的人以为每个人都会崇拜他,就像他崇拜自己一样,因此就会骄傲地谈论他的爱情,宣称他的爱情非常成功,以此掩饰实际的空虚;而另外一种类型的人

---

　　① 指爱情。

能够控制自己，宁可做最适宜做的事，而不愿在邻居面前浪得虚名。

　　还有，有爱情的人只想安慰他的爱人，对其他事情视而不见，

B　有许多人耳闻目睹他们的言行，因此每当人们看到他们在一起说话的时候，就以为他们在一起满足私欲，而无论是真是假；而对另一种类型的人，没有人会诋毁他们的来往，人们知道和别人谈话是人之常情，为了友谊或满足其他的兴趣，人必须这样做。

　　请注意这个要点。通过思考，你也许感到保持友谊是件麻烦

C　事，争吵无论源于恋爱中的哪一方对双方来说都是一种灾难，完全顺从你的意愿的人会陷入悲伤，而这种悲伤转过来又会伤害你自己。在这种情况下，无疑是那些有爱情的人应当引起你的警惕，因为他会向你发难，认为整件事情都是对他一个人的伤害。也正是由于这个缘故，有爱情的人会阻止他的恋人与其他人交往，生怕有钱的情敌会用钱财把他的恋人夺走，或担心一个有文化的情敌在智力上超过他，因此他会始终对那些比他强的人保持高度戒备。

D　通过劝你不要与这些对手交往，他使你在这个世上一个朋友都没有；换个角度说，如果你追求自己的利益，比你的恋人头脑要清醒，那么你就不得不与他争吵。另一方面，没有爱情的人只是凭他自己的优点去实现对你的要求，不会妒忌其他与你交往的人，反而会厌恶那些不和你来往的人，因为他相信不和你交往就是看不起你，

E　和你交往的人是在伺候你。因此，和你交往的人所关注的是与你交友，而不是成为情敌。

　　请注意这个要点。在了解你的脾气和熟悉你的一般品格之

233　前，有爱情的人不太会占有你，因此当欲望消退之时，他就不能确定自己是否还想成为你的朋友；而在另一种情况下，没有爱情的人在情事发生以前已经有了友谊，这一事实使他们有可能在情事发生之后也不会使友谊淡漠下来，以往的好感会变成一种记忆驻留

在他们心里,并保证今后会有更多的交欢。

请注意这个要点。你要是听我的话,肯定比听那些人的要好,因为有爱情的人对你的言行不得体地一味进行赞扬,其中的原因部分是因为他担心冒犯你,部分是因为他的情欲损害了他自己的判断力。从以往有爱情的人的情况来看:首先,事情办得不顺,他会对别人一般认为并不值得烦恼的事情感到烦恼;其次,事情办得顺利时,他会迫使顺从他的人赞扬本来不值得赞扬的事情。可是这样一来,被他所爱的人实在是非常可怜,而不值得羡慕。另一方面,你要是听我的话,我和你的交欢不仅是为了你当前的快乐,而且也是为了你将来的利益,因为我是我自己的主人,而不是爱情的牺牲品;我不会为了你的一点小小的过错就在心里留下深刻的敌意。相反,只有在你对我犯下大错时,我才会慢慢地在心里有一点不悦,对那些无心的伤害我会加以宽容,也会努力设法防止存心犯下的过失,这些做法都象征着永久的友谊。然而,如果你认为和有爱情的人不可能缔结坚强的友谊,那么你就得认为父母子女对我们也没有什么价值,更不会拥有任何忠诚的朋友。但这样想是不对的,我们拥有这些并不是因为性欲,而是由于另一个不同系列的行为。

还有,假如说我们肯定会偏爱那些对我们要求最急迫、最强烈的人,那么在其他事情上我们也应当加以关照的不是那些境况最好的人,而是那些最贫困的人,因为他们的需求最大,一旦施予恩惠,他们就会对我们抱着最深的感激之情。请注意进一步产生的后果。当我们举行私人宴会时,最应该得到邀请的不是我们的朋友,而是乞丐和没饭吃的人,这样做的话他们会爱戴你,依赖你,蜂拥而至我们的门前;他们会对你感激不尽,为你祈福。说来说去,适当的做法不是把恩惠赐予那些要求最强烈的人,而是赐予那些最能对我们感恩图报的人——不仅是指乞丐,而且是指那些值得我们关照的人;不是那些只贪图你的青春美色的人,而是那些在你老的时候仍旧能够与你共享安乐的人;不是那些达到目的就向外界夸耀的人,而是顾全体面,守口如瓶的人;不是那些贪图一时欢乐的人,而是那些愿意与你终身为友的人;不是那些一满足情欲就恩将仇报的人,而是那些在你年老色衰时仍旧对你忠心耿耿的人。

B　　因此,你要记住我的话,并且想一想有爱情的人的恶行不可避免地要受到亲朋好友的指责,而另一类人从来不会受到家人的指责,说他的行为损害了他们的利益。

　　也许你会问,我是否想要你对所有没有爱情的人都给予恩惠呢?好吧,我认为,哪怕是有爱情的人也不会要你把恩惠赐予所有

C　有爱情的人,这是因为:首先,一帖药不能治好所有的病;其次,要是你想隐瞒自己的情事,你会发现在这种情况下更加困难。我们所需要的是一桩对双方有益无害的生意。

　　现在我要说的都已经说了,如果你认为我忽略了什么,或者想听到更多的东西,那么请你让我知道。"①

　　你认为这篇讲话怎么样,苏格拉底?这真是一篇非常出色的文章,尤其是从语言方面来看,不是吗?

D　　**苏格拉底**　确实妙极了,我的朋友。我听得神魂颠倒了。这要归功于你,斐德罗,是你让我有了这样的感受。我看到你在读它时眉飞色舞,所以我敢肯定你对这些事情的理解比我要好,你是值得我崇拜的伴侣,我沾了你的光,也跟着你一道陷入迷狂。

　　斐德罗　得了吧。你在开玩笑吗?

　　苏格拉底　你认为我在开玩笑,不当真吗?

E　　**斐德罗**　还不止这些,苏格拉底。像对朋友那样对我说真话

---

①　以上是斐德罗朗读的吕西亚斯的文章。

吧,你认为还有别的希腊人能就相同的主题写一篇更加高明、更加富丽堂皇的文章吗?

苏格拉底　什么? 你和我不仅要赞扬它的作者简洁明了的表达方式、首尾一贯的精确性、精心修饰的词藻,而且还要赞扬他所说的内容吗? 如果我们必须这样做,那么就以你说的为准好了,因为我虚弱的理智无法对之大加赞赏;我的意向是只把它当作一篇修辞学的文章,如果是这样的话,那么甚至吕西亚斯本人也不会认为它是完善的。斐德罗,你也许不会同意我的看法,但我确实认为他就同一件事翻来覆去地说。也许他对如何详细叙述一个主题并不十分能干,也许他对这样的题目根本没有什么兴趣。实际上,它给我留下了这样的印象,作者为了显示他的才能,同一件事可以说两遍,用词不同但都同样成功。

斐德罗　你说的毫无道理,苏格拉底。你所说的缺点正是这篇文章的突出优点,它也没有忽略有关这个主题的任何重要方面,任何其他人要想用一篇更加充分、更加令人满意的演说来超过他都是不可能的。

苏格拉底　如果你的看法就是这些,那么我不能赞同你的意见;如果我出于礼貌而附和你,那么我就会遭到许多人的驳斥,以往时代的男女贤哲已经就这个主题发表过许多意见,写过许多文章。

斐德罗　你指的是谁? 你从哪里听到过比这更好的言论?

苏格拉底　我一下子说不上来,但我肯定听到有人说过和写过,也许是漂亮的萨福①,也许是聪明的阿那克瑞翁②,或者是某些散文作家。你会问,我这样说有什么根据? 我要说的是,尊敬的先

---

①　萨福(Sappho)是公元前七世纪希腊女诗人。

②　阿那克瑞翁(Anacreon)是公元前六世纪希腊抒情诗人。

生,有一种东西在我胸中奔腾,使我感到自己能够找到并说出一篇
文章,与吕西亚斯的文章不同,但比它更好。我当然明白它不是我
心中的原创,因为我知道自己无知;因此我假定它只能是从外界通
过我的耳朵灌输给我的,有一个外部的源泉,而我的心就像一个器

D 皿,不过我实在太笨,记不起自己是从谁那里听来的。

斐德罗 说得好!你让我佩服得五体投地。尽管我要你说出
是谁告诉你的,你又是怎样听到的,但我不在乎你能不能说得出
来,只要你能做到刚才的许诺。来吧,做一篇更好的文章,篇幅和
吕西亚斯的文章相当,但又和它完全不一样。如果你做到了,我会

E 像九名执政官① 在德尔斐立金像一样,不仅给我自己铸一个,而
且也替你铸一个。

苏格拉底 你真是太慷慨了,斐德罗! 不过,如果你以为我的
想法与吕西亚斯的文章完全是驴唇不对马嘴,而我可以再写一篇,
与他的文章完全不同,那么你确实像黄金时代的人一样头脑简单!
因为哪怕是最差劲的作家也不会一无是处。所以,就这篇文章的
主题来说,你能想象有人会争辩说,没有爱情的人而不是有爱情的
人应当得到宠爱,并且不赞扬一方的智慧而指责另一方的愚蠢吗?

236 他能把这些基本的要点都撇开,而提出某些不同的看法来吗? 不
可能,我们肯定得允许这样的论证存在,也要饶恕演说家对它们的
使用,在这个领域中要赞扬什么不是一种创新,而是对已有各种意
思的安排;只有涉及那些难以创新的非基本点时,我们才会既赞扬
对原有意思的安排又赞扬创新。

---

① 相传在荷马史诗的时代,雅典的立法者忒修斯(Theseus)进行改革,
废除"国王",由贵族组成的长老会议掌握大权,从贵族中选出九名执政官
(Archons,音译"阿康")处理政事。执政官起初任职终身,后来改为十年一任,
公元前七世纪时,执政官的任期又减为一年。

斐德罗　我同意。你说的似乎很公平。那么就让我来出个题 B
目给你做。这个题目就是没有爱情的人比有爱情的人神智清醒，
至于别的么，如果你能用一篇更加优秀的文章取代吕西亚斯的文
章，那么我一定要用纯金给你铸一座塑像安放在奥林比亚，放在库
普塞利德① 的儿子所奉献的金像旁边。

苏格拉底　你当真了，斐德罗？我在跟你开玩笑，所以才攻击
你亲爱的吕西亚斯。你想，我会做一篇更好的文章去与他争锋吗？

斐德罗　得了吧，苏格拉底！我只是在以子之矛，攻子之盾。
你必须尽力做一篇文章，否则我们就是在像喜剧中粗俗的小丑那 C
样反唇相讥，最后被赶下台。当心，别让我被迫说出这样的话来：
"我还不知道我的苏格拉底是个什么样的人吗？如果我不知道苏
格拉底，那么我就不知道我自己"，"你想说，但又扭扭捏捏不肯
说。"你下决心吧，要是你不把你说的那些隐藏在胸中的东西说出
来，你就别想离开这里。这里很偏僻，只有你和我，我比你强壮，也
比你年轻，由于这些原因，"千万别忘了我的吩咐"，别逼我动武撬 D
开你的嘴。

苏格拉底　但是，我的好斐德罗，像我这样的成年人要写一篇
同样主题的文章来和一位卓有成就的作家比试岂不是太可笑了。

斐德罗　看着我，我就要失去耐心了。如果你再不说，我就要
说出一些话来迫使你就范了。

苏格拉底　千万别这样。

斐德罗　哼，我偏要说！我要说的就是发誓：我向你发誓—— E
但是凭着谁，凭着哪位神呢？或者说凭着这棵梧桐树吗？我发誓，
你要是不把文章在这里说出来，你就永远别想从我这里听到其他
任何作家的文章。

———————————

①　库普塞利德(Cypselids)是科林斯僭主。

　　苏格拉底　啊,你这个坏蛋!你真行,早就知道我这样酷爱文章的人一定会向你屈服,照你的吩咐去做。

　　斐德罗　那你干吗还要反复推辞?

　　苏格拉底　看在你的誓言的份上,我屈服了。我又怎么会放弃这样的乐事呢?

237　　**斐德罗**　开始吧。

　　苏格拉底　好,你知道我打算怎么说?

　　斐德罗　怎么说?

　　苏格拉底　我开始之前得把头蒙上,然后飞快地把我要说的话说完,这样我就可以不看你,也不会因为害羞而中断。

　　斐德罗　只要你说,随你怎么办都行。

　　苏格拉底　声音清澈美妙的缪斯,求求你们,赶快降临吧,无论你们的名称源于你们歌声的特质,还是来自利古里亚人这个擅长音乐的民族①,你们都要帮我把这个故事说出来,这是我的好朋
B 友逼我说的。这样,他最终会更加崇敬那位作家,而他现在已经把他当作智慧之人了。

　　从前,有个英俊的男孩,或者说有一位美少年,有许多人爱他,其中一个特别狡猾。虽然他与别的情人一样爱这位美少年,但他故意要使这位美少年相信他并不爱他。有一天他向这个美少年献殷勤,劝他宁可亲近对他没有爱情的人,而不要亲近对他有爱情的人。这就是他说下面这番话的目的:

C 　　我的孩子,任何人如果想要成功地说一件事,那么有一点是他在开始说之前就必须做到的。他得知道自己要说些什么,否则的话一定会说得不着边际。现在大多数人都不明白自己并不知道事

_____

　　① 缪斯(Muses)是希腊的文艺女神,共九姐妹,分管各种艺术,在希腊被通称为"Ligaean"(字义为清亮),与利古里亚(Liguria)这个词形声相近。

物的本质,因此在讨论时,他们把人们一致赞同的关于某个事物的
定义搁在一边,还以为自己知道这个事物,而在耗费精力进行讨论
之后,他们最终当然就会发现自己的看法既相互矛盾,又自相矛
盾。因此,你和我一定要避免再犯这种我们指责别人的错误,现在
摆在我们面前的问题是:一个人是更应该陪伴有爱情的人还是没
有爱情的人? 我们必须先对爱情的定义取得一致看法,这个定义
要能显示爱情的本质及其效果,这样我们才能进一步讨论爱情是
有益的还是有害的。

　　好吧,人人都清楚地知道爱情是某种欲望,我们还知道有些人
想要满足这种美好的欲望但又不想成为有爱情的人。那么如何区
别一个人有无爱情呢? 我们必须注意到,每个人都有一条所要遵
循的主导原则。这样的原则有两种:一种是旨在追求快乐的天生
的欲望;另一种是旨在追求至善的后天获得的判断力。这些内在
的指导有时候是一致的,有时候是不一致的;有时候这个原则占据
上风,有时候那个原则占据上风。当我们在判断力的理性指导下
追求至善时,我们有了一种指导,称作节制;但当欲望拉着我们不
合理地趋向快乐并统治我们时,这种统治的名称就是奢侈。但实
际上,奢侈本身有许多名称,就像它有许多部门或样式,当一种样
式的奢侈明显地表现在某人身上时,这个人就得到了奢侈的名字,
一个不值得称赞的名字或明显拥有的名字。在食物方面,如果对
食物的欲望控制了决定什么是至善的判断力,并使之超过其他所
有欲望,这就叫做饕餮,这种人则称之为饕餮之徒;或者说在喝酒
方面,如果对酒的欲望取得了支配地位,那么我们应当如何给这种
占统治地位的欲望和处于这种欲望控制之下的人命名是很清楚
的,① 诸如此类的欲望和人莫不如此。

---

　　① 即称为“嗜酒”和“酒鬼”。

　　对这样的说法人们几乎不会有什么疑问，但即便如此，这样的
C　陈述也还要加以阐明。当追求美的享受的欲望控制了推动正确行
为的判断力以后，当这种欲望从其他相关的欲望中获得竭力追求
肉体之美的新力量时，这种力量就给这种欲望提供了一个名
称——这是最强烈的欲望，叫做爱情。

　　好吧，斐德罗，我的朋友，你也像我一样，认为我是在神的激励
之下说出这篇文章来的吧？

　　斐德罗　确凿无疑，苏格拉底，你已经做了允诺之事，你的这
篇文章非同寻常。

D　　**苏格拉底**　那么就请你静静地听。这个地方真的好像有神临
在，如果我说话的样子好像有神灵附体，那么请你别感到奇怪，我
的文风已经和酒神歌差不多了。

　　斐德罗　确实如此。

　　苏格拉底　但是要对此负责任的是你。不过，还是让我继续
说吧，也许能把你的恐吓扭转过来。这都是神的意愿，我们现在要
回到对那个少年说的话上来。

　　很好，我的好朋友，我们已经把要讨论的对象的真正性质说了
E　出来，也下过定义了。有了定义，我们就可以继续说对有爱情的人
和没有爱情的人献殷勤分别会给人带来什么样的好处或伤害。

　　受欲望支配，成为快乐奴隶的人当然想要从他爱恋的人那里
尽可能地取得快乐，这样他就有了心病，他喜欢和那些不与他作对
的人打交道，而和他一般强大或比他更强的人都有可能冒犯他。
239　因此，只要能避免，他就不去与和他力量相当或力量超过他的人打
交道；如果不能避免，他就老想着削弱对方，使之变得弱小。无
知者、胆小者、木讷者、迟钝者都可以视为虚弱，与聪明者、勇
敢者、雄辩者、敏捷者正好相反。心灵上的这些缺点更多地出现
在被爱者身上，但对爱者来说，这些缺点反而成了快乐的源泉；

如果在被爱者身上这些缺点不是生来就有的，那么爱者就会去努力开发，让被爱者具有这些缺点，因为不这样做的话就意味着剥夺他自己的所能直接得到的快乐。当然了，有爱情的人必定善妒，他不仅不让他所爱的少年接近其他带来好处的人，而且不让他接近能使他形成高尚人格的人，这就会给少年带来极大的伤害，尤其是不让少年接近能够增加智慧的东西——我指的是神圣的哲学。有爱情的人一定不会让被爱者接近哲学，因为他担心自己因此而遭到被爱者的藐视。总的说来，有爱情的人一定想要使被爱的少年变得完全无知，完全依赖于爱他的人，以这样的方式确保自己能获得最大程度的快乐，而这同时也就意味着对被爱者的最大的伤害。　B

　　因此，就少年的心灵来说，让一个对他有爱情的人作他的监护者或伴侣实在是有百害而无一利。　C

　　说了心灵之后，再来说身体。我们必须来看，一个追求快乐而不是追求至善的人想要被他占有的少年拥有什么样的身体和如何改变身体。我们当然可以看到，他宁可去追求弱不禁风的少年，而不会去追求身体强壮的少年。他理想中的爱人终年生活在温暖舒适的小屋里，从来不去户外呼吸新鲜空气，更不知辛勤劳作和流汗的训练是什么滋味，他的爱人缺乏天然健康的肤色，靠涂脂抹粉来取媚于人。类似现象还很多，但这些最明显，其他的也就没有必要一一列举了。在结束这个话题之前我们可以用一句话来小结：这种虚弱的少年要是参加战争或是处于其他紧急关头，可以让他的敌人信心百倍，也可以让他的朋友吓得发抖，当然也包括对他有爱情的人。　D

　　现在让我们越过上述考虑，提出下一个问题：在身家财产方面，被爱者从社会和爱者的监护中会得到什么好处或受到什么伤害呢？有一点人人都很清楚，尤其对有爱情的人来说，他首要的考　E

虑是把他爱恋的少年视为最体己的人,是他最宝贵的财产和情感的寄托,因此他希望这位少年的父母、亲戚、朋友全都死光,以免影响或阻碍他与少年的来往。然而,如果这位少年拥有家产、金钱或其他财产,他就会认为这个少年不容易轻易到手,或者到了手也难以驾驭,因此他就妒忌他爱恋的人有财产,恋人破了财他才高兴。进一步说,他希望他的恋人永远独身,一辈子没有妻子、儿子、家庭,这样他才能长久自私地享乐。

　　生活中确实还有其他邪恶,但是在大部分邪恶中,上天都还掺入了一些短暂的快乐。比如清客是可怕的、有害的,但这种人生来就有一些奉承人的小聪明和献媚取宠的本领;高级名妓完全可以说是有害的,更不要说其他各类妓女了,但在日常生活中,她们似乎并没有引起什么冲突。至于那些对美少年产生爱情的人就不一样了,他们除了有害,还最容易引起冲突。有句古话说:"别把五月配腊月"。我想这话的意思是,相同年纪的人追求相同的快乐,可以成为一对好朋友;但是哪怕这种关系也容易腻味。还有,除了年龄差距以外,被迫建立的关系在任何情况下对双方都是一种负担,对一对恋人来说更是如此。

　　年老的恋人日夜不甘忍受寂寞,在肉欲的驱使下,从恋人身上寻求视、听、触或其他生理体验;他每天守住他心爱的少年,使自己的快乐得到满足。但他自己又能给那被爱的少年提供什么样的快乐和安慰呢?长时间呆在他身边,看他那张饱经风霜、已被剥去美貌的老脸,再加上我们提到过的那些不愉快的事,那少年还有什么舒服可言,更不必说要被迫与这样一具赤裸的躯体相伴了。还有,他不得不生活在那老家伙的猜疑和监视之下,听那些闲言碎语,有时是毫无来由的夸奖,有时是过分的责备,那老家伙清醒时说的话都很难忍受,一旦喝醉了口无遮拦,把那些秘事到处宣扬,那就更叫人难堪了。

继续往下说。当这个老家伙还心存爱意时，他是有害的、伤人的；当爱情消逝的时候，他就会成为背信弃义之人。他以前发过许多誓，对恋人作过许多美好的承诺，这些花言巧语使他的伴侣忍受与他的交合，希望他将来能兑现诺言。可是到了还债的日子，他心中有了新的主宰，理性和节制取代了爱情和痴迷，他已经变成了一个完全不同的人。但那个少年并不清楚这个变化，仍旧会向他索取报酬，要他兑现过去许下的诺言，提醒他过去说过些什么话，还以为自己仍旧在向过去那个老情人说话，这时候，恢复了理性和节制的老家伙却只能感到羞愧，不能鼓足勇气承认自己的过错，宣布自己已经改邪归正，更不知道自己如何能够弥补过去在愚蠢的控制下作出的庄严承诺。由于担心继续纠缠下去自己会故态复萌，恢复过去那个自我，于是乎，他就只好溜之大吉，背弃过去的诺言，非做一个负心人不可了。这个时候，"尾巴"变成了"头"，追逐者变成了逃跑者。至于那个少年一定会追着他讨债，还会向老天叹苦经，埋怨那个负心人，尽管从头到尾他都不会明白，宁可接受一个有理性但没有爱情的人，也一定不能接受一个没有理性只有爱情的人。他应当懂得，一个错误的选择就意味着向一个无信无义的、乖戾的、妒忌的、伤人的追求者屈服，向一个将会毁灭他的家产、伤害他的身体、尤其是毁灭他的灵性发展的人屈服，而这种灵性发展在神与人的眼中肯定并永远具有最高的价值。

我的孩子，把我的话当作你的教训吧。你要明白有爱情的人对你的关注肯定不怀好意；他们无非就是想要满足贪婪的欲望，"有爱情的人爱娈童，就好像恶狼爱羔羊"。

我知道自己该结束了，斐德罗。话就说到这里，你别指望再从我这里听到些什么了。

斐德罗　干吗要这样？我认为你只说了一半，另一半该说一说没有爱情的人有什么好处，为什么应当接受这样的人。苏格拉

241
B
C
D

底,你为什么不往下说,而要到此结束呢?

E 　　**苏格拉底**　我的好朋友,你难道没看到,尽管我还在进行谴责,但我的文风已经从酒神歌转为史诗了?由于你的故意作弄,我才说出这番话来,你难道看不出我显然有仙女附体吗?所以我只需要补充一句话,有爱情的人的邪恶就是没有爱情的人的好处。所以,你干吗还要我浪费唾沫呢?我已经讲过的意思对有爱情和无爱情这两种人都适用。至于我讲的这番话会有什么样的后果就

242 留给命运去决定好了。我要过河回家了,省得你让我做一篇更长的文章。

　　斐德罗　唉呀,你还是等凉快一点再走,苏格拉底。你没看到此刻已经到了最热的时辰,所谓"灼热的中午"不就是现在吗?我们还是再呆一会儿,聊一会儿天,等天凉下来再走。

B 　　**苏格拉底**　斐德罗,你对文章的热衷真令我敬佩。我想,当今时代对文章的贡献无人可以超过你,要么是你自己写的文章,要么是你用各种手段强迫别人写的文章——只有底比斯的西米亚斯是个例外;在这方面你显然处在领先地位。你此刻好像又要把我的一篇文章给催生出来了。

　　斐德罗　这又有什么不好!不过,这是怎么回事?你指的是什么文章?

　　苏格拉底　我的朋友,刚才想要过河回家的时候,我熟悉的灵

C 异出现了——它总是在我要做某件事的关键时刻出现,对我进行审查——我马上好像听到一种声音,禁止我离开,直到我赎回对上苍的冒犯。你必须明白,我现在就像是个预言家——虽然不那么杰出,但对我自己的目的来说已经够好了,这是真的——因此我已经非常明白自己在哪里冒犯了上苍。你要知道,斐德罗,心灵本身就有一种神力,因为刚才我在口占那篇文章时就感到有什么东西

D 在干扰我,我心存惶恐,只怕说错话,用伊彼库斯的话来说,我是在

"借颂神之名赢得人间之名声"①。现在我明白自己的罪过在哪里了。

斐德罗　你有什么罪过?

苏格拉底　那是一种可怕的理论,斐德罗,你刚才介绍并强迫我阐述的是一种可怕的理论。

斐德罗　怎么会呢?

苏格拉底　这种理论是愚蠢的,也是亵渎神灵的,还有什么事能比这更可怕?

斐德罗　如果你的文章真是这么回事,那我表示同意。

苏格拉底　那么好,你难道不知道爱是一位神,是阿佛洛狄忒之子吗?②

斐德罗　人们肯定是这么说的。

苏格拉底　但是按照吕西亚斯的看法就不是这样,你的看法也不是这样,你作弄我,从我的嘴里掏出来的那篇文章也不这样看。如果爱确实真是一位神灵或一种神圣的存在,它就不可能是邪恶的,可是刚才两篇文章都把他说成是坏的。这两篇文章冒犯了爱神,把一大堆极为愚蠢、荒唐的废话当作正儿八经的东西来叙说,以此欺骗少数可悲的民众,博取他们的掌声。

E

243

因此,朋友,我要洗涤我的罪过。洗涤冒犯诸神和英雄的罪过,古时候就有一种涤罪方式,斯特昔科鲁③ 知道这种方式,但荷

----

①　伊彼库斯:《残篇》24。伊彼库斯(Ibycus)是公元前六世纪希腊抒情诗人。

②　希腊神话中的爱神是厄洛斯(Eros),相当于罗马神话中的丘比特,是以手持弓箭在天上飞翔的形象出现,据说为战神阿瑞斯与阿佛洛狄忒(Aphrodite)所生,后者是希腊神话中的爱与美的女神。另一种说法是厄洛斯生于最初的混沌。

③　斯特昔科鲁(Stesichorus)是公元前七世纪的希腊抒情诗人。

马不知道。斯特昔科鲁由于骂海伦① 而瞎了眼,但他知道自己为什么瞎眼,而不像荷马那样,瞎了眼还不知道是为什么。作为一名真正的艺术家,斯特昔科鲁明白个中原因,他马上就写了一首所谓B 的翻案诗:"错了,这番话全是假的。你海伦从来不曾上船,也决不会来到特洛伊的高塔。"② 写了这首否定自己旧作内容的诗以后,他的眼睛马上复明。在这一点上我要表现得比那些诗人更聪明。我骂了爱神,但我要在还没有受到惩罚之前否定自己的旧作,我也不必再因为害羞而蒙上头,这次我要露出脸孔来讲话了。

　　斐德罗　苏格拉底,要是你能这样做,那么我再快活不过了。

C 　　**苏格拉底**　是的,亲爱的斐德罗,你心里清楚刚才那两篇文章有多么不体面。假定我们现在是在听一位仁慈的、富有人性的人讲话,他爱过或曾经爱过另一个和他一样的人。假定他听到我们念的文章,叙说那些有爱情的人对被他们爱的人如何进行欺骗、如何残忍地进行伤害,他难道不会认为我们对爱情的看法就是那些D 从来没有经历过高尚爱情的社会渣滓的爱情观吗? 他难道不会拒绝接受我们对爱情的那些指责吗?

　　斐德罗　确实如此,苏格拉底,他会这样做的。

　　苏格拉底　那么出于对他的尊敬,也出于对爱神本身的敬畏,我希望能再说一篇完善的文章,以此清泉来洗刷我嘴里的苦咸味。我对吕西亚斯的建议是,他应当赶快告诉我们,在其他情况相同时,应当得到恩惠的是有爱情的人,而不是没有爱情的人。

E 　　**斐德罗**　其他的就不必说了,这可以做到。你要是说出一篇对有爱情的人的颂词,我肯定有办法让吕西亚斯也用同样的题目

────────

① 海伦(Helen)是传说中的希腊美女,爱上特洛伊王子帕里斯,与他私奔,希腊人引以为耻,发动了特洛伊战争。

② 斯特昔科鲁:《残篇》32。

另写一篇。

苏格拉底　这我相信，只要你能继续那样固执。

斐德罗　那么你可以充满自信地开始了。

苏格拉底　我刚才对他说话的那位美少年在什么地方？他也应当再听听这一篇颂词，在没听到我的讲话之前，他可别慌着去顺从那个没有爱情的人。

斐德罗　假定他就在这里，和你挨得很近，只要你需要，他就会出现。

苏格拉底　好吧，美丽的少年，你现在必须明白刚才那篇文章　244 是斐德罗的意思，他是皮索克勒斯之子，来自弥利努斯；而我现在要说的是斯特昔科鲁的意思，他是欧斐姆斯之子，来自希墨腊。他的这番话肯定会这样说：

我刚才对你说过，你应当把恩惠赐给一个对你没有爱情的人，而不应当赐给对你有爱情的人，其理由在于有爱情的人是疯子，没有爱情的人头脑清醒，"这番话是不真实的"。如果"迷狂是一种邪恶"是一个永恒的真理，那么我刚才的说法是正确的，但实际上，最大的赐福也是通过迷狂的方式降临的，迷狂确实是上苍的恩赐。　B 德尔斐的女预言家和多多那圣地的女祭司在迷狂的时候为希腊国家和个人获取了那么多福泽，我们要对她们感恩；但若她们处于清醒状态，那么她们就会所获甚少或一无所获。还有西彼尔① 和其他神灵附身的人，他们经常在神灵的感召下正确预见未来，这些显而易见的事情我就不多说了。然而，我们要指出这样一个事实，那些为事物命名的古人并不把迷狂视为羞耻和丢脸，否则的话他们就不会把这种预见未来的伟大技艺与"迷狂"这个词联系在一起，并把这种技艺称之为迷狂术了。他们把迷狂视为一份珍贵的礼

---

①　西彼尔(Sibyl)是希腊罗马传说中的女预言家，有好多位。

C 物,是神灵的恩赐,这种技艺也就有了这个名称,而现在的人没有
审美力,给迷狂术(Manic)这个词增加一个字母,变成了预言术
(mantic)。用鸟和其他征兆来测知未来的那种技艺的名称也是这
么得来的,鸟占术这个名称最初是"oionoistic",起先是个复合词,指
的是通过纯粹的思想活动来做出或理解预言,这种活动属于人的
理智本身,后人称之为"oionistic",并把其中 o 这个元音拉长,使之

D 发音更加响亮。所以,你看到古代的证据了。从名称和事实两方
面来看,神灵附身作出的预言比依据征兆作出的预言要完善得多,
前者具有更高的价值,上苍恩赐的迷狂也远胜于人为的神智清醒。

E 其次,由于前辈犯下的罪孽,有些家庭会有人因此而发疯,遭
到灾祸疾疫之类的天谴,为了找到禳除的方法,他们就向神灵祷
告,并举行赎罪除灾的仪式,结果那些参加仪式的受害者进入迷狂
状态,从此永远脱离各种苦孽。因此,这种迷狂对受害者来说是一
种神灵的凭附和获得拯救。

245 神灵附体或迷狂还有第三种形式,源于诗神。缪斯凭附于一
颗温柔、贞洁的灵魂,激励它上升到眉飞色舞的境界,尤其流露在
各种抒情诗中,赞颂无数古代的丰功伟绩,为后世垂训。若是没有
这种缪斯的迷狂,无论谁去敲诗歌的大门,追求使他能成为一名好
诗人的技艺,都是不可能的。与那些迷狂的诗人和诗歌相比,他和
他神智清醒时的作品都黯然无光。你瞧,我们在任何地方都找不
到这种人的地位。

B 源于诸神的神圣迷狂及其带来的功效我就说到这里,尽管还
有一些是我没能说尽的。依据这些解释,我们不要害怕迷狂,不要
被那种论证吓倒,认为神智清醒就一定比充满激情好。这种论证
要想说服我们就还得证明另一点,这就是爱情并不是上苍为了爱

C 者和被爱者双方的利益而恩赐的。我们要证明的正好相反,这种
迷狂是诸神的馈赠,是上苍给人的最高恩赐。我们的证明一定会

在聪明人中流行,尽管不一定能说服那些博学者。

　　为了能够走向这件事的真理,我们要迈出的第一步是考察灵魂的性质,以及它的经验和活动,我们这里说的灵魂包括神的灵魂和人的灵魂。下面就是我们的论证:

　　一切灵魂都是不朽的,因为凡是永远处在运动之中的事物都是不朽的。那些要由其他事物来推动的事物会停止运动,因此也会停止生命;而只有那些自身运动的事物只要不放弃自身的性质就决不会停止运动。还有,这个自动者是其他被推动的事物的源泉和运动的第一原则。作为第一原则的这个事物不可能是产生出来的,因为一切事物的产生都必须源于第一原则,而第一原则本身则不可能源于其他任何事物,如果第一原则也有产生,那么它就不再是第一原则了。进一步说,由于第一原则不是产生出来的,因此它一定是不朽的,因为如果说第一原则被摧毁,那么肯定就不会有任何东西从中产生出来,假定第一原则的产生需要其他事物,那么也不会有任何东西能使第一原则本身重新存在。

　　因此,自动者是运动的第一原则,它的灭亡就像它的产生一样,是不可能的;否则的话,整个宇宙,一切生成的事物都将崩溃,成为死寂的,要找到另一个能使之再次产生的运动源泉也决不可能。

　　现在我们已经看到由自身推动的东西是不朽的。我们可以毫不犹豫地肯定,这就是灵魂的本质和定义,也就是说,灵魂的本质是自动。任何物体的运动如果来源于外部,那么这个事物是没有灵魂的;但若一个物体的运动源于自身,那么这个物体是有生命的,或有灵魂的,"有灵魂的"这个词就包含着我们上面说过的意思。

　　如果我们这个论断是正确的,也就是说"推动自己运动的东西"就是灵魂,那么我们必须从中推论:灵魂既没有出生也没有死亡。

　　关于灵魂的不朽我们说得够多了,但我们还得说一说它的本性。此话说来颇长,只有神才能把这个问题说清楚,但作为凡人来谈论这个问题,我们只能说个大概。因此我们下面的讨论也只能简明扼要。让我们把灵魂的运动比做一股合力,就好像同拉一辆
B　车的飞马和一位能飞的驭手。诸神的飞马和驭手都是好的,血统高贵,但对其他生灵来说就并非完全如此。至于我们凡人用的马车,我们首先说有两匹马拉车,有一位驭手驾车,但我们还得说有一匹马是良种骏马,而另一匹正好相反,是杂种劣马。因此我们的驭手要完成任务就非常困难,经常会遇到麻烦。

　　现在我们必须尝试着说明为什么生灵要被称作"有朽的"和"不朽的"。尽管灵魂的形状在不断变化,但只要是灵魂,都要关照
C　所有没有生命的东西,并在整个宇宙中穿行。如果灵魂是完善的,羽翼丰满,它就在高天飞行,主宰全世界;但若有灵魂失去了羽翼,它就向下落,直到碰上坚硬的东西,然后它就附着于凡俗的肉体,由于灵魂拥有动力,这个被灵魂附着的肉体看上去就像能自动似的。这种灵魂和肉体的组合结构就叫做"生灵",它还可以进一步称作"可朽的"。至于"不朽的"这个词怎么个用法却没有合理的论
D　证作基础,我们从来不曾窥见神,也不能充分察觉神,只能把神想象为一个不朽的生灵,永远兼具灵魂和肉体。尽管如此,我们仍旧希望这些事情以及我们的解释能令神喜悦,而我们自己必须懂得为什么灵魂的羽翼会脱落和失去。这样去想才是聪明的。

　　羽翼的天然属性是带着沉重的东西向上飞升,使之能够抵达
E　诸神居住的区域,羽翼比身体的其他部分拥有更多的神性,它是美丽的、聪明的、善良的,具有各种诸如此类的优点。依靠这些优秀品质,灵魂的羽翼才得到充分的滋养和成长,但若碰上相反的性质,比如丑和恶,那么灵魂的羽翼就会萎缩和毁损。你们瞧,众神

之王宙斯驾着飞车在天上飞翔。他是诸神和精灵之主,也是众神
之首,主宰和照料着万事万物。他领队出巡,众神随行,排成十一   247
队,因为只有赫斯提留守神宫,其余列位于十二尊神的,各依指定
的秩序,率领一队。

在各重天界内,赏心悦目的景色和供诸神来往的路径都是道
不尽的,极乐的神都在天上徜徉遨游,各尽职守,凡有能力又有愿
心的灵魂都可以追随他们,因为诸神的队伍中没有妒忌存在。在
前去赴宴的时候,可以看到他们沿着那陡直的道路向上攀升,直抵
诸天绝顶。载神的车马要上升很容易,因为诸神的驭手保持着马   B
车的平衡,神马也很听使唤。但对其他马车来说则很困难,因为他
们的马是顽劣的,若是驭手不能很好地驾驭,这些劣马就会拉着马
车降到地面上来。

这个时候,极度的劳苦和艰辛在等着掉下地的灵魂。那些被
称作不朽者的灵魂则已经抵达高天之巅,它们还要攀上天穹绝顶,
让天穹载着它们运行,而它们则呆在那里观照天外的景象。   C

我们尘世的诗人还没有歌颂过天外的境界,也不像有人会好
好地加以歌颂。但我下面要说的就是天外境界的样子,因为既然
我们的讨论是为了获得真理,那我们就必须大胆地把真理说出来。
诸天之外的境界是真正存在的居所,真正的存在没有颜色和形状,
不可触摸,只有理智这个灵魂的舵手才能对它进行观照,而所有真
正的知识就是关于它的知识。因此,甚至连神的心灵也要靠理智   D
和知识来滋养,其他灵魂也一样,每个灵魂都要注意获得适当的食
物。因此,当灵魂终于看到真正的存在时,它怡然自得,而对真理
的沉思也就成为灵魂的营养,使灵魂昌盛,直到天穹的运行满了一
周,再把它带回原处。在天上运行时,灵魂看到了正义本身,还有
节制和知识,这种知识不是与变化和杂多的物体为友的知识,我们   E
一般把这些杂多的物体说成是存在,但是真正的知识是关于真正

的存在的知识。当灵魂以同样的方式见到一切事物的真正存在以后，它又降回到天内。回家以后，驭手把马牵回马厩，拿出琼浆玉液来给它们吃。

248　　　这就是诸神的生活。而其他那些最能紧紧追随一位神的灵魂，也最能命令它的驭手昂首天外，与诸神一道随着天穹运行，但由于受到顽劣之马的拖累，很难见到真正存在的事物。驭手驾驭不住这些劣马，灵魂也就时升时降，遇上真正的存在，也只能窥见其中的一部分。至于其他一些灵魂虽然渴望追随诸神攀高登顶，但它们有此心愿而无能力，天穹对它们来说可望而不可即。于是它们困顿于下界扰攘中，彼此争前，时而互相践踏，时而互相碰撞，

B　结果闹得纷纷乱闯，汗流浃背。由于驭手的无能，许多灵魂受了伤，羽翼受损。既然费尽辛劳也看不见整个存在的景象，它们就引身远退，于是它们的营养只剩下貌似真理的意见了。

　　灵魂为什么要费尽心力来看真理的大草原呢？因为那里长着

C　灵魂的最高尚的部分所需要吃的草，以提升灵魂为本性的羽翼也要借这种草来滋养。

　　注意听，下面是命运之神的诏命。凡是紧随一位神而见到某些真理的灵魂，都不会感到悲伤，直到再次开始下一次运行。如果能一直保持这种状态，它就可以永远不受伤害。但若它不能跟随神，什么真理都看不见，而只是碰到不幸，受到健忘和罪恶的拖累，

D　并由于重负损伤了它的羽翼而坠落地面，那么它就会遵循这样一种法则沉沦。在第一次再生时，灵魂不会投生于任何兽类，而会投生为人，那些看见了大多数真实存在的灵魂会进入婴儿体内，婴儿长大以后注定会成为智慧或美的追求者，或者说成为缪斯的追随者和热爱者。这是第一类灵魂。第二类灵魂看到的要少些，投生为人后会成为守法的国王，或者成为勇士和统治者。第三类灵魂

E　投生为政治家、商人或生意人。第四类投生为运动员、教练或医

生。第五类会过一种预言家或秘仪祭司的生活。第六类最适合成
为诗人或其他模仿性的艺术家。第七类将会过一种匠人或农人的
生活。第八类成为智者或蛊惑民众的政客。第九类则成为僭主。

在所有这些灵魂投生肉体的过程中，凡是依照正义生活的以
后可以获得较好的命运，而不依正义生活的命运较差。每个灵魂
要用一万年才能回到它原来的出发点，因为它不可能在更短的时 249
间里恢复它的羽翼，除非灵魂真诚地追求智慧，或者将它的爱欲也
用来追求智慧。这样的灵魂如果在千年一度的运行中连续三次选
择了这种哲学的生活，那么到了三千年结束之时，它就可以恢复羽
翼，高飞而去。而其他灵魂在过完它们的第一次生活后都要接受
审判，审判以后有些灵魂下到地狱为其罪过受罚，而另一些则被公
义之神带上某个天界，过一种足以酬报其在世功德的生活。一千 B
年终了后，这两批灵魂都要回来选择下一辈子的生活，每个灵魂的
选择都是自愿的，也就是在这一时刻，本来是人的灵魂有些转为过
一种兽类的生活，也有本来是人，由人转到兽，现在又转回到人。
只有那些见过真理的灵魂才能投生为人——作为人必须懂得如何
使用"型"，用理性把杂多的观念整合在一起——因此，理智就是我 C
们对自己的灵魂在前世与它们的神一道巡游时看到的那些事物的
回忆，它们凭高俯视我们凡人认为真实存在的东西，抬头凝视那真
正的存在。

因此，只有哲学家的灵魂可以恢复羽翼，这样说是对的，有道
理的，因为哲学家的灵魂经常专注于对这些事情的回忆，而神之所
以为神也正是对这些光辉景象的观照。如果一个人正确地运用回
忆，不断地接近那完善的奥秘景象，他就可以变得完善，也只有他
才是真正完善的。但这样的人既然漠视凡人所重视的事情，聚精 D
会神地观照神明，他也就不可避免地要受到公众的谴责，被当作疯
子，因为公众并不知道他其实是由神凭附着的。

　　请注意,我们上述讨论所涉及的都是迷狂的第四种形式——也就是说,这是神灵附体的各种形式中最好的形式,无论从其性质还是从其来源来说,或者无论就迷狂者本人还是他的知交来说,它

E　都是最好的形式——爱美之人一沾上这种迷狂,人们就把他称作有爱情的人。这样的人一见到尘世的美,就回忆起上界真正的美,他的羽翼就开始生长,急于高飞远走;可是这时候他还是心有余而力不足,无法展翅高飞,于是他只能像鸟儿一样,昂首向高处凝望,把下界一切置之度外,因此被人指为疯狂。

　　我们已经说过,每个人的灵魂由于其本性使然都天然地观照

250　过真正的存在,否则它就决不可能进入人体,但要通过观看尘世间的事物来引发对上界事物的回忆,这对灵魂来说却不是一件易事。有些灵魂曾经观照过上界的事物,但只是片刻拥有这些事物的景象;有些灵魂在落到地面上以后还沾染了尘世的罪恶,忘掉了上界的辉煌景象。剩下的只有少数人还能保持回忆的本领。这些人每逢见到上界事物在人界的摹本,就惊喜若狂而不能自制,但也不知

B　其所以然,因为他们的知觉模糊不清。

　　没有淫欲的灵魂中有正义和智慧在尘世的摹本,还有灵魂所珍视的一切,但人用来接近它们的影像的器官是如此迟钝,只有极少数人才能借助这些器官通过摹本看出真相,但对美来说就不是这样了。过去有一个时候,我们看到美本身是光辉灿烂的。那个时候,我们的灵魂跟在宙斯的队伍里,其他灵魂跟在其他神的队伍里,幸福地见到过那种极乐的景象;然后我们全都加入了秘仪——

C　这种秘仪在一切秘仪中是最有福分的;我们举行这种还没有被罪恶沾染、保持着本来真性的秘仪,而这种罪恶在将要到来的日子里正在等着我们;在那隆重的入教仪式中最后揭开给我们看的景象全是完整、单纯、静谧、欢喜的;我们沐浴在最纯洁的光辉之中,而我们自身也一样纯洁,还没有被埋葬在这个叫做身体的坟墓里,还

没有像河蚌困在蚌壳里一样被束缚在肉体中。

这个问题就说到这里吧,由于留恋从前的欢乐,我的议论拖得太长了!我们说过,美本身在天外境界与它的伴侣同放异彩,而在这个世界上,我们用最敏锐的感官来感受美,看到它是那样清晰,那样灿烂。视觉器官是肉体中最敏锐的感官,为身体导向,但我们却看不见智慧——如果说智慧也有清晰的形象可供我们观照,那么我们对智慧会产生多么大的欲望——也看不见其他可爱的对象,能被我们看见的只有美,因为只有美才被规定为最能向感官显现的,对感官来说,美是最可爱的。

如果在秘仪中得到的景象已经淡薄,或是受了污染,人就会变得很迟钝,看到人间美的摹本时不能够迅速地看到美本身;他也不能抱着敬畏之心看待美,却把自己抛到淫欲里,像四只脚的畜生一样放纵情欲,既没有忌惮,也不顾羞耻,追求不自然的快乐。但那些新近才参加过秘仪的人却不然,他看到了许多景象,当他看到真正美丽的、神明一样的面孔或身体时,首先他会打寒颤,仿佛从前在上界挣扎时的惶恐又来侵袭他。他凝视着美丽的形象,心里产生一种虔诚感,敬美如敬神,如果不怕别人说他迷狂到了极点,他就会向爱人馨香祷祝,如同面对神灵一般。其次,寒颤过去以后,他会奇怪地发高烧,浑身冒汗。因为美发射出来的东西穿过他的眼睛在他体内产生热量,他的灵魂的羽翼也因此而得到养育。受热以后,久经闭塞的羽翼又开始生长。羽管胀大起来,从根部向外长,最后布满灵魂的胸脯,灵魂过去本来就是遍体长着羽毛的。在这个过程中,灵魂周身沸腾跳动,正如婴儿出齿时牙根感到又痒又疼,灵魂初生羽翼时也是这样。当灵魂凝视那少年的美貌时,它就接收到从那个美发出的一股流射——这就是我们为什么要说"情欲之波"的原因——灵魂因此得到温暖和滋润,苦痛全消,感到非常快乐。但若离开那个爱人,灵魂就失去滋润,毛根干枯,把向外生发的幼毛塞住,无法生长。这些窒塞住的幼毛和情欲之流交汇在一起,就像脉搏一样跳动,每一根幼毛都刺它的塞口,因此灵魂遍体受刺,疼得发狂;然而在这种时候,只要灵魂回忆起那爱人的美,它就可以转悲为喜。痛苦与欢乐这两种感觉的混合使灵魂处

E 于一种奇异的状态下,它感到彷徨不知所措,又深恨无法解脱,于是就陷入迷狂,夜不能寐,日不能坐,带着焦急的神情在那美的处所周围徘徊,渴望能见到那美。如果碰巧看到了,它就从那美中吸取情欲之波,而原来幽闭在灵魂中的情欲也得以释放,于是它又暂时摆脱了原先的疼痛,回到极为甜美的乐境,享受无可比拟的快

252 乐。正因为此,灵魂决不肯放弃爱情。它把美貌的爱人看得高于一切,连父母亲友都忘了。它也不在乎财产因疏忽而受损。从前引以为自豪的那些生活中的礼节、规矩、风度全都被唾弃。它甘心为奴,只要能紧挨着心爱的人儿躺下,它什么都不在乎,因为它不

B 仅把那俊美的人当作美的拥有者来崇敬,而且把他看成除病消灾的医生。

注意听,我的美少年。这种经验被人们称作厄洛斯(Eros),但若我告诉你诸神如何叫它,你听了以后可能会发笑,会感到很奇怪。有两句歌颂爱情的诗出自某些专门模仿荷马的诗人的手笔,其中第二句很不高明,而且音节也不顺。这两句诗是这样的:“在凡人的语言中,人们叫他‘厄洛斯’,因为他凭翼而飞;但是诸神叫

C 他普特洛斯(Pteros),因为他必须长羽翼。”这些话信不信由你,但不管怎么说,我实际上已经道出为什么有爱情的人会有这样的经验,这种经验的性质是什么。

如果有爱情的人从前在宙斯的队伍里站过班,那么他能够经久不变地承受长羽翼的爱神的重负;而那些追随战神阿瑞斯巡行诸天的人如果现在有了爱情,他们会幻想自己所爱的人在伤害自己,也会不惜流血牺牲让爱人和自己同归于尽。追随其他神祇的

人也一样。只要还没有受污染，只要他的人间生命还处在第一代，　D
每个人曾经跟随过哪位神就会尽力尊敬和模仿哪位神。他对待自
己的爱人以及其他所有与他有关系的人的方式也和他追随那位神
的方式一样。因此，每个人都按照自己的气质选择所爱的对象，那
被选择的对象仿佛就是他的神，就像一尊雕饰的神像，供他尊敬和
崇拜。

　　因此，宙斯的追随者会去寻找具有宙斯一般气质的爱人，在寻　E
找时要看对方在本性上是不是热爱智慧，有无做领袖的素质。若
是找到了这样的人，他们就爱上他，尽力帮助他强化这些素质。如
果被爱者从前没有做过这种事，那么他们现在就开始学习，向可以
赐教的人学习，或是自己钻研。当他们遵循内心的神的告诫奋力
前进时，这个任务会变得轻省，因为他们不得不聚精会神地凝视那　253
神，直到能够回忆起被神凭附的情景，从神那里明了自己生活的道
路和性质，尽可能做到与神相似。但你要注意，他们把从神那里得
到的东西全都奉献给自己的爱人。他们就像酒神的女信徒一样把
从宙斯那里所吸取的甘泉全都拿来灌注到爱人的灵魂里，使他尽　B
量类似他们所追随的神。

　　那些天后赫拉的随从所寻求的少年要有帝王气象，一旦找到
了，他们就会以同样的方式对待他。阿波罗的追随者也好，其他神
的信徒也好，莫不如此。每个有爱情的人都希望他的爱人具有他
自己的神那样的品性，一旦赢得爱人的芳心，他就会带着爱人跟着
自己的神的脚步走，一方面自己尽力模仿神，另一方面督导自己所
爱的美少年在各方面与神相似，向他提出各种建议和约束。他对
待爱人的态度不会有妒忌的成分，但他的每一行为都是为了能使　C
爱人在各方面都与自己相似，也与他们所崇拜的神相似。

　　所以说，在那种神秘教的仪式中，凡是真正有爱情的人所作的
努力都是光荣的，有福的，如果他们能按照我说的方式尽到努力，

那么当他们在爱神的凭附下相互产生爱情的时候,这件事也就成了。但是我们一定不能把被爱理解为被征服,我下面要说的就是这种所谓被征服的性质。

在这故事开始的时候,我把每个灵魂划分为三部分,两个部分
D　像两匹马,第三部分像一位驭手。现在仍依这种划分。我们说过,两匹马中一匹驯良、一匹顽劣。但我们还没说明那匹好马驯良在哪里,那匹坏马顽劣在哪里,而现在我们就要加以说明。处在地位比较尊贵一边的那匹马身材挺直,颈项高举,鼻子像鹰钩,白毛黑眼;它爱好荣誉,但又有着谦逊和节制;由于它很懂事,要驾驭它并
E　不需要鞭策,只消一声吆喝就行了。另一匹马身躯庞大,颈项短而粗,狮子鼻,皮毛黝黑,灰眼睛,容易冲动,不守规矩而又骄横,耳朵长满了乱毛,听不到声音,鞭打脚踢都很难使它听使唤。

每当灵魂的驭手看到引起爱情的对象,整个灵魂就会产生一
254　种发热的感觉,开始体验到那种又痒又疼的情欲。这时候那匹驯良的好马知道羞耻,不肯贸然向那爱人扑去。但它的同伴,那匹劣马,却不顾驭手的鞭策或刺棍,它乱蹦乱跳,给它的同伴和驭手惹
B　出许多麻烦,强迫它们一起驰向被爱者,并提醒它们这样做能得到爱情的欢乐。驭手和它的马伴起先对劣马所怂恿的这种违法失礼的罪行都愤然抗拒,可是后来被它闹个不停,也就随它便,让它拉着走,做它所怂恿的事了。于是那匹劣马拉着它们驰近被爱者。这个时候,驭手看到那被爱的对象光辉照人,由此回忆起"美的型",又好像看到"美"与"节制"并肩而立,站在神座上。他不禁肃
C　然起敬,惶恐之中失足向后倒地,缰绳随之向后猛拉,拉得两匹马都屁股坐地,一匹很驯服地坐着不动,另一匹却挣扎个不停。一会儿,那匹良马又羞又惧,浑身汗湿,而那匹劣马在跌倒和被口铁碰击之后刚止住疼,喘一口气,就接着破口大骂起来,骂那驭手和良
D　马,骂它们懦弱。劣马再次催它们向前冲,驭手和良马央求劣马推

迟一些时候,劣马勉强答应。约定的时候到了,它们装着忘记了这件事,而劣马就提醒它们时候到了。它蹦跳着、嘶叫着要走,逼着它们再度接近那被爱的对象去求爱。快要接近时,劣马就咬紧口铁低着头使劲向前拖。但这个时候,驭手又有了上一次那种感觉, E 而且更加强烈。就像赛车手跑到终点一样,驭手向后猛拉缰绳,拉得那匹劣马口破血流,栽倒在地,疼痛不已。

这种事重复多次,那匹坏马终于学乖了,丢掉了它的野性,俯首帖耳地听从驭手的使唤,一看到那美的对象就吓得要死。到了这个时候,有爱情的人的灵魂才带着肃敬和畏惧去追随爱人。

这样一来,被爱的人就像神一样受到各种侍奉,那有爱情的人 255 也并非在开玩笑,而是真心诚意的,被爱的人也发自内心仁慈地对待真心伺候他的爱人。虽然他从前的学友或其他人也许对他作过警告,说与有爱情的人发生暧昧关系是可耻的,并因此要他拒绝情人,然而时过境迁,等他到了成熟的年龄,他会在命运的作用下改 B 变态度,乐意与他人交往,因为命运不会让恶人与其他人成为朋友,也不会让好人缺少朋友。

到了这个时候,他会欢迎对他有爱情的人,在与这个情人的交往中日渐亲昵,为情人的恩爱所感动,觉得把自己所有朋友和亲属都加在一起,也比不上这位神灵凭附的朋友给他的恩爱。以后他就继续与情人交往,在体育场或其他地方接近他。在这个时候,所 C 谓的"情欲之波"出现了,就像钟情于该尼墨得①的宙斯把情波大量地向情人倾注。情波的一部分被吸入他的身体,等身体装满后,情波又会倒溢出来,就像风或声音碰上平滑而坚硬的东西就会反

────────────

① 该尼墨得(Ganymede)是特洛伊王特洛斯的儿子,为宙斯所喜爱,掠去作侍酒童子。一说他是美丽的牧羊童子,宙斯化作鹰把他掠走作侍酒童子。

弹,回到原来出发的地方,那美的情波也会返回,再次进入那被爱的美少年的眼睛。通过眼睛这条天然渠道,情波流入他的灵魂,给

D 它的灵魂带来新鲜的活力,滋润灵魂的羽管,使之生发新的羽毛,这么一来,被爱者的灵魂也和有爱情的人一样装满了爱情。所以他在爱,但是不明白自己在爱什么,也不明白这是怎么一回事,就好像一个人染上了眼疾,但却不知道怎么得来的,他也不明白他所爱的人就像一面镜子,从中可以看见他自己的形象。有情人陪伴时,他的苦恼由情人分担;情人不在身边时,他也像他的情人一样渴望能够相见。在这个时候他可以说是已经得到了爱的回报,这

E 种爱的回报是爱情的一个影子,尽管他宁可把这种爱的回报当作友谊,而不是称作爱情。他感到有一种欲望——这种欲望与那爱他的人的欲望是一样的,只是淡薄一点——想要与爱他的人见面,接触,接吻,同床,以后的事也就可想而知了。

他们俩同床共眠时,那有爱情的人的劣马会有话对驭手说,想

256 要为自己的辛苦索取一点报酬。那被爱者的灵魂中的劣马虽不做声,可是热得发烧,会莫名其妙地伸出膀子去拥抱和亲吻被爱者的劣马,满心感激它的仁慈。当这对马情人睡在一起的时候,它们都想到不要拒绝对方的要求,而要尽量加以满足。但是好马就不一样了,它们会抱着敬畏和谨慎之心与驭手在一起,抗拒劣马的诱惑。对那有爱情的人来说,如果他们心灵中比较高尚的成分占了

B 上风,引导他们过一种有纪律的、哲学性的生活,那么他们在人世间的日子会幸福和谐,因为他们灵魂中恶的力量已被征服,而善的力量却得到解放,他们已经成了自己的主人,赢得了内心的和平。当尘世生活终结之时,他们卸去了包袱,恢复了羽翼,就好像在奥林匹克竞技的三轮比赛中赢得了第一回胜利,凭借人的智慧或神的迷狂而能获得的奖赏莫过于此。

C 但若他们转向一种比较卑贱的、非哲学的生活方式,渴慕虚

荣,那么当灵魂不谨慎或醉酒之时,两颗灵魂中的劣马就很有可能乘其不备把他们带到某个地方,做那些大多数凡人以为是快乐的事来充分满足欲望。做了一回,他们以后就不断地做,尽管还不是太多,因为他们俩的心灵还没有完全发昏。这样的一对情人也可以算作朋友,因为他们的亲密程度不如其他情侣。无论是在爱情旺盛之时还是在爱情衰竭之后他们都可以算是朋友,因为他们深信彼此已经交换过最有约束力的誓言,如果背弃誓言而反目成仇,那是一桩罪过。临终的时候,尽管他们渴望能有羽翼,但在离开肉体时他们确实还没有长羽翼,因此他们爱情的迷狂并没有得到什么酬劳,因为按照天命,凡是在通天大道上迈出过第一步的人就不会再返回地下走阴间漆黑的小道,而会携手前行,过上一种光明而幸福的生活,由于他们有爱情,因此到了该长羽翼的时候,他们还是会长羽翼的。

D

E

我的美少年,这就是有爱情的人给你的赐福,伟大而又光荣。而没有爱情的人所能提供的东西肯定混杂着世俗的智慧和谨慎的盘算,其结果就不免在被爱者的灵魂中养成被俗人当作美德的庸俗,使之注定要在地面上和地底下滚来滚去,滚上九千年,而且还不知道这样做是为什么。

257

亲爱的爱神,我已经竭尽全力口占了一篇最出色的认错书,为了讨好斐德罗,我特地用了一些诗一般的语言。请你宽恕我前一篇文章对你的冒犯,求你发发慈悲,不要拿走你赐给我的爱的能力,也不要因为生气而让我的爱的能力枯萎,而要使我能够继续在美少年面前博得比从前更大的信任。如果斐德罗和我在前面说过什么得罪你的话,请你把它记在吕西亚斯账上,没有他就不会有那篇文章,请你医治他,使他不再做这类文章,让他转向哲学,就好像他的哥哥波勒玛库斯一样转到哲学方面去。这样的话,他在这里的爱徒就能停止在两种意见中徘徊,就像他现在这样举棋不定,也

B

会在哲学讨论的帮助下全心全意地把生命贡献给爱情。

　　斐德罗　如果这样做是为了我们好,那么我会和你一起祈祷。
C 至于你的这篇文章,我心里早就充满钦佩之意,它比你前面那篇文
章要好得多。如果吕西亚斯想要另写一篇文章与你比赛,我担心
他可能要相形见绌。我的好朋友,事实上就在前不久,我们有一位
政治家攻击吕西亚斯,指责他的写作,口口声声称他为"写演讲稿
的人",为顾全他的名誉,他也许不会再写文章了。①

D 　　**苏格拉底**　年轻人,你的想法真奇怪! 如果你以为我们的朋
友如此胆怯,那么你真的是认错人了! 你真的以为攻击他的那个
政治家说的是真话吗?

　　斐德罗　至少他给了我这样的印象,苏格拉底。你自己当然
也知道,那些在政治生活中有着极大影响、握有权势的政治家都不
太愿意写文章,也不愿留下传世之作,生怕后人会把他当作智者。

E 　　**苏格拉底**　你不明白,斐德罗,这只是一种迂回的表达方法,
就好像绕了一个大弯的曲折的尼罗河。此外,你也没看到,最骄傲
的政治家内心都有写文章的欲望,而且渴望给后世留下不朽之作,
否则他们写文章的时候为什么希望有许多人崇拜这篇文章,要在
文章开头专门用一句话来提到这些崇拜者的名字呢。

　　斐德罗　你这话是什么意思? 我不明白。

258 　　**苏格拉底**　你不明白? 当一位政治家开始写文章的时候,他
首先会写下那些他的崇拜者的名字。

　　斐德罗　是这样吗?

　　苏格拉底　是的。他们的文章往往这样开头:某某人提出的
建议"经元老院议决"、"经民众议决",或同时写上"经元老院和民

---

　　①　当时的政治家看不起那些专门写作范文,传授演讲术的修辞学家。
称某人为"写演讲稿的人"是在给对方起绰号,带有轻视之意。

众议决"——这是一种自我吹嘘的把戏,建议人就是作者自己
——然后再往下写出他要说的话,对他的崇拜者炫耀他的智慧,有
时候也就成了一篇长文。你认为这种东西不就是一篇讲演稿吗?

斐德罗 可不就是? B

苏格拉底 如果这篇讲演赢得了民众的喝彩,那么作者会高
高兴兴地离开会场,但若没有人附和,那么他原先公认的演说辞作
家的地位也就失去了,这时候他自己和他的同党也就只好哭丧了。

斐德罗 是这么回事。

苏格拉底 这就清楚地表明他们对写文章这种行为不是轻
视,而是崇敬。

斐德罗 确实如此。

苏格拉底 那么请你告诉我,如果某个演说家,或某位国王, C
获得了莱喀古斯、梭伦、大流士这样的能力,① 在他的臣民中赢得
了作为一名文章作家的不朽名声,那么当他还活在世上的时候,他
难道不会把自己当作神吗?后世的民众看到他的作品,不也会产
生同样的看法,把他当作神吗?

斐德罗 确实如此。

苏格拉底 那么你还认为,不管什么人,不管他是否讨厌吕西
亚斯,仅仅会因为吕西亚斯是一名作家而谴责他吗?

斐德罗 你说的这些话已经表明这是不可能的了,那个人显
然不会用这种他自己也想做的事来谴责吕西亚斯。

苏格拉底 那么结论很明显,写文章本身并没有什么可耻的 D
地方。

斐德罗 那当然了。

---

① 莱喀古斯(Lycurgus)是传说中的斯巴达的立法者,梭伦(Solon)是雅
典立法家。

苏格拉底　但是可耻地或邪恶地讲话和写作，而不是像应该做的那样去讲话和写作，我想这才是可耻的。

斐德罗　这一点很清楚。

苏格拉底　那么作品的好与坏具有什么样的性质呢？斐德罗，根据作品好坏来考察吕西亚斯，这对我们来说是义不容辞的，对吗？对其他所有已经有作品问世或想要写文章的人来说都是这样，无论作品涉及政治领域还是私人事务，无论他的作品是韵文还是散文。

E　　**斐德罗**　这样做当然义不容辞！这是一件乐事，没有这样的快乐，生活就没有什么价值——我说的肯定不是那些与先有痛苦，然后再产生的快乐，而与肉体相关的快乐几乎都会先有某些痛苦，由于这个原因，把肉体快乐称作奴役性的快乐是很正当的。

苏格拉底　好吧，我们好像还有时间。而且我还有一个念头，我们头顶上那些蝉在炎热的正午相互交谈之后仍在歌唱，那么它259　们也不会不朝我们看。如果它们看见我们俩像普通人一样，在正午时就丢下话题不谈，而是懒洋洋地垂下头让它们的叫声催眠，只管打瞌睡，那么它们有理由嘲笑我们，把我们当作两个偷懒的奴隶，像绵羊一样躲到这泉边来睡午觉。但若它们看到我们在专心谈话，我们的航船驶过塞壬的小岛也不曾被她们清澈的歌声所诱B　惑，那么它们也许会佩服我们，并把上苍允许它们赠给凡人的法宝送给我们。

斐德罗　什么法宝？我从来没有听说过。

苏格拉底　那倒怪了，一位缪斯的信徒连这样的事情都没听说过！这个故事是这样的：从前有一个时代蝉都是人，这个时代早于缪斯降生。后来缪斯降生了，出现了音乐，那个时代的某些人就C　欢喜得要命，只管唱歌，忘记了饮食，一直到死为止。经过既定的过程，这些人变成了蝉。它们从缪斯那里得到一个法宝，一出生就无需营养，干着喉咙空着肚皮马上就能唱歌一直到死，根本不需要吃任何东西。它们死后就去见缪斯，向她们报告在人世间得到哪些尊荣，哪些人崇拜她们中的哪一位。它们向忒耳西科瑞报告用舞蹈崇拜她的人，使他们更加得她的宠爱；它们向埃拉托报告那些参加崇拜爱神的祭仪的人，使他们得到这位缪斯的青睐；其余类推，向每一位缪斯报告她主管的那一行中崇拜她的情形。它们向九位缪斯中最年长的卡利俄珀和年纪较小的乌拉尼亚报告那些终身从事哲学并且用哲学这种音乐来崇拜她们的人，因为这两位缪斯主管的是天文以及神和人的所有历史，所以这种歌声是最高尚的。

因此，我们有理由不睡午觉，让我们继续谈下去吧。

斐德罗 我们当然应该谈下去。

苏格拉底 那么好，我们刚才提出来要讨论的问题是文章的好坏，无论是口占的还是笔写的，我们现在就来探讨这个问题。

斐德罗 没错，就谈这个问题。

苏格拉底 要想成功地发表一篇好的谈话，首要条件是谈话人心里对所谈主题的真相拥有一种知识，不是吗？

斐德罗 亲爱的苏格拉底，这个问题我听到有人这样说，打算做演说家的人丝毫不需要明白什么是真正的正义，只要知道那些将对演说做出裁决的听众对正义会怎么看就行了；他也不需要知道什么是真正的善和真正的美，只要知道听众对善和美的看法就可以了，因为说服的效果取决于听众的意见，而不是依据真理。

苏格拉底 聪明人会说，"我说的话你不要轻易抛弃"①，斐德罗。我们得认为这些人的看法也许是对的。对他们的论断我们不能置之不理。

① 荷马：《伊利亚特》第2卷，第361行。

斐德罗　我同意。

苏格拉底　那么好,我现在要提个建议。

斐德罗　什么建议?

B　　**苏格拉底**　假定我要说服你去买一匹马,用来打仗杀敌,可是我们俩都不知道马是什么,但我知道你斐德罗相信马是一种耳朵最长的家畜。

斐德罗　你的假定很可笑,苏格拉底!

苏格拉底　你别急。假定我一本正经不断地催你写一篇所谓的颂驴文,在文中你把驴子当作马,说拥有它对你极为重要,无论

C　　是放在家里还是在野外使用,认为它就是你行军打仗的坐骑,还可以用它来载行李,等等。

斐德罗　说到这一步那就极端荒谬了。

苏格拉底　好吧,不过一个荒谬可笑的朋友还是比一个精明的敌人要强,不是吗?

斐德罗　我想是的。

苏格拉底　那么要是一位演说家不分好坏,用他的能力去说服和他一样不分好坏的民众,不是把可怜的驴子吹捧成一匹马,而

D　　是把邪恶吹捧为真正的善,在把握了民众的信念以后,不是劝他们去做好事,而是说服他们去做坏事,那么你想他的演讲术如此这般播下的种子会结出什么样的果实来呢?

斐德罗　当然不会好。

苏格拉底　不过,我的好朋友,我们这样攻击这门使用语言的技艺,是否太粗鲁了?它会回答我们说:"你们这些人为什么要胡说八道?我从来没有坚持要那些不懂真理的人去学说话;相反我倒是向人们提过建议,要先学习真理然后再来向我请教。我感到颇为自豪的是,没有我的帮助,即使知道什么是真理也不能使人掌握说服的技艺。"

斐德罗　这样的回答公正吗？　　　　　　　　　　E

苏格拉底　如果反对演讲术的论证仍旧承认演讲术是一门技艺，那么这个回答是公正的。但是实际上，我好像听到过一些不同的看法，说演讲术并不是一门技艺，而是一种与技艺无关的玩艺儿。斯巴达人说得好，不掌握真理，就不存在所谓"宽慰人的"语言技艺，也可以肯定从来没有出现过这样的技艺。

斐德罗　我们必须要有这些反对演讲术的论证，苏格拉底。　261
把它们请出来，让我们对它们作一番考察。

苏格拉底　出来吧，你们这些高雅的论证，出来看看斐德罗，他是个多产有福之人。让他和你们对质，要是不懂哲学，他就决不能谈论任何问题。

斐德罗　我等着它们提问。

苏格拉底　从总体上说，修辞的技艺是一种用语词来影响人心的技艺，不仅在法庭或其他公共场所，而且在私人场合也是如此，这样说不对吗？涉及的问题无论大小，重要与否，只要正确运　B
用，都一样可敬，对吗？你听到的关于修辞学的看法是这样的吗？

斐德罗　不，说实话，我听说的不是这样！修辞主要用于法庭，既要讲又要写。当然，它也可以用于公共场合的高谈阔论。但我知道它没有更广的用处了。

苏格拉底　那倒怪了，你难道没有听说过涅斯托耳和奥德修斯的修辞技艺吗？那是他们在特洛伊城下空闲的时候用来消磨时光的。还有帕拉墨得斯的修辞，你也从来没有听说过吗？①

斐德罗　相信我，没有，连涅斯托耳的也没听过！除非你说的　C
是涅斯托耳，指的是高尔吉亚，说的是奥德修斯，指的是塞拉西马

---

①　涅斯托耳(Nestor)、奥德修斯(Odysseus)、帕拉墨得斯(Palamedes)均为荷马史诗中的英雄人物。

柯,或者也许是指塞奥多洛。①

苏格拉底 也许是吧。我们暂且撇开他们不管。请你告诉我,在法庭上原告和被告双方在做什么? 他们是不是在用语言争论? 或者我们该怎么说他们?

斐德罗 这正是他们干的事。

苏格拉底 他们争论的是公正与不公正,对吗?

斐德罗 对。

苏格拉底 拥有这种技艺的人可以随意就同一件事对同一批人,时而说它是公正的,时而说它是不公正的,是不是这样?

D

斐德罗 可不是!

苏格拉底 在公众集会中,他无疑也会就同一件事对公众时而说它很好,时而说它很坏,是吗?

斐德罗 没错。

苏格拉底 我们肯定也听说过爱利亚人帕拉墨得斯掌握了讲话的技艺,可以使他的听众觉得同一件事既相同又相异,既是一又是多,既静止又运动。②

斐德罗 他确实能够做到这一点。

E

苏格拉底 那么,用语言进行争论是一种实践活动,不仅在法庭和公共集会中可以看到,而且可以在任何需要讲话的地方看到这门技艺——如果说它算得上一门技艺——它使人们能在可以比较的限度内,把某个事物说得和其他事物相似,而且在其他人这样做的时候,无论如何掩饰,我们也可以清楚地把它揭示出来。

---

① 高尔吉亚(Gorgias)、塞拉西马柯(Thrasymachus)、塞奥多洛(Theodorus)都是当时著名的修辞学家。

② 这是当时爱利亚学派哲学家芝诺的观点,作者在用帕拉墨得斯的名字影射芝诺。

斐德罗 告诉我,怎么会这样?

苏格拉底 如果提出下一个问题,你就会明白的。面对两样事物,我们是在它们之间差别很大还是在它们差别很小的情况下容易被误导?

斐德罗 在差别很小的情况下容易被误导。 262

苏格拉底 那么好,假如你一点一点地改变你的立场,而不是一步到位,走向对立面,这样就更不容易被他人看出破绽。

斐德罗 当然如此。

苏格拉底 那么我们由此可以推论,任何一个人想要误导他人而自己并不迷惑,他必须要能够精确地把握事物之间的相似程度和差异。

斐德罗 对,这是最基本的。

苏格拉底 但是,如果一个人不知道某个既定事物的真理,他又如何能够察觉这个未知事物与另一事物的相似程度呢?

斐德罗 这是不可能的。 B

苏格拉底 那么好,民众受到误导,有了与事实相反的信念,显然是因为谬误通过某些与事实相似的建议潜入了他们的心灵。

斐德罗 这种情况确实会出现。

苏格拉底 如果说某个人自己并不知道某事物的真实性质,那么他能够使用这种事物之间的相似性误导民众,使他们偏离事物的真相,或走向真相的反面吗?或者说他有可能避免这种现象在他自己身上发生吗?

斐德罗 不,绝不可能。

苏格拉底 我的朋友,我们从中又可以推论,这种语言的技艺 C
是由追随信念的人,而不是由知道真理的人来展现的,它实际上是一种可笑的技艺,或者说它实际上根本不是技艺。

斐德罗　我敢这样说。

苏格拉底　那么你现在是否愿意在你拿着的这篇吕西亚斯的文章和我刚才口占的那些文章中找找看,有没有体现或缺乏这种技艺的例子?

斐德罗　我愿意,这样做再好不过了。我们现在的讨论太抽象,需要有恰当的例证。

D　　**苏格拉底**　没错,不过巧得很, 以这两篇文章为例, 我们可以证明一个知道真理的人能够用修辞术与听众开玩笑, 误导他们。而我自己, 斐德罗, 要把这种效果归功于这地方的神灵, 或者归功于缪斯的口舌, 那些在我们头上叫个不停的歌蝉, 在它们的引导下我们才有了灵感, 而我自己当然决不会声称有任何演讲的技艺。

斐德罗　我敢说是这么回事,但请你解释自己的观点。

苏格拉底　好,来吧,你把吕西亚斯那篇文章的开头念一下。

E　　**斐德罗**　"你已经知道了我的情况。我跟你说过,这件事应当发生,而且对双方都有利。现在我宣布,我对你的要求不应当仅仅由于我对你没有爱情而遭到拒绝。首先,有爱情的人一旦追求的对象到手,就会反悔……"

苏格拉底　停。我们想要做的是寻找演讲者出错的地方,指出文章缺乏技艺,对吗?

斐德罗　对。

263　　**苏格拉底**　那么好,下面这个论断显然是真的——我们对有些用语的看法是一致的,对有些用语的看法有分歧。是吗?

斐德罗　我明白你的意思,但请你说得更清楚一些。

苏格拉底　如果有人说"铁"或"银",我们心里马上都会想起相同的物体,是吗?

斐德罗　没错。

苏格拉底　但是"正义"和"善"这些词怎么样？我们的看法不就大相径庭,不仅相互之间争论不休,而且也会自相矛盾吗？

斐德罗　对,确实如此。

苏格拉底　所以在有些情况下我们的看法一致,在另一些情况下我们的看法不一致。　　　B

斐德罗　是这么回事。

苏格拉底　在什么情况下我们比较容易被误导,在什么情况下修辞术比较有效？

斐德罗　显然是在那些我们动摇不定的情况下。

苏格拉底　那么想要学习修辞学的人首先要对语词作系统的划分,把握区分两类不同语词的标准,知道民众对哪些语词的看法动摇不定,对哪些语词的看法是确定的。

斐德罗　掌握了这种差别就有了很好的洞察力,苏格拉底。　　C

苏格拉底　我想,打算学习修辞学的人其次要做的是,碰到某个具体的语词,必须明白这个词是什么意思,要能敏锐地察觉他提出来加以讨论的事物属于两类事物中的哪一类。

斐德罗　没错。

苏格拉底　那么好,"爱"这个术语属于哪一类,是有争议的,还是属于另一类？

斐德罗　这个词肯定有争议。否则你刚才怎么可能一会儿把爱情说成对有爱情的人和被爱者双方都有害,一会儿又把它说成是最大的幸福呢？

苏格拉底　说得好！但是你还得告诉我,在我文章开头的地方有没有给爱下过定义？我刚才有神灵凭附,现在记不太清楚了。　　D

斐德罗　你下过定义,而且非常周密。

苏格拉底　我敢保证,你会认为阿刻罗俄斯的仙女和赫耳墨

斯之子潘的修辞术① 比凯发卢斯之子吕西亚斯的修辞术强。我
说错了吗？吕西亚斯那篇讨论爱情的文章一开头就强迫我们把爱
E 情当作某样确定的东西来接受，而爱情的意思又是由他来决定的，
不是吗？他的整篇文章从头到尾都是按照爱情的这种意思来展开
的，对吗？我们可以再念一遍他文章开头的那些话吗？

　　斐德罗 要是你愿意的话，没问题，但你要找的东西不在那
儿。

　　苏格拉底 你念吧，让我听听作者自己是怎么说的。

　　斐德罗 "你已经知道了我的情况。我跟你说过，这件事应当
264 发生，而且对双方都有利。现在我宣布，我对你的要求不应当仅仅
由于我对你没有爱情而遭到拒绝。首先，有爱情的人一旦追求的
对象到手，就会反悔以前付出的恩惠……"

　　苏格拉底 没错，在这段话里确实没有我们要找的东西，他好
像是在仰泳，朝着头的方向倒退，在结尾的地方开头，他的开场白
就好像在结尾处会对他喜爱的少年说的话。我说错了吗，亲爱的
斐德罗？

B 　　**斐德罗** 你说得对，苏格拉底，他的开场白确实应当放到结尾
的地方说。

　　苏格拉底 文章的其他部分你看怎样？是不是像随意拼凑在
一起的？你能找到一个无法驳斥的理由，表明下一段话或任何一
段话必须摆在现在这个位置上吗？我自己是无知的，但我认为这
位作家好像不管三七二十一，想到什么就写什么。你能在他的文
章中找到任何既定的写作原则，使他把文章安排成现在这种秩序
吗？

――――――――

　　① 阿刻罗俄斯(Achelous)是希腊河神。他们的修辞术指前面苏格拉底
以当地神灵凭附的名义口占的文章中的修辞技艺。

斐德罗 你要是以为我有能力准确地看出他内心的用意,那 C
你真是抬举我了!

苏格拉底 但你至少要承认,每篇文章的结构都应该像一个
有机体,有它特有的身体,有躯干和四肢,也不能缺头少尾,每个部
分都要与整体相适合。

斐德罗 当然应该这样。

苏格拉底 那么你问问自己,你那个朋友的文章有无遵循这
个原则。你会发现它和刻在弗里基亚人弥达斯的墓碑上的那些话
差不多。①

斐德罗 那墓志铭上怎么说,有什么错? D

苏格拉底 那墓碑上写道:"我是青铜雕的女郎,守在弥达斯
的墓旁;只要河水在流淌,大树在生长;我守护着这座坟墓,长年眼
泪汪汪;我对过路人说,弥达斯长眠于此。"我想你会注意到,这墓 E
志铭的每一行无论摆在什么位置上都没有什么差别。

斐德罗 苏格拉底,你在拿我们的文章开玩笑!

苏格拉底 我不再说这篇文章了,免得你不高兴——尽管我
确实认为它里面还有许多值得注意的地方,研究一下很有好处,只
是不要模仿它——让我们来谈另外两篇文章,它们表现出某些特
点,值得研究修辞术的人注意。

265

斐德罗 你指的是什么?

苏格拉底 两篇文章的主旨正好相反,一篇主张接受有爱情
的人,另一篇主张接受没有爱情的人。

斐德罗 都说得很果断。

苏格拉底 我以为你会说它们都很疯狂——这样说是对

---

① 弥达斯(Midas)是传说中的富翁,神赐给他点金术,碰上食物也变成
金子,因此饿死。

的——这倒使我想起原来要问的问题。我们不是说过,爱是一种迷狂,对吗?

斐德罗　对。

苏格拉底　但是疯狂有两类:一类是凡俗的,由于人的疾病而产生;另一类是神圣的,由于神灵对我们的行为进行干预而使人产生迷狂。

B　　**斐德罗**　是这么回事。

苏格拉底　我们又把神圣的这一类分为四种,并把它们分别归因于四类神灵:预言的迷狂源于阿波罗神的凭附;秘仪的迷狂源于狄奥尼修斯;诗歌的迷狂源于缪斯;第四种是最高级的,爱的迷狂源于阿佛洛狄忒和厄洛斯。我们还按照时尚刻画了情人的体

C　验,其中包含一定程度的真理,但也可能有歪曲的地方。在此之后,我们做出某些似乎有理的论断,或者可以说用某种宗教语言对爱情的奥秘作了娓娓动听的赞美。斐德罗,爱神既是我的主人,也是你的主人,他主宰着年轻和美丽。

斐德罗　我听了那些赞美后感到非常愉快。

苏格拉底　现在我们来说这篇文章的一个特点,就是从批评转为赞美的方式。

斐德罗　好吧,你是怎么得出这个特点来的?

苏格拉底　我们这篇节日赞美词的大部分只是一种节日的娱

D　乐,但我们确实在其中使用了一对明显的步骤,如果我们能够科学地把握它们的意义,它们从根本上来说是完全一致的。

斐德罗　你说的是什么步骤?

苏格拉底　头一个步骤是把各种纷繁杂乱、但又相互关联的事物置于一个类型下,从整体上加以把握——目的是使被选为叙述主题的东西清楚地显示出来。举例来说,我们刚才讲过的爱的定义。这个定义的正确与否关系到我们的讨论能否清晰和前后

一致。

斐德罗　第二个步骤是什么,苏格拉底?

苏格拉底　第二步看起来与第一步正好相反,顺应自然的关 E
节,把整体划分为部分。我们不要像笨拙的屠夫一样,把任何部分
弄破,我们刚才那两篇文章就是很好的例子。我们涉及到的各种
疯狂都可纳入非理性这个一般的类型;其次,可以把它们比做一个 266
身体上的各个肢体,犹如身体有左右四肢,各种疯狂就是非理性这
个身体上的左右肢体。我们的第一篇文章划分了它的左肢,而且
不断细分,直到发现有某个部分具有"诚挚的爱情"这个名字为止,
而这个名字是非常容易被滥用的。在第二篇文章里,我们划分位
于右边的疯狂,直到发现有一种类型的爱和位于左边的爱有着同
样的名字,但却是神圣的,我们仔细观察它,赞美它,认为它是人类 B
所能获得的最大的幸福的源泉。

斐德罗　完全正确。

苏格拉底　相信我,斐德罗,我本人就是一名划分与综合的热
爱者,因此我可以获得讲话和思想的力量。要是有人能察觉出事
物的一与多,我就敬重他,追随他,就像"追随神的足迹。"① 进一
步说——这样说是对还是错,只有神知道——当前那些拥有这种
能力的人,我称之为"辩证法家"。

现在假如我们接受吕西亚斯和你自己的教导,那么请告诉我, C
我们该把他和你叫做什么。或者说我已经详细描述过的使塞拉西
马柯等人成名的修辞的技艺是什么? 这种技艺不仅使他们自己成
了演说家,而且还能使任何人成为演说家,只要他们能给老师送
礼,把老师当作国王一样来奉承。

斐德罗　这些人的行为确实像国王,但他们肯定不具有你说

---

① 荷马:《奥德赛》,第 5 卷,第 193 行。

的这种知识。你把刚才讲过的那些步骤称作辩证法,在我看来这样做是对的,不过对于什么是修辞,我们仍旧还处在黑暗之中。

D **苏格拉底** 你在说什么?离开了这些步骤,还会有科学的探讨吗?如果有的话,那么我们一定不能放弃,你和我应当解释这种修辞学的垃圾究竟是由什么组成的?

斐德罗 行,苏格拉底,修辞学的手册多得很,翻一下就知道了。

苏格拉底 谢谢你的提醒!我想一篇讲演开头总要有序论,这是第一点。你不是提到过它,称之为这门技艺的精华吗?

E **斐德罗** 是的。

苏格拉底 接下去是陈述,伴有直接的证据;第三是间接的证据;第四是讲述可能性。此外还有引证和佐证,这是那位拜占庭的修辞大师提到的。

斐德罗 你指的是赫赫有名的塞奥多洛吗?

267 **苏格拉底** 没错。我们还有用于起诉和辩护的"正驳"和"附驳"。我们怎能忘了那位令人钦佩的帕罗斯人厄文努斯,他是"暗讽"和"侧褒"的发明者?有些解释则说他把间接的批评写成韵文,使人容易记忆。他真是个大师!但我们不能因此而忘了提西亚斯和高尔吉亚,他们把"可能性"看得比真理更值得重视,他们能够运用语言的力量,使微不足道的东西显得很重要,使重要的东西显得

B 微不足道,使新颖的东西显得陈旧,相反也能使陈旧的东西显得新颖。他们还找到了如何进行精确论证的方法,但也可以就任何话题,就每个话题发表冗长不堪的论证。有一次我和普罗狄科谈起此事,他付之一笑,据他说只有他才发现了这种技艺要求什么样的谈话——既不能太长,也不能太短,而要长短适中。

斐德罗 普罗狄科真是聪明绝顶!

苏格拉底 我们怎么忘了希庇亚?我相信这个埃利斯人支持

普罗狄科的观点。

斐德罗 没错。

苏格拉底 还有波卢斯。对他那本《缪斯的语言宝库》① 我 C
们该说些什么？这本书重复的地方很多，有大量的格言和谚语，其
中有许多来自他的老师利库尼乌，这位老师允许波卢斯在写作时
使用这些东西。

斐德罗 普罗泰戈拉不也写过这一类著作吗？

苏格拉底 对，我的年轻朋友，他写过一篇《论正确措词》②，
其他还有许多优秀作品。要是提到用哀婉动人的语言来使穷人和
老人落泪，那么没有人在这方面的本领大过那位卡尔凯顿的大人
物了，③ 他在激起民众愤怒方面是个专家，而把民众煽动起来以 D
后，他又能用咒语使民众的情绪平息下去。用他自己的话来说，在
进行诽谤和破除诽谤方面无人能胜过他，无论谣言来自何方。

让我们还是回到正题上来，关于讲话的结尾方式人们的看法
是一致的，有些称之为总结，有些用其他名称来称呼这个结尾。

斐德罗 你指的是在讲话结束时把全文要点作一总结，以此 E
提醒听众？

苏格拉底 正是。关于修辞术，你还有别的什么要添加的吗？

斐德罗 只有一些不重要的细节。

苏格拉底 既然不重要，那就撇下不提了。让我们来回顾一 268
下已经弄得比较明白的地方，看这门技艺拥有什么样的力量，它在
什么时候有力量？

斐德罗 在大型公众集会时，它的力量非常重要，苏格拉底。

---

① 英译名为"Muses' Treasury of Phrases"。
② 英译名为"Correct Diction"。
③ 指塞拉西马柯。

苏格拉底 确实如此。但是我的好朋友,你还是仔细观察一下,看能否像我一样找到它的破绽。

斐德罗 还是你指给我看吧。

苏格拉底 行,你看着。假定有人去拜访你的朋友厄律克西马库,或他的父亲阿库美努,并且说:"我知道如何给病人治病,比如给他退烧或驱寒,如果我认为有必要,我也能让他呕吐和拉稀,诸如此类的方法我都会。有了这种知识的力量,我宣布自己是一名能干的医生,我也能通过传授这种知识使其他人成为一名能干的医生。"你想他们听了这番话会如何作答?

斐德罗 他们当然会问他是否知道病人是不是一定要接受这些治疗,什么时候治疗,要治多长时间。

苏格拉底 如果这个人说:"这些我全都不知道,但我希望我的学生自己能随机应变",对此你会怎么想?

斐德罗 我想那些人会说:"这个人是个疯子,以为自己读过一些书或知道一些常用的药方,就无师自通地成了医生,但实际上他对医学没有真正的知识。"

苏格拉底 现在假定有人去见索福克勒斯和欧里庇得斯,①说自己知道如何就一件小事写出很长的台词,也能就一件大事写出很短的台词,还能随意写出令人感到悲惨或恐怖的台词,等等。此外他还说,把这些本事教给学生,就能使他成为悲剧诗人。

斐德罗 我想,如果有人不知道如何把各种要素安排成一个整体,使各部分相互之间以及与整体都和谐一致,就以为自己能创作悲剧,那么他们会笑话他。

苏格拉底 不过我并不认为他们会很粗暴地对待他,就好像

---

① 索福克勒斯(Sophocles)和欧里庇得斯(Euripides)均为希腊著名悲剧作家。

一位音乐家碰见一个自以为是和声大师的人。因为这个人能在一根弦上弹出最高音和最低音，那么这位音乐家不会很粗鲁地对这个人说："你这个可怜虫，你疯了！"他会用音乐家的风度对他说："我的朋友，一个人要想成为和声大师固然要知道你说的这些事情，但知道了这些事情也完全有可能并没有真正掌握和声的知识。在学习和声之前固然要熟悉这些事情，但对和声学本身的认识你一无所知。" E

斐德罗　说得完全正确。

苏格拉底　索福克勒斯也会以同样的方式回答那位想要对他 269 和欧里庇得斯炫耀自己的悲剧才能的人，说那个人知道的只是悲剧的初步知识，而不是悲剧的创作。阿库美努① 同样也会区分医学本身和医学的初步知识。

斐德罗　我完全同意。

苏格拉底　但若"甜言蜜语的"阿德拉图，② 或者伯里克利，听了我们刚才列举的那些修辞妙诀——简略法、意象法，以及所有我们刚才列举出来认为有必要清楚地加以考察的那些内容——他们会怎样看？对那些认为这些东西就是修辞的技艺，并且加以使用和传授的人，他们会像我们一样严厉地训斥这些人，或者粗鲁地 B 对待这些人吗？ 或者说他们会用更加充分的智慧来驳斥我们，说："斐德罗和苏格拉底，你们一定不要生气，而要对这些人宽容；这是因为他们对辩证法一无所知，不能恰当地给修辞术下定义，反过来，他们在掌握了一些修辞的初步知识以后，就以为自己发现了这 C

---

①　阿库美努(Acumenus)是希腊名医。

②　堤泰乌斯：《残篇》9，7。堤泰乌斯(Tyrtaeus)是公元前七世纪斯巴达诗人。阿德拉图(Adrastus)是埃斯库罗斯悲剧《七雄攻忒拜》中的人物，擅长辞令。忒拜是底比斯(Thebes)的另一译法。

门技艺本身。所以他们把这些初步知识教给学生,相信这些东西构成了完整的修辞学教育,至于怎样有效地使用各种方法,怎样才能使一篇文章形成一个整体,他们却以为无关宏旨,不愿花气力了。他们说,这些问题要由作讲演的学生自己去把握。"

斐德罗　好吧,苏格拉底,我敢说这话或多或少地介绍了与教师和作家有关的修辞学技艺的情况,我个人认为你说的对。现在D的问题是,真正的修辞学家是劝导的大师,用什么办法,从哪里可以获得这种技艺?

苏格拉底　如果你问的是如何成为一名训练有素的修辞学家,那么这件事也许和别的事是一样的,这一点确实可以说是毫无疑问的。如果你生来就有修辞的能力,那么你只要获得这方面的知识,并且勤加练习,你就会成为一名出色的修辞学家;但若你缺乏这三个条件中的某一条,那你就不能做到完美。至于这门技艺本身与掌握这门技艺的技艺家不是一回事,我想,吕西亚斯和塞拉西马柯想要成为杰出修辞学家的道路并不是我心目中的理想道路。

斐德罗　你是怎么想的呢?

E　**苏格拉底**　我的好朋友,我认为伯里克利能够在修辞方面取得最高成就实在是不足为奇。

斐德罗　为什么?

270　**苏格拉底**　所有伟大的技艺都需要有一种补充,这就是对事物本性的研究。你的技艺家得有很高的文化修养,擅长思辨,只有通过这些途径才能获得精神上的升华,才能彻底实施你正在思考的这门技艺,这就是伯里克利为他的天赋所获得的补充。我想,伯里克利找对了人,他在与阿那克萨戈拉① 交往的时候获得了高度

---

①　阿那克萨戈拉(Anaxagoras)是公元前五世纪中叶的雅典多元论自然哲学家。

思辨的能力，认识了智慧和愚蠢的本性——阿那克萨戈拉经常讨论这些问题——由此他得到启发，并应用到修辞学研究中去，弄清了修辞学的适用性。

斐德罗　请再说清楚些。

苏格拉底　修辞学和医学是同一类技艺，对吗？ B

斐德罗　此话怎讲？

苏格拉底　我们必须知道它们都要研究事物的本性。若要进行科学研究，而不仅仅满足于经验，那么我们可以说，医学研究身体的本性，修辞学研究灵魂的本性，我们用医学和节食来保持健康和增强体力，我们也用语言和行为规则来培养信念和我们所向往的美德。

斐德罗　你可能是对的，苏格拉底。

苏格拉底　那么你认为，不把灵魂作为一个整体来把握，有可 C 能满意地理解灵魂的本性吗？

斐德罗　如果我们相信阿司克勒彼亚得的传人希波克拉底①的话，那么没有这样的步骤，我们连身体都不能理解。

苏格拉底　我的朋友，希波克拉底说得对，但我们不能只依赖他。我们必须考察这个论断，看它是否与真理相符。

斐德罗　行。

苏格拉底　那么希波克拉底和真理在本性这个问题上一定会怎么说？我的建议是必须按照下列方法对事物的本性进行反思： D第一，确定我们对之想要拥有科学知识并能将这种知识传授给他人的对象是单一的还是复合的；第二，如果对象是单一的，那么就要考察它有什么样的自然能力能对其他事物起作用，通过什么方

---

① 希波克拉底(Hippocrates)是希腊名医、医学家，而阿司克勒彼亚得(Asclepiad)是传说中的希腊医神。

式起作用,或者其他事物通过什么方式能对它起作用,如果对象是复合的,那么就要列举它的组成部分,对每个部分进行考察,就像我们对单一事物进行考察一样,要弄清它的自然能力,弄清它是主动的还是被动的,弄清它的构成。

斐德罗　也许应当这样做,苏格拉底。

E　　**苏格拉底**　无论如何,若是不对事物进行这样的考察,那么这样的研究无异于盲人摸象。我们一定不能像瞎子和聋子一样去进行任何科学研究,因为这是不可能的。如果我们要对民众科学地讲话,就得准确地告诉他们我们要进行讨论的事物是不是真实的,它的真实本性是什么。我们现在要讨论的对象就是灵魂。

斐德罗　没错。

271　　**苏格拉底**　因此,说话人的整个努力正在于此,因为在这个时候他正在灌输信念。难道不是吗?

斐德罗　是。

苏格拉底　显然,塞拉西马柯,或其他任何严肃地运用修辞学这门知识的人,首先就要准确地描述灵魂,看它的性质是不是单一的或均质的,这种单一性相对于身体的复合性而言。我们坚持说,这样做就是在揭示事物的本性。

斐德罗　没错。

苏格拉底　其次,他得描述灵魂通过什么方式,对什么事物起作用,或灵魂凭借什么能对事物起作用。

斐德罗　确实如此。

B　　**苏格拉底**　第三,他得划分谈话的类型和灵魂的类型,以及灵魂受影响的各种方式,解释产生各种情况的原因,就每一种类型的灵魂适合用哪一种谈话提出建议,说明要在一个灵魂中创造信念或在另一个灵魂中产生不信要用什么样的谈话,还得说明为什么。

斐德罗　我认为这样的步骤妙极了。

苏格拉底　对，我可以向你保证，除此之外再也没有别的科学　C
方法可以用来处理我们当前的主题或其他主题了，无论是学校里
使用的范文，还是在真实场合发表的演讲。但是目前那些修辞学
手册的作者们，你听说过这些人，他们非常狡猾，尽管他们清楚地
懂得灵魂的方方面面，但却把这些知识隐藏起来。因此，除非他们
按照我们已经说明了的这种方式来撰写他们的讲演稿和作品，否
则别承认他们的写作方法是科学的！

斐德罗　你说的是什么方式？

苏格拉底　要用一些词句来说清这种方式太麻烦了，但我打
算说一下一个人要是想尽可能科学地写作，他应当怎么办。

斐德罗　那你就说吧。

苏格拉底　由于修辞的功能实际上在于影响人的灵魂，因此　D
想要做修辞学家的人必须知道灵魂有哪些类型。经过辨别，对不
同类型的灵魂就要有相应不同类型的谈话。某种类型的听众容易
被某种类型的谈话所说服，并因同样的原因而采取行动，而另一类
型的听众有可能对这样的谈话无动于衷。演说家首先对此要有充
分的理解，其次在运用中要充分关注实际发生的情况，知道自己的
言论对人的行为有什么影响，如果他想从以前在学校里学到的知
识中得到什么收益，那么他必须养成敏锐的观察力。当他有能力　E
识别什么样的人适合什么样的谈话时，当他一眼就能看出一个人　272
的性格，能对自己说，"就是他！我从前在学校里听老师讲过这种
性格，为了能够说服他，我必须使用这种论证使他具备某种信念！"
到了这个份上，他再进一步学会把握讲话的时机，知道什么时候该
说话，什么时候该缄默，什么时候该把话拉长，什么时候要尽量简
短，什么时候要有激情，以及其他一切有助于他获得成就的技能，
只有到了这个时候，他的技艺才算达到了完美境界。但若他的讲

B 话、教学、写作达不到这些要求,那么他可以说自己拥有使用语言的技艺,但人们一定不会相信他。

但在这个时候,我们的作者会说:"那又怎样,斐德罗和苏格拉底? 你们同意我的看法,还是要接受其他关于语言技艺的解释。"

斐德罗 我们肯定不会接受其他解释了,修辞学确实是一项重要的事业。

苏格拉底 你说得对,我们的所有论证都在证明修辞的必要。

C 让我们来看有无比较简便易行的途径可以掌握这种技艺。如果有平整的近路,我们不想浪费时间去走一条漫长、崎岖的道路。但若你从吕西亚斯或其他人那里听到过什么有益的东西,你也可以试着把它们回想起来。

斐德罗 如果能试,我当然会去做,不过现在我什么也想不起来。

苏格拉底 那么让我来告诉你一些事,这些事情是我从那些关心修辞学的人那里听来的,好吗?

斐德罗 行。

苏格拉底 不管怎么说,斐德罗,有人说过魔鬼的建议也应当听取。

D **斐德罗** 没错,那么你替他把理由说出来。

苏格拉底 那些谈论修辞的先生们说,这类事情用不着那样郑重其事,也用不着费尽气力去寻找它的本性。我们在讨论开始时就提到过,他们认为演说家根本就没有必要去考虑什么是正义或善良的行为,也用不着关心正义或善行是出自人的天性还是他的教育。他们说,在法庭上没有人会去理会事情的真相,而只会注

E 意陈述是否有理。要把话说得使人听起来完全有理,就要使用各种语言技巧去自圆其说。在控告和辩护中,如果事实与这种合理性不符,那就不必按照事实陈述,而要用听起来有理的话语来取代

陈述事实,无论你在说什么,首先应当注意的是这种合理性,要自圆其说,根本不用去管什么真相。只要你在讲话时自始至终遵循这个原则,那么你就完全掌握了这门技艺。 273

斐德罗 苏格拉底,你的这些话准确地道出了那些以修辞学家自命的人所奉行的准则。我记得我们刚才也简略地涉及了这种意向,那些职业修辞学家都把它当作法宝。

苏格拉底 很好,现在以提西亚斯为例,你仔细地研究过他,所以让他来对我们说。他认为这种合理性就是迎合公众吗? B

斐德罗 除此之外还能有别的什么意思?

苏格拉底 按照提西亚斯这个所谓的科学发现,可以看到这样的后果:一个孱弱而又勇猛的人打倒了一个强壮而又胆怯的人,剥去他的上衣和其他衣服,结果被告上法庭,但按照提西亚斯的说法,他们俩在法庭上都肯定不会陈述事实真相,那个懦夫会说那个勇汉不是一个人来打倒他的,还有其他帮凶,而那个勇汉会说除了他们俩并没有旁人在场,然后诉诸那种著名的修辞手法进行反诘:"像我这样孱弱的人怎么能够打倒他那样强壮的人呢?"至于那个 C 原告当然也不能说自己懦弱,他会杜撰一些新的谎言,而这些谎言又可能会给他的对手提供反驳的依据。同样"科学的"规则也可以用于其他案例。是不是这样,斐德罗?

斐德罗 确实如此。

苏格拉底 我的天哪!他确实用这种该死的技艺做出了奇妙的发现,不管它的发明人是你的提西亚斯还是其他人,或者这种发现后来被叫做什么名字。但是,我的朋友,我们该不该对他说……

斐德罗 对他说什么? D

苏格拉底 对他这样说:"提西亚斯,在你还没有参加我们的讨论之前,我们事实上早已说过,民众之所以得出合理的印象是因为它与真理相似。而我们刚才已经作了解释,只有懂得真理的人才最能看出与真理相似的东西。因此,如果你对修辞术还有别的话要说,那么我们乐意聆听,如果没有,那么我们就要坚持我们刚才已经说明了的观点,这就是,除非演说者一方面识别听众的不同性格,另一方面按本性划分事物的种类,然后把个别事物纳入一个普遍的类型,从总体上加以把握,否则就不可能在人力所及的范围内取得成功。不过,要想取得成功就不能不吃苦,聪明人会竭尽全力,但不是为了在言行上讨好他的同胞,而是为了一言一行都无愧于神明。提西亚斯,你瞧,比你我更加聪明的人都说,凡是聪明人所要尽力讨好的不是自己的奴仆,除非那是个例外,而是他最优秀的主人。所以我们的道路纵然漫长,你也不必感到惊奇,因为我们的目标是辉煌的,尽管这目标不是你所想象的那种目标。"就那些比较小的目标来说,如果你想要达到它,那么我们的论证也已经说明你可以把实现较小的目标看做实现较大目标的一个后果。

　　斐德罗　只要有能力承担,你要进行的事业确实好极了,苏格拉底。

　　苏格拉底　当一个人把手伸向好东西,那么他应该得到那些好东西。

　　斐德罗　那当然了。

　　苏格拉底　我们可以感觉到,关于语言的技艺我们已经说够了,既谈了真正的修辞学,又谈了虚假的修辞学。

　　斐德罗　没错。

　　苏格拉底　剩下的还有写作中的适当与不适当问题,也就是在什么情况下是恰当的,什么情况下是不恰当的。不是吗?

　　斐德罗　是的

　　苏格拉底　在理论上和实践中,你知道我们怎样才能做到用话语使神喜悦?

　　斐德罗　我确实不知道。你呢?

苏格拉底　我可以把一些祖上传下来的故事告诉你,但只有　C
古人知道事情的真相。反过来说,如果我们自己能够发现真理,那
么我们还有必要关心这些人类的想象吗?

斐德罗　你这个问题很荒唐! 不过还是把那些传说告诉我
吧。

苏格拉底　行。据说埃及的瑙克拉提地方住着一位这个国家
的古神,他的徽帜鸟叫做白鹭①,他自己的名字是塞乌斯。他首先　D
发明了数字和算术,还有几何与天文,跳棋和骰子也是他的首创,
尤其重要的是他发明了文字。当时统治整个国家的国王是萨姆
斯,住在上埃及的一个大城市,希腊人称之为埃及的底比斯,而把
萨姆斯称作阿蒙。塞乌斯来到萨姆斯这里,把各种技艺传给他,要
他再传给所有埃及人。萨姆斯问这些技艺有什么用,当塞乌斯一　E
样样做解释时,那国王就依据自己的好恶做出评判。据说,萨姆斯
对每一种技艺都有褒有贬,一样样都说出来太冗长,我就不说了。
不过说到文字的时候,塞乌斯说:"大王,这种学问可以使埃及人更
加聪明,能改善他们的记忆力。我的这个发明可以作为一种治疗,
使他们博闻强记。"但是那位国王回答说:"多才多艺的塞乌斯,能
发明技艺的是一个人,能权衡使用这种技艺有什么利弊的是另一
个人。现在你是文字的父亲,由于溺爱儿子的缘故,你把它的功用　275
完全弄反了! 如果有人学了这种技艺,就会在他们的灵魂中播下
遗忘,因为他们这样一来就会依赖写下来的东西,不再去努力记
忆。他们不再用心回忆,而是借助外在的符号来回想。所以你所
发明的这帖药,只能起提醒的作用,不能医治健忘。你给学生们提
供的东西不是真正的智慧,因为这样一来,他们借助于文字的帮
助,可以无师自通地知道许多事情,但在大部分情况下,他们实际　B

---

①　白鹭(Ibis)是古埃及的圣鸟。

上一无所知。他们的心是装满了,但装的不是智慧,而是智慧的赝品。这些人会给他们的同胞带来麻烦。"

斐德罗 你真会编故事,苏格拉底,埃及也好,其他国家也好,你都脱口而出!

苏格拉底 噢!但是我的朋友,多多那地方宙斯神庙里的权柄说,最初的预言是从一棵橡树里发出来的。这足以表明当时的人没有你们现在的年轻人那么聪明,他们的心灵是单纯的,满足于聆听橡树或石头讲话,只要它们讲的是真理。但是你们显然不一样,讲话的人不同,讲话的人来自不同的国家,这些对你们全有差别,但就是不问他们讲的话是真还是假。

斐德罗 我承认你指责得对,在文字问题上,我相信这位底比斯人① 说得对。

苏格拉底 所以,那些自以为留下了成文的作品便可以不朽的人,或那些接受了这些文字作品便以为它们确凿可靠的人,他们的头脑实在是太简单了。如果他们认为这些文字除了能够起到一种提醒作用外还有什么用,那么他们肯定没有听懂阿蒙讲的意思。

斐德罗 你说得对。

苏格拉底 文字还有一个很奇特的地方,斐德罗,在这一点上它很像图画。画家的作品放在你面前就好像活的一样,但若你向它们提问,那么它们会板着庄严的脸孔,一言不发。书面文字也一样,你可以把这些文字当作有知觉的,但若你向它们讨教,要它们把文中所说的意思再说明白一些,那么它们只能用老一套来回答你。一件事情一旦被文字写下来,无论写成什么样,就到处流传,传到能看懂它的人手里,也传到看不懂它的人手里,还传到与它无关的人手里。它不知该如何对好人说话,也不知该如何对坏人说

---

① 指上文所说的埃及国王塞乌斯。

话。如果受到曲解和虐待,它总是要它的作者来救援,自己却无力为自己辩护,也无力保卫自己。

斐德罗　你这番话说得也很对。

苏格拉底　现在请你告诉我,是否还有另外一类谈话,它是我 276 们刚才说的这种文字的兄弟,但却有着确定的合法性呢? 我们能够看出它是怎样起源的,为什么它比书面文字更加好,更加有效呢?

斐德罗　你指的是哪一种谈话? 依你看,它是怎样产生出来的?

苏格拉底　我说的是伴随着知识的谈话,写在学习者的灵魂上,能为自己辩护,知道对什么人应该说话,对什么人应该保持沉默。

斐德罗　你指的不是僵死的文字,而是活生生的话语,它是更加本原的,而书面文字只不过是它的影像。

苏格拉底　你说的对极了。现在要你来告诉我了。假如有一 B 位聪明的农夫得到一些种子,想要让它们结出果实来,他会在夏天把它们种在阿多尼斯①的花园里,乐意在八天之内就看到它生长茂盛,结出果实来吗? 他要是这样做,是不是只因为逢到祭奠,当作一种娱乐呢? 要是认真耕种,他是否需要用到园艺知识,把他的种子撒在适宜的土壤里,安心等到第八个月才看着它成熟呢?

斐德罗　苏格拉底,我想我们可以按你所说的去区分一下认 C 真耕种的农夫和只为消遣的人。

苏格拉底　我们会认为那些拥有正义、荣耀、善良一类知识的

---

①　阿多尼斯(Adonis)是希腊神话中的美少年,爱神阿佛洛狄忒的情人,后来被野猪咬死。爱神求主神宙斯让他复活,结果获准每年复活六个月。在他复活的时候,大地回春,草木欣欣向荣。

人在对待他的种子方面反而不如那个农夫吗?

斐德罗　我们当然不会这样看。

苏格拉底　所以他不会看重那些用墨水写下来的东西,也不会认真用笔去写下那些既不能为自己辩护,又不能恰当地体现真理的话语。

斐德罗　确实不太会。

D　**苏格拉底**　肯定不会。他会把他的种子播种在文字的花园里,这是打比方,以一种消遣的方式写作,不断地收集一些材料,既可以作备忘录,又可防止"老年健忘",也被后来同路人借鉴。他会怡然自得地看着自己种下的草木抽枝发芽。当其他人在别的消遣中寻找乐趣的时候,比如聚会狂饮之类,他却宁愿厮守着我刚才提到的这消遣。

E　**斐德罗**　这种消遣确实非常高尚,苏格拉底! 与另一种消遣相比,一个人能用写文章来消磨时光,谈论你提到的正义和德行之类的话题,这是一种多么高尚的消遣啊!

苏格拉底　它确实是高尚的,亲爱的斐德罗。但是我想,要是能运用辩证法来严肃地讨论这些话题,那就更高尚了。辩证法家会寻找一个正确类型的灵魂,把自己建立在知识基础上的话语种 277　到灵魂中,这些话语既能为自己辩护,也能为种植它们的人辩护,它们不是华而不实的,而是可以开花结果的,可以在别的灵魂中生出许多新的话语来,生生不息,直至永远,也能使拥有这些话语的人享受到凡人所能享受的最高幸福。

斐德罗　对,这是一种更加高尚的方式。

苏格拉底　如果这一点能够确定,斐德罗,那么我们可以转到其他要点上去了。

斐德罗　什么要点?

苏格拉底　在我们最后做结论之前,我想这个要点得弄清楚。

我们的意图是考察对吕西亚斯的指责对不对,然后再提到文章本身能否使之成为一门技艺的一般性问题。现在对这个问题我们已经完全弄清楚了。

斐德罗　对,我们是已经弄明白了,不过还得请你再提醒我一下我们是怎么做的。

苏格拉底　我们提出了这样一些条件:首先,你必须知道你在谈论或写作的那个主题的真相,也就是说,你必须能够给它下一个定义,然后你要懂得如何对它进行划分,直到无法再分为止;第二,你必须拥有相应的洞察灵魂本性的能力,找到适合各种灵魂本性的谈话和文章,用不同的风格对不同类型的灵魂说话,如果灵魂是单纯的,就使用简洁的风格。如果你要在人力所能达到的范围内成为一名语言的科学实践者,无论你的目的是揭露还是说服,这些都是你在实施之前必须完成的。我们此前所有讨论的宗旨就在于此。

斐德罗　没错,我们对这个主题就是这样看的。

苏格拉底　现在转到我们的另一个问题上来,发表讲演或写文章是高尚的还是卑鄙的,在什么环境下它们可以恰当地成为一种指责,我想,我们前面得出的那些结论表明……

斐德罗　哪些结论?

苏格拉底　任何作品,无论是过去的还是将来的,无论是吕西亚斯还是别人写的,无论是私人作品还是国家官吏的立法建议,如果作者认为自己的作品包含着永远适用的重要真理,那么这种作品都会成为一种对作者的指责,无论这种指责有没有真的说出来。因为一个人要是不知道什么是正义和不正义,什么是善良和邪恶,不能辨认正义和善良的幻影和梦景,那么即使他得到民众的赞扬,仍旧不能逃避这种指责。

斐德罗　确实不能。

苏格拉底　另一方面,如果有人相信任何一篇文章,无论题目是什么,无论写成散文还是韵文,必定包含许多虚假的东西,那又是另外一回事了。有些文章用不适宜朗诵的体裁写下来,只想起劝说的作用,而没有任何提问或阐述。这种文章对那些知道真理的人来说,充其量只不过起一种提醒的作用;只有那些为了阐明正义、荣耀、善良,为了教诲而写下来的作品,才能做到清晰完美,具有庄重、完整、严肃等特征,才会对听众的灵魂起到矫正作用。这样的文章才能被称作人的合法的子女,这样说主要指那些自己写的文章,其次也可以指自己的文章在其他人的灵魂中产生了作用。我要大胆地说,相信这一点的人,因此而谢绝其他性质的文章,只顾这类文章的人,就是你我所要追随的榜样。

斐德罗　你所说的正合我意,愿神灵使我成为这样的人!

苏格拉底　我们的文字消遣已经够了,现在到了可以满意地下结论的时候了。你现在可以去告诉吕西亚斯,我们俩沿着河边走,一直走到仙女们的圣地,她们吩咐我们传个话,首先传给吕西亚斯和其他所有写演讲稿的人,其次传给荷马和所有那些写诗歌的人,不管这些诗歌是用来朗诵还是歌唱,再次传给梭伦和其他以法律之名写政治文章的人——就是说,如果他们的作品是依据真理的知识写成的,在受到指责时能为自己辩护,能证明自己的文章无与伦比,那么他们不应当使用现在那些来自他们文章类型的名号,而应当使用一个能够表明他们的高尚追求的名号。

斐德罗　那么你把他们称作什么?

苏格拉底　称他们为"智慧者"我想未免过分一点,斐德罗,这个名称只有神才当得起。但是称他们为"爱智者",或类似的名称,倒和他们很相称,而且也比较好听。

斐德罗　对,这个名称很相配。

苏格拉底　但另一方面,若是一个人所能摆出来的只不过是

他天天绞尽脑汁,改了又改,补了又补的文章,那么你就只能称呼　　E
他为诗人、写讲演稿的,或者是写法律条文的。

斐德罗　那当然。

苏格拉底　这些话就是要你带给你的朋友的。

斐德罗　那你呢? 你做什么? 不要忘了,你也有个朋友?

苏格拉底　你说的是谁?

斐德罗　漂亮的伊索克拉底。① 你有什么话要带给他? 我们
称他为什么?

苏格拉底　伊索克拉底还很年轻,斐德罗,但我不在乎把我的　　279
预见告诉你。

斐德罗　噢,什么预见?

苏格拉底　依我看,他的天赋之高,使他能远远超过吕西亚斯
在文学中的成就;就个人品性来说,他也很高尚。因此,假定他坚
持不懈地继续当前正在进行的写作,要是他在今后令他所有的文
学前辈都落在他后面,望尘莫及,那么也没有什么可以惊讶的;如
果他对这样的写作仍旧不满意,内心有一种从事更加伟大的事业
的冲动,那么他的成就会更大。斐德罗,他的心灵包含着一种内在
的哲学气质。

好吧,这就是此地的神灵要我带给我亲爱的伊索克拉底的消　　B
息,你也要把给你亲爱的吕西亚斯的消息带给他。

斐德罗　就这样吧。我们可以走了,现在已经不那么热了。

苏格拉底　在我们走之前,要不要先对此地的神灵祈祷一番?

斐德罗　当然要。

苏格拉底　亲爱的大神潘,还有你们所有这些出没于此地的
神灵,请赐予我内在的美,这样,我拥有的外在的东西就不会与我　　C

---

①　伊索克拉底(Isocrates)是希腊著名修辞学家。

的内心发生冲突了。让我相信有智慧的人是富足的,至于财产,请让我拥有一个有节制的人可以承受和携带的也就可以了。

你还有别的要求吗,斐德罗? 我的要求已经够了。

斐德罗　请你也替我祈求同样的东西,朋友之间的一切都应该是共同的。

苏格拉底　我们走吧。

会　饮　篇

提　要

　　学者们普遍认为《会饮篇》是柏拉图最伟大的两篇对话之一，要么比《国家篇》更伟大，要么稍次于《国家篇》。在所有对话中，这篇对话讲述的故事最为生动，描述的苏格拉底形象最为细致和最具吸引力。对话中也最为崇高地表达了柏拉图的内心信念，不可见的事物是永久的，最重要的。

　　对话需要介绍和解释的地方不多，读起来也没有什么困难。它不是一个要读者追随的论证，而是一系列私人聚会中的发言。这些发言有相同的主题，但相互之间并不连在一起。它们共同的主题就是爱，从低到高各种等级的爱。当然，苏格拉底的发言是一个高潮，紧随宴饮的主人、诗人阿伽松的发言。他的话使人联想起四百年后使徒保罗在《哥林多前书》第13章中对爱的无与伦比的赞美。

　　阿伽松谈论的是凡人的爱，而苏格拉底的发言从凡人之爱转到神的爱，很接近使徒约翰的说法(只要我们彼此相爱，神就与我们同在)。苏格拉底说，我们起先爱的是可见的肉身之美，然后爱的是不可见之美，即美的灵魂。由此我们继续爱美的思想和观念，在这种真爱的影响下，我们不断地升华。这样，我们在美的海洋中越来越接近美本身，最后察觉到那不存在于任何具体事物，但却又是绝对、简洁、永恒的美本身。通过这种观照，我们也就成为神的朋友。在爱的引导下,我们抵达这个顶峰。

从这个高度,柏拉图又带着我们迅速地沿着阿尔基比亚德的道路下降,而阿尔基比亚德本人没有攀升,他在参加宴饮时声称已经喝醉了。然而,他对苏格拉底的赞扬无人能比。他说,只有苏格拉底使他对自己贫乏、微不足道的生活感到可耻,也对自己有时候感到难以忍受生活而感到羞耻。他的结论是,在伟大和善良方面,苏格拉底是在场的所有人中最杰出的。而读者们可以看到,苏格拉底听到这样的话报之以温和的微笑,似乎也被他逗乐了。

正　　文

172　　　**阿波罗多洛**①　　噢,如果这就是你想要知道的,那倒不费什么事,前不久我还有机会强化我的记忆。就在前天,我从我在法勒伦② 的家去城里,有位朋友远远地从后面看见我,就扯着嗓门大喊起来,喂,阿波罗多洛,等我一下!

于是我停了下来,等着他。

他走到我跟前对我说,找你算是找对了,我要问的是在阿伽松家里举行的那场宴饮,③ 苏格拉底、阿尔基比亚德,还有其他一些
B　人,都参加了那里的晚宴。他们谈论的全都是爱情,你知道他们的发言吗?我听说了一些内容,是一个与福尼克斯谈过话的人告诉我的,但他说得很简单,还说要想知道详情最好来找你。所以,阿

---

① 阿波罗多洛(Apollodorus)在文中是整篇对话的转述者,但对话发生时,他本人并不在场。他是从阿里司托得姆那里听来的。

② 法勒伦(Phalerum)位于雅典西南,离城约三公里。

③ 为了庆祝一些事情,希腊人举行的私人性质的聚会,宴饮前有一些祭神仪式。仪式过后饮酒作乐,常有艺妓助兴。但对话中的这次宴饮以哲学讨论代替通常的娱乐节目。

波罗多洛,请你把整个故事告诉我,说一说你敬爱的苏格拉底,你知道我们总是相信你。不过,在开始讲以前,请你告诉我,你当时在场吗?

我说,好吧,无论是谁告诉你的,我相信他不清楚这场谈话,否则你怎么会认为这场宴饮是最近才发生的,连我都能参加! C

他说,这是我的模糊印象。

我诧异地说,我亲爱的格老孔,这怎么可能呢? 你忘了阿伽松离开雅典有多久了吗? 你难道不知道我和苏格拉底打交道只有两三年光景? 这几年我追随他的一言一行,把这当成了我的正事。173 你知道,在那以前我曾经到处出风头,当我已经变得十分邪恶,举例来说,就像你一样邪恶的时候,我还坚信自己正在过着一种充实的、有意义的生活,我知道,哲学是你会为之花时间的最后一件事。

格老孔说,你别取笑我了,告诉我,这场宴饮是什么时候举行的?

我告诉他,我们当时都还小,那时候阿伽松的第一部悲剧得了奖,第二天他和他的歌队举行谢神的庆典。

他承认说,那一定是多年以前的事了。但是,是谁告诉你的,是苏格拉底自己吗?

我说,不,不是他,我和福尼克斯一样,都是从居达塞奈乌姆的 B
阿里司托得姆那里听来的,他是个小矮个,喜欢赤脚走路。他参加了那场会饮,我想他是苏格拉底当时最热烈的崇拜者之一。事实上,我后来就一两个细节问过苏格拉底,苏格拉底的回答进一步证实了阿里司托得姆的话。

格老孔说,很好,请你务必在我们进城之前把这场谈话全告诉我,这是消磨时间的最好办法。

好吧,我全告诉你,边走边讲。我说过,我对那场谈话记得一 C
点儿也不差,要是你想听,我现在就可以开始。我不知道还有什么事情能比谈论和聆听哲学更加愉快,更不用说从中受益了。而那些日常谈话,比如你们这些人谈生意和金钱,令我感到兴味索然。当我的朋友们在做那些绝对没有价值的事情,而且还以为自己非常忙碌的时候,我真为他们感到遗憾。当然,我也知道你对我的看法。你把我看成一个可怜虫和倒霉鬼。如果你是对的,那么我也不会感到惊讶。但我并不认为你不幸,我认为你非常幸运!

朋友 你又来了,阿波罗多洛!你老是喜欢咒骂自己,也咒骂其他所有人!我看你有一种过分的想法,认为世上所有人,除了苏格拉底,全都处在极度不幸之中——从你开始。这也许就是人们把你当作疯子看待的原因,你老是怨恨自己,也怨恨其他所有人,当然了,苏格拉底除外。

阿波罗多洛 对,我亲爱的朋友,我是个疯子!我要是全疯了,就不会白日做梦,对我自己或者朋友进行思考了。

朋友 噢,算了吧,阿波罗多洛!我们不需要为此争吵。老天爷在上,别漫无边际地瞎扯,直接回答我的问题。把那些关于爱的谈话告诉我。

阿波罗多洛 好吧,这些谈话是这样的。不过,我也许还是从头开始的好,就用阿里司托得姆的原话。

阿里司托得姆对我说,我在路上碰上了苏格拉底,那天他刚洗过澡,穿得整整齐齐,脚上还穿了一双漂亮的鞋,这在他不是常有的事,这你知道,他平时老是光着脚走路。于是我问他要去哪里,打扮得那么漂亮。

他说,去阿伽松家吃晚饭。昨天他举行公开的庆典,他请了我,我没去,怕的是人太多,但我答应他今天晚上去。我穿得这样整齐,因为我不想让这样一位好客的主人丢脸。他继续说道,你怎么样?尽管没请你,愿意跟我一起去吗?

我回答说,遵命。

他说，那好极了，跟我一道走，这正应了一句谚语，"逢到好人举行的宴会，好人会不请自来"。其实荷马本人早就用过这句话，但却把它糟蹋了。他把阿伽门农说得非常勇猛善战，而把墨涅拉俄斯说成是一个胆小如鼠的操戈者，阿伽门农在献祭后举行盛宴，墨涅拉俄斯没有被邀请也来了，这样看来，岂不是劣者赴优者之宴。 C

我说，我想荷马描述的情景倒挺适合我，一个无知者没有受到邀请，就去赴一位文人举行的宴会。所以你最好在路上就想好措辞，因为你别想我会为此而道歉，我会说是你要我去的。 D

他说，要说道歉，两个脑袋比一个脑袋强。不管怎么说，这事儿就这么定了吧。

阿里司托得姆继续说道，说了这些话，我们就动身往前走。可是在路上苏格拉底想起了什么事，一个人落在后面凝神默想。我要等他，他叫我先走。所以，我比他先到阿伽松的家，看到那里门户大开。接下去的事情就很好笑了，因为马上就有一个仆人出来把我迎了进去，并大声通报，此时客人们已经入坐，晚宴就要开始了。 E

阿伽松一看到我就喊，哈哈，阿里司托得姆，你来的正巧！晚宴刚要开始，如果你要来谈别的事，那么你得等着，绝对如此！昨天我想邀请你，但就是找不到你。苏格拉底呢？你没带他来吗？

我回过头去看，因为我估计苏格拉底也快到了，但却不见苏格拉底的踪影。于是，我只好向阿伽松解释我们是一起来的，是他邀请我来的。

阿伽松说，来得好，但是这个家伙是怎么回事？

他刚才还在我后面走，但现在我不知道他在哪里。 175

听了这话，阿伽松吩咐一个仆人，去，看你能不能找到苏格拉底，把他带回来。亲爱的阿里司托得姆，我能请你坐在厄律克西马库旁边吗？

阿里司托得姆继续说，就这样，我去净了手，坐了下来。这个时候,那仆人回来报信,说我们的朋友苏格拉底站在邻居家的门廊下。

仆人说,他就在那里站着,我请他来,他不肯。

阿伽松说,真奇怪,再去请他,一定要把他拉来。

B　　这时候我插话了。我说,要是我就不这样做,让他去。这是他的习惯,经常一个人走着走着就站下了,不管在哪里。我想他过一会儿就会来的,现在不必去打扰他。

阿伽松说,那么好吧,就依了你。他转过去对仆人们说,你们都听着,我们不等了,把食物都摆上来,爱怎么摆就怎么摆,完全由你们决定。我知道这是个新点子,但你们只要这样想,我们都是你们请来的客人。现在开始,看你们能弄成什么样。

C　　宴席开始了,但苏格拉底还没有露面,阿伽松还想派人去找他,都被我拦阻了。最后,苏格拉底终于露面,这时候我们的晚餐还没过半,这对苏格拉底来说倒不错,他来得还不算太晚。

阿伽松独自坐在长桌的那端。看到苏格拉底进来,他就叫道,到这边来,苏格拉底,坐在我边上,好让我分享你在隔壁门廊下的

D　发现。你肯定掌握了这个伟大思想,否则你会仍旧站在那里。

苏格拉底在他边上入坐以后回答说,我真希望智慧是某种能够坐在一起分享的东西,好比说,它像能够流动的水,通过一根毛

E　线,从一个装满水的杯子流入一个空杯。如果智慧就是这样流动的,那么我就要为能坐在你身边而庆幸了,因为你的各种智慧很快就会流到我身上来。我的理智太虚幻,就像梦一样,而你阿伽松的智慧却是光辉灿烂的——从幼年起,它就光彩夺目,我们怎能忘了就在前天,三万希腊同胞已经见证了你的智慧。

阿伽松说,苏格拉底,我知道你在笑话我。我等一下再和你讨论智慧问题,让酒神作裁判。现在你最好还是吃些东西吧。

176　　于是苏格拉底收住话头,和其他客人一道享用晚餐,在举行了奠酒仪式和唱了其他寻常的颂神歌以后,他们的注意力开始转到

饮酒上来。阿里司托得姆记得,下面的谈话好像是鲍萨尼亚开的头。

鲍萨尼亚说,在座各位先生,今天晚上我们怎么个喝法? 我自己还没拿定主意,因为我昨天晚上的酒都还没有醒,我想你们的情况也差不多——我们上的是同一条船。不管怎么说,你们有什么意见? 你们认为我们还要继续喝吗?

阿里斯托芬说,鲍萨尼亚,这是你提出来的最聪明的问题。我可不想让饮酒成为一种负担,因为我昨天晚上也是烂醉如泥。 B

厄律克西马库插话说,我非常同意你的看法,但我还有个问题。阿伽松会怎么想? 他是不是已经清醒,又想喝酒了?

阿伽松说,我不行了,别把我算在内。

厄律克西马库说,那么我们这些人很幸运,我、阿里司托得姆、斐德罗,我还能提到一两位。我们可无法跟你们这些酒量大的人比。对苏格拉底我无话可说,我们知道他在任何场合下,醉不醉对他来说都是一样的。先生们,既然现在没人急于想喝酒,那么请允许我利用这个机会说一说醉酒的真正性质。我个人的医学经验告诉我,过量饮酒对人体是有害的。因此我不愿意喝过头,也希望我的朋友不要过量,尤其是那些还没从昨天晚上的狂饮醒过来的人。 C

D

这个时候斐德罗插话了。他说,厄律克西马库,我总是按你的吩咐去做,尤其是当你以医生的身份要求我这样做的时候。我想其他人也都应该得到这样的建议。

此时大家都一致同意,今天晚上不喝酒了,如果有人要喝点酒提神,那就随意。 E

厄律克西马库说,这样好极了,既然大家都同意不喝,除非认为喝酒对我们有益时再喝,那我要提议把那刚进来的吹笛女也打发出去,让她去吹给自己听,或者要是她愿意的话吹给里面的妇女听，而我们可以用讨论问题来作为今晚的消遣。如果你们认为这样做可行，那么我就把讨论的题目说出来。

177　　　大家都同意了他的建议，要他说出题目。于是他说，我想用欧里庇得斯的一句台词作开场白，如美拉尼珀所说，"这话不是我的"①，恰当地说，我要说的属于在座的斐德罗，他不断地到我这里来向我抱怨。他问我，为什么所有颂神诗和赞美歌都献给其他神

B　灵，但就是没有一个诗人愿意创作一首歌赞美如此古老、如此强大的爱神，这岂不是太离奇了吗？

举例来说，像普罗狄科这样一些杰出的博学之士用他们的散文来赞美赫拉克勒斯以及其他神灵。这还不足为奇，但是你知道，有一天我看到一本书，作者列举了普通食盐的用法，用一些过分的

C　字眼去赞美它，不仅赞美盐，还赞美其他各种日常生活用品。厄律克西马库，我说这种事情是不是太离奇了，那些微不足道的事情都有人写下鸿篇巨制，爱神却看不到有人大胆地对她进行赞颂，而爱神是应当得到赞颂的。简言之，一位神灵竟然被忽略到如此地步，这岂不是太荒唐了吗！

先生们，这就是斐德罗的抱怨，我认为他说得很对。还有，我不仅愿意按他的要求自己掏钱向爱神捐献，而且还要建议今天在

D　座的各位趁这个好时光来礼赞爱神。先生们，如果这个建议得到你们的批准，我大胆地说，我们一定会在讨论中度过一个愉快的夜晚。我想最好的办法是从左到右轮流，每个人都尽力赞美爱神。我想斐德罗应该打头，因为他不仅坐在第一位，而且这个讨论题目实际上是他提出来的。

苏格拉底说，厄律克西马库，我想大家都会一致同意你的动

---

①　欧里庇得斯：《美拉尼珀》残篇第488行。美拉尼珀（Melanippe）是剧中人物。

议。我个人决不会持异议，我要宣布，爱情是我在这世上懂得的一件事情，阿伽松和鲍萨尼亚不会反对，阿里斯托芬更不会，他把全部生命都献给了狄奥尼修斯和阿佛洛狄忒，今天晚上和我们在一起的任何一位朋友都不会反对。当然了，你的顺序对坐在最后的人不利，但若前面的人能做出漂亮文章来，我向你保证我们不会抱怨。所以，让斐德罗开始赞美爱神吧，祝他好运！   E

这时候所有人都表示同意，要斐德罗开始。但在我继续往下   178
说之前我必须说清楚，阿里司托得姆并不想逐字逐句地重述当时各种各样的发言，我也不可能把从他那里听来的发言一字不漏地再说一遍。所以我只能按照我自己的判断，复述那些发言的重要部分，特别是那些值得记住的重要思想。

我说了，第一个发言的是斐德罗。他一开始就提出这样一些论证：爱是一位伟大的神，对诸神和人类都同样神奇，要证明这一点有很多证据，其中最重要的是他的出生。

他说，对这位神的崇拜是最古老的，因为爱神没有父母，任何   B
散文或诗歌都没有提到过他的父母，而赫西奥德告诉我们，首先出现的是卡俄斯①，然后"从卡俄斯产生宽胸脯的大地，她是所有一切事物永远牢靠的根基，然后是爱……"② 阿库西劳③ 同意赫西奥德的看法，因为他说在混沌之后，大地和爱一起出现了，巴门尼德④ 则把这个创造性原则写了下来。"爱塑造了诸神中最早的那一位。"

这样，我们看到爱的古老是普世公认的，而且是人类一切最高   C

---

①   卡俄斯(Chaos)是音译，意思是"混沌"。

②   赫西奥德:《神谱》，第 116 行。

③   阿库西劳(Acusilaus)是希腊作家，据说曾将赫西奥德的诗译成散文。

④   巴门尼德《残篇》第 132 条。巴门尼德(Parmenides)，公元前五世纪爱利亚学派哲学家。

幸福的源泉。就我个人来说,我说不出有什么幸福能比得上做一个温柔的有爱情的人,或者对有爱情的人来说,做被他所爱的青年。一个人要想过上一种良好的生活,出身、地位、财富都靠不住,

D　只有爱情像一座灯塔,指明人生的航程。我该怎样描述爱呢? 爱就是对邪恶的轻视,爱就是对善的尽力仿效,假如没有爱,无论是城邦还是公民,都不可能从事任何伟大或高尚的工作。我敢说,如果一个人有了爱情,那么当他做了丢人的事,或者受旁人凌辱,在这个时候他会感到羞耻,但若是被父亲、朋友或其他人看见,那么他会感到比较容易忍受。对被爱的人来说也一样,如果他丢人的

E　事被爱他的人发现,那么他会羞得无地自容。

再说,一个城邦或一支军队如果不是全部由相爱的人组成,它又如何能有一种很好的统治,使人人相互仿效,弃恶从善呢? 这样

179　的人会并肩作战,我甚至要说,他们人数虽少,但却能征服全世界。因为在这样的军队里,有爱情的人要是想扔下武器,逃离战场,都会害怕被他的情人看到,他宁可马上死一千回,也不愿在情人面前丢丑。有爱情的人也不会眼见自己的情人陷入危险而不去营救,

B　纵然是胆小鬼也会在爱情的激励下变成一名勇士。荷马写道,有些神把"力量"吹入英雄的胸中①,我们可以说,这就是爱神的力量在影响有爱情的人的心。

还有,只有爱能使人为了挽救他人的性命而牺牲自己,不但是男人,而且女人也一样。在这一点上,我们希腊人要想做见证,那么没有比阿尔刻提斯② 更好的见证了,当时只有她愿意替丈夫去

---

① 荷马:《伊利亚特》第 10 卷,第 482 行;第 15 卷,第 262 行。

② 阿尔刻提斯(Alcestis)是弗赖国王阿德墨托斯之妻,珀利阿斯之女。因丈夫患不治之症,阿波罗请命运女神准许可以由别人替死,她于是自愿代替丈夫去死,但被赫拉克勒斯从死神处救出。

死。他虽有父母,但父母对他的亲情与阿尔刻提斯的爱情相比大
为逊色。他们对儿子的态度就好像不是己出,徒有父母之空名。 C
但是阿尔刻提斯做出了伟大的牺牲,不仅凡人这样看,而且诸神也
这样看,这种伟大得到了回报——在众多行为高尚的人中间只有
很少一些人能得到这样的恩惠——她死以后,她的灵魂从冥府回
到阳间。

由此可见,上苍也尊敬由于爱情所引起的热忱和勇气。不过, D
诸神把奥菲斯① 打发回阳间时只把他妻子的魂影给他看。冥神
不愿让他把欧律狄刻带走,因为他本是一名吟游诗人,是个半心半
意的爱人,缺乏阿尔刻提斯那样替爱人去死的勇气,所以他选了另
一种方法,活着下到冥府。由于这个原因,诸神责罚他,让他最后
死在一帮妇女手中,这种惩罚非常公正。②

忒提斯之子阿喀琉斯的命运是多么不同啊! 他死以后,诸神 E
给了他前往福岛③ 的荣耀,因为当时阿喀琉斯之母告诉他,如果
他杀了赫克托耳,他就会死,如果他宽恕了赫克托耳,他可以平安
回家,长命到老,而他在听了这些话以后还是勇敢地做出了选择,
去抢救他心爱的帕特洛克罗,在帕特洛克罗死后又为他报仇。阿
喀琉斯死了,不仅为他的朋友而死,而且紧接着他的朋友去死。④
正因为他如此珍视他的爱人,因此诸神才给了他这种荣耀。

我可以说埃斯库罗斯把他们俩的关系搞颠倒了,因为他说阿 180

---

① 奥菲斯(Orpheus)的妻子欧律狄刻死后,他追到阴间,冥神被他的琴
声感动,答应他把妻子带回人间,条件是路上不得回顾。当他快要返回阳间
时,想回头看看妻子是否跟在后面,结果欧律狄刻的灵魂又回到冥府。

② 传说中的奥菲斯死于酒神狂女之手。

③ 在希腊神话中亡灵受审后,好人的灵魂被送往福岛居住。

④ 阿喀琉斯(Achilles)、赫克托耳(Hector)、帕特洛克罗(Patroclus)均为
荷马史诗中的人物。

喀琉斯把帕特洛克罗叫作亲爱的,而我们知道阿喀琉斯比帕特洛克罗要俊美得多,比其他任何一位英雄都要俊美,而且按荷马的说法,他还没怎么留胡子,比帕特洛克罗要年轻得多。[①] 我要指出,诸神在任何情况下都尤其敬重被爱情激发出来的勇敢。一旦被爱者对爱他的人表现得如此忠心,诸神就会更加惊愕、兴奋和仁慈,因为一般说来,在爱情的激励下爱者总是比被爱者更加接近诸神。所以我要说,这就是诸神赐给阿喀琉斯的荣耀比赐给阿尔刻提斯的荣耀更加大,把阿喀琉斯的亡灵送往福岛的原因。

B

先生们,总之,我的论点就是:爱是最古老的神,是诸神中最光荣的神,是人类一切善行和幸福的赐予者,无论对活人还是对亡灵都一样。

C

由阿里司托得姆复述的斐德罗的发言大致如此。斐德罗讲完之后还有人讲过一些话,但是阿里司托得姆已经记不清了,所以他干脆把这些话抛开,直接复述鲍萨尼亚的发言,他是这样讲的:

我亲爱的斐德罗,我们的安排如果只意味着对爱神进行礼赞,那么这个安排并不高明。如果只有一种爱,那么还说得过去,然而不幸的是事实并非如此。因此,我们在开始赞美爱之前就要指出我们赞美的爱是哪一种。所以,我要纠正这个缺点,首先定义我们要加以荣耀的爱,然后用高尚的言辞赞美他的神性,我希望能这样做。

D

先生们,你们现在全都同意,没有爱,就不会有阿佛洛狄忒这样的爱情女神。如果只有一位女神叫这个名字,那么我们也可以假定只有一种爱。然而,事实上有两位这样的女神,因此爱也一定

---

① 希腊社会盛行男子同性恋,成年男子爱恋美少年,属于主动者,被爱的少年则是被动者。埃斯库罗斯说阿喀琉斯把帕特洛克罗称作亲爱的,因此斐德罗说他弄错了。

有两种。我想，没有人会否认叫这个名字的女神有两位——年长
的那一位不是从母亲的子宫里产出来的，而来自苍天本身，我们称
之为天上的阿佛洛狄忒；年轻的那一位是宙斯和狄俄涅① 生的，　E
我们称之为地下的阿佛洛狄忒。由此可见，爱在这两位女神的陪
伴下才起作用，因此爱也应当分为天上的爱和地下的爱。先生们，
我现在还说不出哪一位女神应当受到我们的礼赞，当务之急是确
定她们各自的特点。

　　我们可以这样说，一切行为就其本身来说并无好坏之分。比　181
如我们现在做的事就无所谓好坏，喝酒、唱歌、说话本身也不包含
任何德性，因为每种行为的结果取决于它是如何实施的。行为的
方式正确，做得好，那么这个行为就是好的，但若做得不好，那么这
个行为就是坏的。这个道理也适用于爱，因为值得敬重的或高尚
的并不是爱这个行为本身，而只有在爱神的推动下，我们高尚地去
爱，这个时候爱才是值得敬重的或者是高尚的。

　　好吧，先生们，属地的阿佛洛狄忒的爱确实是一种非常世俗的　B
爱，这种爱起作用的方式是随意的。这种爱统治着下等人的情欲。
首先，这些人既受女人的吸引，也受男童的吸引；其次，不管他们爱
的是什么人，他们关注的是肉体而非灵魂；最后，他们向那些最愚
蠢的人求爱，因为他们追求肉体享爱，根本不在乎这种享受是高尚
的还是卑鄙的。因此，这些人只要能找到作乐的对象，都会与之苟
合，不管好坏。这就是年纪较轻的那位阿佛洛狄忒的爱，男人和女　C
人都分有这种性质。

　　但是属天的爱源于一位其出身与女性无关的女神，她的性质
也完全是男性的，在两位阿佛洛狄忒中间，这位女神较为年长，没
有沾染任何荒淫和放荡。她的爱激励人们把爱情放到男性身上，

─────────

　　①　狄俄涅(Dione)是希腊神话中的女巨人。

D　在这种爱的激励下,人们会更喜欢强壮和聪明的人。我们总能看到,完全受这位比较年长的爱神支配的人一般说来要到长第一撮胡子时才会引人注目,甚至在那些爱男童的人中间,理智尚未成熟的少年不会引起他们的爱慕。在我看来,爱上这般年纪的人实际上准备把自己的全部时间花在他身上,要与他共度一生;他也不会利用那少年的年幼无知来欺骗他,诱惑他,继而又喜新厌旧。

E　　　先生们,我禁不住要想,应当有一条法律禁止人们去爱那些幼童,防止人们在这些心智不定的对象上浪费时间和精力。因为人们对这些孩子的将来一无所知,又有谁能知道他的身心两方面将来会怎么样,会走一条美德之路还是邪恶之路?当然,有主见的人会给自己立法,但是对那些世俗之爱的追随者应当用法律来迫使182 他们遵守,就好像我们要尽可能防止他们诱奸我们自己的妻女,他们的行为使爱情名声扫地,使人们不敢接受情人的求爱。有这种看法的人心里想的一定是世俗的爱情,因为礼仪和习俗都不会批准这种放荡的行为。

　　先生们,请允许我再指出下面这个要点。希腊所有其他城邦涉及爱情的法律都如此简洁、明确,容易把握,而我们的法律却很B　复杂。例如,埃利斯、波埃提亚,以及其他一些地方的人不善辞令,他们干脆定了一条法律,让有爱情的人自行其是。也没有任何人,无论老少,会把有爱情说成是丑事。我想,这条法律的涵义就是人们不需要费尽心机去讨好少年男子,因为要这样做对那些不善辞令的人来说是件难事。

　　但另一方面,在伊奥尼亚和许多受东方影响的国家,同样的事C　情却被认为是可耻的。东方人确实不仅把爱情视为丑事,而且还把热爱哲学和体育当作坏事,这是由于专制主义的统治。东方的统治者不希望臣民醉心于高尚的思想、缔结坚实的友谊和发展亲密的交往,而爱情是最能引发这些事情的。那些在雅典篡夺政权

的人从惨痛的经历中得到相同的教训,因为正是由于阿里司托吉顿的爱和哈谟狄乌的友谊使他们的统治告终。① 可见,凡是制定 D
法律,把接受爱情当作坏事的地方,你们可以肯定这个错误的根源在于立法者,也就是说,是由于统治者的压迫和被统治者的懦弱。但话又得说回来,你们要是发现某个地方的法律无条件地批准爱情的合法性,那么你们同样可以责备立法者的精神迟钝。

先生们,我们雅典的法律要优秀得多,尽管我说过,它不太容易掌握。举例来说,我们公认暗爱不如明爱,尤其是在被爱对象有着高尚的美德,但相貌却不出众时更是如此。你们想一想,我们全都在鼓励人们的爱情,而丝毫也不认为他们在做丑事,我们把他们 E
爱情的胜利看做光荣,失败看做羞耻。先生们,请你们记住,在什么层面上有爱情的人才会触犯法律,他的行为在什么场合下才会真正地获得赞扬,而在别的什么场合下会遭到最严厉的谴责。

假定有人为了从其他人那里获得金钱、职位,或某种权力,于 183
是就装作对某人产生了爱情那样去向他求爱——哀求,发誓,睡门槛,作践自己,做出种种连奴隶都不能忍受的事来——要是这样的话结果会怎样呢? 先生们,我想不仅他的朋友,而且他的仇敌都会尽力制止他,仇敌们会谴责他卑鄙下流,朋友们则会为他感到害羞。

但是这些事如果是有爱情的人做的,民众只会认为他应该这 B
样做,法律也毫无保留地批准他的行为,认为他的目的是高尚的。最奇怪的是流行的舆论认为,只有有爱情的人违反誓言才会得到

---

① 这是雅典历史上的一次政变。阿里司托吉顿(Aristogiton)钟爱少年男子哈谟狄乌(Harmodius),僭主希庇亚的兄弟希巴库斯想夺宠而不成,于是凌辱这两位爱友。他们设计暗杀了希巴库斯,自己也死去。他们被雅典人奉为爱国志士。

诸神的赦免,他们说,这是因为爱情的誓言实际上是一种伪誓。先

C　生们,由此可见,我们雅典的法律给了有爱情的人极大的自由,不仅得到凡人的允许,而且得到诸神的认可。

　　知道了这一点,那么人们在这个城邦里或在别的地方会认为产生爱情或接受爱情都是很光荣的事。但在实际中我们看到,如果一位父亲发现有人对他的儿子产生爱情,那么就会让仆人严厉看管他,不让他与爱他的人来往。那少年小时候的朋友和玩伴看

D　到这种事情发生,也会骂他,而那些长者既不会制止这种责骂,也不会叫他们停止胡说八道。如果这种情况继续下去,那么任何人都会认为我们雅典人实际上把接受爱情当作一件丑事。

　　我想,大家都还记得我们讲过行为的道德价值并不是永恒不变的,因此我们可以看出自己对待爱情的态度有明显矛盾之处。我们同意说爱本身无所谓好与坏,而仅当爱情导致善或恶的行为时才可以说爱有好坏之分。一个坏人邪恶地放纵情欲,那么这种

E　爱是卑鄙的,而一个有道德的人高尚地追求爱情,那么这种爱是高尚的。邪恶的有爱情的人是世俗之爱的追随者,他想要的是肉体而不是灵魂,他的爱心的对象是变化的,短暂的。所爱的肉体一旦色衰,他就远走高飞,背弃从前的信誓,他的所有甜言蜜语都成了谎言。而那些追求道德之美的爱人会终身不渝地爱他的情人,因为他所爱的东西决不会褪色。

184　　　雅典法律的制定是要在应当受鼓励的爱和应当禁止的爱之间作一个明确的区分。因此它规定了在哪些情况下应当追求爱,哪些情况下应当避免爱,还用各种各样的标准区分两类有爱情的人和被爱者。这就是我们的法律为什么要规定,过分迅速地接受情

B　人是不道德的,在此之前应当有一段时间间隔,人们一般认为这是最有效的考验。第二条规定是,出于金钱或政治上的考虑,或者害怕受到威胁而委身于人是不道德的,简言之,年轻人在各种好处的

诱惑下接受爱情是不道德的。因为,作为动机的这些东西都不是确定的或持久的,肯定不能产生高尚的友谊。

　　因此,要想不违反礼仪和习俗,留给想要接受爱情的人只有一条路可走。这就是出于美德方面的考虑而加以服从,恰如有爱情的人心甘情愿地服从他所爱的人既不卑鄙也不下贱,所以为了获取美德而自愿服从也没有什么可指责的。因此,先生们,如果有人准备献身于对另一个人的侍奉,相信通过他能够增进自己的智慧或其他任何美德,那么我们就认为这种自愿服从既不卑鄙,也不下流。

　　因此,在同意青年接受爱情之前,我们必须把两条法律结合起来,一条涉及爱男童,一条涉及追求智慧和其他美德。当有爱情的人与被爱者来到一起的时候,他们各自受到某条具体法律的支配,前者合法地做他所爱的青年的奴隶,以此回报青年对他的依从,后者合法地献身于他的朋友,因为这个朋友正在帮助他成为聪明人和好人,一方把他的智慧和美德与另一方分享,另一方虽然在这方面贫乏,但能从朋友那里得到免费的教育。我要说,当且仅当产生爱情的人能同时遵守这两条法律,他们爱的行为才走上了正道。

　　抱着这种希望,爱情纵然失败也不足为耻,而其他任何企图,无论有无实现,其本身就是可耻的。举例来说,假如一位青年为了富有,接受了一位所谓富人的爱情,后来他发现自己看错了,那个爱他的人实际上很穷,是个身无分文的诱奸者。可见抱着这种希望去接受爱情是不可靠的,有这种希望也表明他自己是个什么样的人,也就是说他为了钱可以侍候任何人,为他做任何事,这当然是很不光荣的。再假定这个青年接受了一个人的爱情,因为他相信这个人有美德,希望通过这样的交往改善自己的品性,那么即使后来他发现自己上当受骗,那个爱他的人实际上很坏,是个下流的恶棍,他的这种错误仍有某种高尚的成分在内,因为他的希望也表明了他自己是个什么样的人,他为了能够取得美德方面的进步,愿意为他人做任何事情。先生们,这种情况不是比前一种情况更值得肯定吗? 总之,允许人们为了美德而拥有爱情,这种做法是正确的。

C　　这就是天上的阿佛洛狄忒之爱,它本身属于天,对城邦和个人都弥足珍贵,因为它约束着有爱情的人和被爱的人,要他们最热诚地注重道德方面的进步,而其他各种爱都是地上的阿佛洛狄忒的追随者。斐德罗,这就是我的即席发言,关于爱这个主题我就说到这里吧。

　　鲍萨尼亚停了下来① ——你明白这是语言学家常用的双关语把戏——下一个轮到阿里斯托芬。所以阿里司托得姆本来应该接着转述阿里斯托芬的讲话,但不知是因为吃得太饱,还是因为别
D　的缘故,他碰巧正在打嗝,不能长篇发言。所以他对坐在下一位的医生厄律克西马库说,请你帮个忙,要么设法止住我的嗝,要么你先说,我等到不打嗝了再说。

　　厄律克西马库说,两个忙我都可以帮。我先发言,等你好了你
E　再讲。现在你最好屏住呼吸,这样就可以止住打嗝;如果不行,你就在嘴里含一小口水;再不行,你就找样东西戳一戳鼻孔,打个喷嚏,这样来几次,无论怎么顽固的打嗝都会停止。

　　阿里斯托芬说,行,就这样。你先发言,我照你说的去做。

　　厄律克西马库的发言如下:

186　　　先生们,鲍萨尼亚的发言开头很好,但结尾却有缺陷,好像没有真正完成,所以我要补充一些论证。我承认在定义两种爱的时候,他作了很有用的区分,但是医学告诉我,除了把人的灵魂吸引

---

① 　鲍萨尼亚(Pausanias)这个名字和停(Paus)这个词出于同一词根。

到人的美上去以外,爱还有其他许多爱的主动者和爱的对象,爱的影响既可以追溯到动物的生殖,也可以追溯到植物的生长。我可以说,存在于神圣或世俗的各种活动中的爱的威力适用于一切类型的存在物,爱的力量是伟大的,神奇的,无所不包的。　　　B

为了尊重我自己从事的职业,我想从医学方面说起。我想让你们知道,身体的各种性质就蕴涵着这种爱的两分法,因为我们全都同意身体的健康和疾病各有自己不同的特点,而异者相吸。因此,健康的欲求是一回事,疾病的欲求是另一回事。我肯定鲍萨尼亚的发现,顺从有美德的人是对的,屈服于恶人的爱是错的,而这　　　C对身体来说也是一样,在具体情况下,满足健全和健康的欲望是正确的和必要的,这就是我们所说的医学的技艺。但若沉迷于邪恶的和不健康的欲望则是错的,谁也不能指望从事这种职业的专家把满足健康的欲望变成放纵欲望。医学可以说成是一门研究身体爱什么的学问,或者说医学研究的是欲望,研究欲望的补充和排除,而能够区分什么欲望有害和什么欲望有益的人可以称作医生,　　　D这是在医生这个词的完全意义上来说的。如果他能用一种欲望取代另一种欲望,而在缺乏必要的欲望时又能使之产生,或者说如果必要的话,在它产生时能够加以消除,那么我们会把他看做一名医术高明的专家。

先生们,医生必须能够调和身体中不和谐的元素,迫使这些元素相亲相爱。我们知道最敌对的元素就是那些对立的元素——冷与热、甜与酸、湿与干,等等——如果大家都像我一样相信我们这些诗人的话,那么阿斯克勒庇俄斯之所以能创建医学,就在于他能　　　E把爱与和谐注入这些对立的元素。

先生们,因此我认为医学只受爱神的指导,体育和农艺也是这样。音乐受爱神的指引就更加明显了,最粗心的观察者也能看得　　　187出来。赫拉克利特说过的一句相当晦涩的话也许就是这个意思,他说,"与其自身有冲突的东西是结合在一起的,就像弓和琴形成的和谐"。当然了,把和谐说成处在冲突之中是荒谬的,把和谐说成出自仍在冲突之中的元素也是荒谬的,但他的意思也许是说,音乐的技艺就是通过解决高音和低音之间的不和来创造和谐。当高音和低音还处在冲突状态时,肯定不会有和谐,因为和谐就是协和,协和是一种同情,事物之间只要还有冲突就不会有协和。另一方面,存在着某种不和谐并不意味着不能加以解决,在不和谐之处我们可以让和谐起作用,例如,我们通过调节快慢来产生节奏。正如我们看到通过医学的技艺使身体产生和谐,所以这种和谐要归结为音乐的技艺,它是音乐中的相互之间的爱和同情的创造者。因此我们也可以把音乐说成是一门爱的学问,在我们刚才的例子中,爱与谐音和节奏相关。

要在节奏与谐音的结合中区分爱的原则很容易,要理解爱的两分也不难。但当我们要在实际活动中运用节奏与和谐时,比如创作一首歌曲,或是教育其他人恰如其分地演唱已经创作出来的歌曲,那么我们会遇到一些困难,需要专家们的帮助。这就使我们返回到前面那个结论,顺从那些有节制的欲望是正确的,在这样的顺从中节制会使人们保持清醒头脑。先生们,我们必须紧紧把握住这种爱,因为这种爱是美好的,是属天的,来自天上的缪斯乌拉尼亚。① 但是另一种爱来自众多颂歌之神波吕许尼亚②。不论和这种爱有什么关系,我们一定要小心,不要在享受这种爱所提供的快乐时添加邪恶。就好比在我自己的职业中,医生的一项重要职责是约束餐桌上的快乐,使我们能够享受美味佳肴而又不至于生

---

① 乌拉尼亚(Urania)是掌管文艺和科学的九位缪斯女神之一,主管天文。

② 波吕许尼亚(Polyhymnia)是九位缪斯之一,主管颂歌。

病。从此可见，在音乐、医学，以及其他神圣和世俗事务中，我们必须尽力区分两种爱，你们可以肯定，这两种爱确实是存在的。

还有，我们在一年四季中也可以看到这两种对立的元素，规范性的爱的原则使我说过的这些元素——热与冷、湿与干——聚在一起，使它们和谐有序地组合，其结果就是人类、动物、植物的健康和繁殖，使它们全部都能兴旺。但若季节处在另一种爱的影响之下，其结果就全都是灾难与毁灭，因为这种时候，不仅瘟疫或其他各种疾病会攻击牲畜草木，而且还有霜雹之类的灾害。出现这些现象都是因为爱的伟大体系有反常和失调之处，天文学家通过研究星辰运动和季节变化就能观察到这些现象。

进一步说，各种祭仪和占卜，亦即神人交际的这些方式，惟一注重的就是保存或治疗爱。我们对神的不虔敬在大部分情况下是因为我们拒绝顺从比较有节制的爱，拒绝尊重对我们有爱情的人，也因为我们在对待父母（无论存亡）以及对待诸神的态度上追随的不是有节制的爱，而是另一种爱。指导或治疗这些爱就是占卜者的职司，他们的占卜技艺使他们能够识别哪些爱的原则能够使人保持尊严和敬畏神明，爱实际上就是神人之间和谐的源泉。

因此，先生们，爱的威力是完整的，多方面的，强大的，甚至可以说是无所不包的，但仅当爱，无论是天上的爱还是人间的爱，它的运作是公正的、节制的，以善为目的的时候，爱才能成为最伟大的力量。爱赐给我们各种欢乐，通过爱我们才能在与他人的交往中取得快乐，当然了，我们凡人能与我们的主人诸神结成友谊也是通过爱。

先生们，我对爱的礼赞很可能省略了许多要点，但我向你们保证，我的疏漏并不是故意的。我的话就讲到这儿。阿里斯托芬，现在该你了。我希望你的发言能弥补我的不足，除非你对爱神的赞美是另一种类型的。不管怎么说，让我们还是先听听你的意思，你现在已经不打嗝儿了。

接下去,阿里司托得姆继续告诉我阿里斯托芬如何对医生的
话作答。他说,没错,我现在好些了,谢谢你的关心,我是在打了喷
嚏以后才好的。这使我感到奇怪,厄律克西马库,你的身体有序的
原则怎么会需要把如此骇人听闻的嘈声和痛苦结合在一起。不
过,我并不否认在我打了喷嚏以后,打嗝马上就停止了。

厄律克西马库答道,阿里斯托芬,你小心点! 不要一开始发言
就开玩笑。如果我不是注意听你发言,而是对你愚蠢的玩笑进行
攻击,那就有你好瞧的了。

阿里斯托芬笑道,你说得对极了,厄律克西马库。我收回这些
开玩笑的话。请你别对我太凶。如果我的发言真的很滑稽,那么
我倒不在乎别人怎么笑,一名喜剧诗人就是想要逗人笑。我害怕
的是那种极端的荒谬可笑。

厄律克西马库说,阿里斯托芬,我知道你的伎俩,胡说一通以
后就溜之大吉。但别忘了,你说的一切都可以用来打击你自己。
哼,有谁能知道最后结果? 你要是听我的劝告,我会让你平安过关
的。

阿里斯托芬说,好吧,我听你的,厄律克西马库,我打算按照你
的建议采用一种新的方式来赞美爱神,与你和鲍萨尼亚的方式不
一样。我确信人类从来没有认识到爱的力量,如果我们真的知道
什么是爱,那么我们肯定会替爱神建起最庄严的庙宇,筑起最美丽
的祭坛,举行最隆重的祭仪。而实际上我们直到现在都还没有这
样做,这就说明我们把爱神完全忽略了。然而,爱神在一切神祇中
最有资格得到我们的献祭,他比其他神祇更是人类的朋友。他援
助人类,替我们治病,为我们开辟通往最高幸福的道路。因此,先
生们,我要尽力使你们明白爱的威力,而你们明白以后也可以向别
人传授。

首先，我必须解释一下人的真正本性以及人的变化，因为最初的人和我们现在是完全不一样的。你们要知道，人本来分成三种，也就是说，那个时候的人除了像我们现在这样有男女这两种性别之外，还有第三种性别，既是男性又是女性。这第三种性别的人现在已经绝迹，但他们的名称仍保留至今。"阴阳人"① 这个词现在只用来表示轻蔑，但过去确实有一种不男不女，或半男半女的人。

E

其次，先生们，最初的人是球形的，有着圆圆的背和两侧，有四条胳膊和四条腿，有两张一模一样的脸孔，圆圆的脖子上顶着一个圆圆的头，两张脸分别朝着前后不同的方向，还有四个耳朵，一对生殖器，其他身体各组成部分的数目也都加倍。他们直着身子行走，就像我们现在一样，但可以任意向前或向后行走，等到要快跑的时候，他们就像车轮一样向前翻滚。如果把手也算在内，他们实际上有八条腿，可想而知，他们能滚得非常快。

190

我可以说，第三种性别的人是这样产生的。男人是太阳生的，女人是大地生的，阴阳人是具有两种性别特征的月亮生的。为什么阴阳人的形体和行走都是圆形的呢，这是从他们的父母月亮那里继承来的。先生们，他们的体力、精力、品性也是这样，所以他们实际上想要飞上天庭，造诸神的反，就像荷马史诗中的厄菲亚尔特和俄图斯。②

B

于是宙斯和众神会商对付人的办法。他们茫然不知所措，因为他们不想用从前对付巨人的办法，用霹雳把他们全都打死，如果

C

---

① 原文为 hermaphrodite。

② 厄菲亚尔特(Ephialtes) 和俄图斯(Otus)是希腊神话中的两位巨人兄弟，强健有力。他们把希腊的三座山叠起来作梯子，想登天造反，后被阿波罗所杀。

这样的话就没有人会对诸神进行献祭和崇拜了,但他们又不能容忍人类的蛮横无礼。宙斯绞尽脑汁,最后终于想出了一个解决办法。

D　　　宙斯说,我有一个办法可以削弱人类,既能消除动乱而又不至于把人全都毁灭。我提议把他们全都劈成两半,这是一石二鸟的妙计,一方面他们每个人就只有原来一半那么强大,另一方面他们的数目加倍,侍奉我们的人也就加倍了。宙斯还说,让他们以后就用两条腿直着走路,如果以后再发现他们捣乱,我就把他们再劈成两半,让他们用一条腿跳着走路。

E　　　宙斯说到做到,把人全都劈成了两半,就像你我切青果做果脯和用头发切鸡蛋一样。切完以后,他吩咐阿波罗把人的脸孔转过来,让他能用切开一半的脖子低下头来看到切开的这面身子,使他们感到恐惧,不再捣乱,然后再让阿波罗把他们的伤口都治好。阿波罗遵命把人的脸孔转了过来,又把切开的皮肤从两边拉到中间,拉到现在人的肚皮的地方,就好像用绳子扎上口袋,最后打了个

191　结,我们现在把留下的这个小口子叫做肚脐。至于留下来的那些皱纹,阿波罗像鞋匠把皮子放在鞋模上打平一样全把它们给抹平了,只在肚脐周围留下一些皱纹,用来提醒我们人类很久以前受的苦。

　　　这些事都做完以后,那些被劈成两半的人都非常想念自己的另一半,他们奔跑着来到一起,互相用胳膊搂着对方的脖子,不肯分开。他们什么都不想吃,也什么都不想做,因为他们不愿离开自

B　己的另一半。时间一长,他们开始死于饥饿和虚脱。如果这一半死了,那一半还活着,活着的那一半就到处寻找配偶,碰上了就去搂抱,不管碰上的是半个女人还是半个男人,按我们今天的话来说,是一个女人或一个男人。人类就这样逐渐灭亡。

　　　幸运的是,宙斯起了怜悯心。他想了一个新办法,把人的生殖

器移到前面,使人可以通过男女交媾来繁殖,而从前人的生殖器都
在后面,生殖不是靠男女交媾,而是像蚱蜢一样把卵下到土里。　C
于是,宙斯就像我说的这样去做了,把人的生殖器移到前面,让人
们相互抱着交媾。他的主意是,如果抱着结合的是一男一女,那么
就会怀孕生子,延续人类;如果抱着结合的是两个男人,也可以使
他的情欲得到满足,好让他把精力转向人生的日常工作。先生们,
你们瞧,人与人彼此相爱的历史可以追溯得多么远啊,这种爱不断　D
地使我们的情欲复苏,寻求与他人合为一体,由此成为沟通人与人
之间鸿沟的桥梁。

因此,先生们,我们每个人都只是半个人,就像儿童们留作信
物的半个硬币,也像一分为二的比目鱼。我们每个人都一直在寻
求与自己相合的那一半。男人作为切开的阴阳人的一半当然就会
受到女人的吸引,比如那些诱奸者;而作为切开的阴阳人的一半的
女人也一样,也会追求男人,比如那些与他人通奸的妻子。凡是由　E
原始女人切开而来的女人对男人则没有多大兴趣,只眷恋和自己
同性的女人,这就是所谓女同性恋者。凡是由原始男人切开而来
的男人是男人的追随者,从少年时代起就爱和男人交朋友,借此表
现出男子气来,他们喜欢睡在一起,乃至于互相拥抱。这种人是国　192
家最有希望的少年,因为他们最富有男子气质。

我知道有些人称他们为无耻之徒,其实这是错误的。引导他
们追求这种快乐的并不是纵欲,而是勇敢、坚强、男子气概,他们欢
迎并在情人身上看到了这些美德。以后的事情可以证明这一点,
只有这样的少年长大以后才能在公共生活中成为男子汉大丈夫。
他们自己到了壮年以后,他们所爱的也是少年男子,对娶妻生子则　B
没有什么兴趣。他们肯结婚的确只是因为习俗的要求,而他们内
心则宁可不结婚,只愿和自己所爱的男子长相厮守。

先生们,这样的男子有一种多情的气质,爱慕男童,依恋同性。

因此,当爱恋男童的人,或有这种爱情的人,幸运地碰上了他的另

C 一半,他们双方怎么不会陶醉在爱慕、友谊、爱情之中呢? 对他们来说,哪怕是因为片刻分离而看不到对方都是无法忍受的。尽管很难说他们想从对方那里得到什么好处,但这样的结合推动着他们终生生活在一起,在他们的友谊中,那些纯粹的性快乐实在无法与他们从相互陪伴中获得的巨大快乐相比。他们的灵魂实际上都

D 在寻求某种别的东西,这种东西他们叫不出名字来,只能用隐晦的话语和预言式的谜语道出。

假定在他们相拥同眠之时,赫淮斯托斯拿着他的铁匠工具站在他们面前问,你们俩到底想从对方那里得到什么呢?

再假定这对情人不知如何回答,于是赫淮斯托斯又问,你们想

E 不想紧紧地结合在一起,日夜都不分离,再也不分开呢? 如果这是你们的愿望,我可以很容易地把你们放在炉子里融为一体,这样你们就成了一个人,只要在世一天,你们就像一个人那样生活,到了要死的时候一起死,在冥府里也算是一个人。想想看,你们是否希望我这样做? 如果我这样做了,你们会高兴吗?

先生们,我敢担保,世上没有一个有爱情的人会拒绝这种帮助,也无法想象比这更好的命运了。他们确实坚信这就是他们长久企盼的事,与他们所爱的人完全合为一体。

193 所有这些事实际上都是人类原初状态的残余,我们本来是完整的,而我们现在正在企盼和追随这种原初的完整性,这就是所谓的爱情。我再重复一下,从前有个时期我们是一体的,但由于我们的罪过,神把我们驱散到各地,就像拉栖代蒙人驱散阿卡狄亚人一样。再说,先生们,我们有理由感到恐惧,如果我们放弃对诸神的崇拜,那么他们会再次把我们劈成两半,到那个时候我们的身子要从鼻子正中剖成两半,用半个身子走路,就好像墓碑上的侧面浮

B 雕。因此我们重要的责任是告诫我们的朋友敬畏神明,只有这样

我们才可以确保平安,成为爱神军队中的一员,幸福地与爱人结合,在爱神的旗帜指引下前进。

爱神决不能抗拒,而我们惹起诸神的不悦通常就是因为这个原因。但若我们成为爱神的朋友,与他和睦相处,我们就能在以后的日子里碰上自己的那一半,而现在能享受到这种幸福的人非常稀少。现在,我不希望从厄律克西马库那里听到任何刺耳的评价。我说的不是鲍萨尼亚和阿伽松,他们的确属于少数幸运者之列,也 C的确都是男人。我想说的是全体人类,包括所有男人和女人,全体人类的幸福只有一条路,这就是实现爱情,通过找到自己的伴侣来医治我们被分割了的本性。如果这是一条完善的建议,那么在当前环境下我们必须做的就是把我们的爱给予和我们情投意合的人。

因此我要说,爱是成就这种功德的神,值得我们歌颂。他在今 D生引导我们找到与自己真正适合的爱人,而给我们的来世带来希望的也是爱,也就是说,只要我们敬畏诸神,那么爱神终有一天会治愈我们的病,使我们回归原初状态,生活在快乐与幸福之中。

厄律克西马库,这就是我谈论爱神的讲话,和你的发言很不一样。现在我要再一次要求你,不要拿我的发言开玩笑,让我们来听听其他人说些什么,或者说,我们还要听两位先生发言,现在只有 E阿伽松和苏格拉底还没有发言了。

厄律克西马库说,好吧,我听你的,不开玩笑了。说实话,我非常欣赏你的发言,要不是我知道苏格拉底和阿伽松在爱情问题上都是权威的话,那么我真的担心他们在听了内容如此丰富,风格如此多样的发言后还有什么可说。但我知道他们很内行,所以我不怀疑他们也能说得很好。

这时候苏格拉底开口了。他说,厄律克西马库,你已经完成任 194务,作了庄严的表演,所以你现在不管怎么说都显得没什么不妥,但若你现在坐在我这个位置上,或者说等阿伽松发言以后,你就会像我一样感到诚惶诚恐了。

阿伽松说,苏格拉底,我想你是要我下不了台,所以故意坚持说我的听众期待我有卓越的表现。

苏格拉底说,我亲爱的阿伽松,你难道以为我那么健忘? 当你B 带着其他演员登上舞台表演,面对广大观众时,你显得那么轻松、自信、冷静,想要好好地表演一番。我怎么能够想象两三个朋友的注视就会使你慌了神呢?

阿伽松回敬说,嗯,苏格拉底,你一定不要以为我容易在剧场里犯糊涂,因此也会忘了一个基本的道理,有判断能力的人会去注意少数有理智的头脑而不会去注意一大群傻瓜。

C 苏格拉底安慰他说,啊,我亲爱的阿伽松,我决不再犯这样的错误了,以为你这样的聪明人也会有不合理的想法。我相信,只要你发现周围都是你认为有知识的人,那么你会注意他们的看法,而不去注意普通民众的看法。但是我们恐怕并不属于你说的少数知识精英,因为你知道,我们那天也在场,也和其他人一样情绪高涨。当你和有知识的人在一起,而你又尊重他们的判断,如果他们说看见你做了与自己身份不相称的事情,那么你会感到很不舒服。请告诉我,我说的对吗?

阿伽松说,完全正确。

苏格拉底继续说,如果你做了同样的丑事被大众看见了,那么你不会感到有什么不舒服,是这样吗?

D 这时候斐德罗插话了。他说,亲爱的阿伽松,如果你继续回答他的问题,他就会忘乎所以,完全不顾我们今天的计划。只要有人对答,他就会争论到底,尤其是面对长得漂亮的人。现在,尽管我很乐意聆听苏格拉底的论证,但作为主席,我坚持让每个人自己发言。所以我要求你们俩赞美爱神,如果想要争论,可以以后再争。

阿伽松说，斐德罗说得对，我已经准备好要发言了。至于要想　　E
和苏格拉底争论，随便哪天都行。

在我正式开始发言之前，我想解释一下这种发言必须是哪一
种。我认为此前各位的发言都在努力庆贺人类从爱神那里得来的
幸福，而几乎忘了赞美爱神本身，根本就没有说明这位造福于人类　　195
的神祇的本性。假定我们要赞美什么人，不管他是谁，不管怎样赞
美，我们只有一个办法，这就是说明我们要歌颂的这个对象的本
性，说明是他创造了这些幸福。因此，先生们，赞美爱神也应该这
样。我们的责任首先是说明他的本质，然后是说明他的恩惠。

下面我就正式开始。我首先要说的是，诸神都是有福的，而受
到所有人敬畏的爱神是最有福的，因为他是最可爱的，最优秀的。
之所以说他最可爱，那主要因为他在诸神中最年轻。要证明这一
点，最好的证明就是他拼命逃避时间的复仇，而时间本身就已经跑　　B
得够快了，不管怎么说，对我们这些可怜的凡人来说，时间过得太
快。爱神生来就是年纪的敌人，他从来不看老年人一眼，总爱和青
年厮混，因为他自己就是一个青年。

我同意斐德罗的大部分发言，但我不同意他说爱神比克洛诺
斯① 或伊阿珀托斯② 更古老。先生们，我要重申，这是不可能的。
爱神永远年轻，是诸神中最年轻的。至于我们从赫西奥德和巴门　　C
尼德那里读到的那些关于诸神的老故事，如果这些故事是可信的，
那么挑起争端的不是爱神，而是命运之神。如果当时诸神中有爱
神，那么他们根本不会互相残杀和囚禁，不会使用暴力，而会像今

---

①　克洛诺斯(Cronus)是希腊神话中的时间神，天神乌拉诺斯和地神该
亚之子，宙斯之父。

②　伊阿珀托斯(Iapetus)是希腊神话中的提坦巨人之一，为天神乌拉诺
斯和地神该亚所生。

天这样和平与和谐地生活在一起，之所以如此，乃是因为爱神已经成为他们在天上的主人。

D　　因此，爱神显然是年轻的。他不仅年轻而且娇嫩，只有荷马这样的诗人才有本事描述他的娇嫩。荷马倒是描写过既神圣又轻柔的阿忒①，说她的双脚有多么轻柔啊！荷马说："她步履轻柔，从不沾地面，只在人们的头上行走。"② 你们会同意这种看法，娇嫩的东西宁愿接触柔软的东西而不愿接触坚硬的东西。这就足以证明

E　爱神的娇嫩，他从来不在地上行走，甚至也不在我们的头上行走，因为我们的头毕竟也不那么柔软，而是在世上最柔软的东西上行走。他把诸神和凡人的心灵当作住处，但并非任何心灵都包括在内，毫无选择，而是遇到心硬的就远走高飞，碰上心软的就住下。既然爱神不但用脚踩在世上最柔软的东西上，而且就住在那里，因此他本身必然也是极为娇嫩的。

196　　先生们，由此可见，爱神首先是最年轻的，其次，他是世上最娇嫩的，第三，我们还发现他是最柔韧的。如果他没有一点柔韧性，怎么能够使我们卷入无限的爱情风波，又怎么能够不知不觉地随意进出人心？ 他的相貌秀美是世所公认的，这也是他的柔韧与随和的一个明证，因为爱神与丑陋是水火不相容的。还有，爱神生活在花丛中，这本身就证明了爱神的美，无论是身体、灵魂，或是其他

B　地方，要是没有鲜花，或是花朵已经凋谢，他都不肯栖身。先生们，在那鲜花盛开、香气扑鼻的地方，一定会有爱神的踪迹。

　　要说爱神之美丽，那还有许多内容可讲，但我不再多说了，因为我们现在必须考虑爱神的道德品性，尤其是，他从来不会受到诸

---

　　① 阿忒（Ate）是希腊神话中的恶作剧和复仇女神，宙斯与不和女神厄里斯的女儿。

　　② 荷马：《伊利亚特》第19卷，第92行。

神和凡人的伤害,也不会伤害诸神和凡人。爱神所能承受的任何
东西都不需要借助暴力,暴力根本无法触及爱神,爱神也不需要用　C
暴力去激发爱情,因为世人无法强求爱神,只能自愿侍奉爱神。我
们知道,双方的情投意合才能激起爱情的冲击,这样的爱情才是正
义的,是受国家法律保护的。

爱神不仅有正义,而且有完全的节制。我可以说,节制确实被
定义为控制我们的快乐和情欲的力量,而世上没有一种快乐和欲
望能比爱情更强大。因此,如果说这些快乐和欲望是比较弱小的,
那么它们都会被爱情征服,爱神是它们的主人,在此意义上,如我
所说,控制我们情欲和快乐的爱神就可以视为节制本身。

至于勇敢,那就像诗人所唱的那样,"连战神阿瑞斯也无法阻　D
挡爱神。"① 在那故事中不是爱神被战神征服,就是战神被爱神征
服,这里说的爱就是阿佛洛狄忒的爱。征服者比被征服者强大,因
此爱神通过对其他一切神祇的征服,表明他自身是一切神祇中最
强大的。

先生们,关于爱神的正义、节制和勇敢就说到这里,剩下要说
的是他的能力,对此我也要说得尽可能简洁和公正。我首先要说　E
的是,如果可以的话,我得像厄律克西马库一样,尊敬我从事的行
业,爱本身如此神圣,使得一名诗人可以用诗歌之火照亮其他人的
灵魂。无论我们以前对做诗有多么外行,但只要我们处在爱情之
中,那么每个人都是诗人。对此我们不需要进一步的证明,而只要
知道爱是一名通晓各个部门的诗人,这些部门我可以简要地把它
们定义为创造性的技艺。正如无人能把自己还没有得到的东西送
给别人,所以也没有人可以教授自己不知道的东西。

一切生物的产生和生长所依靠的这种创造性力量就是爱的能　197

---

① 索福克勒斯:《堤厄斯忒》残篇 235。

力，有谁会对此加以否认呢？还有，在各种技艺和手工中，艺术家和工匠只要在这位爱神的指引下工作就能取得光辉的成就，而不受爱神影响的艺术家和工匠会到老一事无成，默默无闻。这些我们难道看不到吗？企盼和欲望引导阿波罗发明了射箭、医药和占

B　卜的技艺，所以阿波罗也可以算是爱神学派的一名成员。缪斯发明了各种艺术，赫淮斯托斯发明了冶炼，帕拉斯①发明了纺织，这些都是由于爱神的引导，而宙斯本人"对诸神和凡人的统治术"也是在爱神的指引下发明的。因此，诸神的行为取决于爱神的出世，也就是说，美丽的爱神一出现就不会再有丑恶。我已经说过，有人告诉我们，在诸神中间从前发生过许多凶险可怕的事情，因为那时候统治诸神的王是必然性，但是自从比较年轻的爱神降生以后，就由他来引导诸神和凡人去爱可爱的东西，在他们中间播下各种幸福的种子。

C　　　斐德罗，除了说爱神本身是最可爱的和最优秀的以外，爱神还在他周围创造了所有各种美德。现在我真想要清点一下爱神带来的各种幸福。大地上的和平，海洋上的宁静，狂风暴雨的平息，还

D　有甜蜜的芳香，让我们安然入睡。是他消除了隔阂，促成了友谊，用今天这样友好的聚会把我们联系在一起。在餐桌上、舞蹈中、祭坛旁，他带来礼貌，消除野蛮，激起仁慈，消除仇恨。他既和蔼又可亲，引起聪明人的惊奇和诸神的敬佩。缺少爱就会陷入绝望，有了爱就会拥有幸福。爱的子女是欢乐、文雅、温柔、优美、希望和热情。好人会在各种情况下注意到爱，坏人则不会留意。无论我们

E　在辛勤劳动，还是处在恐惧之中，无论我们是在喝酒，还是在辩论，爱神都是我们的领袖和舵手，是我们的指路人和保护者。他是天

---

①　帕拉斯（Pallas）原是海神特里同的女儿，被雅典娜杀死，后来雅典娜自称帕拉斯或帕拉斯·雅典娜。

地间最美丽的装饰,是最高尚、最可亲的向导,我们大家必须跟着他走。我们要放声高歌,赞美爱神,并让这和美的颂歌飞上天空,使可朽的和不朽的心灵都皆大欢喜。

他说,斐德罗,你已经听到了我的发言。这就是我对爱神的奉献。为了使我的发言既能娱乐又能教育大家,我已经尽了最大的努力。

阿里司托得姆继续说道,在阵阵掌声中,阿伽松落了座,我们全都感到他的演讲充满青春气息,既给他自己,也给爱神带来了荣耀。 198

这个时候,苏格拉底把脸转向厄律克西马库说,你瞧,刚才你要笑话我,看我的好戏,但现在已经看不着了。听了阿伽松极好的演讲,已经没有留下多少要我说的了。

厄律克西马库答道,我承认你对阿伽松的发言所作的预测是正确的,至于说你自己会感到诚惶诚恐,我看未必见得。

苏格拉底抗议说,我亲爱的先生,在听了如此气势磅礴、一泻 B
千里的演讲以后,还有什么机会留给我或其他人?我们又能再说些什么呢?我承认,他的发言各个部分都挺精彩,特别到了快要结尾的时候,他的用词尤其美妙,使我们全都听得入了迷。我一边听,一边拿他的讲演与我自己以往最好的谈话相比,实在是相形见绌,恨不能赶紧找个机会溜出去。另外,他的发言也使我猛然想起 C
那位修辞学大师高尔吉亚,就好像奥德修斯害怕墨杜莎的鬼魂会从冥府中复活一样,我担心,要是阿伽松在结尾时用他的发言作武器对我进行讨伐,再用高尔吉亚的雄辩作为戈耳工的头拿给我看,那一定会把我化成顽石,哑口无言。①

① 戈耳工(Gorgons)等在希腊神话中是福耳库斯和刻托所生的三个女儿。她们的头发都是毒蛇,而身上长有翅膀。三人中最小的是墨杜莎(Medusa),无论什么人看到她的脸,就会变成石头,后被英雄珀耳修斯杀死。

D　　　　所以我明白了,原先我同意参加你们这种对爱神的赞颂有多
么愚蠢,更糟糕的是,我还声称对这个主题有专门的知识,而实际
上我根本不知道该如何赞颂爱神。由于这种无知,我原来以为一
开始就讲些事实,然后就选择最吸引人的要点加以列举,按最有利
的方式加以排列。我安慰自己说,我的发言一定会取得成功,因为
我知道这些事实。但是,对一名成功的赞颂者来说,最重要的是关
注真理,而现在看来正好相反,赞颂者所做的只不过是把所有力量
和美德都一古脑儿地堆到被赞颂的对象身上,无论这些东西有没
E　　有什么关联,这样一来,赞颂也就成了一堆似是而非的谎言。

　　　　所以我认为我们所做的不是在赞颂,而是在奉承爱神,由于这
个原因,你们这些人想到什么就说什么,把爱说成是最可爱、最优
秀的事物,或者是一切最可爱的、最优秀的事物的原因。当然了,
199　那些无知的人会为你们富丽堂皇的演讲所倾倒,而那些有知识的
人不会轻易接受。好吧,我再重复一遍,整件事情都弄错了,由于
无知,我才答应要跟着你们颂扬爱神。我要像欧里庇得斯笔下的
希波吕特① 一样提出抗议,做出许诺的是我的嘴唇,不是我的灵
魂。先生们,这就是说,我不想跟着你们赞颂爱神了,即使要我说,
B　我也不知道该怎样说。但若你们感兴趣,我并不在意把爱的真理
告诉你们。如果你们要听,那么惟一的条件是允许我使用自己的
方式,因为我不想使自己落下笑柄。像我这样的年纪本来就该坐
在末位,如果竟然还要去模仿你们富丽堂皇的方式讲话,那实在太
可笑了。斐德罗,该你说话了。一个发言人只注意事情正确与否,
不在意讲话方式,这样的人对你还有什么用处吗?
C　　　　这时候斐德罗和其他人要苏格拉底继续说下去,不管说什么

---

　　① 　希波吕特(Hyppolytus)是希腊悲剧作家欧里庇得斯创作的悲剧《希波
吕特》的主人公。

都行,只要他喜欢。

苏格拉底说,这样很好,不过还有一件事要说清楚。我想问阿伽松几个简单的问题,主席先生对此会反对吗? 在开始发言之前,我想明确我们之间的目的并不冲突。

斐德罗说,你问吧,我不在乎。

接着苏格拉底就开始发言。如果阿里司托得姆的记忆没错,他是这样说的:

我亲爱的阿伽松,我必须说你的演讲开始时讲的那几点对极了。你正确地说,你首先要做的就是揭示爱神的本质,其次告诉我们他做了些什么事。没错,你的讲解令人钦佩。在听了你对爱神富丽堂皇的描述以后,只有一点我还不太清楚。请你告诉我,爱是 D 对某人的爱,还是没有任何对象的,这算不算爱神的性质? 我的意思并不是问,爱是母亲的爱还是父亲的爱? 这样问当然是愚蠢的,我的意思是,某个人作为一位父亲来说,他必须是某人的父亲,或者说他可以不是任何人的父亲。当然了,对这个问题惟一合理的回答是,作为一位父亲,他必须是儿子或女儿的父亲。我说得对吗?

阿伽松说,对。

关于母亲我们也可以说同样的话吗?

可以。

很好。现在你要是不介意,那我再问一两个问题,这样你就能 E 明白我为什么要这样问了。假定我现在还要提到兄弟,某个人作为兄弟,他必须是某人的兄弟,还是可以不是任何人的兄弟?

他当然必须是某人的兄弟。

你的意思是他必须是某位兄弟或姐妹的兄弟。

阿伽松说,一点儿没错。

苏格拉底继续说道,好吧,我要你从同样的观点出发来看待爱神。他是对某事物的爱,还是不针对任何事物的爱?

200 他当然是对某事物的爱。

苏格拉底说,那么现在请你记住,所谓爱就是对某事物的爱。再请回答,爱神对他爱的对象有欲求,还是没有欲求?

当然是有欲求。

不管他渴望得到的对象是什么,他在得到它时爱它,还是在没有得到它时爱它?

大概是在还没有得到它时。

苏格拉底说,不是什么大概,而是肯定,一切事物渴求的东西

B 都是它缺乏的东西,没有任何事物会去谋求它不缺乏的东西。对吗? 阿伽松,我认为这是确定无疑的。你也这样看吗?

对,是这么回事。

那么好,现在请你告诉我,一个大人还想不想大,一个强人还想不想强?

如果我们刚才说的没错,那么他们不会。

是的,道理很简单,因为这些人在这些具体性质方面都不缺乏。

你说得对。

苏格拉底继续说,如果强者还想强,快者还想快,健康者还想健康——在这些方面我以为拥有这些性质的人仍旧还在渴望得到

C 这些性质,我正在设想这样一种具体情况来明确我们的讨论在正确地前进——那么阿伽松,处于特定地位上的人必须拥有诸如此类的性质,在这种时候他们还想不想要这些性质,除非你停止思考这个问题。他们为什么要自找麻烦,在拥有这些性质时仍旧想要获得这些性质呢? 如果我们听到有人说,我是健康的,我还想要健康,我是富裕的,我还想要富裕,我实际上想要我已经得到的东西,那么我想我们可以公正地回答说,亲爱的先生们,你已经得到了财

富、健康和力量,你想要的是继续拥有它们,因为此刻不管你想不 D
想要,你都已经得到了它们。当你说自己现在在这里就想要这些
东西,你的意思实际上是你现在已经得到了,想要继续保持它们,
不是吗?我亲爱的阿伽松,你怎么看?那个人必须同意我的说法
吗?

阿伽松说,他当然会同意。

苏格拉底继续说,那么,想要把某些东西弄到手可以说成是爱
某些还没有到手的东西。 E

当然可以。

因此,无论谁感到需要某些还没有弄到手的东西,那么他的爱
或他的欲望的对象就是他还没有弄到手的东西,也就是说,是他缺
乏的东西。

绝对如此。

苏格拉底说,我们现在不是已经同意下列结论了吗?第一,爱
总是对某事物的爱;第二,某人所爱的对象是他所缺乏的。

阿伽松说,我同意。 201

苏格拉底说,到目前为止,一切顺利。现在你还记得在你刚才
的讲演中,你说爱的对象是什么吗?我也许要提醒你一下。你大
体上是这样说的,诸神的行为受美丽的爱神支配,当然了,爱神不
可能是丑陋的。你是这样说的吗?

阿伽松说,是的。

苏格拉底说,你的说法无疑是对的。如果承认这一点,那么我
们可以由此推论,爱是对美丽的爱,不是对丑陋的爱,对吗?

对。

我们不是也同意爱就是爱某些还没有得到的东西、缺乏的东 B
西吗?

是的。

那么爱没有美,而是缺乏美,对吗?

对,这是可以推论得出来的。

那么好,你会认为缺乏美、不拥有美的部分的东西本身会是美的吗?

肯定不是。

C　　既然如此,你还能继续坚持爱是美丽的吗?

对此阿伽松只好回答说,我亲爱的苏格拉底,我开始害怕了,我不知道自己刚才在说些什么。

苏格拉底说,别介意,你的演讲好得很,只是有点小毛病,除了刚才说的还有另外一点。你认为善也是美,对吗?

对。

那么,如果爱缺乏美的东西,而善和美是一回事,那么爱也缺乏善。

他回答说,你说的没错,苏格拉底。我怕了你了,你的问题确实很难回答。

不,亲爱的阿伽松,你发现难以回答的不是苏格拉底,而是真
D　理。现在我打算让你喘口气,因为我想说说我自己得到的一些教训,是我以前从一位曼提尼亚妇女狄奥提玛那里听来的,她对爱情和其他许多问题都有真知灼见。就是她,从前劝过世人祭神避灾,因此把那场雅典的瘟疫延迟了十年;也就是她,把爱情哲学传授给我。下面我就试着把她的教导与阿伽松和我刚才得出的结论联系
E　起来,没有她的帮助,我想自己也能这样做。我想像阿伽松一样,先说明爱神是谁和爱是什么,然后继续描写爱的功能。我看要做到这一点,最容易的办法是采用狄奥提玛自己采用过的问答法。我告诉她的东西就像刚才阿伽松告诉我的一样,说爱为什么是一位伟大的神,爱为什么是对美的事物的爱,而狄奥提玛对我使用了论证,证明爱既不是美的又不是善的,就像刚才我对付阿伽松

一样。

我问道,我亲爱的狄奥提玛,你是否要使我相信爱是恶的和丑的?

她说,这样说要遭天谴。但是你难道认为不美一定是丑吗？　202

那当然了。

那么没有知识一定是无知吗？你难道从来没有听说过介于两端之间的东西吗？

那是什么？

她说,拥有正确的见解,但又不能说出道理来,这样的状态既不是真知,又不是无知。如果说它是真知怎么会没有理由呢？但它又不是无知,因为对于一种有可能是真实的见解我们怎么能把它称作无知呢？所以我们难道不能说正确的见解介于知识和无知之间吗？

我承认,你说得完全正确。　　　　　　　　　　　　　　B

她继续说道,那么你还会坚持说不美就是丑,不好就是坏吗？现在再来说爱,你被迫同意爱既不好又不美,但却说不出理由为什么爱一定是坏的和丑的。而事实上,爱介于两端之间。

我说,然而大家都说爱是一位伟大的神。

她说,这取决于你说的"大家"是什么意思。你指的是那些对爱一无所知、头脑简单的人,还是把那些懂得爱的人也包括在内？

我指的是所有人。

她笑道,我亲爱的苏格拉底,当有些人否认爱是神的时候,这　C
些人怎么会同意爱是一位伟大的神？

我问道,你说的这些人指的又是什么人？

你算一个,我也算一个。

你这样说到底是什么意思？

她答道,我的意思很简单。告诉我,你不会说诸神全都是幸福和美丽的吧？或者你会建议有哪位神既不幸福又不美丽？

我说，老天爷在上，我不会。

凡是有人拥有美的事物和善的事物，你就把他们称作幸福的吗？

当然如此。

D　　然而你刚才同意过，爱缺乏这些性质，并不断地追求这些性质，对吗？

对，我同意过。

那么，既然爱不拥有善和美，他怎么会是一位神呢？

我承认道，看来不会。

她说，我现在已经证明你是不相信爱的神圣性的人当中的一员，是吗？

我说，是的。但爱不是神又能是什么？是一个凡人吗？

绝对不是。

那么他是什么呢？

是我刚才说的那种介于可朽者与不朽者之间的东西。

你这样说是什么意思，狄奥提玛？

E　　苏格拉底，他是一个非常强大的精灵。凡是精灵都介于神与人之间。

我问道，精灵有什么作用？

他们来往于天地之间，传递和解释消息，把我们的崇拜和祈祷送上天，把天上的应答和诫命传下地。由于居于两界之间，因此他
203　们沟通天地，把整个乾坤联成一体。他们成了预言、祭仪、入会、咒语、占卜、算命的媒介，因为神祇不会直接与凡人相混杂，只有通过精灵的传递，凡人才能与诸神沟通，无论他们是醒是睡。精通这些法术的人被说成拥有精灵的力量，而从事其他行业的人只是寻常的工匠。精灵有很多，精灵的种类也很多，爱就是其中之一。

我问道,爱的父母是谁?

她说,我会告诉你的,尽管说来话长。当初,阿佛洛狄忒诞生   B
时,诸神设宴庆祝,他们中间有技艺神之子资源神。晚宴刚毕,贫
乏神来到门口行乞,因为他听到里头有欢声笑语。资源神多饮了
几杯琼浆——当时还没有酒——喝醉了,信步走到宙斯的花园里,
倒头昏沉沉地睡去。贫乏神所缺的就是资源,心里想着要和资源
神生一个孩子,就跑过去睡在他的旁边,于是就怀了孕,她怀上的   C
就是爱。因此,爱成了阿佛洛狄忒的跟班和仆从,因为他是在阿佛
洛狄忒的生日投胎的,此外他生性爱美,而阿佛洛狄忒就是美本
身。

由于爱是贫乏神与资源神的儿子,所以他命中注定要一直贫
困,他也不像我们所相信的那样文雅和俊美,而是相貌丑陋,赤着   D
脚,无家可归,经常睡在露天里、道路旁,没有床褥,总是分有着他
母亲的贫困。但另一方面,爱也分有他父亲的禀赋,追求美和善,
因为他勇敢豪爽、精力充沛、干劲十足,是一名能干的猎人,也擅长
使用各种计谋。他生来就充满欲望,也非常聪明,终生追求智慧,
是玩弄巫术骗人的能手。

他既不是可朽的又不是不朽的,因为他可以在一天之内有多   E
种变化,一切进展良好时他生气勃勃、如花似锦,但他也可以马上
衰亡,因为他得到的东西一直在很快地消失,然后又凭借他父亲的
禀赋而再生。所以爱决不会完全处于贫乏状态,也不会完全脱离
贫乏状态。还有,爱也处于无知和智慧的中间状态。你必须明白,   204
诸神都不会去寻求真理。他们不企盼智慧,因为他们是聪明
的——已经拥有智慧的诸神干吗还要去寻求智慧呢?但是无知的
人也不会寻求真理或想要变得聪明。之所以落入这种无望的境
地,原因在于他们既不拥有美和善,又不拥有理智,他们满足于现
有状态,不会去企盼他们从来没有丢失过的美德。

我说,请告诉我,狄奥提玛,如果追求真理的人既不是聪明的又不是无知的,那么他们到底是谁?

B 　　她答道,这很明白,听了我刚才说的话,连一名学生也能告诉你。他们介于有知与无知之间,爱就是其中之一。因为智慧是事物中最美的,而爱以美的东西为他爱的对象。所以,爱必定是智慧的热爱者,正因为如此,他介于有知与无知之间,这与他的出身也有关系,他的父亲充满智慧和资源,而他的母亲却缺乏智慧和资源。

C 　　我亲爱的苏格拉底,这就是爱这个精灵的情况,你原来对于爱有别样看法也不足为怪。照你自己的说法,爱是被爱者,而不是爱者。所以你当然会把爱视为完全的美,因为事实上被爱者会被当作全美、全善、文雅、有福的,与我描述的爱者完全不同。

　　我答道,尊敬的夫人,你说得非常好,你的看法肯定是对的。但在这种情况下,爱对人类又有什么用呢?

D 　　她说,这个问题正是我下面要加以说明的,苏格拉底。而关于爱的性质和起源我就说到这里。你认为爱是对美的事物的爱,这样想是对的。会有人说,你说得对,我亲爱的苏格拉底,是这么回事,我亲爱的狄奥提玛,但我要问的是,对美的事物的爱是什么意思? 或者把问题说得更清楚一些,美的事物的热爱者企盼什么?

　　我说,他企盼着使美的事物成为他自己的。

　　她答道,很好,但是你的回答会引发另一个问题。通过使美的东西成为他自己的,他将得到什么呢?

　　我得承认,这个问题我还不能马上做出回答。

E 　　她继续说,行,没关系,让我们用善来代替美,换个问题来问。苏格拉底,善的事物的热爱者企盼的是什么?

　　使善的事物成为他自己的。

　　那么通过使善的事物成为他自己的,他将获得什么呢?

我说,这个问题我可以简洁地回答,他将获得幸福。

她说,说得对,幸福的人之所以幸福,就在于他们拥有善。我 205
想我们没有必要再问为什么人想要幸福,你的回答已经到达终点
了。

绝对如此,我同意。

她继续说,这种企盼,这种爱,对全人类来说都是共同的吗?
你怎么想,我们不都在企盼使善成为我们自己的吗?

我说,对,在这个方面我们全都一样。

那么好,苏格拉底,如果我们说每个人都一直爱着相同的东
西,这是否就意味着一切人都在爱? 或者说,我们中间有些人在 B
爱,有些人不在爱?

我坦白地说,对这个问题我有点不知所措。

她安慰我说,噢,不用担心。你瞧,我们现在正在做的事情是
把爱的某一个方面指出来,然后把这个方面就称作爱,这你知道,
在其他许多名称上,我们也会犯同样的错误。

例如……

举例来说,创作。你们全都同意,在创作这个词的真正意义
上——使从前并不存在的东西产生——创作的种类不止一种,因
此每一种创造性的技艺都是诗歌,每一位艺人都是诗人。① C

对。

她说,但我们并不把他们都称作诗人,不是吗? 我们给各种技
艺起了不同的名称,只有那种与音律有关的技艺我们才称之为诗
歌,而这个名称实际上是各种技艺的总称。只有一种技艺现在称
作诗歌,而那些从事这门技艺的人就是所谓的诗人。

---

① 创作的希腊文是 ποιέω,有制造、创造之意,"诗歌"(ποιητική)是
这个词的派生词。

没错。

D　爱的问题也是这样。爱这种人人皆知的、能迷倒所有人的力量包括各种对幸福和善的企盼。但我们这些从事商务、体育、哲学等各种行业,有着这种企盼的人从来不被人们说成是处在爱情之中,也从来不被认为是有爱情的人,而只有那些献身于仅有的一类爱的活动的人才被赋予爱的名称,而这个名称本来也应当用于其他所有行业。

我说,对,我认为你的看法是正确的。

她继续说,我知道有人建议有爱情的人是那些寻找他们的另
E　一半的人,但是苏格拉底,在我看来,除了求善,爱决不会企盼任何事物的另一半或全部。因为,人们如果确信他们的手脚对他们来说是坏的,那么他们甚至会把它们砍去。我确实认为,只有在善属
206　于我们自己、恶属于其他人的意义上,我们才会赞美我们自己拥有的东西,因为我们爱的对象是善的,我们只爱善的,不爱其他。对此你不会不同意吧?

我说,老天在上,我不会。

那么我们可以断言人是善的热爱者吗?

我说,是的,我们可以这样说。

我们是否还要说人们企盼善成为他们自己的东西?

我们应当这样说。

不仅是短暂拥有,而且永远归自己所有,是吗?

是的,必然如此。

简言之,爱企盼着善永远成为他自己的善,是吗?

我说,是的,这样说绝对正确。

B　很好,既然如此,爱的追随者在这种追求中通常会怎么办? 被人们称作爱情的那种狂热又是在什么具体领域中表现出来的? 这种活动实际上是什么活动? 你能告诉我吗,苏格拉底?

　　我答道,如果我能说得出来,那我就不用钦佩你,也不用向你求教了。

　　她说,好吧,那么让我来告诉你。爱的行为就是孕育美,既在身体中,又在灵魂中。

　　我说,我担心这样说太深奥了,我贫乏的理智弄不懂。　　　　　C

　　我会说得更明白一些。苏格拉底,我们每个人都有生育能力,既在身体方面,又在灵魂方面,我们长到一定年纪,我们的天性就会催促我们生育。丑陋不能加速这种生育,只有美丽能够。我们知道,男女结合会怀孕。人的生育是神圣的,可朽的人具有不朽的性质,靠的就是生育,但它不能在不和谐的事物中实现。丑与神圣不能和谐,而美与神圣完全相配。所以在生育过程中,美是主宰交　　D媾和分娩的女神。就是因为这个道理,凡有生育力的人一旦遇上美丽的爱人,马上就感到欢欣鼓舞、精神焕发,很容易怀孕。但要是遇到丑陋的爱人,她就兴味索然,转身躲避,不肯上床,但仍要承受生育的痛苦。甚至在分娩的时候,美也在起着神奇的作用,美可以使分娩顺利结束。所以你瞧,苏格拉底,爱并不像你说的那样是　　E对美的企盼。

　　好吧,那么爱是什么呢?

　　爱不是对美本身的企盼,而是在爱的影响下企盼生育。

　　对,你说的肯定对。

　　她说,我说的当然对。但为什么要企盼生育呢? 因为只有通过生育,凡人的生命才能延续和不朽。我们已经同意,有爱情的人企盼善能永远归自己所有,从中可以推论,我们一定会像企盼善一　　207样企盼不朽,也就是说,爱就是对不朽的企盼。

　　先生们,以上所说就是我那一次从狄奥提玛那里听来的有关爱的论述,但她还在别的场合谈到过爱。

　　有一天她问我,苏格拉底,依你看,所有这些企盼和爱的原因

B 是什么？你注意到这种生殖本能对动物的奇妙影响没有？无论是地上走的，还是空中飞的，到那时候都充满了这种欲望，首先交配，然后哺育幼崽和幼鸟；为了保护后代，连最弱小的动物也敢于和最强大的动物搏斗，甚至不惜牺牲性命；只要能养育后代，它们自己甘愿忍受饥饿和痛苦。

C 她继续说，要是人这样做，你还可以说这是受理性的支配，但是爱情对动物竟然也有这么大的影响，又该如何解释呢？苏格拉底，你能告诉我吗？

对这个问题，我只好再一次承认自己无知。

她说，你如果连这个道理都不懂，我不知道你如何有望掌握爱的哲学。

我抗议说，我亲爱的狄奥提玛，我以前说过，正因为我知道自己无知，所以才来向你请教。如果你不仅把爱的原因告诉我，而且还把爱的各种影响都告诉我，那么我真的感激不尽。

D 她说，好吧，其实很简单，只要你还记得爱的对象，对此我们以前有过一致的看法。这个原因就是我们说过的那条原则，一切可朽者都在尽力追求不朽。生育是达到这一目的的惟一途径，除此之外别无他途，这才会有新一代不断地接替老一代。对吗？

尽管我们在谈论个体的时候总是把它当作一生中以同样形式存在的生命，因此假定一个人从小到老都只是一个人。然而，一个人虽然始终用同一个名字，但他的方方面面都在变化，每一天他都是一个新人，而原来的他已不再存在。我们可以看到他的头发、肌

E 肉、骨头、血液，以及身体的其他所有部分，都在变化。不仅他的身体变，而且他的灵魂也在变。他的性格、气质、思想、欲望、快乐、痛苦、恐惧都不是终生不变的，而是有些在出现，有些在消失。

这条原则用于人的知识甚至更加令人惊奇，我们关于事物的知识，有些在增长，有些在遗忘，可见，在知识方面我们也从来不是

同一个人。对每一知识部门来说，这条原则也适用。当我们说我们在学习的时候，我们的真正意思是我们的知识在消失。由于我们的知识消失了，所以我们说忘了，要通过学习来补充遗忘了的知识，使我们的知识状态看起来和从前一样。

这就是每个人延续自身生命的方式。人不能像神灵那样保持同一和永恒，只能留下新生命来填补自己死亡以后留下的空缺。我亲爱的苏格拉底，身体和其他暂时的东西都以这种方式分有永恒，别无他途。因此你不用感到惊奇，一切生物都有珍视自己后代的本能，因为整个创世都受到这种爱、这种追求不朽的欲望的激励。

等她说完了这番话，我说，狄奥提玛，你的论证的确给我留下了最深刻的印象，但我不知道你说得对不对。

她以内行权威的口吻说，我说得当然对。想想你那些青年同胞的雄心壮志就行了，起先你会以为他们的表现可以用来推翻我的论证，但只要你记住人们的最大动力是对荣耀的热爱，那你就会明白我说得有多么正确了，这就是他们所谓的"流芳百世"。

他们爱名声胜过爱子女，为了出人头地，他们不怕千难万险，不惜倾家荡产，甚至不惜牺牲自己的生命。

她继续说道，你想想看，阿尔刻提斯愿意代替她丈夫阿德墨托斯去死，阿喀琉斯为了对得起帕特洛克罗对他的爱情而愿意去死，你们雅典人的国王科尔都斯宁愿牺牲自己来保全还未出世的王位继承人，如果他们不想博得"不朽的英名"，他们会这样做吗？而事实上，后人确实把这样的名声给了他们。苏格拉底，要是不追求这种名声，他们就决不会这样做。我们中的每个人，无论他在干什么，都在追求无限的名声，想要获得不朽的荣誉。他们的品格愈高尚，雄心壮志也就愈大，因为他们爱的是永恒。

她继续说道，那些在身体方面有生育能力的人把他们爱的对

208

B

C

D

E

象转向女人,生儿育女,建立家庭,以这种方式使自己的名字永远
常青。但那些在心灵而非在身体方面有生育能力的人会在其他心
灵中播下自己的种子——这些人也并非默默无闻,苏格拉底。你
会问,他们产下来的东西是什么呢? 是智慧以及其他各种美德,每
个诗人都以生育它们为职司,各种我们可以称之为创造性的技艺
都在起这种作用。

　　她继续说道,迄今为止,最重要的智慧是统治社会的智慧,也
就是所谓的正义和中庸。如果有人非常亲近神明,从小就在心灵
中孕育这些美德,那么成年以后,他的第一个愿望也是生育,他会
四处寻访,找一个美的对象来播种,但他决不会找一个丑陋的对
象。所以他的生育会更容易被美丽的身体而不是病态的身体所吸
引,但若他正好碰上一个有着美好、优秀、高尚心灵的人,那么他马
上会迷上他。与这样的对象讨论什么是人类的幸福,有德之人该
如何生活会很容易——简言之,这个过程也就是对他的恋人进行
教育。

　　我相信,通过如此美好的交往和对恋人的思念,无论他的恋人
是否与他在一起,他们都会生下多年孕育的东西。还有,到了他们
孕育的东西出世之后,他们会同心协力,共同抚养他们友谊的结
晶。这样一来,他们的关系会更加牢固,他们的交往会更加完整,
胜过夫妻的情分,这是因为他们创造出来的东西比肉体的子女更
加美丽,更加长寿。

　　我要问,只要还能想起荷马、赫西奥德,以及其他所有大诗人,
有谁会不乐意当这样伟大的父亲,而仅仅满足于生育肉体的子女
呢? 他们留下的作品自身是不朽的,而这些作品又替它们的父母
留下不朽的英名,有谁会不对他们表示妒忌呢?

　　她继续说道,你也可以想想莱喀古斯留下的法律,他给我们留
下了多么好的子女啊,由此可以证明他是斯巴达的救星,甚至也可

以说他是全希腊的救星。你也可以想想梭伦,雅典法律之父,还有其他所有那些为希腊各城邦和海外各国民众铭记在心的名字,他们在世人面前表现了高尚的行为,也首创了各种高尚的美德。后人替他们建造了许多庙宇,纪念他们不朽的功绩。你说说看,有哪个可朽的子女能为父母带来这样大的荣誉。　　　　　E

　　我亲爱的苏格拉底,我不怀疑你可能加入过秘仪,接触过这些有关爱情的基本教义。但是我不知道你是否能理解这最终的启示,因为你要知道,苏格拉底,到现在为止,用真正完善的标准来衡量,我们的理解还仅仅是开始。　　　　　210

　　她继续说道,不过你不用担心,我会尽力帮助你,请你务必聆听。

　　事情是这样的,想要把握这种爱的秘仪的候选人,要使他的努力得到回报,不能过早地献身于肉体之美。首先,当他的教导者指导他这样做的时候,他可以爱上某个具体的美的身体,使他的欲望可以转向高尚的谈话。其次,他必须思考身体之美如何与其他方面的美相联系,他会明白,如果他过分沉醉于形体之美,就会荒谬地否认一切形体的美都是同一种美。到了这一步,他就会设定自己应当爱一切美的形体,而把自己对某个对象的爱限制在恰当的分寸上,视为渺小的,不重要的。　　　　　B

　　再进一步,他应该学会把心灵美看得比形体美更为珍贵,如果遇见一个美的心灵,纵然他在形体上不美,也会爱上他,并且珍视这种爱情。他会期待着与这样的心灵对话,加速养成自己高尚的品质。经过心灵之美,他会被进一步导向思考法律和体制之美。等他发现了各种美之间的联系与贯通,那么他就会得出结论,形体之美并不是最重要的。　　　　　C

　　由此再进一步,他的注意力应当从体制被导向各种知识,使他能看到各种知识之美。凭借对美的广大领域的了解,他不会再像　　　　　D

一个卑微的奴隶，把爱情专注于某一个别的美的对象，爱一个少年，爱一个男人，爱一种体制。这时候他会用双眼注视美的汪洋大海，凝神观照，他会发现在这样的沉思中能产生最富有成果的心灵的对话，能产生最崇高的思想，能获得哲学上的丰收，到了这种时候他就全然把握了这一类型的知识，我指的是关于美的知识。

E　　她说，说到这里，你要注意听，尽可能跟上我说的意思。

　　一个人加入了这种爱的秘仪，按既定的次序看到了所有这些美的方面，也就最后接近了终极启示。苏格拉底，到了这个时候，

211 他那长期辛劳的美的灵魂会突然涌现出神奇的美景。这种美是永恒的，无始无终，不生不灭，不增不减，因为这种美不会因人而异，因地而异，因时而异，它对一切美的崇拜者都相同。

　　这种美景也不会表现为一张脸、一双手，或身体某一部分的美。它既不是话语，也不是知识。它不存在于其他别的事物中，例

B 如动物、大地、天空之类的事物；它自存自在，是永恒的一，而其他一切美好的事物都是对它的分有。然而，无论其他事物如何分有它的部分，美本身既不会增加，也不会减少，仍旧保持着不可侵犯的完整。

　　就这样，当原先那种对美少年的爱引导着我们的候选人通过

C 内心的观照到达那种普世之爱时，他就已经接近终极启示了。这是他被引导或接近和进入爱的圣地的惟一道路。从个别的美开始探求一般的美，他一定能找到登天之梯，一步步上升——也就是说，从一个美的形体到两个美的形体，从两个美的形体到所有美的形体，从形体之美到体制之美，从体制之美到知识之美，最后再从知识之美进到仅以美本身为对象的那种学问，最终明白什么是美。

D　　狄奥提玛继续说道，我亲爱的苏格拉底，如果说人的生活值得过，那么全在于他的灵魂在这种时候能够观照到美本身。一旦你看到美本身，那么你就决不会再受黄金、衣服、俊男、美童的迷惑。

你现在再也不会注意诸如此类的美，这些美曾使你和许多像你一样的人朝思暮想，如醉如痴，如果可能的话，你们就终日厮守在心爱的人儿身边，废寝忘食，一刻也不愿分离，追求最大的满足。

她说，如果一个人有运气看到那如其本然，精纯不杂的美本身，这个美不是可朽的血肉身躯之美，而是神圣的天然一体之美，如果他能亲眼看到天上的美，能睁开双眼凝视那美的真相，对它进行沉思，直到美的真相永远成为他自己的东西，那么你还会把他的生活称作无法躲避的生活吗？ E

她说，你要记住，当人们通过使美本身成为可见的而看到美本身的时候，人们才会加速拥有真正的美德，而不是那些虚假的美德，使之加速的是美德本身，而不是与美德相似的东西。 212

当他在心中哺育了这种完善的美德，他将被称作神的朋友，如果说有凡人能够得到不朽，那么只有像他这样的人才可以获得。

苏格拉底说，斐德罗，各位先生们，这就是狄奥提玛的教义。我对它心悦诚服，也想使别人同样信服。我要使他们相信，如果能把它当作礼物来接受，那么爱对我们凡人的帮助胜过全世界。由于这个原因，我奉劝各位都要崇拜爱神，我自己就在崇拜爱神，学习爱的方方面面，也要求别人这样做。我的一生都要尽力赞美爱的力量和强大。所以，斐德罗，你可以把我的这番话当作我对爱神的颂辞，如果你不愿意这样说，叫它别的名称也可以，反正随你的便。 B C

苏格拉底的讲话结束了，在众人的阵阵掌声中落座，只有阿里斯托芬没有鼓掌。他正要就苏格拉底的发言中涉及他的那些地方提出质疑，突然有人敲院子的大门，从街上还传来笛声和节庆的喧闹声。

阿伽松对奴仆说，去看看谁来了。如果是我的朋友，就请他们进来，否则就说宴会已经结束，酒已经喝光了。 D

没过一会儿，前院传来阿尔基比亚德的声音。他烂醉如泥，大声嚷着阿伽松在哪里，要仆人马上带他去见阿伽松。那位吹笛女和其他随从扶着他来到我们宴饮的大厅门口。他站在那里对我们

E 说话，头戴葡萄藤和紫罗兰编织的大花冠，还缠绕着许多绣带。

他嚷道，先生们，你们好。我今天已经喝够了，即使你们愿意，我也不会加入你们的宴会，我只想替阿伽松戴上花冠，说几句话就走。我们来就是为这件事。昨天我就想来了，但有事不能来，所以我现在来了，头上还顶着这么多绣带。我要把这些绣带取下来，绕到这个最聪明、最漂亮的人头上，我还要给他戴花冠。我想你们在笑话我，因为我喝醉了。你们尽管笑，我不在乎。我还没醉到不知

213 道自己在说什么的地步，你们无法否认我说的是真话。好吧，先生们，你们表态吧，我可以进来吗？你们能不能和我一起喝酒？

大家都嚷着欢迎他，请他入座，阿伽松也比较正式地请他进来。那些跟随他的人一边扶着他往里走，一边帮他取下头上的绣带，准备在走近阿伽松的时候给他绕上。阿尔基比亚德头上的花冠给弄歪了，遮住了他的眼睛，所以他没注意到苏格拉底。他在阿伽松和苏格拉底中间坐下，苏格拉底看见他过来，已经给他挪出了空位。阿尔基比亚德一落座，就向阿伽松问好，开始往他的头上绕

B 绣带。

阿伽松吩咐奴仆道，把阿尔基比亚德的鞋脱了，这样我们三个人可以坐得舒服一些。

阿尔基比亚德说，行，脱了吧。不过，等一等，谁是第三个？

他一边问，一边掉过头去看，然后猛地站了起来喊道，该死的，又是你，苏格拉底！你这家伙，还是你那套老把戏，坐在这里一声

C 不吭，然后乘我不备冒出来吓我一跳。好吧，今天是哪阵风把你给吹来的？你干吗要坐在这里，而不去坐在阿里斯托芬或其他喜剧家的边上？你玩了什么鬼花样，能够坐在这位最漂亮的人边上？

　　苏格拉底说道,阿伽松,我不得不请求你的庇护。你明白,和阿尔基比亚德有了爱情真是件可怕的事。自从我钟情于他,我就不能别人一眼,哪怕那个人一点儿吸引力都没有,也不能和他说一句话,要是有这种事,他就大发脾气,用最难听的话骂我,要是不动手打,我就已经谢天谢地了。所以我希望你盯着他,别让他伤害我。如果你能劝他与我和解,那是最好不过;如果做不到,如果他要动武,那么我确实需要你的保护。一想起他妒性大发的样子,我就怕得发抖。

　　阿尔基比亚德说,跟你和解?没门,你这辈子别想了!这几天我根本不会理你。不过现在,阿伽松,把我刚才给你的绣带拿几条回来,行吗?我也想给苏格拉底头上扎几根,这个脑袋是世上最奇特的。我不希望从他那里听到这样的话,你给阿伽松戴花冠,而什么也没给我。这个人的话实在太多,一辈子都这样,还不仅仅像你前天那样。

　　说着话,他给苏格拉底的头上缠上了一把绣带,然后才又坐下。

　　落座以后他说,先生们,我看你们都还很清醒。这不行,我们来喝酒吧!你们答应跟我喝的。告诉你们,这里没有一个人适合当主席,除了我,到你们都喝够了再说。阿伽松,叫人拿酒来吧,看看有什么好酒值得我们一醉方休。

　　他接着又说,不对,没关系,什么酒都行。喂,你,去把那个凉酒器拿给我,行吗?

　　那个凉酒器能装两三斤。他让佣人把凉酒器装满,一口气喝干,然而又叫佣人把它斟满,让苏格拉底喝。他同时对其他人说,朋友们,这点酒对苏格拉底实在算不了什么。无论你们要他喝多少,他就喝多少,而且永远不醉。

　　佣人把凉酒器倒满酒,递给苏格拉底。苏格拉底接了过来,一饮而尽。

这时候厄律克西马库说话了。他问道,阿尔基比亚德,这就是
你的喝酒方式吗?喝以前没有什么文雅的言辞,只管把酒倒进喉
咙,像口渴的蛮子一样,是吗?

阿尔基比亚德说,噢,是你呀,厄律克西马库,最高贵、最清醒
的父亲生下来的最高贵、最清醒的儿子!你好,厄律克西马库。

厄律克西马库说,你也好,你想说什么?

阿尔基比亚德,你问我想说什么?我想说我们得照你的吩
咐去做。常言说得好,"一个高明的医生能抵许多人。"① 所以让
我们来听听你的处方。

厄律克西马库说,你听着,在你没来以前我们已经商量好了,
从左到右每人轮流发言,尽力赞颂爱神。我们都已经这样做了。
现在你已经喝了酒,但还没有发言,所以你现在可以发言了。等你
讲完了,你可以指使苏格拉底,做你想要他做的事,无论什么事都
行,然后他也可以对他左边的人提这样的要求,就这样一个个轮下
去。

阿尔基比亚德说,这是个好主意,厄律克西马库。但只有你明
白,叫一个喝得半醉的人和一批实际上还清醒着的人较量有什么
公平可言。另外,我亲爱的厄律克西马库,你可千万别相信苏格拉
底刚才说的鬼话。事情正好相反,如果他听到我赞扬什么,不管是
人还是神,那么挨打的是我而不是他。

苏格拉底说,噢,够了,别再说了。

阿尔基比亚德说,这是不可否认的。神知道我从来不能当着
你的面赞扬其他人。

厄律克西马库说,我倒有个好主意。你为什么不当着我们大

---

① 荷马:《伊利亚特》第 11 卷,第 514 行。

家的面把苏格拉底颂扬一番呢？

阿尔基比亚德问道，你真的要我这样做吗？我是否必须这样 E
做，厄律克西马库？这样一来，我不就让你们全都听到我和他和解
了吗？

苏格拉底抗议说，喂，青年人，你说够了没有？你真的想要用
所谓的颂扬来出我的丑吗？

我只讲事实，这总可以了吧？

苏格拉底说，噢，这当然可以，你可以讲真话。实际上，我该说
你必须说真话。

阿尔基比亚德说，那我就开始了。不过有一点还要说明。如
果我有一句话不真实，你就要马上制止我，并且指责我撒谎。万一
我说了不真实的话，那我向你保证，我绝不是故意的，不能算是我
的错。另外，如果我想起什么就说什么，把你的事都告诉大家，你 215
也一定不要感到奇怪。你不能指望我这样的醉汉对你的所有古怪
行为作什么系统的、清晰的解释。

各位先生，要颂扬苏格拉底，我想从一个比喻开始。他会认为
我这样做是在开他的玩笑，但你们可以看到，我用这个比喻不是为
了取笑他，而是为了说明真相。看到苏格拉底，最能使我联想到的
是那些矮小的西勒诺斯，你们可以在圣所的林地里看到他们的雕 B
像。我说的意思你们肯定懂，他们被雕成手里拿着管笛，如果把这
些雕像从中间打开，里面还有小神像。① 还有，他活像那个丑八怪
玛息阿。②

---

　　①　西勒诺斯(Silenus，复数 Sileni)是希腊森林之神，相貌丑陋，身体粗壮
矮小，秃顶，塌鼻。林神像是当时的宗教工艺品，外表是西勒诺斯，肚子里藏
着各种小神像。

　　②　玛息阿(Marsyas)是希腊神话人物，擅长吹笛。

　　苏格拉底，我说你的相貌很像林神，这一点连你自己也不会否认，但我下面还要说明，这种相似还不仅仅是相貌。你像萨堤罗斯① 一样厚颜无耻，难道不是吗？如果你否认，说自己无罪，那么我可以拿出证据来。你不是也会吹笛子吗？你是的，而且比玛息阿还要高明，玛息阿只不过是用他的嘴唇吹笛子来讨人欢心，而你

C　比他要强得多。任何人吹林神吹过的调子，都可以产生同样效果。奥林普斯② 所吹的调子没有一首不是玛息阿教给他的。所以无论是谁，著名的笛手也好，普通的吹笛女也好，只要能吹出林神的调子，就有力量使人们欢欣鼓舞，凭着他们自己的那份神性，他们会指出我们中哪些人适宜加入神圣的秘仪。

　　苏格拉底，你和玛息阿只有一个差别，这就是，要具有同样的效果，你根本用不着乐器，甚至也不用诗歌，只需要讲几句话。此

D　外，我们听别人讲话，无论他有多么雄辩，都不会太在乎他在说些什么。而当我们听你说话，或是听别人复述你的话，哪怕他们复述得很糟糕，无论男女老少都会感到欢欣鼓舞，听得如醉如痴。就拿我自己来说吧，先生们，要不是怕你们说我已经完全醉了，我可以向你们发誓，他的话语对我有过奇妙的影响，而且至今仍在起作

E　用。一听他讲话，我就会陷入一种神圣的疯狂，比科里班忒还要厉害。我的心狂跳不止，眼泪会夺眶而出。噢，不仅是我，还有许多听众也是这样。

　　没错，我听过伯里克利和其他许多大演说家们的讲话，我承认他们非常雄辩，但他们对我从来没有产生过这样的影响。他们从

　来没有使我的灵魂动荡不宁，深感自己的卑微。而这位当今的玛

---

　　①　萨堤罗斯(Satyrus)是半人半羊的怪物，长有公羊的角、腿和尾巴，性好欢娱，沉于淫欲。
　　②　奥林普斯(Olympus)是希腊传说中的著名乐师。

息阿经常使我进入这样的状态,使我感到无法再按原来的方式生活下去——苏格拉底,我这番话是你无法否认的——我确信,如果我现在听他讲话,仍旧会有同样的感觉,根本无法避免。他迫使我承认,当我参与政治的时候,我忽略了自身的修养,而这些事情全都需要加以关注。所以我只能掩耳逃跑——你们知道他就像一名塞壬——直到听不见为止,否则我怕会坐在那里听,一直坐到老。

　　还有一件事是我在与他人的交往中从来没有感受到的,这就是羞耻感,你们从我身上也看不到羞耻感。在这个世界上,只有苏格拉底能使我感到羞愧。当他对我说应当如何处世的时候,我知道自己必须这样做,然而一离开他,我还是不免逢迎世俗。我像一名逃跑的奴隶尽力躲避他,但一见他的面,我就会想起从前承认自己要做的事,于是就感到羞愧。有好几次我甚至乐意听到他已经死了,然而我知道,他若真的不在人世,我会感到更大的痛苦。所以我要问你们,我该如何对待这个人?

　　这就是这位林神用他的管笛对我产生的神奇影响。现在让我来告诉你,这个比喻在其他方面也非常恰当,借此你们可以看到苏格拉底有多么神奇的力量。我敢说,你们中间没有一个人真正地了解他,而我现在就要揭示他的真面目。比如说,你们看,苏格拉底表面上对漂亮的人非常多情,经常围着他们转,向他们献殷勤,好像非常崇拜他们似的。你们再看,他经常喜欢装成完全无知的样子。这一点不活像西勒诺斯吗? 当然很像。但你们看不到这只是他的外壳,就像我说过的那种小神像的外壳一样。但是,朋友们,酒友们,你们只有把他剖开,才能看到他内心里隐藏着那么多的节制和清醒,看到这些,你们会无法相信自己的眼睛。你们要知道,他并不是真的在意那一大堆美丽的东西,正好相反,你们实际上不知道他有多么藐视它们,以及大多数人羡慕的财富和各种荣誉。他不惜诅咒这些东西,也不惜咒骂我们这些人。对,我要告诉你们,他一辈子都在玩弄他那种讥讽的把戏,对世人的行径暗暗发笑。

217　　我不知道是否有人曾在他严肃的时候把他的内心打开,看到里面隐藏的神像,但我曾经见过一次。我发现它们是那样的神圣,珍贵,优美,奇妙,使我不由自主地五体投地,一切服从他的意志。我曾经以为他对我的年轻美貌着了迷,于是相信自己交了好运,只要对他好一点儿,他就会把他所知道的都教给我。告诉你们,我对自己的吸引力确信不疑。我想定了以后,就不像从前那样带着一B　个随从去见苏格拉底,而是把那随从打发走了,独自一个人去。请记住,我必须把实情和盘托出,只有真相,没有谎言,所以你们一定要注意听。另外,如果我开始说谎,苏格拉底一定会制止我。

　　好吧,先生们,我去和他约会的时候只有我们俩在场。我心里指望从他那里听到一些情人们约会时说的甜言蜜语,我自己就喜欢这样做。可是我的指望落空了,他一句好话都没有。他只是和平常一样与我交谈,到了该分手的时候,他说了声再见就走了。

C　　于是我又邀他一起去体育场做运动,指望借此可以达到目的。你们信不信,我和他一起练习摔跤,没有旁人在场,可就是没做成那件事,一点进展都没有! 我明白了,这样做不会有什么收获,于是我想了又想,最后打定主意,大胆地对他发起正面进攻。因此,就像情人想要勾引爱人一样,我请他来吃晚饭。要想请到他也不D　容易,但最后他终于答应了。

　　第一次,他来吃了晚饭以后马上就要告辞,而我当时很害羞,没能拦住他。第二次,吃了晚饭以后,我不停地和他交谈,一直谈到半夜,他要走的时候,我以夜深为理由,强迫他留下过夜。就这样,他和我同榻而卧,就在吃晚饭的那个房间,没有别人,只有他和我。

E　　到此为止,我说的这些事情可以讲给任何人听,我不会感到脸红,但若格言中没有那句"酒后吐真言,小孩不撒谎",你们就不可能听到后来发生的事了,不管怎么说,我现在醉了。另外,我既然已经开始颂扬苏格拉底,如果不把他待我的固执方式告诉你们,那就不公平了。这你们是知道的,人们常说,一个人被蛇咬过之后,不会把他的痛苦告诉别人,除非那个人也曾经被蛇咬过,因为只有这样的人会对他表示同情,而没有被蛇咬过的人只会把他当作傻瓜。这就是我现在的感觉,我被比毒蛇还要厉害的东西咬了,我的疼痛是最厉害的。我被咬的地方是我的心,把它叫做心灵或别的什么也可以。咬我的东西是苏格拉底的哲学,就像一条蝰蛇紧紧咬住一颗年轻、能干的心灵,要他做什么就做什么,全听它的支配。先生们,现在我来看看在我周围有哪些人,斐德罗、阿伽松、厄律克西马库、鲍萨尼亚、阿里司托得姆、阿里斯托芬,还有其他一些人,苏格拉底就不算了,你们每个人都品尝过这种哲学的迷狂和热情,所以我不在乎把后来发生的事情讲出来,你们也会允许我这样做。但是这些奴仆得把耳朵堵上,这些事要让其他人听到一定会用世俗的或兽性的眼光来理解。

　　先生们,我就接着往下讲。当时灯熄了,仆人们退了下去。我决定不再和苏格拉底拐弯抹角,直接把心中的念头告诉他。

　　所以我推了他一下,问道,苏格拉底,你睡着了吗?

　　他说,还没有。

　　我问道,你知道我在想什么吗?

　　想什么?

　　我说道,我想只有你才配得上做我的情人,可是你好像很害羞,不肯向我提这件事。这是我的看法。我想,要是我不肯答应你这件事,那是很荒谬的,就好像拒绝把属于我或其他朋友的东西给你。为了使自己成为最优秀的人,我一直很热心交朋友,我认为你比其他任何人都更能帮助我,因此,像你这样的聪明人要是对我有要求,我肯定不会拒绝。如果说我过去曾经和哪个俗人相好过,那么我发现更难拒绝你这样的聪明人。

听了我的这番话,苏格拉底用他惯有的那副天真神气对我说,
E 我亲爱的阿尔基比亚德,如果你说得没错,如果我确实有某种力量能使你变好,那么我丝毫也不怀疑你的话意味深长。要是这样的话,你一定发现我有一种奇妙的美,而你那种美的吸引力则相形见绌。要是你想用你自己的美换取在我身上发现的美,那么你的打算很难实现。因为你这样做是在用美的相似物换取美本身,——就像狄奥墨德和格劳科斯① 以铜换金。但是我的好伙伴,你一定
219 要特别小心。你也许看错了,我实际上毫无价值。肉眼模糊的时候,心眼才会清晰起来。而我想,你的肉眼还清楚得很呢。

对此我答道,我说的是我内心的真实感受,现在就请你来决定,怎样做对于我们俩才是最好的。

B 他说,你这样说倒是蛮合理的。我们哪天必须想想清楚,看怎么做对我们两人最好,不光是这件事,还有别的事。

这时候,我感到自己已经把箭射了出去,也以为已经射中了他。因此,我就爬了起来,不让他再有机会说一句话,就把我的大衣盖在他的身上,当时正是冬天,而我自己也就钻进他的破大衣下
C 面,用胳膊搂着这个人,这个神奇的人,就这样躺了一夜——苏格拉底,对这件事你同样也无法否认。先生们,法官先生们,我这样称呼你们是希望你们对苏格拉底的傲慢进行审判,我的各种努力都只能引起他的鄙视,他对我感到自豪的美貌无动于衷,这种固执是对我的嘲笑和污辱。先生们,不管你们信不信,等我第二天起来的时候,我实际上还没有和苏格拉底睡过觉,你们知道睡觉的意
D 思,他的行为就好像我的父亲或长兄。

---

① 　狄奥墨德(Diomede)和格劳科斯(Glaucus)都是荷马笔下的英雄人物。

　　我在那件事以后的心情你们可以猜想得到。我一方面感受到
了他的鄙视，另一方面又敬仰他的性格与节制，我从来没有想到会
遇上如此有克制力的人。因此，我既不能惹恼他，和他断交，又没
有办法可以引他上钩。我明白，用金钱来引诱对他根本不起作用，　　E
就好比想用长矛捕捉埃阿斯①，我原来最有把握的一招已经失败
了。所以我无计可施，只好完全服从他的意志，这是我过去从来没
有过的。

　　你们一定知道，后来，我们俩都参加了波提狄亚战役，② 吃饭
睡觉都在一起。一开始，他就以吃苦耐劳见长，不仅胜过我，而且　　220
胜过队里的其他人。每逢给养跟不上，这在战斗中是常有的事，没
有人能像他那样忍饥挨饿。供应很充足的时候，也不会有人像他
那样吃得津津有味。尽管他本来不大爱喝酒，但要是强迫他喝，他
的酒量比谁都大。最奇怪的是，从来没有人见过他喝醉过。我敢
说，等今天的宴饮结束，他又有机会证明这一点。

　　还有，他过冬的方式也很令人吃惊，那个地方的冬天是很可怕
的。有一次天气骤变，冰冻三尺，我们全在帐篷里呆着，不敢出去。　　B
如果要出去，我们全身穿得非常厚实，还在鞋上裹着毡子，但他照
样出去行走，穿着他原来常穿的那件破大衣，赤着脚在冰上走，比
我们穿鞋的人走得还要自在。有些士兵用怀疑的眼光看他，以为
苏格拉底这样做是故意的，表现出对其他人的蔑视。

　　这件事就说到这里。现在我要提到另一件事，因为在这次战
役中，"我们这位勇敢的英雄还立过别的功劳。"③ 有一天清晨，太　　C

---

　　① 埃阿斯(Ajax)是特洛伊战争中的希腊英雄。他的护身盾用七层牛
皮做成，所以不怕长矛。
　　② 波提狄亚(Potidaea)是希腊北部的一个城邦，公元前433年兴兵反抗
雅典，经过两年苦战，被雅典征服。
　　③ 荷马：《奥德赛》，第4卷，第252行。

阳还没升起,苏格拉底心里想着某个问题,就站在那里沉思,想不出答案来就不肯罢休。他就一直这样站着,到了中午的时候,士兵们看他这样都感到很惊讶,相互传话说,苏格拉底从天亮起就站在那里沉思。到了傍晚,有几个伊奥尼亚人吃过晚饭,把他们的铺席D 搬了出来,睡在露天里,想看他是否站着过夜,那个时候当然是夏天,睡在外面要凉快些。果然,他在那里一直站到天亮,直到太阳升起。他对着太阳做了祷告,然后就走开了。

　　我猜想你们可能希望知道他在战斗中的表现,我也认为你们E 应该知道。在那次战斗结束后,我得了勋章,但你们要知道,是苏格拉底救了我的命,就他一个人。我受了伤,但他不肯把我扔下,而是背上我,连同盔甲和其他东西。苏格拉底,你是知道的,我后来去找过将军,要他们把勋章发给你,你不能否认这件事,也不能因此责备我。但是这些将军认为还是要把勋章授给我,这是因为我的家族背景等原因,而你比他们更热心,说我比你更应当得勋章。

221　　　先生们,你们也应当知道苏格拉底在雅典军队从代立昂① 撤退时的表现。我当时是骑兵,而他在步兵队里服役。我们的人溃不成军,当我看见他的时候,他正与拉凯斯一起往后撤。我对他们大声喊道,不要怕,我会和你们在一起。这次相遇给了我一个观察苏格拉底的好机会,比在波提狄亚那一次的机会更加好,因为我骑着马,也就不那么害怕了。首先我注意到,他比拉凯斯要镇静得多;其次,阿里斯托芬,我要从你那里借用一句诗来形容苏格拉底B 走路的样子,"昂首阔步,斜目四顾"②,就好像行走在雅典的大街

---

　　① 代立昂(Delium)是波埃提亚(Boeotia)的一个城市,公元前412年,波埃提亚人与雅典人在此交战,雅典人战败。

　　② 阿里斯托芬:《云》,第362行。

上。无论遇到的是朋友还是敌人，他都是那副"斜目四顾"的样子，叫人远远地看见他就知道他不好惹，要是撞上他，非有你好瞧的不可。就这样，他和拉凯斯安然脱险。因为，人们在战场上遇到这样神气十足的人一般都不敢冒犯，而碰上那些抱头鼠窜的人则会穷追不舍。

　　苏格拉底的事迹我们还可以说出许多，全都非常奇特。有些话当然也可以用来描述其他人，但在我看来，他绝对是世上独一无二的，现在找不到第二个，今后也不会有。你们提起伯拉西达①或其他英雄，可以说他们就像阿喀琉斯，你们提起伯里克利，也可以把他比做涅斯托耳和安特诺尔。② 历史上有许多可以相互比照的例子，但你们绝对找不到任何一个人像苏格拉底，或者有他那样的思想。在我们这个时代找不到，在历史上你们也找不到，除非你们学我的样，不是拿他来与某个人比，而是把他比做西勒诺斯和萨堤罗斯，在思想方面也一样。

　　提起西勒诺斯，倒使我想起一开始忘了说的地方，我应当解释为什么他的论证也非常像那些可以从中间打开的西勒诺斯。任何人第一次听苏格拉底讲话，都会感到他的论证非常可笑，他把真理包裹在非常粗糙的外表中间，就像萨堤罗斯蒙着的那张丑陋的皮。他大谈特谈驴子、铁匠、鞋匠、皮匠，好像老是在重复，不习惯他那套方式的人不能够马上听懂，当然也就会把他的话当作胡说八道了。但若你们透过这些论证的外表，往里面看，就会发现它们骨子里全是道理，而且是世上仅有的真理，然后你们才会明白没有别的比他更像神明的人了。他的言论富有美德的意象，与高尚的目标

C

D

E

222

① 伯拉西达（Brasidas）是公元前五世纪斯巴达的英雄，数次战胜雅典。
② 特洛伊战争中擅长辞令的谋臣，涅斯托耳（Nestor）属于希腊联军，安特诺尔（Antenor）属于特洛伊方面。

密切相关。他的思想是那么独特,对那些寻求高尚目标的人帮助最大。

先生们,你们已经听了我对苏格拉底的颂扬。当然,我也夹杂了一些埋怨,因为他对我的冷淡确实令人难以启齿。不过,我要说B 的是,受到这种冷遇的不止我一个,还有卡尔米德、欧绪德谟等人。他愚弄了他们,就好像他不是有爱情的人,而是一个被爱者似的。阿伽松,我把这些事告诉你是为了你好,从我们的不幸中你应该明白该找谁做情人,不要等到自己摔了跤才知道疼。

C 阿尔基比亚德说完后坐了下来,人们对他的坦白发出阵阵笑声,从他的坦率来看,他对苏格拉底实际上还未能忘情。苏格拉底说,我看你今天没醉,否则就不会用那么多精致的论证来掩盖你的本意,不过你最后还是露出了马脚。你的真正目的是挑拨离间阿D 伽松和我的关系,这样一来,我作为爱你的人,他作为你爱的人,最后都只能属于你,不能属于别人。但你这套把戏欺瞒不了我,你在那里大谈特谈萨堤罗斯和西勒诺斯,而我早就看出你想要干什么了。阿伽松,我亲爱的,我希望他的诡计不会成功,也希望你能小心提防,别让其他人在我们中间插上一只脚。

E 阿伽松说,苏格拉底,我倾向于你。你还记得吧,阿尔基比亚德跑到我们俩中间来坐着,就是想把我们隔开。他别想得太美了,我现在就换位置,坐到你边上来。

苏格拉底说,行,你现在就坐过来。

阿尔基比亚德嚷道,噢,天哪,你们看我该怎么办! 这个家伙非把我排挤出去不可。苏格拉底,还是这样吧,至少让阿伽松坐在我们俩中间。

苏格拉底说,不行,不能这样。你已经结束了对我的颂扬,现在该轮到我颂扬坐在我右边的人。你瞧,如果他坐在你边上,那么在我颂扬他之前,他就得开始颂扬我了。还是别难为他吧,放了他,在我颂扬他的时候,你一定别妒忌,我确实马上就想开始。

阿伽松嚷道,哈哈,阿尔基比亚德,看你有什么办法让我呆在这里。如果换了位子就能听到苏格拉底对我的赞扬,我一定要换位置。 223

阿尔基比亚德痛苦地说,哼,又像平常一样,只要苏格拉底在场,别人就没有机会接近美男子。你们瞧,他想要阿伽松挨着他坐,借口找得多么巧妙!

正当阿伽松站起身来,打算挪到苏格拉底边上去的时候,门口突然闯进来一大群欢宴者,有人走出去,所以门开着,那些人就走了进来,不问青红皂白,坐下就喝开了。大厅里的秩序一下子全乱了,文雅和体面都抛之脑后,大家互相劝酒,喝得昏天黑地。阿里司托得姆告诉我,这个时候厄律克西马库、斐德罗,还有其他一些人开始离去,而他自己在这个时候却睡着了。 C

当时是冬天,夜特别长,他睡了很久,直到天快亮听到鸡叫时才醒过来。他睁眼一看,其他客人睡的睡,走的走,只有阿伽松、阿里斯托芬和苏格拉底三人醒着。他们还在那里喝酒,一杯接一杯,从左到右地轮着。苏格拉底在和他们辩论,他们在争些什么阿里司托得姆已经记不清了,因为他没听到开头,醒来以后也仍旧迷迷糊糊。但他们争论的要旨是,苏格拉底迫使他们承认,同一个人既能写喜剧又能写悲剧,也就是说,悲剧诗人也可以是喜剧诗人。 D

但是,当苏格拉底的论证进入决定阶段的时候,其他两个人都已经跟不上他说的意思了。他们的头低垂下来,到天快亮的时候,阿里斯托芬先睡着了,然后阿伽松也跟着睡去。苏格拉底把他们安顿好,让他们睡得舒服一些,然后起身离去。当然了,有阿里司托得姆陪着他。在吕克昂洗了澡以后,他像平常那样度过了一天,到晚上才回家休息。

国 家 篇

提 要

《国家篇》是柏拉图最广为人知的对话,学者们一般认为这篇对话是他所有对话中最伟大的。它的主要部分所涉及的内容是苏格拉底在两位青年的恳求下建构一个理想的国家。这两位青年听了一场讨论,苏格拉底在那场讨论中说,义人而非不义之人是幸福的。这个时候,格老孔和阿狄曼图两人插话说,他们从来没有听过令人信服地证明义人具有这种优越性,要求苏格拉底能够对此做出证明。

下面十分简要地叙述他们对这个论证是怎么看的。

他们让苏格拉底描述完全正义的人和完全不正义的人的情况,如果苏格拉底能做到的话,那就让他证明做前一种人有什么优势或好处。苏格拉底必须允许不义之人能够隐瞒他的不正义,但这样一来不义之人也就不可能被发现了。不义之人还可以依据他的决定,以及在他的金钱和支持者的作用下,指鹿为马、颠倒黑白。

若与不义之人相比,义人是高尚的,但又是头脑简单的。他们想要的不是表面的正义,而是要成善。由于义人卓越超群,所以支持他的人不会很多,还会被误解。他总是按照完全的正义行事,但也不断地被误解。他肯定要历尽千辛万苦,要受到监禁和严刑拷打,甚至会被处死,最后他会明白自己必须在众人眼中被视为正义,但决不可能成为义人。而那个不义之人会到处得到荣耀,而又从来不被人视为不正义。在商业和政治事务中,他总能按自己的利益行事,因为他不需要担心自己不正义。

他们问苏格拉底,对此你有什么话可说,世人会怎么看? 我们可以假定世上根本就没有什么正义。即使有,我们也能在生命终结时,或者在死后,对自己的罪过表示忏悔,祈求宽恕,等等。也许根本就没有什么死后的惩罚。我们这样说是非常实际的。别对我们说正义是高尚的,不正义是卑鄙的。你说正义使人全善,不正义使人全恶,但你还是把正义与不正义对一个人有什么影响告诉我们吧。

苏格拉底声称有机会参加讨论感到很高兴,但他提出建议,以两个个别的人为例讨论这样严肃的问题非常困难,还是从一些比较容易的事情开始讨论为好。可以选一些比较大的例子,这样就能把正义和不正义看得更清楚。他说:"在比较大的事物中也许有更多的正义。让我们首先在国家中寻找正义的性质,然后再到个人身上来考察正义的性质。"两位青年对此表示同意。人类想象出来的第一个乌托邦就这样诞生了,这也是迄今为止最伟大的一个乌托邦。当然了,由于不正义的现象是不可避免的,所以这个乌托邦的治理不是依靠法律,而是依靠自幼精心挑选的、经过长期训练的、聪明的、善良的男男女女。除非统治者是哲学家,这个世界决不会是正义的,也就是说,当统治者自身受善支配的时候,这个世界才会是正义的。受善的支配,这种状态是神圣的,圆满的,可以带来正义,正义就是人的完善。

《国家篇》不仅要给所有国家和处理公共事务的机关确定一个标准,而且也要为人生确定一个标准。这个标准不是最高标准,而是必须要做到些什么的最低标准。为了能够使国家秩序井然,必须提升人的灵魂,使之能见到普世之光。超越了这个变动不居的世界,人们就能够寻求和发现真理。正义的国家可能永远不会出现,但做一个人可以是正义的,只有正义的人才能知道什么是正义。苏格拉底本人就是明证。他为真理而生,也为真理而死。

在《国家篇》第十卷结尾处,完善的国家最后建成了。阿狄曼图说:"我认为世界上任何地方都找不到这样的国家。"对此苏格拉底回答说:"也许在天上有一个国家的'型',人们可以对它进行沉思。至于它现在是否存在,或是将来会不会出现,这没有什么区别。"人们可以按照这个理想国的法律来规范自己的生活。

正　文

第　一　卷

327　　昨天,我① 和阿里斯通之子格老孔一起去了庇莱厄斯②,一是为了参拜那位女神,二来也想看看人们如何庆祝节日,因为这是头一回举行这样的庆典。

依我看,我们公民的游行蛮不错,但没有色雷斯人派来的代表团走得那么出色。

B　　做了祈祷、看完表演以后,我们急匆匆地回家。这时候,凯发卢斯之子波勒玛库斯远远地看见我们,打发他的家奴赶来传话,要我们等他一下。那家奴追上来,从后面拉住我的披风说,波勒玛库斯要你们等他一下。

我转过头去问,你的主人在哪里?

---

① 对话的主要发言人是苏格拉底,以第一人称叙述。

② 庇莱厄斯(Piraeus)为雅典重要港口,位于雅典城西南七公里。

他说，他在你们后头，正朝这里走来。等等他吧。

格老孔说，行，我们等他。　　　　　　　　　　　　　　　　C

没一会儿，波勒玛库斯、格老孔的兄弟阿狄曼图、尼昔亚斯之子尼刻拉图来到我们面前，还有其他一些人，显然都是刚离开游行队伍。

波勒玛库斯说，苏格拉底，你好像要赶回城里去，扔下我们不管了。

我说，你猜得没错。

他说，但你瞧见我们有多少人了吗？

当然看到了。

那么，你要么证明你自己比我们强，要么就留下来。

我说，为什么不可以有另外一种办法，我们把你们说服了，然后你们让我们走？

他说，如果我们不听，你们怎么能说服我们？

格老孔说，那就没办法了。

那么好，我们不听，你们可以打定主意了。

阿狄曼图插嘴说，你们难道不知道为了荣耀女神，今天晚上还　　328
有骑马火炬接力赛吗？

我说，骑马接力？这个主意倒很新鲜。你是说骑马传递火炬，还是别的什么花样？

波勒玛库斯说，就是这样，晚上也还有别的庆祝活动，很值得一看。吃过晚饭我们再出去看夜景，会会那里的一大帮青年，好好地聊一聊。留下来，答应我们的要求吧。

格老孔说，看起来我们非留不可了。　　　　　　　　　　　B

我说，好吧，既然要留，那就留吧。

于是我们一起去了波勒玛库斯家，在那里我们看到吕西亚斯、波勒玛库斯的兄弟欧绪德谟，对了，还有卡尔凯顿的塞拉西马柯、培阿尼亚① 的卡尔曼提德、阿里司托尼姆之子克利托丰。波勒玛库斯的父亲凯发卢斯也在家。

C 　　凯发卢斯年事已高,我想自己已有很长时间没见过他了。他坐在一把带靠垫的椅子上,头上还戴着花冠,因为他刚结束在院子里的献祭。我们走了过去,在他身边坐下,因为那里摆了一圈椅子。

D 　　凯发卢斯一看见我就和我打招呼。他说,苏格拉底,你可真是个稀客,难得有机会到庇莱厄斯来看我们。这可不行。如果我还能轻松地进城,那就不需要你上这儿来了,我们会去看你的。现在你既然来了,就别再去别处了。你要知道,我现在体力虽然不行了,但谈话的欲望却在增加,想从愉快的谈话中求得乐趣。所以请你别拒绝,上我家来吧,和这些小伙子们交往,把这里当作你自己的家,把我们当作你亲密的好朋友。

E 　　我说,凯发卢斯,我怎么会拒绝呢? 我喜欢和上了年纪的人谈话。我认为,我们必须向老年人学习,把你们当作先行者,因为你们走过的道路是我们也要走的,这也许挺公平。这条道路是崎岖不平的,还是一条康庄大道? 现在我想知道你的想法,因为你的年纪已经到了诗人所谓“老年的门槛”。这是人生的一个难以忍受的阶段,还是怎样?

329 　　他说,苏格拉底,你说的一点儿没错。我确实想把自己的感受告诉你。我们几个年纪相仿的老头儿经常聚在一起,正应了一句古话,“同类相聚”。大多数人在这种场合会发出感叹,说年轻时的快乐时光一去不复返了。他们回想起从前的种种快乐,美酒、女

---

　　① 培阿尼亚(Paeania)位于阿提卡半岛。公元前509年,雅典政治家克利斯提尼进行改革时将整个阿提卡半岛划分为一百个自治“区”,称作德莫(demos),培阿尼亚是其中之一。

人、宴饮，等等，就坚信人生最重要的事情已经失去，从前的生活才是良好的生活，而现在的生活根本不是生活。有些人抱怨亲属朋友对老人不尊重，在悲哀的祈祷中把一切不幸都归罪于老年。而在我看来，苏格拉底，他们的责备是错误的，年老并不是遭受不幸的真正原因。如果老年是不幸的原因，那么我也会有同样的感受，因为我的年纪就摆在这里，其他所有迈入老年的人也都会有这样的体验。可是实际上，我碰到过一些人并不这样想，特别是我听说有人问诗人索福克勒斯："你对爱神阿佛洛狄忒的侍奉怎么样了，索福克勒斯，你的天然能力还没有消退吗？"索福克勒斯回答说："别提了，朋友，你讲的这回事我已经洗手不干了！谢天谢地，我就像从一个最野蛮的奴隶主那里逃出来似的。"① 我认为这个回答很好，现在更是深以为然。年纪大了确实要清心寡欲，如果能这样做，那真是一种福气和解脱。当内心强烈的欲望平息下来，不再有更多的愿望时，我们确实摆脱了许多穷凶极恶的奴隶主的羁绊，这就是索福克勒斯的意思。至于有些人所抱怨的与亲属朋友的关系，那么这种现象只有一个原因，这个原因不在于年老，而在于个人的品性。如果一个人是有节制的、心平气和的，那么老年对他来说不算什么痛苦。如果他的品性正好相反，那么，苏格拉底，无论年老还是年轻对他来说都同样难受。

　　听了这番话，我肃然起敬，为了能聆听更多的高见，我试着逗引他。我说，凯发卢斯，我想大部分人在听了你的话以后不会信服，他们会说你之所以能轻松地忍受老年，不是由于你的品性，而是因为你很富有，他们会说，有钱当然能得到许多安慰。

　　他说，你说得对。他们不接受我的看法也并非完全没有道理，但他们的反对意见仍旧站不住脚。有个来自塞利福斯小岛的人诽

B

C

D

E

---

① "对爱神阿佛洛狄忒的侍奉"指性生活，"天然能力"指性能力。

330 谤塞米司托克勒,说他成名不是由于自己的功绩,而是由于他是雅典人。塞米司托克勒对他说:"我要是出生在塞利福斯固然不能成名,而你即使是雅典人也成不了名。"我可以像塞米司托克勒一样用相同的话来回敬那些叹老嗟贫的人,一个有理智的人同时忍受老年和贫困固然不易,但一个无理智的人即便富有,到了老年也仍旧不会感到满足和快乐。

　　我说,凯发卢斯,你的家产大部分是继承来的,还是自己挣来的?

B　　他说,你说什么? 自己挣! 就挣钱的本事来说,我介于我祖父和父亲之间。我祖父继承的财产和我现在拥有的差不多,但经他的手又翻了几番;而我的父亲吕珊尼亚斯把这份家产又减少到比现在还要少。如果我能把这些家产留给这几个孩子,不比我继承来的少,或许还能稍微多一些,那我也就心满意足了。

C　　我说,我之所以这样问是因为你似乎并不是守财奴。那些自己不挣钱的有钱人一般都这样。而那些亲自挣钱的人才会去与其他人比富。正如诗人爱自己写的诗歌、父亲爱自己生的儿子,挣钱的人爱自己挣来的钱,这不仅是因为他们和别人一样认为钱有用,而且是因为他们把自己挣来的钱当作自己生的儿子。所以这些人除了钱,其他谈什么都没兴趣。

　　他答道,你说得对。

D　　我说,我知道自己是对的。但请你告诉我,你认为自己拥有这些财产的最大好处是什么?

　　他说,有些事说出来恐怕许多人未必肯信。不过,苏格拉底,我还是愿意告诉你。当一个人开始明白自己快要离开这个世界的时候,他就会想一些过去不愿想的事。从前听到那些关于地下世界以及人在阳世作恶,死后到阴间受惩罚的故事,他会笑着把它们
E 当作无稽之谈,而到了这种时候,他的灵魂就会生出疑心,认为这

些故事有可能是真的。这也许是因为年老体弱,也许是因为比以前看得更清楚。不管怎么说,他满腹疑虑、猜测、惊恐,开始扪心自问有没有在什么地方害过人。如果发现自己这辈子造了不少孽,那么他会像小孩一样经常做噩梦,一次次从梦中惊醒,甚至连白天也疑神疑鬼,担心冤家对头报复。但一个问心无愧的人就不一样了,他会怀着甜蜜的希望安度晚年,就好像有一位好保姆在照料他。苏格拉底,品达也是这样说的。这位诗人说得好极了,按正义和虔诚生活的人"有希望做他甜蜜的伴侣,会使他的心灵欢乐,会照料他的晚年,这种陪伴着人的希望统治着凡人多变的心灵。"①他说得确实好,令人赞叹。由于这个原因,我肯定拥有财富是最有价值的,但并不对每个人都是这样,而只对好人才这样。不要欺骗别人,哪怕不是故意的也不行,不要存心作假,不要亏欠神的祭品,不要借债不还,如果能做到这些事,那么去另一个世界也不用害怕了。可见拥有财产的意义非同小可。钱财还有其他许多用处。但是,苏格拉底,我得一样样说,对一个有理智的人来说,这就是钱财的主要作用。

我说,凯发卢斯,你的想法令人敬佩。不过,说到正义,我们能够不加限制地肯定说实话或归还借来的东西就是正义吗?这些行为有时是正义的,有时是不正义的。我的意思是,举例来说,如果有人向他头脑清醒的朋友借了武器,而那个朋友后来疯了,想把武器要回去,在这种情况下,每个人都会同意一定不能把武器还给他,把武器还给他是不正义的,对疯子讲实话也是不正义的。

他答道,你说得对。

那么说实话和归还借来的东西不是正义的定义。

①　品达:《残篇》214。

这时候波勒玛库斯插话说,不对,如果我们相信西摩尼得①,那么这就是正义的定义。

凯发卢斯说,好! 好! 我把整个话题交给你们,因为现在我该去祭祀了。

我说,行,波勒玛库斯是你的继承人,可以继承你的一切,对吗?

他笑道,那当然了。然后,他就走出去献祭了。

E 我说,让我们接着往下说,你这位辩论的接班人,你肯定西摩尼得关于正义的看法是对的,你指的是他的哪句话?

凯发卢斯答道,正义就是借东西要还,我认为他说得对。

我说,我必须承认我们不能随便怀疑西摩尼得,因为他是一个聪明人,又有神灵凭附。不过,波勒玛库斯,你无疑知道他说这句话是什么意思,但我不明白。他说的意思显然不是我们刚才说的意思,当东西原来的主人头脑不正常时还要归还从他那里借来的 332 东西,尽管借来的东西在一定意义上确实是债务,不是吗?

是的。

但若东西的主人头脑不正常,那么无论他怎么索取也一定不能还给他。

他说,对。

可见,西摩尼得说正义就是借东西要还,这句话似乎别有所指。

他说,确实别有所指,因为他相信朋友之间应当与人为善,不应当与人为恶。

我说,我明白了。你的意思是,如果归还借来的东西对接受者

---

① 西摩尼得(Simonides),约生于公元前 556 年,死于公元前 467 年,是希腊重要抒情诗人。

是有害的,并且归还者与接受者是朋友,那么就不必归还所借的东　　B
西或所欠的钱。西摩尼得是这个意思吗?

没错。

在另一种情况下该怎么办,亏欠敌人的东西要不要还呢?

他说,当然要还,相互为敌的人所亏欠的无非就是一些恶,因
此一个人把亏欠他的敌人的东西加以归还也是恰当的。

这样说来,西摩尼得用诗人的方式给正义所下的定义是模糊
不清的,他的意思是说,正义就是把对每个人有益的东西恰如其分　　C
地给他,但他把这种行为称作“还债”。

他说,你还有什么其他看法?

我说,我的天哪! 假定有人对西摩尼得说,告诉我,所谓医学
的技艺能恰如其分地给什么样的对象提供什么样的东西? 你想,
西摩尼得会怎样回答这个问题?

他说,这个回答显然是这门技艺给身体提供药物、食物和饮
料。

所谓烹调的技艺能恰如其分地给什么样的对象提供什么样的
东西?

给肉类添加作料。

很好,那么请你以同样的方式告诉我,被称作正义的这门技艺　　D
给什么样的对象提供什么样的东西?

苏格拉底,如果按照刚才的例子,正义就是把有益的东西提供
给朋友,把有害的东西提供给敌人。

那么对朋友行善和对敌人作恶就是西摩尼得所说的正义的意
思,是吗?

我想是这样的。

当有人生病时,在疾病与健康方面谁最能对朋友有益,对敌人
有害?

医生。

航海遇上风险呢?

舵手。

那么正义的人在什么样的行为中,起什么作用时,最能利友而害敌?

我该说,在战争中作援军的时候。

你说得很好。但是,我的朋友波勒玛库斯,要是人们不生病,医生对他们来说是无用的。

对。

同样,对那些不出海的人来说,舵手对他们是无用的。

对。

我们是否也得说,对那些不打仗的人来说,正义的人是无用的?

应该这样说。

333 但即使在和平时期,正义也有用,是吗?

对,是这样的。

种地也有用,不是吗?

是的。

也就是说,种地可以收获庄稼?

对。

鞋匠的技艺也一样吗?

是的。

也就是说,用这种技艺可以做成鞋子,我假定你会这样说。

我确实会这样说。

那么请告诉我,正义在和平时期有什么用,能得到什么?

正义在订立契约和交往中有用,苏格拉底。

所谓交往你指的是合伙或合作,还是别的事情?

当然指合伙。

那么在玩跳棋时,正义的人是好的而且有用的合作伙伴吗?　　　B

下棋能手才是。

在用砖头和石头砌墙时,正义的人是比泥瓦匠更加好而有用的合作者吗?

绝对不会。

同理,在奏乐时,琴师是比正义的人更加好而有用的伙伴。那么,在什么样的事务中,正义的人比其他人是更加好的合作者?

我想是在处理与金钱有关的事务中。

波勒玛库斯,我想你也许得把花钱的事情除外,比如在买卖马匹的时候。在这种时候,我想懂马的人是更好的合作伙伴,难道不　　C是吗?

显然如此。

还有,在买卖船只时,造船匠或船老大是更好的合作伙伴。

看起来是这么回事。

那么在和金钱有关的事务中,在什么事情上正义的人是比较好的合作伙伴?

妥善地保管金钱,苏格拉底。

你的意思是不花钱,把钱藏起来?

确实是这样。

这岂不是说,不使用金钱的时候正义是有用的?　　　　　　　D

是这么回事。

同理,当剪刀被收藏起来的时候,正义于公于私都有用。而当剪刀被使用的时候,修剪葡萄的技艺是有用的,对吗?

显然如此。

那么你必须说,盾牌和竖琴被收藏起来不用的时候,正义是有用的,但当这些东西在使用的时候,有用的是军事技艺和音乐技艺。

必定如此。

所以在其他所有例子中,只要其他东西在使用,正义就是无用的,而这些东西不使用的时候,正义才有用,是吗?

好像是这么回事。

E 那么,我的朋友,如果正义只能在别的东西不被使用和无用的时候才有用,那么它不可能具有很高的价值。不过让我们来考虑下面这个要点。打斗的时候,不管是拳击还是在别的什么场合,最善于攻击的人不也是最善于防守的人吗?

确实是。

那么最懂得如何防病的人也最能传播疾病而不被发现?

我想是的。

334 还有,最善于保护一支军队的人与最擅长盗窃敌军作战计划和部署的人实际上是同一个人。

确实不错。

不管怎么说,那么最有本事的保护者也是最有本事的盗贼。

看起来是这么回事。

正义的人是保存金钱的行家,也是盗窃金钱的高手。

这个论证肯定会推出这一步。

那么,正义的人到头来竟成了某种小偷,这个道理你可能是从

B 荷马那里学来的。因为荷马颇为得意地提到奥德修斯的舅舅奥托吕科。他说:"他在偷窃和发假誓方面的才能超过所有人。"① 所以按照你、荷马、西摩尼得的说法,正义似乎是一种偷窃,只不过这种偷窃的目的是使朋友受益和使敌人受害。你是这个意思吗?

他答道,以宙斯的名义发誓,我不是这个意思。我已经不知道

---

① 荷马:《奥德赛》,第 19 卷,第 395 行。

刚才说的是什么意思了。不过,我仍旧相信正义对朋友有益而对
敌人有害。

　我可以再问一些问题吗? 你说的朋友是指那些看上去高尚的
人还是真正高尚的人? 哪怕这些人看上去并不坏,但实际上与敌
人相同。

　他说,这还用问? 人们似乎总是热爱那些他们认为是好人的
人,而厌恶那些他们认为是坏人的人。

　正是在这个问题上人们老是犯错误,他们认为是好人的人有
许多并不是好人,而恰恰相反,这些人是坏人。

　人们是这样的。

　那么这些犯错误的人会把好人当敌人,把坏人当朋友吗?

　当然会。

　那么正义对这些人来说就是对坏人有益而对好人有害, 是
吗?

　看起来是这么回事。

　还有,好人是正义的,他不可能不正义。

　对。

　那么按照你的推理,伤害那些不可能不正义的人是正义的。

　他说,不对,苏格拉底,这个推论是不对的。

　我说,那么正义就是伤害不正义的人和有益于正义的人。

　这个结论比刚才那个要好些。

　波勒玛库斯,从这个结论我们可以看出有许多人看错了人,他
们的正义就是伤害他们的朋友和有益于他们的敌人,因为他们的
朋友中也有坏人,他们的敌人中也有好人。这样一来,我们说的意
思与我们确认的西摩尼得的意思正好相反。

　他说,真的! 结论确实就成了这个样子。但我们还是改变一
下我们这个结论的依据,因为我们对朋友和敌人的看法可能是

C

D

E

错的。

你说的是什么看法,波勒玛库斯?

我们把那些在自己看来是好人的人就当成了自己的朋友。

我说,我们现在怎样才能改变这个看法呢?

335 不仅要看起来是好人,而且要真的是好人,这样的人才是朋友,而那些看起来是好人而实际上不是好人的人,这些人不是我们真正的朋友。关于敌人我们也可以作相同的假定。

那么按照你这个新看法,朋友是好人,敌人是坏人。

对。

所以你希望我们作一些补充,修正一下我们前面关于义人的见解。我们刚才说正义就是对朋友行善和对敌人作恶,但是现在我们还得说,如果朋友是好人,敌人是坏人的话,正义就是有益于朋友和伤害敌人,是吗?

B 他说,确实如此,我想这样说是对的。

我说,那么正义岂不就是一部分好人去伤害其他人吗?

他答道,确实如此,一个好人必须去伤害那些坏人和他的敌人。

当马受到伤害时,这种伤害使马变好还是变坏?

变坏。

这种变化表现在狗的优点或德性方面,还是表现在马的优点或德性方面?

在马的优点或德性方面。

那么当狗受到伤害时,是狗的德性变坏了,而不是马的德性变坏了,是吗?

必然如此。

C 我的好朋友,那么我们不得不说,当人受到伤害时,是他们作为人的具体优点或德性受到了伤害,因此他们才变坏了,是吗?

确实如此。

那么正义不就是人的具体德性吗？

这一点也必须加以肯定。

我的朋友，我们还必须承认受到伤害的人变得更加不正义了。

似乎如此。

那么音乐家用音乐的技艺使人不懂音乐吗？

不可能。

骑手用他的骑术使人不会骑马吗？

不。

那么正义的人用正义使人不正义吗？或者总起来说，好人用　　D
德性使人变坏吗？

不，决不可能。

我想热的功能不是使其他东西变冷，而是正好相反。

对。

干的功能也不是使其他东西变湿，而是正好相反。

确实如此。

善的功能也不是去伤害，而是正好相反。

看起来是这样的。

正义的人是好人吗？

当然是。

那么，波勒玛库斯，伤害朋友或敌人，或者伤害任何人，不是义
人的功能，而是义人的对立面不义之人的功能。

苏格拉底，我想你说得完全正确。

那么，如果有人肯定正义就是还债，而他这样说的意思就是义　　E
人伤害他的敌人和有益于他的朋友，那么说这种话的人并不是真
正的聪明人。因为他这样说是不对的。我们已经清楚地证明伤害
在任何情况下都不可能是正义的。

他说，我承认。

我说，如果有人肯定西摩尼得、彼亚斯、庇塔库斯①，或其他任何贤人和有福之人说过这样的话，那么你我得一起举起双手加以反对。

他说，我准备与你并肩作战。

336 我说，你知道我认为这句话是谁说的吗——正义就是益友害敌?

他说，谁说的?

我认为说这种话的是佩尔狄卡、泽西斯、底比斯人伊司美尼亚，或者某些自认为手中握有大权的富人。

他答道，你说得很对。

我说，很好，既然我们已经清楚这样做并不是正义，这样做的人也不是义人，那么我们还能把正义说成是什么呢?

B 这时候，塞拉西马柯插话了。我们刚才谈话的时候，他就几次三番想插进来，但都让坐在他旁边的人给拦住了，因为他们急于想要听出个所以然来。等我讲完了刚才那番话稍一停顿时，塞拉西马柯再也无法保持沉默。他抖擞精神站立起来，一个箭步冲到我们面前，好像一只野兽要把我们撕成碎片。波勒玛库斯和我吓得魂飞魄散，手足无措。

C 塞拉西马柯大声吼道，你们在这里胡说些什么? 就像两个傻瓜一样相互吹捧? 苏格拉底，如果你真的知道什么是正义，那么就不要老是提问题，再用驳倒人家的回答来逞能。你倒是挺精明，知道提问题比回答问题要容易。你自己来试试看，告诉我们你认为
D 什么是正义。你刚才说正义是一种责任、一种好处、一种有益的东

① 后两人均为所谓希腊七贤。彼亚斯(Bias)约为公元前六世纪中叶人。庇塔库斯(Pittacus)生年不详，公元前569年卒。

西、一种收益,不管你认为正义是什么,都请直截了当地说,说清楚。那些啰哩啰嗦的废话我一概不想听!

塞拉西马柯朝我吼的时候,我看着他,心里感到非常害怕。我相信,要是以前从来没有见过他,那我真要吓得说不出话来了。不过,当他开始对我们的论证过程感到恼火的时候,我已经瞅见了,所以我还能勉强回答他。我战战兢兢地说,塞拉西马柯,请你对我们别太凶。如果我和我的朋友考虑问题欠妥,那么请你一定要原谅我们,我们犯错误肯定不是故意的。如果我们寻找的东西是黄金,那么你们一定不会认为我们在说废话,把找到黄金的机会白白放弃,然而我们要寻找的是正义,一种比黄金还要珍贵的东西,所以我们不会傻到把发现正义的机会让给对方,而自己却不去尽力发现它。我的朋友,你一定不能做这样的假设。你要明白,我们犯错误的原因是因为我们缺乏能力。像你这样的聪明人,我们从你那里得到的应当是同情而不是苛求,这才合理得多。

听了这番话,他发出一阵大笑,乐呵呵地说,神灵在上,你用的是出了名的苏格拉底反诘法①,这套办法我早就领教过了。我料到你会拒绝回答问题,而宁可承认自己无知。

这是因为你太聪明了,塞拉西马柯,所以你很明白,当你问人家十二是怎么得来的,并且在提问时警告他,不准说十二是六的二倍、三乘四等于十二、四乘三等于十二这些无聊的废话,这些废话不能算是答案,那么我想,显然没有一个人能够回答你以这种方式提出来的问题。假定有人对你说,塞拉西马柯,你这样说是什么意思? 我不能说被你禁止了的那些答案,但若正确答案确实是被你禁止了的那些答案中的一个,那么你这样做岂不是一定要我说出

①　苏格拉底反诘法(Socratic irony)是在辩论中佯装无知,接受对方的结论,然后用发问方法逐步引到相反的结论而驳倒对方。

C 偏离真理的答案来吗？除此之外，你还有什么意思？对这样的问题你又会如何作答呢？

他说，哼！这两件事有什么相似之处，能相提并论吗？

我说，为什么不能相提并论？即使它们毫无相似之处，若有人要将它们相提并论，要把他认为最为可能的答案说出来，我们怎么可以不让他说呢？

他说，如此说来，你打算这样做吗？你要在被我禁止了的那些答案中拿出一个来回答我吗？

我说，如果我思考以后认为自己同意其中的一个看法，那么我这样做也没有什么可大惊小怪的。

D 他说，如果我能告诉你另一个关于正义的看法，和原有的看法都不一样，但比原有的看法更高明，那么你说你该受什么样的惩罚？

我说，对无知者能有什么样的惩罚？无非就是让他去向有知识的人学习。我想自己要接受的惩罚就是这个。

他说，我喜欢你那么天真，你是得学习学习，不过罚一笔钱是不能少的。

我说，如果我有钱，那我认罚。

格老孔说，钱不成问题，塞拉西马柯，你继续往下说吧，我们会替苏格拉底分担的。

塞拉西马柯说，那好吧。不过这样一来苏格拉底就可以像平

E 常一样，自己不回答问题而专门挑剔别人的回答了。

我说，我的好朋友，一个人处在这样的情况下怎么能够做出回答呢？首先，他是无知的，甚至不承认自己有知；第二，即使他对这件事有某些想法，也让一位权威人士给堵住了嘴，说不出来了。因此，由你来说要合理得多。你肯定自己对这个问题已经有了答案，也有能力说出来。所以请你别吝惜你的智慧，帮帮我的忙，对格老

孔和我们大家多多指教。

当我说到这里的时候，格老孔和其他人也催促塞拉西马柯别小气。他本来就跃跃欲试，想要露一手，因为他相信自己对我们的问题已经有了一个最好的答案。但是他装模作样，故意不肯讲，好让我催他讲。最后，在我们的盛情要求下，他终于答应了。他说，B这就是苏格拉底的智慧，他拒绝教别人，而自己却到处向别人学习，学了以后连谢谢都不说一声。

我说，你说的没错，我是在向别人学习，塞拉西马柯。但你说我从来不感谢别人，那你说错了。我总是在力所能及的范围内表示感谢。但我现在只能用赞扬的方式来表示感谢，因为我没有钱。我非常乐意赞扬那些讲得很好的人，只要你把答案说出来，你马上就会得到我的赞扬，因为我想你一定讲得很好。

他说，那你们就用心听。我确信，正义无非就是强者的利益。C你们干吗不鼓掌？看起来你们不愿意。

我说，我只有先听懂了你的意思才会鼓掌，而现在我还不太明白。你确信正义就是强者的利益。但你这样说是什么意思呢？我想你不会是这样一种意思吧，运动员波吕达玛比我们强壮，牛肉对他有益，对他的身体有益，因此他吃牛肉是有益的、正义的，而我们D这些比他弱的人吃牛肉就比他益处少，比他不正义？

苏格拉底，你真是个小丑，用最极端的意义来歪曲我的本义。

我说，噢，我的朋友，我绝对不想这样做，我只希望你把意思说得清楚一些。

他说，你难道不知道有些城邦由僭主统治，有些由平民统治，有些由贵族统治吗？

我当然知道。

这不就表明强者拥有统治权，谁强谁统治吗？

确实如此。

E　　　每一种形式的政府都会按照统治者的利益来制定法律,民主
政府制定民主的法律,独裁政府制定独裁的法律,其他也一样。他
们通过立法对被统治者宣布,正义就是对统治者有益,违反这条法
律就是犯罪,就要受惩罚。我的好先生,这就是我理解的正义的原
339　则,在一切城邦都适用,正义就是已经建立起来的政府的利益。我
想你会承认政府掌握着权力,政府是强大的,因此从中可以正确地
得出结论,不管在什么地方,正义都是强者的利益。

　　　我说,我现在已经知道你的意思了,但这样说是否正确我还得
向你学习。塞拉西马柯,原来你也把有益当作对什么是正义这个
问题的回答了,尽管你禁止我做出这样的回答。你只不过添上了
对强者有益这个意思。

　　　他说,你也许认为我的添加微不足道。

B　　　这个添加是否重要现在还不清楚,但我们必须考察你说的是
否正确,这一点必须弄清楚。我也承认正义是某种有益的东西,而
你作了这一添加,确信正义是强者的利益,但我不认为自己已经弄
懂了,我们必须进行考察。

　　　他说,那你就请吧。

　　　我说,我会这样做的。请你告诉我,你是否也确信服从统治者
是正义的?

　　　是的。

C　　　各个城邦的统治者是不会犯错误的还是有时候会犯错误的,
我能这样问吗?

　　　他说,没错,他们会犯错误。

　　　他们在立法的过程中,有些法律制定得正确,有些法律制定得
不正确,不是吗?

　　　我也这样想。

　　　所谓制定得正确,我们指的是懂得他们的利益,制定得不正确

我们指的是对他们有害？你是不是这个意思？

是这个意思。

无论他们制定什么样的法律,被统治者都必须服从,而且这样做是正义的,对吗？

当然如此。

那么按照你的理论,正义不仅与强者的利益有关,而且也和相反的东西,即对他没有益处的东西相关。

他答道,你这样说是什么意思？

我想,这正是你的意思。让我们考虑得更加细一些。我们已经同意过,统治者向被统治者发布的命令有时会违背他们自己的利益,而统治者只要乐意,无论发布什么样的命令,被统治者都得执行,这样做是正义的。我们对此表示过承认吗？

他答道,我认为是这样的。

我说,那么你得想一想,你一方面承认当统治者无意中做了对自己有害的规定时,做那些对统治者或强者无益的事情是正义的,而另一方面你又确信正义就是统治者要他们做的事。这样一来,我最精明的塞拉西马柯啊,这个结论就不可避免了,这种正义与你说的正义的意思正好相反,不是吗？在这种情况下,弱者受命要去做的事确实对强者不利。

波勒玛库斯说,凭着宙斯起誓,苏格拉底,你这个结论是决定性的。

克利托丰插话说,那当然了,如果你能为他作见证。

波勒玛库斯说,何必要人作见证？塞拉西马柯本人就承认统治者有时会发布对他们自己不利的命令,而他又承认被统治者做这种事是正义的。

波勒玛库斯,那是因为塞拉西马柯提出服从统治者的命令是正义的。

B　　　对,克利托丰,但他也提出强者的利益是正义。在提出这两个假定以后他又承认强者有时会命令弱者或被统治者去做对统治者不利的事。依据这些前提,那么正义就不再是强者的利益,而是正好相反的东西。

克利托丰说,所谓强者的利益是指强者自以为对己有益的事情。弱者必须做这些事,这样做是正义的,这才是塞拉西马柯所说的正义。

波勒玛库斯说,塞拉西马柯并没有这样说。

C　　　我说,波勒玛库斯,这没什么关系。如果塞拉西马柯现在要这样说,那么我们就把它当作塞拉西马柯的意思好了。塞拉西马柯,请你告诉我们,这是你现在想说的话吗,正义就是强者认为对己有益的事情,而不管它实际上是否对自己有利? 这是你的意思吗?

他说,绝对不是。你以为我会把一个会犯错误的人在他犯错误的时候称作强者吗?

我答道,当你同意统治者并非永远正确,而是有时候会犯错误的时候,我肯定不会认为你指的是现在这个意思。

D　　　苏格拉底,那是因为你争论起来像个诡辩家。举例来说吧,你把某人称作医生是因为他看错了病,犯了错误吗?你把某人称作会计是因为他算错了账,犯了错误吗? 我们说医生犯了错误,会计犯了错误,老师犯了错误,诸如此类的说法仅仅是字面上的。而实E　际上我认为,就我们对他们的称呼的严格意义来说,他们决不会犯错误,你喜欢严格,所以没有一个艺术家或匠人会犯错误。只有在他的知识抛弃了他,他才会犯错误,而这个时候他已经不是艺术家了。因此,尽管每个人都在使用医生犯错误、统治者犯错误这样的表达法,但是我们说,只要他还是一个匠人、聪明人或统治者,他就决不会犯错误。你们必须按照不太严密的方式来理解我前面给你们的答案。而最精确的表述是,统治者只要还是统治者就不会犯错误,他在制定对自己最为有利的规定时也不会犯错误,而他的规定是被统治者必须去做的,因此,就像我一开始说过的那样,正义就是做对强者有益的事情。

341

我说,塞拉西马柯,你真的认为我争论起来像个诡辩家吗?

他答道,你确实像。

你以为我提问题是用心险恶,想要不公正地胜你一筹吗?

他说,我不是以为,而是知道,但你的阴谋不可能得逞,你想偷偷摸摸地施展你的诡计,但你的诡计被我揭穿了,你在争论中没有本事战胜我。

B

我说,愿神保佑你的灵魂,我甚至连这样的念头都没有。不过为了避免我们之间再次产生误会,还是把你使用统治者和强者的意思说清楚。你在通常意义上使用统治者这个词,还是在你刚才告诉我们的严格意义上使用这个词,而弱者为了作为强者的统治者的利益做事就是正义?

他说,我在最严格的意义上使用这个词。现在把你的伎俩全都用出来加以反对吧,可惜你做不到。我不会向你求饶。不过,你会发现自己不行。

我说,你以为我发疯了,竟然会去虎口捋须,与你塞拉西马柯诡辩?

C

他说,你刚才就试过了,可惜失败了。

我说,我们废话说得太多了。还是请你告诉我,医生在你刚才讲的最严格的意义上是挣钱的人,还是治病的人?记好了,我们现在讲的医生是真正的医生。

他答道,治病的人。

那么舵手呢?真正的舵手是水手的首领还是一名水手?

他是水手的首领。

D　　我想我们并不因为他在海上航行而称之为水手,也不因为他可以充当水手的角色而称之为水手。他之所以被称作舵手不是因为他在航行,而是因为他拥有技艺,对水手实行领导。

他说,对。

那么对水手来说,他们并不拥有对自己有益的东西,对吗?

是这样的。

我说,有一种天然存在的技艺,用这种技艺可以为每个人发现和提供利益,这样说也对吗?

对,就此而言。

那么对每一种技艺来说,除了尽可能使人完善,还能有别的什么利益吗?

E　　你这样问是什么意思?

我说,这就好比你问我,就身体而言是否只要是身体就行了,或者说身体还有其他需要,而我会回答说,身体肯定还有其他需要。这就是医疗的技艺被发明出来的原因,因为身体有缺陷,有缺陷的身体不能令人满意。为了身体的利益,医疗的技艺才被发明出来。你认为我的回答对不对?

342　　他说,对。

再来看这些问题。医疗技艺本身是有缺陷的或会犯错误的吗?或者说每一门技艺都需要某些德性、品质或特长,就像眼睛需要视力,耳朵需要听力,由于这个原因每一种技艺都需要其他某些技艺为各种技艺的目的提供有益的东西,这样说对吗?技艺本身存在着某些缺陷,每一技艺需要另一技艺来考虑它的利益,因此也就需要有另一种考虑的技艺,依次类推以至无穷,或者说每一技艺

B　　可以考虑自身的利益,这两种说法哪一种对?或者说技艺实际上既不需要它自身,也不需要别的技艺来考虑它的利益和弥补它的缺陷?任何一门技艺中并不存在缺陷和错误。技艺除了为它的对

象寻求利益，并不为其他事物寻求利益。而技艺本身不受任何伤害，也不会变坏，这就是严格和完全意义上的技艺。就你所谓严格意义而言，是不是这样？

他说，好像是这么回事。

我说，那么医学考虑的不是医药的利益，而是身体的利益，对吗？　　　　C

对。

骑手的技艺考虑的是马匹的利益。其他技艺也不会寻求自身的利益，因为没有这种需要，而是寻求技艺对象的利益。

他答道，似乎如此。

但是，塞拉西马柯，实施统治的肯定是技艺，它比技艺的对象更加强大。

他表示同意，但非常勉强。

那么没有一门技艺考虑或规定强者的利益，而是考虑或规定　　D
被它统治的弱者的利益。

塞拉西马柯对此想要反驳一下，但最后他还是同意了。

我说，医生就其是真正的医生而言，他寻求或规定的不是医生的利益，而是病人的利益，对此我们能否认吗？因为在严格意义上，医生是支配身体的统治者，而不是挣钱的人。对此我们不是已经有了相同看法了吗？

他表示同意。

所以在严格的意义上，舵手是水手的统治者，不是水手，是吗？

我们刚才已经说过了。　　　　　　　　　　　　　　　　　　　E

那么舵手这样的统治者不考虑和规定舵手的利益，而要考虑和规定被他统治的水手的利益。

他勉强表示同意。

我说，那么处在任何职位的统治者就其是一名真正的统治者而言,不会考虑和规定他自己的利益,而是考虑和规定受他统治、作为他的技艺施展对象的人的利益,他的一言一行都是为了他们的利益,关心怎样做才对他们有益。

343　　讨论进行到这一步,在场的人都明白塞拉西马柯关于正义的定义已经被颠倒过来。但塞拉西马柯没有直接反驳,反而问道,苏格拉底,你有没有奶妈?

　　我说,你这是什么意思? 该回答的不回答,反而问这种不相干的问题。

　　他说,因为她看到你流鼻涕,也不帮你擦干净,尽管你可能需要鼻涕,她似乎也无法让你明白羊和牧羊人的区别。

　　我说,你在胡说些什么? 告诉我,你为什么会这样想?

B　　因为你认为牧羊人和牧牛人考虑牛羊的利益,因此才去照料牛羊,把它们养得又肥又壮,而不考虑牛羊的主人和牧人自己的利益。按同样的思路,你也会认为我们城邦的统治者,我指的是真正的统治者,他们对被自己统治的人的态度也会像牧羊人对羊一样,

C　日夜为被统治者的利益而操心,而不考虑他们自己的利益。你离弄懂正义者和正义、不正义者和不正义还差得很远,竟然不知道正义者和正义只是表面上为了他者的利益,而实际上却是强者和统治者的利益,是对服从和伺候统治者的所有被统治者的伤害,而不正义正好相反,就是统治那些头脑简单的人和正义的人。他们被统治,做对强者有益的事,伺候统治者,让他们快活,而自己却一无

D　所得。头脑简单的苏格拉底啊,你要好好地想一想,以这样的方式,正义的人在与不正义的人打交道时总是吃亏。拿做生意来说,正义者和不正义者合伙经营,到最后正义的人总是没有什么好结果。再拿办公事来说,纳税和捐款时,两个人财产一样多,总是正

E　义的人交得多,不正义的人交得少;而等到有钱可分时,不正义的人得到很多,而正义的人什么也拿不到。要是他们担任了公职,正

义的人就算没有别的损失，他自己的私人事务也会因为无暇顾及
而弄得一团糟，而他自己因为正义，不肯损公肥私，结果一点好处
也得不到。他还会得罪亲朋好友，不肯为他们徇私情干坏事。而
不正义的人情况就处处相反。当然了，我刚才讲的不是那种有本　344
事大捞油水的人。但若你希望能判断一个人是正义好还是不正义
好，只要想一想这种人就可以了。最容易弄清这个道理的方法是
把不正义的最极端形式告诉你：干坏事干得最多的人就是最快乐
的人，最不愿意为非作歹的人也就是最倒霉的人。这个干坏事最
多的人就是僭主，他把别人的东西，不管是圣物还是俗物，是公产
还是私产，都加以巧取豪夺，不是偷一点点，而是一古脑儿全部抢
走。普通人犯下的罪过要是被发现了，就要受到惩罚，而且名誉扫
地，被称作盗窃圣物者、强盗、拐子、骗子、扒手，说他们犯了各种不　B
正义的罪过。而那些不仅剥夺公民的财产，而且奴役公民的人，人
们不仅不会给他加上种种恶名，而且还说他们是幸福的，不仅得到
同胞们的祝福，而且人们凡是听到这些完全、彻底不正义的人所做
的事也都会祝福他们。人们之所以谴责不正义不是怕做不正义的　C
事，而是怕吃不正义的亏。所以，苏格拉底，不正义的事只要干得
足够大，就会比正义更加有力，更加自由，更加有气派。就像我一
开始就说过的，正义就是强者的利益，而不正义就是对个人有好
处，对自己有益。

　　就像一名澡堂里的伙计，塞拉西马柯把一大桶高谈阔论劈头　D
盖脸朝我们浇了下来，然后就要扬长而去。可是在座的都不答应，
要他留下来为他的见解作解释。我自己也恳求他说，塞拉西马柯，
我对你的做法感到惊讶！你对我们发表了这样一番高见，然后就
要走，可是你还没有证明你的见解到底对不对，也没有教导我们如　E
何恰当地向你学习。你以为自己要决定的是件小事吗？它关系到
我们每个人的一生，因为我们全都想要过一种高尚的生活。

塞拉西马柯说,我否认过这件事的重要性吗?

我说,你好像对我们漠不关心。你肯定自己知道这些事,而我们对这些事一无所知,所以你感到没有必要关心我们今后的生活是好是坏。我的好朋友,请你千万开导我们一下,这样做对你自己绝对没有什么伤害。不过,我可以把我自己的意见先告诉你,我可始终没让你说服,我也不认为不正义比正义更加有益,哪怕做不正义的事是自由的,可以为所欲为。先生,如果某个不正义的人能够随心所欲地行不正义之事,那么要么是他做坏事没有被发现,要么是他能够凭借暴力不断地做坏事。不管怎么说,我不相信不正义比正义更有益。有这种想法的也许不止我一个,在座的可能也有这种想法。我亲爱的朋友,请你行行好,开导开导我们,使我们完全相信自己受了错误的影响,宁要正义而不要不正义。

他说,你叫我怎么说服你? 如果我刚才说的话你一句也不相信,我还能有什么办法? 难道要我把这个道理塞进你的脑袋里去不成?

我说,哎哟,别这样做。不过,你已经说过的话请不要更改。如果你要更改,也请正大光明地讲出来,不要偷梁换柱地欺骗我们。你瞧,塞拉西马柯,回想一下前面那些例子,你讲到医生就指出要在真正的意义上使用医生这个词,但你后来却没有给牧羊人下一个严格的定义。你显然觉得只要把羊喂饱,就算是牧羊人,他不需要为羊群着想,反而会像一个前去赴宴的人,一心只想到美味的羊肉会给他带来的快乐,或者就像一名羊贩子,满心想的就是如何在羊身上赚钱。然而,牧羊的技艺当然在于尽善尽美地使羊群得到利益,因为这门技艺本身的完美就在于给这门技艺所实施的对象提供最完美的利益,而这门技艺自身的事务和状态也足以使之不会偏离牧羊的技艺。按同样的道理,我想我们也不得不承认,各种形式的统治就其仍是真正的统治而言,它所操心的无非就是

被统治的对象,无论是在政治事务中还是在私人事务中都一样。　E
你以为那些真正的治理城邦的人和担任公职的人都很乐意做这些
事吗?

他说,不乐意。这一点我知道得很清楚。

其他形式的统治怎么样呢,塞拉西马柯? 你难道看不出无人
会自愿承担这种统治工作吗? 人们干了事就要拿报酬,这就意味　346
着他们所做的工作不是为了自己的利益,而是为了那些接受他们
治理的人的利益。现在请你告诉我,我们平常不是说各种技艺彼
此不同,因为它们的力量和功能各异,是吗? 我亲爱的朋友,为了
使我们的讨论有某些结果,请你不要讲违心话。

他说,是的,力量和功能的差异使各种技艺有了区别。

每一种技艺也给我们提供了特殊的利益,而不是提供一般的
利益,比如医术给我们健康,舵手的技艺使我们安全航行,等等?

当然是的。　　　　　　　　　　　　　　　　　　　　　　　B

挣钱的技艺给我们提供的利益不就是钱吗? 因为这就是它的
功能。或者照你喜欢用的严格意义来说,一个舵手由于航海而身
体健康,但能否因此而把他的技艺称作医术呢?

他说,当然不能。

假如一个人因为挣钱而身体健康,你也不会把他的技艺称作
医术。

当然不会。

再问,如果一个人行医得了报酬,你会把他的医术称为挣钱的　C
技艺吗?

他说,不会。

那么我们已经同意,每种技艺所产生的好处都是独特的,是
吗?

他说,就算是吧。

如果有一种益处是所有匠人都能得到的,那么这显然是因为他们都在使用某种相同的技艺。

好像是这样。

因此我们说匠人得到报酬,乃是因为他们还使用了挣钱的技艺。

D　　塞拉西马柯勉强表示同意。

因此报酬并不来自每个匠人自身的技艺。如果我们严格地讲,那么医术产生健康,而挣钱之术产生报酬,建筑术产生房子,但有挣钱之术相伴随,其他各行各业莫不如此,各种技艺尽其本职,使技艺所实施的对象得到利益。但若匠人得不到报酬,他能从自己的本职技艺中得到什么利益吗?

他说,显然不能。

E　　当他不是为了报酬而工作时,他自己确实没有利益,对吗?

确实没有。

那么,塞拉西马柯,事情到此也就清楚了。没有一种技艺或统治术为它自身提供利益,而是像我们很久前讲过的那样,各种技艺提供和规定了它的对象的利益,它谋求弱者的利益,而不是谋求强者的利益。我的朋友塞拉西马柯,这就是刚才我为什么要说无人甘愿充当统治者或担任公职的原因,这样做是在给自己找麻烦,去347　解决别人的困难,每个人做了这种事就想要报酬,因为他在实行统治,发布命令的时候决不是为了自己,而是为了他治理的对象。这样看来,要人家愿意担任这种工作,就应该给他报酬,或者给他名誉,如果不愿干,就给他惩罚。

格老孔说,苏格拉底,你这样说是什么意思? 名和利这两种报酬我懂,但你把惩罚也当作一种报酬,我可弄不明白。

我说,你难道不知道这种报酬可以使最优秀的人同意出来进
B　行治理吗? 你难道不晓得追求名利被视为可耻,事实上也的确可

耻吗？

格老孔说，我知道。

我说，因此好人不肯为了金钱或荣誉来担任统治者。他们不希望自己担负的治理工作要公开地领取薪俸，就像受到雇佣似的，也不愿假公济私，暗中舞弊，被人当作小偷，更不想追求名誉，因为他们没有野心。因此要他们愿意担任公职就只能用惩罚来强制了。这就难怪那些没有受到逼迫，主动想要担任公职的人被视为可耻。但若一个人自己不去担任公职和实施治理，那么对他最大的惩罚是让他受比他差的人管。在我看来，好人怕受到这种惩罚，所以勉强出来担当责任，他们这样做不是为了自己的荣华富贵，而是迫不得已，因为实在找不到比他们更好的或同样好的人来担当这个责任了。我们可以大胆地说，如果有一个城邦全是好人，那么大家都会争着不当官，就像现在人们争着要当官一样热烈，这就清楚地表明，真正的统治者不会天然地为自己谋利益，而会为被统治者谋利益，所以聪明人宁可受人之惠，也不愿多管闲事加惠于人。正因如此，我绝对不能同意塞拉西马柯的观点，"正义是强者的利益"。这个观点我们留到以后再谈。在我看来更加严重的问题在于他的另一个论断，不义之人的生活比义人的生活更好。格老孔，你会选择哪一种生活？你觉得哪一种说法更有道理。

他答道，要我说，义人的生活更加有益。

我说，你听到塞拉西马柯刚才列举的不义之人的生活的种种好处了吗？

他说，我听到了，不过我不信。

那么你是否希望我们想个办法来说服他，让他相信他的说法是错的？

他说，我当然希望。

如果我们也像他一样，先提出自己的看法，让他回答，然后我

C

D

E

348

B　们再进行驳斥,那么我们就得列举过正义生活的各种好处,这样也就需要一名裁判来对双方列举的观点和事实作裁决。但若我们像前面的讨论一样,双方在共同探讨中逐步达成一致,那么我们自己就既是裁判又是辩护人了。

他说,一点不错。

我说,你喜欢用哪一种方法?

他说,第二种。

我说,那么好吧,塞拉西马柯,请你从头回答我。你肯定完全、彻底的不正义比完全的正义更加有益。

C　他说,我肯定,而且已经把理由告诉你了。

那么请你告诉我,你对正义和不正义到底怎么看。我想,你会把其中之一称作善,把另一个称作恶,对吗?

当然会。

正义是善,不正义是恶,对吗?

你太天真了,如果说不正义要掏钱,正义不用掏钱,那么我可能会说这样的话。

那么你会怎么说呢,告诉我?

他答道,刚好相反。

什么! 正义是恶吗?

不是,我认为正义是一种最高尚的天性忠厚,或者是心地善良。

D　那么你说不正义是心地邪恶吗?

不对,不正义是一种判断之善。

塞拉西马柯,你也把不正义当作理智和善吗?

他说,是的,如果有人能够完成不正义,能够统治城邦和民众。你可能以为我说的不正义是指那些偷鸡摸狗之徒。但即使是小偷小摸,只要不被逮住,也有好处可得。但是这类事情与我刚才讲过的窃国大盗相比实在不值一提。

我说，我并没有弄不清你的意思，但你把不正义纳入美德与智　　　E
慧,把正义纳入相反的那一类德性,这是使我感到惊讶的地方。

他说，我是这样分类的。

我说，我的朋友，你说得这样死，不留回旋的余地，叫人家怎么
跟你说呢？如果你在断言不正义有利的同时，能像别人一样承认
它是一种恶和可耻，那么按照常理还有机会继续证明。但是，现在
很清楚，你显然想要继续把荣耀、强大，以及其他所有我们向来归　　349
于正义的那些属性全都归于不正义，因为你毫不犹豫地把不正义
算作美德与智慧。

他答道，你真是名符其实的先知。

我说，随你怎么说。只要我感到你在说自己的想法，那我就绝
不会放弃探讨。塞拉西马柯，我现在绝对相信你在说自己的真实
想法，而不是在开玩笑。

他说，这是不是我的真实想法又有什么差别？你能推翻这个
说法吗？

我说，没差别，不过我希望你再回答我一个问题。你认为一位　　B
义人会不会想要超过另一位义人？

他说，当然不会。否则他就不是现在这个天真的好好先生了。

他会超过，胜过，或超越正义的行为吗？

他答道，也不会。

他会如何对待不正义的人呢？给予恰当的信任，还是只想超
过他或不想超过他？

他会的，不过他做不到。

我说，能不能做到不是我要问的。我的问题是，义人不宣称，　　C
也不希望超过别的义人，只想超过不正义的人，是不是？

是的。

那么不正义的人又怎么样呢? 他宣称要超过义人和正义的行为吗?

当然了,因为他宣称要超过一切,比一切都要更加好。

那么不正义的人也想超过别的不正义的人和不正义的行为,他的所有努力都是为了从其他一切事物中为自己谋求最多的利益。

没错。

我说,让我们这样说,正义者不向他的同类而向他的异类谋求利益,不正义者既向他的同类又向他的异类谋求利益。

D　　他说,你说得好极了。

但是不正义的人是聪明的和善的,而正义的人既不聪明又不善。

他说,这样说也对。

我说,不义者与又聪明又好的人相同,正义者则和他们不同,这样说也对吗?

他说,当然对,相同的人属于同一类,不同的人属于不同的类。

好极了! 那么每个人都属于性质与其相同的那一类,是吗?

你还能有别的说法吗?

很好,塞拉西马柯,但是你承认有的人是音乐家,有的人不懂音乐吗?

E　　我承认。

音乐家和不懂音乐的人哪个聪明,哪个不聪明?

我认为音乐家聪明,不懂音乐的人不聪明。

一个人会在他聪明之处好,而在他不聪明之处坏吗?

会。

关于医生也能这么说吗?

能。

　　那么我的朋友，你认为某个音乐家在调弦定音的时候，想不想
在琴弦的松紧方面胜过别的音乐家？

　　不想。

　　他想不想胜过不懂音乐的人？

　　一定想。

　　医生怎么样？在给病人规定饮食方面，他想不想胜过别的医　　350
生及其医术呢？

　　肯定不想。

　　他想不想胜过一个不懂医术的人呢？

　　想。

　　那么考虑一下各种形式的知识和无知，你认为一个有知识的
人想要在言行方面超过别的有知识的人，而不会想要与之完全相
同吗？

　　他说，是的，势必如此。

　　无知者会怎样？他既想超过聪明人，又想超过别的无知者　　B
吗？

　　他可能会这样想。

　　有知识的人聪明吗？

　　聪明。

　　聪明的人是好人吗？

　　是的。

　　一个又聪明又好的人不会希望超过与自己同类的人，但希望
超过与自己不同的并且相反的人。

　　他说，似乎如此。

　　但是一个又坏又无知的人既想超过与自己相同的人又想超过
与自己不同的人，是吗？

　　似乎如此。

那么塞拉西马柯,我们讲的不正义的人既想要超过同类又想要超过不同类的人,你说过这样的话吗?

他答道,我说过。

C　　但是义人不愿超过同类而只愿超过不同类的人吗?

是的。

那么正义的人和又聪明又好的人相同,而不正义的人和又坏又无知的人相同。

好像是的。

但我们还进一步同意过,每个人都属于性质与其相同的那一类。

是的,我们同意过。

那么经过我们的一番谈论,正义的人现在是好的和聪明的,不正义的人是坏的和无知的。

塞拉西马柯当时承认这些话的时候可不像我现在讲述得那么
D　爽快,他拼命抵抗,即使承认了也非常勉强。当时正是夏天,他大汗淋漓,我以前从来没有见过他的脸这么红。当我们得出结论,正义是德性和智慧、不正义是邪恶和无知,这时候我说,好吧,这一点可以定下来了。不过我们也曾肯定过不正义是强大而有力的。你还记得吗,塞拉西马柯?

他说,记得,但我不同意你现在的说法,我有我自己的答案。可
E　要是我说出来,我知道,你准会说我大放厥词。所以现在你要么让我随意说,要么由你来提问。只要你愿意,你就尽管问,我会像敷衍讲故事的老太婆一样,一个劲地说很好,无论同意不同意都只管点头。

我说,不对,这不是你的真心话。

他说,没错,让你高兴高兴,因为你不给我言论自由。你还想要什么?

我说,我什么也不要,既然你建议让我提问,那我就问了。

你问吧。

我要问的是,与正义相比,非正义有什么性质?这个问题和前 　351
面问的是一回事,这样我们的探讨可以有个连续性。我们前面说
过不正义比正义更有力量,更加强大。但现在我既然已经证明正
义是智慧和德性,那么我们可以很容易地说明正义比不正义更强
大,因为不正义是无知,没有人会看不到这一点。不过我想说的还
不止这一点。塞拉西马柯,我希望以这样一种方式考虑正义问题,
比如你会说某个城邦不正义,想要用不正义的手段奴役其他城邦, 　B
使许多城邦臣服。

他说,我当然会这样说,会这样做的城邦是那些最优秀的城
邦,最不正义的城邦。

我说,我懂了,这是你的看法。但我现在考虑的要点是这样
的:某个城邦以这种方式向其他城邦显示自己比其他城邦强大。
那么这个城邦所需要的是没有正义的力量,还是必须把力量与正
义结合起来?

他答道,如果你刚才讲的那句话没错,正义就是智慧,那么要 　C
把力量和正义结合起来;如果是我说的对,那么要把力量和不正义
结合起来。

我说,说得好极了,塞拉西马柯,你不光是点头或摇头,表示同
意或不同意,而且还做出了很好的回答。

他答道,为的是让你高兴一下。

你真是太好了。不过我还想请你再让我高兴一下。请你回
答,如果一个城邦、一支军队、一伙盗贼,或者任何团体,想要采取
集体行动,如果成员之间相互作恶,你看他们会成功吗?

他说,肯定不会。 　　　　　　　　　　　　　　　　　　　　　D

但若他们不是这样,那么结果会好些吗?

肯定会好些。

这是因为不正义带来分裂、仇恨和争斗,塞拉西马柯,而正义

带来统一和友爱。对不对?

他答道,就这样说吧,我没有和你不同的看法。

不胜感激,我的朋友,但请你告诉我,不正义是否到处制造仇

E 恨,不管是自由人还是奴隶,都使他们彼此仇恨,互相倾轧,使他们
不能采取一致行动?

确实如此。

那么假定两个人之间不正义,他们岂不是要相互仇恨与敌对,
并且成为正义者的敌人吗?

他说,他们会的。

那么你能不能告诉我,如果不正义发生在一个人身上,那么这
种不正义不会失去力量和作用,或者说它会照样保存下来吗?

他说,就算照样保存吧。

无论在城邦、家庭、军营,或任何地方有不正义存在,它首先会
352 造成分裂和差别,使之不能协作,其次使其成员彼此为敌,也跟与
之对立的正义者为敌,这不是已经很清楚了吗? 是不是这样?

确实如此。

那么我想这对个人来说也是一样的,不正义在个人身上也会
发挥它的全部本能。首先,使之无法完成任何工作,因为他处在内
在的分裂和自相冲突之中;其次,使他与自己为敌,并与正义者为
敌。是这样吗?

是的。

但是我的朋友,诸神也是正义的。

就算是吧。

B 所以看起来,诸神也痛恨不正义的人,喜爱正义的人。

他说,你扯到哪里去了,不过你别害怕,我不反对你,免得让大
家扫兴。

我说,好事做到底,你还是像刚才一样继续回答我的问题吧。

现在我们看到正义的人更加聪明,更加好,更加能干,而不正义的人不能进行任何合作。如果我们说过不正义者可以联合在一起采取坚决的行动,那么这样的说法并不完全对,因为他们要是彻底不正义,那么他们非内讧不可,由此可见在不正义的人中间也有一些正义,防止他们在杀敌的同时自相残杀。就凭着这么一点儿正义,他们要做的事才得以完成,而他们要做的不正义的事也只是部分地被不正义毁坏,因为彻头彻尾的无赖,完全不正义的人不可能采取任何有效的行动。我把所有这些看法当作是真的,与你原来的说法不一样。但是正义者比不正义者的生活更加美好和幸福这个说法是不是也对呢? 这个问题是我们提到过的,现在必须加以考察。我想,即使根据我们已经说过的话,也能断定正义者的生活确实更加美好。不过我们仍旧要更加仔细地加以考察。这决不是我们平常讨论的一件小事,而是一件有关正确的生活方式的大事。

他说,那你就开始考察吧。

我说,那我就开始了。请你告诉我,你会说马有具体的工作或功能吗?

我会。

在确定马的作用或其他事物的作用时,你愿意指出只有它才能做到或只有它才能做得最好吗?

他答道,我不懂你的意思。

那么换个方式。除了眼睛,你还能用其他什么器官来看吗?

当然不能。

还有,除了耳朵,你还能用其他器官来听吗?

绝对不能。

看和听是这些器官的功能,这样说难道不对吗?

当然对。

353 　还有,你能用匕首、短刀或其他许多工具去修剪葡萄藤吗?

当然能。

不过我认为这些工具总不如专门整枝用的剪刀来得方便。

没错。

那么我们得说,修葡萄枝是剪刀的工作或功能?

我们必须这样说。

我想现在你能更好地理解我刚才那个问题了:这是惟有它才能做的工作,或者这是它比其他任何东西都要做得更好的工作吗?

B　他说,我懂了,我同意这个说法。

我说,很好。你不也会认为对某一指定的具体工作或功能来说,某个事物会有具体的德性或特长?用刚才举过的例子来讲,我们说眼睛有一种功能,是吗?

是的。

眼睛也有一种德性吗?

有。

耳朵不也有一种功能吗?

有。

耳朵也有一种德性吗?

也有。

无论什么事物都能这样说吗?会有不同情况吗?

都一样。

C　现在请注意,如果眼睛缺乏自己的特长,用它的缺陷来取代特长,那么眼睛有可能完成它的功能吗?

他说,这怎么可能呢?我想你的意思是盲目取代了视力。

我说,我指的是广义的特长。我现在还没有提到这个问题,而只是问,事物之所以能发挥它的功能凭的是它的特长,而不是凭它的缺陷,是吗?

他说，我可以肯定你说得对。

那么如果耳朵失去了它的德性，也就不能很好地起作用了，是吗？

肯定是这样的。

同样的原则也可以用于其他事物吗？

我想是可以的。

接下去考虑一下灵魂。灵魂的工作是你不能用世上其他任何东西来完成的，比如管理、统治、计划等等，对吗？除了灵魂，你还能把这些工作指定给其他事物，称之为这些事物的专门工作吗？

没有别的事物了。

还有，生命呢？我们也能说它是灵魂的功能吗？

他说，非常正确。

我们不也得说灵魂有特长或德性吗？

我们要这样说。

如果失去了它的德性，灵魂还能完成它的工作吗？或者说这是不可能的。

不可能。

那么由坏的灵魂进行治理一定很糟糕，而由好的灵魂进行治理一定很好。

必然如此。

我们不是已经同意灵魂的特长或德性是正义，灵魂的缺陷是不正义吗？

是的，我们同意。

那么正义的灵魂和正义的人会生活得好，而不正义的人生活得坏，是吗？

他说，照你的推论，好像是的。

还有，生活得好的人一定有福和快乐，生活得不好的人正好相反。

那当然了。

那么正义者是幸福的,不正义者是痛苦的。

他说,就算是吧。

痛苦的人肯定得不到报酬,幸福的人才能得到报酬。

是的。

那么,可敬可佩的塞拉西马柯啊,不正义决不会比正义更有益。

苏格拉底,你就把这个结论当作你在班迪斯节上的享受吧!

B　我说,塞拉西马柯,这道盛宴是你提供的。你现在已经变得温和些,不再对我发火了。不过,这顿盛宴我并没有好好享受,这要怪我自己,不是你的错。我很像那些饕餮之徒,把端上来的菜肴一扫而光,但却没有好好品尝。我也一样,我们最先考察的那个目标还没发现,对什么是正义还没有得出结论,就去考虑正义的一些性质,它是邪恶和无知,还是智慧与德性。后来又冒出个不正义比正义更有利的问题,我情不自禁地又讨论起这个问题来。因此到头来,我还是一无所知,在这场讨论中我一无所获。因为既然我连什么是正义都不知道,那么我就难以知道正义是不是一种德性,难以知道正义的拥有者是不是幸福。

第 二 卷

357　说完这番话,我以为这个主题已经说得差不多了,谁知这只是个开场白。格老孔历来勇猛顽强,坚忍不拔,在各种事情上都显得那样执着,他对塞拉西马柯的认输很不以为然。他说,苏格拉底,

B　你说在任何情况下正义都比不正义要好,绝无例外,你是在真心诚意地说服我们呢,还只是在口头上说说而已?

我说，如果要我选，我说我是真心诚意的。

好吧，但你只是这样想，没有这样做。你同意不同意有那么一种善，我们乐意要它，只是由于它本身，而不是想要它的后果？举例来说，欢乐和无害的娱乐，这些东西不会带来什么后果，你可以安全地拥有它们，也就是拥有快乐。

我说，我知道这种善。

还有一种善，我们之所以爱它既由于它本身，又由于它的后果，比如理智、视力、健康，是吗？我想，由于这两方面的原因我们才欢迎这些东西。　　　　　　　　　　　　　　　　　　　　C

我说，是的。

你能觉察到善有第三种形式吗？体育锻炼、生病找医生、治病和挣钱的技术，都属于这一类。这些事情可以说是辛苦的或痛苦的，然而又是有益的，如果仅仅是这些事情本身，那么我们不会接受，我们接受它们只是为了取得报酬和其他种种随之而来的利益。　　　　　　　　　　　　　　　　　　　　　　　　　D

我说，没错，我也必须承认有第三种善。但那又怎样？

他说，你看正义属于哪一种善？

我说，依我看，正义属于最好的一种善，一个人要想快乐就必　　358
须爱正义，既由于它本身又由于它的后果。

他说，然而大众可不这样想，他们认为实行正义是一件苦差事，如果必须要做那也是为了取得报酬或迫于舆论的压力，至于正义本身，人们躲还来不及呢。

我说，我知道这是一般人的想法，塞拉西马柯正是因为有这种想法，所以才贬低正义而歌颂不正义。但我好像太笨，想要学也学不会。

他说，我还有几句话必须要说，看你能否同意我的意见。我觉　　B
得塞拉西马柯向你屈服得太快了，就像一条被你的咒语迷倒了的

蛇,但我对你提出来的关于正义与不正义的论证还是不满意。我
想知道它们到底是什么,它们各自在灵魂中有什么潜在的作用和
影响,至于正义和不正义的报酬和后果就暂且不论。这就是我的
C　提议,如果你同意,我们就这样做。我想要更新塞拉西马柯的论
证:第一,说一说人们对正义的本质和起源的看法;第二,指出所有
实施正义的人在这样做的时候都犹豫不决,他们并不视之为必要
的,也不把它视作善;第三,他们这样的做法似乎有些道理,因为不
义之人的日子过得确实比正义的人要好得多。这是他们说的,苏
格拉底。尽管我并不相信这种看法,然而,我满耳听到的尽是塞拉
西马柯式的论证,其他人类似的论证也多得数不清,这真叫我为
D　难。而对正义来说,我希望有人为正义说好话,证明正义比不正义
好,但我至今为止还没有听到过这样的论述。我想听一篇对正义
的行为和正义本身的颂词,看来从你这里最有希望听到。因此,我
要尽力赞美不正义的生活,为你树立一个榜样,让你可以接着我的
话头批评不正义和赞扬正义。这样我就能听到自己所希望听到的
东西了。请考虑,你喜欢我这个建议吗?

　　我说,没有任何事情能使我更喜欢了,因为其他还会有什么主
题能使一个聪明人乐意一遍又一遍地讨论和聆听?

E　　　他说,好极了,那就先听我说第一个问题:正义的本质和起
源。

　　人们说,从正义的本质来看,做不正义的事会得到好处,承受
不正义的行为要受害,但是承受不正义受到的危害要超过做不正
义的事所得到的好处,因此,当人们在交往中既伤害他人又受到他
359　人的伤害,两种味道都尝到以后,那些没有力量避免受害的人就觉
得最好还是为了大家的利益而相互订立一个契约,既不要行不义
之事,又不要受不正义之害,这就是人们之间立法和立约的开端,
他们把守法践约叫做合法的、正义的。这就是正义的起源与本质

——一种最好与最坏之间的折中，所谓最好就是干坏事而不受罚，而所谓最坏就是受了害而没能力报复。他们告诉我们说，正义是二者的折中，人们接受和赞成正义并非把它当作一种真正的善，而是把它当作一种在没有力量去行不正义时的一件体面的事，因为任何一个真正有能力作恶的人绝不会愿意和别人订什么契约，答应既不害人也不受害，否则他就是个疯子。苏格拉底啊，按照这种理论，这就是正义的性质，正义就是在这样的状态中产生和形成的。

　　我要说的第二点是，那些实施正义的人并非心甘情愿，而是由于没有力量行不正义之事。为了便于理解，我们可以在思想上假设这样一种情况，如果我们把能够随心所欲行事的许可和能力赋予一个正义的人和一个不正义的人，然后在想象中跟随他们，观察欲望会把他们引向何方。这样一来我们马上就能看到，那个正义的人也会在行动中恢复到不正义的状态，与不正义的人一样行不正义之事，这是因为每个人生来都把私利当作善来追求，只是在法律的制约下才被迫尊重他人的平等权利。我讲的这种可以随心所欲做事的许可也许最接近传说中的吕底亚人巨格斯的祖先拥有的那种能力。据说他是一个牧羊人，在当时吕底亚的统治者手下当差。有一天他去放羊，遇上了一场大暴雨，接着又发生了地震。他放羊的地方地壳开裂，一道深渊出现在他面前。他虽然感到惊慌，但还是走了下去。这故事接着说他在里面看到了许多神奇的东西，特别是看到一尊空心的铜马，马身上开有小门。他朝里窥视，看到里面有一具尸体，体形比凡人要大，除了手上戴着一只金戒指，身上啥也没有。他把金戒指取了下来，然后就返回了地面。这些牧羊人有个规矩，每个月开一次例会汇总羊群的情况，以便向国王报告。到了开会的日子，那个牧羊人戴着那只金戒指去赴会。他和大家坐在一起的时候无意之中把戒指的宝石朝自己手心方向

360　转了一下,结果其他牧羊人都看不见他,以为他不在,而他自己也
感到莫名其妙,后来他又在无意之中把宝石朝外一转,结果别人又
能看见他了。从那以后他一再试验,看自己到底有没有这种隐身
的本领,结果他明白了,只要自己把宝石朝里一转,别人就看不见
他,而朝外一转,别人就看得见他。弄清了这个道理,他马上就想
B　方设法担任去见国王的使者。来到了国王身边以后,他就勾引王
后,与她合谋杀掉了国王,霸占了整个王国。

　　现在我们假定有两只这样的戒指,正义者和不正义者各戴一
只,没有人能看见他们。在这种情况下,那个正义者不会坚定不移
地继续实施正义,也不会约束自己的双手不拿别人的东西,不碰别
人的财物,即使在市场上他也不用害怕,要什么就拿什么。他还能
C　随意穿门越户,奸淫妇女,杀人劫狱。总之,他的行为就像神一样,
可以在人世间为所欲为。在这样行事的时候,他和那个不正义者
就没有什么差别,而是一模一样了。这是一个有力的证据,我们据
此可说无人会自觉自愿地实行正义,人们实施正义总是由于受到
约束。每个人都相信正义不是自己的私利,因此一旦知道自己有
D　权作恶,他就会去做坏事。每个人都相信,而且真的相信,做不正
义之事对个人来说比做正义之事更有利,这种理论的支持者都会
坚持这一观点。如果有人拥有行不正义之事的权力而拒绝做坏
事,不为非作歹,也不夺人钱财,那么人们会为他感到遗憾,把他当
作大傻瓜,虽然当着他的面人们还是称赞他,这种相互欺骗的原因
仍然是由于他们害怕承受不正义。关于这一点就说到这里。

E　　　现在我们要在这两种生活方式中作选择,如果能把最完全的
正义和最完全的不正义分开,我们就能对两种生活做出正确的判
断;如果分不开,我们也就不可能做出抉择。那么,怎样才能把二
者分开呢?我们可以这样做:既不从不正义者身上减少不正义,也
不从正义者身上减少正义,而是假定他们各自的行为方式已经达

到完全的境地。首先，这个不正义者一定会像一个能干的、有专门
技术的人那样行事。举例来说，第一流的舵手或医生，在其自身的
技艺范围内，辨别不可能性与可能性，会尝试可能性而放弃不可能
性，即使偶尔出了差错，也能加以补救。同理，不正义的人会正确
地尝试做不正义的事，如果他是完全不正义的，那么他一定会把坏
事做得不漏一点马脚，谁也不能发觉，而那些干坏事被抓住的人我
们一定得把他看做蹩脚货。最高境界的不正义就是看起来是正义
的，实际上并非如此。所以我们一定要把完全不正义的人确定为
完全不正义，一点也不能打折扣，但我们也还要允许他在干最大的
坏事时仍旧能够取得最正义的好名声，即使出了破绽，也要承认他
有补救的能力。他能够鼓起如簧之舌，说服人家相信自己是正义
的，如果需要动武，那么他有的是力气和本事，还有朋党和金钱的
支持。当我们确定了这种性质的不正义者，我们的理论也必须确
定一下正义者——他朴素而又高尚，就像埃斯库罗斯所说，他不希
望自己只是看起来像个好人，而希望自己真的是个好人。我们必
须把他的这个"看起来"去掉。因为，他要是被人们视为正义者，就
会受到尊重而有名有利。在这种情况下，我们就弄不清他究竟是
为正义而正义，还是为名利而正义。所以我们必须剥去他身上的
一切表象，只剩下正义，用他所处的状态来跟我们前面想象的那个
不正义的人作对照。这个正义的人尽管没有做任何坏事，但却必
定拥有最不正义的名声，还要承受其他后果，他的正义要经受考
验。我们要让他终生坚持正义，尽管他是正义的，但他一辈子在别
人眼里都是不正义的，这样一来，当正义者和不正义者各趋极端
时，我们就可以对二者之间哪一个更幸福下判断了。

　　我说，愿神保佑我，我亲爱的格老孔。你花了那么大的力气造
出这么两个人来竞争，把他们雕琢得就像两尊塑像！

　　他答道，我尽力而为。我想，如果这就是他们的本性，那么要

E 展示等着他们的各是一种什么样的生活也就很容易了。所以,我必须接着往下讲,苏格拉底,即使我用语粗俗,你也一定不要认为是我的本意,而要当作那些推崇不正义、贬抑正义的人在讲话。他们会说,正义的人在这种情况下将受到严刑拷打,戴着镣铐,烧瞎眼睛,受尽各种痛苦,最后他将被钉死在十字架上,死到临头他才

362 明白做人不应该做一个真正正义的人,而应该做一个看起来是正义的人。埃斯库罗斯的诗句用到不正义的人身上似乎更加正确。不正义的人追求的东西更加实际,更加真实,他不想按照人们的意见规范自己的生活,也不希望被人们视为不正义的人,他要做的是

B 真正不正义的人,"他的城府厚又深,精明主意由此生。"① 由于享有正义的名声,他首先可以做官,统治这个国家,又可以从任何家族选择妻子,还可以让子女同他所中意的世家联姻。他可以同适合自己的人打交道,合伙经商,并在所有这些事情中捞取好处,因为他根本不用顾忌别人说他不正义。所以人们说,如果进行诉讼,

C 无论公事还是私事,不正义者总能胜诉。就这样他越来越富有,可以使他的朋友得利,使他的敌人受害。他可以隆重地向诸神献祭,用丰盛的供品适时祭祀。无论是敬神还是待人,只要愿意,他总是做得比正义者好得多。因此,他理所当然地可以期待上天对他的青睐,诸神会把好运降给他而不是降给正义的人。所以,苏格拉底,人们会说,诸神和凡人给不正义者安排的生活要比等待着正义者的生活好得多。

D 听格老孔说完这些话,我正想要做出回答,他的兄弟阿狄曼图说话了。他说,苏格拉底,你肯定不会认为刚才这番话已经把这个问题说尽了吧?

我说,为什么不?其他还有什么要讲?

---

① 埃斯库罗斯:《七雄攻忒拜》,第 592 行以下。

他说,有一个最重要的地方还没有提到。

我说,常言道"兄弟同心"——要是格老孔漏了什么没讲,你就帮他补上。不过对我来说,他讲的这番话足以把我打翻在地,我再想要抢救正义也已经不可能了。

他说,你又在胡说八道了,不过还是先听我说。我察觉到格老孔的用意是为了把问题弄得更清楚,有些人赞扬正义批判不正义,而立场与此相反的人的那些理由和观点也要统统摆出来。做父亲的告诫做儿子的要正义,做上级的命令下属必须正义,但他们在这样做的时候并不赞扬正义本身,而只是说这样做可以在世上获得好名声,他们只要在人们眼中好像是正义的,有了这种好名声就可以身居高位,通婚世族,以及获得各种好处,这些格老孔刚才都已经提到了。但是那些人就名声问题还讲过许多话。他们把人的好名声跟诸神联系起来,肯定诸神会给虔诚的人赐福,甚至连高明的赫西奥德和荷马也说过这样的话。一位诗人说诸神让橡树为正义的人开花结果,"枝头长出橡实,蜜蜂在橡树中盘旋采蜜",还有"绵羊身上长出厚厚的绒毛"①,以及其他诸如此类的福气;另一位诗人同样也说,"如同一位无瑕的国王,敬畏神明,执法公正,黝黑的土地为他奉献小麦和大麦,树木垂挂累累硕果,健壮的羊群不断繁衍,大海育鱼群。"② 穆赛乌斯和他的儿子有一首颂歌,比这些歌颂诸神赐福义人的诗歌说得更妙。在他们的诗歌里,诸神引导义人来到冥界,设宴款待这些圣人,请他们斜倚长榻,头戴花冠,喝着美酒消磨时光,似乎对美德最好的报酬就是永远沉醉在酒中。还有其他一些人在谈到诸神对美德的报酬时说得就更远了。因为他们说虔信诸神和信守誓言的人多子多孙,绵延百代而不绝。这些

---

①　赫西奥德:《工作与时日》,第 232 行以下。
②　荷马:《奥德赛》,第 19 卷,第 109 行以下。

诗歌,以及与此相似的诗歌,就是他们对正义的赞颂。但他们也提
到不虔诚的和不正义的人死后要被埋在冥府的烂泥中,还要被迫
用篮子打水,劳而无功,而这些人还活在世上的时候就有了不正义
E　的恶名,受到格老孔所列举的正义者被视为不正义时所受到的种
种虐待。关于不正义之人,诗人们只提到这些,再也没别的了。对
正义者与不正义者的赞扬和谴责我就说到这里。

　　苏格拉底,请你进一步考虑民众和诗人在涉及正义与不正义
364　时还用过的另一类说法。他们异口同声地指出节制和正义是美好
的、光荣的,但又肯定正义是不快乐的和辛苦的,而纵欲和不正义
则是快乐的、容易取胜的,只不过在人们的意见和习俗中是可耻的
罢了。他们说,不正义在大多数情况下获得的报酬比正义多,他们
并不顾忌说有钱有势的坏人有福气,无论是在公开场合还是私底
B　下都尊敬这些坏人,而污辱和轻视那些弱者和穷人,甚至在承认弱
者和穷人比那些坏人要好的时候也这样。在诸如此类的言论中最
令人吃惊的是他们对诸神与美德的看法——诸神自己如何把不幸
降给许多好人,让他们的一生多灾多难,而对许多坏人则正好相
反,祭司和巫师奔走于富贵之家游说,使他们相信通过献祭和巫术
可以得到诸神的赐福,举行娱神的赛会就能消灾赎罪,无论是个人
C　的罪还是祖先的罪;如果一个人想要伤害仇敌,只要花一点小钱就
能做到,无论他的仇敌是正义的还是不正义的,因为这些巫师擅长
用符咒来驱使神灵为自己效力。人们还引用诗人的话来为这些说
法做证,认为作恶是容易的,恶人是富足的。他们引道:"一个人要
追求邪恶非常容易,邪恶比比皆是,通向它的道路既平坦又不远。
D　然而,诸神在追求美德之路上从第一步就放置了汗水,这条道路既
遥远又崎岖不平。"① 其他一些人引用荷马来证明凡人欺骗诸神,

---

① 　赫西奥德:《工作与时日》,第 287 行以下。

因为他说过："诸神本身也会被祈祷所感动,人们用献祭、许愿、馨香、奠酒来转变他们的心意,要是人们犯了罪,有了过失,他们就祈祷。"① 人们还制造出一大堆穆赛乌斯和奥菲斯的书,声称这俩人是月亮女神和缪斯女神的后裔,把这些书用于祭仪,不仅使平民而且使国家相信,如果做了不正义的事情,可以用举行献祭和赛会的办法来赎罪和洁净,还有一种特殊的为死者举行的祭仪,他们称之为超生,可以使死者在冥府得到赦免,而对那些不献祭的人来说,有许多恐怖的事情在等着他们。

　　苏格拉底,听了诸如此类的言论,人们的灵魂会受到什么样的影响呢? 年轻人的灵魂敏感易变,他们听到一种意见就会据此进行推论,选择自己的人生道路,那么从这些高论中他们会答出什么样的结论来呢? 这些人多半会用品达的问题来问自己,"要想步步高升,安身立命,平安度过一生,我应当凭借正义还是使用阴谋诡计?"他们会说,如果去做一名正义者,那么除非只是表面上像是正义的,否则就是自找苦吃,要历尽千辛万苦和丧失一切;但若实际上不正义而又能博得正义的名声,那么就能过上神仙般的生活。既然那些聪明人告诉我,"貌似正义"决定了现实,是获得幸福的关键,那么我必须不遗余力地追求貌似正义。我一定要在外表上显得富有美德,不露一点马脚,就像最贤明的阿基洛库斯所说的那只狐狸一样狡猾和贪婪。有人会说,想要做到干坏事而从来不被发现可不是一件易事。面对这种诘难我们要回答说,普天之下又有哪一件伟大的事情是容易的。但是为了获得幸福,我们无论如何也要这样做,所有论证的结果也都指向这条道路。为了保密,我们会组织团伙和政治集团,有辩论大师教我们讲话的艺术,我们可以向议会和法庭作讲演,软硬兼施,这样,就可以达到目的而又不受

---

①　荷马:《伊利亚特》,第 9 卷,第 497 行以下。

惩罚。有人会说,我们对诸神既不能欺骗又不能强逼。我们要说
的是,假定没有诸神,或者诸神是存在的但并不关心人间事务,那

E　么我们也用不着担心做坏事被神察觉。假定诸神确实存在而又关
心我们,而我们有关神的知识都来自传说和诗人们描述的神谱,然
而这些诗人也同时告诉我们,献祭、符咒、供奉都能够说服和收买
诸神。对他们的话,我们要么全信,要么全不信。如果我们信了,
那我们就去行不义之事,然后从我们干坏事得来的钱财中拿出一

366　部分来献祭。如果我们是正义的,诸神当然不会惩罚我们,不过这
样一来我们也就得不到不义能带来的利益了;但若我们是不正
义的,那么我们既赢得了这些利益,又能在犯了罪过以后向诸神祷
告求情,最后还是安然无恙。有人会反对说,你说的没错,但是到
了阴曹地府还是恶有恶报,报应在你自己身上,或者报应在你的子
孙身上。但是我们精于算计的朋友会说,这没关系,我亲爱的先
生,我们有灵验的为死者赎罪的祭仪,也有愿意赦免我们罪行的诸

B　神,就像那些最伟大的城邦宣称的那样,我们还有诸神之子,即诸
神的诗人和预言家,他们给我们的启示已经揭示了事情的真相。

　　既然如此,那么我们还有什么理由宁要正义而不要不正义呢?
如果我们选择了不正义并且戴上一副道貌岸然的正义的假面具,
那么我们无论生前死后,对人或对神都会左右逢源,无往而不利。

C　这个道理,民众和拥有最高权威的人都是这样说的。苏格拉底,根
据上面所说的这些理由,任何聪明、有钱、身体好、有门第的人怎么
会赞同尊重正义,而不对赞扬正义发出嘲笑呢? 其实,假如有人能
够指出这些论证的错误,心悦诚服地相信正义的确是最好的,那么
他对不正义者也会感到情有可原,不会对他们恼怒。他心里明白,

D　除了那些生来就痛恨不正义的人,那些赢得了有关正义的知识的
人,没有人会心甘情愿地实践正义,要不就是那些怯懦、老迈或
有其他缺陷的人会贬低不正义,因为他们缺乏实践不正义的力

量。事情再清楚不过了，这种人一旦掌权就会马上尽力推行不正
义。

苏格拉底,我们列举了种种理由只是为了向你说明,在我们的
朋友和你进行的这场讨论中,我们从一开始就指出,你们全都自称
是正义的拥护者有多么奇怪呀！从古时候的英雄,他们的相关论
述保存至今,到当今时代的普通人,没有一个人曾真正谴责过不正
义或颂扬过正义,除非与名声、荣誉,以及从名声和荣誉中获取的
利禄联系起来讲。至于正义或不正义本身是什么,它们本身的力
量何在,它们是否内在于人的灵魂,它们能否躲避诸神和凡人的注
意,没有人曾在诗歌或散文中作过恰当的阐述,——这就证明了不
正义是灵魂自身最大的恶,而正义是最大的美德。如果你一开始
就以这种方式讲述这个问题,并从我们年轻时候起就这样来说服
我们,那我们就用不着彼此提防对方的不正义,每个人都会成为自
己最好的护卫者,因为这样一来每个人都会害怕行不正义之事而
在自己身上出现最大的邪恶了。

苏格拉底,这些话是塞拉西马柯或其他人在讨论正义和不正
义时会说的,他们甚至还会说得更加过头一点,我相信,他们在这
样说的时候实际上已经颠倒了正义与不正义的真正力量。至于我
对你没有什么要隐瞒的,为了能够听到你的反驳,所以我竭尽全力
把这种理论说清楚。你可别仅仅论证一下正义高于不正义就算完
事,你必须向我们说清楚它们各自对它们的拥有者起什么作用,凭
借什么它们一个是坏的,一个是好的。你得把正义与不正义带来
的名声问题抛开,这是格老孔敦促的。因为只有把名声问题撇开,
我们才不会说你所称赞的不是正义而是正义的外表,你所谴责的
不是不正义而是不正义的外表,你实际上只是在规劝不正义者不
要让人发觉而已,你和塞拉西马柯的观点实际上是一致的,正义是
他人的好处,是强者的利益,而不正义是对自己有益,是对弱者的

伤害。由于你承认正义属于最高一类善,正义的后果及正义本身

D 都是可取的,就像视力、听力、理智、健康一样,其他各种善也都因
其本性而产生后果,并不取决于人们的意见。正义对拥有正义者
内在地有什么好处,不正义对拥有不正义者内在地有什么坏处,这
就是我想要你对正义进行赞扬的地方。而报酬和荣誉取决于人们
的看法,所以还是让别人去赞扬吧。我会聆听别人对正义的颂扬
和对不正义的谴责,依据二者所能带来的报酬和荣誉对二者进行

E 褒贬,但我不想从你这里听到这种言论,除非你说我必须听,因为
你已经耗费了毕生精力思考这个问题。我再重复一遍,请你不要
仅仅向我们证明正义优于不正义,而要告诉我们二者对其拥有者
来说内在地会起什么作用,在实施二者时人能否躲避诸神与凡人
的觉察,凭借什么二者一个是善,一个是恶。

　　我对格老孔和阿狄曼图的天才向来佩服,听了他们的这番高

368 论我尤其感到高兴。我说,你们说得好极了,真不愧乃父之子,我
们知道格老孔的崇拜者写过一首诗,歌颂你们在麦加拉战役中的
赫赫战功,那首诗的开头说:"至善(阿里斯通)之子,家世显赫,如
同天神。"① 朋友们,我认为这些话说得很好。尽管你们可以用这
样的方式来进行讨论,但若你们并非宁要不正义而不要正义,那么

B 你们在为不正义辩护时确实像天神一样能干。我相信你们确实不
信服自己的这套说法。根据你们的一般品性我做出这一推断,如
果只听你们的言辞,那我会表示怀疑。但我越是相信你们,就越不
知道如何是好。我不知如何才能帮助你们。我对自己的能力表示
怀疑,因为你们不接受我用来反对塞拉西马柯的那些证明了正义
比不正义要好的论证。但我也不知道如何拒绝帮助你们。因为我

---

　　① 阿里斯通(Ariston)是格老孔和阿狄曼图之父,这个名字在希腊文中
的意思是"最好"。

担心,当正义遭受诽谤,而我在一息尚存还能说话的时候却袖手旁 C
观,不为正义辩护,那对我来说确实是一桩不虔诚的罪过。所以我
最好还是尽力而为,为正义说话。

这时候格老孔和其他人也恳求我务必不要撒手不管,而要为
正义辩护,把这一探讨进行到底,弄清正义和不正义的本质以及它
们各自的真正利益。于是我就随口说道,在我看来,我们现在进行 D
的这个探讨非比寻常,需要有敏锐的目光。由于我们并不十分能
干,所以我们还是以这样一种方式进行探讨为好,就好比我们视力
不好,而人家要我们读远处写着的小字,这时候有人发现在另一处
有大字写着同样的字,如果是这样的话,如果它们是一样的,那么
我们可以把它视为神的馈赠,可以先读大字后读小字。

阿狄曼图说,你说得倒不错,但是你说的这件事跟探讨正义有 E
什么可比性呢?

我说,我会告诉你的。我们可以说,有个人的正义,也有整个
城邦的正义。

他说,确实有。

城邦不是比个人大吗?

他说,大得多。

那么在这个大得多的东西里也许会有更多的正义,也更容易
理解。如果你愿意,让我们先探讨正义在城邦里的性质,然后再到 369
个别人身上考察正义,这就叫以大见小。

他说,这倒是个好主意。

我说,如果我们的论证能够注意到城邦的起源,我们也能看到
正义和不正义在城邦中的起源,对不对?

他说,有可能。

如果能做到这一点,那么我们可以期待比较容易地发现我们
要寻求的东西,是吗?

B　　　大有希望。

那么我们要不要试试看,彻底考察一番? 我以为这件事非同小可,你们可要好好想一想。

阿狄曼图说,我们已经想过了。开始吧,别再推辞。

我说,那么好吧。在我看来,城邦的起源从这样一个事实就能看出:我们每个人都不能自给自足,相对于我们自己的需要来说,每个人都缺乏许多东西。你认为建立城邦还有别的什么原因吗?

他说,没别的了。

C　　　那么由此带来的一个后果就是,人们相互之间需要服务,我们需要许多东西,因此召集许多人来相互帮助。由于有种种需要,我们聚居在一起,成为伙伴和帮手,我们把聚居地称作城邦或国家,难道不是吗?

当然是这么回事。

这样人们之间就有了交换,一个人给别人提供一些东西,也从别人那里取得一些东西,每个人都认为这样有进有出对自己有好处。

确实如此。

那么让我们从头开始,按照我们的理论来创造一个城邦。看起来,我们的需要是城邦的真正创建人。

显然如此。

D　　　为了生存,我们第一位的需要是食物。

毫无疑问。

第二位的需要是住房,第三位的需要是衣服,以及其他等等。

是这样的。

我说,那么请你告诉我,我们的城邦怎样才能充分提供这些东西。那里要不要有一个农夫、一个瓦匠、一个纺织匠? 要不要再加一个鞋匠和其他一些照料身体需要的人?

当然要。

那么最小的城邦至少也要四五个人。

显然如此。　　　　　　　　　　　　　　　　　　　　　　E

接下去该怎么办呢？每个成员要不要把各自的产品提供给所有人使用？我的意思是说，由一个农夫为四个人供应粮食，花四倍的时间和劳力生产粮食来跟其他人共享，还是不管别人，只顾自己　370生产，花四分之一的时间生产自己需要的一份粮食，把其余四分之三的时间一份花在造房子上，一份花在做衣服上，一份花在做鞋子上，免得麻烦去同人家交换呢？

阿狄曼图说，恐怕还是第一种方式便当，苏格拉底。

我说，凭着宙斯的名义起誓，这样做一点儿也不奇怪。我现在想到，你刚才说过我们大家的各种品性生来就不一样，有些人适合　B做这样工作，有些人适合做那样工作。你说是不是？

是的。

那么一个人做许多工作好，还是只做一样工作好？

一个人做一样工作好。

我想，还有一点很明显，不论做什么事，一个人要是把握不住恰当的时机就会把事情搞砸。

显然如此。

我想这是因为这些工作不会等着匠人来做，匠人必须把这些工作当作他的主业，而不是当作副业。　　　　　　　　　　　　C

他确实应当这样做。

当一个人在适当的时机从事与他品性相适应的工作，而不去从事其他职业，那么他生产的东西就会更多，更好，也更容易。

确实如此。

那么，阿狄曼图，我们需要不止四个公民来供应我们已经提到的这些东西。因为农夫似乎造不出他自己要用的犁，要是这张犁

D　是一张好犁的话,他也造不出他要用的锄头和其他农具。同样,
　　泥瓦匠也造不出他要用的许多工具,纺织匠和鞋匠的情况也差不
　　多。

　　　　对。

　　　　那么木匠、铁匠和其他许多匠人会加入我们这个小村庄,使之
　　扩大。

　　　　当然。

　　　　但即使我们再加上放牛的、牧羊的和饲养其他牲畜的人,这样
E　的城邦也不算很大,有了这些人农夫就有牛拉犁,泥瓦匠有牲口替
　　他们运输砖瓦,纺织匠和鞋匠也有皮革和羊毛可用。

　　　　如果这些人都有了,那么这个城邦不算小了。

　　　　我说,还有一点要注意,要把城市建在不需要进口货物的地方
　　实际上是不可能的。

　　　　没错。

　　　　那么就还要有人去别的城邦进口所需要的东西。

　　　　是的。

371　但若我们派去的人空着手,不带去其他城邦的人需要的货
　　物,换回自己城邦所需要的物品,那么他回来时不还得两手空空
　　吗?

　　　　我也这样想。

　　　　那么他们不仅要为自己生产足够的产品,还得按照为他们提
　　供货物的外邦人的需要生产一定数量的产品,并在质量上满足对
　　方的要求。

　　　　必定如此。

　　　　所以我们的城邦需要更多的农夫和其他手艺人。

　　　　是的,需要更多。

　　　　也还需要有其他一些人专管进出口货物。这些人就是商人,

是吗？

是的。

那么，我们还需要商人。

肯定要。

如果这种生意要做到海外去，那么我们需要许多懂得海外贸易的行家。

对，需要很多。

还有一点，在城邦内部人们如何分享他们的劳动产品？这正是我们进行合作并建立国家的目的所在。

他说，这种分享显然是通过买和卖来进行的。

那么我们要有市场，有货币作为交换产品的媒介。

当然如此。

如果一个农夫或手艺人拿着自己的产品去市场，可是那些想交换他的产品的人还没到，那么这个农夫不是就得在市场上闲坐，浪费他自己的工作时间吗？

他说，不会的，有人看到有这种需要就会让自己来提供这种服务，在那些管理有方的城邦里，这种人一般说来身体比较虚弱或不善于从事其他工作。他们得等候在市场上，拿钱与那些前来卖货的人交换货物，然后再拿货物跟那些前来买货的人换钱。

我说，那么在我们的城邦里，这种需要产生了一个店主阶层。不过做生意的方式不一样，店主这个名称是指那些常住市场、提供买卖服务的人，而那些往来于城邦之间做买卖的人，我们称之为商人，是不是？

确实如此。

此外，我相信还有其他为我们服务的人，这种人在智力上虽无长处可以充当我们的伙伴，但却有足够的力气可以干体力活，因此这些人按一定的价格出卖劳力，这个价格就叫工资，所以这种人可以称作"挣工资的",不知你意下如何?

是这么回事。

那么挣工资的人似乎成了国家的一种补充成分。

我想是的。

那么,阿狄曼图,我们的城邦是否已经成长起来? 她发育完备了吗?

也许是吧。

那么在城邦的什么地方可以找到正义和不正义呢? 我们已经考虑过城邦由某些成分组成,那么正义和不正义随着哪一种成分产生呢?

372　　　他说,我分辨不清,苏格拉底,除非它们的产生是由于构成城邦的各种人相互之间都具有的某些需要。

我说,你提出的这个建议也许很好。我们必须考察一下这个说法,不能退缩。

首先,让我们考虑,在得到这些供应之后,人们的生活方式会是什么样。他们不需要自己做面包、酿酒、缝衣、制鞋吗? 他们自B　己要造房子,一般说来,夏天干活老是赤膊光脚,冬天则穿很多衣服,着很厚的鞋。他们用大麦片、小麦粉当粮食,煮粥、做糕点、烙薄饼,放在芦竿或干净的树叶上。他们坐在简陋的小床上,床上铺着苔藓和桃金娘叶,跟儿女们欢宴畅饮,头戴花冠,高唱颂神的赞C　美诗,儿女的人数不多,免得供养不起,陷入贫困或战争。

这时候格老孔插话说,显然连调味品也不要了,你说的这些人像是在开宴会。

我说,没错,是我忘了,他们也要有调味品,盐、橄榄、乳酪,还有乡间经常煮着吃的洋葱和蔬菜。我们还会给他们无花果、鹰嘴豆、豌豆做甜食,他们会在火上烤爱神木果和橡子,再适度地喝上一点儿酒。因此,他们可以生活安宁,身体健康,得享高寿,无疾而终,并把同样的生活再传给他们的后代。

他说,苏格拉底,如果你正在建一个猪的城邦,那么除了上面　　　D
这些东西以外,你还会给点什么别的饲料吗?

我说,格老孔,你干吗要这样问? 你还想要什么呢?

他答道,按生活习惯所需要的东西。我想,他们要有椅子可以
靠背,免得坐着太不舒服,还要有餐桌和几个碟子,可以坐在桌边
就餐,就像现在大家都在用的一样,还要有甜食。　　　　　　　　　E

我说,说得好,我明白了。我们现在考虑的已经不是城邦的起
源,而是一个繁荣城邦的成长了。这倒不见得是个坏主意。通过
观察这种城邦是个什么样,也许就可以看到正义和不正义在一个
国家里怎样产生。我相信,真正的国家是我们前面已经描述过的
国家,可以称之为健康的国家。但若你喜欢研究一个发高烧的城
邦也未尝不可。有些人似乎对这种伙食或这种生活方式并不满　　373
意,不过,睡椅必须添上,还要有桌子和其他家具,对了,还要有调
味品、香料、香水、歌妓、糕饼,等等,诸如此类的东西都要有。我们
一开始提到的那些必需品,房子、衣服、鞋子,也已经不再是必需品
了,因为我们还得花时间在上面绘画和刺绣,还要想方设法寻找金
子、象牙以及各种装饰品,是不是?

他说,是的。　　　　　　　　　　　　　　　　　　　　　　　　B

那么我们不是还得再扩大这个城邦吗? 因为那个健康的城邦
不再是自给自足的了,我们必须给城邦增添许多人,以满足那些非
必需的各种需要。好比说,我们要有各种猎人,要有各种专事模仿
的艺术家,他们模仿形象与色彩,还要有许多人搞音乐,还有诗人
和他们的助手,我指的是朗诵者、演员、合唱队、舞蹈队、经纪人,还
有各种物品,尤其是制造女人用的装饰品的制造者。因此,我们也　　C
还需要更多的仆人。你难道以为我们就不需要家庭教师、奶妈、保
姆、美容师、理发匠、厨师了吗? 我们还需要牧猪奴,在我们前面的

那个城邦里,这些人都没有,因为我们不需要他们,但在这个城邦里有这种进一步的需要。如果以牛肉为主食,我们还需要大量的菜牛,你说对吗?

对。

D　　如果我们过这种生活而不是过以前那种生活,那么我们不也更加需要医生的服务吗?

确实更加需要。

还有,我想原先足以供养所有居民的土地现在不够了,变得太小了。你说是吗?

是的。

如果我们想要有足够的牧场和耕地,我们势必要从邻邦那里抢一块过来;而我们的邻邦若是同样无视生活必需品的界限,放纵自身,无限制地追求财富,那么他们势必也要夺走一块我们的土地。

E　　这是不可避免的,苏格拉底。

下一步我们就要走向战争了,格老孔,或者你说会怎么样?

他说,肯定就是你说的这种情况。

我说,我们还没有讲过战争造成的结果,无论是坏是好,而只是肯定我们已经找到了战争的起源,也就是说,从公共和私人两个方面给国家带来最大灾难的战争就是由这些事情引起的。

确实如此。

374　　那么我的朋友,我们还必须进一步扩大我们的城邦,不是略微增加一些人,而是增加一支军队,用它来抵抗和驱逐入侵之敌,保卫我们刚才提到过的所有那些财富和奢侈品。

他说,为什么? 公民自己还不能够保卫城邦吗?

我说,如果我们在前面在塑造我们的城邦时确定下来的原则是正确的,那么公民自己不能保卫城邦。如果你还记得的话,我们确实同意过一个人不能同时从事多种工作,掌握多种技艺。

他说,没错。

我说,那么好,打仗难道不是一门技艺和一种职业吗?

他说,确实是。

那么我们关心鞋匠的技艺应当胜过关心战争的技艺吗?

绝对不应该。

为了能够达到把鞋子做好的目的,我们尽量不让鞋匠同时去当农夫、织工、瓦工,而是只让他做鞋匠的事,同样,我们也给每个人指定一项职业,按其天赋安排他的工作,让他在工作时能全身心地投入,在闲暇时再去做别的事,免得他把握不住恰当的时机而不能做好工作,既然如此,我们要让最适宜的人在最适当的时机从事军事还有什么疑问吗?或者说,军事太容易了,种地的人、修鞋的人或其他任何行业的人都同时可以成为一名战士?哪怕是下棋、掷骰子,如果只当作消遣,而不是从小就练习,也是断不能精于此道的。我们难道可以相信,在重装战或其他类型的战争中,一个人只要拿起盾牌或其他兵器一天之内就能成为老练的战士吗?你要知道,如果不懂如何使用工具,没有足够的练习,没有人能够一拿起工具就成为行家里手。

他说,你说得好极了,否则的话工具就成为无价之宝了!

我说,那么我们的卫士所承担的工作是最重大的,从事这种工作比其他工作需要有更多的闲暇,需要的知识和训练也最多。

他说,我也这么想。

从事这一行不也需要有一定的天赋吗?

当然需要。

如果我们能够选择有这方面天赋的人来担当城邦的卫士,那么这是我们的责任。

对,是我们的责任。

我说,天哪,这个责任可不轻。但我们要尽力而为,不可退缩。

对,我们一定不可退缩。

375　我说,你认为养一条好的看家狗和养一个好的护院家奴,它们的天赋有什么区别吗?

你这样说有什么用意?

我的意思是说,它们都应当有敏锐的感觉,发现了敌人就要快速追击,如果要打斗也要足够强壮。

他说,没错,这些品质都是必需的。

还有,要想战胜敌人,还必须勇敢。

当然。

无论马、狗,还是其他牲畜,要不是有一种高昂的精神,它们会
B　勇敢吗? 你难道没有注意到,只要有了这种精神,每个灵魂就能无所畏惧,所向无敌,变得不可抗拒,不可战胜吗?

我注意到了。

当一名卫士在身体方面要有什么素质是清楚的。

是的。

他在灵魂方面也要具备一些素质,也就是说卫士必须具备高昂的精神。

对,也要具备。

我说,格老孔,如果卫士的本性就具有高昂的精神,那么他们相互之间怎么能够避免野蛮,并且不与其他公民发生冲突呢?

他说,凭宙斯的名义起誓,的确不容易避免。

C　所以我们必须使他们对自己人温和,对敌人凶狠。否则的话,用不着等别人来动手,他们自己就先消灭自己了。

他说,对。

我说,那么我们该怎么办? 我们到哪里去找这种既温和又刚烈的人? 要知道刚烈与温和这两种性格显然正好相反。

是的。

但若二者缺一,他就永远成不了一个好卫士。但二者似乎不   D
可能兼得,因此结果就是不可能有好卫士。

他说,好像是这么回事。

我说,把我们刚才已经说过的话再考虑一下,我有点不知所措
了。我的朋友,落入这样的处境我们是活该的,因为我们忽视了自
己在前面进行的对照。

我不明白你的意思。

我们没看出这些我们原先认为不可能同时具有的相反性质实
际上是可以同时具有的。

可以同时具有? 在哪里?

从动物身上就能看出来,尤其是我们拿来与卫士相比的那种   E
动物。你肯定注意到喂养得很好的家犬,它们的脾气总是对熟人
非常温和,而对陌生人却正好相反。

我明白。

我说,所以这件事是可能的,我们寻找我们的卫士并不违反事
物的天性。

看起来并不违反。

你是否认为我们想要寻找的卫士除了刚烈的品性外,也还需
要有对智慧的爱好?

他说,为什么? 我不明白你的用意。

我说,这也是你在狗身上能看到的品性,真令人感到惊奇。   376

什么?

狗一见到陌生人就狂吠不已,哪怕这个人并没有打它;它一看
见熟人就摇头摆尾,哪怕这个人并没有对它表示好意。你难道从
来没有对这种情景感到惊奇吗?

我以前没有注意过这种事,但狗的行为方式显然如此。

B　　　但这确实是它天性精明之处，表现出一种对智慧的真正热爱。

请你告诉我,这一点从什么方面可以看出来?

我说,狗完全凭着认识与否来区别敌友,认识的就是朋友,不认识的就是敌人。我来问你,能够按照认识与不认识的标准来区别敌友,这样的畜生我们能说它不热爱学习吗?

他说,当然不能。

我说,你认为热爱学习和热爱智慧是一回事吗?

他说,是一回事。

C　　　那么,就人来说,我们是否也可以充满自信地说,对亲朋好友表现温和的人一定也是智慧与学习的爱好者?

他答道,让我们就这样假定吧。

那么在城邦的一个真正的好卫士身上,我们可以把爱智、刚烈、敏捷、强健这些品质结合起来。

他说,确实如此。

我说,这就是构成卫士性格的基础。但我们该如何对他们进行培养和教育呢? 考虑这个问题是否有助于我们实现解答正义与

D　不正义在国家中的起源这个目的呢? 我们的讨论既要充分,不能有疏忽,但又不能太冗长,令人生厌。

格拉孔的兄弟答道,没错,我希望这个探讨能使我们逼近那个目标。

我说,没问题,我亲爱的阿狄曼图,哪怕我们的讨论很长,我们也一定不要放弃。

对,我们一定不能放弃。

那么好吧,我们不妨像讲故事一样从容不迫地来讨论怎样教育这些卫士。

E　　　我们必须这样做。

那么,这种教育是什么呢? 或者说很难再发现比我们早已发现了的那种教育更好的教育了,也就是用体育来训练身体,用音乐来陶冶灵魂?

是的。

进行教育时要不要先教音乐后教体育?

当然。

你把讲故事也包括在音乐中,对吗?①

对。

故事有两种,一种真,一种假,是吗?

是的。

教育应该两种故事都用,但要先用假的,是吗?

我不明白你的意思。

我说,你难道不知道我们给儿童讲的故事从总体上看都是假的,但其中也有真实的地方? 我们在对孩子进行体育训练之前就先给他们讲故事。

是这样的。

这就是我说在教体育之前先教音乐的意思。

他说,你说得对。

你难道不知道,凡事开头最重要,尤其是那些年幼柔弱的生灵? 这时候它们最容易接受陶冶,你想把它们塑造成什么样子,就能塑造成什么样子。

确实如此。

那么我们怎能放任自流,让我们的孩子随意听那些胡编乱造

377

B

---

① "音乐"一词的希腊文是μουσικὴ,源于艺术女神缪斯(Μουσης),广义上包括艺术的多个分支,而非仅指现今所谓音乐。此处音乐一词是在广义上使用的,听艺人弹竖琴讲述史诗故事也属于广义的音乐。

的故事,在他们的成长过程中形成我们认为不应该有的见解呢?

我们绝对不能容忍这种现象出现。

C　　那么看起来,我们必须先对编故事的人进行审查,接受好故事,拒绝坏故事。然后我们要鼓励保姆和母亲给孩子们讲那些已经通过审查的故事,用这些故事塑造他们的心灵,胜过用手去塑造他们的身体。① 他们现在所讲的故事大多数我们都要加以抛弃。

他说,你指的是哪些故事?

我说,故事也能从大看小。因为故事无论大小,它们的类型是一样的,大故事和小故事都有同样的倾向。你看是不是?

D　　他说,是的,但我还是不知道你说的大故事是什么意思?

我说,我指的是赫西奥德、荷马,以及其他诗人所讲的那些故事。这些人编造了假故事,讲给人们听,而且至今还在流传。

他说,你指的是哪些? 它们有什么错?

我说,它们是虚假的,这是首先应当痛加谴责的,尤其是撒谎还撒不圆。

撒什么谎?

E　　一个人如果不能用语言描述出诸神与英雄的真正本性,那就好比画家画出来的肖像与真人一点也不像。

他说,这样的事情是应该受到谴责,但请你说得更加清楚一些,具体一些?

我说,首先是那些我们最担心的弥天大谎,比如赫西奥德描写
378　乌拉诺斯如何对待克洛诺斯,而克洛诺斯又如何转过来对乌拉诺斯进行报复,然后是克洛诺斯如何对待他的子女,最后又是克洛诺斯如何遭受他的子女的报复。哪怕这些事情都是真的,我认为也不应该随便讲给天真单纯的年轻人听。最好的办法是闭口不谈,

---

① 指当时用按摩推拿一类的方法对幼儿进行保育。

如果非讲不可,也只能允许少数人听,而且在听故事之前要秘密宣誓,举行献祭,不是献一头猪,而是要献一头很难弄到的庞然大物,这样一来,能听到这种故事的人就少而又少了。

他说,对,这种故事很难说出口。

对,阿狄曼图,在我们的城邦里不应该讲这种故事,也不能让年轻人听了这些故事以后有这样的想法,忤逆长辈没什么要紧,哪怕惩罚犯了错误的父亲也不值得大惊小怪,因为他这样做只不过是在模仿最伟大的头号天神而已。 **B**

他说,凭天起誓,我认为讲这种故事是不适宜的。

我说,如果我们希望我们将来的卫士能把彼此勾心斗角、玩弄阴谋诡计当作奇耻大辱,那么我们也一定不能接受诸神之间明争暗斗的故事,这些故事也不是真的。我们更不应该把诸神或巨人之间的争斗,把诸神与英雄对亲友的种种怨仇作为故事和刺绣的题材。如果要使年轻人相信我们的劝告,城邦公民之间从来不发生争执,连这样想都是一种不虔诚的表现,那么城邦的长者,老爷爷、老奶奶,应当从小就对孩子们这样说,孩子们长大了也还要这样说,我们必须强迫诗人们创作的诗歌贴近这个意思。而赫拉如何被她的儿子捆绑,赫淮斯托斯如何见到母亲挨打前去救援,被他的父亲从天上摔到地下,还有荷马诗歌所描述的诸神间的战争,诸如此类的事情,作为寓言来讲也罢,不作为寓言来讲也罢,无论如何不能让它们在我们的城邦里流传。因为年轻人分辨不清什么是寓言,什么不是寓言,无论什么见解对他们来说总是先入为主,成为根深蒂固、不易更改的定见。因此,我们也许要特别注意,为了培养美德,他们最先听到的故事应当是最优美、最高尚的。 **C**
D
E

他说,对,这样做很有道理,但若有人要我们具体说出适宜讲哪些故事,我们该列举哪些呢?

我答道,阿狄曼图,你我都不是诗人,我们现在是以城邦缔造者的身份在这里发言的。城邦缔造者必定知道诗人应该怎样创作故事,也知道诗人一定不能写哪些类型的诗歌,但并不要求自己动手创作故事。

他说,你说得对,但你说的关于诸神的这些故事的类型或判断其用语是否正确的标准又是什么呢?

我说,大体上是这样的,把神的真正性质描写出来,无论是写史诗、抒情诗,还是写悲剧,都要把这些真正的性质归之于神。

我们必须这样做。

B　　神确实是善的,我们要永远把神描述为善的,对吗?

确实如此。

还有,没有一样善的东西是有害的,对吗?

对。

无害的东西会有害吗?

绝对不会。

无害的东西会作恶吗?

也不会。

不作恶的东西会成为任何恶的原因吗?

那怎么会呢?

再说,善的东西是有益的吗?

是的。

那么善是幸福的原因吗?

是的。

那么善并不是一切事物的原因,而只是好事物的原因,不能把事物不好的原因归咎于善。

C　　他说,你说得完全正确。

我说,那么神也不会像许多人说的那样,是一切事物的原因,因为神既然是善的,它也就不会是一切事物的原因。对人类来说,神只是少数几种事物的原因，而不是大多数事物的原因。世上的坏事远远多于好事，而好事的原因只能是神。至于坏事的原因，我们必须到别处去找，不能在神那儿找。

他答道，你说的这些话在我看来是最正确的。

我说，那么我们一定不能接受荷马或其他诗人对诸神说过的   D
种种蠢话了。比如他说："宙斯宫殿的地板上放着两只土瓶，瓶里是他赠送的礼物，一只装祸，一只装福。"要是宙斯把混合的命运赐给人，"那人的运气就有时候好，有时候坏。"如果他不把祸福相混，而是仅赐厄运给一个人时，"那人就遭饥饿逼迫，在大地上流浪。"我们也无法容忍这样的说法，"宙斯把善与恶降给凡人。"①   E
潘达洛斯② 违背誓言，破坏停战的事，如果有人说这是由雅典娜和宙斯的行为引起的，那么我们决不能同意。我们也不能承认诸神之间的争执和分裂是由于宙斯和塞米司③ 的所作所为，更不能让年轻人听到埃斯库罗斯这样的说法，"神欲毁巨室，降灾人世   380
间。"④ 如果有诗人创作一首"尼俄柏的悲痛"⑤，埃斯库罗斯的这两句抑扬格诗句就包含在这首诗中，或者描写佩洛匹达人的故事、特洛伊战争事迹，以及其他传说，我们一定要禁止他们把这些痛苦说成是神的旨意；如果一定要说，那么他们必须做出某些符合我们

---

①   荷马：《伊利亚特》，第 24 卷，第 527 行以下。

②   潘达洛斯（Pandarus）是荷马史诗中的英雄，特洛伊战争期间率吕喀亚军队与特洛伊军队协同作战。

③   塞米司（Themis）是掌管法律和正义的女神，她的形象一手执天平，一手执剑，双眼被布带蒙着，象征着公正无私和执法如山。

④   埃斯库罗斯：《残篇》160。

⑤   尼俄柏（Niobe）是底比斯王安菲翁的王后。她夸耀自己有七子七女，嘲笑阿波罗的母亲勒托只生了阿波罗和阿耳忒弥二人。勒托大怒，命其子女复仇。于是阿波罗把尼俄柏的子女全部射死。她因此整天哭泣，宙斯将她变成石像。尼俄柏这个词现转义指丧失亲人终身悲哀的女人。

B 现时需要的解释,必须宣称神做了一件合乎正义的好事,为的是让那些人从惩罚中得到益处。诗人们也一定不能先把被惩罚者的生活形容得悲惨无比,然后说是神要他们这样的。反过来,我们可以允许诗人们说,恶人受惩罚是必要的,神是为了他们好才惩罚他们,让他们在受惩罚中受益。如果有人说本身为善的神却成了恶的原因,那么我们对这种论调要加以迎头痛击,不能让任何人把这种论调传入城邦。假如城邦要得到良好的治理,我们不能让任何人听到这种故事,无论老少,无论故事是用韵文写成的还是不押韵

C 的,这些故事不可能是圣洁的,不仅对我们无益,而且自相矛盾。

他说,我投票赞同你的这条法律,我很高兴能有这样一条法律。

我说,它将成为我们关于诸神的法律之一,神不是一切事物的原因,而只是好事物的原因,讲故事要遵循这个标准,诗人的创作也要遵循这个标准。

他说,这样说就完全令人满意了。

D 第二条法律应该是什么呢? 你认为神是一个魔术师,能按照自己的意图在不同的时间显示出不同的形相来吗? 他能够改变外貌,欺骗迷惑我们吗? 或者说,神是单一的,比其他任何事物都更加不会改变他的本相?

他答道,我一下子答不上来。

E 那么就换个问法,如果任何事物离开它的本相,岂不就要被它自己或其他事物取代或改变吗?

必然如此。

处于最佳状态下的事物最不容易被其他事物所改变或影响,例如,身体受到饮食和劳累的作用,植物受到阳光、风、雨等等的作用,而最健康、最强壮的事物发生的变化最小,难道不是吗?

确实如此。

　　最勇敢、最聪明的灵魂最不容易被任何外界影响所干扰或改　381
变，不是吗？

　　是的。

　　据此类推，那些制作得很好的器物，家具、房屋、衣服，如果质
量很好，也最不容易受时间或其他因素的影响。

　　的确如此。

　　那么这是一条普遍真理：处于最佳状态下的事物最不易被其　B
他事物改变，无论这种最佳状态出自天性，还是通过技艺造就，或
是二者兼有。

　　看起来是这样的。

　　神和一切属于神的事物肯定在各方面都最有可能处于最佳状
态。

　　当然。

　　由此看来，要说神有许多形相是极不可能的。

　　确实不可能。

　　神会变形，改变自己吗？

　　他说，如果神被改变了，那么改变他的显然是他自己。

　　那么他把自己变得更好更美，还是变得更丑更坏？

　　他说，如果神改变了，那么他一定是变坏。因为我们肯定不能　C
说神在美和善方面有缺陷。

　　我说，你说得对极了。如果处在尽善尽美的状态下，阿狄曼
图，你认为会有哪位神或哪个人愿意把自己在某个方面变坏吗？

　　他答道，不可能。

　　我说，那么即使一个神希望改变他自己也是不可能的，尽善尽
美的神看起来要永远驻留在自己的单一形相之中。

　　我认为这是一个必然的结论。

　　我说，那么我的好朋友，我们不允许任何诗人对我们说："诸神　D

常常幻化成各种外乡来客,装扮成各种模样,巡游许多凡人的城

E 市。"① 我们也不允许任何人讲关于普洛托斯和忒提斯的谎话,不
允许在任何悲剧和诗歌里说赫拉假扮成女祭司,"伊那科斯那些
赐予生命的儿子们,为阿耳戈斯人的河流"募捐。② 他们一定不能
讲诸如此类的谎言。母亲们也不要在诗人们的影响下用有害的故
事吓唬孩子,说什么诸神在夜里游荡,假装成远方来的异客,免得
她们亵渎神明,同时还把孩子吓得胆战心惊,变成胆小鬼。

他说,她们一定不能这样做。

我说,既然诸神本身不能改变,我们可以假定他们能使我们产
生幻象,以为他们能以各种形象出现,对我们实施巫术吗?

他说,也许能。

我说,请仔细考虑,神明难道希望欺骗或撒谎,在言行上故弄
玄虚吗?

382 他说,我不知道。

我说,你难道不知道真正的谎言,如果可以用这种表达方式的
话,③ 是所有神和人都憎恶的?

他说,你说这话是什么意思?

我说,我的意思是虚假乃是一种谁也不愿接受的东西,无论就
其本身最重要的部分来说,还是就其最关注的东西来说,但是每个
人都最害怕虚假。

我还是不懂。

B 我说, 这是因为你老是怀疑我的话里有什么重要含义, 其实

---

① 荷马:《奥德赛》,第 17 卷,第 485 行以下。

② 埃斯库罗斯:《克珊西亚》,残篇 159。伊那科斯(Inachus)是河神,海
神忒提斯之子。

③ 谎言为假,用"真正的"来修饰构成字面上的矛盾。

我的意思只是说，灵魂受到欺骗而对真相一无所知，并在灵魂中一直保留着假象，这是任何人都最不愿接受的，也是最深恶痛绝的。

他说，确实如此。

但如我刚才所说，把这种状况说成是一种真正的虚假是完全正确的，无知也就是人的灵魂受到欺骗。因为虚假的言辞是灵魂情感的一个摹本，是从灵魂的情感中派生出来的影像，而不是纯正的虚假。这样说不对吗？

很对。

那么，真正的谎言不仅为诸神所痛恨，而且也为凡人所厌恶。

我同意。

但是言辞中的虚假是怎么回事？什么时候，对谁，可以用虚假的言辞，而不至于被人厌恶？我们不是可以用它来对付敌人吗？如果那些被我们称为朋友的人中间有人疯了，或者愚蠢地想要做坏事，那么谎言作为一种药物用来对抗他们的邪恶不也就变得有用了吗？还有，我们刚才在谈论故事的时候由于不知道古时候的真相，于是我们就尽可能以假乱真，使之能起到训导的作用。

他说，我们确实要这样做。

那么请告诉我，根据哪一条理由我们说虚假对神有用？会不会因为他们也不知道古代的事情，因此也把真相弄成虚假的呢？

他说，这种假设很荒唐。

那么神不会是撒谎的诗人。

我想不会。

那么好，神会因为害怕敌人而说假话吗？

绝对不会。

神会因为朋友的愚蠢和疯狂而说假话吗？

不会，傻瓜和疯子都不是神的朋友。

那么神不存在欺骗的动机。

不存在。

所以从各方面来看,神和神性都与虚假无缘。

绝对没错。

因此神是单一的,在言行方面是真实的,他不会改变自己,也不会用幻觉、言辞、征兆、托梦来欺骗世人。

383 他说,听你这样一讲,我自己也是这样想的。

我说,那么你是否同意把这一点确定为第二条有关诸神的言论和诗歌的标准或法规,既不能把他们说成是随时变形的魔术师,也不能说他们用虚假的言行误导我们?

我同意。

那么,尽管荷马那里有许多东西值得我们赞美,但我们对宙斯托梦给阿伽门农的说法不会鼓掌,也不会同意埃斯库罗斯的那段

B 诗。他说,忒提斯告诉大家,阿波罗在她的婚礼上唱过一首歌,"预言了她将来的好运"①。忒提斯说:"他们的时光在延续,没有任何痛苦和疾病,上苍赐予的幸福把他们包围,颂歌嘹亮,我心喜悦。我相信福玻斯② 之神口,它吐出的预言决不会是谎言。这位歌手与我们同桌共宴,向我们许诺一切,然而到头来杀害我儿子的竟然就是他自己。"

C 无论什么人对诸神说出这种话来,我们都要愤怒,不让他们组织歌舞队演出。如果要使我们的卫士在人性许可的范围内成为敬畏神明的人,我们也不允许教师用他们的诗歌来教育年轻人。

他说,务必如此,我接受这些规范,愿意把它们当作法规和法律来使用。

---

① 埃斯库罗斯:《残篇》350。
② 福玻斯(Phoebus)是太阳神,此处指阿波罗。

第 三 卷

我说,要想使我们的卫士敬神明、孝父母、重视朋友间的友谊, 386
我们一定不能允许亵渎诸神的故事存在,也不允许他们从小就听
这类故事。

这就是我们的看法,我相信我们的看法是对的。

那么,其次是什么? 要使他们勇敢,我们不能到此为止,而应
当把那些会使他们害怕死亡的说法统统排除。或者说,你认为心 B
里老是害怕死亡的人能够勇敢吗?

他答道,我不这样看,确实不能。

还有,如果有人相信地狱真的存在,而且非常可怕,那么你认
为他能够不怕死,打起仗来能够做到宁死也不做奴隶吗?

绝不可能。

那么看起来,我们对那些写故事的人实行监督也应当包括这
方面的内容,我们要对他们提出要求:不要信口雌黄,把地狱中的
生活说得一无是处,而要赞美它,因为他们现在讲的内容既不真
实,又对勇士的成长有害无益。 C

他说,对,我们必须这样做。

我说,那么,从这句话开始,我们要把同类的诗句全都删去,
"纵然他无祖传地产,家财微薄难以度日,我宁愿受雇于他,为他耕
种田地,也不想做大王去统治所有亡故者的灵魂。"① 还有,"免得
在天神和凡人面前暴露他的居所,那可怕、死气沉沉、神明都憎恶 D

---

① 荷马:《奥德赛》,第 11 卷,第 489 行以下。奥德修斯魂游地府,看见
阿喀琉斯的鬼魂,劝慰他,说他死后还是英雄,而阿喀琉斯则说了好死不如赖
活的想法。

的去处。"① 还有,"啊,可见哈得斯的住处虽有游魂幻影,只是已

E 无理智。"② 还有,只有提瑞西亚的灵魂"仍保持智慧,能够思考,
其他人则成为飘忽的魂影。"③ 还有,"灵魂离开了他的肢体,前往

387 哈得斯,哀伤命运的悲苦,丢下了青春和勇气。"④ 还有,"那灵魂
悲泣着去到地下,有如一团烟雾。"⑤ 还有,"有如成群的蝙蝠在空
旷的洞穴深处啾啾飞翔,当其中一只离开岩壁,脱离串链,其他的

B 立即纷乱地飞起,众魂灵也这样啾啾随行。"⑥ 如果删去诸如此类
的诗句,我们得请求荷马和其他诗人不要生气,这样做并不是由于
这些诗句不是人们喜闻乐见的好诗,有大量的听众,而是因为它们
越是好诗,就越不适合这些儿童和成年人听,这些人注定要成为自
由人,他们害怕做奴隶胜过害怕死亡。

务必如此。

我们还必须进一步禁止在表现这一类事物⑦ 时使用恐怖和

C 可怕的词汇,比如把考西图斯河说成是可怕的,把斯提克斯河说成
是可憎的,把冥河水说成是极为可恨的,还有阴间地府里的鬼魂,

---

① 荷马:《伊利亚特》,第 20 卷,第 64 行。特洛伊战争时,诸神分为两
派参加战争,以致地动山摇,吓坏了冥王哈得斯,他担心地面震裂,让凡人和
诸神看见阴间的恐怖情景。

② 荷马:《伊利亚特》,第 23 卷,第 103 行。阿喀琉斯梦见好友帕特洛克
罗的鬼魂,想去拥抱他。但鬼魂的阴影避开了。于是阿喀琉斯发出感叹。

③ 荷马:《奥德赛》,第 10 卷,第 495 行。提瑞西亚(Tiresias)是底比斯的
盲预言者。据说冥后珀耳塞福涅在他死后仍旧让他保持着先知的智慧。

④ 荷马:《伊利亚特》,第 16 卷,第 856 行。此处描写英雄帕特洛克罗之
死。

⑤ 荷马:《伊利亚特》,第 23 卷,第 100 行。阿喀琉斯梦见帕特洛克罗的
鬼魂像一阵烟似的消失。

⑥ 荷马:《奥德赛》,第 24 卷,第 6 行以下。求婚子弟被奥德修斯杀死,
此处描写他们的鬼魂下地府时的情景。

⑦ 指传说中的阴间地府中的事物。

等等,这些名字每一年都会使听到它们的所有人感到毛骨悚然。
这些表示恐怖的词汇用于其他目的也许很好,但我们担心的是我
们的卫士,这种恐惧会使他们变得敏感和软弱,而不是我们所希望
的那样坚强和勇敢。

我们这种担心是有道理的。

那么我们应当消除这些说法吗?

是的。

在故事和诗歌中我们应当采用的类型正好与此相反吗?

显然应当。

我们要不要删去英雄人物嚎啕大哭和悲哀的情节?   D

他说,要,这是一个必然的推论。

我说,请仔细考虑一下,把这些情节删去究竟对不对? 我们
说,一个好人决不会认为他的朋友,另一个好人的死亡是一件可怕
的事情。

是的,我们就这么说。

那么他不会对他朋友的死亡感到悲伤,就好像碰到了什么可
怕的事情。

他肯定不会。

但我们还要说,一个人如果能够最大限度地做到自给自足、他   E
有求于其他人的地方最少,那么他的生活是幸福的。

他答道,对。

那么对这样的人来说,失去儿子、兄弟、钱财一类的东西实在
没有什么可怕。

对,没什么可怕。

无论有什么不幸降临,他也会泰然处之,不会悲伤。

没错。

那么,为了使我们正在培养的保卫国土的卫士厌恶这种悲伤,

388　　我们也应当消除那些为著名人物写下的挽歌,把挽歌留给那些女人和平庸的男子,甚至也还不能归于优秀的妇女。

我们这样做是正确的。

还有,我们要求荷马以及其他诗人不要把女神之子阿喀琉斯描绘成这个样子,"时而侧卧,时而仰卧,时而俯伏"①,"最后他站

B 起来,走到海边,在那里徘徊,心神错乱"②;不要形容某人两手抓起乌黑的泥土,泼撒在自己头上,还说某人长嚎大哭,呜咽涕泣,而这位诗人就是这样描写的;不要描写作为诸神近亲的普利亚姆趴在污泥中"向大家急切地恳求,一一称呼每个人的姓名。"③ 我们

C 尤其要求诗人们至少不要说诸神嚎啕大哭,"啊,我好命苦啊,忍痛生育了这个最勇敢的儿子。"④ 如果诗人们想要这样描述诸神,那么他们至少不应当把诸神中最伟大的神描写得毫无神的庄严气派,以至于让他唉声叹气地说,"唉呀,我们宠爱的人被追赶,沿特洛伊城墙落荒奔逃,目睹此情景我心伤悲。"⑤ 还有,"可怜哪,命

D 定我最亲近的萨耳珀冬将被墨诺提俄斯的儿子帕特洛克罗杀死。"⑥ 亲爱的阿狄曼图,倘若我们的年轻人一本正经地聆听这样的故事而不以为耻,不感到可笑,那么类似的言行若是发生在他自

---

① 荷马:《伊利亚特》,第 24 卷,第 10 行以下。此处描写阿喀琉斯思念亡友帕特洛克罗时的情景。

② 荷马:《伊利亚特》,第 24 卷,第 12 行以下。

③ 荷马:《伊利亚特》,第 22 卷,第 414 行以下。特洛伊老国王普利亚姆见儿子赫克托耳的尸体遭到凌辱,悲痛欲绝,要大家放他出城去赎回赫克托耳的尸体。

④ 荷马:《伊利亚特》,第 18 卷,第 54 行。这是阿喀琉斯之母、女神忒提斯的话。

⑤ 荷马:《伊利亚特》,第 22 卷,第 168 行。这是主神宙斯所说关于赫克托耳的话。

⑥ 荷马:《伊利亚特》,第 16 卷,第 433 行以下。

己身上,他也不会感到可耻和可笑了。他不会克制悲伤,而只会为了一点小事就怨天尤人,哀痛呻吟。

他答道,你说得很对。　　　　　　　　　　　　　　　　　　E

他们一定不能这样做,我们刚才的论证已经证明了这一点。我们要相信这个结论,除非别人能给我们一个更好的证明。

没错,他们一定不能这样做。

还有,他们也不应该老是放声大笑。一般说来,一个人放声大笑就很容易使自己的情绪变得非常激动。

他说,我也这样想。

那么,如果有人描写一个高尚的人捧腹大笑,不能自制,那么我们不能接受这种说法,至于诸神那就更不用说了。

他答道,确实如此。　　　　　　　　　　　　　　　　　　389

那么,我们一定不能从荷马那里接受这样一些关于诸神的说法:"那些永乐的天神看见赫淮斯托斯在宫廷里忙忙碌碌,个个大笑不停。"① 按你的看法,我们一定不能接受这种说法。

他说,如果你乐意把这种看法说成是我的看法,那就随你的便。反正我们一定不能接受这种说法。　　　　　　　　　　　B

我们还必须把真实看得高于一切。如果我们刚才说的没错,虚假对于神明毫无用处,但对凡人作为一种药物还是有用的,那么我们显然应当把这种药物留给医生,而一般人是不准碰它的。

他答道,这很清楚。

那么统治者为了国家的利益,可以用撒谎来对付敌人或者公民,而其他任何人不能用谎言来达到自己的目的。如果一般人对统治者撒谎,我们就认为这是一桩大罪,这种罪行胜过病人对医生　C

---

① 荷马:《伊利亚特》,第1卷,第599行。诸神见赫淮斯托斯拐着瘸腿来往奔忙,给众神斟酒,滑稽可笑。

撒谎,或者运动员不把身体的真实情况告诉教练,或者水手欺骗舵手,不把船只以及他本人或其他水手的真实情况告诉舵手。

他答道,完全正确。

D　那么,如果统治者发现有人撒谎,无论他是懂得某种技艺的专家,"或是预言者、治病的医生,或是木工"①,都要惩罚他,因为他的行为就像水手颠覆船只一样,足以毁灭一个城邦。

他说,要是他的胡言乱语见之于行动,那么他会的。

还有,我们的年轻人要不要自我克制的美德?

当然要。

E　对于民众来说,最主要的自我克制不就是服从统治者,而对统治者来说,最主要的自我克制就是控制身体的欲望和饮食快乐吗?

我也这样想。

所以我认为荷马诗歌里的狄奥墨德斯的这些话说得很好:"朋友,坐下来,别吭声,请听我的忠告。"② 接下去还有"这些希腊人默默地行进,他们保持缄默是因为惧怕他们的长官"③,以及其他类似的段落。

对,说得很好。

但是你看这行诗怎么样,"你喝醉了,头上生狗眼,身上长鹿390　心"④,还有后面紧接着的那几行? 还有其他一些诗歌和散文中描写公民庸俗不堪和犯上无礼的举动也是好的吗?

不好。

---

① 荷马:《奥德赛》,第 17 卷,第 383 行以下。

② 荷马:《伊利亚特》,第 4 卷,第 412 行。

③ 荷马:《伊利亚特》,第 3 卷第 8 行,第 4 卷第 431 行。

④ 荷马:《伊利亚特》,第 1 卷,第 225 行。这是阿喀琉斯辱骂阿伽门农的话。

这些内容肯定不适宜讲给年轻人，因为这会使他们失去自制。但是换个角度看，它们会带来一些快乐也不奇怪，你是怎么看的？

他说，我同意这种看法。

再来看诗人让一位最聪明的人说出来的一番话，他把这种事说成是人间最美好的事情，"人们会聚王宫同饮宴，把歌咏聆听，个个挨次安坐，面前的餐桌摆满了各式食品肴馔，司酒把调好的蜜酒从调缸里舀出给各人的酒杯一一斟满"①。你认为，听了这些话会对年轻人的节制或自我克制有什么帮助吗？或者这一行，"饿死是凡人会遭受的最不幸的死亡"②，你看怎么样？还有，当其他诸神和凡人俱已进入梦乡时，宙斯性欲炽烈，辗转反侧，因此将一切谋划顷刻忘怀，他瞥见赫拉浓妆艳抹，就迫不及待地与之露天交合，宙斯还对妻子说，此次交合胜过"瞒着他们父母的"初次幽会，③你对这种事会怎么看？还有赫淮斯托斯用铁链捆绑通奸的阿瑞斯和阿芙洛狄特，听了这种故事对年轻人的自我克制有什么好处吗？

B

C

他说，我以宙斯的名义起誓，绝对没有好处。

不过，那些名人受到污辱但仍旧能加以忍耐的言行倒是适合我们的年轻人看一看，听一听，比如说，"他捶胸叩心责备自己：'我的心呀，你怎么啦，更坏的事情都忍受过来了'"。④

D

他说，当然要这样做。

E

我们不能允许我们的人接受贿赂或者贪得无厌，这是肯定的。

绝对不能。

---

① 荷马：《奥德赛》，第9卷，第8行以下。
② 荷马：《奥德赛》，第12卷，第342行。
③ 荷马：《伊利亚特》，第14卷，第294行以下。
④ 荷马：《奥德赛》，第20卷，第17行以下。

那么他们不能朗诵这样的诗句,"金钱能通鬼神,金钱能劝君王。"① 我们也不能赞同阿喀琉斯的谋士福尼克斯的话,他教唆阿喀琉斯要是能拿到阿该亚人的钱,就出来保卫他们,否则决不释怒。② 诗人说阿喀琉斯本人也非常贪婪地接受阿伽门农的礼物,③要在收到赎金以后才放还人家的尸体,否则决不放还。④ 我们不会认为这种说法是适宜的,或接受这种说法。

391　　他说,赞扬这些行为是不对的。

　　我说,由于荷马的缘故,我很犹豫要不要把阿喀琉斯做的这些事确认为不虔诚的。如果有别人这样说,我也不愿相信。我不相信阿喀琉斯对阿波罗神说过这样的话,"敏捷的射手,最凶恶的神,

B　你阻拦了我,我若双手有力,必将对你重责。"⑤ 还有,说阿喀琉斯如何对河神凶暴无礼,如何剪发一绺,向另一位河神斯佩凯乌斯献祭,"以便让帕特洛克罗把这绺头发带走"⑥,而这个时候帕特洛克罗已经死了。我们一定不能相信阿喀琉斯做过这种事。至于拖着赫克托耳的尸首绕着帕特洛克罗的坟墓疾走,把俘虏杀死放在自

C　己朋友的火葬堆上,诸如此类的说法我们都要确认为谎言。我们不能让年轻人相信由女神和珀琉斯生下来的阿喀琉斯竟然有如此混乱的品格,珀琉斯素以自我克制闻名,且是主神宙斯之孙,而且

---

　　① 参见公元十世纪时的辞典《苏伊达斯》(Suidas)中的 dora 条,其中说有人认为这行诗是赫西奥德的。

　　② 荷马:《伊利亚特》,第9卷,第515行。

　　③ 荷马:《伊利亚特》,第19卷,第278行。

　　④ 荷马:《伊利亚特》,第24卷,第502行以下。

　　⑤ 荷马:《伊利亚特》,第22卷,第15行。

　　⑥ 荷马:《伊利亚特》,第23卷,第151行。阿喀琉斯之父曾向河神许愿,如果阿喀琉斯能平安地从特洛伊回到家乡,就把阿喀琉斯的一绺长发和五十头羊作为祭品献给河神。阿喀琉斯知道自己命中注定要死在特洛伊,回不去了,所以愤怒地把长发剪下献给亡友。

阿喀琉斯本人又是由最有智慧的喀戎扶养成人的，① 然而阿喀琉斯内心却有两种毛病：一方面因为贪婪而变得不像自由人，另一方面对诸神和凡人极端傲慢。

他说，你说得很对。

我说，我们一定不要相信这样的说法或者容忍有人说波塞冬之子忒修斯和宙斯之子庇里托俄斯骇人听闻地抢劫妇女，② 也不要让人任意诬蔑神明的儿子或英雄，把那些无法无天、胆大妄为的行为归之于他们。我们必须否认这些事情是神明的后裔所为，或者否认做这些事的人是神明的子孙，而不要肯定这些事情，或者使年轻人认为诸神产生邪恶，英雄并不比一般人好。因为正如我们前面所说，这种话既不虔诚，又是虚假的。我们已经证明，邪恶不可能来源于诸神。

确实如此。

这些事情对于听者来说是有害的。因为，要是相信有这种事情，并认为那些身为诸神苗裔的人就是这样做的话，那么每个人都会认为自己的恶行没什么了不起，诚如诗云，"这些神的后裔是宙斯的近亲，巍巍伊达山巅矗立着祭祀这位祖先的祭坛，火祭的烟雾直冲云霄，他们的血管中也不乏这位霹雳神的血。"③ 由于这个理由我们必须禁止这些故事流传，以免在青年心中引起作恶的念头。

我们一定要这样做。

关于什么应该讲，什么不应该讲，在这个问题上我们还要有什

_____

① 珀琉斯（Peleus）是埃阿科斯之子，与女神忒提斯生阿喀琉斯。喀戎（Chiron）是克洛诺斯之子，教导过许多英雄。

② 希腊传说中的提修斯曾在庇里托俄斯协助下抢劫美女海伦，还曾试图诱拐冥后珀耳塞福涅。

③ 埃斯库罗斯：《尼俄珀》残篇146。

么规定呢? 我们已经提出关于诸神、神灵、英雄以及冥界的正确说法了吗?

我们已经提出了。

那么剩下来还要说的和人有关。

显然如此。

我的朋友,我们目前还不能对此作出规定。

为什么?

B　　因为我想我们先要指出诗人和散文作家在最要紧的问题上对人的看法是错误的,他们说有许多事例可以表明许多不正义的人是幸福的,而许多正义的人遭受不幸,还说不正义的行为只要不被发觉就有利可图,正义是对他人有利,对自己有害。我想,我们要禁止他们说这种话,命令他们吟诵相反的故事。你同意我的意见吗?

他说,我当然同意。

如果你同意我的看法,那么我要说,你实际上已经察觉我们正在探求的那个起点了。

他说,你的理解是对的。

C　　那么,我们需要的关于人的看法一定要以我们已经发现了的正义性质为前提,我们已经证明,无论拥有正义的人在其他人眼中是否正义,正义对他来说都是有益的。

他答道,没错。

关于故事的内容就说到这里,我们下一步要考虑的是措辞。这样我们就可以彻底考察讲故事的内容与方式了。

阿狄曼图说,我不懂你这样说是什么意思。

D　　我说,好吧,我必须让你弄明白。也许你这样想就会明白我的意思。讲故事的人或诗人所讲的事情不就是关于过去、现在或将来的事情吗?

他说，还能是别的什么吗？

他们讲故事用的是纯粹的叙述，还是模仿，还是两者兼用？

他说，关于这一点我也想请你说得明白一些。

我说，我真像一个可笑而又晦涩的教师。就像那些不会讲话的人无法一下子把自己的意思全部讲清楚，我只好一部分一部分地讲，还要举些例子来让你明白我的意思。告诉我，你是否知道《伊利亚特》开头那些诗句，诗人讲到克律塞斯祈求阿伽门农释放他的女儿，结果这位大王大发雷霆，克律塞斯的请求不能满足，于是就对着诸神诅咒阿该亚人？你至少知道这几行诗："向全体阿该亚人，特别向阿特柔斯的两个儿子、士兵们的统帅祈求"①，讲这些话的实际上是诗人自己，也不像是在对别人说，而是在自言自语。但是接下去诗人就以克律塞斯这个老祭司的口吻说话，而且尽量使我们感到不是别人在讲话。发生在特洛伊的其他事情和所有在伊塔卡发生的事情，以及整个《奥德赛》，诗人几乎都是这么叙述的。

他说，确实如此。

那么诗中连接对白与对白之间的那些话不都是叙述吗？

当然是。

但诗人在说对白的时候就好像另外一个人似的，我们难道不能说他的措辞在这个时候要尽可能符合那个故事中的人物呢？

显然可以这样说。

使自己的音容笑貌像另外一个人，不也就是在模仿他所扮演的那个人吗？

确实是这样。

①　荷马：《伊利亚特》，第 1 卷，第 15 行以下。阿特柔斯的两个儿子指阿伽门农和墨涅拉俄斯。

在这种情况下，看起来他和别的诗人是通过模仿来叙述的。①

确实如此。

但若诗人处处出现，从不隐藏自己，那么他完成整个诗篇和叙述就用不着模仿了。为了使你不再说"我不懂"，让我来告诉你这种办法何以可能。如果荷马告诉我们，克律塞斯带着赎金要赎回女儿，向阿该亚人，特别是向两位大王祈求，然后一直以这种口吻讲下去，不用克律塞斯的口气，那么你就会明白这样做没有模仿而只有纯粹、简单的叙述。我下面就来叙述一番，但我无法用韵文把它说出来，因为我不是诗人。大体上是这个样子：那个祭司来了，向诸神祷告，请神保佑阿该亚人夺取特洛伊城以后平安返回家乡，但是阿该亚人应当接受他的赎金，释放他的女儿。出于对神明的敬畏，听他祈祷以后，其他阿该亚人都同意了他的请求，但是阿伽门农勃然大怒，要祭司离开，不准再来，否则他的祭司节杖和花冠都保不了。阿伽门农说祭司的女儿要和他在一起生活，在阿耳戈斯城终老。他命令祭司，要想平安回去那就乘早离开，不要让他恼怒。听了这番恐吓的话，老祭司在沉默中离去。等到离了营帐，老祭司呼唤阿波罗神的许多名号，求神回忆过去他是怎样厚待神明的，是怎样建庙献祭的，供品又是多么丰盛。他请求神明给予回报，让阿该亚人受到应有的惩罚，以弥补他所掉下的眼泪。

我说，我的朋友，不用模仿的纯粹叙述就是这个样子。

他说，我懂了。

我说，你明白就好，但若我们把诗人那些对白之间的话一概去掉，只留下对白，那么我们得到的就是一种另一种不同的文体。

① 诗人既用自己的口吻叙述，又用故事角色的口吻讲话。后一种方法是诗人讲故事的一种方式，也是一种"叙述"。如果要用另一名称，就是"模仿"。

他说，这个我懂，写悲剧就是这样的。

我说，你的理解很对，我在前面说不清楚的事情现在能够说清楚了，我想说的是，有一种诗歌或叙述完全使用模仿，包括你提到过的悲剧和喜剧，还包括表达诗人自己情感的抒情诗，酒神赞美歌是这种诗歌的最佳范例。如果你懂得我的意思，那么还有既使用叙述又使用模仿的做法，用在史诗以及其他许多地方。

他说，我现在懂你的意思了。

现在请你回忆一下我们前面关于该讲些"什么"的讨论，然后再让我们来考虑该"怎么讲"。

我记得。

我的意思是，我们必须决定是否允许诗人通过模仿进行叙述，或者有些部分允许模仿，有些部分不允许模仿；如果允许模仿，他们可以模仿些什么，或者说根本不允许模仿。

他说，我预感到你是在考虑要不要把悲剧和喜剧接纳到我们的城邦里来。

我说，也许是，也许比这意义还要重大。说实在话，我自己也还不太清楚，但不管怎样，我们走一步看一步，论证之风把我们吹到哪里，我们就跟到哪里。

他答道，你说得好。

阿狄曼图，有一个问题我们必须记住。我们希望我们的卫士是一名好的模仿者，还是一名不好的模仿者？对这个问题的回答可以从我们前面说过的话推论出来，每个人最好只从事一种行业，而不能从事多种行业，如果一个人从事多种行业，什么都干，那么他会一事无成，对吗？

当然如此。

同样的道理也可以用于模仿。一个人模仿许多东西就不可能像模仿一种东西做得那么好，对吗？

对,不可能。

395　他更不可能一方面从事一项有价值的工作,另一方面又模仿许多事情,并把两方面结合起来。如果我没说错的话,这是因为同一个人甚至不能够同时很好地实施两种非常接近的模仿,比如同时写悲剧和喜剧。你刚才不是说它们是两种模仿吗?

我是这样说过。你说得很对,一个人不可能同时在两方面都获得成功。

一个人也不可能同时做一名好的朗诵者和一名好演员吗?

不可能。

B　同一个人不能同时既是一名悲剧演员又是一名喜剧演员,而悲剧和喜剧都是模仿,难道不是吗?

是的,悲剧和喜剧都是模仿。

在我看来,阿狄曼图,哪怕是在那些更小的事情上,人的能力都是有限的,因此一个人不可能同时模仿许多事情,或者做许多事情,这些事情本身就是对其他相同事物的模仿。

他答道,非常正确。

那么,如果要坚持我们最初的原则,我们的卫士要放弃其他所
C　有技艺,成为保卫城邦自由大业的专家,集中精力,不做与此无关的事情,要他们去参与或模仿其他任何事情都是不合适的。如果说他们需要模仿的话,那么他们应该从小就模仿与他们的职责相适应的人物,也就是说模仿勇敢、节制、虔诚、自由的人,以及所有体现这些品质的事情。凡是与自由人不符的事情他们不能去模仿,成为这方面的专家,更不要提那些可耻的事情了,免得由于模
D　仿这些丑恶的事情,到头来变得真正丑恶了。你难道没有发现,从小到大不断地模仿,最后成为习惯,而习惯是人的第二天性,影响着人的言语和思想吗?

他说,对,确实如此。

那些人受到我们的关心和培养,我们指望他们成为好人,因此我们不允许他们去做女人做的事,不让他们去模仿女人,无论年老还是年幼,与丈夫争吵,亵渎上苍,狂妄自大,得意忘形,或者一旦遭遇不幸,便悲伤哭泣,更不要说去模仿处在病中、恋爱中或分娩中的女人了。　　　　　　　　　　　　　　　　　　　　　　E

他答道,确实不能允许。

他们也不可以模仿奴隶,无论是男奴隶还是女奴隶,做奴隶做的事。

不可以。

看起来他们也不可以模仿坏人,模仿胆小鬼,去做那些和我们刚才讲过的好事相反的事情,吵架、互相挖苦,喝醉了就胡说八道,清醒时也还要骂人,他们一定不可以去模仿这种人。我觉得他们　　396在言行举止方面一定不要养成疯子那样的恶习。他们当然要知道什么是疯子,什么是坏男人和坏女人,但他们一定不要去做这种事,或模仿这种人。

他说,非常正确。

我说,既然如此,他们应该模仿铁匠、其他匠人、战船的划桨　　B手、划桨手的指挥,或模仿其他与此相关的事情吗?

他说,这怎么可能? 他们连去注意一下这些事情都是不允许的。

那么马嘶、牛叫、大河咆哮、海浪呼啸以及雷声隆隆一类的事情,他们能去模仿吗?

他说,不能,已经禁止他们有疯狂的言行,他们不能像个疯子。

我说,我明白你的意思了,你是说有一种措辞和叙述的文体是　　C给真正的好人和诚实的人在有话要讲的时候用的,而与此不同的另一种文体是给一个在性格和教育方面完全相反的人在讲故事的时候用的。

这两种文体究竟是什么?

一个正派人在叙述过程中碰上要讲述一个好人的言行,我想他会喜欢担当这个角色,对这个好人的言行进行模拟,仿佛自己就

D 是这个人,并丝毫不以为耻。他宁可模仿这个好人的坚定而明于事理的言行,也不愿模仿他因为生病或失恋而性情暴躁、酩酊大醉,或遭遇不幸时的表现,即使去模仿也很勉强。如果他碰上一些不那么优秀的人,比他自己还要差,那么他就不太愿意去模仿,除非对方偶尔做了一些好事值得模仿,但他在模仿时会感到不好意

E 思,因为他不习惯模仿这种人,也刻意躲避这种人,生怕自己向这种人学习会学坏。他打心底里瞧不起这些人,除非他的模仿是为了嘲笑他们。

他说,当然会这样。

那么他会采用的叙述是我们刚才以荷马诗歌为例说明的那一种,他的措辞既有模仿,又有纯粹的叙述,但在很长的叙事中,模仿只占一小部分,叙述远远多于模仿。我这样说还有点意思吗?

397 他说,对,确实没错,讲故事的人用的就是这种方式。

我说,还有另一类讲故事的人什么都说,越是卑鄙下流的事情,说得越来劲,不管什么事情都毫无顾忌地模仿。他也不认为自己卑鄙,所以会在大庭广众之下一本正经地模仿任何事情,包括我

B 们刚才提到过的笛声、风声、雹声、滑轮声、喇叭声、长笛声、哨子声和各种乐器的声音,还有狗吠、羊叫和鸟鸣。所以他的风格几乎完全依赖对声音和姿势的模仿,而纯粹的叙述很少。

他说,这也是必然如此。

我说,这就是我说的两种措辞的类型。

他答道,是这两种。

如果我们给措辞确定合适的声调和节奏,那么这两种措辞中有一种变化很小。所以,正确的说唱者不就是在用同一声调和同

一种抑扬顿挫讲故事,因为它的变化小,而在节奏方面也同样,是 C
吗?

是这么回事。

另一种类型的措辞怎么样? 如果它也需要得到恰当的表达, D
那么它岂不是需要有各种声调和节奏,因为这种类型的措辞包含
多重形式的变化,是吗?

确实如此。

所有诗人和说唱者都要选用这种或那种类型的措辞,或者有
些人会把两种类型结合起来,对吗?

他说,他们必须选择。

我说,那我们该怎么办? 我们应该接受所有这些类型,还是接
受某种不混合的类型或混合的类型?

他说,要是让我投票,我会选择纯粹的对善的模仿。

可是,阿狄曼图,混合的类型毕竟是大家所喜欢的,孩子们、孩
子们的老师、大众作出的选择与你正好相反。

这种类型确实讨大家的喜欢。

我说,但你也许会肯定它不适合我们的城邦制度,因为我们中 E
间没有人同时做两件事或许多事,每个人只能做一件事。

是不合适。

这可以作为一个理由来解释我们的城邦,这样的城邦是惟一
的,只有在这里我们可以看到鞋匠总是鞋匠,不会在做鞋匠之余还
要做舵手,农夫总是农夫,不会在做农夫之余还要做法官,士兵总
是士兵,不会在做士兵之余还要做商人,以此类推,是吗?

他说,是的。

那么看起来,要是有人靠他那一点小聪明,能够扮什么像什 398
么,能模仿一切事物,这样的人如果带着他希望表演的诗歌光临我
们的城邦,以为我们会为他倾倒,把他当作什么神奇的、了不起的

人物来崇拜,那么我们会对他说,我们的城邦没有这种人,法律也不允许这样的人在我们中间出现,我们会在他头上涂香油,缠羊

B 毛,把他送到其他城邦去。至于我们,为了我们自己的灵魂之善,要任用较为严肃和正派的诗人或讲故事的人,当我们开始教育战士们的时候,他们会模仿好人的措辞,按照我们一开始就已经规定了的类型来讲故事。

如果事情能由我们来决定,那么我们确实应当这样做。

我说,我的朋友,到现在为止,我们可以说已经完成了关于说话或讲故事的那部分音乐的讨论。① 因为我们已经提出了应该讲什么和怎样讲。

他说,我也这样想。

C 我说,接下去是不是该谈到诗歌和曲调的形式了?

显然如此。

讲到现在,我想任何人都可以看出我们对这个问题一定会说些什么,以便与前面的说法前后一致,对吗?

格老孔笑道,苏格拉底,恐怕你说的"任何人"并不包括我在内。尽管我多少有些想法,但我无法马上充分预见到我们必须发表什么见解。

我说,我想你一定会充分明白这一点,诗歌由三样东西组成:

D 言辞、曲调和节奏,是吗?

他说,是的,这一点我知道得很清楚。

那么就其是言辞而言,唱出来的言辞和不唱出来的言辞在性质上没有区别,它们都必须符合我们所规定的那种类型和性质。

他说,对。

还有,曲调和节奏必须符合言辞。

---

① 在希腊人的概念中,广义的音乐包括吟诵诗歌和讲故事。

当然。

但我们说过，我们不需要哀挽和悲伤的词句。

我们不需要。

那么什么是挽歌式的曲调呢？告诉我，因为你是个音乐家。　E

他说，就是混合的吕底亚调、高音的吕底亚调，以及与此相似的曲调。

那么我们一定要废弃这些曲调。因为它们对一般有上进心的妇女尚且无用，更不要说对男子汉了。

确实如此。

还有，喝醉酒对卫士来说是最不适宜的事情，萎靡不振和懒惰也一样。

对。

那么有哪些曲调是柔软的靡靡之音呢？

某些伊奥尼亚调，还有些吕底亚调，都可以称得上是靡靡之音。

你会拿它们来给战士使用吗？　399

绝对不会，但是看起来你忘了多利亚调和弗里基亚调了。

我说，我不懂曲调，但希望我们保留下来的曲调有一种可以适当地模仿勇敢者的言行，他们在战争和被迫的事件中冲锋陷阵，奋不顾身，履险如夷，视死如归，在各种不利的情况下都坚忍不拔。　B 我还希望有一种曲调能够模仿从事和平工作的人的言行，他们的工作不是被迫的而是自愿的，他们努力劝导和祈祷，对方如果是神就用祈祷的方法，对方如果是凡人就对他进行教导或训诫，或是处在被劝导的位置上，他们会听从劝告或批评，从善如流，戒骄戒躁，谦虚谨慎，努力改正。就让我们保留这两种曲调吧，它们一刚一　C 柔，能恰当地模仿人们的成功或失败、节制或勇敢时发出的声音。

他说，你希望保留的这两种曲调正是我刚才讲的多利亚调和弗里基亚调。

　　我说,那么我们在唱歌和奏乐时使用的乐器不需要有那么多弦子,或者说它的音域不需要包括所有和声。

　　他说,我也认为不需要。

　　那么我们不应该供养那些乐器制造者,他们制造音叉、竖琴,D 以及所有其他多弦的和多音调的乐器。

　　显然不应该。

　　那么要不要把长笛制造者和长笛演奏者接纳到我们城邦里来呢? 或者说,长笛就是音域最广的乐器,而别的多音调的乐器只是在模仿长笛而已,对吗?

　　他说,这很清楚。

　　我说,你只剩下竖琴和弦琴了。这些乐器在城里使用,而在乡间,牧人吹的是短笛。

　　他说,我们的论证会有这样的推论。

E 　　我亲爱的朋友,我们宁要阿波罗和他的乐器,不要玛息阿和他的乐器,但这并不是我们的创见。①

　　他说,我可以凭天发誓,这绝对不是我们的创见。

　　我说,凭着神犬发誓,我们无意之中已经在净化前面说的那个奢侈的城邦。

　　他说,这表现了我们的善意。

　　那么好,让我们来完成这项净化工作。和声以后,我们接下去400 应当考虑节奏。我们一定不要追求复杂的节奏与多变的旋律,我们应当考虑什么是有秩序的、勇敢的生活节奏,进而使节拍和曲调与生活的步调和言行一致,而不是让这种生活的步调和言行去适应音乐的节拍和曲调。至于这种节奏究竟有哪些则要由你来讲,

---

　　① 阿波罗是太阳神和音乐神,擅用竖琴。

就像前面你告诉我们有哪些曲调一样。

他说，这我实在说不上来。节拍的组成有三种形式，就像音阶的组成有四种形式一样，这些我懂，能够告诉你。但我说不出哪种节拍模仿哪一种生活。

我说，关于这一点，我们也要向达蒙请教，问他哪些节拍适宜表现卑鄙、残忍、疯狂或其他邪恶，哪些节奏适宜表现与此相反的内容。我模模糊糊地听他说过有一种节拍叫做复合节拍，还有一种节拍叫长短短格，还有一种称作英雄体，我不知道他如何能够把这些长短不一的节拍排列在一起，另外，要是我没弄错的话，他还把一种节拍称作短长格，另一种称为长短格，再加上长音节或短音节之分。我想，在谈论这些东西的时候，他对节拍所作的批评和赞扬不亚于对节奏本身所作的评论，或对节拍或节奏的综合评论，究竟如何，我也实在说不清楚。但我刚才讲过，把这些问题都留给达蒙去思考吧。要把这些都弄明白需要很长时间。你以为如何？

凭天起誓，算了吧，我们不讨论这些问题了。

但有一点你能够马上做出决定，相似与不相似紧随好节奏与坏节奏而来。

那当然了。

还有，好节奏伴随好言辞，使节奏与言辞融为一体，坏节奏伴随坏言辞，如果如我们刚才所说，节奏与音调要顺从言辞，而不是言辞顺从节奏和音调，那么前者是合适的，后者是不合适的。

节奏与音调一定要顺从言辞。

我说，那么措辞有什么性质？言辞又有什么性质？它们要不要顺从灵魂的气质并与之一致？

当然要。

其他一切也都要顺从言辞吗？

是的。

E　　　那么好言词、好音调、好风格、好节奏都来自好气质,所谓好气质并非我们用委婉的口吻说出来的那些没头脑的忠厚老实,而是指心灵和品格中的真正美好的气质。

　　他说,确实如此。

　　如果我们的年轻人真的要做他们该做的事情,他们就不应当什么都学?

　　确实没错。

401　　　绘画中肯定有许多品质,其他各种相类似的技艺,比如纺织、刺绣、建筑、家具制作,也有许多品质,甚至动植物的身体也有许多品质。因为在这些事物中都有美好与丑恶。不美好的和邪恶的节奏、不和谐的音调,都与邪恶的言辞和邪恶的品格相关联,反之,美好的节奏与和谐的音调则与节制与美好的气质相关联,并且成为它们的象征。

　　他说,完全对。

B　　　那么我们不仅必须对诗人进行监督,强迫他们在诗篇中培育具有良好品格的形象,否则我们宁可不要诗歌,而且必须监督其他艺人,禁止他们在绘画、雕塑、建筑,或其他任何艺术作品里描绘邪恶、放荡、卑鄙、龌龊的形象。如果不服从,那我们就要惩罚他们,不让他们在我们中间施展他们的技艺,否则我们的卫士从小就接
C　触罪恶的形象,耳濡目染,好比牛羊卧于毒草之中,咀嚼反刍,日积月累,不知不觉便在心灵中铸成大错。我们必须寻找这样一些艺人,凭着优良的天赋,他们能够追随真正的美和善的踪迹,使我们
D　的年轻人也能循此道路前进,进入健康之乡,那里的美好作品能给他们带来益处,他们的眼睛看到的和他们的耳朵听到的都是美好的东西,这样一来,就好比春风化雨,潜移默化,使他们不知不觉地受到熏陶,从童年起就与美好的理智融合为一。

　　他说,对,这就是对他们最好的教育。

我说，格老孔，也就是因为这个缘故，音乐教育至关重要。节
奏与旋律比其他事物更容易渗入心灵深处，在那里牢牢扎根，如果　E
一个人受过正确的教育，他就会变得彬彬有礼，如果接受了错误的
教育，结果就会相反，对吗？还有，受过正确音乐教育的人能敏锐
地察觉缺乏美的事物，也会厌恶丑恶的东西，他会赞赏美好的事　402
物，为美好的事物所激励，从中吸取营养，使自己的心灵变得美好。
尽管他还年幼，还不知道丑恶事物的原因，但他能正确地拒斥任何
丑恶的东西。受过这种教育的人长大成人后，会很自然地欢迎理
智的到来，理智在他看来就好像是早已认识的老朋友。

他说，我确实认为这就是要进行音乐教育的理由。

我说，就好比我们在学习字母，只有认识了每一个具体的字
母，我们才感到自己识字了，个别的字母就好像构成复合事物的那
些不多的几个元素，无论由它们构成的事物是大还是小，我们都不　B
会忽视它们，也不会认为没有必要认识它们，而是无论它们在哪里
出现，我们都急于去认识，在不能这样做之前，我们不会认为自己
真正识字了。

对。

同样的道理，如果有一些字母映现在水中或镜子里，那么除非
我们先认识字母，否则就不可能认识这些字母的影像，因为这样的
知识属于同一种技艺或学问。

确实如此。

那么，凭天起誓，根据同样的道理，我们和我们要加以教育的
卫士们都不能算是真正的音乐家，直到我们能够在包含和表达各　C
种性质的复合事物中认识节制、勇敢、公正、高尚这些性质，以及与
此相反的各种性质，无论它们出现在哪里，我们都能识别它们本身
及其影像，无论表现在大事物中还是在小事物中都不忽视它们，相
信认识它们本身及其影像属于同一种技艺和学习。这样说不

对吗?

他说,得出这样的结论是不可避免的。

D 我说,那么,如果一个人的灵魂拥有美好的气质,他那有形的身体也具有一种与美好的气质相适应的和谐的美,在一位能够沉思的鉴赏家眼中,这样的身心皆美者岂不是一个最美的景观?

那是最美的了。

最美的肯定是最可爱的。

当然。

那么真正受过音乐教育的人会热爱身心皆美之人,而不会去爱那些身心不和谐的人。

E 他说,没错,他不会热爱灵魂有缺陷的人,但若只是身体有缺陷,那么他会容忍,仍旧会向对方表达爱意。

我说,我明白你的意思,你现在有这样的朋友,或者说你有过这样的朋友,我赞成你作这样的区分。不过,请你告诉我,节制与纵欲能够并行吗?

他说,纵欲就像过分的痛苦一样使人丧失自我,它与节制怎么能够并行?

403 纵欲能与其他一般的美德并行吗?

绝对不可能。

纵欲能和强暴与放肆并行不悖吗?

当然能。

你知道还有什么欲望能比与阿佛洛狄忒相连的那种欲望①更强烈吗?

他说,我不知道,没有比这更疯狂的了。

正确的爱难道不是有节制地、和谐地爱那些有序和美好的事

---

① 指色欲。

物吗？

他说，确实是。

那么，正确的爱能让任何近乎疯狂与放纵的东西同它接近吗？

不能。

那么，这一类快乐与正确的爱无关，真正的爱者与被爱者也和　　B
这一类快乐无关。

他说，凭天发誓，苏格拉底，它们之间断无相关之处。

这样好，在我们正在建立的城邦里，看起来你将要立下一条法律：如果爱者说服了被爱者，并出于高尚的目的，那么爱者可以亲吻被爱者，与他一起消磨时光，并像父亲爱儿子一样抚摸被爱者。但除此之外他与被爱者就不能有其他进一步的关系，否则就要谴　　C
责他低级趣味，缺乏真正的音乐教养。

他说，诚然。

我们关于音乐的讨论就到此结束，你同意吗？我认为这样做是适宜的，这种教育的目的和顶峰显然就是对美的热爱。

他说，我同意。

音乐教育之后，我们的年轻人应该接受体育。

当然。

在体育方面，我们的卫士也必须从童年起就接受严格的训练，　　D
以至终生，我相信这种训练是这个样子的，但你自己也要加以考虑。因为我觉得，一个健康的身体凭着它的优点并不一定就能造就灵魂之善，相反，一个良好的灵魂凭着它的美德能使身体最有可能变得很好，你说对不对？

我也这样想。

如果我们给予心灵充分的训练，然后把照料身体的细节交由它负责，而我们仅仅向它指出标准或类型，不对它发表长篇大论，　　E
这样做对吗？

我们务必这样做。

我们说过卫士一定不能酗酒,在世上他们最不应该喝醉酒,忘了自己是谁。

他说,是的,如果一名卫士还需要另一名卫士来保护他,那就太荒唐了。

下面来谈谈他们的食物,好吗? 他们就好比要参加盛大赛会的运动员,不是吗?

是的。

404　　那么我们目前所见到的这些运动员的生活习惯能适应这一任务吗?

也许可以凑合。

我说,啊,他们喜欢睡懒觉,这种习惯对健康有害。你有没有注意到,他们一生几乎都在睡眠中度过,稍一偏离规定的作息时间,他们就会得重病?

我注意到了。

所以我们这些参加战争的运动员需要更加多样化的训练,因B 为他们有必要像通宵不眠的猎犬,保持极端敏锐的视觉和听觉,要能在多变的战争环境中适应各种情况,无论什么样的饮水和食物都能下咽, 面对烈日骄阳、狂风暴雨都能泰然处之, 而不至于生病。

我也这样想。

那么,最好的体育与我们刚才所描叙的音乐教育不是很相近吗?

你指的是什么?

一种简单而又灵活的体育训练,尤其是专门为了备战而进行的训练。

请问具体办法。

　　甚至从荷马那里也能学到这些具体办法。你知道英雄们在战
争间隙举行会餐,荷马从来不给他们吃鱼,虽然队伍就驻扎在赫勒　　C
斯旁海岸边,也从来不让他们吃炖肉,而是只让他们吃烤肉,因为
这东西士兵们最容易弄,只要有火就行,什么地方都可以,而不需
要携带铜锅或平底锅。

　　确实如此。

　　我相信,荷马也从来没有提到过甜食。每个接受军训的人都
明白,要想保持身体的良好状态,这种东西是一定不能碰的,对吗?

　　他说,他们明白这个道理,把这种习惯戒除,这样做是对的。

　　我的朋友,既然你觉得这样做是对的,那么你显然不赞成叙拉　　D
古式的宴会和西西里式的菜肴。

　　我不赞成。

　　你希望男人保持身体健壮,要是看到有人弄个科林斯女郎来
做情妇,那么你会皱眉头,对吗?

　　确实如此。

　　看到那些令人馋涎欲滴的阿提卡肉馅饼,你也会皱眉头吧?

　　必定如此。

　　我们可以做一个比较,这些混杂的食物就好像用多种和声和　　E
各种节奏混合起来表现出来的音乐和诗歌。

　　确实如此。

　　复杂多样的音乐使人放纵,而简朴的音乐会在灵魂中产生节
制,不是吗? 在体育训练中,复杂的食品使人生病,而简单的食物
使人健康,对吗?

　　非常正确。

　　一旦人们放纵自己,并使疾病在城里流行,那么岂不是要开许　　405
多法庭和药铺? 诉讼和医术将大行其道,连大多数自由人也不得
不接受它们。

他说,他们也没有办法。

如果一个城邦需要第一流的医生和法官,不仅一般的民众和手艺人需要他们,而且那些被认为是接受过自由民教育的人也需要他们,那么你还能找到比这更明确的证据来表明这个城邦所进
B 行的教育是邪恶与可耻吗? 由于你们自己缺乏公正的品性,竟然需要从别的城邦引进一些人来维护公正,让他们成为你们的主人和法官,你难道不认为这是一件丢脸的事,是你们的教育不好的一个显著标志吗?

这是世上最可耻的事。

我说,是吗? 还有比这更可耻的事呢。一个人不仅把自己的大部分时间花在法庭上打官司,做原告或被告,而且还因为不知道这种事情到底有什么价值,一天到晚耍滑头,颠倒是非黑白,使用
C 各种推论、借口、诡计、阴谋,无理也要说出理来,而所有这些努力都只是为了无聊的争执,凡此种种现象的出现,都是因为他不知道如何把自己的生活安排得比较高尚和良好,以至于根本就不需要法官的评判。

他说,你说的这种事情比前面讲的事情更加可耻。

D 我说,至于对医药的需求,不是由于受了伤或偶然得了某种季节病,而是由于游手好闲和我们讲过的那种好吃贪睡的生活方式,结果把身体弄得像块沼泽地似的充满风湿水气,迫使阿斯克勒庇俄斯那些能干的子孙们① 不得不为这些疾病发明腹胀、腹泻一类的名称来,你认为这种事可耻吗?

他说,这些名称确实很古怪。

我说,我认为阿斯克勒庇俄斯本人那个时代根本没有这些病,
E 这一点可以从下述事实推论出来,在特洛伊,那位妇人给受伤的欧

---

① 阿斯克勒庇俄斯是希腊医神,他的子孙指医生。

律庇卢斯喝了一大盅调有大麦粉和山羊奶酪的普兰那酒,这确实 　406
是一副热药,但阿斯克勒庇俄斯的儿子们并没有说她有什么过错,
他们也没有指责当时在场的帕特洛克罗。①

他说,给受伤的人吃这种东西确实很古怪。

我说,要是你记得希罗狄库以前的医生并不使用我们现在这
些药物治病,那你就不会感到奇怪了。希罗狄库是一名教练,后来 　B
变得多愁善感,老是为自己的身体健康发愁,他把体育和医术混合
在一起,结果是首先对他自己进行折磨,然后又折磨许多后来
者。

他说,怎么会这样?

我说,他长年不断地在死亡的边缘挣扎,因为他得了不治之
症,而又无法找到根治的办法,于是他就不断地给自己治病,忍受
那些该死的疾病的折磨,除此之外什么也干不成。就这样,他居然
活了好多年,而且凭着他的医术赢得了高寿的桂冠。

他说,这可是对他的知识的崇高奖励啊。

我说,这个奖励是很恰当,阿斯克勒庇俄斯并非由于不知道或 　C
不熟悉这种被希罗狄库发明的医术才没有把这种医术传给子孙,
而是因为阿斯克勒庇俄斯懂得在治理有序的城邦里,每个人都有
指定的工作,没有工夫生病,医生自己也没有工夫整天生病。这一
点是希罗狄库不知道的。如果在手艺人那里看到有人说自己有工
夫生病,那么我们会觉得荒唐,可是在有钱人和所谓有福之人中间
看到这种情况,我们就不觉得荒唐了。

他说,怎么会呢?

我说,一个木匠病了想要医生给他药吃,把病呕出来或拉出 　D

_____

① 参阅荷马:《伊利亚特》,第11卷,第591行以下。文中提到的医生是
阿斯克勒庇俄斯的儿子马卡昂,他喜欢无缘无故地指责他人。

来,或者想要医生用烧灼法或者动手术的方法为他驱除疾病。但若医生给他开一个长长的处方,再加上包扎头部那一套办法,那么他马上会说自己没工夫生病,如果要他把当前的工作搁在一边,整

E 天想着治病,那么这种生活对他来说是没有价值的。他会同这种医生说再见,然后仍旧按照习惯的方式生活,这样一来也许他的身体会康复,又能照常工作了,也许他的身体恶化,最后死掉了,也就省去了所有的麻烦。

他说,这种人对医术的使用好像是正确的。

407 我说,他有工作要做,如果不能工作,生活对他就没有价值,他之所以这样做不就是因为这个原因吗?

他说,显然是的。

但是我们说,有钱人没有这种非做不可,不做就会觉得活着没意思的工作。

我从来没有听说过哪个富人有规定的工作要做。

你有没有听说过福库利德的话,"发财以后必须实践美德"?

他说,我认为发大财之前也必须实践美德。

我说,我们不要在这一点上和他争吵,让我们自己先来弄清这

B 样一个问题:美德是不是有钱人实践的某种东西,如果不实践美德,生活是否就没有意义;或者说我们要不要假定一天到晚疑心自己身体有病而对一心一意专门做木匠或从事其他技艺是一种障碍,但这并不会妨碍人们听从福库利德的劝告。

他说,对,确实如此,在进行简单的体育锻炼之外还要过分关心身体是一种最大的障碍。

这给家务、军务、城里的案牍公事都带来不少累赘。更有甚

C 者,它使任何类型的教导、思维、沉思、冥想都变得困难,一天到晚老是怀疑自己头晕目眩,并把这些毛病的根源归咎于学哲学。因此这种品质无论表现在什么地方,都会成为一种障碍。因为它使

人老是觉得自己有病,整天为自己的身体担忧。

他说,这是很自然的。

由于阿斯克勒庇俄斯早已知道这个道理,所以对那些体质好、有良好的生活习惯、只有一些小毛病的人,他就把医术教给他们,用药物或外科手术把病治好,然后吩咐他们照常生活,不得妨碍各人尽公民的义务,他这样做为的是保持那种习惯的生活方式;而对那些身体内部有严重疾病的人,他不想用节食、逐步排泄、输液的方法来给他们医治,让他痛苦地继续活下去,让他生下体质同样糟糕的后代。我们难道不能这样说吗?如果一个人的身体无法过一种健全有序的生活,那么他认为这种人根本不值得医治,因为这样的人对自己和对国家都没有什么用处。

　　D

　　E

他说,你正在告诉我们的是一个极为政治化了的阿斯克勒庇俄斯。

我说,他显然具有这种品性。他的儿子们也一样。你难道没看到在特洛伊战场上,他的儿子们都是好战士,而且用我上面讲过的这种医术治伤? 你难道不记得,美尼劳被潘达洛斯射伤,他们"把淤血吸出,敷上一些解痛的草药?"① 他们像对待欧律庇卢斯一样没有给潘达洛斯规定什么饮食,他们认为那些受伤前体质原来就很好,生活也很简朴的人,受伤以后这么医治一下也就够了,即使偶尔也让他们喝一些奶酒。但是他们认为那些不断地生病,生活又无节制的人活着对他们自己和对别人都没有什么用,医术不是为这种人服务的,哪怕这种人比弥达斯还要富裕,他们也不给他治疗。

　　408

　　B

他说,照你这么一说,阿斯克勒庇俄斯的儿子们真的很聪明。

我说,这样说是适宜的,但是那些悲剧家和品达的说法与我们

---

① 荷马:《伊利亚特》,第4卷,第218行。

的原则不合。他们尽管说阿斯克勒庇俄斯是阿波罗的儿子,但却

C 受贿去医治一个要死的富人,因此被霹雳打死。根据前面我们讲过的原则,我们不相信这些说法。我们会坚持,如果他是神的儿子,他就不会贪心,如果他是贪心的,他就不是神的儿子。

他说,你说的对极了。但是苏格拉底,我还有一个问题,看你

D 有什么话要说?我们的城邦要不要有好医生?你要知道,与大量健康人和病人打过交道的医生最有可能是好医生,就好像与各种各样的人打过交道的法官最有可能是好法官。

我说,我确实希望他们是好医生和好法官,但你知道我讲的"好"是什么意思吗?

他说,你告诉我,我就知道了。

我说,那么好,我就来试试看。你把两件不同的事情混为一谈了。

他说,怎么会呢?

我说,医生从小就学医,接触各种各样的病人,如果他们自己体质不好,生过所有的病,对各种疾病有着亲身体验,那么这样的

E 医生确实可能成为最有本事的医生。因为你瞧,他们并不是在用身体医治身体。如果他们是在用身体医治身体,那么我们就不应该让他们的身体有病或者身体很差。他们是在用心灵医治身体,如果他们的心灵是邪恶的,那么他们也就不能很好地治病了。

他说,对。

409 至于法官,我的朋友,你要注意他是在以心治心。心灵决不可以从小就与邪恶的心灵厮混,更不可犯罪作恶去获得第一手经验以便判案时可以很快地推测犯罪的过程,就好像医生诊断病人一样,如果想要法官的心灵真的美好,判案公正,那么他们的心灵从年轻时开始就不应该受到污染。不过这样的人在年轻时会显得比较天真,容易受坏人的欺骗,因为他们心中没有坏人的那些

想法。

他说,他们的确会有这样的体验。

我说,正因如此,所以一名好法官一定不是年轻人,而是老年人,他们很晚才知道不正义是怎么回事,他们以前知道不正义,但并没有把它作为自己心灵里的东西来接受,而是在长期的训练中把不正义当作其他人心中的一种东西来认识,他们仅仅通过知识,而不是通过本人的经验来认识不正义这种邪恶有多么巨大。　　C

他说,不管怎么说,这样的法官好像是最高尚的法官。

我说,不仅是最高尚的法官,而且是一名好法官,你的问题的要旨就在这个"好"字上,因为有一颗好灵魂的人是好的。而那种多疑的狡诈之徒,还有那种自己干过许多坏事并认为自己手段高明的人,由于他总是提防自己的同类,并关注自身所属的那种类型,因此在与自己的同类打交道时,他就显得更加能干。但是当他和好人或长者相处时,情况正好相反,他会显得很蠢。在他不该怀　　D疑的时候他也怀疑,见了好人他也不认识,因为他自己心里根本就没有好人的原型。由于他碰到的坏人比好人多得多,所以无论是他自己还是别人就都以为他是个聪明人而不是笨蛋了。

他说,你说得没错。

我说,我们理想中的聪明的好法官一定不会是这种人,而是前一种人。因为邪恶决不会懂得美德和邪恶本身,而天生的美德通过教育最终能够懂得邪恶和美德本身。因此我认为,我们已经证　　E明了这种人才是聪明的,而坏人则是不聪明的。

他说,我同意。

那么你要不要在你的城邦里为我们已经说过的这种医术以及与其相关的实施正义之术制定法律呢? 这些技艺关心的是那些生　　410来就体格健全的公民的身体和灵魂,而对那些体格不健全的人,比如说身体有缺陷,那就让他们去死,而那些有着邪恶的灵魂而又不可救药的人是一定要处死的。

他说,这样做对他们个人来说是最好不过了,对城邦也是一件大好事。

我说,你的年轻人接受了我们所说的那种简单的音乐教育,养成了节制的良好习惯,因此他们显然能够自我节制,不需要打官司了。

他说,是的。

B　　我们这些受过音乐教育的青年如果在体育中也刻苦锻炼,那么他们不需要什么医术,除非迫不得已,是吗?

我是这样想的。

即使在艰苦的体育锻炼中,他们也着眼于通过锻炼来增进他的灵性,而其他一般的运动员锻炼身体仅仅是为了增强体力,在他们眼中,规定饮食和接受训练只是增强肌肉的方法而已。

他说,你说得对极了。

C　　我说,那么建立音乐教育和体育教育的那些人并不像有些人所说的那样,是在用一种技艺来照料身体,用另一种技艺来照料灵魂。格老孔,我可以这样说吗?

他说,为什么?

我说,他们建立两种教育的目的似乎主要都是为了灵魂。

怎么会这样呢?

你难道没有注意到一辈子搞体育而完全忽略音乐对心灵的气质会有什么样的影响?或者反过来,专搞音乐而完全忽略体育?

他说,你指的是哪些方面?

D　　我指的是,在一种情况下人会变得野蛮与生硬,在另一种情况下人会变得柔软与温顺。

他说,我注意到了,那些专搞体育锻炼的人往往变得过分野蛮,那些专搞音乐的人又变得过分软弱。

我说,这种野蛮的品质确实是从我们天性中的激情部分产生出来的,如果正确地加以约束,就成为勇敢,如果不加约束,就会变成残酷和粗暴。

他说,我也这样看。

还有,温顺不就是从人性的爱智部分产生出来的吗?如果过分放松,人就会变得软弱,如果加以正确的训练,人就会变得温和而守序,是不是这样?　E

是这么回事。

但是我们说过,我们的卫士需要两种品质兼而有之。

是的。

那么这两种品质一定要彼此和谐,对吗?

对。

经过这样的调适,他的灵魂既节制又勇敢。　411

确实如此。

如果调适不当,那么他的灵魂既怯懦又粗野。

的确如此。

当一个人沉湎于音乐,让各种乐曲,像我们刚才提到的那些甜蜜的、柔软的、哭哭啼啼的音调,醍醐灌顶似的以耳朵为漏斗注入灵魂,把他的全部时间用于婉转悠扬的歌曲,如果他的灵魂中有激情这个部分,那么最初的效果就是使这个部分像铁一样由坚硬变得柔软,可以制成有用的器具,而不像原先那样脆而无用了。倘若　B
这样继续下去,他就像着了魔似的,不能适可而止,最后他会熔化和液化,直到他的激情完全烟消云散,他的灵魂萎靡不振,成为一个"软弱的战士"①。

他说,没错。

①　荷马:《伊利亚特》,第17卷,第588行。

我说，如果他的天性中本来就没有什么激情，那么这样的结果很快就会出现；但若他本来是一个有激情的人，那么他的激情经过软化会变得很不稳定，稍微受到一点刺激就容易激动，但也很容易 C 平静下来。结果他就成了一个喜欢同人吵架的、爱发脾气的、喜怒无常的、性情乖戾的人。

确实如此。

再说，如果一个人辛辛苦苦地进行体育锻炼，胃口好，食量大，但从来不学音乐和哲学，那么他一开始会变得身强力壮，心里充满自信和激情，变得比原先更加勇敢，更加大胆，会吗？

他确实会这样。

但若他除了体育之外，其他什么也不做，也没有以任何方式与 D 缪斯有过接触，结果会怎样呢？即使他的灵魂中有某些热爱知识的原则，但由于他从来没有尝试过任何文化学习，对学习、研究、讨论一窍不通，那么他对知识的热爱会变得淡漠，他会变得又聋又瞎，因为他的心灵没有得到启发和培育，感觉接受能力也没有得到磨炼，不是吗？

是这么回事。

我认为这样的人会变得厌恶理论而又不懂文艺。他不再依靠 E 语言用任何论证去说服别人，而是像野兽一样凭着暴力和蛮干达到自己的一切目的，在粗野无知中过一种不和谐、不光彩的生活。

他说，完全正确。

音乐和体育这两种技艺在我看来是某位神赐给我们人类的， 412 它们服务于人的激情原则和爱智原则，用恰当的张力和松弛来调整这两个原则之间的关系，使之和谐，而不仅仅是为了人的灵魂和身体，尽管附带地也有所顾及。

他说，对，好像是这样的。

因此，那种能够把音乐和体育协调得最好，能以最恰当的比例把二者应用于灵魂的人,我们可以最正确地把他们称作最完善、最和谐的音乐家,远比称那些能够把不同的琴弦组合到一起的人为音乐家更合适。

他说,你好像讲得很有理,苏格拉底。

那么,格老孔,为了维护宪法,我们的城邦是不是也需要在这方面有一位常设的督察呢?

当然非常需要。

我们已经有了一个教育和培养公民的大纲。我们还有必要逐一详述公民们的舞蹈、打猎、赛狗、竞技、赛跑吗? 这些细节显然必须与基本原则相符,确定了大纲,细节也就不难发现了。

他说,也许不难。

我说,很好,那么下面我们要确定什么呢? 是不是要决定在他们中间哪些人是统治者,哪些人是被统治者呢?

当然要。

统治者显然一定是年长者,被统治者显然一定是年轻人。

是的。

统治者一定是他们中间最优秀的人吗?

也没错。

农夫中间最好的人不就是最好的农夫吗?

是的。

就我们要讨论的问题来说,由于我们希望他们成为卫士中最优秀的,那么他们也一定是最优秀的卫士,最关心国家的人,是吗?

是的。

那么他们一定要具有保卫国家的智慧和能力,还要关心国家的利益,对吗?

是这样的。

但是一个人总是最关心他所热爱的东西。

必然如此。

还有,一个人总是爱那些他自认为利益与他自己的利益相一致的人,愿与他们祸福与共。

他说,是这样的。

E　　那么我们必须从卫士中进行挑选,在我们的观察中,他们显得最愿意毕生鞠躬尽瘁,为国家利益效劳,而绝不愿意做任何不利于国家的事情。

他说,把这样的人挑选出来是妥当的。

不过,我觉得我们还要在他们一生中的每一个时期对他们进行考察,看他们是否能够终生保持这种保卫国家的信念,不会在巫术和武力的作用下把为国效力的信念从心中排除。

他说,你说的"排除"是什么意思?

我说,好吧,让我来告诉你。我觉得,来自心灵的信念有自愿
413　的,也有不自愿的。一个错误的信念离开学习好了的人,这是自愿的,每一正确的信念离开心灵,这是不自愿的。

他说,你说的自愿我懂,但我需要你说明一下不自愿的。

我说,人们总是不愿意失掉好东西,而愿意丢掉坏东西,你同意我这个想法吗? 难道真理受到蒙蔽不是坏事,得到真理不是好事吗? 你难道不认为就存在的事物发表意见就是为了得到真理吗?

他说,对,你说得很对。我同意人们总是不希望正确的意见被剥夺。

B　　这种情况发生不就是因为被偷走,或中了巫术,或被暴力逼迫吗?

他说,你这样说我又不明白了。

我说,我一定是在用悲剧的风格讲话。所谓"正确的意见被偷走",我指的是有些人受到过分的劝说而放弃正确的意见,有些人

遗忘了正确的意见,在一种情况下是时间,在另一种情况下是论证,它们不知不觉地剥夺了人们原先的信念。现在你也许懂了吧?

是的。

所谓"被暴力逼迫",我的意思是人们在受苦受难中改变了原有的信念。

我也懂了,你说得对。

至于作巫术的牺牲品,我相信你也会说某些人在享乐的诱惑　　C
下,或在恐惧之中改变了他们的信念。

他说,对,凡是带欺骗性的东西,都好像是在对心灵发出咒语。

好吧,我刚才说过,我们一定要寻找那些最优秀的卫士,他们心中坚信自己在任何时候都必须为国家利益服务。我们必须从他们幼年起就考察他们,并且给他们指定一些工作,在这些工作中人们最容易遗忘这一原则或者受骗上当,最后我们要接纳那些牢记这条原则,不会上当受骗的人,而把不能做到这些的人从我们的名　　D
单上划掉。这样做对吗?

对。

还有,我们必须劳其筋骨、苦其心志,在竞争的条件下考察他们。

他说,对。

我说,那么我们一定还要设计第三种反对诱惑的考验,观察他们的表现,对吗? 正好比人们把小马驹带到嘈杂喧哗的地方去,看它们会不会受惊,我们也要把年轻人放到艰难困苦、容易使他们产　　E
生恐惧的地方,然后再把他们放到锦衣玉食的环境中去,仔细观察他们,比用烈火制造金器还要小心,看他们受不受外界的诱惑,看他们能不能守身如玉,保护自己,看他们能不能保持自己已经接受过的文化教养。如果在各种情况下都能维持自身心灵的和谐与节奏,那么这样的人对他自己和对国家都是最有用的。如果一个人

414　在童年、青年、成年各个时期都经受了考验,无懈可击,那么我们要把他立为国家的统治者和卫士,活着给他奖励,死后给他举行公葬和其他的纪念活动。至于其他类型的人我们则必须予以排斥。格老孔,我想这就是我们选择和任命统治者和卫士的办法,当然这仅仅是个大纲,没有列举细节。

　　他说,我的想法和你基本一致。

B　　在卫士这个词最完整的意义上,我们把这些人称作卫士,对外警惕敌人,对内注意朋友,使后者不愿意做坏事,使前者不能做坏事,而我们先前称作卫士的那些年轻人现在要称为助手,在执行统治者的法令中起辅助作用。我们这样的称呼难道不是最恰当的吗?

　　他答道,我认为是最恰当的。

　　我说,前不久我们讨论过说假话的问题,现在我们可不可以虚
C　构一个有用的假话,用这个高尚的谎言,如果可能的话,去说服统治者,如果不可能,也要说服城邦里的其他人,行吗?

　　他说,你要虚构什么故事?

　　我说,这个故事并不新奇,而是一个腓尼基人的传说。这种事从前发生过,诗人也说过有这种事,并且想要人们相信它,但在我们这个时代,世界各地都没有这种事,或者不像会有这种事,因此也没有必要说服人们相信它。

　　他说,你好像吞吞吐吐不愿意讲。

　　我说,等我讲完了,你就知道我为什么不太想讲了。

　　他说,你快讲吧,不要怕。

D　　好吧,那我就大着胆子说。不过,我几乎不知道如何能够找到恰当的语言,首先说服统治者本身和他们的士兵,然后说服城邦里的其他人。我们在这里构思如何对他们进行训练和教育,而这些事情在他们看来真好像是一场梦,实际上他们是在大地母亲的怀

抱中塑造出来的，他们的武器和装备也是在那里制造的。他们成
形以后，大地母亲就把他们送到这个世界上来，他们把土地看做母
亲和保姆，念念不忘保家卫国，御侮抗敌，而把其他公民视为亲兄
弟，有着共同的母亲。

他说，你吞吞吐吐不太想说这个谎言，看起来并非没有理由。

我说，听完这个故事，你就全明白了。在我们的故事中，尽管
所有人在这个城邦里都是兄弟，但神在塑造那些适宜担当统治重
任的人时在他们身上掺了一些黄金，由于这个原因，他们是最珍贵
的，神在那些助手身上掺了一些白银，在农夫和其他手艺人身上掺
了铁和铜。虽然他们都有亲缘关系，一般说来有什么样的父亲就
会生下什么样的儿子，但有时候也会有这样的情况，金的父亲生下
银的儿子，银的父亲生下金的儿子，其他的也有类似情况，可以互
生。因此神给统治者下的命令中首要的一条就是要他们精心保护
和关注自己的后代，不让他们的灵魂混入低贱的金属，如果他们儿
子的灵魂中混入了一些废铜烂铁，那么他们决不能姑息迁就，而应
当把这些儿子放到与其本性相对应的位置上去，安置在手艺人或
农夫之中。还有，如果手艺人和农夫竟然生了一个金的或银的儿
子，那么他们就要重视这个儿子，提升他，让他担当卫士或助手的
职责。须知有个神谕说，铜铁之人当政，国家便要倾覆。你看有没
有办法使他们相信这个故事？

没有，这些人是不会相信的，不过我看他们的子孙后代、继承
人、世上的其他人会相信的。

我说，好吧，哪怕这样也能使他们比较爱护国家和相互关心。
你的意思我懂。就让这个故事代代相传吧。现在让我们来武装这
些大地的子孙，让他们接受他们的统治者的领导。他们来到城里
的时候，一定要找一个最适宜的地方给他们扎营，从那里他们可以
对内镇压不法之徒，对外抗击虎狼之敌。扎下营盘，向某些恰当的

神灵献祭以后,他们必须给自己做个窝,这个说法不对吗?

他说,对。

这些窝一定要能冬暖夏凉吗?

当然要。因为我想你指的是他们住的房子。

我说,对,是士兵的房子,不是商人的房子。

416　　他说,你做这样的区别有什么目的?

我说,让我来告诉你。在这个世界上对牧人来说最可怕而又最可耻的事情,实在莫过于他们自己喂养的、用来帮助自己放牧的牧犬竟然聪明到这种程度,一旦无人管束,或者饥饿,或者遇到别的情况,它们自己就攻击和伤害羊群,倒像是豺狼而不像牧犬了。

他说,这种情况确实很可怕。

B　　那么我们要不要尽量使用一切办法来防止统治者的助手由于自己比公民强,就用这种牧犬的态度来对待公民,把自己从一个温和的助手变成一个野蛮的主子呢?

他说,我们必须这样做。

如果他们受过真正良好的教育,那么他们在这方面不就有了基本保证吗?

他说,他们确实已经受过良好的教育了。

C　　我说,亲爱的格老孔,我们不能如此肯定,不过我们刚才说的那句话还是可以肯定的,为了使他们相互之间能够友好,而且对他们所管辖的公民也很友善,他们必须要接受正确的教育,而无论这种教育是什么。

他说,没错。

还有,一个深思熟虑的人会说,除了对他们进行良好的教育,我们给他们提供的住处和个人物品一定不能妨碍他们去履行一名

D　　优秀卫士的本职工作,不能诱使他们去对其他公民为非作歹。

对,他会这样说的。

我说，那么请考虑，如果要使他们养成良好的品质，那么他们的住处和生活方式必须是我们下面说的这个样子，而不能是别的样子。首先，除了生活必需品，他们中任何人都不得再拥有什么私人财产。第二，他们中任何人都不应该拥有其他人不能随意进出的私房或仓库。城邦要按照一名智勇双全的战士所需要的数量来 E向他们提供食物，他们必须得到这些食物，作为他们担负卫士职责应得的报酬，其标准是到了年终既不会多余，也不会有任何短缺。他们必须住在一起，就像士兵在战场上扎营一样。至于金银，我们一定要对他们说，你们的灵魂中已经有了来自诸神的金银，所以不再需要凡人的金银了，你们不需要把神的金银同世俗的金银混在 417一起，使之受到玷污，因为世俗的金银是罪恶之源，心灵深处的金银是纯洁无瑕的至宝。城邦居民之中只有他们经手金银是不合法的，他们甚至不敢碰它们，不敢和它们同居一室，不敢在身上挂一点儿金银首饰，或者用金银酒器喝酒。过这样的生活，他们才能拯救他们他们自己和他们的国家。要是他们为自己搞到一些土地、房屋或金钱，他们就会成为业主和农夫而不是卫士，他们就会从同胞公 B民的助手蜕变为公民的敌人和暴君，他们会生活在仇恨和被仇恨、打倒和被打倒之中，在恐惧中度日，他们会惧怕人民超过惧怕国外的敌人，其结果自然就是他们和国家一起走向毁灭。根据上述理由，让我们宣布，必须为我们的卫士提供这样的住处和其他供给，还要为此而立法。你看我们要不要这样做？

格老孔说，务必如此。

第 四 卷

这个时候阿狄曼图插话了。他说，苏格拉底，如果有人反对你 419的主张，说你这样做并不是在使这些卫士非常幸福，而是在使他们成为自己不幸福的原因,那么你将如何辩解?因为这样一来,城邦确实属于他们,但他们不能从城邦得到任何好处,不能像平常人那样拥有土地,建造漂亮宽敞的住宅,置办各种适用的家具,用私人的献祭来讨得诸神的欢心,款待宾客,也不能享有你刚才所提到的金银财宝,以及那些期待幸福的人通常所拥有的一切。人们会说,他们在城里无所事事,就像一些雇佣兵,除了站岗放哨以外就没别的事可做了。

420　　我说,没错,人们还会说,这些人除了食宿免费以外,不能像其他人那样领取薪酬,如果他们想去旅行,想给情妇送礼,或者想要像其他被视为幸福的人那样在别的方面花钱,他们都无法凭自己的积蓄来做到。诸如此类的指责我还可以说出许多来。

他说,好吧,就算还会有这么些指责。

B　那么你会问,我们该如何辩解?

是的。

我认为,只要明白提出这些指责的思路,我们就知道该用什么样的方式进行回答。如果有人过着这样的生活,并被证明是最幸福的,那并不值得奇怪,然而在建立我们的城邦时,我们关注的目标并不是个人的幸福,而是作为整体的城邦所可能得到的最大幸福。因为我们认为,在这样构成的城邦中我们最有可能发现正义,就好像在一个统治得最差的城邦里最有可能找到不正义一样,而

C　我们一旦找到了正义和不正义,就能对我们长时间讨论的问题下判断了。因此我们的首要任务是确定一个幸福城邦的模型,我们不能把城邦中的某一类人划出来确定他们的幸福,而要把城邦作为一个整体来考虑。我们现在可以来考虑一下相反类型的城邦。就好像我们在给一座塑像着色,而有人走过来指责我们,说我们没有给塑像最美丽的部分涂上最美丽的色彩,因为眼睛作为塑像最

D　美丽的部分没有涂成紫色,而是涂成黑色了。我们会回答说,好朋

友,你别指望我们会把眼睛涂成这种样子,以至于使它们根本不像眼睛,也别指望我们对塑像的其他部分这样做,请你注意我们给塑像的各个部分涂上的颜色是适宜的,能使整座塑像显得美丽。这样的回答我们认为是合理的,公正的。因此你现在一定不能要求我们赋予卫士如此这般的幸福,以至于使他们根本不成其为卫士了。你要知道,以同样的方式,我们也能让农夫身穿官员的袍服,头戴国王的金冠,而地里的活他们愿意干多少就干多少,我们也能让陶工斜倚卧榻,围着火炉吃喝玩乐,至于制作陶器的事情则想干就干,不想干就不干,以同样的方式我们可以使所有人幸福,而这样一来,也许整个城邦就幸福了。但你别催着我们这样做,因为如果我们听从你的意见,那么农夫将不成其农夫,陶工将不成其为陶工,其他各种人也将不再是组成国家一个部分的那种人了。不过,这种情况出现在其他人身上都还问题不大。比如一个皮匠腐败了,不愿干皮匠活儿,但并不会给国家带来什么巨大的危险。但若作为法律和国家保卫者的卫士如果不成其为卫士,而仅仅只是看上去像卫士,那么我要你注意,整个国家会由此而完全毁灭,反之,只要卫士还是卫士,他们就决定了国家的良好统治,决定了国家的幸福。如果说我们正在塑造的卫士是捍卫我们自由的真正卫士,那么他们最不会伤害国家,而那些与我们主张相反的人心里所想的只是在宴席上饮酒作乐的农夫,而不是作为城邦的一个组成部分的农夫,如果是这样的话,他和我们想的是两码事,他心中想的不是国家。那么,请考虑,我们的目标到底是在任用这些卫士时注意他们最大可能的幸福,还是将这件事纳入作为整体的城邦的发展过程来看待,这些辅助者和卫士受到约束和劝导,要他们竭尽全力做好自己的工作,对其他各种人也要这样做。这样一来,整个城邦将得到发展和良好的治理,每一类人都将得到天性赋予他们的那一份幸福。

E

421

B

C

他说,我认为你说得很对。

我说,我还有一个与此相关的想法,你也会表示赞同吗?

什么想法?

D　请你想一想,是否有这样一些原因既能腐蚀其他艺人,也肯定能使卫士腐败。

什么原因?

我说,富裕和贫穷。

怎么会呢?

是这样的! 你认为一名变得非常富有的陶工还会去注意他的手艺吗?

他说,肯定不会。

他会变得比从前懒惰和马虎,对吗?

肯定是这样。

他会变成一个手艺比较差的陶工吗?

是的,大大退化。

回过头来说,如果他很贫穷,买不起从事这门手艺的工具和器
E　械,那么他也不能做好工作,他的儿子或徒弟要是跟他学这门手
艺,他也会使他们成为很差的手艺人。

当然如此。

因此,贫穷和富裕这两个原因都能使手艺人和他们的手艺退化,对吗?

看起来是这么回事。

这些事情似乎就是我们的卫士必须小心提防的第二类事情,决不能让它们不知不觉地潜入城邦。

什么事情?

422　我说,就是贫穷和富裕,富裕导致奢侈和懒散并会改变原有状
况,贫穷导致粗野和低劣,也会改变原有状况。

　　他说，的确如此。但请你考虑一下，苏格拉底，我们的城邦要
是没有钱财如何能够进行战争，尤其是被迫与一个富裕强盛的城
邦作战。

　　我说，和这样的城邦作战显然很困难，但要是与两个这样的城　　B
邦作战就比较容易了。

　　他说，你这是什么意思？

　　请你先告诉我，如果不得不打仗，那么这场战斗将是一批受过
训练的战士与一群富人作战，是吗？

　　他说，是这样的。

　　再请你告诉我，阿狄曼图，一名受过系统训练的拳击手可以轻
易地打倒两名对拳击一窍不通的肥胖的富人吗？

　　他说，也许不能同时打倒。

　　我说，如果允许这名拳击手后退，然后返身将两名对手中先追　　C
上来的那个击倒，如果他能在烈日下多次重复这样做，他也不能取
胜吗？这样的拳击手难道还不能打倒多名对手吗？

　　他说，无疑能够取胜，如果他能这样做，取胜当然就没什么可
奇怪的了。

　　好吧，你难道不认为富人在拳击方面的技能和练习比战争方
面的技能和练习更多吗？

　　他说，我看是的。

　　那么我们的拳击手要击败两三倍于他的对手是容易的。

　　他说，我不得不同意你的看法，因为我相信你说得对。

　　那么好吧，如果我们的城邦派遣一名使节到另一个城邦去，把　　D
真实情况告诉他们，对他们说："金子和银子对我们没有用，拥有金
银对我们不合法，但是你们可以拥有金银，所以和我们一起参战，
取得战利品吧"——你认为听了这种建议的人有谁愿意去和精瘦
而结实的猎犬厮打，而不愿意在猎犬的帮助下攻击那肥胖而温和

的绵羊呢?

　　我想不会有谁愿意和猎犬厮打。然而请你考虑一下,把所有
E　城邦的财富都汇聚到一个城邦里去是否就能消除这个没有财富的
国家的危险。

　　我说,如果假定你可以恰当地把城邦这个名称用于指称我们
正在建立的城邦以外的城邦,那么我们就太天真了。

　　他说,为什么,我们该如何称呼它们?

　　我说,我们必须对其他这些城邦使用一个更大的名称。因为
它们各自都由许多城市组成,而不是我们所说的城邦只有一个城
423　市。在这些城邦中,相互敌对的至少有两种,一种是穷人的城邦,
一种是富人的城邦,各自还可以分成许多部分。如果你把它们都
当作一回事来处理,那么你就根本不可能命中目标;但若你能分别
考虑,把财产、权力、民众分别赋予不同的部分,那么你就总是拥有
最多的盟友和最少的敌人。只要你们的城邦按照刚才已经提出来
的秩序得到良好的治理,她就能够成为最强大的城邦。我说的强
大不是名义上的强大,而是实际上的强大,哪怕她只有一千名卫
B　士。你确实难以在希腊人或野蛮人中找到这种规模的城邦,而在
实际中尽是一些比她大许多倍的城邦。或者说你有别的想法,是
这样吗?

　　他说,没有,我确实没有。

　　这岂不就是我们的统治者在考虑城邦规模或疆域时应有的最
佳尺度,而不应当谋求更多的领土,对吗?

　　这个尺度到底是什么?

C　　我说,我想统治者应当让城邦成长到还能保持统一为止,但不
能再大了。

　　他说,你说的好极了。

　　那么这就是我们要向我们的卫士交代的另一项使命,即用各

种办法守护城邦,让她不要太小,也不要让她看起来太大,而要使她足够大而又统一。

他说,这个使命也许并不难。

我说,还有一个更加容易的使命,我们在前面说过,如果卫士 D 的后裔变得低劣了,就应当把他降入其他等级,同样,如果较低等级的子孙天赋优秀,就应当把他提升为卫士,这样做的目的就在于使每个公民承担适合其天性的工作,每个人都完成他自己的职责,不是一个人做许多项工作,而是一个人做一项工作,这样一来,使整个城邦不至于分裂,而是成为一个统一的整体。

他说,没错,这项使命比刚才那项还要容易。

我的好阿狄曼图,我们责成他们去做的这些事并不像有些人所想象的那样多,那样难,这些事其实都很容易做到,只要他们注 E 意一件所谓的"大事"就行,或者说不称之为"大事"而称之为"必要之事"。

是什么事呢?

我答道,教育和培养。如果说正确的教育能使人通情达理,那么他们就很容易明白我们说过的这些道理,也能明白我们现在还没有谈及的其他原则,比如婚姻、嫁娶,以及生儿育女,所有这些事 424 情都应当尽可能本着这样一条原则进行,即俗话所说的"朋友间的利益是共同的"。

他说,对,这可能是最好的办法了。

我说,还有,国家一旦运作起来,就会像轮子转动一样前进。我指的是,良好的培养和教育在国家中造就公民良好的品质,而具有良好品质的公民再接受这种教育成长为比前辈更加优秀的人, B 这一看法既适用于其他目标,也适用于生育后代,这种情况即使在动物中也一样出现。

他说,你说得似乎很有道理。

　　我说,那么简要地说来,我们国家的监督者必须高度警惕,不能让她不知不觉地腐败。他们必须小心翼翼地守护她,不要让那些音乐和体育的新花样搅乱了已有的秩序。他们一定要尽力防范这些东西,免得有人说"人们非常喜欢聆听这支歌曲,它每次都有

C 如新谱的曲子动人心弦"①,要知道人们会误以为诗人在这里称赞的不是新歌,而是唱歌的新花样。但我们一定不要称赞这种事情,也不要误解诗人的意思。因为我们必须明白,音乐的花样翻新可能带来的危险是无法预测的。如果政治和社会的根本大法没有变动,那么音乐的类型也决不能改变, 这是达蒙说的, 我相信他这话。

　　阿狄曼图说,你把我也算作相信这句话的人吧。

D 　　我说, 我们的卫士看来就得在这里——在音乐方面——布防设哨。

　　他说,这种非法的事情确实会悄然潜入,不容易被发现。

　　我说,是的,因为人们以为它只不过是一种游戏,不会造成什么危害。

　　他说,人们也认为它不会起什么作用,而实际上它慢慢地向人的心灵渗透,悄悄地改变人的性格和习惯,再以逐渐增强的力量改

E 变人们的处世方式,然后肆无忌惮地反抗法律和政治制度。苏格拉底,最终它会摧毁公共事务和私人事务的方方面面。

　　我说,啊,是这样的吗?

　　他说,我相信是的。

　　那么,像我们一开始说的那样,我们的孩子必须参加那些更加符合法律的正当游戏,如果这些游戏变得违法,那么孩子们也会变

425 得违法,他们就不可能成为品行端正的守法公民了。

---

　　① 荷马:《奥德赛》,第 1 卷,第 351 行。

他说，当然如此。

因此我们可以推论，如果孩子们从小在玩耍中就通过音乐养成遵守法律和秩序的精神，那么与前一种假设相反的事情就会发生——这种守法精神会时时处处支配他们的行为，并影响他们的成长，一旦国家发生什么变革，他们就会起来恢复固有的秩序。

他说，确实是这么回事。

在这样的教育中成长起来的人自己就能重新发现那些已被前辈全部废弃了的看起来微不足道的规矩。

有哪些规矩？

比如说年轻人看到长者到来应该肃静，要起立让坐以示敬意，对父母要尽孝道，要注意发式、袍服鞋履的穿着得体、行为举止得当，诸如此类的事情都要注意。你难道不这样想吗？　　　　　　　B

我也这样想。

但是我认为要把这些规矩制定成法律是愚蠢的。这样的规矩如果仅仅变成法律条文写在纸上，那么它们既得不到遵守，也不会持久。

那么怎样才能使人们遵守这些规矩呢？

我说，阿狄曼图啊，一般说来，一个人从小所受的教育已经决定了他今后会朝哪个方向发展，决定了他今后行为的性质。他们　　C不就像受到召唤一样吗？

确实如此。

我想最终会有一个结果：要么成为一个非常优秀、健壮的好人，要么正好相反。

他说，当然会这样。

我说，由于这些理由，我不想再把这种事情制订成法律。

他说，你的理由是充足的。

我说，但是，以上苍的名义发誓，我们难道要对商业事务立法

D　吗?如果你愿意,人们在市场上的相互交易、与工匠订立的契约、侮辱和伤害的诉讼、民事案件的起诉、陪审员的选举、市场和海港可能需要征收的赋税,或者市场、治安、港口的一般规则,以及其他诸如此类的事情,是不是都要由我们来立法呢?

不需要,把这么多法律条文强加给这些好人和高尚的人是不
E　恰当的。我认为,如果这些事情需要有什么规章制度,他们自己就会轻易地发现其中的大多数。

你说得对,朋友,只要神能保佑他们保存我们已经讨论过的法律准则。

他说,对,否则的话,他们将永无止境地制订这类繁琐的法律,并且为了使它们完善而把自己的一生都用来修正这些法律。

我说,你的意思是说这种公民的生活很像那些病人,他们由于缺乏节制而得病,但又不愿抛弃他们不健康的生活方式。

确实如此。

426　　我说,没错,这些人还会以一种最迷人的方式继续下去。他们虽然就医服药,但毫无效果,只会使疾病更加复杂和加重。他们老是希望有人能向他们推荐一种灵丹妙药,吃了就能恢复健康。

他说,你说得很完整,有这种病的人都是这副样子。

而且有趣的是,这世上无论谁对他们说实话,对他们说如果不
B　停止大吃大喝、寻花问柳、游手好闲,那么无论是药物、烧灼法、外科手术,还是咒语、护身符,或别的任何方法,都不能治好他们的病——无论谁对他们说这些话,他们就会把他视为自己最可恶的敌人。

他说,我倒并不觉得有趣,因为对一名提出忠告的人生气,既不光彩也没有什么趣味可言。

我说,你似乎对这种人没什么好感。

我可以发誓,确实没有。

如果整个城邦也以我们刚才说的这种人的方式行事，你大概也不会赞同城邦的行为，或者说你会认为这样的行为正好就是那些统治不良的坏城邦的行为，这样的城邦禁止公民触动整个国家制度，任何企图改变国家制度的人都要处以死刑，但同时无论什么人只要能极为热忱地为生活在这种不良统治之下的公民服务，奉承巴结他们，窥探他们的心意，巧妙地满足他们的愿望，他们就会把这种人当作好人，说他聪明，并给予尊敬，难道不是吗？

C

他说，是的，我认为这种城邦的行为和病人的行为是一样的，对此我无论如何也不会表示赞同。

但你对那些渴望为这种国家热诚服务的人又怎么看呢？你能不称赞他们的勇敢、忠诚，不计较个人得失吗？

D

他说，我会称赞他们，但不会称赞其中那些缺乏自知之明，自以为是政治家的人，因为有许多人称赞他们。

你这是什么意思？你对他们就不能宽容一点吗？如果一个人不知如何测量身高，其他许多人也同样不知道，但却对他信誓旦旦地说，你有四肘高，在这种情况下你认为他会不相信吗？

E

他说，这种情况下他怎能不相信呢？

那就别对他们太苛刻。世上确实有这么一种人自有其迷人之处，我们刚才说过他们不断地制订和修正法律，希望能找到一个办法来杜绝商业方面和我讲过的其他方面的欺骗，他们实在不明白自己这样做实际上就等于想要砍去许德拉的脑袋。

他说，确实如此，他们做的正是这样的事。

427

我说，因此我认为真正的立法家不应当把力气花在制定法律和宪法上，无论是一个治理得不好的国家，还是一个治理良好的国家，因为在一种国家里法律和宪法无济于事，而在另一种国家里，无论谁都能自己发现某些类似法律和宪法的东西，而其他一些法律和宪法则会在我们已经描述过的探讨过程中自动产生。

B　　　他说,那么在立法方面还有什么事要我们做的呢?

我答道,没有了,不过德尔斐的阿波罗神还有事要做,他要制定最主要、最公正、最重要的法规。

他说,有哪些呢?

这些法规涉及如何建造神庙,如何献祭,如何崇拜诸神、精灵和英雄,还有如何安葬死者以及荣耀死者所必须举行的仪式。这

C　些事是我们不知道的,作为一个城邦的创建者,我们如果有头脑,也不会把关于这些事的规定委托给别的解释者而不托付给我们祖先的这位神祇。因为确实是这位神祇向全人类解释了人类祖先的宗教律令,这位大神的宝座设在位于大地中央的那块脐石上,他就是在那里作解释的。

他说,你说得好极了,我们必须这样做。

我说,那么,阿里斯通之子,到目前为止,你们的城邦可以说终

D　于建立起来了。如果说我们可以想方设法发现这个城邦什么地方有正义,什么地方有不正义,正义与不正义有什么区别,幸福的人必须拥有正义还是不正义,诸神和凡人是否知道这种人的情况,那么我们接下去要做的事情就是到某个地方去晒晒太阳,独自想一想,你可以叫上你的兄弟,还有波勒玛库斯以及其他人。

E　　　格老孔说,胡说,你曾经夸口要亲自找到正义,还说自己要是不想尽一切办法帮助正义,就是不虔敬的。

我说,你提醒得好,我必须这样做,但你们也要助我一臂之力。

他说,我们愿意。

我说,那么我希望用如下的办法找到它。我认为,如果我们的城邦已经正确地建立起来,那么她是全善的。

他说,必然如此。

那么她显然是智慧的、勇敢的、节制的和正义的。

显然如此。

如果我们找到了这些性质中的某一种性质，那么剩下的就是我们没有找到的性质，对吗？

没错。

428

让我们以任何四样东西为例。如果我们在某个事物中寻找四样东西中的一样，而我们找到了要找的目标，那我们的目的就达到了；但若我们首先找到了另外三样东西，这也足以使我们知道我们正在寻求的东西。它显然不可能是别的什么，而只能是剩下来的那样东西。

他说，你说得对。

由于我们现在要寻找的东西也是四个，所以我们也必须使用同样的方法。

这很清楚。

还有，我在其中清楚地看到的第一样东西是智慧，而它看起来有点奇特。

B

他说，奇特在什么地方？

我觉得我们已经描述过的这个城邦的确有智慧，因为它有很好的计划，不是吗？

是的。

好的计划确实是智慧的一种形式。人们能提出好的计划不是由于无知，而是由于拥有知识。

显然如此。

但是在一个城邦里有许多知识，或有许多种知识。

C

当然。

那么城邦是否由于有了她的木匠的知识而被称作有智慧、有很好的计划呢？

绝对不是。凭这种知识只能说她是木作之邦。

这样看来，一个城邦不能因为拥有制造木器的知识，或能制造最好的木器而被称作有智慧的,是吗?

我向你保证,不能。

那么城邦能不能由于擅长制造铜器或其他一些器物而被称为有智慧呢?

他说,不能,无论哪样都不行。

城邦也不能由于拥有从地里生产谷物的知识而被称为有智慧的,但她可以被称作农业之邦。

我想是这样的。

D　我说,在我们刚才建立起来的这个城邦里,是否在它的某些公民身上有这样一种知识,这种知识不是用来考虑城邦的具体事情,而是把城邦作为一个整体,考虑如何改进她的对内和对外关系呢?

是的,有这种知识。

我说,这种知识是什么? 在谁身上可以找到它?

它是保卫国家的知识,或者称作统治的知识,在城邦的统治者身上我们可以找到这种知识,这里说的统治者就是我们刚才所说的完整意义上的卫士。

那么你会用什么样的词汇来描写拥有这种知识的城邦?

他说,我会说她有很好的计划,是真正有智慧的。

E　我说,你认为在我们的城邦里哪一类人较多,铜匠多还是这种真正的卫士多?

他说,当然是铜匠多得多。

和拥有某种专门知识并有特定称呼的各行各业相比,统治者是不是人数最少的呢?

少得多。

由此可见,一个按照自然原则建立起来的城邦,之所以能够整个地被说成是有智慧的,乃是因为她那个起着领导和统治任务的

最小和人数最少的部分,以及她所拥有的智慧。这个部分按照自
然的原则人数最少,但在各种形式的知识中,只有这个部分所拥有
的知识才配称为智慧。

他说,你说得很对。

我们已经发现了我们的四种性质之一,但我不知道它本身是
什么,它在国家中有什么地位。

他说,我确实认为我们已经充分地发现了它。

接下去我们要发现勇敢本身,以及使国家能被称作勇敢的东
西究竟处在国家的哪个部分,要做到这一点并不困难。

何以见得?

我说,把一个城邦称作怯懦的或勇敢的,说这种话的人除了关
注保卫城邦,为城邦而打仗的那部分人以外,还会去关注别的人
吗?

他说,不会。

我说,之所以如此,原因就在于其他人的怯懦或勇敢并不能决
定国家是否具有这些品质。

不能。

那么,国家也是由于她的某一部分人拥有这种品质而被说成
是勇敢的,这些人在任何情况下都坚持这样的信念,知道什么事情
是真正可怕的,就像他们的立法者在教育中谆谆教诲过的一样。
这不就是你所说的勇敢吗?

他答道,我还没有完全听懂你的意思,请你再说一遍。

我说,我的意思就是说,勇敢就是一种坚持。

一种什么样的坚持?

就是在任何情况下都坚持那些法律通过教育所建立起来的关
于可怕事物的信念——害怕什么,害怕什么样的事物。我说"在任
何情况下",用这个短语的意思是,勇敢的人无论处于痛苦还是快

D 乐,处于欲望还是恐惧,都不会从灵魂中排除这种信念。如果你喜欢,我可以打个比方来说明一下。

我喜欢。

你知道,染匠如果想要把羊毛染成紫色,一开始总是从有许多颜色的羊毛中挑选白色的羊毛,然后再加以精心的整理,只有经过这个预备性的阶段,才能使羊毛最佳程度地染上颜色,然后要做的

E 事只需将羊毛放入染缸就可以了。经过这样染色过程,被染的东西着色快,洗涤时无论是不是碱水,① 都不易褪色。但若不这样做,那么你知道会发生什么事,要么是染花了,要么是未经整理而极易褪色。

他说,我知道衣服褪色会变成什么可笑的样子。

430 我说,通过这个比喻你一定会明白,我们挑选战士,并对他们进行音乐教育和身体训练,这也是在尽力做同样的事情。我们的努力所要达到的惟一目标就是要他们信服和接受我们的法律,就好像给羊毛染色,由于他们有适当的天性和教养,所以他们的信仰和信念可以很快地染上一定的颜色,知道哪些事情是可怕的,也对其他所有事情抱有信念,他们的信念不会被快乐这种对信念具有

B 强大褪色能力的碱水所洗褪,也不会被苦恼、恐惧和欲望这些具有比任何染料的染色能力都要强的染料染上别的颜色。灵魂的这种力量,坚持关于可怕事物和不可怕事物的这种合法而又正确的信仰,就是我所谓的勇敢,除非你还有不同的意见要说。

他说,没有了,因为我认为你对勇敢的看法是正确的,至于那些并非由教育造成,在野兽或奴隶的身上也会显现出来,但与法律毫不相干的事情,你不会称之为勇敢,而会用其他的名称。

C 我说,你说得对极了。

---

① 古人用草木灰泡成的碱性水洗衣服。

他说,好吧,我接受你的解释,把你说的坚持当作勇敢。

我说,你的接受是正确的,这种坚持是公民的勇敢。如果你有兴趣,这个问题我们以后可以再作更加充分的讨论。目前我们要寻找的不是勇敢而是正义,就我们的研究目的来说,我们说这么些已经够了。

他说,你说得对。

我说,还剩下两种东西要在我们的这个城邦里寻找,一个是节制,一个是我们整个研究的对象——正义。　　　　　　　　　　D

正是。

要是有什么办法能找到正义,我们也就不需要去理会节制了。

他说,我不知道还有什么办法可以找到正义,如果这样做意味着不再继续思考节制,那么我也不希望首先发现正义。如果你愿意让我高兴,那就先考虑节制。

我说,我怎么会不愿意让你高兴呢? 这样想肯定是错的。　　　E

他说,那我们就继续吧。

我答道,我必须继续下去,从目前来看,节制比其他美德更像某种协和或和谐。

何以见得?

人们说,节制是某种美好的秩序和对某些快乐和欲望的控制,用一个短语来说,就是所谓"做自己的主人",我不知道这句话是怎么回事,此外还有一些相同的表述说的都是一回事。难道不是这样吗?

你说得很对。

"做自己的主人"这个短语看起来很荒谬,不是吗? 因为一个　431
人是自己的主人当然也是自己的奴隶,一个人是自己的奴隶当然也是自己的主人。无论怎么表达,说的都是同一个人。

当然。

我说,不过在我看来这种说法的含义是,一个人的灵魂里面有一个比较好的部分和一个比较坏的部分,而做自己的主人这种说法意味着这个较坏的部分受到天性较好的部分控制。不管怎么说,这是赞美之词。但若由于教养问题或某些交往问题,这个较小

B 而又较好的部分被较坏而又较大的部分控制,那么我们就要进行谴责,把处于这种境况中的人称作无节制的和放纵的。

他说,好像是这么回事。

我说,现在把你的目光投向我们的新城邦,你会看到这两种情况中的一种。因为,既然由较好的部分统治较坏的部分就可以称作有节制的或自主的,那么你会说,这个城邦是自己的主人。

他说,我看到了,就是你说的这种情况。

C 还有,各种各样的欲望、快乐和痛苦主要出现在儿童、女人、奴隶和那些名义上被称作自由人的下等人身上。

正是这样。

但是那些在理智和正确意见的帮助下,由人的思考指导着的简单而有节制的欲望,只能在少数人中见到,只能在那些有着最好的出身而又受过最好教育的人中间见到。

他说,对。

在你们这个城邦里,你不是也能看到这种情况,而且为数众多

D 的下等人的欲望被比较优秀的少数人的欲望和智慧所支配吗?

他说,我看到了。

那么如果有什么城邦可以被称作是她自己的快乐和欲望的主人,是自主的,那么这个城邦配得上这个称号。

他说,一点也不错。

在所有这些方面,她不是也可以被称为有节制的吗?

他说,确实可以。

E 然而还有,如果有什么城邦,它的统治者和被统治者,在必须

由谁来统治这个问题上具有一致的信念,那也只有这个城邦了。你难道不这样想?

他说,我一定会这样想。

既然是这种情况,那么你说节制的美德会存在于哪一类公民中呢? 存在于统治者手中还是被统治者手中?

他说,我认为在两部分人中都存在。

我说,那么你看我们刚才的直觉还不错,节制就是某种和谐,是吗?

为什么会这样呢?

因为节制的运作和勇敢、智慧不一样,勇敢和智慧分别存在于构成城邦的不同部分,一部分是聪明的,另一部分是勇敢的。节制的运作不是这样,它延伸扩展到全体公民,把各种各样的公民联合到一起,无论是最强的、最弱的,还是中等的,如果你乐意,你还可以说无论是在智慧方面,还是在体力方面,或按人数、财富,以及诸如此类的标准来判断的强弱。所以,在国家或个人的天性优秀部分和天性低劣部分中,应当由哪个部分来统治,在这一点上达成一致意见就是节制,我们对此加以肯定是非常正确的。

他说,我完全同意。

我说,好极了,我们已经依据当前的最佳判断,在我们的城邦中找到了三种性质。剩下的那个能使我们城邦再具有一种美德的性质是什么呢? 因为剩下来要寻找的显然是正义。

这很清楚。

格老孔,现在是时候了,我们要像猎人包围野兽藏身处一样密切注视正义,别让它从我们的视野中溜走和消失。它显然就在附近。把你的眼睛睁大些,努力去发现它。如果你先看见了,请你赶快告诉我。

他说,要是我能先发现正义,那我会告诉你的,但我想你最好

432

B

C

还是把我当作一名随从,能看见你指给我看的东西,这样你就能非常有效地使用我。

我说,为了胜利,那就请你跟我来吧。

他说,你只管头里走,我会跟来的。

我说,说实话,这地方好像无法靠近,一片漆黑。

没错,这是个黑暗的隐蔽处,不容易把野兽赶出来。

D　　无论如何,我们总得前进。

好吧,继续前进。

我略一思索,又招呼格老孔说,格老孔,我想我们已经发现了这只野兽的踪迹,我不相信它能从我们眼前溜走。

他说,听你这样说我很高兴。

我说,真的,我们的确太马虎了。

为什么?

为什么? 你想想看,我们要找的这样东西从一开始就在我们

E　面前晃来晃去,但我们却总是视而不见,就像有些人寻找握在自己手里的东西一样可笑。我们不看眼前,只向远处瞭望,这也许就是我们找不到它的原因。

他说,你这样说是什么意思?

我答道,我的意思是我们一直在以某种方式谈论它,但却不明白或不知道自己正在谈论它。

他说,对一个性急的听众说来,你这番开场白太冗长了,还是言归正传吧。

433　　　我说,那么你听着,看我说得对不对。当我们建立这个城邦时,从一开始我们就已经确定了一条普遍原则,我想,这条原则,或这条原则的某种形式,就是正义。你还记得吧,我们确定下来并且经常说到的这条原则就是每个生活在这个国家里的人都必须承担一项最适合他的天性的社会工作。

对,我们说过。

还有,正义就是只从事自己的职业而不兼做其他职业,我们听许多人这样说过,而我们自己也经常这样说。

我们说过。

我说,那么,我的朋友,做自己的事这条原则在某种意义上就是正义。你知道我是怎样推导出这个结论来的吗?

他说,我不知道,请你告诉我。

我想,在考察了节制、勇敢和智慧之后,剩下要说的城邦美德就是这种品质了,它使其他所有品质能在这个政体中产生,并使之有可能在这些品质产生以后一直保持它们。我几乎没有必要再提醒你我们说过的话,如果我们找到了三样东西,正义就是剩下的那一样。

他说,你的结论是必然的。

我说,但若有人要我们决定,显现在我们城邦中的这四种品质哪一种在使我们的城邦成为一个好城邦方面贡献最大,那么很难决定到底何者是城邦之善的主要原因,是统治者和被统治者的一致意见,是在战士的心中保持由法律产生的什么该怕什么不该怕的信念,是卫士高度警觉的理智,还是那个体现在儿童、妇女、奴隶、自由人、工匠、统治者和被统治者每个人身上的原则,即每个人做自己分内的事,不去干涉别人分内的事。

他说,确实很难决定。

要说哪样东西对国家的完善所起的作用大,就是每个人做自己分内的事这条原则在与城邦的节制、智慧、勇敢进行较量。

他说,确实没错。

与导致国家美德的这些品质进行较量的不就是你会用来命名这条原则的正义吗?

正是。

再从这样的角度考虑一下,也许你就会信服了。在你们的国家里,法律案件不是指定由统治者来审理吗?

当然是的。

无人可以占有属于他人的东西,而他拥有的东西也不能被剥夺,这不就是审理案件的主要目的吗?

这个目的是惟一的。

我们可以假设这就是正义吗?

这就是正义。

434　　那么由此可见,正义就是做自己分内的事和拥有属于自己的东西。

是这么回事。

现在请你考虑是否同意我的下列看法。假定一个木匠做鞋匠的事,或者一个鞋匠做木匠的事,假定他们相互交换工具或荣誉,甚至企图一个人从事两种职业,混淆他们的全部作用,那么你不认为这是对国家的巨大危害吗?

他说,这种危害不算大。

B　　我想,如果一个人生来就是工匠或商人,但却在财富、权力、体力,或其他类似的优势的诱惑下,试图进入军人的等级,或者一名军人试图进入议员和卫士的等级,尽管这些工作对他并不合适,但相互交换工具或荣誉的事还是发生了,或者说一个人同时承担了各种功能,那么我认为,你也会相信,这种交换和干涉意味着国家的毁灭。

必定如此。

C　　三个现存等级的人相互干涉、相互取代他人的事务,这是对国家的最大危害,可以最正确地确定为主要危害国家的事情。

完全正确。

对一个人自己的城邦起着最大危害作用的事情,你难道不斥之为不正义吗？

这种事当然是不正义的。

那么这就是不正义。让我们再换个方式来把这个意思说清楚。与我们刚才所说的情况相反，如果商人、辅助者和卫士在国家中都做他自己的事，发挥其特定的功能，那么这就是正义，就能使整个城邦正义。

他说，我想城邦正义的原因就在于此，没有别的原因了。　　　D

我说，不过我们现在还不能说得那样斩钉截铁，如果我们对个人也能使用这一定义，而这个定义也能适用，那我们就同意这个观点，其他我们还能说什么呢？现在就让我们来完成它，我们假定过，如果我们能够发现一个较大的包含正义的事物，看到这个事物　　E
存在，那么我们要在个人身上发现正义的性质就会比较容易。我们同意过，这个较大的事物就是城邦，所以我们尽力建造了一个最好的城邦，因为我们知道得很清楚，在这个好城邦里当然能够找到正义。现在我们要把在城邦里发现的东西应用于个人，如果二者是一致的，那么万事大吉。但若正义在个人身上的表现与在城邦中的表现不同，那么我们还得回到城邦中来，对正义再作考察，把　　435
个人身上的正义与城邦的正义两相对照，互相砥砺，就好比火石碰撞发出火星，照见了正义，当它这样显露出来时，我们就可以在心中确认它了。

他说，听起来这个办法很好，我们必须这样做。

我说，如果你用这个相同的名字称呼一个事物，无论这个事物是大还是小，那么它和拥有同样名字的事物是相同的还是不同的？

他说，是相同的。

那么一个正义的人就其正义的表现形式来说与一个正义的城　　B
邦根本不会有任何区别，而只能是相同的。

对，是相同的。

　　这个城邦之所以被认为是正义的,乃是因为城邦里天然生成的三种人各自履行其功能,还有,城邦之所以拥有节制、勇敢和智慧,也是由于这三种人拥有这些情感和习惯。

　　他说,对。

C　　那么,我的朋友,我们期待个人也在他的灵魂中拥有同样的构成,各部分所起的作用与城邦中拥有相同名称的部分所起的作用是一样的。

　　他说,必然如此。

　　我说,天哪,我们又碰上一项微不足道的考察,这个问题是:灵魂是否真的在其自身包含这三种品质。

D　　他说,在我看来,它并非微不足道,要把它弄清楚并非易事,苏格拉底,诚如俗话所说:"不入虎穴,焉得虎子"。

　　我说,显然如此。但让我来告诉你,格老孔,在我看来,用我们现在讨论中使用的方法无论如何不可能弄清这个问题。要想解决这个问题,还有一段更加漫长和艰苦的道路要走。不过,我们也许可以在我们先前的陈述和研究的水平上讨论这个问题。

　　他说,这不就够了吗,我对目前的进展相当满意。

　　我答道,我确实也很满意。

　　他说,那么你就别感到厌倦,让我们继续探讨。

E　　我说,好吧,要想不承认处在城邦中的每个人身上都具有和城邦一样的构成和性质并非不可能,对吗? 因为,除了来自个人,城邦的品质不可能有其他来源。如果假定城邦的激情并非来自城邦拥有此种品质的公民,那是荒谬的,比如说激情属于色雷斯人、西徐亚人,以及一般的北方人,爱智的品质主要可以归结为我们居住436 的区域,而爱钱的品质我们可以说很有可能在腓尼基人和埃及人那里看到。

　　他答道,这还是有把握的。

我说,那么这是一个事实,要理解它并不困难。

当然不难。

但要是你问出这样一些问题来,事情就麻烦了:我们讨论的这些品质属于同一事物,还是三样不同的东西? 我们是在对它们逐个进行讨论吗? 或者说,我们学习时使用我们自己的某个部分,愤怒时使用另一个部分,想要满足进食、生殖一类的自然欲望时用的是我们的第三个部分,对吗? 或者问,整个灵魂从一开始就在参与 B 我们的各种活动,是吗? 这才是真正难以做出恰当决断的地方。

他说,我也这样想。

那就让我们试着把界线确定一下,看它们是否以这样一种方式相互等同。

我们怎么办呢?

同一事物显然决不会在同一方面同时实施或承受相反的东西。因此,只要我们发现心灵的功能出现这种相反的情况,我们就会知道,这不是同一事物在起作用,而是有许多不同的事物在起作 C 用。

很好。

那么请考虑我的话。

他答道,你继续说吧。

同一事物的同一部分有可能同时既静又动吗?

决不可能。

让我们理解得更加准确一些,省得开始论证后又陷入争端。如果有人说,一个人站着不动,但他的手和头在动,因此可以说他既静又动,那么我们不会说这种表达是正确的,而会说他的一部分 D 在静止,一部分在运动。难道不是吗?

是这样的。

如果争论的对方以更加巧妙的方式把这种玩笑开下去,说陀

螺固定在一个地方旋转，整个陀螺同时既动又静，对其他任何围绕同一地点旋转的物体也都可以这么说，那么我们也应当反对这种
E　说法，因为在这种情况下我们说的静止和运动并非与这个物体的同一部分相关。我们会说，这些物体有一贯穿轴心的直线和边线，论及这条直线，如果它不向任何方向倾斜的话，那么它是静止的；如果着眼于边线，那么它在作圆周运动；但若物体的轴心线在转动时前后左右地摆动，那么这个物体也就无论如何谈不上静止了。

他说，这样说才对。

那就别让诸如此类的小聪明把我们搞糊涂，使我们相信同一
437　事物的同一方面或同一关系有可能同时承受或实施相反的事情。

他说，我保证不会糊涂。

我说，尽管如此，我们没有必要逐一考察诸如此类的所有看法，确信它们是错误的。让我们设定它们都是错的，然后继续我们的论证，但若我们发现这个假设不对，那么从这个假设中推导出来的结果也都应当视为无效。

他说，这是我们必须要做的。

B　我说，那么你不会把赞同和异议、追求和拒绝、吸引和排斥，以及诸如此类的事情都当作相互对立的，无论是行为还是欲望都没有什么区别吧？

他说，一样也不会，但它们是相反的。

C　我说，那么，口渴、饥饿、一般所说的欲望，还有愿望和希望，你不会把所有这些东西都归到刚才说的那些类别里去吧？比如，你难道不会说想要实现他的愿望和要求的那个人的灵魂正在追求他所希望的东西，或者说，对任何呈现于他的事物点头认可，就好像有人在提问，努力想要得到这样东西吗？

他说，我会这样说的。

但你对不愿意、不喜欢、无要求又会怎么看呢？我们难道不会把它们归入灵魂的拒绝和排斥，算作与前面所说的那些事物相反的一类事情吗？

当然应该这样做。 D

既然如此，那么我们要说欲望构成了一类事物，这类事物中最惹人注目的成员就是我们称之为渴和饿的欲望。

他说，我们要这样说。

这两种欲望不就是一个要求饮料，另一个要求食物吗？

是的。

那么，就渴而言，我们除了说渴是灵魂的一种欲望之外，还会是别的什么吗？我的意思是，渴就是想要得到热的或冷的饮料，想要得到多一些或少一些，简言之，就是想要喝一口具有某种性质的饮料，如果热这种性质附加到渴上去，就会产生进一步的欲望，如 E 果有了热的性质以后再附加冷的性质，还会产生想要冷饮料的欲望，不是吗？如果渴的程度大，所要求的饮料也就多，如果渴的程度小，所要求的饮料也就少。但仅就渴本身来说，除了想要喝饮料以外，它永远不会要求别的什么东西，饿对食物的欲望也是这种情况。

他说，是这样的。每一种欲望本身只要求得到自己本性所要求得到的那种东西。特定的欲望要求特定的性质。

我说，那么就别让有些人会提出来的反对意见把我们搞糊涂 438 了。他们会说，没有人会只要饮料而不要好饮料，只求食物而不要好食物。他们还会继续证明说，这是因为所有人都想要好东西，所以，如果渴是一种欲望，那么无论这种欲望是什么，它都想要好饮料和好食物，其他欲望也一样。

他说，这些反对意见看起来好像有些道理。

我说，我几乎没有必要提醒你，由表示相对的术语来限定的那

B　些事物总是与某些相关的事物联系在一起,而就某个事物本身来说,严格地说来它仅仅与其自身相关。

我不懂你的意思。

我说,你难道不明白所谓较大的事物就是比另一个事物更大的事物吗?

我明白。

较大的事物不就是不比另一个事物小的事物吗?

是的。

说一个事物大得多,那么它一定与另一个小得多的事物相关。难道不是吗?

是的。

我们还要不要添上某个时候较大的事物与某个时候较小的事物相关,将要较大的事物与将要较小的事物相关?

肯定要。

C　同样的情况还有较多和较少、一倍和一半、较重和较轻、较快和较慢,还有较热和较冷,等等,不都是这样吗?

确实如此。

科学怎么样? 也是同一个道理吗? 科学就其本身而言,它就是科学,就是对知识的拥有,或者说我们还必须假定科学要有一个

D　相关的对象。但是一门具体的科学拥有关于某种具体的知识。我的意思是,被称作建筑学的这门造房子的科学与其他科学不同。

当然是这样。

它之所以被称作建筑学,不就是因为它具有其他任何科学所不具有的知识吗?

是的。

之所以如此,不就是因为它具有特定的对象吗? 对其他科学与艺术来说,不也是一样吗?

是这样的。

我说，那么你现在可能会明白我前面说的话是什么意思了。我在前面说的是，一切与某些事物关联的事物都会与其他事物相关，而就某事物本身而言，它与其他事物无关，只与其自身相关，但是属于某一类的事物会有它所属的那个类别。不过你千万别误解，我的意思完全不是说它们与什么事物相关就属于哪一类，以至于假定一门关于健康和疾病的科学可以是健康的科学或有病的科学，一门关于善与恶的科学可以是善的科学或恶的科学。我的意思仅仅是说，科学之所以成为科学并非因为它与使之成为科学的一般事物有关，而是因为它与某些特定的事情有关，比如像健康与疾病，正因如此，科学才不再是一般的科学，而是变成某种具体的科学，正因为添加了这一类特殊的事物，才被称为医学。

他说，我明白，我同意你的意见。

我说，那么我们再回到渴的问题上来，你难道不把它归入与事物相关的一类事情，并说它与某些事物相关吗？我假定它属于这一类事情。

他说，我也这样认为，它与饮料相关。

那么，如果说饮料是特定种类的，那么与之相关的渴也是特定种类的，但我们要看到渴本身之所以成为渴，与饮料的多少好坏无关，也与饮料是什么种类的无关，渴本身只和饮料本身有关。

确实如此。

那么渴的灵魂，就其渴而言，想要的无非就是喝饮料，它渴望喝饮料，有着实现这一目的的冲动。

这很明显。

如果当灵魂渴的时候能有一样东西将它拉回来，就好像把一头口渴了去喝水的牲畜拉回来，那么这样东西一定是与渴不同的另一样东西。因为我们说过，同一事物的同一部分在同一时候的同一行为上不可能有相反的举动。

我们必须承认这是不可能的。

所以我认为,说某个射手的手既拉弓又推弓,这样说是不妥当的,应当说他的一只手在推弓,另一只手在拉弓才对。

C　　他说,确实如此。

那么我们可以说有些人在某些时候虽然口渴但并不想喝水。

他说,这种情况倒是常有的,而且很多。

我说,对这种情况人们会说些什么呢? 这岂不表明灵魂中有一种东西在吩咐他们喝水,有另一种东西在禁止他们喝水,而且禁止他们喝水的那个东西支配着吩咐他们喝水的那个东西吗?

我也这样认为。

D　　当这种东西从理智的算计中产生时, 对行为的阻止就出现了, 而牵引和拉动欲望的东西则来自情感和疾病, 这难道不是事实吗?

显然是的。

我说,那么,我们有理由断定它们是两样东西,而且彼此不同,也就是说,一个是人们用来进行思考和推理的灵魂的理智,另一个是人们用来感受爱、饿、渴等等欲望之骚动的非理性部分或欲望,与各种满足和快乐相伴。

E　　他说,我们这样想不仅有道理,而且非常自然。

那就让我们明确下来,这两种东西确实存在于灵魂中。我们现在要说的是激情,亦即我们用来感受愤怒的那样东西,它是理智和欲望之外的第三种东西呢,还是与前两种东西中的一种是同一种呢?

他说,它有可能与其中的一种相同,也属于欲望。

我说,但我听说过这样一个故事,并且相信它是真的。阿格莱翁之子勒翁提乌斯从庇莱厄斯进城去,路过北城墙下,发现刑场上

躺着几具尸体,他感到想要去看个明白,但又感到害怕和厌恶,他 440
忍了又忍,并且把眼睛蒙上,但最后终于屈服于他的欲望,他睁大
双眼冲到那些尸体跟前,并恶狠狠地咒骂自己说:"看吧,你这个邪
恶的家伙,让你把这美景看个够!"

他说,我也听说过这个故事。

我说,然而,这个故事的寓意确实表明,愤怒的原则有时作为
欲望之外的一样东西和欲望发生对抗。

他说,是有这个意思。

我说,我们不是还在许多其他场合看到过这样的事情,当一个 B
人的欲望超过了理智并支配着他的行为时,他会咒骂自己,对支配
着自己的内心的欲望表示愤怒,而激情就好像在一场派别斗争中
成了理智的盟友,是吗? 但当理智喃喃自语时,激情也会因为某种
共同的原因而与欲望结盟反对理智。我想,你一定从未在自己身
上觉察到这种事情,其他任何人也不曾觉察到。

他说,我凭天起誓,不曾有过。

再说,当一个人认为自己错了,那么他愈是高尚,他对自己所 C
受到的饥饿、寒冷或任何其他诸如此类的苦楚就愈少可能感到愤
怒,因为他相信把这些苦楚施加于他的行为是正义的,照我的说法
就是,他的激情拒绝被发动起来反对这种行为,这样说对吗?

他说,对。

但若一个人相信自己受到了不公正的待遇,情况又会怎么样
呢? 同样是由于受到饥饿、寒冷,等等,在这种情况下,他的激情就
会发动起来,加入到由他判别是正义的那方面去作战,不是吗? 由 D
于灵魂高尚,他会坚忍不拔,争取胜利,不达目的决不罢休,至死不
渝,或者说,要像牧羊犬听到牧人的呼唤方才折回一样,他要听到
内在的理智的呼唤方能平静。

他说,你的比喻很贴切,进一步确证了我们前面说过的话,在

我们的国家里,辅助者就像狗一样听命于统治者,而统治者就好比是城邦的牧人。

我说,你对我的意思理解得很透彻。但你也注意到另一个问题了吗?

E　　什么问题?

我们现在对激情的看法和刚才的印象正好相反。刚才我们假定它是欲望的一种,但是现在大不相同了,我们得说,在灵魂内部的分歧中它宁可站在理性一边。

他说,必然如此。

那么激情和理性还有什么不同? 或者说,它只是理性的一种,因此在灵魂里只有两种东西而不是三种,即只有理性和欲望;或者
441　说,就像一个城邦由生意人、辅助者和谋划者这三种人组成,灵魂也有一个第三者,亦即激情,它是理智的天然辅助者,除非它被不良的教养所败坏,对吗?

他说,我们已经假定激情是第三者了。

我说,要说明它是第三种东西,除非证明它与理智不同,就好像我们已经证明它是欲望以外的另一种东西。

他说,这不难证明。从儿童身上就可以看出,他们几乎一出世
B　就充满激情,而理智则姗姗来迟。我想有些孩子甚至从来没有使用过理智。

我答道,确实如此,你说得很好。进一步说,在动物身上也能看出你说的话是正确的。此外,我们还可以把前面曾经引用过的荷马的一句诗拿来作为佐证,"他捶胸叩心责备自己"。① 因为在
C　这行诗里,荷马分明认为判断好坏的理智在斥责感受到愤怒的那个东西,这就表明后者是另一样东西。

_____

　　① 荷马:《奥德赛》第 20 卷,第 17 行。本篇第三卷 390D 处引用过。

他说,你说得完全正确。

我说,我们跋山涉水,终于艰难地取得了相当一致的意见:在国家和我们每个人的灵魂中可以发现同样的东西,而且数目相同。

是的。

那么我们据此不是马上就可以推论:国家的智慧和个人的智慧是同样的,使国家得以智慧的那种品质也就是使个人得以智慧的品质?

当然可以这样推论。

同理,个人的勇敢和国家的勇敢是同样的勇敢,使个人得以勇敢的品质和使国家得以勇敢的品质是同样的,个人和国家的其他美德也都有这种关系。

必然如此。

那么,格老孔,我认为我们还得说使个人得以正义的方式与使国家得以正义的方式是一样的。

这个推论也是不可避免的。

但我们千万别忘了,国家的正义在于构成国家的三个阶层的人各司其职。

我认为我们没忘。

那么我们必须记住,每个人都要使自身的每个部分各司其职,这样的话,一个人就是正义的,也就是做他分内的事。

他说,我们确实必须记住这一点。

既然理智是聪明的,能够代表整个灵魂进行谋划,那么还不应该让它来领导,让激情服从它,协助它吗?

必定无疑。

那么我们说过,音乐和体育的混合作用会使理智和激情得到协调,音乐用文雅的言辞和学说强化着这种协调,体育又用和谐与韵律使激情变得温和而又文明,难道不是吗?

D

E

442

他说,没错。

这两样东西既然受到这样的哺育和教养,学会了真正意义上的各司其职,那么它们将会监管欲望,而我们知道欲望占据着每个人的灵魂的大部分,欲望的本性是贪婪。理智和激情会监视欲望,以免它会由于被所谓的肉体快乐充斥或污染而变得非常强大,不愿再守本分,乃至于试图控制那些它所不应该控制的部分,从而颠覆人的整个生命。

B

他说,必然如此。

那么,这两样东西联合在一起就能最有效地保卫整个灵魂和身体,一个出谋划策,另一个投入战斗,凭借它的勇敢去完成统治者的意图,难道不是这样吗?

是这么回事。

那么我认为,依据一个人的这个部分的性质可以把他称作勇敢的,也就是说,他无论处在快乐还是痛苦之中,他的激情都能保持不变,能够牢记统治者通过理智教给他的应当惧怕什么和不应当惧怕什么的信条。

C

他说,对。

我们也因为每个人身上这个起统治作用的和传授信条的这个小小的部分的性质而称他为智慧的,它拥有知识,知道什么对个人和整体有益,人就是由这三个部分组成的一个小小的社团。

确实如此。

再说,一个人的这些部分的友好与和谐难道还不能使我们称之为有节制的人吗?也就是说,这个起统治作用的部分和它的下属都一致相信,理智必须起统治作用,而其他部分不能反叛。

D

他说,没错,节制的美德无论在城邦里还是在个人身上就是这么回事。

我们确实也已经一再说明过一个人由于什么样的品质才算是

正义的人。

这也是必然的。

我说，那么我们对正义的看法会以某种方式而变得模糊，以至于看起来不像它在国家中表现出来的那个样子吗？

他说，我不这样想。

我说，我们必须坚定地确认你的回答，如果我们心中对我们的定义还有疑惑，或者有人用一些很平常的事例来证明我们的看法　E
有问题，那么我们要坚定我们的信念。

你说的平常事例是什么？

举例来说，有人问，对一个正义的国家或正义的人，我们是否　443
能够把一大笔金银财宝托付给他保管，是否能相信他不会侵吞盗用它们，正义的人是否比其他人更会干这种事，对这些问题我们该怎样回答呢？

他说，正义的人不会干这种事。

这样的人也和盗窃圣物、偷东西、在私人或公共事务中当叛徒这类事毫无关系吗？

是的。

还有，他无论如何都不会不守信，不管是恪守他的誓言，还是　B
遵守别的协议。

他怎么会违反呢？

尽管别的人会通奸、不孝顺父母、不履行宗教义务，但正义的人决不会这样做。

没错。

这些事情的原因不就在于这样一个事实，他的灵魂中的各个部分都在各司其职，分别起着统治与被统治的作用吗？

对，不可能有别的原因了。

那么除了这种人和这种城邦的这种品质，你还想在此之外寻求正义吗?

他说,凭天发誓,我不会这样做。

那么我们梦想已经实现了。在建立这个国家之初,我们就猜

C 测过,由于某种天意,我们可以碰巧发现正义的初始原则和正义的某种类型。

确凿无疑。

没错,格老孔。鞋匠只做他生来适宜的鞋匠的活,而不去做别的事,木匠只做木匠的活,其他人也一样,这条原则是正确的,它确实已经把正义的轮廓勾画出来了。

这很清楚。

D 看起来,正义的真相确实就是我们所描述的这样一种东西,它与外在的各司其职似乎关系不大,而主要涉及内在的各司其职,在其真正意义上,它只和人本身有关,只和个人自己的事情有关。也就是说,一个人一定不能允许自己灵魂的各个部分相互干涉,做其他部分该做的事,而应当按照正义这个词的真实意义,安排好自己的事,首先要能够成为支配自己的人,能做到自身内部秩序良好,使灵魂的三个部分相互协调,就好像把最高音、最低音、中音,以及

E 其间的各个音符有序地安排在一起,使之成为一个有节制的、和谐的整体,这样一来,他就成了一个人,而不是许多人。这个时候,如果他必须做些什么,那么他就可以转入实践,无论是挣钱、照料身体,还是从事某种政治事务或私人事务,所有这些行为都堪称正义的和高尚的,都能保存或帮助产生灵魂的这种状态,智慧或知识则

444 指导着这样的行为;而那些试图颠覆这种精神状态的行为都可以称作不正义的,指导着这种不正义行为的是愚昧无知。

苏格拉底,你说得完全正确。

我说,那么好,如果我们肯定自己已经找到了正义的人和正义的国家,正义确实存在于它们之中,那么我想我们并没有什么

大错。

他说,确实没什么错。

那么我们应当肯定这一点吗?

就这么定下来吧。

我说,行,就这样了。我想,下一步我们必须考虑不正义。

显然应当这样做。

所谓不正义不就是灵魂三部分之间的内战,相互争吵和相互　B
干涉,一个部分起来造反,企图在灵魂内部取得生来就不属于它的
统治地位,而它本来应当像奴隶一样为作为灵魂统治者的那个部
分服务,是吗? 我想,我们要说的就是这样一种东西,灵魂的各个
部分产生了混淆,偏离了各自适当的运作过程,于是就有了不正
义、不节制、怯懦、愚昧无知,总而言之,就有了这些邪恶。

他答道,你说得很准确。

我说,如果不正义和正义就是这么回事,那么"做不正义的　C
事"、"是不正义的",还有"做正义的事",所有这些用语的意思也就
跟着完全清楚了。

为什么能这样?

我说,因为灵魂中的正义和不正义,就好像身体中的健康的部
分与有病的部分,没有什么区别?

他说,在哪方面没有区别?

身体中健康的部分一定会产生健康,而身体中有病的部分一
定会产生疾病。

是的。

那么正义地行事一定会产生正义,不正义地行事一定会产生　D
不正义,难道不是吗?

必定如此。

但是产生健康就是在身体中建立起这样一些成分,相互构成

一种支配与被支配的天然联系,而疾病就是使这些成分处在一种违反天性的统治与被统治关系之中。

是的,是这么回事。

同理,在灵魂中产生正义也就是在灵魂中建立它的原则,使各部分处在一种支配与被支配的天然联系中,而不正义就是使这些部分处于一种违反天性的统治与被统治关系。

他说,的确如此。

E　　那么这样看起来,美德似乎是灵魂的一种健康、美好的状态,而邪恶则是灵魂的一种有病的、丑陋的、虚弱的状态。

是这样的。

那么美好、高尚的追求倾向于获得美德,而丑恶的追求倾向于邪恶,这样说不也是正确的吗?

必然如此。

445　　最后似乎还剩下一个问题需要考虑:做正义的事、实施高尚的追求、做正义的人,而不管别人是不是知道他是正义的,这样做有利呢,还是只要能够逃避惩罚和指责,就去做不正义的人和做不正义的事有利?

他说,嗨,苏格拉底,要是从这种观点出发考虑问题,那么我们的考察就会变得很荒谬。要是身体的构成遭到毁坏,那么哪怕拥有世上的所有食物、饮料、财富和权力,这样的生活也是无法忍受

B　的;进一步说,使我们赖以活着的这种性质和秩序要是发生了紊乱和腐败,一个人能够按照自己的愿望行事,乐意做任何事,但就是不能摆脱不正义和邪恶,不能赢得正义和美德,那么我们的生活将会变得没有价值——到此为止,关于正义和非正义我们已经作了证明和描述。

我说,你说得没错,要是从那种观点出发,我们的考察就会变成谬论。但不管怎么说,我们已经攀上了一个高峰。我们一定不

要松懈下来，而要继续前进，因为从这里我们最有可能清晰地看到这些事情的真相。

他说，我敢说这是我们必须做的最后一件事。

我说，那么你上前来，这样你就可以看见有多少种邪恶——我指的是值得观察和区别的那几种。　C

他说，我跟得上，你尽管往下说吧。

我说，没错，我们已经达到这个论证的高度，从这个高处我仿佛看见美德都属于一种类型，而邪恶却有无数种类型，不过，值得注意的邪恶有那么四种。

他说，你这话是什么意思？

看起来，好像有多少种政体就有多少种灵魂的性质。

请你说出来，到底有多少种？

我说，有五种政体，也有五种灵魂。　D

他说，请告诉我，有哪五种？

我说，让我来告诉你，我们已经阐述过的这种统治形式是一种政体，它可以有两个名称。如果由一个具有卓越才能的人来统治，那么它就叫做王政，如果统治者不止一个，那么它可以叫做贵族政体。

他说，对。

我说，这就是我要说的政体之一。无论掌权的是几个人还是　E从他们中产生的一个人，只要他们接受过我们已经描述过的那种培养和教育，那么他们都不会对我们城邦那些值得一提的法律做任何更改。

他说，不会。

第 五 卷

我说，我把"好"和"正确"这些术语用于这样的城邦或这样的　449

体制,也还用于这样一种人,如果这样的城邦、体制和人是正确的,那么我会把其他的城邦、体制和人说成是坏的和错误的,之所以这样说,既和国家的治理有关,又和个人灵魂的塑造有关,它们受到四种形式的恶的影响。

他说,哪四种?

B　　我正要按照递进的秩序列举四种形式的恶,坐在阿狄曼图不远处的波勒玛库斯伸出手去抓住阿狄曼图的肩膀,拉他靠近些,低声耳语了一番。我们只听到他说:"我们让他过关呢,还是怎么样?"其余的都没听清。

阿狄曼图大声说道,没门。

我说,告诉我,你们不想让谁过关?

他说,不让你过关。

C　　我说,不让我过关,为什么?

他说,我们觉得你在敷衍了事,有一部分并非不重要的内容你丝毫没有涉及,为了避免论证的麻烦,你想蒙混过关,略提几句就溜之大吉,其实每个人心里都明白,"朋友间的利益是共同的"这一原则①　与要不要实行妇女儿童公有的问题有关。

我说,难道我说得不对吗,阿狄曼图?

他说,你说得对,但"对"这个词像别的事情一样,要有个解释,

D　要具体地说明这条原则在一个社团里怎么个对法。办法有很多种,你应该告诉我们你心里想的是哪一种。我们已经等了好久,希望聆听你对生育和培养子女的高见,听你如何全面地解释妇女儿童的公有问题。我们觉得这件事非同小可,处理得正确与否会造成很大的差别,世上各种国家体制的差别可能就是从这里来的。现在,你还没有充分解释一种体制,却又想开始讨论另一种体制。

———————

①　参阅第四卷 424A。

所以你已经听见了,只要你还没有把这些事一样样讲清楚,我们决　450
不会让你离开这里。

格老孔说,把我算上,我也投赞成票。

塞拉西马柯说,苏格拉底,这下子你可以把它看成是我们大家
一致的决定了。

我说,你们在搞什么鬼,要和我过不去吗? 你们想要重新讨论
国家体制,但这会引起一场大争论,而我以为只要你们能接受我的
想法,讨论就可以结束,心里感到庆幸得很呢! 你们不懂,提出这　B
样的要求就像捅了马蜂窝,会引出一大群论证来,而我早就料到会
有这种后果,所以尽量想要避免,省得麻烦。

塞拉西马柯说,嗨,你以为我们这些人到这里来是想要淘金
子,而不是来听讲的吗?

我说,听讲也该有个限度吗。

格老孔说,苏格拉底,对一个有理智的人来说,如果听这样的
讨论也有限度,那么这个限度就是至死方休。所以别替我们担心,
只要你自己能够不厌其烦地回答我们的问题。把你的看法说出来　C
吧,我们的卫士该如何管理他们公有的妇女与儿童,从儿童出生到
接受学校教育,在此期间又该如何对他们进行培养,人们公认这一
时期是实施教育最困难的时期。请你试试看,告诉我们这些事该
怎么办。

我说,我的好朋友,要对这些问题作解释可不容易,甚至会比
前面讨论的问题引来更多的疑点。因为人们会怀疑我的建议是否
行得通,哪怕他们认为行得通,也还要怀疑这样做是不是最好的。
我的好朋友,由于这个原因,我尽量避免涉及这个问题,以免这种　D
理论被当作一种不切实际的空想。

他说,你不用担心,因为我们这些听众对你既非漠不关心,亦
非对你不信任,更不会敌视你。

我说,我的好伙伴,你这些话的意思是在鼓励我吗?

他说,是的。

E　　我说,不过,结果可能适得其反。要是我对自己正在讲的事情既有知识又充满自信,那么你这种鼓励好极了。和一些既聪明又亲密的朋友在一起,讨论我们大家都关心的头等大事,在这种时候451　把真理讲出来,可以说是既安全又理直气壮。但要是像我现在这样,一边讲一边怀疑自己的看法,视之为一种探讨,那么这样做真是既可怕而又危险。我怕的不是人家的嘲笑,如果是这样的话,那是一种幼稚,我怕的是迷失真理,在最不应该摔跤的地方摔个大跟斗,自己跌倒了还不算,还要使朋友们统统摔倒。所以,格老孔,我要向涅墨西斯① 致敬,求她宽恕我将要说的话。因为我确实认为,失手杀人其罪尚小,而误导他人对荣耀、善良、正义的看法其罪B　大矣。这是一种冒险,宁可在敌人中间干也不能在朋友中间干,所以你的鼓励等于零。

格老孔笑道,不行,苏格拉底,就算你在论证中犯了错误,给我们带来伤害,我们会把你当作误杀案中的犯人给放了,赦你无罪,不把你当作骗子。所以你就大胆说吧。

我说,既然按照法律误杀也能无罪开释,那么也许在我们这里也能这样。

他说,你就讲吧,不要再推托了。

C　　我说,那么我们现在必须回过头来,把那些按既定顺序非讲不可的事情讲一讲。这种方式也许是正确的,在男性上台表演之后,再让女性登台,尤其是你们显得那么着急。我们在前面已经描述过男子的出生和抚养,因此我们现在谈到妇女儿童的归属和使用必须与我们从一开始就给男子规定的使命相一致。我认为,在讨

---

① 　涅墨西斯(Nemesis)是专司报应的复仇女神。

论中我们尽力想使这些男子成为卫士,就像要他们看守畜群一样,是吗?

是的。

让我们保留这个比喻,再来谈生殖和养育,看这个比喻是否仍旧适用。 D

他说,怎么个保留法?

是这样的。我们要不要指望母犬和公犬一道保护畜群,参加狩猎,分担公犬所起的各种作用,还是认为母犬缺乏能力,希望它呆在窝里,只管生养小狗,而让公犬去辛劳,承担所有照管畜群的工作呢?

他答道,无论公母都可以承担所有工作,除非我们把母犬当作弱者,公犬当作强者。 E

我说,如果对某种牲畜不进行同样的驯养和教育,你能不加区别地将它们用于同一目的吗?

这是不可能的。

那么,假如我们要用女人做男人做的事,那么我们必须对他们进行同样的教育。 452

是的。

我们用音乐和体育来训练男子。

是的。

那么我们也必须把音乐和体育这两门技艺给予女子,如果要她们打仗,还要对她们进行军事训练。

他答道,你说得蛮有道理。

我说,如果要把我们的建议付诸实施,由于它们与现存习俗不同,因此看起来会很可笑。

他说,没错,确实如此。

我说,你看其中最可笑是什么? 不就是女子也要和男子一道 B

赤身裸体地在体育场里锻炼吗,不仅年轻女子要这样做,还有年纪大的女人,也要和体育场上的老头一样,尽管已经皱纹满面,让人看了很不顺眼,但仍旧要在那里坚持锻炼?

他答道,是的,我得说这种事在目前情况下看起来似乎有些可笑。

C　　我说,既然我们已经开始讲述我们的想法,就不要害怕那些挖苦人的俏皮话,哪怕引起轩然大波也不要紧,他们会谈论的无非就是女子要不要参加体育训练和文化教育,要不要携带兵器和骑马,等等。

他说,你说得对。

我们既然已经开始,就要继续朝着我们法律中最艰难的部分前进。在请那些发出嘲笑的同胞放弃轻薄心态,严肃认真对待这些事情之后,我们要提醒他们,其实希腊人认为这些行为可耻和可笑的时间并不长,不久以前他们还像现在大多数野蛮人一样,认为男子赤身裸体给人家看并不可耻。当初克里特人和后来拉栖代蒙
D　　人裸体操练,不也被那个时候的聪明人当作笑柄吗?

是的。

但是我认为,既然经验已经证明让所有这类事物裸露比遮遮掩掩要好,眼睛发出的嘲笑在被理性揭示出来的最优秀的事物面前将要消失,那么也就清楚地表明这种人讲的话乃是一派胡言,他
E　　们不认为邪恶是可笑的,倒认为别的事物都是可笑的,他们不去讽刺愚昧和邪恶,却用眼睛盯着别的事物加以嘲笑,他们一本正经地努力建立某种美的标准,却不以善为美的标准。

他说,确实如此。

453　　　那么我们需要达成一致的第一件事就是这些建议是否行得通,是吗?无论对方是在开玩笑还是在认真地提问题,我们都必须展开争论,女子按其天性能够胜任男子的一切工作,还是什么都干

不了，或者只能干其中有限的几样，不能干其他工作，打仗是否就属于她们干不了的工作。良好的开端是成功的一半，我们由此深入，不就可以得到最圆满的结论了吗？

他说，这个办法好极了。

那么我们要不要代表我们假想的对手向我们自己发问，以避免他们不可能在这里当场辩护的弊端呢？

他说，没有任何力量可以阻止你这样做。 B

那么我们可以代表他们发问了："我亲爱的苏格拉底、格老孔，实在没有必要让别人来批评你们，因为你们自己在开始讨论创建你们的城邦时已经同意，每个人都必须把自己天性适合做的事情当作自己的工作，是吗？"我们说："没错，我们确实同意过这条原则。"他们又问："男女之间生来就有很大差别，你们能否认这一点吗？"我们说："确实有很大差别。"他们说："那么与这些天生的差别 C 相应，让男子和女子发挥不同的功能，又有什么不妥呢？"我们说："没错。"他们说："那么你们犯了自相矛盾的大错误，既承认他们的天性有巨大差别，又肯定男子和女子必须做同样的事情，对吗？"对这个问题你能做出一个回答来让我感到惊讶吗？

他答道，要面对这突如其来的挑战实在不容易，但我会请你代我们回答，不管你的回答是什么。

我说，格老孔，我早就预见到这些难题，因此有意回避关于妇 D 女儿童的公有和养育方面的立法问题。

他说，凭天发誓，这确实不是一件易事。

我说，当然不容易，但是既然已经跌到水里，那么不管是小池塘还是大海，我们都只能继续游泳了。

当然要游。

那么我们就继续游下去，希望在这争论的汪洋大海里能有海豚来把我们托起，使我们免遭灭顶之灾，或者说还有其他什么救命的办法。

E　　　他说,你说得很逼真。

我说,那么好,想想看我们还能不能找到一条出路。我们确实承认过不同天性的人应有不同的职业,男人和女人的天性是不一样的。然而我们现在肯定这些不同的天性应当做同样的工作。这就是我们自相矛盾的地方吗?

是的。

454　　我说,格老孔,揭露矛盾这门技艺的力量的确伟大!

为什么要这样说?

我说,因为在我看来有许多人甚至不由自主地跌到这个泥坑里去,他们以为自己是在争论,但实际上只不过是在吵架而已,因为他们不能对讨论的主题做出划分和区别。他们只知道在字面上寻找矛盾之处,相互之间使用争论术而不是辩证法。

他说,对,有许多人是这样的,不过你认为我们现在也是这种情况吗?

B　　　我说,绝对如此。不管怎么说,我担心我们会不知不觉地滑入争吵的泥潭。

以什么方式?

天性不同的人不应当从事相同的职业,对这个原则我们虽然勇敢地坚持,并且就其字面含义加以争论,但我们从来没有静下心来想一想,我们心里想的天性究竟是多种多样的天性中的哪一种,这种天性又是什么意思,当我们说给天性不同的人规定不同的职业,给相同天性的人规定相同的职业时,我们该如何定义这个天性。

他说,对,我们确实没有考虑过这一点。

C　　　我说,因此按照这个思路,我们可以问自己,秃头的男人和长头发的男人,他们的天性是相同的还是相反的。如果我们同意说他们天性相反,那么要是让秃头去做鞋匠,就得禁止长头发的人做鞋匠,倒过来说也一样。

他说,如果是这样的话那真是可笑极了。

我说,确实可笑,但其原因无非是我们只注意与职业本身相关的所谓天性的相同和不同,却没有设定天性的相同与不同有具体的含义。比如说,一个男人和一个女人都有一颗医生的心灵,那么我们就说他们的天性相同。你看是不是这样?   D

是的。

但是一个男医生和一个男木匠就有不同的天性,是吗?

我认为确实是的。

我说,同理,如果男性和女性之间有某种不同的素质使之更适合从事某种技艺或职业,那么我们应当肯定,必须把它们分别赋予男性或女性。但若男性与女性的差别仅在于女性受精生子而男性授精,那么对我们的目的来说,没有证据表明男女有什么差别,我们要继续坚持说我们的卫士和他们的妻子必须从事相同的职业。   E

他说,你说得很对。

那么,迫使我们的对手必须准确告诉我们的第二件事情是,就那些与国家行为有关的技艺和职业来说,男性与女性在天性上的差别在哪里呢?   455

不管怎么说,你这样问是公平合理的。

有人也许会像你刚才说的那样回答我,要马上找到一个令人满意的答复不是件易事,但只要给他时间想一想,这其实并不难。

他也许会这么说。

那么我们是否可以要求反对我们的人跟着我们,看我们是否能够证明在治理国家方面没有一件事是女人不能做的?   B

务必如此。

那么就让他来回答我们的提问:当你说一个人做某件事有天赋而另一个人没有天赋,这样说的依据是什么呢? 是因为一个人学起来容易而另一个人学起来困难吗? 是不是有的人稍加点拨就能明了事理,举一反三,而有的人很迟钝,学了很长时间也还记不起学的是什么? 是不是有些人的身体能充分为心灵服务,而有些人的身体反而成为心灵的障碍呢? 除此之外,你区分某些事务上的天赋好与不好还有什么依据吗?

C

他说,没有人能再说出其他依据。

那么你知道从上述各方面来看,有没有一种人类的活动男性从事起来无法超过女性? 我们要不要逐一列举纺织、烹调、做点心这样一些事情,女性擅长做这些事情,但要是男性做起这些事情来比她们还要能干,那么女性会感到羞耻,会感到成为笑柄?

D

他说,你说得对,我们可以说,一种性别在一切事情上都能超过另一种性别。尽管有许多女人在许多事情上比男人强,但总的说来,是你说的这种情况。

那么管理国家的工作没有一件由于只适合女人干而专门属于女人,也没有一件由于只适合男人干而专门属于男人。各种天赋才能同样分布于男女两性,女性可以做任何事情,男性也可以做任何事情,不过总的说来,女性比男性要弱一些。

E

没错。

那么我们要不要把一切工作都指定给男人,而不给女人指定任何工作?

我们怎么能这样做呢?

我想,我们宁可这样说,有的女人有做医生的天赋,而有的女人没有,有的女人有音乐天赋,而有的不懂音乐,这样说可以吗?

当然可以。

那么我们能不能否认,有的女人有运动天赋,爱好打仗,有的女人不喜欢打仗,也厌恶运动?

不能否认。

还有,能不能说有的女人爱智慧,有的女人恨智慧?能不能说有的女人有激情,有的女人缺乏激情?

这样说也是对的。

那么有的女人具有担任卫士的素质,而有的则没有,这样说同样也是对的。我们挑选出来担任卫士的男人不也要具备这些素质吗?

是这样的。

那么在是否适宜担任国家的卫士方面,女人和男人具有同样的素质,只不过女人要弱一些,男人要强一些罢了。

显然如此。

因此必须挑选这种女子和男子住在一起,共同担负卫士的职 B
责,因为他们都具有这方面的才能和天性。

务必如此。

我们不是要把同样的职业指定给同样天性的人来从事吗?

是的。

再回到我们前面讲过的意思上来,我们同意,让卫士的妻子们从事音乐和体育并不违反天性。

务必这样做。

那么我们的立法并不是不切实际的空想,也不是乌托邦,因为 C
我们建议要确立的法律是合乎自然的。正好相反,日下流行的做法看起来倒是违反自然的。

显然如此。

我们进行考察想要达到的目标是我们这些建议是否可能,是否合乎需要,是吗?

是的。

那么我们已经承认它是可能的。

是的。

那么下一个问题是这些建议是不是最好的。

显然是的。

那么,为了能够培养好的女卫士,我们的教育不能男女有别,
D　尤其是因为他们的天性是一样的。

对他们的教育不能不同。

那么现在你对这个问题怎么看?

什么问题?

要不要设定有些男人较好,有些男人较差,或者说你认为所有
男人都一个样?

他们决不会一个样。

那么在我们建立的这个城邦里,你认为哪些男人是较好的男
人,是接受过我们所说的这种教育的卫士,还是接受过制鞋技术教
育的鞋匠?

E　他说,这个问题很可笑。

我说,我明白你的意思,那么这些卫士是最优秀的公民吗?

他们比其他公民要好得多。

那么这些女卫士也是最优秀的女人吗?

是的,她们比其他女人要好得多。

如果一个国家能造就这些优秀的女人和男人,还有什么比这
更好的事情吗?

没有。

457　这就是我们说过的音乐和体育在起作用。

没错。

那么我们所提议的立法不仅可能,而且对国家来说也是最
好的。

是这么回事。

那么女卫士必须裸体操练，因为她们以美德做衣服。她们也必须同男人一起参战，还要履行保卫国家的其他义务，以此作为她们惟一的职责。但是在这些事务中，应当让她们承担较轻的工作，因为女性的体质总的说来比男性弱。女子裸体操练是一种最好的 B训练方法，如果有任何男子对此加以嘲笑，那么他就像是在"采摘不熟之果"，自己不智，反笑人愚，他们其实并不知道自己在笑什么和做什么。要知道，有益的是美好的，有害的是愚蠢的，这句话过去是至理名言，将来也是至理名言。

确实如此。

可以说，在关于妇女的立法问题上，我们已经顶住了第一个浪 C头，即指责我们自相矛盾，但我们没有遭受灭顶之灾，因为我们规定了我们的男卫士和女卫士必须共同承担所有工作，而在此过程中作出的某些论证也表明这个建议不仅可行，而且有益。

你躲过的这个浪头可不小。

我说，你要是看到后面跟着要来的波浪，你就不会说第一个浪头大了。

他说，你继续说，让我看看是什么浪头。

我说，上述论证以及前面所有论证的结果，在我看来，无非就是下面这条法律。

什么法律？

这些女人应当归这些男人共有，没有一对男女可以独自成家， D他们生育的孩子也是公有的，父母不知道谁是自己的子女，孩子也不知道谁是自己的父母。

这个悖论比前面那个更大，使人更加怀疑这个建议的可行性和有用性。

我说，关于它的有用性不会有什么争议，只要假定这个建议行得通,那么谁都不会否认妇女儿童一律公有会带来最大的好处。而这个建议是否可行将成为主要的争端。

E　　他说,我认为两方面都会引起激烈的争论。

我说,你的意思是我会腹背受敌了。我原来希望你同意这个建议是有益的,这样我就可以避开一个方面的争论只谈它是否行得通了。

他说,不许溜,你逃不出我的视线,对两个方面你都要作出解释。

458　　我说,我必须认罚,但请你开恩,让我休息一下。就好比那些独自徘徊的懒汉并不以思考问题为乐。这样的人并不急于发现实现其愿望的方法,不愿自寻烦恼去考虑它们行得通行不通的问题,而是宁可假定自己的愿望能够实现,然后就在想象中虚构各种细B　节,高高兴兴地描写一旦实现了自己的愿望将干些什么,这样做使他们原来懒惰的心灵变得更加懒惰。我也犯这个毛病,很想把可行性问题搁置一下,先来考虑有用性问题。如果你允许,让我们现在假定这是行得通的,然后再来研究统治者在实施这个建议时的细节情况,以此进一步说明实施我们的计划将会带来的明显效果,没有任何东西能比这样做更加有益于国家及其卫士了。如果你允许,我打算和你一道先考虑这个问题,然后再考虑其他问题。

他说,我允许,你开始吧。

C　　我说,那么我认为,如果统治者名副其实地是统治者,那么他们必须发布命令,同样还有他们的辅助者要是也都名副其实的话,必须愿意接受命令,在有些事情上他们要服从我们的法律,还有一些事情我们就让他们自己去斟酌。

可能是这样的。

我说,你这位立法者既然已经挑选了一些男人,那么同样也会挑选出一些本性尽可能与之相同的女人交给这些男人。他们全都

生活在一起,同吃同住,但没有任何私人财产可言。他们在一起参　D
加体育锻炼,共同生活,共同锻炼,共同接受教育,在内在的必然性
的引导下进行两性结合。我说的这种情况难道不是一个必然的结
果吗?

他说,这不是几何学中的必然性,而是在爱的力量作用下产生
的必然性,对大多数人来说,这种爱的必然性可能比其他必然性具
有更加强大的制约力和诱导力。

我说,确实如此。不过,格老孔,一个幸福的国家不会允许两
性行为的杂乱或其他方面的无序,国家的统治者也不能容许这种　E
事发生。

他说,这种事情是不对的。

那么我们显然应当把婚姻尽量安排得庄严神圣。最神圣的婚
姻是最有益的婚姻。

必然如此。

那么怎样才能做到最有益呢? 告诉我,格老孔,我看到你家里　459
有一些猎狗和不少纯种公鸡。你有没有留意过它们的交配与生
殖?

他说,你说什么?

我说,首先,尽管这些动物都经过挑选,但在它们中间,能否证
明其中有些比另一些要好呢?

能。

那么你会不加区别地让它们都繁殖,还是关注那些最优秀者
的繁殖?

我会选择最优秀的加以繁殖。

还有,你会选择年龄最小的,还是最老的,或者尽量选择那些　B
正在壮年的进行繁殖吗?

选那些正在壮年的。

要是不这样选种,你就会看到你的猎狗和公鸡品种退化,不是吗?

他说,是的。

我说,马和其他家畜的情况怎么样? 会有什么不同吗?

他说,要有什么不同,那才怪呢。

我说,天哪,我亲爱的朋友,如果这个原则也同样适用于人,那么需要我们的统治者拿出多么高明的手段来啊。

C　　他说,这个原则对人也适用,但你为什么说要有高明的手段呢?

我说,因为他们会使用我们前面说过的那些药物。我们认为一个普通的医生就可以应付那些不需要吃药,按规定节食和养生的人。而一旦有人必须吃药,那么我们就知道需要有一个敢想敢做的医生。

你说得对,不过你讲的这些与我们的问题有什么关系?

我说,嗯,为了被统治者的利益,我们的统治者好像不得不说

D　假话,欺骗他们。我相信,我们说过这样做也属于医药的范畴。

他说,这样做是对的。

那么在婚姻和生育问题上,这种"对"似乎是不需要的。

为什么?

我说,从我们上面得出的结论可以推论,要使人种尽可能完善,就要尽量让最好的男人和最好的女人住在一起,要尽量让最差的男人不和最差的女人住在一起,前者生育的后代必须抚养成长,

E　而最差的男女生育的后代则一定不要抚养。还有,要使卫士们尽可能避免相互争吵,这种事情实施的方式只有统治者可以知道,其他人不能知道。

他说,你说得非常对。

那么我们必须规定某些节日和献祭,在此期间让新郎和新娘

　举行婚礼,我们的诗人必须创作适宜的赞美诗到场致贺。至于有

多少人可以结婚我们让统治者自己去考虑,他们要尽可能保持城邦原有的人数,要考虑到战争、疾病以及其他因素,总之不要让我们的城邦变得太大,也不要变得太小。

他说,对。

我想,一定要设计某种巧妙的抽签办法,使那些较差的男子在每次不能得到婚配时只能怪自己运气不好而不能责怪统治者。

他说,对,确实如此。

当然了,对那些在战争以及其他事务中表现卓越的年轻人,我们一定要给他们荣誉和奖励,还要给他们提供更多的机会,让他们与妇女交媾,这样就可以有更多的优秀后代了。

对。

这样生下来的孩子将交由专门管理这种事情的男女官员抚养,因为我想女人和男人都可以担任这些官职。

对。

我想,优秀者生了孩子,这些官员会把孩子送到育婴室里去,那里有一些保姆,住在城里的某个区中,而那些卑劣者生了孩子,或其他人生下先天有缺陷的孩子,这些官员会秘密地对孩子作专门的处置,这样就不会有其他人知道他们的下落了。

他说,为了保持卫士这个等级的品种纯洁,就需要这样做。

他们也要监管哺养孩子的事,在母亲们有奶的时候,他们就带母亲们到育婴棚里来给孩子喂奶,但他们要用各种方法不让母亲认出自己的亲生孩子。如果母亲们的奶水不够,他们就另外再找奶妈。他们小心谨慎,不让母亲们喂奶的时间太长,至于孩子在夜里醒来或者换尿布之类的麻烦事,就交给奶妈和保姆去干。

你给卫士的女人安排的工作就那么轻松。

我说,这是应该的,不过还是让我们继续谈我们的规划。我们说过,应该让年轻力壮的父母生孩子。

对。

E　你同意女人年轻力壮的时候大约从 20 岁开始,男人大约从 30 岁开始吗?

他说,你是怎么算的?

我说,女人应该从 20 岁到 40 岁为国家生育儿女,男人应当从他跑步速度最快的年龄一直生到 55 岁。

461　他说,这是身心两方面都已成熟并且精力旺盛的时候。

那么要是不在我们描述的这个年龄范围内的人也给国家生了孩子,我们必须说这是不虔敬的和不正义的,因为他们即使能秘密地把孩子生下来,他们的孩子也得不到男女祭司和整个城邦在正式婚礼上举行的那种祷告和祝福。这种祷告祈求上苍让优秀的、

B　对国家有贡献的父母所生的后代比老一代更优秀。而这种孩子则是愚昧和淫乱的产物。

他说,对。

我说,同样的法规也适用于这样的情况:如果未经统治者的批准,任何处于生育年龄范围内的男子与女子苟合生子,那么我们会说他们把一个未经批准的、亵渎神明的私生子强加给了国家。

他说,对极了。

但是我想,当男人和女人过了生育年龄,我们就给男人自由,

C　让他和自己喜欢的女人建立这样的关系,除了他的女儿和母亲,以及他的直系亲属中的女性。对女人来说也一样,只是不能与她的儿子和父亲,以及她的直系亲属中的男性有这样的关系。我们要事先警告他们不能生孩子,要他们明白,如果他们不能采取有效的措施避孕,我们不能抚养这样的后代。

D　他说,你讲的这些听起来都很有道理,但他们怎样才能辨别各人的父亲和女儿,以及你刚才提到的其他亲属呢?

我说,他们确实无法辨认,除非一个男人做了新郎之后,就把

所有在他结婚以后第十个月或第七个月里出生的所有男孩都叫做
他的儿子,把在那以后出生的所有女孩都叫做女儿,而这些男孩和
女孩都叫他父亲。同样的道理,这个男人还会把这些子女生育的
子女叫做孙子和孙女,而这些孙子和孙女都会叫他和他的同辈为
祖父或祖母。在同一个生育期间出生的所有孩子相互之间都作为
兄弟姐妹。有了这些区分,我们刚才讲过的那些应当禁止的性关 E
系也就可以做到了。但若通过抽签决定,而且德尔斐的神谕也表
示批准的话,那么法律允许这样的兄弟姐妹同居。

他说,非常正确。

那么,格老孔,这就是属于我们城邦卫士公有的那个妇女儿童
团体的性质。这种性质不仅与我们政治制度的其余部分相一致,
而且是最好的做法。这一点我们要在下面加以证实。难道不是
吗?

他说,确实如此。

462

那么为了达成一致意见,我们第一个合理步骤就是问自己,对
国家体制和立法者在立法中的恰当目标来说,什么是至善,什么是
至恶,然后再考虑我们刚才的建议是否适合善的足迹而不合恶的
足迹?

他说,我们务必这样做。

对国家来说,我们知道有什么事情比搞分裂更加邪恶吗?或 B
者说有什么事情比搞团结更加美好吗?

我们不知道。

那么当全体公民对于养生送死都能尽量做到同欢共悲时,这
种同甘共苦不就是维系城邦团结的纽带吗?

他说,务必如此。

如果处在同一城邦中的居民对同样的事情有各自不同的感
情, 有不同的哀乐,那么这种情感的个体化不就会瓦解城邦的团 C

结吗?

　　当然。

　　发生这一现象的主要原因在于公民们不能对同一事物异口同声地说出"是我的","不是我的"这样一些语辞,与此相关的还有"异己的"这个词,对吗?

　　确实是这么回事。

　　要是一个城邦的极大多数人对同一事物能以同样的方式说出"是我的"或"不是我的",那么它就是治理得最好的国家。

　　确实是最好的。

　　城邦的状态与个人的状态非常相似。比如,我们中间某个人
D 的手指受了伤,在支配整个人的灵魂的作用下,尽管受伤的只是身体的某个部分,但身体的每个部分都能感受到痛苦,这就是我们所说的那个人的手指受了伤。对人体的其他部分也可以这样说,无论它的哪个部分受到伤痛或是感到快乐。

　　他说,这是一回事。回到你的问题上来,治理得最好的国家和这样的有机体最相似。

E 　　那么我假定,在这样的国家里,任何一个公民的幸福或痛苦都可以说是整个国家的幸福或痛苦,在这个国家里应该有福同享,有难同当。

　　他说,如果这个国家治理良好,那么这种情况是必然的。

　　我说,现在我们应该回到我们的城邦里来,看看是我们这个城邦还是别的城邦包含着我们的论证中同意过的这些品质。

　　他说,我们必须这样做。

463 　　那么,其他城邦也像我们的城邦一样能找到统治者和民众,不是吗?

　　是的。

　　他们彼此互称公民,是吗?

当然。

在其他国家里,民众除了称他们的统治者为公民,还怎么称呼他们?

在许多城邦里,民众称统治者为君主,在民主城邦里只称统治者。

我们这个城邦里的民众怎么样,除了称他们为统治者外,还称他们什么?

他说,保护者和辅助者。　　　　　　　　　　　　　　　　B

他们又怎样称民众?

纳税者与供应者。

其他国家的统治者怎样称呼民众?

他说,奴隶。

统治者相互之间又把对方说成是什么呢?

他说,同事。

我们的统治者又怎样称对方?

卫士同事。

告诉我,其他国家的统治者是否会把他们某些同事当作自己的"附属品",把某些同事当作外人?　　　　　　　　　　　　　　　C

是的,许多统治者会这样做。

这样的统治者心里想的和嘴上说的都把同事当作自己的附属品,当作不属于自己的外人吗?

是这样的。

你们的卫士怎么样? 他们中间会有人把同事看成或说成是外人吗?

他说,肯定不会。无论碰上谁,他都会感到对方是他的兄弟、姐妹、父亲、母亲、儿子、女儿,或者把对方当作这些人的后代或前辈。

我说,你说得好极了,不过请你再告诉我,这些亲属的名称仅
D 仅是个空名,还是必须要有与之相应的行为? 比如说对父辈要按
照习俗表示尊敬、关心、照顾、服从他们,如果这样的行为是诸神和
凡人都喜欢的,那么与此不同的其他行为就是不正义和不虔诚的。
这些行为规范涉及对待父辈和其他亲属的态度,我们应当让所有
人都把它们当作一致同意的神谕来聆听,还是让别样的教训从小
就充斥你们孩子的耳朵呢?

E 他说,如果只有亲属之名而无具体行为,那么是很荒谬的。

那么在这个城邦而不是在别的城邦里,人们会异口同声地使
用我们刚才说过的"我的"这个词,任何一个人的境遇好,大家就都
会说"我的境遇好",任何一个人的境遇不好,大家就都会说"我的
境遇不好"。

他说,一点不假。

464 我们难道没有讲过这种信念和措辞可以带来一种同甘共苦的
情感吗?

讲过,而且讲得很对。

那么这些公民比其他所有公民多一种共有的东西,他们会把
这种东西称作"我的",并且凭着这种共有的东西,他们拥有同甘共
苦的情感。

确实如此。

除了国家的制度以外,卫士们共同拥有妻子与儿女不也是产
生这种情感的原因吗?

他说,这肯定是一个主要原因。

B 我们还进一步说过,这种团结是国家的最大幸福,我们把一个
治理良好的国家比做人的身体,各部分都休戚与共,息息相关。

我们对此表示同意,这是正确的。

那么,辅助者的妻子儿女共有是国家的最大幸福,这已经得到

了证明。

是这么回事。

这一点与我们前面说过的话是一致的。因为我们确实说过，这些辅助者不能有自己的房屋、土地或其他任何私人财产，而只能从其他公民那里得到供养，作为他们担任卫士所提供的服务的报酬，大家一起消费。真正的护卫者就要这个样子。　　C

他说，对。

那么我想要说的就是这个意思，我以前和现在所作的规定就是为了使他们能够成为真正的卫士，防止他们由于财产私有而把国家弄得四分五裂，对同一事物不能异口同声地说"这是我的"，而是各有各的私人财产，一个卫士把从别的卫士那里能弄到手的东西都拿回自己家里，另一个卫士也这样做，各自拥有自己的妻子儿　　D
子，把国家共同的快乐与痛苦变成个人的事，这样说不对吗？我们说，他们最好还是对什么是自己的东西有共同一致的信念，有一个共同的目标，从而拥有同甘共苦的体验。

他说，务必如此。

那么可以说，在他们中间不会再有彼此互控的事，因为除了自己的身体，他们没有其他私人财产，他们的一切都是公有的，对吗？由于这个原因，我们也可以说他们之间不会发生纠纷，因为人们之间的纠纷都是由财产、子女与亲属的私有引起的。　　E

他说，他们肯定不会再有这些纠纷了。

还有，他们中间也不大会有因为行凶殴打而发生的诉讼了。因为我们会对他们说，年龄相当的人发生争执，进行自卫是光荣的和正义的，借此迫使他们保持身体强健。

他说，对。

这样一项法规还有一个好处，一个愤怒的人经过这样一番自　　465
卫怒气已泄，争吵也就不至于走向极端了。

没错。

年长者应当拥有管教年轻人的权力。

显然应当如此。

还有,年轻人显然不能对长者动武或殴打他,也不能以任何方式羞辱他,除非统治者命令他们这样做。恐惧和敬畏这两种心态可以起到防止这种事情发生的作用,敬畏可以使人不去动手冒犯长者,他们可能是他的父辈,恐惧使人害怕会有人来援助受害者,而援助者可能是他的儿子、兄弟或父辈。

他说,是这么回事。

所以我们的法律将在各种情况下使这些人和平地居住在一起。

这是一种伟大的和平。

只要他们内部没有纷争,那么也用不着害怕城邦里的其他人搞分裂和闹纠纷了。

对,是不用怕。

我有点犹豫不决,不知道还该不该提起他们应当摆脱一些十分无聊的小事,因为他们好像不会去做这种事情,比如,奉承有钱人,辛辛苦苦养活一家老小,一会儿借钱,一会儿还债,想办法挣些大钱给妻子和仆役去花费,以及其他各种有违尊严的事,这些事显然都是不高尚的,不值一提。

他说,甚至连瞎子也能明白这个道理。

这么说来,他们终于完全自由了,他们的生活会过得比人们所认为最幸福的生活还要幸福,胜过奥林匹克赛会胜利者们的生活。

怎么会呢?

奥林匹克赛会的胜利者被人们认为是幸福的,但与我们所说的卫士所能得到的幸福相比,他们的幸福微不足道。卫士们的胜利更加光荣,公众对他们的供养更加全面。因为使整个国家获救是对他们所取得的胜利的嘉奖,公众对他们本人及其子女的供养是扎在他们额头上的束发带。他们活着从城邦得到荣誉,死后得到哀荣备至的安葬。　　E

他说,这种酬谢确实很优厚。

我说,你还记得吗,在前面的讨论中,有人提出反对意见,责怪　466
我们没有使卫士得到幸福,说他们尽管有权掌握一切,但自己却一无所有? 我想我们当时回答说,我们会在适当时候对这个问题再作考虑,因为我们当时所关心的是使卫士成为名副其实的护卫者,他们要尽可能使整个国家幸福,而不是只关心为某个阶级谋利益。

他说,我记得。

那么好,既然我们已经表明辅助者的生活比奥林匹克赛会胜利者的生活还要好,那么我们还需要拿他们的生活去与鞋匠、其他　B匠人,以及农民的生活去作比较吗?

他说,我不这样想。

还有,我们不妨把我当时说过的话再重复一遍,如果一名卫士努力追求一种使其不成其为卫士的幸福,不满足于过一种节制而又安稳的,在我们看来是最好的生活,反而被一种愚蠢而又幼稚的幸福观念所困扰,在这种观念的支配下,利用他的权力在城邦里为自己攫取一切,那么他会认为赫西奥德确实聪明,因为赫西奥德说　C过,“一半在某种意义上多于全部”。

他说,如果这名卫士接受我的劝告,那么他仍旧会去过原先那种卫士的生活。

那么,你接受我们所说的这种男女之间的同伴关系,男女卫士接受共同的教育,拥有共同的子女,共同保护其他公民。你也承认,男女卫士无论是在城邦里担任警卫,还是出国打仗,都应当像猎犬一样共同守卫家园,一道追击敌人,还要尽一切可能以各种方　D式共享一切。只有这样,他们才能把事情做得最好,而且既不违反女子的天性,也不违反男女间天然的伙伴关系。

他说,我承认。

我说,有无可能像在别的动物中那样在人们中间建立这样的社团,以什么样的方式它才是可能的,这不就是仍旧有待于解决的问题吗?

他说,我正要提出这个问题,被你抢先说了出来。

E 我说,比如说他们在战争中会怎么办,我认为这是明摆着的。

他说,为什么?

他们显然会一起出发,还会带上他们强健的孩子,以便使这些孩子像其他行业中的孩子一样从小便增长见识,长大了可以成为这方面的行家。除了观看打仗,这些孩子还要帮助他们的父母承担各种军中勤务,并侍候他们的父母。你有没有注意到匠人学艺的过程,比如一名陶工的孩子在自己正式制作陶器以前要作为助手长时间的观看制作,还要动手帮忙?

467

他们确实是这样做的。

难道这些匠人倒应该比我们的卫士更加关心训练他们的孩子,让孩子们增长见识和实习自己将来的工作?

他说,如果是这样的话,那就太可笑了。

B 再说,每一种动物在打斗的时候,只要有自己的子女在场,都会更加勇猛。

是这么回事,但是,苏格拉底,这样做很危险,要是打了败仗,他们的子女也将同他们自己一样遭受巨大损失,以至于以后想要再次复兴国家都不可能了。

我答道,你说得对,但你的意思是我们一定不要让他们冒任何危险吗?

我决不是这个意思。

C 如果他们必须冒险,那么通过冒险而取得胜利不就可以使他们有长进吗?

这很清楚。

你认为对一个长大要当兵的人来说,从小冒险去见习打仗不值得,或者说是不是这样做没什么区别吗?

我不这样看,相对于你说的这个目的,冒不冒险有很大区别。

那么我们一定要让孩子们从小见习战争,以此为前提,我们要尽力采取必要措施,保证他们的安全,这样做不就两全了吗?

是的。

我说,具体说来,首先,那些做父亲的总不见得对战争一无所知,不知道哪些战役是危险的,哪些是不危险的吧?

他们应该懂得。

那么不危险的战役他们可以带孩子去,而危险的战役就不带孩子去,对吗?

对。

我说,再说那些将领,他们会把孩子们交给那些年龄和经验两方面都配做孩子们的首领,能照料孩子的人,而不是交给那些毫无长处的人去带。

对,这是恰当的做法。

不过我们仍旧可以提出异议说,战场上千变万化,什么事都可能发生。

是的,的确如此。

那么为了预防万一,我们应该一开始就给孩子们装上翅膀,遇到危险就可以展翅高飞,脱离险境。

你这是什么意思?

我说,我们一定要让孩子们从小学会骑马,然后带他们到战场上去看打仗,不过别让他们骑那种好战的劣马,而要让他们的坐骑既跑得快而又容易驾驭。这样他们就可以很好地观看自己将来要做的事,一有危险,他们就跟着带队的大人迅速撤离。

他说,我认为你说得对。

468　　现在是不是该谈到战争中的行为了? 士兵应该如何对待自己人和敌人? 我的想法不知对不对?

把你的想法告诉我。

若有士兵擅离职守,或者丢掉武器逃跑,或有类似的胆怯行为,就应当把他下放去做工匠或者农夫。我们要不要这样做?

务必如此。

如果有哪个士兵被敌人活捉了,我们要不要把他当作送出去的礼物,任凭敌人处置?

B　　应当这样做。

一名士兵在战场上勇猛善战,卓越超群,他首先会在战场上被战友们戴上花冠,然后再由少年儿童给他戴上花冠,你同意这样做吗?

我同意。

伸出右手问候他吗?

这也是应该的。

下面这个行为你可能不赞成吧?

什么行为?

C　　他应该亲吻每一个人,每一个人也亲吻他,你赞成吗?

他说,务必如此,不过对这条法规我还要再补充一点:在这场战役期间他要亲吻谁就亲吻谁,无论谁都不许拒绝,这样一来,无论他爱着什么人,无论是男的还是女的,他都会更加渴望赢得这种荣誉。

我说,好极了。我们已经说过,结婚的机会应当更多地提供给优秀者,应当更多地选择优秀者做这种事,这样就可以有更多的由优秀者生下的孩子。

他答道，我们说过这些话。

再说，我们也可以引用荷马所说的方法来荣耀我们年轻人中 　D
的勇士。荷马说过，埃阿斯打起仗来非常勇猛，在宴席上受到全副
里脊肉的款待，这样做对于年轻勇士既是一种荣誉，又可以增强他
们的体力。

他说，非常正确。

我说，那么我们至少可以把荷马当作这方面的向导。我们要
在献祭或其他类似场合奖励那些有杰出表现的优秀战士，为他们
唱赞美诗，把我们刚才讲过的那些特殊待遇给他们，还有"荣耀的 　E
席位、肉食和满杯的葡萄酒"①，这样一来，既增强了男女勇士们的
体质，还给了他们荣誉。

他说，没有比这更好的办法了。

很好。但对于那些战死沙场的勇士该怎么办，如果有人死得
特别壮烈，那么我们要不要首先肯定他属于黄金种族呢？

务必如此。

我们要不要相信赫西奥德的话？他告诉我们，这个种族的人
死后成为"大地上的神灵，抗拒邪恶，保护善良的凡人"。② 　　　　469

我们肯定要相信他的话。

那么我们要去询问阿波罗，按他所指示的方式隆重安葬这些
超乎常人的勇士。

否则我们还能怎么办？

以后我们还要祭扫他们的坟墓，像祭拜神灵一样祭奠他们。 　B
我们还要把同样的仪式用于那些由于年老或者别的原因而死亡，
但在其一生中被认定为特别优秀的人物，要不要这样做？

①　荷马：《伊利亚特》第 8 卷，第 162 行。
②　赫西奥德：《工作与时日》，第 121 行以下。

他说,这样做肯定对。

还有,我们的士兵对敌人应当采取什么样的行为?

在哪方面?

首先是在把战败者变成奴隶方面。你认为希腊人征服别的希
腊城邦,把同一种族的人降为奴隶,这样做合乎正义吗? 还是预见
C 到这样做有被蛮族征服的危险,不但自己不做其他希腊城邦的奴
隶,而且也按照习俗,饶恕其他希腊城邦?

他说,最好还是宽恕其他希腊城邦。

那么他们自己不想要希腊人做奴隶,也劝告别的希腊人不要
这样做吗?

他说,务必如此。不管怎么说,以这样的方式他们可以团结起
来抗击蛮族。

在杀死敌人以后,除了拿走敌人的武器,还从死尸身上剥取其
D 他东西,这样做对吗? 如果剥取死尸身上的财物,仿佛有必要这样
做似的,那岂不就给胆小鬼提供了一个借口,使他们可以不去追击
活着的敌人,是这样吗? 这种只顾攫取战利品的行为不是断送过
许多军队吗?

是的,确实如此。

你不认为剥取死尸的物品是一种卑鄙龌龊的行为吗? 把死尸
当敌人,而让真正的敌人丢下武器逃走,这不是女流之辈胸襟狭隘
E 的表现吗? 这种行为与狗儿朝着向它们扔来的石头狂叫,但却不
冲过去咬扔石头的人,又有什么两样呢?

一模一样。

所以我们必须禁止剥取死尸的物品,一定要埋葬死者。

他说,凭天发誓,我们一定要这样做。

470 还有,我们不要把缴获的武器捐献到神庙里去,为了与其他希
腊人保持友好关系,尤其不要把从希腊人那里缴获的武器送去。

倒不如说,我们担心把这样的物品捐到神庙里去会亵渎神灵,除非神指示我们这样做。

他说,非常正确。

如果有人蹂躏希腊人的土地和烧毁他们的房屋,你的士兵会如何对待他们的敌人?

我很乐意听听你的看法。

据我看,他们不应该做同样的事,而只限于把敌方当年收下的庄稼运走。要不要我把理由告诉你?　　　　　　　　　　　　B

要。

我的看法是,我们可以用两个不同的名称来区别两样不同的事物,就好像战争和内讧不是一回事。一件事情发生在内部,另一件事情发生在外部。用来表示内部敌对冲突的词是内讧,而用来表示外部敌对冲突的词是战争。

他答道,你说得很中肯。

如果我说得没错,那么请你考虑,希腊人与希腊人是亲戚关　　C
系,他们之间的争执是内部事务,对希腊人来说,蛮族人是外人,他们之间的争执是外部事务。

他说,对。

那么我们说,希腊人对蛮族人开战或蛮族人对希腊人开战,他们是天敌,因此战争是一个恰当的名词,适用于这种敌对和仇恨。然而我们还要说,希腊人之间即使有这种敌对行为,但他们在本质上仍旧是朋友,只不过在这种情况下这个民族有病,由于内讧而分裂,我们必须把这种敌对行为称作内讧。　　　　　　　　　　D

他说,我允许你按照你的习惯使用这些词。

我说,那么请注意观察,一旦发生了内讧,国家就会分裂成两部分,互相蹂躏对方的土地,焚烧对方的房屋,这样的内乱应当受到诅咒,双方都不是真正的爱国者,否则他们就不会如此残忍地伤害作为自己衣食父母的祖国。但若胜利的一方只是把对方当年收获的粮食带走,那么他们的行为还是有节制的,合理的,因为这表明他们希望将来能够言归于好,停止没完没了的内战。

E

他说,这种想法还不算太野蛮。

我说,那么,你要创建的城邦是一个希腊城邦吗?

他说,一定是。

那么这个城邦的公民不都是文明的君子吗?

他们确实是君子。

那么他们热爱所有希腊人,把整个希腊都当作自己的国家,不会在全体希腊人共同的圣地宣布放弃自己的信仰,是吗?

确实如此。

他们把希腊人内部的冲突视为一种内讧,甚至不愿称之为战争,不是吗?

确实如此。

471

他们在参与争吵时,也总是有心和解吗?

务必如此。

那么他们会去善意地矫正对方,而不会恶意地奴役和毁灭对方,他们实际上是教导者,而不是敌人。

他说,他们会这样做。

作为希腊人,他们不会践踏希腊人的土地,也不会焚烧希腊人的房屋,不会把希腊城邦的男女老少当作敌人,而会说任何时候都只有少数人是敌人,也就是那些挑起争端的罪魁祸首。出于上述

B

各种考虑,他们不会让对方的土地荒芜,也不会摧毁房屋,因为那块土地上的大多数人是他们的朋友,他们参战是被迫的,只要能起到向对方施加压力的作用,使对方能知错悔改,他们也就算了。

他说,我同意你的看法,我们的公民必须用这样的方法对待那些身为希腊人的对手。至于对付野蛮人,他们则应该像现在希腊

人对付希腊人那样。

我们是否也要给我们的卫士立下这条法律,不许使土地荒芜　C
或焚烧房屋?

他说,如果我们讲的这些话和前面讲过的那些话都是对的,那么就让我们立下这样的法律吧。但是我担心,苏格拉底,要是允许你这样滔滔不绝地讲下去,你永远也不可能说到那个你暂时搁置的问题,亦即这样一种国家是否有可能存在,使之实现的方式又是什么。我已经准备承认,如果这个国家能够实现,那么这个国家的一切都很美好,哪怕有些地方你漏了说,我也能替你补足。这样的国家在战争中也是最成功的,因为他们决不会相互抛弃,而会彼此　D
以兄弟、父子相待。如果女性也能参战,与男性并肩作战,或是支援男性,做需要她们承担的工作,那么我承认他们将无往而不胜。还有,我注意到你还没有提到这个国家平时的种种好处。这些我　E
都承认,但若这种国家无法实现的话,那么其他无数说不尽的好处你也就不必费心细讲了。我们现在只谈一个问题,你要令我们信服这个国家是可能的,告诉我们它如何可能,其他一切都暂时免谈。

我说,你确实对我的理论发动了一场突如其来的攻击,而一点　472
也不体谅我犹豫不决的态度。你也许不明白,我好不容易才躲开了前两个浪头,而你又紧接着向我掀起"第三个大浪",这个浪头也许是最厉害的。等你听了我的解释,你一定会谅解我,我对这个如此自相矛盾的观念表示担心并竭力回避,你会认为我这样做是很有道理的。

他说,你越是推诿,我们就越不让你过关,你必须告诉我们这种政治制度何以可能实现。你说吧,别把我们晾在这儿。　　　　　B

我说,那么好吧,首先你要记得,我们是因为研究正义的本质才进到这一步的。

他说,是的,那又怎么样呢?

我答道,不怎么样。问题只在于,如果我们发现了什么是正义,我们应当要求一个正义的人与正义本身毫无区别,在各方面都与理想的正义一模一样吗?或者对我们来说,只要这个正义的人能够尽可能接近正义本身,比其他人更多地分有正义,我们也就满意了,对吗?

C　　对,只要他能尽量接近这个标准,我们也就满意了。

我说,那么,我们当初研究最理想的正义本身的性质时,我们想要一个正义的样板,我们假定存在着完全正义的人,问他具有什么样的性质,以同样的方式我们还涉及不正义和不正义之人。我们把它们当作模型和样板来关注,凡是在它们身上所察觉的幸福或不幸都可以作为标准来判断我们自身的幸福或不幸,与它们越
D　　相似,也就越有可能得到像它们那样的幸福或不幸。我们的目的并不在于证明实现这些理想的可能性。

他说,你说的话是真的。

如果有人画了一幅理想的美男子的画像,十全十美,但他不能够证明这样的美男子真的有可能存在,那么你会认为他不是个好画家吗?

他说,凭着宙斯发誓,我不会。

那么我们不是说过我们在试着用语词创造一个好国家的样板吗?

E　　当然说过。

如果我们发现自己不能证明一个国家有可能像我们描述的那样治理得很好,那么你会认为我们的描述是不好的吗?

他说,当然不会。

我说,这就是事情的真相。不过,为了使你高兴,我们必须尽力说明这些事情为什么有可能实现,在哪些方面最接近现实。还

有,为了能够做出这样的证明,请你也对我做出同样的承诺。

什么承诺?

即使有人反对,我仍旧要说用语言表述出来的事情有可能在　473
行动中实现,尽管用语言表述的事情实行起来总会打些折扣,但它
毕竟分有部分真理,不是吗? 你是否同意我的看法?

他说,我同意。

我说,那么你就不要再坚持要我说明我们用语言阐述的事情
都必须丝毫不差地在现实中实现。其实,只要我们能够发现一个
国家如何能够建造得最接近我们的描述,你就必须说我们已经发
现了你想要的理想国家实现的可能性。要是你做出了这种发现,　B
你会感到满意吗? 我是会的。

我也会感到满意。

接下去,我们必须试着去发现并指出,在我们现在这些治理得
很差的城邦里,是什么东西在妨碍它们按照我们所描述的理想国
家进行治理,有什么样小小的改变就可以使一个国家具有这样的
统治性质,如果只需作一项改变,那是最好不过,如果不行,那就变
动两项,总之,变动越少越好。

务必如此。　　　　　　　　　　　　　　　　　　　　　　C

我说,我认为有一项改变可以带来所需要的改革。这项改变
虽然不是轻而易举的,但却有可能实现。

这项改变是什么?

我说,我已经面临我们所说的那个最大的悖论浪头了。但我
还是要说下去,哪怕我们被浪潮冲走,淹死在讥笑和藐视的浪涛之
中,我也愿意。你注意听。

他说,我一直全神贯注。

我说,除非哲学家成为我们这些国家的国王,或者那些我们现　D
在称之为国王和统治者的人能够用严肃认真的态度去研究哲学,

使政治权力与哲学理智结合起来,而把那些现在只搞政治而不研究哲学或者只研究哲学而不搞政治的碌碌无为之辈排斥出去,否
E　则,我亲爱的格老孔,我们的国家就永远不会得到安宁,全人类也不能免于灾难。除非这件事情能够实现,否则我们提出来的这个国家理论就永远不能够在可能的范围内付诸实行,得见天日。我踌躇了很久而不敢说出来的,就是这件事,因为我知道我一旦把它说了出来,人们就会说这是一种奇谈怪论。因为人们难以看出,除此之外,还有什么办法能给私人或公众生活带来幸福。

他说,苏格拉底,你朝我们洋洋洒洒地讲了这么些个大道理,
474　你等着,你的话一定会引来许多聪明、杰出的人士的进攻。这样说吧,他们会脱去衣服,赤膊上阵,顺手拣起一件武器向你冲来,可怕极了。要是你找不到什么话语来为自己辩护,抵挡不住他们的进攻而落荒而逃的话,那你就成了人们耻笑的对象,到那时你就得到了应有的惩罚。

我说,都是你把我搞得这么尴尬的。

他说,这也是件好事,但我不会袖手旁观,我将尽我所能保护
B　你。我可以用善意和鼓励来帮你,也许我还可以比别人更恰当地回答你的问题。因此,在我的支持下,你去试着说服那些表示怀疑的人吧,告诉他们真理在你手里。

我答道,我一定要试试看,因为你如此热心地要做我的同盟军。我觉得,若要躲过你讲的这种攻击,那么我们应当告诉他们我们用哲学家这个词是什么意思,把我们的定义给他们,我们大胆地
C　说过必须由哲学家来做我们的统治者。把这些都说清楚了,我们才有可能为自己辩护,指出研究哲学和从事政治领导的事情天然地属于这些人,让他们担任统治者对其他那些不研究哲学,只知道跟随领导的人也是合适的。

他说,现在把你的定义抛出来是时候了。

那么请跟我来,我们也许可以用某种方式解释我们的意思。

他说,你开始吧。

我说,我是否还有必要提醒你,或者说你还记得,当我们肯定某个人是某样东西的爱好者时,那么他显然爱这东西的全部?这样说的意思肯定不是说他喜爱这样东西的某个部分而不喜欢这样东西的其他部分。

他说,我想你得提醒我,因为我根本不懂你的意思。　　　D

我说,格老孔啊,你这个答复对别人合适,对你自己并不合适。一个人要是忘了所有风华正茂的青少年都能拨动爱慕娈童者的心弦,引起他对美少年的关注和欲望,那么他就不可能成为一名爱者。你对美少年的反应不正是这样的吗?看到塌鼻子的,你会说他面容妩媚;看到高鼻子的,你会说他长相英俊;看到鼻子不高不低的,你会说他长得恰到好处;看到皮肤黢黑的,你会说他有男子　　　E气质;看见皮肤白嫩的,你会说他神妙秀逸。你难道不知道"像蜜一样白的"这个形容词本来就是从某些恋爱中发明出来的?可见他们并不把青年发育时脸色苍白当作灾难。总之,只要处在青春　　　475焕发时期,那你就没有什么不能宽容的,也没有什么优点你会漏掉而不加赞美的。

他说,如果你乐意把我当作这种爱者的典型,那么为了论证方便,我愿意充当这个角色。

我说,还有,你难道没有注意到爱喝酒的人也有这种情况吗?他们喜欢喝各种酒,而且总能找到借口。

他们确实如此。

我想你们大概也注意过那些贪婪地想要拥有荣誉的人,他们即使不能当选将军,也要弄个队长当当;即使不能得到大人物的敬　　　B重,那么得到一些小人物的敬重也可以使他们感到满足。总之,荣誉对他们来说是必不可少的。

是的,确实如此。

那么你同意还是反对我的观点。我的问题是:当某个人喜爱某样东西时,他喜爱的是这样东西的全部,还是喜爱它的某个部分而不喜爱它的其他部分?

全部。

那么我们也要肯定,智慧的爱好者热爱全部智慧,而不是爱一部分智慧而不爱其他部分智慧。

没错。

C 那么一个不爱学习的学生,尤其是在他还年轻,还不能凭借理智判断什么有用,什么没用的时候,我们不会说他热爱学习,或称之为爱智者,就好比一个人对食物很挑剔,而且也不饿,这时候我们不会说他胃口好,说他爱吃东西,而只会说他挑食。

我们这样说是对的。

如果有人对任何一门学问都想涉猎一下,乐意学习各种知识,不知满足,那么我们可以正确地称他为爱智者或哲学家吗?

D 对此,格老孔答道,如果想学一点儿知识就算是爱智的话,那么你得把哲学家这个名称用于许许多多千奇百怪的人。有些人总是渴望听到各种新鲜事情,因此你也得把他们算作哲学家。但你不可能引导他们参加任何认真严肃的辩论或研究,因为他们的耳朵仿佛已经租了出去,凡是这块土地上有合唱表演,他们就每场必到,无论是在城里还是在乡下举行酒神节的庆祝活动,他们从来不

E 愿错过。那么我们要不要把这些人,以及那些从事很次要的技艺的人也都称作哲学家呢?

我说,绝对不要,他们只不过有点儿像哲学家罢了。

那么你心目中的真正的哲学家是哪些人呢?

我说,那些对真理情有独钟的人。

他说,你说得没错,但这话到底是什么意思呢?

我说,要是对别人作解释,那么很难讲清楚,但我想你会同意我的论点。

什么论点?

由于美与丑是对立的,因此它们是二;由于高尚与卑鄙是对立的,因此它们是二。

当然。

476

它们既然是二,那么它们各自为一。

当然是。

对于正义与不正义、善与恶,以及其他所有的"型"来说,这个表述也能成立,也就是说,就它们自身而言,它们各自为一,但从它们与各种行为和物体相结合,以及从它们相互之间的结合来看,它们无处不在,各自呈现为一个多重的杂多。

他说,对。

我说,那么这就是我的划分。一边是你刚才说的看戏迷、艺术迷、爱干实务的人,另一边是与我们的论证有关的人,只有这种人 B 才配称为哲学家或爱智者。

他说,你这是什么意思?

我说,一种人是声音与颜色的爱好者,喜欢美丽的声调、色彩、形状以及一切由其组成的艺术品,但他们的思想不能把握和喜爱美本身。

他说,噢,对,确实如此。

另一方面,只有少数人能够把握美本身,凭借美本身来领悟美,是吗?

这种人确实很少。

C

如果有人认识许多美丽的事物,但他既不认识美本身,又不能追随他人的引导去认识美本身,那么你认为他的一生是在做梦还是清醒的呢? 请你想想看,一个人无论是睡还是醒,只要他把相似的东西当成了事物本身,那不就等于是在梦中吗?

他说,我一定会说他一生如梦。

D　好吧,再说与此相反的情况,有人能够认识美本身,能够区分美本身和分有美本身的具体事物,而又不会把美本身与分有美本身的具体事物相混淆,那么在你看来,他的一生是清醒的还是处在梦中呢?

他答道,他清醒得很。

那么我们可以正确地把这种人的心智状态称作知道,也就是拥有知识,而把另一种人的心智状态称作有某种见解或看法,对吗?

肯定对。

假定我们说的那个只有见解而没有知识的人朝我们大发脾
E　气,指责我们的陈述不真实,那么我们有没有办法可以对他好言相劝,然后又婉转地让他知道他的心智不太正常呢?

他说,我们必须试试看。

那么就让我们来想一想该对他说些什么。或者说你希望我们以这样的方式向他发问,起先假定他有知识,但我们对他非但不妒忌,反而很高兴,然后再问他肯不肯回答这个问题:一个有知识的人是知道某些事物还是一无所知?你来代他回答一下。

他说,我会这样回答,有知识的人知道某些事物。

这个某些事物是存在的还是不存在的?

477　是存在的。不存在的事物如何能够被知道?

那么,无论从哪个方面对这个观点进行考察,我们都可以确凿无疑地断言,完全存在的事物是完全可知的,完全不存在的事物是完全不可知的。

我们完全可以这样说。

好。如果有某个事物处于既存在又不存在的状态之中,那么这个事物不就处于绝对、无限的存在和不存在之间吗？

是的，它是处于二者之间。

那么，知识与存在相关，无知必然与不存在相关，而那些处于知识与无知二者之间的状态如果也有东西与之相对应，我们一定要把它找出来。　　B

务必如此。

不是有一种被我们称作意见的东西吗？

确实有。

它和知识是同一种能力，还是不同的能力？

是不同的能力。

那么意见和知识是不同的能力或力量，意见相对于某些事物而言，知识相对于另一些事物而言。

是这样的。

那么我们能否说，知识生来就与存在相关，知识就是知道存在和知道存在者如何存在，对吗？但在开始论证前，我想我们必须做出下列区分。

什么区分？

功能、力量、官能属于同一类，凭着它们，我们和其他一切事物能够做各种能做的事情，这样说对吗？如果你能理解我所说的这个类或类型，那么你会明白我的意思，比如说，视或听是一种官能。　　C

他说，我懂。

那么请听我对这些功能的看法。我看不出功能有颜色、形状或其他类似的性质，而在别的许多场合，我依据对这些性质的关注在思想上区分不同的事物。对于功能我只注意一件事情，即它的相关者和效果，以这种方式我把各种功能中的每一个称作功能。与同一事物相关，并能完成同一件事，我就称之为相同的功能；而与另一事物相关并完成另一件事，我就称之为另一种功能。你怎　　D

么看? 你是不是这样做的?

他说,我的做法和你一样。

我说,那么,我的好朋友,再回到知识或真知这个问题上来。你会说知识是一种功能和力量吗? 或者说你想把知识归入别的类型?

他说,知识是一种功能,是一切功能中最强大的。

E　　那么如何给意见归类,它属于功能以外的其他类别吗?

他说,不行,因为能够使我们发表见解的只能是一种发表意见的功能,而不是别的什么东西。

但是刚才你还说过知识和意见不是一回事。

有哪个有理智的人会把绝对无误的东西与会有错误的东西混为一谈?

478　　我说,好极了,我们显然都认为意见和知识不是一回事。

对,它们是不同的。

那么它们各有各的力量,各自与不同的对象相关。

必然如此。

我假定,知识与存在者相关,就是知道存在者的状况,是吗?

是的。

至于意见,我们认为它只不过就是产生见解。

是的。

意见的对象与知识的对象相同,可以认知的事物与可以产生看法的事物相同吗? 或者说这是不可能的?

B　　他说,根据我们一致同意的前提,它们不可能相同。如果不同的功能生来就与不同的对象相关,而意见和知识都是某种功能,各有其自身不同的对象,那么如我们所说,这些前提没有留下任何余地,使我们可以把可知的事物与可产生意见的事物等同起来。

如果某事物是可知的,那么它就不是可产生意见的事物。

对,它是可产生意见的事物之外的事物。

那么意见这种功能的对象是非存在,或者说想要对非存在产生意见是不可能的,是吗? 想想看吧。一个人有某种见解,但他的意见却不针对任何事物,或者说我们得改变自己的看法,承认意见的对象是非存在,对非存在产生意见是可能?

不,这是不可能的。

那么有某种意见的人是对某个事物有见解,是吗?

是的。

但是非存在肯定不能说成是某个东西,而称之为无才是最正　C
确的。

对。

我们必须把与非存在相关的功能称作无知,而把与存在者相关的功能称作知识。

他说,对。

那么存在者与非存在都不是意见的对象。

好像都不是。

那么意见既不是无知,也不是知识。

好像是这么回事。

那么意见这种功能是否位于无知和知识之外,是否既超越明朗的知识,也超越昏暗的无知?

意见既不是无知,又不是知识。

但你是否把意见看成比知识要昏暗,而比无知要明亮一些的东西?

他说,我的想法与你很相似。

意见这种功能介于知识与无知这两种功能之间吗?　　　　D

是的。

那么意见也介于知识和无知之间。

绝对如此。

我们前不久说过,如果有什么事物显得既存在又不存在,那么它就处于完全的存在与完全的非存在之间,这种事物位于绝对、纯粹的存在和绝对的非存在之间,与之相关联的功能既非知识,亦非无知,而是那个在无知和知识之间似乎拥有一席之地的功能。

对。

我们称之为意见的那个事物存在于知识和无知之间。

是的。

E 那么看起来,我们剩下要做的事情就是去发现这个分有二者的东西,它既存在又不存在,既不能把它确定为绝对纯粹的存在,又不能把它确定为纯粹的不存在,所以我们要是能够正确地发现它,就可以公正地称之为可以对之产生意见的东西,这样一来,我们就把位于两端的东西与两端相连,把介于两端之间的东西与两端之间相连。是这么回事吗?

是的。

479 承认了这些原则,那么我会说,让那位喜爱观看美景的人来回答我的提问,他不相信有永远不变的美本身或美的型,而只相信有许多美的事物。我的意思是,他绝对不能容忍任何人说美本身是一,正义本身是一,以及其他事物本身是一,等等。我们要这样问他:我的好朋友,在如此众多美丽而又高尚的事物中,难道就没有一样事物会在某个时候看起来丑陋或卑鄙吗? 在诸多正义的事物中,难道就没有一样事物会显得不正义吗? 在诸多虔敬的事物中,难道就没有一样事物会显得不虔敬吗?

B 他说,不,这些情况是不可避免的,它们都会以某种方式显得美丽,而又会以另一种方式显得丑陋。你涉及的其他事物也莫不如此。

还有,许多事物是其他事物的两倍,但却又显得是另一些事物的一半,对吗?

没错。

　　大事物与小事物、轻事物与重事物也一样,这些性质也都可以接受与之相对立的性质吗?

　　他说,每个事物都将一直拥有或分有对立的性质。

　　那么在如此众多的事物中,每一个为人所肯定存在的事物都可以说成是非存在的吗?

　　他答道,这很像那些在宴席上用模棱两可的话语来逗趣的把戏,或者像给儿童猜的那个太监打蝙蝠的谜语,——他用什么去打,蝙蝠停在什么上面,等等。[①] 这些事物都非常晦涩,无法确定它们到底是还是不是,也无法确定它们二者都是或二者都不是。

　　我说,那么你有没有对付它们的办法呢? 除了位于是与不是之间,你还能找到更好的位置去安放它们吗? 因为我们肯定找不到比非存在更加黑暗的地方了,也肯定找不到比存在更加明亮的地方了。

　　他说,你说得极是。

　　那么我们似乎已经为许多关于美丽、高尚的事物,以及关于其他许多事物的传统看法,找到了一个中间的位置,位于真正的、绝对意义上的非存在与存在之间。

　　没错,我们已经找到了。

　　但我们在前面已经同意,如果我们找到了这种东西,那么必须称之为可以对之产生意见的东西,而不可称之为对之可以产生知识的东西,这种东西游移于存在与非存在之间,由一种游移于知道和无知之间的能力来把握。

　　我们同意过。

---

　　① 这个谜语是,一个男人(又不是男人)看见(又没看见)一只鸟(又不是鸟)停在一根树枝(又不是树枝)上,他用一块石头(又不是石头)去打它。谜底是一位太监瞥见一只蝙蝠停在一根芦苇上,他用一块石头片去打它。

E　　　那么我们要肯定,一方面,那些只看见许多美的事物但看不到美本身的人不能跟随他人的指导看到美本身,那些只看见许多正义的事物但看不到正义本身的人也不能跟随他人的指导看到正义本身,其他各种情况亦如此——对这样的人我们要说,他们对各种事物都拥有见解,但他们对他们自己拥有见解的那些事物实际上一无所知。

这是必然的。

另一方面,对那些能在各种情况下对永恒不变的事物本身进行沉思的人,我们该怎么说呢? 我们难道不应该说他们拥有知识而非只有意见吗?

这也是一条必然的结论。

我们不是还得说,一种人思考和关注的是作为知识对象的事480　物,而另一种人思考和关注的是作为意见对象的事物吗? 你还记得吗,我们曾经说过有些人喜爱和关注声色之美,以及其他相似的事物,但他们绝对想不到美本身的真实存在?

是的,我还记得。

那么我们得冒昧地称他们为爱意见者,而非爱智者。如果我们这样说,他们不会生气吧?

他说,如果他们听从我的劝告,那么他们不会生气,因为对真理生气是不合理的。

那么对那些在各种场合下以各种方式欢迎真正的存在者的人,我们必须称之为爱智者而非爱意见者。

务必如此。

第 六 卷

484　　　我说,格老孔,经过这么漫长而又累人的讨论,我们终于弄清谁是哲学家或爱智者,谁不是哲学家或爱智者了。

他说,是的,你要知道,欲速则不达呀。

我说,你说得没错,但我还是认为,如果我们仅仅讨论一个问题,在区别正义和不正义的生活时没有留下那么多问题要求我们进一步讨论,那么我们也许能把这个问题弄得更加清楚。

他说,那么接下去我们该讨论什么呢?

B

我说,我们除了循序渐进,还能怎么办? 既然哲学家能够把握永恒不变的事物,而那些做不到这一点,在多种多样的众多事物中迷失方向的人不是哲学家,那么哪一种人应当成为国家的领袖呢?

他说道,你说我们该怎样回答这个问题才算正确?

我说,无论是谁,只要看起来能够保护城邦的法律和事务,我们就应当把他们确立为城邦的护卫者。

C

他说,对。

我说,还有,看管某样事物的人应当是一个瞎子还是一个视力敏锐的人? 这个问题的答案应该是清楚的吧?

他说,这当然是清楚的。

那么你认为瞎子和下述这种人有什么明显的区别吗? 这些人从可以感受到的事物中产生出知识来,但在他们的心灵中没有鲜明的事物的原型,因此他们不能像画家观察模特儿一样凝视绝对真理,不能总是心怀这种原型,对这个世界上的事物进行精确的思考,也不能思考美、正义和善的法则,并在需要的时候,守护这些已经建成的东西。

D

他说,凭天起誓,这种人与瞎子没有多少区别。

那么我们应当任命这些心灵盲目的人作我们的护卫者,而不是任命另一种人吗? 他们已经学会如何认识事物的理想实在,而且在经验方面不比刚才说的那种人少,在美德方面也不比刚才那种人差。

他说，只要他们在经验和美德方面都不差，那么要是不挑选哲学家，而是挑选另外的人来作护卫者，那就太荒唐了，因为这种关于理想实在的知识可能就是最伟大、最优秀的美德。

485　　那么我们现在是不是该问，同样一些人如何有可能同时具备两方面的优点？

当然应该问这个问题。

那么就像我们在这场讨论之初说过的那样，首先要弄清这些人生来就有的天性，我认为如果我们在这一点上取得了足够的一致意见，我们就能继续对这些品质如何有可能结合，并属于同一批人取得一致看法，我们所需要的国家的护卫者就是这些人，而不是别的人。

是这样吗？

我们必须一致同意这是哲学家的天性方面的东西，他们永远
B　酷爱那种能把永恒的本质揭示出来的知识，而不会在生成与死亡这两极动摇不定。

让我们把这一点作为我们的一致看法。

我说，还有，他们想要得到的是这种知识的全部，而不会拒绝它较大或较小、较为珍贵或较不荣耀的部分。这一点是从我们前面关于爱者和爱荣誉者的讨论中引申出来的。

他说，你说得对。

C　　那么下一步就请考虑，符合我们所说的这些条件的人，在他们的天性里是否一定不会再有别的品质。

哪种品质？

热爱真理，永远不愿承认虚假的东西，他们痛恨谬误，热爱真理。

他说，好像是的。

我的朋友，不是"好像"，而是"必定"，一个人天性爱什么，就会

珍惜一切与他所爱的对象相近和相关的东西。

他说,对。

你能找到比真理更接近智慧的东西吗?

他说,不能。

那么,同一种天性会既爱智慧又爱虚假吗?　　　　　　　D

绝对不会。

那么知识的真正热爱者一定最有可能从小开始就以各种方式追求真理。

确实如此。

但我们也很清楚,当一个人的欲望在某个方面特别强烈时,他在其他方面的欲望就会削弱,就好比水流被引向了另一条渠道。

没错。

如果一个人不是冒牌的哲学家,而是一名真正的哲学家,那么当他的欲望被引向学习知识一类事情上去时,我认为,他的灵魂会充满快乐,而对那些以肉体为工具的活动,他会无动于衷。　　　　E

这是必然的。

这种人肯定有节制,决不会贪财,因为别的人会热衷于追求财富,耗费巨大的精力实现某种目的,但他不会这样做。

是这样的。

在区别哲学与非哲学的天性时,还有一点要加以考虑。　　486

哪一点?

你可别疏忽任何一点思想狭隘的毛病。哲学家的灵魂一直在寻求一切人事和神事的整全,没有什么品质比思想狭隘与哲学家更加对立了。

他说,你说得很对。

一个心灵有着宏大的思想,对一切时代和一切存在进行沉思,你想,这样的人会把个人的今生看得很重大吗?

他说,不会。

因此这种人也不会把死亡看做一件可怕的事情吧?

绝对不会。

那么胆怯和狭隘在真正的哲学品性中没有地位。

我认为没有。

那么,一个精神健全的人,既不贪财又不狭隘,既不自夸又不胆怯,这种人还会处事不公,待人刻薄吗?

不会。

那么这也是你在识别哲学的或非哲学的灵魂时所要注意的地方——这个人从小就是公正温驯的,还是粗暴凶残的?

的确如此。

我想你也不会疏忽另一个要点。

哪个要点?

他在学习方面聪敏还是迟钝。或者你认为,一个人费尽辛劳去做事,但收效甚微,在这种情况下,你认为他还会真正热爱这项工作吗?

不会。

还有,如果他非常健忘,学过的东西一点也记不住,那么到头来他不还是一个头脑空空的人吗?

怎么会不是呢?

那么在所有的辛苦都白费了以后,他最后一定会痛恨自己和他所从事的工作,对吗?

当然会这样。

那么健忘的灵魂不能纳入爱智者的行列,我们要有好记性。

务必如此。

我们一定不能说,不和谐、不适宜的天性除了导致无分寸以外,还能产生出别的什么东西来。

我们一定不能这样说。

你认为真理合乎尺度,接近均衡,还是接近不均衡。

接近均衡。

那么除了别的品质外,我们还要寻找生来就有分寸而又温和的心灵,它的本能使它很容易接受引导,关注一切事物的理想的实在。

没错。

那么怎么样,我们的论证还有没有缺陷? 我们不是已经证明了,要想充分完全地理解实在,上述品质对灵魂来说是必要的,是相互关联的吗? 　E

他说,这些品质确实是最必要的。

一个人只有生来具有良好的记性、敏锐的理解、豁达大度、温文尔雅,并且爱好和亲近真理、正义、勇敢和节制,否则他就不能恰当地去实践,如果由这样的人来从事这项事业,你还有什么可指责的吗? 　487

他说,对这样一种优秀品质的组合,即使是莫摩斯① 也无可挑剔。

我说,那么好,当这种人在教育的作用下趋于完善,也已经成年的时候,你难道还不会把国家托付给他们吗?

阿狄曼图说,苏格拉底啊,没有人能够反驳你刚才的这些陈述。但是那些不是经常听你进行论证的人都会感到,由于自己缺乏问答法的经验,你的论证每一步都会把他们朝着错误的方面引那么一点点,这些微小的误差积累到最后,那个从中推导出来的结论所产生的力量足以使他们摔个大跟头,使他们的看法与原先的看法截然相反,就好比两个人下棋,棋艺差的人最后被对手围困, 　B

　C

---

① 　莫摩斯(Momus)希腊神话中的非难指责之神,夜女神的儿子。

一个子儿也走不动,他们感到在这场不是使用棋子而是使用语言的竞技中最后被逼得哑口无言。然而真理并不会因为口才高低而有任何改变。我是注意到刚才的讨论情况才这样说的。因为人们可能会说,他们虽然口才不好,不能用言语回答你的每一个问题,

D 但回到现实中来,他们看到那些转向哲学的人不是在年轻接受教育时学一点哲学,然后就扔下不管了,而是把学哲学的时间拖得很长,以至于其中大多数变成了怪人,且不说他们变成了坏蛋,而他们中间那些最优秀的人也由于从事你所推荐的这种事业而变成了对城邦无用的人。

听了这番话,我说,你认为他们这样说是错误的吗?

他说,我不知道,但我很乐意听听你的意见。

那么你可以听到我的意见,我觉得他们说得对。

E 他答道,这怎么可能,一方面承认哲学家对城邦无用,另一方面说除非哲学家成为城邦的统治者,否则我们的城邦就不能摆脱邪恶?

我说,你这个问题需要用比喻或寓言的方式来回答。

他说,你当然并不习惯用比喻的方式来说话!

我说,你用论证把我逼到如此进退维谷的境地,现在又来讥笑

488 我。不过,还是请你先听听我的比喻,然后你就可以更加清楚地看到我有多么努力了。因为哲学家与国家的关系如此令人痛心,以至于找不到一样与之性质完全相同的事情。但是,为了找到一件与之相似的事情,达到为他们辩护的目的,有必要把许多事情结合在一起,就好像一名画家在画羊头鹿之类的怪物时进行拼凑。假定在一个船队或一艘船上发生这样的事。有一名船长身强体壮,

B 超过船上所有船员,但是耳朵有点聋,眼睛不怎么好使,他的航海知识也不太高明。于是船上的水手们都争着要代替他做船长,尽管他们从来没有学过掌舵的技艺,也说不出在什么时候向谁学过

掌舵,但都争着说自己有权掌舵。而且他们还断言,掌舵这门技艺
是根本无法教的,谁要是说可以教,他们就准备把他碎尸万段。他
们老是缠着船长,强求或者不择手段地欺骗船长把舵交给自己。　C
有时他们失败了,别的人代替了船长的位置,他们就把那个人杀
死,扔下海去。当他们使用麻醉药或酒之类的东西把高贵的船长
困住,夺取了指挥权以后,他们就消费船上的库存,吃喝玩乐,让船
只随自己的心愿航行。不仅如此,凡是曾经参与阴谋,狡猾地帮助　D
过他们从船长手里夺取权力的人,无论是出主意的还是出力气的,
都被授予航海家、舵手、船老大之类的荣誉称号,而对那些不与之
合谋的人,他们就骂他是废物。他们一点也不知道,真正的航海家
必须注意年份、季节、天空、星辰、风云,如果要领导一艘船,还要知
道一切与航海有关的事情。他们不相信一门不管别人赞成不赞　E
成都存在的掌舵的技艺,也不相信有可能在学会航海的同时精通
和实践这一技艺。你瞧,在船上发生了这样的变故以后,一名真正　489
的舵手难道不会被那些篡夺权力的水手称作唠叨鬼、看星迷或大
废物吗?

阿狄曼图说,是这么回事。

我想你已经听懂我的意思了,真正的哲学家在国家中的处境
确实就像我们已经描述过的这个舵手在船上的处境,我们已经无
须再作详细的比较和证明了。

他说,确实如此。

那么好吧,去把这个寓言说给那些抱怨哲学家在我们的城邦　B
里不受尊重的人,试着让他信服,要是哲学家受到尊重,那才更是
咄咄怪事呢。

他说,我会这样做的。

你要进一步对他说,哲学家的最优秀的精神确实对大多数人
无用。但是,使他遭受这种谴责的不是因为这种比较优秀的精神,

而是因为那些人并不知道该如何使用他们。因为,说船长应当恳求水手接受他的领导,智者应当去叩开富人的大门,都是不自然
C 的。这些格言的作者是在撒谎。真正顺应自然的事情是:病人应当上门去见医生,而无论他是穷人还是富人;如果某个统治者确实擅长统治,那么那些需要接受统治的人应当上门去见知道如何统治的人,而不是统治者请求下属让他来统治。你要是把我们当前的政治领导人比做我们刚才描写过的水手是不会错的,这些人把真正的舵手称做废物和望星迷。

他说,是这样的。

因此,在这种状况下,我们不能指望哲学这门最高尚的事业能得到这些人的高度尊重,因为这些人的生活方式与哲学的生活方
D 式正好相反。然而,使哲学蒙受最为巨大、最为严重诽谤的还是那些自称为哲学家的人,他们自认为过着一种哲学的生活,但实际上他们就是你刚才指出的那种坏蛋,你说反对哲学的人说大多数搞哲学的都是坏蛋,而其中比较优秀的也是无用的,你在说这些话的时候心中所指的就是这些冒牌哲学家,而我当时承认你说得对。[①]是这样吗?

是的。

说其中比较优秀的哲学家无用,我们有没有把原因解释清楚呢?

已经解释清楚了。

我们接下来要不要指出大多数哲学家的堕落是不可避免的,
E 以及要是能做到的话,我们也要证明这一点也不能归咎于哲学本身?

务必如此。

---

① 参阅本卷 487D。

那么就让我们开始,把我们必须要说的话说出来,先回忆一下我们一开始在讲到要成为一名学者和绅士必须生来具有某种天性时是怎么说的。如果你还记得的话,真理是他时时处处都要追随的领袖,否则他就是一名和真正的哲学毫无关系的江湖骗子。

490

是的,我们是说过这样的话。

这种看法不是与现今流行的对哲学家的看法正好相反吗?

他说,确实如此。

我们可以这样为他辩护,努力追求真正的存在是真正的爱知者的天性,他不会停留在意见所能达到的众多的个别事物上,在他心灵中的那个部分把握每一事物自身的本质之前,他的热情锋芒不会迟钝,他的愿望也不会降低,他心灵中的那个部分与实在是最接近的,也最能把握这种实在,通过心灵这个部分与事物的接近与交合,他产生出理智和真理,获得真正活生生的和生长着的知识,到那时,也只有到那时,他的灵魂的辛劳才会停止,是这样吗?

B

没有比这更好的辩护了。

那么好吧,这样的人会热爱虚假吗,或者说正好相反,他会仇恨虚假吗?

他说,他会仇恨虚假。

C

我想我们可以说,有真理带路,就不会有任何邪恶跟在这个队伍里。

怎么会呢?

这支队伍里倒有健全和正义,还有节制伴随。

他说,对。

那么还有什么必要重复我们一开始就已经作过的那些证明,去说明与哲学天赋相伴随的那些品质的必然秩序呢? 你一定还记得,勇敢、大度、聪敏、强记是这种天赋所必备的品质。你当时提出反对意见说,虽然大家都不得不同意我们的陈述,但只要搁置这些

D 言辞,注意这些言辞所指的人,大家就会说,他们所看到的这些人有些是无用的,而大多数则是卑鄙小人,干尽了坏事。正是由于寻找这种病态的原因,我们才进到这一步,提出现在要讨论的问题:为什么其中大多数人是坏的? 也正因为此,我们重提真正的哲学家的天性问题,并且确定它必须是什么。是这样的吗?

他说,是这样的。

E 我说,那么我们首先必须思考为什么大多数人的哲学天性败
491 坏,而少数人的哲学天性没有败坏,但却被认为无用。然后我们再来考察那些模仿哲学家,自称在从事哲学研究的人,看他们的灵魂属于哪一种类型,哲学的生活方式对他们来说是不是太高不可攀,超过了他们的能力,因为正是这些人在各处和所有人中间的行为有许多不和谐的出格之处,所以才给哲学带来了你说的这种坏名声。

你所说的败坏是什么意思?

我说,要是我能向你解释,那么我会试着这样做。我认为任何
B 人都会同意我们的这个看法,我们刚才要求一名完善的哲学家所具有的这种天赋很难在凡人中产生,即使有,也只有少数人拥有这种天赋。你认为是这样吗?

确实如此。

那么请注意,有大量的事物足以摧毁少数拥有这种天赋的人。有哪些?

最令人吃惊的事实是,我们称赞的这种天赋所具有的每一种品质都有败坏自己所属的那个灵魂的倾向,使之偏离哲学。我说的是勇敢、节制,以及我们列举过的其他品质。

他说,这听起来很像一个悖论。

C 我说,还有,各种各样的所谓利益、美、财富、体力、城邦里的强大家族,以及与此相关联的一切,都有这种败坏天赋,使之偏离哲

学的作用。你明白我的意思吗？

他说，我明白，但要是能听到更加准确的解释，我会很高兴的。

我说，好吧，希望你能从整体上把握我的意思，这样问题就清楚了，你也不会认为我刚才的陈述是个悖论了。

他说，你要我怎么个理解法？

我们知道，任何动物或植物的种子或胚芽如果没有合适的养分、季节、地点，那么它愈是强壮，就愈无法经历一个完善的过程，这是一个普遍的真理。因为邪恶与善良的对立胜过邪恶与非善良的对立。

当然如此。

所以我认为这样说也是合理的，如果置于不适宜的环境下，那么最优秀的天赋比较差的天赋所产生的结果更坏。

是的。

我说，那么，阿狄曼图，我们同样也可以肯定，天赋最好的灵魂受到坏的教育之后就会变得比谁都坏，对吗？或者，你认为巨大的罪行和纯粹的邪恶来自一种微不足道的本性，而不是来自一个有强健生命力，但在成长过程中被败坏了的本性，对吗？你要知道，一个天性软弱的人永远不可能做成任何大事，无论是做好事还是做坏事。对吗？

他说，对，原因就在于此。

那么我们假定哲学家具有的这种天赋，如果得到合适的教导，必定会成长并趋向于至善，但若在错误的环境中播种和成长，那么结果完全相反，除非有某位神来拯救。或者说，你也像许多人那样相信真有什么青年被智者所败坏，这些智者在私人生活中造成了某些值得一提的危害，而不认为正是说这种话的人自己才是最大的智者，他们在富有成效地教育着男女老少，并且在按照他们自己的意图塑造着这些人，是吗？

D

E

492

B

他说,在什么时候?

我说,每当民众聚集在议会、法庭、剧场、兵营,或在任何公共集会中,他们就利用这些场合大呼小叫,指责或赞许某些正在做的事或正在说的话,但总是言过其实、夸大其辞,加上喧哗、鼓掌、起哄,岩壁和会场的回声,使他们的言论变得更加声势浩大。在这种场合下,你想一位年轻听众的心,如人们通常所说的那样,怎么会不活动呢? 你认为在这种情况下,有什么样的个人的教导能站得住脚,而不被众人指责或赞许的洪流冲走,在这种情况下他还能不随波逐流,大家说好他就说好,大家说坏他就说坏,大家做什么他就做什么,进而成为和大家一样的人吗?

他说,苏格拉底,这是不可避免的。

还有一个要点更具有必要性和紧迫性,但我们还没提到。

什么要点?

这些"教育家"和智者在无法用言辞服众的时候就采取行动来强加于人。你难道不知道他们用剥夺公民权、罚款和死刑来惩治不服的人吗?

他说,他们的确是这样干的。

那么你认为还有什么别的智者或别的个人的教育能有望与之对抗并取胜呢?

他说,我想一个也没有。

我说,连起这种念头都是极大的愚蠢。因为用一种与之相对立的教育来造就品性和美德,这样的事情现在没有,过去没有,今后也决不会有。朋友,我这样说当然是就人力而言。而神力,如格言所说,是无所不能的。你可以确信,在当前这样的社会和政治状况下,如果能有什么德性得救,能有一个好结果,那么这是神的旨意,我这样说不会有错。

他说,我没有别的看法。

我说,那么还有一点要请你考虑。

哪一点?

那些收费授徒的私人教师被政治家称作智者,并加以敌视,这些人传授的东西无非就是如何在公众集会时发表自己的见解,并把这种知识称为智慧。这就好比一个人想要获得驯服猛兽的知识,如何接近它,什么时候或用什么东西能使它变得最可怕或最温和,对了,还有知道它在各种情况下习惯发出几种什么样的吼声,什么样的声音能使它温和,什么样的声音能使它发狂。通过与猛兽长期相处,他掌握了驯兽的知识,并称之为智慧,并由此形成一门技艺,再把这门技艺教给别人。至于这些意见和要求是否真实,是高尚还是卑鄙,是善良还是邪恶,是正义还是不正义,他全都一无所知,只知道按猛兽的反映来使用这些名词,猛兽喜欢的,他就称之为善,猛兽不喜欢的,他就称之为恶。他讲不出任何别的道理来,只知道称必然的东西为高尚的和正义的,从来没有注意到必然的东西和善良的东西有天壤之别,不能一个来解释另一个。凭天起誓,你就不觉得这样的人是一个缺乏经验的教育者吗?

他说,是的。

有人认为在绘画、音乐,或是政治方面,懂得辨别五光十色的人群在集会时所表现出来的喜怒哀乐就是智慧,那么你觉得这种人和刚才讲的驯养野兽的人又有什么区别呢? 如果有人把自己的诗歌、其他艺术作品或为城邦服务所做的事情放到民众面前听取他们的批评,并且承认大众不可避免地对他的作品拥有下判断的权威,那么谚语中所说的所谓"狄奥墨德斯的必然性"① 就会迫使他向大众提供他们所喜欢的东西,但大众所喜欢的东西并不一定

①　狄奥墨德斯(Diomedes)是弗里基亚的国王,传说这位国王曾强迫俘虏和自己的女儿们同居。

就是良好的和高尚的。你听到有谁证明过这一点,而又不是荒唐可笑的辩解呢?

E　　他说,我从来没有听说过,我想今后也不会听到。

请你把所有这些话都牢记在心,再回想一下我们前面那个问题。会有许多人承认或相信与众多美的事物相对的美本身的真实

494 存在吗,或者说,他们能相信与众多具体事物相对的事物本身的存在吗?

绝无可能。

那么,要成为热爱智慧的哲学家对大多数人来说是不可能的。

不可能。

那么,那些哲学化的人会受到他们的非难,这是不可避免的。

不可避免。

同样,那些与众人混在一起想要博得众人赞许的初学者也会非难哲学家。

显然如此。

B　　由是观之,你还能看到那些天生的哲学家有什么办法可以坚持自己的事业,至死不渝吗?你要按照我们前面说过的话来考虑这个问题。我们曾一致同意,聪敏、强记、勇敢、大度是哲学家的天赋。

是的。

这种人甚至从童年起就会在同伴中间各方面拔尖,尤其是他的身体素质也能和灵魂的天赋相匹配。

他说,他怎么会不这样呢?

我想,他的亲友和城邦的同胞为了他们自己的利益,也都希望等他长大以后重用他。

那当然。

C　　因此他们预见到他将会掌握大权,进而向他献媚,跪到在他脚

下,向他祈求和致敬。

这样一种常见的现象。

那么你以为这个年轻人在这种情况下会怎么样呢,尤其他若是属于一个大城邦,出身高贵而又长得高大英俊? 他的灵魂难道不会因此而充满无法自制的野心,他难道不会认为自己不仅有能力管理希腊人的事务,而且有能力管理野蛮人的事务,因此妄自尊大,盲目地骄奢自满吗?   D

他说,他一定会这样。

如果有人走过来轻轻地把真理告诉处在这种精神状态下的人,你以为在这种恶劣环境里他还能听得进不同的劝告吗? 这种时候他根本就没有心思听,而人们要想得到真理只有通过奴仆般的艰苦劳动。

他说,他绝对听不进去。

我说,即使我们假定这个青年由于素质好而容易接受忠言,受   E到感动而被引上哲学之路,那么我们仍旧可以设想在这时候他原先所属的那个圈子里的人由于预感到自己将不再能得到他的帮忙,在这种时候他们将采取什么样的行动呢? 他们难道就不会说某些话或做某些事来阻挠他被说服,从而使任何想要说服他的人都前功尽弃吗? 他们难道就不会用秘密的阴谋和公开的指控来达到这一目的吗?

他说,他们这样做是不可避免的。

那么这个人还有可能继续哲学化吗?

他说,毫无可能。

我说,那么你看我们没说错吧,构成哲学家天赋的那些品质如果所处的环境和所受的教育不好,事实上就会和那些所谓的好处,即富裕和所有生活福利一样,蜕变为某种背离哲学的原因?

他答道,说得对。

B　　　我的好朋友,我们说过这种最优秀的天赋在任何情况下都很难得,它适宜从事最高尚的事业,但却会由于我们上述的原因而遭到毁灭和败坏。会给城邦和个人带来最大伤害的人也属于这种类型,他们作恶的势头若能转变为行善,就会给城邦和个人带来极大的好处,而那些天赋平庸的小人物决不会为城邦或个人做出什么惊天动地的大事来。

　　　他说,你说得很对。

C　　　那些最适宜从事哲学的人就这样背弃了哲学,使她孤独凄凉,他们自己也因此而过着一种不真实的、异己的生活。与此同时,那些卑劣的追求者看到哲学没有亲人保护,于是就乘虚而入,玷污了她,而且像你所说的那样,她的反对者把那些恶名强加于她,声称某些从事哲学的人毫无用处,而许多从事哲学的人则是罪恶累累。

　　　他答道,确实有人说过这样的话。

　　　我说,这些话看起来似乎有些道理,因为还有一些小人,他们
D发现这个地方没有主人,里面却充满美好的名称和虚荣,于是就像一些逃离监狱进了神殿的囚犯,放弃自己原有的技艺而进入哲学的神殿。要知道,哲学的声誉虽然眼下处境不妙,但依然保有比其他技艺要高的尊严。于是,众多不具备这方面天赋的人就被吸引
E过来,尽管他们的灵魂已经由于从事粗俗的职业而变得残废和畸形,就好像他们的身体由于从事这些技艺和职业而遭到损坏一样。这也是不可避免的,是吗?

　　　是的。

　　　我说,他们的所作所为不就像这么一幅图景:一个秃头的小白铁匠因为制造假钱币而坐牢,但他刚从监狱里释放出来就交了好运,他洗个澡,穿上一件新外套,打扮得像个新郎,去和师傅的女儿结婚,这个姑娘由于家境贫寒而遭遗弃。

他说，像极了。

496

这样的结合能生出什么样的后代来呢？难道不是卑劣的杂种吗？

这是必然的。

因此，当那些不适宜学文化的人接触了哲学，不相称地与哲学结合在一起的时候，我们说他们会生出什么样的思想和意见来呢？他们难道不会生出确实可以被恰当地称作智者之术的、不具任何真实性的、或分有真正理智的东西来吗？

他说，的确是这么回事。

我说，那么，阿狄曼图，剩下来还配得上与哲学结合的人屈指可数。他们中有些人出身高贵而又受过良好教育，由于处在流放之中而没有受到腐蚀，因此他们仍旧在真正地从事哲学。或者也可能是一个伟大的灵魂出生在一个小镇上，他不屑于关注这个小地方的事务。还有很少一些人或许因为天赋优秀，脱离了他所应当藐视的其他技艺，改学了哲学，也还有一些人也许是因为有我们的朋友塞亚革斯[①] 那样的缺陷而受到约束。因为对塞亚革斯来说，放弃哲学的其他条件他都具备，但他那病弱的身体使他无法从事政治，于是又回过头来从事哲学。我自己的情况完全是个例外，这简直是一个神迹，我想在我之前很少有人遇到过，或者压根儿从来就不曾有人遇到过。属于这个群体的极少数人已经尝到了拥有哲学的甜头和幸福，已经充分理解了民众的疯狂，看到在当前的政治事务中没有什么可以说是健全的或正确的，也没有人可以作为正义之士的盟友援助正义之士，使他们免于毁灭。极少数真正的哲学家就好像孤身一人落入猛兽群中，既不愿意参与作恶，又不能单枪匹马地抗拒所有人的野蛮行径，在这种情况下他一事无成，无

B

C

D

---

① 　塞亚革斯(Theages)是苏格拉底的学生，另见柏拉图的《申辩篇》33E。

法以任何方式为朋友或城邦做好事,在他能这样做之前就英年早
逝。由于上述原因,哲学家都保持沉默,独善其身,就好像在狂风
E　暴雨或风沙满天之时避于矮墙之下,目睹他人干尽不法之事,而他
只求洁身自好,终生无过,最后怀着善良的愿望和美好的期待而心
满意足地离世。

　　　　他说,就算如此,他生前取得的成就也不算太小了。

497　　　　我说,要是他不能碰巧生活在一个适合他本性成长的国度里,
那么他肯定不能做成任何大事。只有在这样的国家里,哲学家本
人才能充分发展,进而保护他自己和公共利益。我认为,关于哲学
受到的非议及其原因我们已经作了详细的解释,你还有什么想要
说的吗?

B　　　　他说,关于这个问题我没有什么要说了。但是你看,现有政治
制度中有哪一个适合哲学呢?

　　　　我说,一个也没有,但我之所以要抱怨,乃是因为它们与哲学
的本性不合。哲学的堕落和变质也正是由于这个缘故,就好像外
来的种子播在异乡土地上,结果总是受当地水土的影响而退化变
C　质,或者根本无法在当地生存。但若哲学能够找到像她自身一样
最优秀的政治制度,那么显然可以看到哲学确实是神圣的,而其他
技艺的本性和实践都只不过是人事而已。你接下去想要问的问题
显然是这种最优秀的政治制度是什么。

　　　　他说,你错了。我要问的不是这个问题,而是这种最优秀的政
治制度就是我们在建立国家时已经描述过的那个政治制度,还是
别的什么制度?

　　　　我说,从其他方面看,它就是我们描述过的那种制度,但有一
D　点我们尤其要注意,这也是我们以前说过的,也就是说,在这样的
国家里一定要有人对国家制度的看法与你作为立法者在为之立法
时对它的制度的看法相同。

他答道,这是我们说过的。

我说,但我们对它的解释还不充分,你当时的反驳令我害怕,而要证明这一点确实冗长和困难。除此之外,剩下来要加以解释的这个部分也绝对不容易。

你这样说到底是什么意思?

我说的是一个受哲学主宰的城邦如何能够避免毁灭。因为一切伟大的事业都有风险,诚所谓"好事多磨"吗。

他说,不管怎么说,我们还是要把这个问题弄清楚,以便结束　E
我们的讨论。

我说,我并非不愿意这样做,而是没能力这样做,如果说有什么东西在阻碍我的话,那么是缺乏能力在阻碍我。但你会亲眼看到我的热心。还要请你注意,我打算充满热情和勇敢地宣称,这个城邦必须以一种与当前流行的做法完全相反的方式来从事哲学事业。

这种方式是什么呢?

我说,现在人们一般从青年时期就学习哲学,这个时候他们刚　498
从儿童变成大人,要从事各种生计,还要成家立业。在这个阶段他们接触了哲学中最困难的部分,然后就放弃了哲学。他们把这些内容当作哲学的典型,而我所说的最困难的部分是指讨论哲学。再往后他们认为自己已经学够了哲学,只有受到邀请,他们才会屈尊去听别人讨论哲学。他们认为这种事只是业余活动。到了老年,他们的热情熄灭了,比赫拉克利特的太阳熄灭得还要彻底,无　B
法再次点燃,只有极少数人例外。

他说,那么他们该怎么办呢?

正好相反。年少的时候,他们应当接受适合青少年的教育和文化。当身体正在发育成人的时候,他们应当注意身体,以便有充足的体力为今后从事理智活动提供基础和保证。随着年龄增长,

C　灵魂进入成熟阶段,这时候他们应当强化心灵的锻炼。而当他们的体力转衰,过了从事政治和军务的年龄时,如果我们想要他们在这个世界上生活得幸福,并且在死亡来临时仍旧能够在另一个世界过上同样幸福的生活,那么我们应当给他们机会,让他们逍遥自在,不再让他们承担繁重的工作,而只让他们从事哲学研究。

他说,苏格拉底,你看起来确实非常热忱。不过,我认为你的大多数听众甚至会更加热忱地起来反驳你的看法,永远不会被你说服,尤其是塞拉西马柯。

D　你别想挑拨我和塞拉西马柯争吵,我们刚才已经成了好朋友,过去也不是敌人。我们要不遗余力地继续努力,直到令他和其他人信服,或者直到我们取得某种成果,以便在他们重新投胎做人碰上此类讨论时能对他们有所帮助。

他说,你预言的时间还不算太长。

我答道,是不算长,要是和永恒相比,它算不了什么。不过,要是大家不相信你说的话,那也没什么可奇怪的,因为他们从来就没把我们在这里谈论的事情当作确凿无疑的。他们认为我们只是在生硬地堆砌人为的词藻,而所说的事情是不会同时在这里发生的。
E　然而,一个人在言语和行为两方面都与美德本身完全相合,而且统
499　治着一个合乎美德的国家,这样的事情对他们来说是前所未有的,更谈不上多见了。你说是吗?

确实如此。

我的好伙伴,他们也从来没有严肃认真地充分聆听公正而又自由的讨论,这种讨论的惟一目的是为了知识而不惜一切代价去寻求真理,这种讨论与那种只能在法庭上和私人谈话中导致意见和分歧的争论完全不是一回事。

他们确实没有听到过这种讨论。

B　由于这个缘故,而且由于预见到这一点,所以我们尽管害怕,

但还是在真理的推动下不得不宣称：只有在某种机遇下，那些被人
们称为无用的极少数尚未腐败的哲学家被推上统治地位，出来掌
管城邦，无论他们是否自愿，并使公民服从他们的时候，或者说，只
有在神的激励下，那些当权者的儿子，或那些君主本人对哲学产生 C
真正的热爱时，城邦、国家或个人才能达到完善。我认为，说这两
种情况或两种情况之一绝对不可能发生不一定靠得住。如果真的
不可能，那么我们受到讥笑，被称作白日做梦，就是应该的了。难
道不是这样的吗？

是这么回事。

那么，如果最优秀的哲学本性曾经在极其遥远的过去统治过
某个国家，或者说她现在正在统治着某个我们所不知道的遥远的 D
国家，或者说今后有朝一日，将由这位哲学缪斯来统治国家，那么
我们打算保持我们的意图，让哲学家来统治我们已经描述过的这
种体制，或者相信这种企图将会实现。这种事不是不可能发生，我
们也不是在谈论某种不可能的事情。当然我们也承认，要这样做
非常困难。

他说，我也这样想。 E

我说，但是大众不这样想——这是你想要说的话吗？

他说，也许是吧。

我说，我亲爱的伙伴，别把什么事情都归咎于民众。如果你不
是吵架似的而是和风细雨、潜移默化地消除民众对学习的厌恶，向
民众说明你说的哲学家是什么样的人，像我们刚才那样说明哲学 500
家的天性和追求，让民众明白你说的哲学家并不是他们所认为的
那种人，那么民众的想法肯定不一样了。哪怕他们仍旧照老样子
看待哲学家，你难道认为他们就不会改变自己的看法吗？或者说，
如果某人是大方的、温和的，而你认为别人一定会用粗暴的态度对
待他，用小心眼来对付他的大方吗？让我来替你回答：如此粗暴的

态度或坏脾气只会发生在极少数人身上,大多数民众是不会这样的。

B　　　他说,我同意你的看法,你可以放心了。

你不是也得同意,许多人对哲学产生恶感的根源在于那些冒牌的哲学家,他们闯进本来就不属于他们的领域,互相争吵,充满敌意,并且老是进行人身攻击? 再也没有什么行为比这种行为与哲学更不相称了,是吗?

他说,这些行为确实与哲学最不相称。

C　　　阿狄曼图,那些真正关注永恒实在的人的心灵确实没有时间去关心凡人的琐事,也不会参与充满妒忌和仇恨的争斗。他的注意力放在那些有着永恒不变秩序的事物上,看到这些事物既不会去伤害其他事物,也不会相互伤害,而是全都按照理性的要求保持和谐,所以他就竭尽全力模仿它们,尽可能使自己与它们相像。或者说,你认为一个人对自己所尊崇的事物有可能不去模仿吗?

他说,不可能。

D　　　那么,与神圣的秩序有着亲密交往的爱智者将在人力可达的范围内使自己变得有序和神圣。但是诽谤中伤是大量的、无所不在的。

对,确实如此。

我说,如果有某些力量迫使他运用在彼岸看到的原型塑造公共和私人两个方面的人性,而不是仅仅塑造他自己,那么你认为他会证明自己在塑造节制、正义以及一切公民美德方面是一个蹩脚的工匠吗?

他说,绝对不会。

E　　　但若民众知道我们关于哲学家的谈论都是真的,他们还会粗暴地对待哲学家吗? 他们还会不相信我们的话吗——我们说,如果不经过那些使用天上的模型的艺术家的描绘,任何城邦都不会幸福?

他说,如果他们知道这一点,那么他们就不会粗暴对待哲学家 501
了。但是请你告诉我,你心目中的图画该怎么个画法呢?

他们对待城邦和人的品性就像拿起一块画板,首先把它擦干
净——这可不是一件易事。但无论如何你要知道这就是他们和别
的改革家的第一点差别,在得到一个干净的对象或自己动手把它
弄干净之前,他们不肯动手描绘个人或城邦的品性,也不肯为之立
法。

他说,他们这样做是对的。

接着,你认为他们难道不会着手绘制政治制度的草图吗?

他们肯定会这样做。　　　　　　　　　　　　　　　　　　　　　　B

那么我认为他们在工作过程中会不时地左盼右顾,一面是正
义、美、节制等等性质,另一面是他们依据这些性质努力在人间复
制出来的各种摹本。他们不断地添加某些东西,用各种方法使之
鲜活起来,最后,他们判断这些摹本有了荷马所说的与人形相似的
东西,当这种东西在人身上显示时,人的形象就是神的形象,人就
和神相似。

他说,对。

他们在绘画时会涂涂改改,尽可能把人画得令神喜悦。　　　　C

无论如何,这幅画一定是最漂亮的。

你说过有些人要竭尽全力攻击我们,那么到此为止我们是不
是给他们留下深刻印象了呢? 我们能不能使他们信服有这样一位
塑造政治品性的艺术家和画家,把他当作我们当初加以赞扬,并建
议把国家委托给他治理的那个人呢? 听了我们现在说的这些话,
他们的态度会不会温和一些呢?

他说,如果他们明白事理,一定会温和得多。

他们还有什么办法能加以反驳? 他们会否认爱智者是实在和　D

真理的爱好者吗?

他说,如果他们还要否定,那就骇人听闻了。

或者说,他们会否认我们已经描述过的爱智者的本性是最高的本性和最优秀的本性的近亲吗?

也不会。

那么好,他们会否认在这样的追求中培育出来的适宜从事这种事业的天性,在人力所能及的范围内是完善的和哲学的吗? 或者说他们宁可认为已经被我们排除的那些人是完善的哲学家?

E　　　肯定不会。

那么,当我们声称,在从事哲学的阶层掌握领导权之前,无论城邦还是公民都不会停止骚乱,我们用言语构想出来的政治制度也不能实现的时候,他们还会对我们表示愤怒吗?

他说,他们的火气可能会小一点了。

我们是否可以说,他们不是火气小一点,而是已经完全驯服,相信了我们的看法,以至于仅仅是羞耻心就足以使他们同意我们
502　　的论断,哪怕没有别的什么原因?

他说,确实如此。

我说,那么好,让我们假定他们同意了这个看法。还会有人反对说国王的后代或统治者应当生来就具有哲学家的天赋是不可能的事吗?

他说,一个也没有。

还有人会证明这种具有哲学天赋的人必定会腐败吗? 我们承
B　　认要使他们免于腐败是件难事,但有谁能断言在漫长的时间里这样的人没有一个能免于腐败?

怎会有人做出这样的断言呢?

我说,如果具有哲学天赋的人能够让整个国家服从他的领导,能够让所有那些现在看起来不太可信的东西成为现实,那么这样

的人出现一个就足够了。

他说,对,一个就够了。

我说,因为由这样的统治者来制定我们描述过的法律和制度,让公民们去执行这些法律和制度就肯定不是不可能的事。

确实如此。

那么,让别人赞同我们的这个看法,还有什么奇怪或者不可能吗?

他说,我不这样认为。

还有,如果可以这样说的话,我已经充分证明这些事物是最优秀的。

对,你已经作了充分的证明。

那么我们现在关于这种立法的观点是,如果我们的计划能够实现,那么它是最好的,要实现它虽然很困难,但并非不可能。

他说,这就是我们的结论。

这个难题好不容易解决了,下面就让我们来讨论剩余的问题:作为这种学习和追求的产物,保护这种制度的人将成为我们国家的一部分,他们应当以什么严格的方式,或者说应当在什么年龄着手学习每一门功课?

他说,对,我们必须讨论这个问题。

我说,我在一开始故意回避了娶妻生子和任命统治者这个论题,因为我知道以一种绝对真实和正确的方式讨论这个论题会招来非议,从而难以说明真理,但我的回避使我一无所获,而现在我再也无法回避了。妇女儿童的问题已经解决,但是关于统治者的教育问题还得从头开始再作考察。如果你还记得的话,我们曾经说过:他们必须经受欢乐和痛苦的考验,证明自己是爱国者,无论遇到什么艰难险阻都不会改变自己的爱国心,不能保持这种信念的人一定要淘汰,在艰苦环境下能经受考验,像烈火中炼就的真金

那样的人,一定要被任命为统治者,让他生时得到尊荣,死后得到

B 褒奖。类似的话我们前面说过,但当时由于我们害怕引起争论,于是就悄悄地转移了话题。

他说,你说得非常正确,我记得。

我说,我的朋友,当时我们躲躲闪闪,不敢把自己的看法说出来。而现在让我们鼓足勇气大胆地说,我们必须确定哲学家是最完善的卫士。

他说,对,我们应当提出这个设定。

请注意,他们的人数确实很少,因为我们说过,这种本性有很多组成部分,一个人很难同时具有各种品性,但是我们希望他们通过教育能具有它们,而在大多数情况下,这些品质是分开的。

C 他说,你这是什么意思?

你知道聪明、强记、机智、灵敏,以及热忱、豁达等等灵魂的品质很难同时出现在一个人的本性中,而且这些品质还要能有序、安宁、稳定地生活在一起,那就更加罕见了,即使有这样的人,那么也会因为他的敏捷而反应灵敏,就好像在受偶然性支配,变得一点稳定性都没有。

他说,你说得没错。

D 另一方面,有些人天性稳重,人们宁可相信这种人。他们在战争中不会因为害怕而动摇,在学习中也同样不会轻易放弃。当有学习任务摆在他们面前时,他们不会一遇到困难就什么也学不进去,仿佛麻木了似的,没完没了地打哈欠。

他说,是这样的。

但我们曾经肯定,一个人必须兼具这两个方面的品性,把两方面很好地结合起来,否则就不能让他接受最高的教育,也不能让他得到荣誉和权力。

他说,对。

那么你难道不认为能很好地结合这两个方面的人是罕见的吗?

当然罕见。

因此,他们必须经受我们刚才说过的艰难困苦的考验。现在,我们还要增加以前没有说过的一点,这就是我们必须让他们经受许多学习方面的锻炼,观察他们的天性是否有能力承受最伟大、最艰苦的学习,看他们会不会畏惧退缩,就像有人畏惧身体方面的锻炼一样。

他说,这样做肯定是对的。但你理解的最伟大的学习是什么?

我说,我想你还记得,我们在区别灵魂中的三种品质以后,分别界定了正义、节制、勇敢和智慧。

他说,如果我不记得,我就不配听其他的内容。

你也记得我们在此之前说过的话吗?

什么话?

我相信我们说过,要想最完善地认识这些美德,需要有另一条更加漫长的道路,这样做有可能为我们前面的讨论增添一个相应的证明。而你当时说没有必要了,正因如此,我们后来说的话在我看来缺乏精确性,但若你对此感到满意,那你就这样说好了。

他说,我感到相当满意,在场的其他人显然也都相当满意。

我说,不,我的朋友。对这样的事情来说,哪怕有一点点不满意也都意味着不满意。任何有缺陷的事物都不能用来作为尺度衡量别的事物,尽管有些人有时候会认为自己已经够了,不想再作进一步的研究。

他说,对,确实如此,每个人都有这种惰性。

我说,但这种惰性对城邦和法律的卫士来说是最要不得的。

他说,你说得有些道理。

我说,那么这样的人必须走一条更加漫长的道路,必须付出比锻炼身体更大的努力去学习，或者如我们刚才所说，他绝不可能把这种最恰当地属于他的最伟大的学习进行到底。

他说，为什么？因为这些事情还不是最伟大的吗？还有什么事情比我们讲的正义和其他美德更加伟大吗？

我说，不仅有更加伟大的事情，哪怕就是对这些事情我们也一定不能满足于像现在这样只看到一个草图，而必须看到关于它们的最准确的解释，不能遗漏任何细节。如果说对一些微不足道的
E　小事情我们尚且不惜耗尽心机，力求达到关于它的最精确、最清晰的知识，而对这些最伟大的事情反而不要求对它的知识具有最大的精确性，那岂不荒唐？

他说，的确荒唐，但你以为会有人放你过关而不先问：这种最伟大的学习是什么？你认为这种学习与什么有关？

我说，不会有人放我过关，但你可以随便发问。你肯定听过很多遍，但现在你要么是不懂，要么就是存心和我过不去，要对我的
505　论证发起攻击。我假定后一种可能性比较大。① 因为你经常听说，善的型是人们要学习的最伟大的东西，与之相关的是正义的事物以及其他所有有用的和有益的事物。现在我几乎可以肯定，你知道我下面要说的话，我们对善的型并不具有充分的知识。如果我们不知道善的型，没有关于善的知识，那么我们即使知道其他所有知识对我们也没有什么用，就好像拥有其他一切，惟独不拥有
B　善。或者说，拥有一切而惟独不拥有善，理解一切而惟独不理解善，你认为这有什么好处吗？

他说，以宙斯的名义起誓，我认为没有好处。

再说，你肯定也知道有许多人相信快乐就是善，而高明一点的

------

① 本卷 505A—509C 是柏拉图著名的"日喻"，有关图示参阅范明生：《柏拉图哲学述评》，第 98 页，上海人民出版社 1984 年版。

人则认为理智或知识就是善。

确实如此。

我的朋友,你也明白那些持后一种观点的人由于说不出这种知识到底是什么,最后不得不说这种知识是善的知识。

他说,这些人真可笑。　　　　　　　　　　　　　　　　　C

我说,他们起先责怪我们不懂善,然后在继续与我们交谈时又把我们当作懂得善的,这怎么会不可笑呢?因为他们说这种知识是关于善的知识,就好像我们明白他们所说的"善"这个词的意思似的。

他说,非常正确。

那么好,把善定义为快乐的人不也犯有同样思想混乱的毛病吗?他们不也会以同样的方式不得不承认有恶的快乐吗?

那是一定的。

我想,结果就是他们承认同一事物既善又恶,是吗?

确实如此。

那么在善的问题上显然有许多重大的争论,是吗?　　　　D

那当然。

还有,这种情况不也很明显,在正义和荣耀的问题上大多数人都宁可要貌似的东西而不要真正的实在,在行动、占有、意见中都是这样,而在善的问题上,就没有人满足于拥有貌似的善,而是大家都在追求真实的善,貌似的东西在这里不能令任何人满意。　　E

他说,是这么回事。

那么,每个灵魂都在追求善,把善作为自己全部行动的目标。人们直觉到它的真实存在,但对此又没有什么把握,无法恰当地理解它的本性,不能像对待其他事物一样对善建立起稳固的信念,由于这个原因,他们也不能像从其他事物中得到好处那样从善那里得到什么好处。我要问你,我们将要把一切事情托付给这些最优　506

秀的城邦公民,在这种情况下,我们能允许他们在这个重大问题上如此昏庸和糊涂吗?

他说,那是绝对不行的。

我说,我认为,不管怎么说,如果不知道正义、荣耀的东西与善的关系,那么正义、荣耀的东西无法保证无知的卫士能够高尚。我的猜测是,不知道这一点,就不能理解正义和荣耀。

他说,你的猜测很好。

B　仅当我们有了这样一位知道这些事情的护卫者监督我们的城邦,这个国家的体制才会完善和健全。

他说,这是必然的。但是你本人,苏格拉底啊,你认为知识是善还是快乐,还是别的什么东西呢?

我说,你果然名不虚传。你早就表明你对别人的想法是不会满意的。

他说,苏格拉底,轻易接受别人的看法在我看来是不对的,当一个人长期思考以后应该有自己的看法。

C　我说,但是你认为一个人谈论自己不懂的事情,好像有这方面知识似的,这样做就对吗?

他说,这样做当然不对,但一个人可以把自己的想法作为意见来谈论。

我说,不,你难道没看到,与知识分离的意见是丑恶的吗? 连最好的意见也是盲目的。或者说,你认为具有某些正确意见而没有理智的人与瞎子走对了路有什么不同吗?

他说,没有什么不同。

D　那么,当你可以从别人那里听到光明、美好的事情时,你宁愿去思考那些丑恶的、盲目的、歪曲的事情吗?

格老孔说,以上天的名义发誓,我不会这样做。苏格拉底,我们好像快要到达目的地了,你可别再折回去呀。哪怕你能像解释正义、节制以及其他美德的本性一样对善作一些解释，我们也就满意了。

我说，我亲爱的伙伴，如果我能做到，那么我也会和你们一样感到满意。但我担心自己能力有限，尽管充满热情，但却画虎不成反类猫，惹人嗤笑。不，我亲爱的朋友，让我们暂时搁置一下善的　　E本性问题，要解决这个问题是我今天力不能及的。但我可以谈一谈善的儿子，它看上去很像善本身。如果你们也愿意听，我很乐意谈一谈，否则就算了。

他说，好吧，你说吧，下一次再把你欠下的债还清，给我们讲这位父亲的事。

我说，我真希望能马上还清债务，而你也能收回全部贷款，而　　507不是像现在这样只收利息。但不管怎么说，你还是把这个善的儿子当作利息收下吧。① 不过还要请你们当心，别让我无意之中把这笔利息算错了，结果又把你们给骗了。

他说，我们一定会提高警惕。你就只管讲吧。

我说，行，但我先要和你们沟通一下，提醒你们我在前面说过　　B的话，以及在其他场合多次表达过的意思。

他说，你有什么要对我们说？

我们说过有许多美和善的事物，并且说它们"存在"，在我们的语言中对它们作了这样的界定。

我们是这样做的。

另外，我们又说过美本身，说过惟一的善本身，相对于杂多的万物，我们假定每一类杂多的东西都有一个单一的"型"或"类型"，假定它是一个统一体而称之为真正的实在。

是这样的。

---

① 此处的"儿子"和"利息"的希腊原文均为τόκος，一语双关。

我们说,杂多的事物可见而不可思,单一的"类型"可思而不可见。

C　　确实如此。

那么,我们看那些可见的事物,凭的是我们的哪一个部分,用的是我们的哪一种能力呢?

他说,用视力。

我说,我们不是在用听力听可听的事物,用其他感觉力来感受所有可感的事物吗?

没错。

我说,但你是否注意到,感觉的创造者花费了多么大的气力使我们能够看,使可见的事物能够被看吗?

他说,没有,我一点都没有注意到。

D　　那么就来看一下。听觉和声音是否需要另一种媒介才能使听觉能听见,使声音能被听,但若缺乏这第三种因素,那么听觉就听不见,而声音也无法被听见?

他说,它们并不需要。

我说,我以为其他许多感觉也不需要,但我们不说任何感觉都不需要。或者说,你知道有哪种感觉需要这种媒介吗?

我不知道。

但你难道没有注意到视觉和可见的东西有这种进一步的需要吗?

怎么会呢?

尽管眼睛里面有视觉能力,视力的拥有者也企图使用它,并且有颜色呈现,但若没有专门适合这一目的的第三种东西出现,那么

E　　你明白,视力仍旧什么也看不到,而颜色也仍旧是不可见的。

他说,你说的这种东西是什么?

我说,就是你称作光的那种东西。

他答道,你说得对。

那么,如果光是可敬的,那么连接可见事物与视力的这条纽带 508
比起连接其他事物的纽带来说,就显得更加珍贵了。

他说,确实要珍贵得多。

你能说出天上的哪一位神是这件事的创造者和原因,他的光
使我们的视力能够很好地看,使可见的事物很好地被看见吗?

他说,你这个问题的答案显然是太阳,你和其他人也都会这样
说。

那么这不就是视力和这位神的关系吗?

什么关系?

视力本身也好,视力所在的那个被我们称作眼睛的器官也好,
都不等于太阳。

它们不是一回事。　　　　　　　　　　　　　　　　　　　　B

但我认为,在所有感觉器官中,眼睛最像太阳。

眼睛确实最像太阳。

眼睛能放出一股射线,这种能力不就来自太阳的射线吗?

没错。

太阳不是视力,但它作为视力的原因又能被视力本身所看见,
这不也是事实吗?

他说,是这样的。

那么你一定懂得我说善生下来的儿子与善本身具有某种关系
是什么意思了。就好像善作为理智的原因在理智领域内与理智具
有某种关系,同样,善作为视力的对象在可见世界里与视力具有某
种关系。

他说,怎么会这样? 你再解释一下。　　　　　　　　　　　C

我说,你知道,当事物的颜色不再被白天的阳光所照耀,而只
是被夜晚的微光所照着的时候,物体会变得轮廓模糊,白天在阳光

照耀下显然可见的颜色也不见了,这个时候眼睛几乎像瞎了一样,好像眼睛里的视觉已经不存在似的。

D　　他说,确实如此。

但是,我认为,当眼睛被引导着朝向那些阳光照耀的物体时,眼睛就看得很清楚,好像视力又恢复了似的。

对。

让我们以这种方式把人的灵魂比做眼睛。当灵魂凝视着真理与实在所照耀的区域时,灵魂就能够认识和理解,好像拥有理智似的,但当它转向那个黑暗的区域,那个有生有灭的世界时,物体便模糊起来,只能产生动荡不定的意见,又显得好像没有理智了。

对,是这样的。

E　　那么你必须说,把真理赋予知识对象的这个实在,使认知者拥有认识能力的这个实在,就是善的"型",你必须把它当作知识和迄今为止所知的一切真理的原因。真理和知识都是美好的,但是善509 的"型"比它们更美好,你这样想才是对的。至于知识和真理,你绝对不能认为它们就是善,就好比我们刚才在比喻中提到光和很像太阳的视力,但绝不能认为它们就是太阳。因此,我们在这里把知识和真理比做它们的相似物是可以的,但若将它们视为善,那就不对了。善的领地和所作所为具有更高的荣耀。

他说,如果善是知识和真理的源泉,而且比二者更加美好,那么你所说的是一种多么不可思议的美妙的东西啊!因为你肯定不认为善就是快乐。

我说,我决没有这个意思,不过还是请你进一步以这样的方式考察一下这个比喻。

B　　怎么个考察法?

我假定你会说,太阳不仅使可见事物可以被看见,而且也使它们能够出生、成长,并且得到营养,尽管太阳本身不是被产生的。

当然不是。

同样,你会说知识的对象不仅从善那里得到可知性,而且从善那里得到它们自己的存在和本质,但是善本身不是本质,而是比本质更加尊严、更有威力的东西。

格老孔面带讽刺地说,天哪,没有比这更高的夸张了！　　　　　C

我说,这要怪你,是你强迫我把想法说出来的。

他说,别停止,至少把那个太阳的比喻说清楚,要是还有什么遗漏的话。

我说,我确实省略了很多内容。

他说,那你就全说出来吧。

我说,我想有许多内容不得不省略,但进到这个地步,我实在不愿意再省略。

他说,你不需要省略。①

我说,那么请你这样设想,我说过有两样真实存在的东西,一　　D
个统治着理智的秩序和区域,另一个统治着眼球的世界,我们用这个词,而不说“天界”,这一点我们就算已经同意了。你肯定明白这样两类事物:可见的和可理解的。

我明白。

那么请你画一条线来表示它们,把这条线分成不等的两部分,然后把它们按照同样的比例再分别分成两部分。假定原来的两个　　E
部分中的一个部分相当于可见世界,另一部分相当于可知世界,然后我们再根据其清晰程度来比较第二次分成的部分,这样你就会看到可见世界的一部分表示影像。所谓影像我指的首先是阴影,　　510
其次是在水里或表面光滑的物体上反射出来的影子或其他类似的

---

　　①　本卷509C—511E是柏拉图著名的“线喻”,有关图示参阅范明生:《柏拉图哲学述评》,第101页。

东西。你懂我的意思吗?

我懂。

至于第二部分表示的是实际的东西,即我们周围的动物和植物,以及一切自然物和人造物。

他说,就这样假定吧。

我说,你是否愿意说可见世界的这两个部分的不同比例相当于不同程度的真实性,因而其中的摹本与原本之比正如意见世界与知识世界之比呢?

B

我肯定愿意这样说。

请你再考虑一下划分理智世界的方法。

怎么个分法呢?

把这个世界分成两部分,在一个部分中,人的灵魂被迫把可见世界中那些本身也有自己的影子的实际事物作为影像,从假设出发进行考察,但不是从假设上升到原则,而是从假设下降到结论;而在另一个部分中,人的灵魂则朝着另一方面前进,从假设上升到非假设的原则,并且不用在前一部分中所使用的影像,而只用"类型",完全依据"类型"来取得系统的进展。

他说,我还没有完全弄懂你的意思。

C

我说,那么我就再试一试,等我做一些预备性的解释以后,你会理解得好一些。你知道,那些研究几何与算术一类学问的人首先假设有奇数与偶数,有各种图形,有三种角以及其他与各个知识部门相关的东西。他们把这些东西当作已知的,当作绝对的假设,不想对他们自己或其他人进一步解释这些事物,而是把它们当作

D

不证自明、人人都明白的。从这些假设出发,他们通过首尾一贯的推理,最后达到所想要的结论。

他说,没错,这我知道。

你不是也知道,他们进一步使用和谈论一些可见的图形,但是

他们真正思考的实际上不是这些图形,而是这些图形所模仿的那些东西,不是他们所画的某个特殊的正方形或某条特殊的对角线,而是正方形本身,对角线本身,等等,是吗?各种场合莫不如此。他们模仿和绘制出来的图形也有自己的影子,在水中也有自己的影像,但他们真正寻求的是只有用心灵才能"看到"的那些实在。　　E

　　他说,对。　　　　　　　　　　　　　　　　　　　　　511

　　这些东西确实就属于我说的可理解的那一类,但有两点限制:第一,在研究它们的过程中,人的心灵必须使用假设,但由于心灵不能超出这些假设,因此不可能向上活动而达到第一原理;第二,在研究它们的过程中,人的心灵利用在它们下面的那一部分实际事物作为影像,这些实际的东西也有自己的影像,并且和它们自己的影像相比,这些事物被认为更加清晰,更有价值。

　　他说,我明白你讲的是那些地位在几何学之下的学科以及与　　B
这些学科相关的技艺。

　　至于可知世界的另一部分,你要明白,我指的是理性本身凭着辩证法的力量可以把握的东西。在这里,假设不是被当作绝对的起点,而是仅仅被用作假设,也就是说假设是基础、立足点和跳板,以便能从这个暂时的起点一直上升到一个不是假设的地方,这个地方才是一切的起点,上升到这里并且从中获得第一原理以后,再回过头来把握那些依赖这个原理的东西,下降到结论。在这个过　　C
程中,人的理智不使用任何感性事物,而只使用事物的型,从一个型到另一个型,最后归结为型。

　　他说,我懂你的意思了,但还没有完全弄懂,因为你心里想的这件事确实不简单。不过,我总算明白了你的意思,你想把辩证法所研究的实在和理智当作比那些所谓技艺和科学的对象更加真实、更加精确的东西,因为这些技艺和科学所使用的假设是一些人为的起点。尽管这些技艺和科学在思考它们的对象时也要使用理

D　智而不是使用感觉,然而由于这些研究从假设出发而不能返回到
真正的起点上来,因此在理解这些研究的对象与第一原理的关系
时,你认为尽管它们的研究对象是可理解的,但从事这些研究的人
并不拥有真正的理智。我想你会把几何学家和研究这类学问的人
的心理状态叫做理智而不叫做理性,因为你把理智当作介乎理性
和意见之间的东西。

　　我说,你的解释很充分。现在我们假定灵魂相应于这四个部
E　分有四种状态:最高一部分是理性,第二部分是理智,第三部分是
信念,最后一部分是借助图形来思考或猜测。你可以考虑到它们
的清晰程度和精确性,以及它们的对象分有真理和实在的程度,把
它们按比例排列起来。

　　他说,我懂了,我同意你的意见,也愿意照你的吩咐把它们排
列一下。

第　七　卷

514　　　我说,接下来让我们把受过教育和缺乏教育的人的本质比做
下述情形。① 请你想象有这么一个地洞,一条长长的通道通向地
面,和洞穴等宽的光线可以照进洞底。一些人从小就住在这个洞
B　里,但他们的脖子和腿脚都捆绑着,不能走动,也不能扭过头来,只
能向前看着洞穴的后壁。让我们再想象他们背后远处较高的地方
有一些东西在燃烧,发出火光。火光和这些被囚禁的人之间筑有
一道矮墙,沿着矮墙还有一条路,就好像演木偶戏的时候,演员在
自己和观众之间设有一道屏障,演员们把木偶举到这道屏障上面

---

　　① 本卷514A—521B是柏拉图著名的"洞喻",有关图示参阅范明生:
《柏拉图哲学述评》,第104页。

去表演。

他说,好吧,我全看见了。 C

那么你瞧,有一些人高举着各种东西从矮墙后面走过,这些东 515
西是用木头、石头或其他材料制成的假人和假兽,再假定这些人有
些在说话,有些不吭声。

他说,你这个想象倒很新颖,真是一些奇特的囚徒。

我说,他们也是和我们一样的人。你先说说看,除了火光投射
到他们对面洞壁上的阴影外,他们还能看到自己或同伴吗?

他说,如果他们的脖子一辈子都动不了,那么他们怎么能够看 B
到别的东西呢?

还有那些在他们后面被人举着过去的东西,除了这些东西的
阴影,囚徒们还能看到什么吗?

肯定不能。

那么如果囚徒们能彼此交谈,你难道不认为他们会断定自己
所看到的阴影就是真实的物体吗?

必然如此。

如果有一个过路人发出声音,引起囚徒对面洞壁的回声,你难
道不认为囚徒们会断定这个声音是在他们对面的洞壁上移动着的
阴影发出的吗?

他说,我以宙斯的名义发誓,他们一定会这样想。

那么这样的囚徒从各方面都会认为实在无非就是这些人造物 C
体的阴影。

他说,必然如此。

那么请你考虑一下,如果某一天突然有什么事发生,使他们能
够解除禁锢,矫正迷误,那会是一种什么样的情景。假定有一个人
被松了绑,他挣扎着站了起来,转动着脖子环顾四周,开始走动,而
且抬头看到了那堆火。在这样做的时候,他一定很痛苦,并且由于

眼花缭乱而无法看清他原来只能看见其阴影的实物。这时候如果有人告诉他,说他过去看到的东西全部都是虚假的,是对他的一种欺骗,而现在他接近了实在,转向比较真实的东西,看到比较真实的东西,那么你认为他听了这话会怎么回答呢? 如果再有人把那些从矮墙上经过的东西一样样指给他看,并且逼着他回答这是什么,在这种时候,你难道不认为他会不知所措,并且认为他以前看到的东西比现在指给他看的东西更加真实吗?

他说,对,他会这样想。

如果强迫他看那火光,那么他的眼睛会感到疼痛,他会转身逃走,回到他能看得清的事物中去,并且认为这些事物确实比指给他看的那些事物更加清晰、更加精确,难道不会吗?

他说,他会这样做。

我说,再要是有人硬拉着他走上那条陡峭崎岖的坡道,直到把他拉出洞穴,见到了外面的阳光,你难道不认为他会很恼火地觉得这样被迫行走很痛苦,等他来到阳光下,他会觉得两眼直冒金星,根本无法看见任何一个现在被我们称作真实事物的东西?

他说,是的,他不可能马上就看见。

那么我想要有一个逐渐适应的过程,他才能看见洞外高处的事物。首先最容易看见的是阴影,其次是那些人和其他事物在水中的倒影,再次是这些事物本身,经过这样一个适应过程,他会继续观察天象和天空本身,他会感到在夜里观察月光和星光比白天观察太阳和阳光要容易些。

那当然了。

经过这样一番适应,我认为他最后终于能观察太阳本身,看到太阳的真相了,不是通过水中的倒影或影像来看,也不借助于其他媒介,而是直接观察处在原位的太阳本身。

他说,必定如此。

这时候他会做出推论,认为正是太阳造成了四季交替和年岁周期,并主宰着可见世界的所有事物,太阳也是他们过去曾经看到过的一切事物的原因。　　C

他说,这很明显,他接下去就会做出这样的推论。

如果在这种时候他回想起自己原先居住的洞穴,想起那时候的智力水平和一同遭到禁锢的同伴,那么他会为自己的变化感到庆幸,也会对自己的同伴感到遗憾,你难道不这样认为吗?

他确实会这样想。

如果洞穴中的囚徒之间也有某种荣誉和表扬,那些敏于识别影像、能记住影像出现的通常次序、而且最能准确预言后续影像的　　D人会受到奖励,那么你认为这个已经逃离洞穴的人还会再热衷于取得这种奖励吗? 他还会妒忌那些受到囚徒们的尊重并成为领袖的人,与他们争夺那里的权力和地位吗? 或者说,他会像荷马所说的那样,宁愿活在世上做一个穷人的奴隶,一个没有家园的人,受苦受难,也不愿再和囚徒们有共同的看法,过他们那样的生活,是吗?

他说,是的,我想他会宁愿吃苦也不愿再过囚徒的生活。　　E

我说,再请你考虑一下这种情况,如果他又下到洞中,再坐回他原来的位置,由于突然离开阳光而进入洞穴,他的眼睛难道不会因为黑暗而什么也看不见吗?

他一定会这样。

如果这个时候那些终生监禁的囚徒要和他一道"评价"洞中的　　517阴影,而这个时候他的视力还很模糊,还来不及适应黑暗,因为重新习惯黑暗也需要一段不短的时间,那么他难道不会招来讥笑吗? 那些囚徒难道不会说他上去走了一趟以后就把眼睛弄坏了,因此连产生上去的念头都是不值得的吗? 要是那些囚徒有可能抓住这个想要解救他们,把他们带出洞穴的人,他们难道不会杀了他吗?

他说,他们一定会这样做。

B 　亲爱的格老孔,我们必须把这番想象整个地用到前面讲过的事情上去,这个囚徒居住的地方就好比可见世界,而洞中的火光就好比太阳的力量。如果你假设从洞穴中上到地面并且看到那里的事物就是灵魂上升到可知世界,那么你没有误解我的解释,因为这正是你想要听的。至于这个解释本身对不对,那只有神知道。但不管怎么说,我在梦境中感到善的型乃是可知世界中最后看到的

C 东西,也是最难看到的东西,一旦善的型被我们看见了,它一定会向我们指出下述结论:它确实就是一切正义的、美好的事物的原因,它在可见世界中产生了光,是光的创造者,而它本身在可知世界里就是真理和理性的真正源泉,凡是能在私人生活或公共生活中合乎理性地行事的人,一定看见过善的型。

他说,就我能理解的范围来说,我同意你的看法。

我说,那么来吧,和我一起进一步思考,而且你看到下面这种情况也别感到惊奇!那些已经达到这一高度的人不愿意做那些凡

D 人的琐事,他们的灵魂一直有一种向上飞升的冲动,渴望在高处飞翔。如果我们可以作此想象,那么这样说我认为是适宜的。

没错,可以这么说。

我说,再说,如果有人从这种神圣的凝视转回到苦难的人间,

E 以猥琐可笑的面貌出现,当他两眼昏花,还不习惯黑暗环境时,就被迫在法庭或在别的什么地方与人争论正义的影子或产生影子的偶像,而他的对手却从未见过正义本身,那么你会感到这一切都很奇怪吗?

他说,不,一点也不奇怪。

518 　我说,但是聪明人都记得,眼睛会有两种不同的暂时失明,由两种原因引起:一种是由亮处到了暗处,另一种是由暗处到了亮处。聪明人相信灵魂也有同样的情况,所以在看到某个灵魂发生

眩晕而看不清时,他不会不假思索地嘲笑它,而会考察一下这种情况发生的原因,弄清灵魂的视力产生眩晕是由于离开比较光明的世界进入不习惯的黑暗,还是由于离开了无知的黑暗进入了比较光明的世界。然后他会认为一种经验与生活道路是幸福的,另一种经验与生活道路是可悲的;如果他想要讥笑,那么应当受到讥笑的是从光明下降到黑暗,而不是从黑暗上升到光明。 B

他说,你说得很有理。

如果这样说是正确的,那么我们对这些事情的看法必定是,教育实际上并不像有些人在他们的职业中所宣称的那个样子。他们声称自己能把真正的知识灌输到原先并不拥有知识的灵魂里去, C 就好像他们能把视力塞入瞎子的眼睛似的。

他说,他们确实这样说过。

我说,但是我们现在的论证表明,灵魂的这种内在力量是我们每个人用来理解事物的器官,确实可以比做灵魂的眼睛,但若整个身子不转过来,眼睛是无法离开黑暗转向光明的。同理,这个思想的器官必须和整个灵魂一道转离这个变化的世界,就好像舞台上会旋转的布景,直到灵魂能够忍受直视最根本、最明亮的存在。而 D 这就是我们说的善,不是吗?

是的。

我说,关于这件事情也许有一门技艺,能最快、最有效地实现灵魂的转向或转换。它不是要在灵魂中创造视力,而是假定灵魂自身有视力,只不过原来没能正确地把握方向,没有看它应该看的地方。这门技艺就是要促成这种转变。

他说,对,很像是这么一回事。

那么灵魂所谓的其他美德确实与身体的优点相似。身体的优点确实不是身体本来就有的,而是通过后天的习惯和实践养成的。 E 但是思想的优点似乎确实具有比较神圣的性质,是一种永远不会

519　丧失能力的东西,但是按照它转变的方向,它可以变得既有用又有益,或者再变得既无用又有害。你难道没有注意到,有些人通常被认为是坏人,但却又非常精明能干？他们的灵魂渺小,但目光敏锐,能很快地察觉那些他感兴趣的事情,这就证明他们的灵魂虽然渺小,但视力并不迟钝,只不过他们的视力被迫服务于邪恶,所以他们的视力愈敏锐,做的坏事也就愈多。

他说,我确实注意到这种情况了。

我说,那么你再来看,这种灵魂的这个部分从小就已经得到锤

B　炼,在我们出生的这个多变的世界里身受重负,被那些贪食一类的感官快乐所拖累,使它只能向下看。现在假定这种重负突然解脱了,灵魂转向了真实的事物,那么这些人的灵魂的同样的功能也一定会具有同样敏锐的视力去看较高的事物,就像灵魂没有转向以前一样。

他说,很像是这么回事。

我说,从我们已经说过的这些话里也可以得出一个必然的结

C　论:没有受过教育和不懂真理的人都不适宜治理国家,那些被允许终生从事文化事业的人也不适宜治理国家。这是因为,没受过教育的人缺乏一个生活目标来指导他们的一切行动,无论是公共的还是私人的;而那些文化人不愿意采取任何实际行动,因为他们在还活着的时候就相信自己将要离世,去那福岛了。[①]

他说,对。

我说,那么作为这个国家的创建者,我们的责任是促使最优秀

D　的灵魂获得我们说过的这种最伟大的知识,使它们具有能看见善的视力,能上升到那个高度。不过,等它们到了那里并且已经看够

---

　　① 　在希腊神话中,人死以后灵魂下到地狱中接受审判,正义者的灵魂将被送往福岛安居。

了的时候,我们就一定不能允许它们再呆在那里。

这是为什么?

我说,因为如果让它们继续呆下去,它们就会拒绝返回下界,与那些囚徒在一起,分担他们的劳动,分享他们的荣誉,而无论这些事情有无价值。

你的意思是说我们要委屈他们,在他们能过一种比较好的生活的时候让他们去过一种比较差的生活?

我说,我的朋友,你又忘了,我们的立法不涉及这个国家中某个阶层的具体幸福,而是想要为整个城邦造就一个环境,通过说服和强制的手段使全体公民彼此协调合作,要求他们把各自能为集体提供的利益与他人分享。这种环境本身在城邦里造就这样的人,不是让他们随心所欲,各行其是,而是用他们来团结这个共同体。

E

520

他说,对,我确实忘了。

我说,那么请你注意,格老孔,我们这样做不会损害那些在我们中间产生的哲学家,我们可以公正地强迫他们管理其他公民,做他们的卫士。因为我们会对他们说:产生于其他城邦的哲学家有理由不参加辛苦的工作,因为他们的产生完全是自发的,不是政府有意识地培养造就的结果。完全自力更生的人不欠任何人的情,因此也没有想要报答培育之恩的热情;但对你们来说,我们已经把你们培养成为蜂房中的蜂王和领袖,这样做既是为了你们自己,也是为了城邦的其他公民,你们接受的教育比别人更加好,也更加完整,你们更有能力同时过两种生活①;因此你们每个人都必须轮流下去与其他人生活在一起,使自己习惯于观察那里的模糊事物;一旦习惯了,你们就会比原来住在那里的人更加善于观察各种事物,

B

C

---

① 指哲学生活和政治生活。

你们知道每个影像表示什么，它与什么原型相似，因为你们已经看见过美本身、正义本身和善本身。因此，我们的国家将由我们和你们来共同治理，我们的心灵是清醒的，而现今大多数国家都被一些昏庸的人所统治，他们为了争权夺利而互相斗殴，把权力当作最大的善，就好像在睡梦中与影子搏斗。事实上，由那些最不热衷于权力的人来统治的城邦能治理得最好，最稳定，而由相反类型的人来统治的城邦情况也必定相反。

他说，必定如此。

那么我们的这些同学听了这番话会不会服从我们呢？他们还会拒绝轮流分担治理国家的辛劳吗？当然了，在大部分时间里，他们还是被允许一起住在这个比较纯洁的世界里。

他说，他们不可能拒绝，因为我们是在向正义的人提出正义的要求。他们会把承担这项工作视为义不容辞，这一点与我们这些城邦现在的统治者是相反的。

我说，我亲爱的朋友，事实上只有当你能够为你们将来的统治者找到一种更好的生活方式时，治理良好的城邦才有可能出现。因为只有在这样的国家里，统治者才是真正富有的，当然他们的富有不在于拥有黄金，而在于拥有幸福的生活，一种善的和智慧的生活。但若未来的统治者是一些乞丐和饿死鬼，一旦由他们来处理公务，他们想到的首先就是从中为自己捞取好处，在这种情况下国家要想治理好就不可能了。因为一旦职位和统治成了竞赛的奖品，那么这种自相残杀的争夺不仅毁了竞争者自己，也毁了国家。

他说，你说得非常正确。

我问道，除了真正的哲学家的生活以外，你还能举出别的什么蔑视政治权力的生活方式吗？

他说，我以宙斯的名义起誓，我举不出来。

我说,但我们就是想要那些不爱统治的人掌权,否则就会出现热衷于权力的人之间的争斗。

没错。

那么,他们最懂治国之道,也过着另外一种比政治生活更好的生活,除了这些人以外,你还能强迫别的什么人来保卫城邦呢?

他说,没有别的人了。

那么你同意我们现在就来考虑,如何在一个国家中产生这样　C的人,如何把他们领向光明,就像故事中说的那样,从冥府上升到诸神那里去,好吗?

我当然同意。

这不像儿童游戏时翻贝壳,而是灵魂从朦胧的黎明转向真正的大白天,上升到我们称之为真正哲学的实在。

确实如此。

那么我们难道不应该考虑一下,什么样的学习会影响这种转　D向?

当然应该。

那么格老孔,这种引导灵魂从变易的世界转向存在世界的学习是什么? 说到这里,我产生了一个念头。我们不是说过,这些人在年轻时必须是战场上的斗士吗?

我们说过。

那么我们正在寻找的这种学习还必须具有这种附加的性质。

什么性质?

它应当对士兵有用。

他说,对,如果可能的话,它当然要有用。

但在我们前面的解释中,他们要接受体育和音乐的教育。　E

他说,是的。

我认为,体育和有生灭的事物相关联,因为它影响身体的成长和衰退。

这很明显。

522　因此体育不是我们要寻找的那种学习。

不是。

那么我们已经描述过的音乐是不是呢？

他说，不是，如果你还记得，我们把音乐视为与体育对应的一种学习。音乐通过习惯的养成来教育卫士，用曲调培养一种并非知识的和谐精神，用节奏来培养分寸感和优雅得体，还用故事的语言和更加接近真实的语言来培养与此相近的品质。但是音乐并不包括可以达到你现在所寻求的那种善的学习。

我说，你记得很准确，音乐确实不包含这种学习。但是，格老孔，以上苍的名义起誓，这种学习到底是什么样的呢？因为所有工艺在我们看来都是低贱的、机械性的。

你说得没错，然而除了音乐、体育和工艺，还有什么学习吗？

我说，这样吧，如果除了这些之外我们不能再发现有什么学习，那就让我们提出一些各种学习都会涉及的事情。

那是什么？

举例来说，有一样东西对所有工艺和思想的形式都是共同的，也是所有知识都要使用的，是每个人都必须首先学习的事情之一。

他说，它是什么？

我说，区别一、二、三，一件微不足道的小事。总起来说，我的意思就是数数和计算。每一种技艺和学问都一定要做这种事，是这样的吗？

他说，确实如此。

我说，战争的技艺也要做这种事情吗？

他说，这是非常确定的。

我说,那么戏剧中的帕拉墨得斯①　每次上场都会使阿伽门农　D
成为十分可笑的将军。帕拉墨得斯宣称自己发明了数字,因此能
够把特洛伊城下的希腊大军排列成战斗队形,还清点了船只和其
他一切,这些东西以前似乎从来都没有清点过,如果阿伽门农不会
数数,那么他显然不知道自己有多少士兵。你有没有注意到这一
点? 在这种情况下,你认为阿伽门农是一个什么样的将军呢?

他说,如果那是真的,那么我认为他非常可笑。

我说, 那么我们要不要把计算和数数确定为军人的必修课　E
呢?

如果他想要指挥他的部队,那么当然要这样做,或者倒不如
说,只要他想做一个人,他就要学习数数和计算。

那么你对这种学习的看法和我一样吗?

你在说什么?

它好像就是我们正在寻找的那种学习之一,通过这种学习能　523
使思想清醒,尽管它确实能够把心灵引向本质和实在,但没有人正
确地使用它。

你这是什么意思?

我说,我会尽力说明我的想法。你要注意我心里区分了两种
事物:一种有助于我们的目的,另一种无助于我们的目的。无论你
是否同意我的看法,我这样做是为了能够更加清楚地看到我们的
前提是否正确。

他说,你继续说吧。

我说,我们有些知觉并不需要求助于理性的思考,单凭感官似　B
乎就能恰当地对之作出判断,而有一些知觉总是要求理性的帮助,

---

①　帕拉墨得斯(Palamedes)是特洛伊战争中的希腊勇士,后遭奥德修斯
陷害而死,帕拉墨得斯之父为他报仇,弄沉了希腊人的船只。

因为感官对它们不能作出可靠的判断。如果你能明白这一点,我就继续说下去。

你显然指的是远处的形象和画中的影像。

我说,你完全误解了我的意思。

他说,你指的是什么?

C 那些不需要求助于理性思考的东西,我指的是那些不会同时产生相反知觉的体验。如果会有这种作用,那么我就说需要求助于理性了,因为这个时候会出现相反的知觉,而不管这种冲击来自近处还是远处。让我举个例子来说明我的意思。我们说,这里有三个手指头:小指、无名指、中指。

他说,好的。

假如我谈论它们,说可以看见它们,而且很近。而这不正是你刚才在考虑的问题吗?

你在说什么?

D 每根手指头都同样是手指头,在这方面它们没有什么区别,无论它看上去在中间还是在两边,是白还是黑,是粗还是细。因为在这样的情况下,大多数人的灵魂并没有受到推动,要追问它们的原因或者思考到底什么是手指头,因为视觉器官绝对不会同时向灵魂发出信号,说这个手指头不是手指头。

他说,没错,它不会。

我说,那么我们可以指望这种知觉不会要求或唤醒理性的思考。

E 可以这样想。

但涉及手指的大小会怎么样呢?要区别手指的大小我们的视觉能胜任吗?手指头在中间还是在边上,还有与触觉相关的,它们是粗还是细,是软还是硬,在认识这类性质时,我们的视觉都适宜吗?在诸如此类的问题上,其他的感官不也都有这种缺陷吗?或者说,各种感官都会以这样一种方式行事,首先感到硬的感觉必定和软有关,然后就向灵魂报告说,它感到同一事物既是硬的又是软的,是这样的吗?

他说,是这样的。

我说,如果感官向灵魂报告说,同一物体既是硬的又是软的,那么在这种情况下灵魂一定会感到困惑,要追问硬到底是什么意思,不是吗? 同样,如果感官报告说重的东西是轻的或轻的东西是重的,那么灵魂也要追问轻或重是什么意思,对吗?

他说,没错,灵魂收到的这些信息确实很奇怪,需要加以重新　　B
考虑。

我说,那么在这种情况下,灵魂当然首先要召集计算的理性来帮忙,要考虑感官报告的每一样东西到底是一个还是两个。

当然。

如果结果是两个,那么其中的每一个都是不同的个体?

对。

如果它们各自都是一,一共是二,那么"二"的意思就是灵魂把它们当作不同的事物来看待。因为如果它们不是分离的,就不可能被当作二来思考,而只能当作一来思考。

对。

我们说,视觉也看见大与小,但大与小不是分离的,而是合在　　C
一起的。难道不是吗?

是的。

为了弄明白这一点,理智不得不对大与小进行思考,但不是把大与小当作合在一起的东西,而是把它们当作不同的实在来思考,这种方式与感觉的方式正好相反。

对。

在这样的情况下,首先呈现出来的问题就是大和小究竟是什么,难道不是吗?

确实如此。

之所以要把一类事物称作"可理解的",把另一类事物称作"可见的",原因也就在于此。

D　　他说,没错。

这也是我刚才想要解释的,我当时说有些事物要求思考,有些事物不要求,还把那些同时给感官以相反刺激的事物定义为要求思考的事物,把那些不会同时造成相反刺激的事物定义为不要求思考的事物,而不要求思考的事物不会唤醒思考。

他说,我现在懂了,我同意你的看法。

那么,你认为数和"一"属于两类事物中的哪一类呢?

他说,我不知道。

那你就根据我们已经说过的话进行推论吧。因为,如果一个事物能够被它自己和其他感觉所看见和理解,那么它就不会吸引

E　　心灵去思考它的本质,我们刚才以手指为例作解释的就是这种情况。但若与之相反的事物也总是与它同时被看见,以至于它显得比与它相反的事物更加不是一个事物,那么就立刻需要对它们作出判断,灵魂就会对此困惑不解而去考察,在自身内引起思考,询

525　　问这个事物究竟是什么。这样一来,对某个事物的研究便会引导心灵去关注真正的存在,使灵魂转向。

他说,视觉确实和你说的这种情况有关。因为我们看待同一事物,既可以把它当作一,同时又可以把它当作无限的多。

我说,如果对一可以这样说,那么对所有的数也可以这样说,对吗?

当然对。

还有,计算和数学这门知识全是关于数的。

确实如此。

数的性质似乎能导向对真理的理解。　　　　　　　　　　　　B

他说，超过其他任何事物。

那么计算和数学应当属于我们正在寻找的那些学习。因为一名军人只有学会计算和数学才能统帅他的部队。哲学家也应学会计算和数学，因为他必须超越有生灭的世界去把握事物的本质，否则他就永远不能成为真正的计算者。

他说，没错。

我们的卫士既是战士又是哲学家。

当然。

那么，格老孔，把这个知识部门用法律规定下来是适宜的。我们应当引导那些将要在城邦里担负重要功能的人学习计算，不是　C
学些皮毛，而是深入下去，直至能用纯粹的思想沉思数的本质。这不是为了做买卖，仿佛他们准备当商人或小贩似的，而是为了在战争中使用，以及便于使灵魂本身从生灭的世界转向本质与真理。

他答道，你说得太好了。

我说，我们已经讲了，学习计算只要不是为了做买卖，而是为　D
了追求知识，那么这种学习对于实现我们的目的就能以各种方式起很好的作用。

他说，在哪方面？

在我们刚才讲的那个方面，这种学习用力向上提升灵魂，迫使灵魂讨论纯粹的数；如果有人在讨论数的时候要给它附加上可见的、可触摸的物体，那么它绝不会苟同。因为你无疑晓得，如果有　E
人试图在理论上分割"一"，那么那些精通算术的人就一定会讥笑这个人，并且不允许这样做，你要是用除法把"一"分成部分，他们就用乘法来对付你，决不让"一"在任何时候显得不是"一"，而是部分的组合。

他答道，你说得很对。

526　　　格老孔,假如有人问他们:"我的好朋友,你们在讨论中主张'一'和其他每个'一'都相同,毫无区别,而且不能划分成部分,这是一种什么样的数?"对这样的问题,你认为他们会怎样回答。

　　　我想,他们会说这种数只能用思想去把握,用其他任何方法都不行。

B　　　我说,你瞧,我的朋友,这种学习对我们来说确实是不可或缺的,因为它显然在迫使灵魂使用纯粹的思想,面对真理本身。

　　　它确实在这样做。

　　　还有,你有没有注意到,那些生来擅长算术的人在其他各种学习中也很敏捷?而那些迟钝的人如果接受了这方面的训练,撇开其他益处不谈,他们的反应也会有所改善,变得比以前要敏捷一些,是吗?

　　　他说,是这样的。

C　　　还有,我相信很难找到学习和实践起来比算术更加费力的学问,这样的学问也不会很多。

　　　确实不容易找。

　　　那么由于这些缘故,我们一定不要忽略这种学习,而必须用它来教育那些天赋最优秀的人。

　　　他说,我同意。

　　　我说,那么这门功课就算定下来了。下面让我们再来考虑第二门对实现我们的目的有用的功课。

　　　他说,那是什么?你说的是几何吗?

　　　我说,正是。

D　　　他说,几何显然适用于军事。因为,凡涉及安营扎寨、划分地段、作战和行军的队形,以及其他各种队形,学过或没学过几何的指挥官可就大不一样了。

　　　我说,但是,为了满足军事方面的实际用途,少量几何与算术

的知识也就够了。我们需要考虑的问题是,几何学中比较重大和　E
高深的部分能否有助于人们把握善的型。我们肯定这种趋势可在
各类学习中看到,都在迫使灵魂把它的视力转向实在所居住的最
神圣的区域,而这种实在确实是灵魂必须看到的。

他说,你说得对。

如果一种学习强迫灵魂观察实在,那么它就是适宜的;如果迫
使灵魂观看生灭的世界,它就是不适宜的。

我们肯定这种说法。　　　　　　　　　　　　　　　　527

我说,甚至连那些对几何有一点粗浅知识的人也不会反驳这
种说法,但这门学问的性质与那些所谓行家所使用的语言正好相
反。

他说,怎么会这样?

尽管他们不得不这样说,但他们确实是最可笑的,因为他们在
谈论几何的时候总好像是在做事,他们说的话都好像直接与行动
有关。比如他们老是谈论平方、作图、延长,等等,而实际上学习这
门学问的真正目的是为了获得纯粹的知识。

他说,你说得一点儿没错。　　　　　　　　　　　　　B

那么我们是否也必须同意下面这个观点?

什么观点?

几何学的知识是永恒的,不是有生灭的。

他说,我接受这个看法,因为几何学是关于永恒存在的知识。

那么我的好朋友,学习几何能把灵魂引向真理,能使哲学家的
心灵转向上方,而不是像现在这样错误地朝下。

他说,没有什么比这更确定了。

我说,那么我们必须要求你那个理想城邦的公民绝不要忽略　C
几何,这也是确定无疑的,因为学习几何还有一些附带的好处,连
这些附带的好处也很重要。

他说,有哪些附带的好处?

我说,你提到过它对战争有用,我们也知道在学习其他功课的时候,对学生来说,以前学没学过几何理解起其他功课来大不一样。

他说,我以宙斯的名义起誓,确实大不一样。

那么就让我们把几何学定为青年必学的第二门功课吧,行吗?

他说,就这么办。

D　　让我们把天文学定为第三门功课,你意下如何?

我当然同意,对年份、月份、季节比较懂行是有用的,不仅对农业和航海有用,而且对军事也有用。

我说,你真让我忍俊不禁,你显然在担心众人会以为你正在建

E　议一些无用的学习。每个人的灵魂里都有一个知识的器官或工具,通过这样的学习可以使它纯洁和明亮,而学习那些日常事务却会使它毁坏或盲目,维护这个器官比维护一万只眼睛更重要,因为只有用这个器官才能看见真实的存在,要明白这一点可不是一件易事,而是极为困难的。和我们一样相信这一点的人会认为你的话绝对正确,而那些对此茫然无知的人当然会认为你说的尽是空

528　想,因为他们看不到这些学习能带来任何值得挂齿的好处。现在请你决定愿意对哪一方说话,或者说你不愿和任何一方进行讨论,因为你谈论这些事情只是为了你自己,你当然也不反对其他任何人从中得益,是吗?

他说,我的选择是:我主要为自己而发言、提问和回答。

我说,那么你得稍微后退一点,因为我们还没有明确那个在几何学之后该学的功课选得对不对。

他说,我们有什么错吗?

B　　我说,在讨论了平面之后,我们马上就涉及有运动的、立体的事物,要学习这些事物本身了。而正确的步骤应当依照顺序从第

二个维度进到第三个维度。我认为这第三个维度是每个具有厚度
的事物都拥有的。

他说，是这样的。但是苏格拉底，这个学科似乎还没有得到很
好的研究。

我说，这种状况有两个原因。第一，没有一个城邦把荣誉赋予
研究天文学的人，而天文学的研究难度之大也使人们望而生畏，不
愿去研习。第二，研究天文需要有人指导，否则就不能取得成功，
而那些初学者不容易找到好老师，即使找到了，按现在的学风他们　C
也不见得能虚心接受指导。但若整个城邦倡导这种研究，把荣誉
赋予研究者，那么这些研究者就会听从建议，持之以恒地努力工
作，就能发现真理。即使现在大多数人轻视这种研究，学生们的无
知也在阻碍着它的发展，但由于它自身内在的魅力，这些障碍最终　D
将得到克服，如果有一天这个学科的真理弄清楚了，我们也不必大
惊小怪。

他说，这些研究确实很有吸引力和魅力。但是，请你把刚才的
话解释得更清楚些。你刚才说几何学是研究平面的。

我说，是的。

他说，尔后你先提到天文学，然后又退了回来。

我说，对，欲速则不达。在平面几何之后本来就应当接着谈研
究第三个维度或研究立体的这门学问，但由于我们荒唐地轻视它，
所以我在匆忙中也忽略了它，在谈了平面几何以后就直接谈天文
学了。

他说，没错。　　　　　　　　　　　　　　　　　　　　　E

我说，那么让我们把天文学作为我们的第四门功课吧，假定被
我们忽略而未加讨论的那个学科也有作用，城邦也需要它。

他说，这样做也行，另外，苏格拉底，你刚才抨击我，说我把天
文学实用化、庸俗化，我现在要按照你的原则来赞美它。我想，显　529

然每个人都知道这种研究一定会迫使灵魂向上看,引导心灵从这里的事物转向高处的事物。

我说,也许每个人都知道,但只有我例外,因为我并不这样想。

他说,你是怎么想的?

我认为,要是像现在那些引导我们学哲学的人那样处理天文学,那么它会迫使灵魂努力朝下看。

他说,你这是什么意思?

B　　我说,在我看来,你对"学习较高的东西"的解释好像太随便了,因为如果有人抬起头来仰望天花板上的装饰,那么你会认为他在用较高的理性而不是在用眼睛沉思。你的想法也许是对的,而我考虑问题则比较简单。因为我认为自己不能假定任何一种学习能使灵魂向上看,除非这种学习涉及的是存在和不可见的事物。但若有人在学的是可感事物,那么无论他张开嘴向上看,还是眨巴着眼睛向下看,我都不会说他真的在学习,因为这类事物不包含真

C　　正的知识。我也不说他的灵魂在向上看,无论他在海上还是在陆上仰卧着学习,我仍旧说他在向下看。

他说,你反驳得有理,我认错。但你说过学习天文学应当采用与现在流行的方式相反的方式,你说该怎么个学法呢?

我说,该这样学。装饰着天空的这些星辰,我们确实应当把它

D　　们视作最美丽、最精确的物体性的东西,但我们也必须承认它们离真实还差得很远,而所谓真实是事物之间存在的真正的快和真正的慢,还有事物包含着的数和形,事物就好像运载数和形的车子。这些东西只有理性和思想能把握,用眼睛是看不见的,或者说你有别的想法?

他说,完全没有。

我说,那么我们必须把天空这幅画面作为我们学习这些实在

E　　时使用的一个样板,就好像正巧看见戴达罗斯或其他艺人、画匠精

心绘制的设计图。因为任何懂几何的人看到这样的设计都会承认这些作品的美丽,但若有人信以为真,要从这些设计图上找到绝对真实的相等、成倍或其他比例,那么他们也会认为这样做是荒唐的。

530

他说,怎么会不荒唐呢?

我说,你难道不认为天文学家在观察天体运动时也会有同样的感觉吗? 他会愿意承认,那位造天的工匠已经以可能有的最佳方式建构了天穹和上面的各种星体。但若有人说日夜的长短、日夜与月份的关系、月份和年份的关系、其他星辰与年月的关系,以及星辰之间的关系,有一种恒常不变的比例,那么他也会认为这些想法是荒谬的,因为这些东西都和物体有关,是可见的,而他不可遏制地想要探寻的是这些事物的实在,不是吗?

B

他说,我可能也会这样想,但现在我从你这里听到了这种想法。

我说,那么我们要像研究几何学一样,借助于提问来研究天文学,我们先不要去管那些天空中可见的事物,如果我们想要掌握部分真正的天文学,就应当正确地使用灵魂中的天赋的理智。

C

他说,按你的要求去做,那么研究天文比现在的研究要辛苦好几倍。

我说,我设想,如果要作为立法者来起点作用的话,我们还要提出其他一些相关的禁令。不过,你还有别的什么合适的学习要提出来的吗?

他说,没有,我一下子说不上来。

我说,然而在我看来,一般的运动不是只有一种形式或种类,而是有许多形式或种类。列举运动的所有形式也许是聪明人的任务,但我们显然也能说出其中的两种。

D

哪两种?

我答道,一种是天文运动,另一种与之相对应。

哪是什么运动?

我说,我们可以大胆地说,眼睛为观察天文运动而造就,耳朵为聆听和声运动而造就,天文学与和声学就像两兄弟,这是毕泰戈拉主义者的主张,对此我们也表示赞同,难道不是吗,格老孔?

他说,是的。

E　　我说,事关重大,我们要不要向他们询问一下,看他们还有什么高见? 不过在向他们请教时,我们仍旧要关注我们自己的问题。

什么问题?

我们刚才讨论天文学时说过,要防止我们的孩子们去学那些与我们的目的不符的东西,结果老是不能达到那个应当成为一切
531 事物之目的的目标。或者说,你不知道他们在研究和声时又重复了研究天文时的步骤,是吗? 他们把研究和谐转变为聆听和测量可以听见的和谐的声音,像天文学家那样白白耗费了许多力气。

他说,对,我以上苍的名义起誓,他们也极为荒唐。他们谈论半音符,并仔细聆听,就好像在听隔壁邻居谈话,有的说自己能分辨出这个位于两个音符之间的半音,半音是最小的音程,也是一个计量音程的单位;而另一些人则坚持说,乐器现在发出的这些音符
B 全都是一样的。这两种人都宁愿使用耳朵而不愿使用心灵。

我说,你讲的是那些名人,他们在拷打琴弦,把它们绞在弦柱上,想要问出真话来。我还可以继续比喻下去,说这些音乐家敲打琴弦表示他们指控琴弦,而琴弦则加以抵赖,等等。不过我要丢下这个比喻,并且告诉你,我要说的不是这些人,而是那些我们刚才
C 在谈论和声的时候提到的那些人。他们的方法与天文学家的方法完全对应,因为他们要找的数就在那些可以听见的和声之中,但他们没有上升到一般问题上来,考虑什么数是内在和谐的,什么数是不和谐的,为什么会这样。

他说，这不是凡人要做的事。

我说，我宁可说这种研究是有用的，因为它的目的是为了寻求美和善，但若它寻求的是别的东西，那么我要说这种研究是无用的。

他说，像是这么一回事。

我说，我还认为，只有当所有这些学科的研究进到一定程度，　D
能够彼此互相结合、互相关联，我们能够推论出它们的共同性质，使之与我们的目标相符时，这些研究才有价值，否则就是白费气力。

他说，我也这样认为。但是，苏格拉底，这样做意味着大量的工作！

我说，你指的是前奏曲，还是什么？① 我们难道不明白，所有这些学习只不过是我们要学习的法律正文前面的一个序言，是我们必须把握的主要乐曲的前奏吗？想来你决不会把精通这些学科的专家就当作辩证法家吧？

他说，以宙斯的名义发誓，我的确不会，除非让我碰上几个。　E

我说，但你是否认为，一个人要是不能在讨论中对各种意见做出准确的解释，他就绝不可能知道我们所说的必知的任何事情？　532

我对这个问题的回答是否定的，不可能。

我说，格老孔，我们终于到达辩证法所陈述的法律正文了，它虽然属于可理解的，但我们可以在前面说过的那个视觉变化过程中看到它的摹本，从一开始企图看见像那个人一样的真的活物，然后是真的星辰，最后是太阳本身。② 同样，当一个人根据辩证法企图只用推理而不要任何感觉以求达到每个事物本身，并且这样坚

---

①　柏拉图把前述各种学习比做辩证法的前奏曲，认为它们只是学习辩证法的准备。

②　参阅本卷开始处柏拉图的"洞喻"。

B 持下去,一直到他通过纯粹的思想而认识善本身的时候,他就达到了可理解的世界的极限,正像我们寓言中的另一个人最后达到了可见世界的极限一样。

他说,确实如此。

那么怎么样? 你不想把这个思想的过程叫做辩证法吗?

当然想。

我说,那个从锁链中解脱出来的人,从看阴影转到看投射阴影的影像,再从看影像转到看火光,然后走到地面上来,这时候他还
C 不能直接看动物、植物和阳光,但能看到神造的① 水中幻影和真实事物的影子。这种影子是由真实事物产生的,而不是那种洞中的偶像在火光的投射下产生的幻影,但这些事物与太阳相比,也还不是真实的。我们已经描述过的技艺和知识的全部过程表明它们有能力把灵魂的最优秀部分向上引导,去观察最优秀的实在,就好
D 像在我们的那个寓言里,身体中最清晰的器官② 转向观察这个有形体的、可见的世界中最明亮的部分。③

他说,我把这一点作为真理来接受,但从另一个观点来看,我觉得既难接受,又难拒绝。不管怎么说,既然我们不是只听一次就算了,而是以后还会经常重复,那就让我们假定事情就是这样的,进而演奏我们的主曲,而这部分就到此结束,好比前奏曲已经奏
E 完。现在请你告诉我,这种辩证法的能力具有什么样的性质? 有哪几部分? 它的途径是什么? 看来只有解决了这些问题,才能把我们带到一个可以暂时休息的地方,然后再抵达旅途的终点。

533 亲爱的格老孔,你无法再跟我一道前进了。这倒不是因为我

---

① 即非人造的。

② 即眼睛。

③ 即太阳。

不愿意,而是因为我从现在开始不再对你用形象和象征来表达我的意思,要是我能做到的话,我要把向我显现的真相告诉你。尽管我还不能断定向我显现的真相就是真理,但我敢肯定,我们必须要看见的真理就是与此相似的东西。你说是吗?

当然是。

我们是否还可以宣布,只有辩证法有能力揭示这种真相,这种真相也只会向那些学习过我们已经讲过的那些功课的人显示,此外别无他途?

他说,这一点我们也可以恰当地加以肯定。

在这一点上无论如何不会有人和我们唱反调,认为还有其他 B
研究途径可以用来系统地在各种情况下确定每一事物的真实本质。其他各种技艺所处理的对象是人的意见和欲望的对象,或者完全涉及事物的产生和构成,或者涉及这些事物成长或构成以后的服务和管理。至于还剩下的那些科学,我们说过它们对实在有所把握,即几何学和与之相关的各学科,我们看到,它们也像做梦 C
一样见到实在,但只要离开了它们所假定的假设,就不能保持清晰的视力,也不能对假设提出任何解释。因为,如果推论的起点是推论者所不知道的东西,那么最后的结论和达到结论的中间步骤也是由并非真知的东西组成的。在这种状况下加以肯定的东西又怎么能成为真正的知识或科学呢?

他说,不可能。

我说,那么只有辩证法才是惟一的这样一种研究方法,它不需要假设而直接上升到第一原理本身,并且就在那里得到证实,对 D
吗? 当灵魂的眼睛陷入奥菲斯教① 神话中的那个野蛮无知的泥

---

① 奥菲斯教是希腊神秘宗教之一,得名于其教主奥菲斯(Orpheus),奥菲斯又译俄耳浦斯。

坑时,辩证法能轻轻地把它拉出来,引导它向上,同时用我们列举过的那些学习或知识来帮助它们完成这个转变过程,这些学习和知识我们习惯上称之为科学,但实际上我们需要用另外一个更准确的名称来表示它们的性质,因为这些东西比意见要清晰,比科学要晦涩。我相信我们可以用前面用过的"理智"这个词来表示这些东西。但我觉得,在考虑摆在我们面前的如此重要的问题时,我们不必为了一个名称而去争论。

他说,确实不必。

E 我说,那么你仍旧可以满意地使用以前那些名称,把第一部分叫做知识,第二部分叫做理智,第三部分叫做信念,第四部分叫做猜测或想象。还可以把第三部分和第四部分合起来称作意见,把第一部分和第二部分合起来称作理性。意见所处理的是生成,而
534 理性所处理的是本质,二者的关系可以这样表达:理性与意见的关系就好像本质与生成的关系,知识与信念、理智与想象或猜测的关系就好像理性与意见的关系,是吗? 至于与之对应的那些对象之间的关系、能否将这些事物分成两部分,亦即分成能产生意见的部分和能产生理智的部分,以及能否将它们各自再分成两个部分,这
B 些问题,格老孔,我们还是放弃吧,免得再像一开始那样卷入漫长的讨论。

他说,好吧,关于这些问题的处理方式我就同意你的看法,只要我还能跟得上。

你不是也把能够准确解释每一事物本质的人称作辩证法家吗? 一个做不到这一点的人,也就是不能对自己和对别人提供这种解释的人,就不拥有关于事物的完整的理性和理智,你难道不会这样说吗?

他答道,我怎么能说他拥有呢?

这个说法对善来说不也一样吗? 一个人如果不能在讨论中给

善的型下定义,并把它与其他所有事物区别开来,那么就好像在战　C
场上受到攻击一样,他无法经受各种考验,不能努力用根本的实在
而不是用意见去考察一切事物,也不能按正确的方式把他的论证
进行到底。你会说,缺乏这种能力的人并非真正知道善本身和任
何具体的善,如果他只抓住善的摹本,那么他只是在用意见而不是
在用知识与善接触,那么他一辈子要在做梦和打瞌睡中度过,并且　D
在他还没有醒过来之前就去了哈得斯,长眠在那里,是吗?

他说,是的,以宙斯的名义起誓,我完全赞成你的看法。

我说,但是,如果你一直在培养和教育你的孩子,那么我想你
不会允许他们去统治国家,处理国家大事,因为这个时候他们是非
理性的,就好像几何学中所说的那些不合理的线。①

他说,我不会允许。

那么你要制定法律,要他们特别注意这个学科,以便使他们能　E
够学会用最科学的方式提问和回答,你会这样做吗?

他说,我要和你合作,一起来制订这样的法律。

我说,那么你是否同意,我们要把辩证法当作盖顶石置于一切
学科之上,没有别的学科能比它更高,适宜安置在辩证法的上面,
而我们关于学习课程的讨论是否到此也就算完成了?

他说,我同意。

我说,那么剩下来还要你去做的事情就是选谁去学习这些课　535
程,以什么样的方式选择。

他说,这很清楚。

那么你还记得我们前面选来作统治者的那种人吗?

他说,当然记得。

———————————

①　此处指几何学中的对角线,对角线的长度是一个无理数,用整数除
不尽。

　　我说,在很多方面,你必须假定,我们必须挑选那些具有同样天性的人。他们最好具有最坚定,最勇敢的品质,有可能的话,也

B 应当最有风度。此外,我们还得要求他们不仅品格高尚,而且还要拥有适合接受这种类型教育的天赋。

　　你说的天赋是哪些?

　　我的朋友,他们首先必须热爱学习,还要学起来不感到太难。因为灵魂对于艰苦的学习比对待艰苦的体育训练更加容易害怕和退缩,因为这种学习更加辛苦,承受这种辛苦的只有灵魂,身体并不与之共同分担。

　　他说,对。

C 　　还有,我们要他们有很好的记性,要他们勤奋努力、百折不挠。否则你怎么能够想象有人既能忍受身体的辛苦,又能完成如此重大的学习和训练课程呢?

　　他说,没有人能做到,除了那些最幸运地拥有这种天赋的人。

　　我说,我们当前的错误以及由此而产生的对哲学的轻视,如我前面说过的那样,是由于哲学的伙伴和追求者的不适宜引起的。他们不应当是螟蛉子,而应当是真正的儿子。

　　他说,你这是什么意思?

D 　　我说,首先,追求哲学的人一定不能像瘸子走路那样对待他要做的工作,一方面热爱哲学,另一方面畏惧辛苦。就好比一个人喜爱体育、打猎和各种体力活动,但他非但不喜欢学习、听讲或研究,而且痛恨这一类工作。持相反态度或片面态度的人当然也可以说是瘸子。

　　他说,你说得很对。

　　我说,在真假问题上也一样,我们要以完全相同的方式把这种

E 人的灵魂看做残废,他痛恨人家故意撒谎,不能容忍自己这样做,看到别人有这种毛病也会感到非常愤怒,但却心甘情愿地接受无

意的虚假,当他明白自己缺乏知识的时候并不着急,反而若无其事
地对待自己的无知,就像一头猪在污泥中打滚。

他说,我们务必把这种灵魂视为残废。

我说,对于灵魂的节制、勇敢、崇高,以及美德的各个部分,我　536
们一定要特别注意区分真假。因为个人或国家要是缺乏这种辨别
真假的必要知识,就会无意中错用残废或坏人做朋友或统治者。

他说,确实如此。

我说,我们必须在各种情况下提高警惕,如果我们选出身心健　B
全的人接受这些重大的学习和严格的训练,那么正义本身就不会
对我们挑剔,我们也就维护了我们的国家和政治制度。但若我们
挑选的是另一种人,结果就会完全相反,这样一来我们也就给哲学
带来莫大的耻辱和嘲笑了。

他说,如果是这样的话,那的确很可耻。

我说,这是确凿无疑的,但讲到这里我觉得我正在使自己显得
有点可笑。

在哪方面?

我说,我忘了我们刚才只不过是在开玩笑,而我讲着讲着竟然　C
严肃认真起来了。我在讲的过程中把我的视线转向哲学,看到她
受到不应有的诽谤,结果就引起我内心的激动,说到那些对此负有
责任的人时我说得非常严肃,就好像在发怒。

我以宙斯的名义起誓,作为一名听众,我并不感到过分严肃。

我说,但作为一名发言人,我感到自己太严肃了。我们一定不
能忘记,在从前的选举中我们总是选老年人,但在这里不行。梭伦　D
说人老来能学很多东西,但我们不能用他这句话来作为选择老年
人的理由。老人不能多学习,胜过不能多跑步。只有年轻人,才能
胜任各种繁重的劳动。

他说,这是必然的。

那么,算术、几何,以及学习辩证法之前必须先行学习的各种预备性功课,都必须趁他们还年轻时教给他们,当然了,不能采用强迫的方式。

为什么?

E　　我说,因为一颗自由的灵魂一定不会像奴隶那样被迫学习任何东西,被迫辛劳不会伤害身体,但是被迫学习却什么也学不到。

他说,没错。

那么我的朋友,请不要强迫孩子们学习,而要用做游戏的方537　法。你可以在游戏中更好地了解每个孩子的天性。

他说,你说得有理。

我说,你还记得吗,我们说过要让我们的孩子骑马上战场去看打仗,把他们带到比较安全的地方,靠近前线,让他们像幼兽一样尝尝血腥味?

我记得。

到一定时候,那些在各种艰苦锻炼和战争恐怖中显示出具有大多数必备品质的孩子应当被挑选出来,记录在册。

他说,这时候他们大约几岁?

B　　就是他们完成规定的体育训练时的那个年纪。因为在这个时期,两年或三年,他们主要接受体育训练,无法去更多地做别的事。极度的疲劳和长时间的睡眠是学习的大敌,此外,他们在身体锻炼中是否勇敢也是我们考察的一项比较重要的内容。

他说,当然应该这样做。

我说,这个时期过去以后,那些受到重视的人从20岁左右开C　始会比别人得到较多的荣誉,也要求他们把以前小时候分散学习的各种课程内容加以综合,研究它们相互间的联系以及事物的本质。

他说,不管怎么说,只有这种教导能长久停留在接受者的心中。

我说，它也是检验一个人有无辩证法天赋的最主要的标准。凡是能在事物的相互联系中认识事物的人就是一名辩证法家，不能这样认识事物的人就不是。

他说，我同意。

我说，把这些品质记在心上，你要对那些在学习、战争以及履行其他各种义务中表现稳定和有最佳表现的青年作第一次选择，在他们年满 30 岁的时候再对那些第一次入选的人作第二次选择，提拔他们，给他们更大的荣誉，并且用辩证法改进和考验他们，看他们有谁能够轻视眼睛和其他感官，跟随真理达到存在本身。不过在这一点上，我的朋友啊，你要特别小心。

他说，为什么？

我说，你难道没有注意到，我们当前对待辩证法的方式引起了多么大的危害？

他说，什么方式？

有些实施辩证法的人堕落成无法无天的人。

确有其事。

我说，你认为这种心灵状态很奇怪，并且认为这种情况不可原谅吗？

他说，请你说明白些，好吗？

我说，他们的情况就好比有个人从小被大户人家收养，周围又有许多阿谀逢迎的人侍候，成年以后，他知道自己并非那些自称是他父母的人的儿子，而他自己也无法找到自己亲身的父母。试想，在明白被收养的真情前后，他对那些逢迎之徒和养父母会有哪些不同的想法和感觉？或者说，你想听听我的推测？

我想。

好吧，我的推测是，当他还不知道真情时，他会敬重他所谓的父母和其他亲戚,胜过敬重那些阿谀逢迎的人,他不太会允许父母亲友陷于贫乏,不太会对他们做非法的事或者说非法的话,不会在重大事情上违背他们的意愿。

他说,完全可能是这种情况。

C　　但一旦发现了真情,我推测,他会变得关心、尊重、服从那些阿谀逢迎的人,会与他们公开交往,按他们的规矩生活,而对他的养父母和其他亲人变得漠不关心,除非他的本性特别优秀,才不会这样。

他说,你说的这些事情都有可能发生。但这个比喻和辩证法的实施有什么关系呢?

大有关系。我认为我们每个人从小就对什么是正义和荣耀有了一种信念,我们服从、尊重这种信念,在这种信念下长大,就好像在父母的养育下长大成人。

对,确实如此。

D　　但是还有与此相反的其他方式,这些方式由于能带来快乐而吸引和诱惑着我们的灵魂,但不能征服正派人。正派人仍旧会继续尊重和服从父辈的教导。

是这样的。

我说,那么好吧,当这种人碰到什么是光荣这个问题,并且根据从立法者那里学来的道理做出回答时,会发生争论,会遇到反

E　驳。这种情况发生多次以后,他的信念会产生动摇,他会相信光荣的东西并不比可耻的东西要光荣,等到他对他尊重的正义、善和其他方面都有了同样的感受时,你说他还会以尊重和服从的态度对待传统道德吗?

他说,他一定不会继续像从前那样尊重和服从传统道德。

539　　我说,那么当他不再尊重这些信条,认为这些信条在束缚自己,而又无法找到真正的信条时,他会采取哪一种生活方式? 不就

是能诱惑他的这一种吗？

他说，没错，是这种。

那么看起来，他会变得违反法律和习俗，而不像从前那样守法。

这是必然的。

我们可以期待，那些按这种时尚对待辩证法的人一定会有这种体验，并且如我所说，这些人很可怜，是吗？

他说，是的，但也很遗憾。

为了不让你那些 30 岁的学生留有遗憾，你在引导他们学习辩证法时不应当万分小心吗？

他说，是的，确实应当。

不要让他们年纪轻轻就去学习辩证法，这是一个主要的预防　B 措施，对吗？我认为你不会看不到，年轻人一开始尝试辩论的时候就感到好玩，把辩论错误地当作一项运动，喜欢到处与人进行比赛，并且模仿辩论，力图驳倒对方。就像小狗一样，他们用言辞拖咬所有靠近他们的人。

他说，确实如此。

当他们多次驳倒别人，而他们自己也多次被别人驳倒时，他们　C 便很快陷入一种不信任，对从前认为正确的东西产生强烈的怀疑。这样一来，使他们自己和整个哲学事业都受到他人的轻视。

他说，你说得很对。

我说，但年纪大一些的人就不会这样疯狂，他宁可效法那些为了检验真理而使用辩驳的人，而不会去模仿那些仅仅是耍嘴皮子，把辩论当作开玩笑和一项运动的人。因此他会比较有理性、有节　D 制，他的追求会提高而不会降低哲学的信誉。

他说，对。

我们上面讲的这些话着眼于预防，要求被允许参加这种讨论的人必须具有适度和稳定的品格,而不是像现在这样无论谁都能参加,不具备相应品格的人也能参加,是这样吗?

他说,务必如此。

那么用两倍于身体锻炼的时间,坚持不懈、专心致志地学习辩证法,够不够?

E　　他说,你的意思是六年或者四年吗?

我说,就定为五年吧。因为学了辩证法以后,你还得派他们下到地洞里去,还要迫使他们指挥打仗或承担其他适合年轻人的公务,这样做的目的是使他们积累各种实际经验。在这些公务中他们也要接受考验,看他们能否在各种诱惑面前坚定不移,或者看他们会不会畏缩和出轨。

540　　他说,你给这个时期规定的时间有多久?

我说,15年。这些人到了50岁的时候才终于大功告成,他们经受了各种考验,证明他们自己在完成各项任务和掌握知识方面都是同辈中最优秀的。这个时候,我们会要求他们把灵魂的目光转向上方,注视那照亮一切事物的光源。当以这种方式看见了善本身的时候,他们会把它用作管理国家、公民和他们自己的样板。

B　在他们的余生中,他们会把大部分时间用于哲学研究,但在轮到他们当值时,他们每个人都要不辞辛劳地为城邦管理政务。他们把这项任务当作一件必须要做的事,而不是当作一件有利可图的事。因此,当每一代像他们这样的人教育出来,能够接替他们作城邦的

C　保卫者时,他们就会辞世,进入"福岛",在那里居住。如果庇提亚的神谕能同意的话,国家将为他们建立纪念碑,像祭神那样向他们献祭,否则也会把他们当作神圣的伟人来祭祀。

苏格拉底,你好像是个雕刻师,已经为你的统治者塑造了一尊最完美的雕像。

我说,格老孔啊,你一定不要以为我说的这些话适用于男人而

不适用于妇女,其实只要妇女具备必要的品质,我的话同样也适用于她们。

他说,对,只要她们也能与男人一道参与我们提到的各种事务。

我说,那么好吧,你承认我们关于国家和政治制度的看法并非白日做梦,它们尽管实现起来非常困难,但并非完全不可能,只要能按我们刚才说过的那条路前进。一旦真正的哲学家,一位或多位,成为这个国家的主人,他们就会把现今一切荣耀的事情当作卑劣的、无价值的。他们会重视正义和由正义而来的光荣,把正义看得高于一切,不可或缺。他们会通过维护正义重整和管理他们的城邦,对吗?

他说,他们会以什么方式重整和管理城邦?

我说,他们会把所有十岁以上的居民送到乡下去,而把那些孩子接收过来,消除他们得自父母的习惯和品性,按照我们前面描述过的那些由这些统治者自己制定的习俗和法律培养他们。这是一条最方便的捷径,可以把我们描述过的城邦和制度建立起来,并且能使它繁荣昌盛,给城邦的民众带来最大的福利。

他说,这条途径确实最方便。如果这种城邦应当实现,那么我认为你已经很好地解释了实现它的方式。

我说,那么关于这个国家以及与之相应的人的类型,我们是不是已经说够了? 因为,这样的国家需要什么样的人是很清楚的。

他说,是很清楚。至于你问我们有没有说够,我想我们已经解释清楚了。

第 八 卷

很好,格老孔。我们以前同意过,一个治理得非常好的国家必须要做到妻子儿女公有,并由国家来掌管全部教育,无论是战争还是和平时期,男人和女人都要承担同样的职责,而他们的统治者或国王应是那些证明自己最擅长战争和哲学的人。

他说,这是我们的一致意见。

B　　我们还同意,统治者一经确立,就要率领士兵进驻我们描述过的那种营房,那里的一切都是公有的,没有任何东西属于私人。除了这样的住处外,他们还应当有什么? 你还记得我们当时是怎么说的吗?

他说,我记得。我们原来以为他们不应当拥有普通人现在拥
C 有的那些财产,由于他们是战士和城邦的卫士,所以他们需要别人每年向他们提供一年的给养作为报酬,以便能把他们的全部精力用于保卫国家。

我说,没错。关于这个论题我们已经完成了,现在让我们回忆一下我们当时是从什么地方开始偏离正题的,以便能够言归正传。

他说,这不难,我们当时就像现在一样假定自己已经完成了对
D 这个城邦的描述,进而谈到与这种城邦相对应的好人。你当时好
544 像还可以描写得更好些,但不管怎么说,如果认定这种城邦是正确的,那么其他类型的城邦就是错误的。我记得,在提到其他政治体制时,你说有四种值得一提,应当考察它们的缺陷和与之相应的人的类型。这样做的目的是为了在弄清这些制度,对最好的和最坏的人取得一致看法以后,可以确定最好的人是不是最幸福的,最坏的人是不是最痛苦的,或者说事实正好相反。当我问你心里想的
B 是哪四种政治体制时,波勒玛库斯和阿狄曼图插话了,结果你就又重新开始讨论,一直到现在为止。

我说,你的记忆非常准确。

那就让我们像摔跤一样再来一次,我问我当时想问的问题,而你要告诉我你当时会怎么回答。

我说，如果我能做到，那我一定尽力。

他说，我本人确实很想知道，你说的四种政治体制是什么意 C
思？

我说，这不难。所谓四种政治体制，我是在通常意义上讲的。
第一种是受到广泛赞扬的克里特政制或斯巴达政制；第二种是寡
头政制，人们对它的赞扬次于第一种，因为它有许多害处；第三种
在第二种之后产生，而且与之对立，叫做民主政制；最后一种是高
贵的僭主政制，这第四种政制超过前三种，也是国家最后的祸害。
你还能说出其他统治类型来吗？我所谓其他类型指的是可以与上 D
述类型明显区别开来的政制。无疑，还有世袭的王国和买来的王
权，还有介于不同政制之间的类型，我们在野蛮人中比在希腊人中
更能看到大量兼具不同政制特点的中间类型。

他说，传说中确实有许多稀奇古怪的政制。

我说，那么你是否明白，有多少种不同类型的人性，就一定有
多少种不同类型的政制？或者说你以为政治制度就像寓言中所说
的那样，是从橡树或石头里生出来的，而非源于公民的品性？公民
的品性就像天平上的砝码，决定着其他事物的倾向。 E

他说，除了源于公民的品性，政治制度不可能再有别的来源。

如果统治形式是五种，那么人的灵魂也有相应的五种类型。

确实如此。

我们已经描述了与寡头政制或由最优秀者担任统治者这种制
度相对应的人，我们说这些人确实是好人和正义者。 545

我们是这样说过。

接下去让我们来考察比较差的类型。首先是争强好胜、贪图
荣誉的人，与之相应的政制是拉科尼亚人的政制，其次是喜欢独裁
的贵族，再次就是喜欢民主的人和僭主。在考察了最不正义的人
之后，我们可以拿他来与最正义的人作比较，完成我们的考察，弄

清纯粹的正义和不正义与拥有这两种美德的人的幸福和痛苦是什

B　么关系。然后,我们就可以决定是听从塞拉西马柯的建议去追求
不正义,还是依据当前的论证去追求正义了。我们是否必须这样
做?

他说,确实应当这样做。

由于国家的品质比个人的品质表现得更清楚,我们是否应当
在考察个人品质之前先考察国家的道德品质?现在,首先让我们
来考察那种建立在热爱荣誉基础上的政制。我不知道它有什么专
门的名称。但我们必须称它为荣誉政制。在考察这种政制的时

C　候,我们也要考虑到与之相应的这种类型的人,接下去,我们在考
察贵族政制的时候要考虑到贵族,在关注民主政制的时候要考虑
民主分子,最后,我们在考察第四种政制的时候,也就是当一个城
邦由僭主统治,人们都服从他的统治的时候,我们要考察僭主的灵
魂。经过这样的考察,我们对摆在面前的问题就有能力下判断了。

他说,这样做至少是一种进行观察和判断的系统、连贯的方
式。

我说,那么就让我们来说明一下荣誉政制如何从贵族政制中

D　产生出来。或者说,这是一种简单的或单一的统治吗?在各种统
治形式中,所有变动全都起于统治阶级本身意见分歧,但若统治阶
级本身意见是一致的,那么哪怕统治者人数很少,变革也是不可能
的。

对,是这样的。

我说,那么,格老孔,我们的城邦怎么会发生动乱?我们的统
治者和辅助者又怎么会相互不和,同室操戈呢?我们要不要像荷

E　马那样祈求缪斯女神告诉我们"内讧怎样第一次在他们中间发
生",并且说这些女神把我们当作儿童来逗趣,一本正经地用悲剧
的腔调对我们说话?

此话怎讲?

大体上是这么回事。一个按照这种方式建立起来的国家要动摇和颠覆它确实很难,但由于一切产生出来的事物必定要走向毁灭,因此这种社会结构也不能永久长存,一定会解体。我下面就来说明它解体的方式。地下长出来的植物和生活在地面上的动物,它们的灵魂和躯体都有一个生育期和一个不育期,合在一起就是一个周期,这个周期在短命的生物那里很短,而在长寿的生物那里正好相反,这个周期很长。被你们当作统治者来培养的人,他们的理性由于和感性纠缠在一起,因此不能保证在一切事务中作准确无误的判断,尽管为了种族繁衍可以制定有关生育期的法律,但他们会违反法律,不合季节地生孩子。神圣事物的生育周期可以用一个完善的数来表示,而表示可朽事物生育周期的数则是不完善的。这些可朽事物起先都有了三个向度,然后达到同类或不同类事物的四面极限,乘法支配着它们的成长或衰落,也使它们变得可以谈论和度量,也就是说,以四分之三为基础,与五结合,在第三次相乘时产生两个和谐的结果:一个是相等的边长乘以一百;另一个是长方形不相等的边长乘以一百。也就是说,在一种情况下,最后的结果或者是有理数(各减去一)的对角线乘以一百,或者是无理数(各减去二)的对角线乘以一百;在另一种情况下,最后的结果是三的立方乘以一百。这种完整的几何数决定了生育这件事,决定了是优生还是劣生。如果你们的护卫者不懂这种几何数,不合时宜地让新郎和新娘结婚,那么他们生育的子女不可能优秀或幸运。尽管上一辈的人会从这些后代中选拔最优秀的来治理国家,但他们实际上并不优秀,因此当他们执掌了父辈的权力成为护卫者时,便开始蔑视我们这些人,起先是轻视音乐,然后是轻视体育,这样一来我们的年轻人愈来愈缺乏教养,从他们中间挑选出来的统治者也无法改善他们自己,丧失了真正护卫者识别不同种的人的能

546

B

C

D

E

547　力,按赫西奥德所说,人的种可以分为金种、银种、铜种、铁种。铁和银、铜和金之间的混杂会产生不一致、不平衡和不和谐。哪里有不一致与不和谐,哪里就有战争和仇恨。"瞧你们这个世系的人",无论何时何地发生冲突,我们都必须明白它是由血统不一致所引起的。

他说,"确实如此",我们要肯定缪斯们的答复。

我说,既然是女神,她们的回答肯定对。

B　　他说,那么好吧,缪斯接下去还会说什么呢?

我说,冲突一旦发生,这两个集团会相互拉扯,铜铁集团会追求私利,攫取土地房屋,聚敛钱财;而金银集团则由于其自身心灵中拥有真正的财富而想把铜铁集团的人拉回到原有的美德和品性上来。这样一来,他们相互斗争,然后就实施一项计划达成妥协,

C　把土地和房屋在他们中间作了分配,据为己有,把他们从前的朋友和供养人变成奴隶和下属。这些卫士原本要保卫的是他们的朋友和供养人的自由,而现在却专门从事战争,奴役和监视这些所谓的臣民。

他说,我认为这就是变动的起点。

我说,那么这种政制不就是介于贵族制和寡头制之间的一种政制吗?

正是。

D　　这种政制通过上述变动而产生。那么发生这种变动以后会是一种什么样的生活方式呢? 它显然会在某些事情上模仿一种政制,在某些事情上模仿另一种政制,但既然它是一种中间类型,它显然也一定会有自身的某些特点,对吗?

他说,是这样的。

尊敬的统治者,禁止武士阶级从事农业、手工业和商业活动,实行公餐制度,热衷于锻炼身体,擅长竞技和战争,在这些方面它

都会模仿前一种国家,是吗?

是的。

但是它不敢接纳能干的人掌管国事,因为这些能干的人不再 E
是从前那些单纯而又忠诚的人,他们的品质已经混杂了。它宁可
选择较为勇敢而头脑比较简单的人来管理国事,但这些人更加适 548
宜从事战争,而不适宜维护和平。它崇尚战略战术,大部分时间都
在从事战争。这些性质大部分都是这种类型的国家特有的,不是
吗?

是的。

我说,这些人像寡头制的统治者一样贪图财富,热衷于搜括金
银,收藏于密室,他们的住处筑有围墙,建有爱巢,他们在里面供养 B
女人以及其他宠幸者,尽情享乐。

他说,没错。

他们热爱金钱,但由于不能公开捞钱,因此只能偷偷地寻欢作
乐,逃避法律的监督,就像孩子逃避父亲的监督一样。他们也很吝
啬,乐意花别人的钱来满足自己的欲望。之所以如此,乃是由于他
们轻视讨论和哲学之友,亦即轻视真正的缪斯女神,他们所接受的
教育不是说服而是强制,他们重视体育甚于重视音乐。对吗? C

他说,你非常出色地描述了一种善恶混杂的政治制度。

我说,是的,各种要素都已经混在一起了,但这种体制最为突
出的特点只有一个,由于勇敢的精神在起主导作用,因此它的特点
是争强好胜和热爱荣誉。

他说,确实是这么回事。

如果我们可以用少量话语勾勒一种政制的概貌而不必详细解
释的话,那么我们已经说明了这种政制的起源和本性。因为一番 D
概述足以向我们展示最正义的和最不正义的人,而要想详尽地列
举所有统治形式的细节实际上是做不到的。

他说,很对。

与这种政制相对应的是什么样的人呢?这个人是如何产生的?他的本性是什么?

阿狄曼图说,我想,就争强好胜来说,这个人非常接近格老孔。

E　　　我说,也许你说得对,但在有些方面,他的性格不像格老孔。

在哪些方面?

他有点自以为是,但缺乏文化教养,不过他还算喜欢听音乐、
549　谈话、演讲。当然,这并不表明他是一个修辞学家。他对奴隶会很
严厉,而不像一个受过充分教育的人那样仅仅只是责备他们,但他
对自由民态度温和,对长官恭顺。他热爱权力和荣誉,但并不想依
靠能言善辩去谋取职位,而想依靠战功和自己的军人素质达到这
个目的。他也热衷于锻炼身体和打猎。

他说,对,这就是这种政制崇尚的精神。

B　　　这样的人年轻时未必看重钱财,但随着年龄的增长,他会愈来
愈爱钱。这是因为他的贪婪在这时候起了作用,他的向善之心由
于缺乏最优秀的卫士而不再真诚和纯洁。

阿狄曼图说,你这里讲的最优秀的卫士指的是什么?

我说,指有教养的理性。在拥有这种理性的灵魂中,这是人的
美德在一生中惟一、永久的保障。

他答道,说得好。

我说,这就是那个热爱荣誉的年轻人的品性,他的城邦也拥有
同样的名字。

确实如此。

C　　　这种人的产生大致上是这样一种情况:一位年轻人有一位好
父亲,住在一个治理得很不好的城邦里,这位父亲不要荣誉和权
力,也不爱参与法律诉讼和各种无事生非的事务,为了少惹麻烦,
他宁愿放弃一些自己的权利。

他说,那么他的儿子怎么会变成爱荣誉的人呢?

我说,你问为什么? 起初,他老是听到他的母亲在抱怨他的父亲不当统治者,因而使她被其他妇女轻视。他的母亲看到自己的丈夫不太关心挣钱,也不在私人诉讼和公众集会上争强好胜,而是把这些事情都看得很轻。还有,她看到自己的丈夫沉浸于灵修,对她漠不关心,既无尊重也无不敬。这些情况都会使她叹着气对儿子说,你的父亲太缺乏男子汉气概,太懒散了,此外还有妇女们在这种场合惯常唠叨的其他怨言。

阿狄曼图说,这类怨言确实很多。

我说,你知道这种人家有些仆人表面上很忠实,但背地里会对孩子们讲同样的话。他们看见主人不去控告欠债的,或为非作歹的,便鼓励孩子将来要惩办那些人,长大后要比父亲更像一个堂堂的男子汉,而孩子们外出时的所闻所见,也莫非如此。人们瞧不起安分守己的人,把他们当作笨蛋,而那些到处奔走专管闲事的人反而得到荣誉和赞扬。一方面耳濡目染外界的情况,另一方面听惯了父亲的话语,就近观察过父亲的举止行为,这个孩子发现他父亲的追求与别人大相径庭,于是两种力量就像拔河一样对他展开争夺。他的父亲向他的心灵灌输和培养理性的原则,其他人向他灌输和培养欲望和激情的原则。他的天性并不坏,但在与别人的交往中受了影响而坠入邪恶的泥坑。两种力量的争夺使他发生了变化,他灵魂的自律转变成野心和激情的中间状态,成了一个傲慢的、喜爱荣誉的人。

我认为,你极为准确地描述了这种人的产生。

我说,那么,关于第二种类型的政制和第二种类型的人我们已经说完了。

他说,是的。

下面我们要不要像埃斯库罗斯所说的那样,在别的城门前谈论别的勇士,或者说还是按照我们原先的计划,先谈国家呢?

他说,务必先谈国家。

我认为下一个类型的政制是寡头制。

他说,你把寡头制理解为一种什么样的政制?

D　　我说,这是一种用财产来确定资格的制度,富人掌权,穷人被排除在外。

他说,我明白了。

我们要不要先说明一下荣誉政制如何变成寡头政制?

要。

我说,这种变化的性质甚至连瞎子也能看得清清楚楚。

怎么会呢?

E　　私人拥有大量的金钱会摧毁荣誉政制,因为他们会想方设法挥霍金钱,违法乱纪,不仅他们自己这样做,他们的妻子也在依样效尤。

他说,像是这么回事。

我想他们相互影响,相互效仿,最后导致大多数人都这样想。

他说,是这样的。

于是,随着时间的推移,在追求财富的过程中,他们拥有的财富越多,他们就越瞧不起美德。财富和美德就好像被置于天平两端,一头往下沉,另一头就往上翘,是吗?

他说,是的,确实如此。

551　　当一个国家推崇财富和有钱人时,美德和善人就不那么受推崇了。

显然如此。

人们总是去实践受到推崇的东西,而不受推崇的则会被忽略。

是这样的。

就这样,热爱胜利和荣誉的人最终变成热爱金钱的人,他们赞美和崇拜富人,让富人掌权,而鄙视穷人。

确实如此。

这时候,他们就通过一项法律,要他们按照财产的多寡来规定 B
从政的资格,寡头政制性质越强的国家规定的数额越大,寡头政制
性质越弱的国家规定的数额越小。凡是财产不能达到规定标准的
人不能从政。他们用武力强制通过这条法律,或者是在用恐怖手
段建立了自己的统治以后再来实施这条法律。这是寡头政制的方
式吗?

是的。

那么我们可以说,寡头政制的建立大体上就是这样。

他说,但这种体制有什么特点? 它有哪些缺陷? C

我说,要回答你的问题,我们首先要考虑一下这种政制的构成
原则。假定人们应当按照个人拥有的财产来确定他们当舵手的资
格,那么一个穷人哪怕是一个很好的舵手,也不能担任舵手,出海
航行。

他说,这样做会使航行多灾多难。

对其他任何形式的统治来说,道理不也一样吗?

我是这样想的。

城邦的统治可以算作例外吗,或者说也是这个道理?

城邦的统治尤其应当如此,因为这种统治是一切形式的统治 D
中最重大、最困难的。

因此,这就是寡头政制的一个重大缺陷。

好像是的。

那么另一个缺点会比较小吗?

什么缺点?

这样的城邦实际上不是一个,而是两个,一个是富人的城邦,
一个是穷人的城邦,他们住在一起,但老是在相互算计,试图推翻

对方的统治。

我说,以宙斯的名义起誓,这个缺点可不算小。

我们也可以进一步证明,这样的体制无法进行战争。因为,如 **E** 果要打仗,就要把民众武装起来,而它的统治者却害怕民众甚于害 怕敌人。或者说,要是统治者不去武装民众,而是亲自上阵作战, 那么他们就会发现自己确实是孤家寡人,受他们统治的人真是少 得可怜。此外还有一个原因,这就是他们热爱金钱,因此不愿意把 金钱用于战争。

他们确实不愿意,这个缺陷可不那么光彩。

552 我们在前面发现过一种错误,这就是在城邦里让公民从事多 种职业,或身兼数职,既是农民,又是商人和士兵,对吗? 你认为这 样做是正确的吗?

当然不正确。

现在让我们来考虑一下,这种政制是不是最先允许这种作为 万恶之源的毛病出现的政制呢?

什么毛病?

允许一个人出卖自己的全部产业,也允许别人购买他的全部 产业。他们把财产卖完之后仍旧住在这个城邦里,但并不作为这 个城邦的一部分,因为他们既不是商人,又不是匠人,既不是骑兵, 又不是步兵,只能算是一个所谓的穷人或依附者。

B 他说,最早发生这种情况的是这种政制。

寡头制的国家确实不禁止这种情况发生。否则,它们的有些 公民就不会变成巨富,有些公民就不会变成赤贫。

对。

还有一点请注意。当一个人把自己的财富挥霍光了的时候, 他在我们正在谈论的这些事务中对城邦还有什么用处,或者说他 只是看起来好像属于统治阶级,但实际上并不统治别人,也不帮助国家,而只是纯粹的生活资料消费者呢?

他说,是这样的,看起来像统治者,实际上只是消费者。　　C

从小在蜂房里长大的雄蜂最后会成为蜂房的祸害,所以我们能不能说这样的人在他自己家里长大,最后会成为国家的祸害呢?

他说,完全可以这样说,苏格拉底。

阿狄曼图,所有天生能飞的雄蜂都没有螫针,但是人类中的雄蜂不一样,他们到处流窜,有些没有刺,有些有很可怕的刺,对吗?那些没有刺的到老来成为乞丐,那些有刺的就成了恶棍了。　　D

他说,你说得很对。

我说,很清楚,在城邦里,凡有乞丐出没的地方,附近也就藏匿着小偷、扒手、抢劫神庙的盗贼,以及其他为非作歹的坏人。

他说,这很清楚。

那么在那些寡头制的城邦里,你看到乞丐了吗?

他说,除了统治阶级以外,其他人几乎都是乞丐。

那么我们是否可以认为,这里也有大量带螫针的雄蜂,统治者　　E
要对这些罪犯实施强制性的控制?

他说,我们必须这样想。

我们能否说出现这种公民是有缺陷的文化、不良的教养、错误的国家体制带来的恶果呢?

可以这么说。

无论怎么说,这就是寡头制国家的特点,刚才说的这些缺点,也许还不止这些,使城邦犯下种种罪恶。

他说,你基本上说全了。

我说,那么关于这种用财产资格来决定统治者的寡头政制我　　553
们就说到这里。接下去我们要考虑与之相应的人,这种人是怎样产生的,他的性格如何。

他说,是这样的。

　　爱好荣誉的青年转变为寡头类型的人,大体上是这样一个变化过程。

　　怎么个变法?

B　　爱好荣誉的人生的儿子起初仿效他的父亲,亦步亦趋,后来看到他的父亲忽然在政治漩涡中触礁,人财两空。他的父亲也许是位将军,也许担任了其他重要职务,但后来受到诬告,上法庭受审,被判死刑或流放,所有财产都被没收……

　　他说,这种事情是会发生的。

　　我的朋友,这个儿子目睹并承受这一切,又丧失了家产,我想
C　他会变得很胆小,原先占据他灵魂的荣誉心和好胜心会立即动摇,他会因为羞于贫穷而转向挣钱,依靠勤奋和节约贪婪地积聚财富。你认为这种人到了这种时候,难道还不会把欲望和爱财的原则奉为心中的帝王,饰之以黄金冠冕,佩之以波斯宝刀吗?

　　他说,我是这样认为的。

D　　在欲望和贪婪的原则控制下,他迫使理性和激情折节为奴,分列左右,只允许理性计算和研究如何更多地赚钱,只允许激情崇尚和赞美财富和富人,以发财和致富之道为荣耀,是吗?

　　是的,从好胜型的青年到贪财型的青年,没有其他变化比这种变化更加快捷,更加确定了。

E　　我说,这种人不就是寡头吗?

　　不管怎么说,这种人是从与寡头政制相对应的人变化而来的。

　　那么就让我们来看这种人与这种政制有无相同的特点。

554　　行。

　　第一个特点不就是把金钱看得高于一切吗?

　　这是必然的。

　　他勤俭节约,只求满足自己的基本需要,不愿在其他方面浪费一分钱,努力克制其他的欲望和要求,把它们当作无益的和无利可

图的。

正是。

我说，他真是个可怜虫，拼命积累财富，寸利必得，而大家却又　　B
认可这种人。这不就是与这种政制对应的人的性格吗？

他说，我确实是这样想的。财富无论如何都是这种国家和这
种人最看重的东西。

我说，我想这是因为这种人从来没有把他的思想转向真正的
文化。

他说，我想是没有，否则他就不会选一个瞎子做他歌队的领
队，赋予第一位的荣誉。

我答道，说得好，但请你考虑一下我们能不能这样说，由于他
们缺乏文化教养，因此在他们胸中萌发雄蜂的欲念，有的像乞丐，　　C
有的像恶棍，但由于他们一般还能够自我控制，自我监管，所以这
些欲念被压制下去了？

他说，我们确实可以这样说。

我说，那么你从什么地方可以看出这些人的恶棍特征呢？

他说，你怎么看？

从他们对孤儿的监护可以看出来，从他们为非作歹而不受惩
罚也可以看出来。

没错。

在其他事情上他们似乎有义人的名声，他们身上比较好的部　　D
分在这些时候起作用，迫使他们把心中的邪念压制下去，但不是用
委婉的劝说，要他"最好不要"，也不是用理性驯服，而是用强制和
害怕，为的是保全他自己的财产，这不也很清楚吗？

他说，是这么回事。

我说，是的，我的朋友，以宙斯的名义起誓，他们中大多数人一
有机会就花别人的钱，你可以看到他们有雄蜂般的嗜欲。

确实如此。

E　　那么这种人无法摆脱内心的困扰。他实际上不是一个人,而是一个具有双重性格的人。不过一般说来,他的较好的欲望占据上风,能战胜较恶的欲望。

是这样的。

由于这个原因,我以为这种人或许要比其他许多人更加体面,更值得尊敬,但是心灵自身的和谐一致在他们身上是找不到的,会离他们远远的。

我也这样想。

555　　还有,节俭吝啬者往往是一个软弱的竞争者,在城邦里难以取得胜利和光荣。他不愿意把钱花在争夺荣誉上,担心这样一来会激发一种欲望,用金钱来帮助自己赢得胜利。他们只愿意按真正的贵族习惯行事,花费很少的钱财作孤家寡人般的战斗,但在大部分情况下他们都会遭到失败。当然了,他们的财富会保全下来。

他说,的确如此。

B　　我说,关于这些吝啬好财的人与寡头制城邦的相似之处,我们还有什么可怀疑的吗?

他说,没有,一点都没有。

看起来,我们下面就要考察民主政制的起源和本性,还可以进一步讨论与之相应的这种类型的人的品格,把这种人与其他类型的人做比较,做出我们的判断。

至少可以说,这是一个前后一致的考察步骤。

我说,从寡头政制过渡到平民政制经历了这样一个过程,这就是把贪得无厌当作善,最大可能地追求财富。

以什么样的方式呢?

C　　统治者既然明白自己的政治地位是靠财富得来的,他们当然不愿意用法律来禁止年轻人挥霍浪费祖辈的财产。他们把钱借给这些浪荡子,要他们用财产作抵押,或者收买他们的产业,而这些统治者自己则变得愈来愈富有,得到更大的尊敬。

确实如此。

推崇财富与公民的节俭克制不能共存,二者必去其一,这个道理在这个推崇财富的国家中是不言而喻的?

他说,这很清楚。

D

在寡头制的国家里,这样的放弃节俭和推崇奢侈不断地把一些世家子弟变成卑贱的贫民。

确实如此。

我想,他们中有些人负债累累,有些人失去公民资格,有些人二者兼有。这些人同吞并他们产业的人以及其他公民住在同一座城市里,仇恨和妒忌这些人,他们拿起武器,就像雄蜂长出螫针,急切地希望革命。

是这样的。

但是那些一心一意赚钱的人对这些穷汉熟视无睹,只管把自己金钱的毒针继续放出去,寻找受骗的对象,放高利贷,收取利息,就好像一对多产的父母,使城里的雄蜂和乞丐愈来愈多。

E

556

他说,他们确实在使这种人增多。

当这种恶的火焰已经燃烧起来的时候,他们还不想用禁止放高利贷的法律,或用另一项消除这种恶行的法律来扑灭它。

什么法律?

这项法律不是最好的,但可以迫使公民尊重道德。如果有一条法律规定自愿订立的契约应由立约者自担风险,那么追求财富的风气在这个国家里可以消退,我们刚才所讲的这些罪恶也可以少一些。

B

他说,那会少许多。

由于上述原因,在寡头制的国家里,统治者使民众陷入水深火

热之中,而他们自己及其子女则养尊处优,这样一来他们不就使他

C 们的后代成为娇生惯养、生活放荡、身心虚弱、经受不了苦乐两方面的考验的人,成为十足的懒汉了吗?

肯定是这样。

他们养成了一种习惯,除了赚钱什么都不爱,就像那些贫民对德性完全无动于衷一样,不对吗?

对,贫民几乎一点儿也不关心德性。

假定统治者与被统治者一起行军,一起旅行,或一起从事其他的事务,比如说参加宗教庆典,参加战争,或者在一条船上做水手,

D 或是成为战友一起打仗,这种时候他们看待对方,穷人就一点儿也不会被富人轻视。恰恰相反,你可以设想这样一个场景:一个皮肤黝黑而又结实的穷人在战场上站在一个养得白白胖胖的富人旁边,看着他气喘吁吁,一副无可奈何的样子,这时候穷人会想,正是由于穷人胆小,这些有钱人才能保住自己的财富,而当穷人聚到一

E 起时,他们也会议论说,"这些富人真是饭桶",你认为他们难道不会这样想吗?

他说,我知道他们会这样想。

不健康的身体只要遇到一点儿外部刺激就会生病,有时候甚至没有受到什么刺激也会生病。每个人生病都像身体发生一场内战。国家也一样,这种类型的国家只要稍微有一点事情,比如一个党派从寡头制的国家引进盟友,或者另一个党派从民主制的国家

557 引进盟友,这时候国家就生病了,就会发生战争。有时候甚至没有外部的原因,也会发生内乱。是这样的吗?

当然是。

然后穷人取得了胜利,把敌党的一些人处死,把另一些人流放国外,但是保障其他公民享有同等的公民权以及担任公职的机会,通常用抽签来决定。我想,民主制度就是这样产生的。

他说，对，这就是民主政制，无论是通过武装斗争，还是通过恐吓手段建立起来，最后结果反正一样，都是反对党被迫退出。

我说，在这种制度下人民怎样生活？这种制度性质如何？因为与这种政制相应的人显然是具有民主性质的人。　　　　　　B

他说，这很清楚。

那么首先，我们说，这些人不自由吗？这个城邦难道不是充满行动自由与言论自由吗？不是允许每个人都可以想做什么就做什么吗？

他答道，据说是这样。

既然允许随心所欲，那么显然每个人都会有一套生活计划，爱怎么过就怎么过。

显然如此。

那么与其他政制相比，这种政制会产生更多的人物类型和状况，是吗？　　　　　　C

当然是这样。

我说，这也许是最美好的一种政制，就像一件五颜六色的衣裳，绣着各种各样的花，所以这种政制点缀着各种类型的性格，看上去五彩缤纷。许多人也许会因为这个缘故而断定这种政制是最美好的，就像妇女小孩只要一见色彩鲜艳的东西就觉得美。

他说，确实如此。

我说，对，我的朋友，在这种城邦里最适宜寻找各种制度。　　　　　　D

为什么？

因为这里允许自由，所以这种城邦可以包括所有类型的制度，似乎每个人只要想组建一个国家，就像我们现在正在做的一样，就必须到这样一个民主城邦里去，选择他自己所喜欢的模式，然后确立一种体制，如同到市场上去选购自己喜欢的东西。

他说，不管怎么说，他不会找不到他想要的模式。　　　　　　E

还有，在这种国家里，如果你有资格掌权，你也完全可以不去掌权；如果你不愿意服从统治，你也完全可以不服从，除非你自己愿意服从；如果别人在打仗，你可以参战，也可以不参战，别人要和平，你可以要和平，也可以不要和平，完全随你的心愿而定。还有，如果有什么法律阻止你掌权或担任法官，你完全可以不遵守法律而去得到那些职位，就眼下来说，这岂不是一桩妙不可言的赏心乐事吗？

558　　他说，到此为止，也许是吧。

那么，那些已经判了刑的罪犯不也是可以饶恕的吗？或者说，你难道从未见过在这样的国家里，那些已经被判死刑或流放的罪犯像亡灵一样来去自由，如入无人之境，没有人会注意到他们？

他说，我见过不少。

还有，民主制具有宽容性，它对我们在建立理想国家时所提的
B那些琐碎要求不屑一顾，轻视我们宣布的那些庄严原则。我们说过，除了天分极高的人，一个人如果不从小就在一个良好的环境里游戏和接受良好的教养，是无法成为一个善人的，但民主制以轻薄浮躁的态度践踏所有这些理想，完全不问一个人原来是干什么的，品行如何，只要他转向从政时声称自己热爱人民，就能得到尊敬和荣誉。

C　　他说，民主制确实是一种高尚的体制！

这些就是民主制会展示的相应性质，它看起来似乎是一种令人喜悦的统治形式，但实际上是一种无政府的混乱状态，它把某种平等不加区别地赋予所有人，而不管他们实际上是一样的还是不一样的。

他说，对，大家都知道这一点。

那么我们再来看与此相应的人的性格。或者说，我们要不要像考察这种体制一样，首先考虑一下这种类型的人的产生根源呢？

要。

那么这种人的产生是不是通过这样一条途径？我们吝啬的寡　D
头会按照他自己的样子培养自己的儿子。

为什么不？

这些接班人会竭力控制自己的欲望，把那些需要花钱而不赚
钱的快乐当作不必要的。

显然如此。

为了避免胡乱争辩，我们要不要首先区分一下必要的欲望和
不必要的欲望，给它们下定义？

让我们这样做吧。

好吧，那些我们无法驱除或克制的欲望可以恰当地称作必要　E
的，还有，那些可以令我们满足的有益的欲望也可以称作必要的，
是吗？因为我们的本性迫使我们去满足这些欲望。难道不是这样
的吗？

确实是这样。

那么我们可以正确地称之为必要的欲望，对吗？　　　　　559
对。

有些欲望可以从小开始加以戒除，而且这些欲望存在于灵魂
中对人没有好处，只会在某些情况下起坏作用，是吗？我们把这些
欲望称作不必要的难道不恰当吗？

这样称确实是正确的。

让我们各举一例来说明这两种欲望，以便明白它们的类型。

让我们这样做吧。

为了保持身体健康想要吃面包吃肉，这种欲望是必要的，是
吗？

我想是的。　　　　　　　　　　　　　　　　　　　　　　B

从两方面看，吃面包都是必要的：一是它对我们有益；二是如

果没有面包吃,人就会饿死。

对。

至于吃肉的欲望,就导致身体健康而言,也是必要的。

当然。

C　　如果吃的欲望超过了面包和肉,寻求其他五花八门的食品,那么就可以说是不必要的,它对身体有害,也阻碍灵魂去追求理智和节制。如果从小进行矫正和训练,可以消除这些不必要的欲望。

你说得很对。

我们能否把一组欲望称作消费的欲望,把另一组欲望称作有益的欲望,因为它们有助于生产?

当然可以。

我们对性欲以及其他欲望是否也可以说同样的话?

可以。

我们说过,那些被我们戏称为雄蜂的人充满了这种快乐和欲
D　望,受不必要的欲望支配,而所谓节俭的寡头型的人则受必要的欲望支配。

确实如此。

我说,那么再回过头来,我们必须说明民主型的人如何从寡头型的人演变而来。我想大体上是这样一条途径。

你说怎么个演变法?

当一位年轻人在我们刚才说的那种不自由的和吝啬的环境中成长起来,尝到了当雄蜂的甜头,和那些只知千方百计地寻欢作乐
E　的粗暴狡猾之徒为伍的时候,你必须毫不动摇地相信,这就是他的灵魂从寡头型转变为民主型的开始。

他说,这是不可避免的。

一个城邦里的某个党派由于有了国外盟友的支持,促成了这个城邦爆发革命,同样的道理,对一位年轻人来说,当他内心的某

些欲望得到外来的同类欲望支持时,灵魂的革命也就发生了。我们这样说对吗?

他说,当然对。

再假定有外部盟友来支援这位年轻人灵魂中的寡头部分,这 560
种支援来自他的父亲或亲戚,对他进行告诫或指责,那么这位年轻人的内心一定会产生分裂和斗争。

确实如此。

我假定,这位年轻人内心的民主成分有时候会屈服于寡头成分,他的欲望有些会被摧毁,有些会遭到驱逐,他的灵魂会重新产生敬畏感和虔诚感,他内心的秩序会重新恢复。

他说,有时候会发生这种情况。

但有时候由于他的父亲教育不得法,和那些遭到驱逐的欲望 B
同类的另一些欲望会悄悄地成长起来,接替那些被驱逐的欲望的位置,并逐渐繁衍增强。

对,这种情况也经常发生。

这些欲望会把那些被驱逐的欲望重新召回来,与之秘密交合,生养众多。

确实如此。

我想,到最后,它们终于攻克了这位年轻人灵魂中的城堡,发现里面一无所有,没有理想,没有学问,没有事业心,而这些东西乃 C
是心灵最好的更夫和守卫者,是神所喜爱的。

他说,对,它们是最优秀的守卫者。

于是虚假、狂妄的言词和意见乘虚而入,取代她们的地位,占据年轻人的心灵。

确实如此。

到了这个时候,这位年轻人又回过头去,同那些贪图安逸的人公开生活在一起。如果他的亲友要来支援这位年轻人心中的节俭

D　　成分,入侵者便会立刻关闭他心灵中的这座堡垒的大门,不让援军进入,也不让他倾听良师益友的忠告。它们会在他的内心冲突中取胜,把尊敬和敬畏说成是"傻瓜",然后驱逐出去。节制被它们说成是"缺乏男子气概",先加辱骂,然后驱逐。它们把适度有序的消费说成是"乡巴佬没见过世面"和"不大方"。它们与其他无益有害的欲望结成团伙,把美德统统赶走。

确实如此。

E　　　　等它们把这位年轻人灵魂中的美德全部扫除干净,灵魂也就被它们占领了。它们举行宏大辉煌的入城仪式,打开城门,带领过去流放在外的傲慢、放纵、奢侈、无耻进城,为这些恶德戴上花冠,让歌队簇拥着它们前进,为它们大唱赞歌,傲慢被称为"有礼",放
561　　纵被称为"自由",奢侈被称为"慷慨",无耻被称为"勇敢"。以这种方式,那些从小接受教育,把自己的欲望限制在必要范围之内的年轻人发生蜕变,把他们那些不必要的、有害的欲望都释放出来,是这样的吗?

他说,是的,你的描述很生动。

那么我想,这位年轻人在他的余生中,会把更多的金钱、精力、
B　　时间花在不必要的快乐上,超过必要的快乐。但若这位年轻人幸运地没有完全向入侵者投降,这个暴风骤雨般的时期没有延续太久,内心最强烈的骚动随着年纪增长而平息,原先被放逐的部分美德成分重新返回心灵,那么这个人会在心中重建欲望的看守所,保持所有快乐,平等地对待它们,机会均等地让各种快乐都得到满足,就好像轮流执政一样。

确实是这样。

C　　　　但他没有把真理的言辞接纳到这个看守所里来。要是有人对他说,有些快乐是从高尚善良的欲望中产生的,有些快乐来自卑鄙的欲望,因此我们必须鼓励一些欲望,使之得到满足,控制和克服

另一些欲望,那么他会对所有这些忠告置若罔闻。他会摇着头说,所有快乐一律平等,都应当受到同等的尊重。

他的心灵状态和行为确实如此。

我说,他的生活方式是这样的:他一天又一天地沉迷在快乐中,今天酗酒,听下流音乐,明天又只喝清水,节食;有时候热衷于锻炼身体,有时候游手好闲,无所事事,有时候又会研究起哲学来。他经常想去从政,但又心血来潮,想干什么就干什么。如果打仗激起他的兴趣,他就去从军,如果挣钱引起他的好奇,他就去做商人。他的生活毫无秩序可言,也不受任何约束,但他自认为他的生活方式是快乐的,自由的,幸福的,想要把它坚持到底。　D

他说,你完善地描写了一位信奉平等的人。　E

我说,我确实认为这种人是多重的,集各种差异于一身,就像那座城邦一样美丽,色泽斑斓,五彩缤纷,在他身上体现着各种类型的体制与性质,许多男男女女都认为能过这种生活是幸运的。

他说,是这么回事。

那么我们能否明确断定这种人与民主制相适应,可以恰当地被称为民主分子呢?　562

他说,可以这样定位。

我们还有一种最美好的政制和最美好的人要加以描述,这就是僭主政制和僭主。

他说,没错。

那么请你告诉我,我的好朋友,僭主政制是如何产生的。据我看,它显然产生于民主政制。

这很清楚。

那么在一定意义上说,僭主政制从民主政制中产生出来的方式与民主政制从寡头政制中产生出来的方式是一样的,是吗?

为什么?　B

寡头们把财富当作善,这是寡头政制建立的原因,是吗?

是的。

那么,贪得无厌地追求财富,为了挣钱发财而忽略其他一切事情,这就是这种政制失败的原因。

他说,对。

C　　那么导致民主政制瓦解和崩溃的原因不也就是被民主政制确定为判断事物是否善的那个标准吗?

你说这个标准是什么?

我答道,自由。你也许听人说过,这是民主城邦最明显的特征,正因为此,富有自由精神的人只想在民主城邦里安身。

他答道,没错,到处都能听到这样的说法。

然而据我刚才的观察,不顾一切过分追求自由的结果破坏了这种体制,为专制的必要性开辟了道路。

他说,怎么会呢?

D　　一个渴望自由的民主城邦有可能让一些坏人当上领导,而其他人就好像喝了许多醇酒一样烂醉如泥。如果有哪个领导人不想完全放任自流,想施加某些约束,那么人们一定会指控他是寡头,要惩办他。

他答道,没错,他们正是这样做的。

我说,在那里统治者和被统治者发生错位,那些服从统治的人被说成是甘心为奴,一钱不值,而那些像被统治者一样的统治者和

E　　像统治者一样的被统治者却在公私场合备受称赞和尊敬。自由在这种国家里必然走向极端,是吗?

当然是的。

我说,我的朋友,这种无政府主义的风气一定会渗透到家庭生活中去,最后还会进入每个动物。

他说,你这是什么意思?

我说,噢,当前的风气是父亲尽量使自己和孩子一样,并且害怕自己的儿子,而儿子也把自己当作跟父亲一样的人,既不敬也不怕自己的双亲,似乎只有这样他才算是一个自由人。还有,外来的居民感到自己应当与本邦公民平等,而本邦公民也这样想,认为外国人和本国人没有什么区别。

他说,对,这些情况确实会发生。

我说,没错,此外还有这样一些类似的事情。老师害怕学生,迎合学生,而学生反而轻视老师和他们的监护人。年轻人普遍冒充老资格,侃侃而谈,与老一辈分庭抗礼,而老一辈则顺着年轻人,说说笑笑,态度谦和,只怕被年轻人视为坏脾气的老不死。

他说,确实如此。

我说,我的朋友,大众的自由在这种城邦里达到顶点,你看花钱买来的男女奴隶与出钱买他们的主人同样自由。噢,我差点忘了提到男女之间的自由精神和平等权利。

他说,那么,我们要不要畅所欲言,用埃斯库罗斯的话来说,就是"把到嘴边的话都说出来"?①

我说,当然要这样做。若非亲身经历,谁也不会相信在这样的城邦里,连人们驯养的家畜也要比其他地方自由得多。那里的家犬"变得像其女主人一样",完全证实了那句谚语。② 那里的马和驴也会享有最大的自由和尊严,它们在大街上行走,要是有人挡道,就把人踩倒。总之,那里的一切都充满自由精神。

你对我说的这些事在我梦中发生过,因为我去乡下时经常遇上这种事。

你注意到了吗,所有这些事情总起来使得这里的公民变得非

---

①　参阅埃斯库罗斯:《残篇》351。

②　有句希腊谚语是:"有什么样的女主人,就有什么样的女仆人"。

常敏感,只要有谁建议要稍加约束,他们就会觉得难以忍受？因为你知道,他们最后变得根本不把法律当一回事,不管是成文的还是不成文的,也不要任何主人。

E　　他说,我很明白。

我说,在我看来,我的朋友,这就是僭主政制产生的根源,这条根堪称苗壮的、富有生命力的好根。

他说,确实富有生命力,你接着说吧。

我说,从寡头制中产生的疾病和导致寡头制毁灭的疾病是同一种疾病,而在民主制中由于允许充分的自由,因此这种疾病广泛
564 流传蔓延,最终奴役了民主制。诚所谓"物极必反",季节、植物、动物莫不如此,对政治社会来说尤其这样。

他说,你说得有道理。

所以,过度自由的结果不可能是别的,只能是个人和国家两方面的极端的奴役。

是的,这完全可能。

因此,我认为,僭主政制或许只能从民主政制发展而来,从极端的自由中产生出最凶狠的奴役。

他说,这样说是合理的。

B　　然而我相信这不是你要问的问题,你想知道的是,从民主制和寡头制中产生并奴役着这些制度的相同毛病是什么？

他答道,你说得对。

我说,这个病根就是我当时心里想到的那群又懒惰又奢侈的人,其中比较强悍的是他们的首领,比较懦弱的是随从。我们把这种人比做雄蜂,把为首的比做有刺的雄蜂,把随从的比做无刺的雄蜂。

他说,这样的比喻很恰当。

我说,这两类人出现在任何城邦里都会造成动乱,就好像人体

中黏液与胆液失调会造成混乱一样。因此好医生和好立法者必须 C
及早反对这两类人,像有经验的养蜂者那样,首先防止它们生长,
如果已经长出来了,就尽早消灭,连同窠臼彻底铲除。

他说,对,我以宙斯的名义起誓,一定要这样做。

我说,为了能够更加清楚地思考我们的问题,让我们按下列步
骤进行吧。

怎么个进行法?

让我们在理论上把民主制的国家分成三部分,实际上这就是
它的阶级结构。第一部分我们已经描述过了,这个阶级由于民主 D
制允许它发展而成长起来,这部分的人数不会少于在寡头制国家
里的人数。

是这样的。

但是民主制国家里的这种人比寡头制国家里的这种人要更加
凶狠。

怎么会这样?

因为在寡头制国家里,这种人不受尊敬,被排斥在公职之外,
缺乏实习的机会而没有什么力量。而在民主制国家里,这个阶级
处于主导地位,很少例外。这个阶级中最强悍的人发表演说,处理
事务,而这个阶级的其他人则维护他们的立场,喧哗起哄,不让持
不同意见的人开口讲话,所以民主制国家的一切事务几乎都掌握 E
在这个阶级手里。

他说,确实如此。

随着时间推移,从民众中还会产生或秘密地冒出另一个群体
来。

他说,哪种人?

当每个人都在追求财富的时候,其中天性最为有序和节俭的
人大都可以成为最富有的人。

是这样的。

他们可以向雄蜂提供丰富的蜜汁，雄蜂向他们吸取蜜汁也最方便。

他说，为什么？噢，是的，穷人身上榨不出什么油水。

我认为，这个富有的阶级实际上可以称之为雄蜂的花园。

565　　他说，确实可以这样说。

第三个阶级是由"人民"组成的，他们全都安分守己，耕种自己的土地，没有多少财产。这个群体在民主制国家中最有潜力，要是集合起来，力量是最大的。

他说，是的，不过他们不会经常集会，除非他们也能分享蜜汁。

我说，他们也经常有份，他们的首领只要有可能，就会把他们从富人那里抢来的东西分给民众，而他们自己占有最大的一份，不是吗？

B　　他说，没错，在这个意义上这些人也可分享。

因此我设想，那些遭到抢劫的人不得不在公民大会上讲话，或采取其他任何行动来捍卫自己的权益。

当然会。

于是其他党派就控告他们，尽管他们并不想造反，但仍被指控为反对人民，说他们是寡头。

确实是这样。

最后，当他们看到民众想要伤害他们的时候，不管愿意不愿C　意，他们也就真的成了寡头，民众对他们的伤害不是出于自愿，而是出于误会，是受了谣言的误导，而这些人成为寡头也并非自愿，因为有雄蜂要蜇他们。

完全正确。

于是两派互相检举，告上法庭，互相审判。

对，确实如此。

通常每个德莫总要推举一个人出来领头，做他们的保护人，区里的民众也会珍视他，提高他的威望，对吗？

对，通常是这样的。

我说，由此可见，僭主的产生只能从"保护"这个根源上去找。　　D

这很清楚。

那么从一名保护人转变成僭主是从什么地方开始的呢？你听说过阿卡狄亚宙斯神庙的故事吗？① 当保护人的所作所为开始像这个故事所说那样的时候，这个起点不就清楚了吗？

他说，是什么故事？

这个故事说，无论谁只要尝了一小块混在其他牺牲中的人肉，他就不可避免地要变成狼。你听说过这个故事吗？　　E

我听说过。

那些民众首领的所作所为也一样，他们控制轻信的民众，不是用手去抓流血的牺牲，而是用不公正的诬告让公民上庭受审，谋害他的性命。他们罪恶地舔尝同胞的鲜血，或者把他流放，或者判他　　566死刑，或者取消债务，或者重分土地。这种人最后要么被他的敌人杀死，要么成为僭主，从一个人变成一条豺狼。这个结果不是必然的吗？

他说，这是必然的。

我说，带领一群人去反对有产者的人就是他。

对，就是他。

也可能有这种情况，他被流放出去，但后来作为一名已经不起作用的僭主，他不顾政敌的反对又回来了。

是有这种情况。

---

① 阿卡狄亚(Arcadia)是希腊传说中的一个古代王国，它的一位国王吕卡翁(Lycaon)后来被宙斯变成狗。

B　　要是没办法对他起诉,让民众再次驱逐他或处死他,那么他的政敌就会想办法谋杀他。

他说,这种事肯定也是有的。

到了这种时候,这位僭主就会提出那个深谋远虑的阴谋,他自称是民主制的朋友,要求民众为了城邦的安全向他提供人身保护。

他说,他们确实是这样做的。

我认为民众会答应他的要求,因为民众担心他的安全而没有考虑到他们自身。

C　　是的,确实是这样的。

他又有钱,又敌视民主制,看到有人要杀他,那么他就得按照克娄苏①得到的那个神谕去行事。那个神谕说:"你要沿着多石的赫尔墨斯河岸赶快逃跑,不要因为害羞而停留。"②

因为他一定不会再有第二次害羞的机会。

要是给抓住,我以为他非死不可。

那是一定的。

然而,这位保护者没有被打倒,用荷马的话来说,他没有被打

D　倒在地,"张开长大的身躯"③,相反倒是他打倒了许多掌握着国家权力的人,从一名保护者变成了一名十足的独裁者。

他说,他还能像什么?

我说,我们还要描述一下这个人的幸福以及产生这种人的那个国家的幸福吗?

他说,让我们就这样做吧。

---

①　克娄苏(Croesus)是吕底亚王国的最后一位国王,公元前560至前546年在位,曾征服伊奥尼亚。

②　参阅希罗多德:《历史》第1卷,第55章。

③　参阅荷马:《伊利亚特》第16卷,第776行。

　　这个僭主刚出道时总是对所有人满面堆笑,逢人问好,不以僭　E
主自居。他向民众许下公私两方面的众多诺言,比如要豁免穷人
的债务,重新分配土地给支持他的民众和追随他的人,给人留下和
蔼可亲的印象。是这样的吗?

　　他说,必然如此。

　　我假定,当他与某些已被流放在外的政敌达成某种谅解,而另
外一些政敌已被消灭,不再会引起骚乱的时候,他首先想到的就是
挑起战争,好让民众需要一个领袖。

　　好像是这么回事。

　　而且当民众因负担军费而陷于贫困,成日里忙着自己的生计　567
的时候,便不大可能有时间造他的反了,是吗?

　　显然如此。

　　还有,我设想,要是他怀疑有人想要自由,不愿服从他的统治,
那么他下一步的目标就是找借口把他们除掉,把他们送到敌人手
里,借刀杀人,是吗? 由于种种动机,僭主一定会挑起战争,他不得
不这样做。

　　对,他一定会这样做。

　　他这样的行径难道不会引起公民们的反对吗?　　　　　　　B

　　当然会。

　　有些人过去帮他取得权力,而现在与他一道掌权,他们中有的
人会反对这样做,公开向他表示反对意见,也在相互之间议论此
事,这些人可以算是最勇敢的,是吗?

　　是的,他们好像是最勇敢的。

　　那么要想维护自己的统治,这位僭主必须清除这些人,一个不
留,无论这些高尚的人是朋友还是敌人。

　　这是明摆着的。

　　因此他必须有敏锐的目光,能辨别谁勇敢,谁心灵高尚,谁聪　C

明,谁富有。他的好运就是注定要成为这些人的敌人,把他们都消灭,直到城里一个这样的人都不剩,不管他自己愿意不愿意,他都必须这样做。

他说,这真是一场美妙的大清洗。

我说,对,不过这种大清洗与医生对人体进行的清洗正好相反。医生清除坏的,留下好的,而这位僭主所做的事情正好相反。

他说,对,要想保住权力,他不得不这样做。

D   我说,由于这种必然性,所以他不得不与那些卑贱的人相处,否则就得去死,而这些人全都痛恨他。

他说,是这样的。

他的行为越不得人心,越是冒犯了那些公民,他就越需要扩充和信赖他的卫队,不是吗?

那当然。

那么有谁可以信赖,他又到哪里去找这样的人呢?

他说,只要他肯付薪水,这样的人会自动找上门来。

E   我说,以埃及神犬的名义起誓,我想你又在谈雄蜂了,一群外国来的杂色蜂。

他说,你猜得对。

他不也要就地招募一些人吗?

怎么个招法?

从公民的奴隶中招,解放他们,让他们加入他的卫队。

他说,没错,这些人是他最能信赖的人了。

568   我说,如果在消灭了早先那些拥护者以后,他只能与这些人交朋友,或者只能信赖这些人,那么如此看来,僭主的命运可真够幸福的!

他说,但他确实就是这么做的。

我说,这些新卫士会敬仰他,这些新公民会成为他的同伴,而那些比较好的公民都痛恨他,躲避他。

怎能不恨?

我说,一般人都认为悲剧家聪明,而欧里庇得斯比其他悲剧家更聪明,人们这样想并非无缘无故。

你说说看,为什么?

因为在说了其他一些意味深长的话以后,欧里庇得斯还说: "和聪明人交朋友的僭主是聪明的"。这句话显然意味着这些与僭主交往的人是聪明的。　　　　　　　　　　　　　　　　　　　B

他说,对,他和其他诗人把僭主的权力说成是"神圣的",还用其他许多方式赞扬僭主的权力。

我说,因此我们不允许诗人进入我们的城邦,因为他们赞扬僭主政制,如果悲剧诗人是聪明的,那么他们一定会宽恕我们,其他那些与我们有着相同政体的国家这样做了,也能得到他们的宽恕,

他说,我认为诗人中的明智之士会宽恕我们。　　　　　　　C

我想诗人们会去其他城邦寻找信众,雇佣一些嗓音美妙动听、有说服力的人,在集会中向民众宣传,把他们的政体拉向僭主制或民主制。

对,确实如此。

再说,他们会为此得到报酬和荣誉,可以预料的是,这些报酬和荣誉首先来自僭主制,其次来自民主制。但是沿着这座政制之 D 山越是向上攀登,他们的荣誉就越往下降,仿佛气喘吁吁,无力再向上攀援。

是这样的。

我说,不过这是一段离题话。我们必须回归正题,讲一讲这支美妙的、人数众多的、多样化的,变化不定的僭主卫队如何维持。

他说,不言而喻,如果城邦有庙产,僭主会动用它,直到用光为止,然后他会动用那些被他消灭了的政敌的家产,最后,他会要求

民众捐数额较少的钱。

要是这些资源都枯竭了，那该怎么办？

E　　他说，那么他显然要动用自己的祖产供养他的宾客和男女伙伴。

我说，我明白了，你的意思是说，那些使僭主得以产生的民众现在不得不供养僭主和他的同伙。

只能这样。

我说，假定民众抗议说，成年的儿子还要父亲来供养是不对569 的，相反，儿子应当奉养父母，我们使他成为大人物，不是为了像奴隶一样侍候他，供养他和那群不值一提的外国雇佣军，而是为了摆脱富人和所谓"优秀者"的统治，现在我们要命令他和他那伙人离开城邦，就像父亲命令儿子和他那些惹是生非的狐朋狗友离开家一样，在这种情况下，你会怎么说？

B　　他说，我以宙斯的名义起誓，这个区里的公民到这时候才明白自己要付出什么样的代价，他们生育了一只野兽，抚养他，珍视他，让他掌大权，而现在他已经足够强大，没法再把他赶走了。

我说，你这是什么意思？难道这个僭主竟敢使用暴力来对付他的父亲，如果不屈服，就打他吗？

他说，对，一旦解除了他们的武装，他就会这样做。

我说，你把僭主说成是杀父之徒和虐待老人的保姆，而在那些公开的、直言不讳的僭主制度中，民众确实发现自己就像谚语所说C 的那样，跳出油锅又入火坑，不得不受人奴役。为了追求过分的、不合理的自由，反而落入最残暴、最痛苦的奴役之中。

他说，对，事情就是这样发生的。

我说，那么好吧，我们现在是否可以公正地说，我们已经充分描述了民主制向僭主制的转变，以及僭主制的本质？

他说，相当充分了。

第　九　卷

我说,剩下来还要加以考察的是僭主式的人——这种人如何从民主类型的人中间发展出来,这种人性格如何,他的生活具有什么样的性质,是痛苦还是快乐。

他说,对,我们对此还没有讨论。

你知道我还漏掉什么了吗?

还有什么?

我们还没有充分讨论我们的欲望,区分它们的性质和种类。这个问题不解决,我们的讨论仍旧不够清晰。

他说,好吧,我们现在不是仍旧有机会对欲望作一番考察吗?

对,我们一定要这样做。现在就让我们来考察欲望。我的想法是这样的:我认为我们那些不必要的快乐和欲望中有一些是违反法律的,或许在我们大家身上都能找到这些快乐和欲望,但在法律和与理性结盟的较好的欲望的控制下,有些人能根除违反法律的欲望,有些人留有一些微弱的残余,而在另一些人身上留下的这些欲望则比较多和比较强。

他说,你指的是哪些欲望?

我说,那些在人入睡后活跃起来的欲望。当人处于睡眠状态时,灵魂的其余部分,亦即理性的、温和的、居于主导地位的部分懈怠了,而它兽性的、野蛮的部分在吃饱喝足以后反而活跃起来,力图冲出来寻求自身本能的满足。你知道,在这种情况下,由于不受任何羞耻心和理智的约束,没有什么事情是它不敢去尝试的。在梦中与母亲乱伦,或者与别的男人、神灵、野兽交媾,这类情景都会出现。它敢起谋杀之心,也敢吃任何禁止吃的东西。总而言之,没有任何极端愚昧和无耻的事情是它不敢想的。

（页边标注：571　B　C　D）

他说,你说得很对。

但是,我认为,如果一个人的身心是健康的和明智的,那么他在入睡之前会用美好的言语和思想款待灵魂的理性部分,使之具 E 有清醒的自我意识。至于灵魂的欲望部分,他既不使它过分饥饿,又不使它吃得过饱,以便能够安然入睡,不会用快乐或痛苦打扰灵 572 魂其他较为优秀的部分,让后者可以相对较为纯洁地进行考察,把握和理解那些它所不知道的事情,包括过去的、现在的和将来的。他也用同样的方式驯服灵魂的激情部分,而不是在经过一番争吵后带着怒意进入梦乡。这样,灵魂的两个部分都趋于安宁,而理性所在的第三个部分则十分活跃。这你知道,人在这种状态 B 下入睡最有可能把握真理,他在梦中得到的幻象不可能是非法的。

他说,我确实也这样想。

这番话扯得太远,但值得我们注意的是,我们每个人内心事实上都有许多可怕的、强烈的、非法的欲望,甚至连那些最令人尊敬的名人心里都有,而这些欲望往往在睡梦中显示出来。请你想一想,我的话是不是有些道理,你是否同意我的看法。

好的,我同意你的看法。

C 现在来回顾一下我们所说的民主分子的性格是如何形成的。他父亲自幼对他的熏陶决定了他今后的发展,因为他的父亲只想实现挣钱发财的愿望,而不会让那些旨在娱乐和享受的愿望得到满足。难道不是这样吗?

是这样的。

但随着与更加精明的人交往,他心中会涌现我们刚才描述过的那些欲望,在他身上会产生各种形式的傲慢和无法无天的行为, D 由于厌恶父亲的吝啬,他会采取他们那种奢侈的生活方式。但由于他的本性比使他腐败的那些人的本性要好,因此他在节俭和浪费这两种倾向面前采取调和态度,自以为吸取了两种生活方式的长处,既不奢侈又不吝啬,过着一种既不寒酸又不违法的生活。他从寡头派转变成民主派就是从这里开始的。

对这种人我们过去这样看,现在也这样看。

我说,那么再假定这种人成年以后也有了儿子,这时候他就会按自己的生活方式抚养儿子。

他说,好的,就这样设定。

请你再设定这位父亲的经历会在儿子身上重现。有人会引诱他走向无视法律,并称之为完全的自由。父亲和亲友支持折中的欲望,而其他人则支持极端的欲望。当这些可怕的巫师和拥立国王的人认识到这样下去没有希望控制这个青年时,他们便会想方设法使他的灵魂产生一种能起统治作用的激情,去保护那些懒惰和奢侈的欲望,亦即那个万恶的长着翅膀的雄蜂。或者说你认为应当把这种人的激情比作别的什么东西吗?

他说,没有,只有这个比喻最恰当。

其他欲望会围着激情叫唤,向它献上馨香、没药①、花冠、美酒,使它纵情放荡淫乐,猖狂到极点,而激情也像雄蜂一样螫刺着那些欲望,唤醒它们,使之发出无法得到彻底满足的呻吟。到了这个时候,这个灵魂的保护者因其保镖而变得疯狂蛮干起来,如果它在这个人身上发现有什么意见或欲望还可以算得上是高尚的或知道羞耻的,那么它就会消灭或驱逐它们,直到这个人身上的节制被清除干净,进而充满外来的疯狂为止。

他说,你完整地描述了僭主式的人物是如何产生的。

我说,长久以来,“爱”一直被称作暴君,②　不也是因为这个道

E

573

B

---

① 一种药材名,古代用于祭祀。
② 此处暴君与僭主的原文是同一个词。

理吗?

他说,很有可能。

C　我说,我的朋友啊,你看醉汉的脾气不也有点像暴君吗?

是的,是有点像。

还有,神经错乱的疯子不仅想要统治人,而且还想要统治众神。

他说,没错,确实是这样的。

我说,那么我的朋友,这个人就这样变成了僭主式的人,这是从僭主这个词的完全意义上来说的,从僭主的本质来看,或从僭主的习惯来看,或同时从这两方面看,他甚至还已经成了醉汉、色鬼和疯子。

没错。

D　这就是这种人的起源和性格,但他的生活方式又是什么样的呢?

像俗话所说的那样,应该由你来告诉我。

我说,行,我来说。当这些人的灵魂被他们内心的"情爱"这位暴君所完全统治的时候,他们的生活便在宴饮、狂欢、娼妓中度过。

他说,必然如此。

这位充当主宰的激情身旁难道不会日夜不停地生长出许多可怕的欲望,需要有许许多多的东西来满足它们吗?

确实要很多。

所以不管有多少收入也会很快花光。

E　当然。

钱花光以后就会去借钱和抵押财产。

当然。

等到所有资源都用尽,他灵魂中孵化出来的欲望之雏岂非一定会不断地发出嗷嗷待哺的强烈叫唤吗? 用我们刚才那种形象的

语言来说,这样的人在其他各种欲望的推动下,尤其是在那个作为
主宰的激情的刺激下,难道不会变得野蛮疯狂,因此去寻找和窥
探,看有谁那里还有东西可以抢劫或骗取吗?

574

肯定会这样。

凡是可以抢劫的东西他一定会去抢,否则他就会感到阵阵剧
痛。

是这样的。

正如新兴的快乐超过了他原先灵魂中的激情并且对之实施抢
劫一样,他本人尽管比较年轻,但自称有权超过父母,在耗尽自己
的那份家产之后又强占父亲的财产,继续挥霍。

他说,当然是这样,此外还能有别的结果吗?

如果父母不愿意,他首先会去偷,或者骗,对吗?

B

肯定会。

如果骗不到手,下一步就会去抢,对吗?

他说,我想会的。

那么我尊敬的先生,如果年迈的父母抗拒不从,他会心慈手
软,不对老人使用暴力手段吗?

他说,我不能不为他的父母担心。

阿狄曼图,我以上苍的名义起誓,这种人的作为还不仅于此。
为了一个与他并无必然联系的新交的漂亮女友,他会去毒打生他
养他、与他有必然联系的慈母,是吗? 或者说为了一个妙龄娈童他
会去鞭打自己年迈的老父,而前者并非是他生活中必要的,而后者
是他最亲的亲人和相处最久的朋友,是吗? 如果他把这些新欢带
回来与父母同住,他会要求父母低三下四地侍候他们吗?

C

他说,我以宙斯的名义起誓,他会这样做。

我说,啊,当僭主的父母看起来真是太幸运了!

他说,确实如此。

D　　　还有,当他父母的财产也被挥霍光,而聚集在他灵魂中的各种追求快乐的欲望却越发膨胀的时候,他难道不会先是逾墙行窃,或遇到夜行者扒人衣袋,并进而去洗劫神庙的财产吗? 在所有这些行为中,他自幼培养起来的有关高尚和卑鄙以及正义的看法都被那些新产生和释放出来的见解所控制,而这些新见解就像是居于主宰地位的激情的保镖,与激情一道占据着优势。所谓新释放出来的见解,我指的是那些从前只在睡梦中才会出现的意见,而在那个时候,他还处于他父亲和法律的控制之下,心里还拥护民主制。

E　　但是现在他处于占主宰地位的激情的统治之下,他竟然在醒着的时候不断想起过去只在睡梦中才偶然出现的情景,无论是杀人还
575　是违反其他禁忌。他心中的激情就像一位暴君,使他变得蔑视法律。激情本身是一位暴君,驱使着他甘冒天下之大不韪,无恶不作,以满足激情和其他欲望的要求。这些欲望一部分从外部进入他内心,另一部分是在这样的生活恶习中从内部释放出来的。这种人的生活不就是这样的吗?

　　　　他说,是这样的。

B　　我说,如果在一个城邦里这种人只占少数,而其他大多数人头脑清醒,那么这少数人就会出国去,为其他地方的僭主做保镖,或者在有可能发生战争的地方当雇佣兵。但若他们生长在和平与稳定时期,那么他们就会呆在城邦里为非作歹,犯下许多小小的罪恶。

　　　　你说的小小的罪恶指的是什么?

　　　　噢,偷窃、抢钱包、剥人衣服、抢劫神庙、绑架人质,如果他们口才好,还会去告密、作伪证,或接受贿赂。

C　　他说,对,要是这种人不多,那么他们的罪恶确实比较小。

　　　　我说,是的,小恶相对于大恶而言,就国家的腐败和不幸来说,这些小恶全部加在一起,如谚语所说,还比不上一个僭主造成的危

害。然而在一个国家里,这种人及其追随者的人数一旦有了可观的增长,并且意识到自己拥有巨大的力量时,他们就会利用民众的愚昧,把自己的一名同伙推上统治者的宝座,而这个人的灵魂内部有一位最强大的暴君。

他说,这很自然,因为他一定是最专制的。　　　　　　　　　　　D

如果民众自愿服从他的统治,那当然没什么问题;但若这个城邦拒绝他的统治,那么他就会像前面说过的那个毒打父母的不孝之子一样,严惩自己的祖国,只要他能做得到。他会把新的密友拉来置于自己的控制之下,奴役他从前亲爱的祖国母亲或祖国父亲,祖国母亲是克里特人的叫法。这种人的欲望所要达到的目的就在于此。

他说,对,这就是他的目的。　　　　　　　　　　　　　　　　　E

我说,这种人在统治国家之前有这样一些私人生活特点,起初是和一些阿谀逢迎之徒交往,因为这些喜欢拍马屁的人随时准备为之帮闲;或者说,如果他们有求于人,那么他们自己也会卑躬屈膝地向对方表示自己的友情,而目的一旦达到,他们就会摆出另一　　576
副嘴脸来,翻脸不认人。

他说,对,确实如此。

那么终其一生,他们从来不知道怎样和人交朋友。他们不是主人便是奴隶,僭主的本性永远不可能品尝真正的自由或友谊。

是这么回事。

我们把这样的人称作无信之人难道不对吗?

当然可以这样说。

如果我们前面对正义本性的一致看法是正确的,那么我们把　B
这种人称作不义之人也是对的。

他说,我们的看法肯定正确。

我说,现在让我们来总结一下,看什么样的人最邪恶。我认为,那种在醒着的时候仍旧能干出只有睡梦中才会见到的那些事情的人是最邪恶的。

没错。

具有大部分僭主天性的人一旦取得绝对权力,便成为真正的僭主,作为真正的僭主时间越长,他的僭主品性就变得越强烈。

格老孔在这个时候接过话头说,这是不可避免的。

C 我说,我们将会看到,最邪恶的人也正是最可悲的人,担当僭主时间最长的人实际上是最不幸的人,是吗?当然了,人们会有许多不同的看法。

他说,我认为情况确实如此,而且我们的看法一定正确。

我说,既然民主分子与民主制相应,其他类型的人与其他政制相应,那么僭主类型的人与僭主制相应,是吗?

涉及美德与幸福,我们也可以按照推断人与人之间关系的方法去推断国与国之间的关系,这样做难道不行吗?

D 当然可以。

那么在美德方面,僭主统治的国家与我们原先描述的那种王权制的国家之间是什么关系呢?

他说,这两种国家正好相反,一种是最好的,一种是最坏的。

我说,我不想追问哪个最好,哪个最坏,因为这是明摆着的事。但是涉及它们的幸福和不幸,你的评估也和刚才一样吗?或者说它们正好相反?让我们不要把眼光只盯着僭主一个人,或者只盯着他宫廷里的少数人,而要深入广泛地考察整个城邦,等我们透彻地理解了僭主城邦的整个生活时,再来宣布我们的看法。

E 他说,这个建议很好,每个人都清楚地知道,没有比僭主统治的城邦更坏的城邦了,也没有国家比一个由一位真正的国王统治的国家更幸福了。

577 我说,我倒还有一个建议,我要求你只能接受在这种情况下作出的恰当判断,你必须深入思考和理解一个人的灵魂和气质,而不要像孩子那样只从外表看问题,被肉眼所蒙蔽,慑服于僭主的威仪及其所造成的效果,你要能看穿僭主的本质。我这个建议不也很好吗?我假定只有这样的人作出的判断才值得我们所有人聆听,这种人与僭主生活在一起,朝夕相处,目睹僭主在家中的行为,也见过他在自己家中如何与密友相处,而僭主在这种场合会剥去各种伪装,把真相完全暴露出来。这种人同样也观察到僭主在公众生活中造成的危害。因此,我们应该请这种人做信使,向我们报告僭主的生活,看他的生活与其他人相比究竟是幸福还是不幸。我们这样做可以吗?

他说,这也是一个很合理的建议。

我说,那么我们要不要相信自己也属于有判断能力的人,相信自己也和那些人一样曾与僭主一同生活,因此我们中也有人可以回答我们的问题?

务必如此。

我说,那么来吧,就用这个办法进行考察。先回忆一下城邦与人之间一般的相似性,然后再来考察城邦与人各自会发生什么事情。

他说,你说会发生什么事?

我说,那么好,我来说。先谈国家,你会把一个僭主统治的国家称作自由的还是受奴役的?

他说,彻底受奴役的。

但你在这种国家里看到有主人和自由人。

他说,我看到这种人只占少数,而从总体上看,整个国家及其最优秀的部分受到可耻的、悲惨的奴役。

我说,如果人与国家相似,那么人身上也会有同样的情况发生,他的灵魂会充满无限的奴役和不自由,灵魂最优秀、最理性的部分受到奴役,而那个最渺小、最恶劣、最狂暴的部分则扮演暴君的角色。难道不是吗?

他说,这是不可避免的。

那么你说这样的灵魂是受奴役的还是自由的?

我认为是受奴役的。

还有,受奴役的、僭主化了的城邦最不可能做它真正想做的事,对吗?

绝对如此。

E　　那么把灵魂作为一个整体来看,僭主化了的灵魂也最不可能做它希望做的事,因为它总是受到欲望疯狂的驱使和拉扯,充满了混乱和悔恨。

当然了。

僭主化的城邦一定是富裕的,还是贫穷的?

贫穷的。

578　　那么僭主的灵魂也一定是贫乏的, 苦于那些永不满足的欲望。

他说,是这样的。

还有,这样的城邦,以及这样的人,必定充满恐怖和惊恐,是吗?

必定如此。

那么你认为在其他国家比在这种城邦里能看到更多的悲伤、呻吟、哀诉、苦恼吗?

绝无可能。

对人来说也一样,你认为在其他人身上比在僭主身上能更多地看到这些情况吗? 在欲望和激情的推动下,僭主的灵魂会变得无比疯狂。

他说,怎么会这样呢?

如果你能全面思考,那么我认为你会断言这个城邦是一切城 B
邦中最不幸的。

他说,假如我作了这样的断言,那么这个说法对不对呢?

我说,这样说确实是对的。再假定你能全面思考,你对僭主式
的人又会怎么看呢?

他说,他的不幸远远超过所有人中最不幸的人。

我说,我无法肯定你的这个说法也是正确的。

他说,为什么?

我说,我认为这个人还没有达到不幸的顶峰。

那么达到顶峰的是谁?

你可能会把我将要指出来的这个人当作更加不幸的人。

这个人是什么样的? C

我说,这个人具有僭主气质,但仍旧过着普通人的生活,由于
机遇不好,他还没能成为真正的僭主。

他答道,根据我们已经说过的话来推论,你说得对。

我说,是的,但这样的事情仅仅依靠假定还不够。我们必须使
用理性和下面的论证来彻底考察这些事,因为我们的讨论涉及世
上一切事务中最重要的一件事:过一种善的生活还是恶的生活。

他答道,你说得很对。

那么请你考虑我下面说的话是否有些道理。我认为,我们必 D
须从下述事例中得到对这件事的看法。

有哪些事例?

以这样一件事为例,我们的城邦里有许多富裕的公民,拥有许
多奴隶。他们要统治许多人,在这一点上他们与僭主相似,只不过
僭主要统治的人更多。

是的,他们是很相似。

那么你知道,他们并不害怕或恐惧自己的奴隶,是吗?

他们为什么要害怕?

我说,他们确实不需要害怕,但你明白他们为什么不用害怕吗?

我知道,因为整个国家打算保护每一个公民。

E　　我说,你说得对。现在我们假定有一位神要从城里把一个人连同他的五十个或者更多的奴隶,还有他的妻子儿女和所有财产统统掳走,送往一个偏僻的地方,那里没有一个自由人会来救援他。你想想看,在这种情况下他会不会担心那些奴隶把他和他的一家老小全部杀死,这种恐惧又有多么巨大?

579　　他说,要是问我,那么我说这种恐惧是世上最大的。

到了这种时候,尽管不是甘心情愿,他会感到有必要讨好自己的奴隶,向他们许下许多诺言,答应解放他们,是吗? 这样一来,他就倒过来巴结起自己的奴隶来了。

他说,他必须这样做,否则就得死。

我说,现在假定那位神在他周围安置了许多邻人,他们不能容忍有人想要奴役其他人,如果有人想要这样做,他们就会对他施以最严厉的惩罚。

B　　他说,我认为这样一来他的处境就更加恶劣,周围全是敌人了。

僭主的处境不正是这样一个充满各式各样的、多重的恐惧和欲望的禁闭所吗? 然而他非常贪婪,是惟一不能出国旅行或者参
C　加其他自由民喜爱观看的节日庆典的人,因此他只能像妇女一样久居深宫,枉自羡慕其他公民能够自由自在地出国旅行观光。

他说,确实如此。

有大量的病态表现可以用来衡量这两个人的区别:一个人的灵魂被疾病所控制,是拥有僭主气质的人,你刚才断言他是最不幸的人;另一个人也具有僭主气质,由于命运的安排成了真正的僭主

而不再是一个普通公民,他在还不能控制自己的时候要去统治别人,这就好比一个病人或残疾人不能在家治疗静养,却要被迫去和别人竞争或比赛。这样说对吗? D

他说,苏格拉底,你的比喻非常恰当和真实。

我说,亲爱的格老孔,从各方面来看,这岂不是一种最不幸的经历吗? 僭主的生活岂不是比你说的最不幸的人还要不幸吗?

他说,确实如此。

可见尽管有人否定,但真正的僭主确实受到一种无与伦比的奴役,要向最卑贱的人卑躬屈膝,对他们阿谀奉承。他的欲望极少 E 得到满足,总是处于贫乏状态,实际上是一个穷人。如果我们善于从整体上观察他的灵魂,那么这一点非常清楚。如果他的处境与他统治的城邦状况确实相同,那么他的一生都将处在不安之中,充满恐怖、动荡和痛苦。是吗?

他说,是的,确实如此。

另外,我们还可以进一步把我们前面说过的一切恶行归于他, 580 说他必定会由于成了真正的僭主而变得更加妒忌、无信、不义、弃友、亵渎,他是一个藏污纳垢的器皿,是这些恶行的保姆,由此带来的后果就是:他本人是最不幸的,同时也使他周围的人成为不幸的人。我们可以这样说吗?

他说,没有一个聪明人会否定你的意思。

我说,那么好吧,现在终于可以像法官一样宣布最后的终审结果了。你来宣布一下不同人的幸福程度,按照你的看法,谁是最幸 B 福的,其次是谁,再其次又是谁。一共是五种人:王者型的人、荣誉型的人、寡头型的人、民主型的人、僭主型的人。

他说,做这样的鉴定很容易。因为他们就像一支合唱队,按他们上场的先后秩序来判断就可以了,这个秩序表现出他们的道德状况和幸福程度。

C　　　我说,我们要不要雇一名传令官,或者由我自己来宣布:阿里斯通之子① 判定最善良、最正义的人是最幸福的,他就是最具有王者气质并且能够自主的人;最邪恶、最不正义的人是最不幸的,他就是那个具有大部分僭主气质,而又对他自己和他的国家实施暴政的那个人?

他说,就由你来宣布吧。

我还想再加一句话,"无论他们的品格是否为所有人和众神所知,这个结论不变",可以吗?

他说,你就加上去吧。

D　　　我说,很好。那么这就是我们的证明之一,但请看第二个证明,看它是否有些道理。

第二个证明是什么?

我说,与城邦的三种类型相对应,灵魂也可以分成三个部分。因此我想还有另外一个证明。

这个证明是什么?

请听我说。在我看来,与灵魂的三个部分相对应有三种快乐,同样也还有三种对应的欲望和控制。

他说,你这是什么意思?

我们说,灵魂的一个部分是人用来学习的,另一个部分是人用

E　　来发怒的。但第三个部分由于它的多样性我们无法轻易地用一个简单的名称来称呼它,而只能用它最主要、最强烈的成分来给这个部分命名。我们把这个部分称作欲望,因为它涉及饮食、爱情以及

581　　其他相伴而来的欲望。我们同样也可以称这个部分为爱钱的部分,因为金钱是满足这些欲望的主要手段。

他说,你说得对。

---

① 指格老孔。

如果这个部分的快乐和爱是为了"获取"或"有益",那么我们最好在讨论中把它们置于一个名称之下,以便我们在谈论灵魂的这个部分时可以明白对方的意思,正确地把灵魂的这个部分称作爱钱的部分和获得爱情的部分。我们还应该这样说吗?

他说,不管别人怎么看,我认为应该。

还有关于激情的成分,我们难道不应该说它完全是为了出人头地、优胜和好名声吗?

是的,确实如此。

那么我们能否恰当地把这个野心勃勃的部分称作热爱荣誉的? B

再恰当不过了。

但是大家一定都明白,我们用来学习的那个部分的全部努力永远都是为了认识事物的真理,在灵魂的三个部分中,它是最不关心金钱和荣誉的。

对,它最不关心。

用爱学和爱智来称呼这个部分应该是合适的。

他说,非常合适。

我说,有些情况下,这部分的功能统治着人的灵魂,但人的灵 C魂也经常会以另外两个部分中的某一部分的功能作为统治原则,这样说不也是正确的吗?

他说,是的。

这就是我们为什么要说,人的基本类型也有三个:爱智者(或哲学家)、爱胜者、爱利者。

确实如此。

与三种人相对应,也有三种形式的快乐吗?

必定如此。

我说,如果你轮流问三种人,这三种形式的快乐哪一种最快

D 乐,那么他们一定会把自己的生活说成是最快乐的,你明白这一点
吗?财主们会断言,与利益相比,荣誉和学习的快乐没有任何价
值,除非它们也能带来金钱。

他说,对。

我说,热爱荣誉的人怎么样?他难道不会把金钱带来的快乐
视为庸俗的和低级的,把学习带来的快乐视为无用的空谈,除非这
种知识能带来荣誉?

他说,他会这样想。

如果哲学家拿他认识真理和实在、始终沉浸在学习中的快乐
E 与其他快乐相比,他会怎么想?他难道不会认为其他快乐远非真
正的快乐,而称之为出于"必然性"的快乐吗?因为,如果不受必然
性的约束,那么他是不会要它们的。是这样的吗?

他说,这一点可以肯定。

582 几种类型的快乐和生活本身处于争论之中,不仅涉及哪一种
比较高尚或卑贱,或者比较优秀或低劣,而且涉及事实上哪一种比
较快乐或没有痛苦,在这种情况下我们如何决定它们哪一个说得
最正确?

他说,说老实话,我说不清。

好吧,请你这样考虑。要对事物做出正确的判断,要用什么作
标准呢?不就是通过体验、理智和讨论来作出判断吗?或者说,有
谁还能提出比它们更好的标准吗?

他说,不可能。

那么请你注意观察,在我们所说的这三种类型的人中间,哪一
种人对我们提到的这些快乐有最多的体验?你认为爱利者从学习
B 事物本质所获得的知识中体验到的快乐能比哲学家在获利时所体
验到的快乐更多吗?

他说,这两种人有巨大的差别,因为哲学家从小就需要品尝另

外两种快乐,而爱利者不仅不一定要体验学习事物本质那种快乐,
而且即使他想要这样做,渴望这样做,也不容易做到。

我说,那么爱智者对两种快乐的体验远远超过爱利者。

对,要远远超过。　　　　　　　　　　　　　　　　　　　C

爱智者与热爱荣誉的人相比怎么样？哲学家对荣誉带来的快
乐的体验还比不上热爱荣誉的人对学习知识带来的快乐的体验
吗？

不对,如果能够实现几种目的的话,那么他们都能得到荣誉,
因为富裕的人、勇敢的人、聪明的人受到广泛尊重,荣誉能够给人
带来的这种快乐是大家都熟悉的,但除了爱智者能够体验到沉思
真正的存在与实体所带来的快乐外,其他任何人都不能做到这一
点。

我说,那么随着经验的增长,他是上述三人中最优秀的审判　D
者。

到目前为止,可以这样说。

还有,他是惟一经历与理智结合在一起的人。

确实如此。

还有,判断这种工具或手段,不是爱利者或热爱荣誉者的工
具,而是爱智者的工具。

你这样说是什么意思？

我们说判断必须通过语辞和讨论来达到,是吗？

是的。

语辞和讨论主要是哲学家的工具。

当然。

假如说财富和利益是评判事物的最佳标准,那么受到爱利者　E
考察和赞扬的事物必然是最正确的和最真实的。

必定如此。

假如以荣誉、胜利和勇敢为评判事物的最佳标准,那么它们岂非就是热爱荣誉者和爱胜者所赞扬的事物吗?

这很清楚。

既然我们以经验、智慧、讨论为评判标准,那么我们下一步可以推论出什么来呢?

他说,我们必定要说爱智者和热爱讨论者认可的事情是最有效,最真实的。

583　　那么在三种快乐中,灵魂中我们那个用来学习的部分所得到的快乐是最甜蜜的,受这个部分支配的人的生活是最快乐的。

他说,怎能不是呢?

我说,不管怎么说,有理智的人赞扬他自己的生活方式,他的话具有权威性。接下去,我们应该把哪一种生活和快乐评判为第二位的?

显然是战士和热爱荣誉者的生活和快乐,因为这种类型与爱钱类型相比更接近第一种类型。

那么看起来,爱利者的生活和快乐处于末位。

他说,没错。

B　　在这场争论中,正义的人已经连续两次击败不正义的人,赢得了两场胜利。现在按照奥林匹克赛会的习俗,我们要祈求救世主和奥林匹亚的宙斯保佑我们。将要举行的第三次交锋是最重大的、决定性的,我们要考察理智以外的其他快乐是否真实或纯洁,我好像听某些聪明人说过,它们完全不真实,而只是某种幻影。

这场交锋确实事关重大。但你说它们是幻影是什么意思?

C　　我说,如果在我等一下探讨的时候你肯回答我的提问,那么我会说明我的意思。

他说,那你问吧。

我说,请告诉我,我们不是说过痛苦是快乐的对立面吗?

我们肯定说过。

痛苦和快乐之间有没有一种中间状态？

有。

这种状态介于痛苦和快乐之间，是灵魂在这两个方面都处于平静时的状态，是吗？或者说，你心里想的中间状态并非如此？

他说，我想的就是这种状态。

你记不记得人们生病时说的话？

什么话？

没有什么能比身体健康更美好了，虽然他们在生病之前并不　　D
认为这是最高的快乐。

他说，我记得。

你有没有听到处于极度痛苦中的病人说过，没有什么快乐能比解除病痛带来的快乐更重大的了？

听到过。

我想你会明白，在许多诸如此类的情况下，人们在承受痛苦时会把解除和摆脱痛苦称为最高的快乐，而不把那些正面得到快乐称作最高的。

他说，对，在这种情况下，平静会被病人感到是快乐的，愿意接受的。

我说，因此，当一个人的快乐终结时，停止快乐是痛苦的。

也许是吧。

那么我们刚才描述过的介于两个极端之间的中间状态——平静——有时候既是痛苦又是快乐。

他说，好像是这么回事。
　　　　　　　　　　　　　　　　　　　　　　　　　　　　　E
"既不是这又不是那"有无可能真的变成"既是这又是那"？

我认为不可能。

进一步说，快乐和痛苦都是在灵魂中产生的某种运动，是吗？

是的。

我们刚才不是看到既不痛苦又不快乐是一种灵魂的安宁,是介于痛苦和快乐二者之间的中间状态吗?

是的,我们是看到了。

那么认为没有痛苦就是快乐,没有快乐就是痛苦,这种想法如何可能是正确的呢?

绝对不可能。

我说,那么这种状态不是真实的,而是一种幻觉。在这种情况下,平静与痛苦相比显得快乐,而与快乐相比显得痛苦。这些幻觉并不带有快乐的真相,而只是一种欺骗。

B　　他说,不管怎么说,我们的论证证明了这一点。

我说,那么你只要看一看那些并非尾随痛苦而来的快乐,就不会同意现在这个想法了:快乐的本质就是痛苦的停止,痛苦的本质就是快乐的停止。

他说,我该往哪里看,你说的是什么快乐?

我说,如果你乐意看的话,我说的快乐有很多,尤其是与嗅觉相连的快乐。这种快乐出现之前并没有痛苦,而是强烈地突然出现的,它们停止以后也没有痛苦。

他说,非常正确。

C　　那么我们别再相信摆脱痛苦就是纯粹的快乐,或脱离快乐就是纯粹的痛苦。

对,我们一定不能相信这种看法。

我说,然而我们可以说,通过身体传到灵魂中去的、被称作快乐的情感大多数或其中最大的情感属于这种类型,是解脱了痛苦以后的情感。

是的。

这不也是出于对快乐的期盼而产生的期待性的快乐,或在快乐到来之前出现的痛苦的性质吗？

是的。

那么你知道它们的性质是什么，它们最像什么？　　　　　　　D

他说，你到底在说什么？

你不是认为有一种东西的性质不上不下，处于中间位置吗？

是的。

那么你认为从下面向中间移动的人会有和在上面的人不同的看法吗？如果他站在中间向他升上来的那个地方看，他难道不会认为自己已经在上面，而决不明白什么是真正的上面，是这样的吗？

他说，我以宙斯的名义起誓，我认为这样的人不会有别的什么看法。

我说，如果他再次下降，他就会认为自己在向下移动，而且这　　E
种想法是正确的。

当然对。

之所以发生这些情况，不都是因为他不懂得什么是真正的上面、下面和中间吗？

显然是的。

我说，那么没有经历过真相和实在，因而对许多事情具有不健全看法的人，如果他对快乐、痛苦以及介于二者之间的中间状态也持有这样的看法，那么你还用得着感到奇怪吗？当这种人遭遇痛苦时，他们就认为自己处于痛苦之中，认为他们的痛苦是真实的；　　585
而当他们从痛苦转变为中间或中性状态时，他们就强烈地感到自己趋向于满足和快乐。这就好比他们不知道什么是白，当他们把灰和黑相比时，他们以为灰就是白，由于从来没有经验过真正的快乐，他们受了欺骗，相对于痛苦来说，他们把无痛苦当作了真正的快乐。

他说，他们有这样的看法我并不奇怪，如果不是这样，我反而会感到奇怪了。

B　　　沿着这条思路,让我们再来考虑,饥饿、口渴以及类似的状态不就是身体常态的一种缺乏或空缺吗?

当然是。

那么无知和愚昧不也是灵魂常态的一种空缺吗?

确实是的。

那么他要吃饭和获得智慧来填补这些空缺,是吗?

当然要。

较为不真实的东西和较为真实的东西,哪一种可以较为真实地填补空缺或得到满足?

显然是较为真实的东西。

两组或两类事物中,你认为哪一类具有更大的纯粹的本质:一

C　类是食物、饮料、肉,或者笼统地说就是营养;另一类是真正的意见、知识、理性,简言之,所有比较好的东西? 在你看来,哪一类事物较为真实:一类倾向于不变、不朽、真理,它们自身具有这种性质并且是从具有这种性质的事物中产生的;另一类倾向于变化与可朽,并且是从变化和可朽的事物中产生的?

他说,倾向于永恒不变的那种事物要真实得多。

变动不居的事物能够比具有真正本质的事物拥有更多的知识吗?

绝无可能。

真理和实在呢?

也一样,绝无可能。

如果一个事物较不真实,那么它也拥有较少的真正的本质或存在吗?

必然如此。

D　　　那么一般说来,用于维持身体需要的那些事物不如那些用来

满足灵魂需要的事物真实,对吗?

差得远呢。

那么身体与灵魂相比,身体不如灵魂那么真实,是吗?

我认为是的。

那么自身较为真实的东西能比那些较不真实的东西更加真实地填补和满足那些需要,是吗?

当然如此。

那么我们用来填补需要的具有快乐性质的事物越真实,我们　　E
就越能得到真正的快乐,而我们用来填补需要的事物越不真实,越不可靠,我们得到的快乐就越不真实。

他说,这是必然的。

那么,那些没有经历智慧和美德,始终热衷于吃喝的人会下　　586
降,终其一生就在我们所说的中间和下面这个范围内变动,但绝无可能超越这个范围。他们不会向上仰望真正的上界,或向上攀援进入这个区域,品尝稳定、纯粹的快乐。他们的眼睛只会向下看,盯着餐桌上的美食,就像牲口只顾俯首吃草,只顾雌雄交配一样,　　B
永远那么贪婪。他们还用铁制的武器互相残杀,就像牲口用犄角和蹄子互相踢打冲撞,永无安宁,因为他们徒劳地想要用不真实的东西来努力满足他们灵魂中那个不真实、不连贯的部分。

格老孔说,苏格拉底啊,你在描述众人生活的时候,完全像是在发布神谕。

他们的快乐不可避免地与痛苦混合在一起,是真快乐的影像,是绘画产生的幻觉,由于色彩鲜明而产生强烈的印象,并在那些缺　　C
乏理智的灵魂中激起疯狂的爱情,使之为爱情而拼搏,就好像斯特昔科鲁① 说的那样,英雄们在特洛伊为海伦的幻影而厮杀,都是

_____

①　斯特昔科鲁说真正的海伦留在埃及,只有她的幻影被带到了特洛伊。

由于不知真相,是吗?

他说,必定如此,这种状况不可避免。

还有,对灵魂的激情部分来说也一样,每当一个人想要满足他
D 的激情,就会不假思索、不顾理性,出于妒忌而去追求荣誉,使用暴
力去夺取胜利,出于愤怒而放纵坏脾气,难道不是吗?

他说,在这种场合下发生同样的事是不可避免的。

我说,那么我们可以充满自信地宣布:如果我们的本性中爱利
和爱胜的欲望能够遵循知识和理性的引导,在它们的陪伴下追求
快乐,只追求那些理性认可的快乐,那么由于它们追随真理,因此
它们所得到的快乐将是它们有可能得到的快乐中最真实的快乐,
E 假如最优秀也可以说成是最"特有"的话,那么这些快乐同时也是
最适合它们的快乐和它们特有的快乐。我们可以这样说吗?

他说,没错,它们确实是最特有的。

当整个灵魂接受灵魂的爱智部分的指导,内部没有纷争的时
候,结果会是灵魂的每个部分都在各方面各负其责,都是正义的,
587 每个部分同样也会享受到它们各自特有的、恰当的快乐,在可能的
范围内享受最真实的快乐。

一点儿没错。

但若灵魂的另外两个部分中的一个取得控制权,其结果就是
灵魂的这个部分不能找到自身特有的、适当的快乐,还会强迫其他
部分去追求一种不适宜、不真实的快乐。

他说,是这么回事。

那么离哲学和理性最远的部分最有可能产生这种结果吗?

他说,是这样的。

离理性最远不就是离法律和秩序最远吗?

显然如此。

B 离法律和秩序最远的东西就是情爱的欲望和暴君的爱好,这

一点岂不是很清楚吗？

是这么回事。

离法律和秩序最近的是王者的有秩序的欲望吗？

是的。

那么我认为僭主的位置可以定于离真正的、适宜的快乐最远的地方，而王者离这种快乐最近。

必然如此。

那么僭主暴君的生活是最不快乐的，而王者的生活是最快乐的。

必定无疑。

我说，那么你知道僭主的生活比王者的生活要不快乐多少吗？

他说，你要是告诉我，我就知道了。

看起来有三种快乐，一种是真的，两种是假的。僭主在远离法律和理性时越过了真假快乐的界限，被某种奴隶般的、雇佣的快乐所包围，其卑劣程度难以衡量，除非……　　　　　　　　　C

他说，除非怎么样？

我相信，我们已经发现僭主位于从寡头开始算起的第三位，因为二者之间还隔着民主派。

是的。

如果我们前面说过的话都没错，那么他也生活在快乐的幻影之中，其真实性远在寡头的快乐之下的第三级，是吗？

是这样的。

如果我们假定贵族与王者是一回事，那么寡头也位于王者之　　　D下的第三级。

是在下面第三级。

那么三三得九，用数字来衡量，僭主的快乐距离真正的快乐有九级之遥。

这是显而易见的。

那么僭主快乐的幻影根据长度来测定是一个平面数。

确实是。

但这个数一经平方和立方,其两端差距显然会拉得很大。

他说,对计算者来说,这很清楚。

E 那么换一种方式来说,要是有人想要表示王者和僭主在快乐真实程度上的差距,那么他在做完了三次方的计算以后会发现,王者的生活比僭主的生活快乐 729 倍,反过来说,僭主的生活比王者的生活痛苦 729 倍。

588 他说,要衡量正义者与不正义者在快乐和痛苦方面的差距,这种计算方法确实势不可当,很有说服力。

还有,如果日、夜、月、年和这个数有关,① 那么这个数还是一个与人的生活相关的真正的数。

他说,当然相关。

如果在快乐方面,善的和正义的人要远远胜过恶的和不正义的人,那在生活的合乎礼仪和美好,以及美德方面,善的和正义的人无疑也将远远超过恶的和不正义的人。

他说,我以宙斯的名义起誓,这确实是不可避免的。

B 我说,很好。我们的论证已经进到这一步,现在让我们重新返回引导我们进到这一步的那个命题。这就是:不正义对一个徒有正义之名的完全不正义的人是有益的。是这个命题吗?

是的。

既然我们现在已经对正义和不正义的行为的基本性质取得了一致意见,那么就让我们来和这一命题的提出者讨论一番吧。

---

① 此处所引用的观点归属不详。毕泰戈拉学派哲学家菲罗劳斯 (Philolaus)认为一年有三百六十四又四分之一个白天,也有同样数目的夜晚,加在一起是 729,他还相信一个有 729 个月的"大年"。

他说,怎么个讨论法?

让我们在讨论中象征性地塑造一座灵魂的塑像,让坚持这一命题的人能够清楚地看出他说的命题是什么意思。

他说,你要造一座什么样的塑像?

我说,这座塑像是多种形体的结合体,就像古代传说中的喀迈拉①、斯库拉②、刻耳柏洛斯③,以及其他许多集多种形体于一身的怪物。　　　　　　　　　　　　　　　　　　　　　　　　C

对,古代传说是这样讲的。

那么我们就来塑造一只怪兽的像,它的身子是由几种动物的身子合在一起的,长着好几个头,既有狂野之兽的头,也有温驯之兽的头,还可以随意改变,长出新的头来。

他说,这是一位能工巧匠才能办到的事情。不过,既然言语是一种比蜡还要更加容易随意捏造的材料,我们可以假定这座怪兽的像已经塑成了。　　　　　　　　　　　　　　　　　　D

然后我们再来塑造一座狮子像和一座人像,第一座像要造得最大,第二座像要造得第二大。

他说,这更加容易,说句话就成了。

再把三像合一,就好像它们生来长在一起那样。

他说,造好了。

再给这座合在一起的像造一个人形的外壳,让别人的眼睛看不到里面的任何东西,只能看到外壳,看上去就好像是一个活生生的人。　　　　　　　　　　　　　　　　　　　　　　　E

---

①　喀迈拉(Chimera),希腊神话中会喷火的怪物,前半身像狮子,后半身像蛇,中间像山羊。

②　斯库拉(Scylla),希腊神话中的六头女妖。

③　刻耳柏洛斯(Cerberus),希腊神话中生有三个头的恶狗,尾巴是蛇,负责看守地狱大门。

他说,这个外壳也造好了。

然后让我们对主张"行不义之事者可以获利,行正义之事者对
589 自己不利"的人说:你这样说无非就是主张纵容和强化那多头怪兽
和狮子,以及一切与狮子相关的性质,但却让那个人忍饥受渴,使
他变得十分虚弱,使另外两个可以对他为所欲为而无须顾忌;这种
说法也是在主张不要去调解两个精怪之间的纠纷,使它们和睦相
处,而是任由它们相互残杀或吞食。

他说,对,赞颂不正义的人说的话确实是这个意思。

另一方面,主张行正义更加有利的人肯定,我们的一切行动和
B 言论都是为了能够让我们那个内在的人能够完全主宰整个人,管
好那个多头怪兽,就像农夫珍惜和浇灌驯化的禾苗而铲除野草一
样;他还要把狮性变成自己的盟友,一视同仁地照顾好大家的利
益,使各个部分和睦相处,从而促进它们成长。

是的,这确实也就是赞扬正义的人的意思。

那么,无论从什么观点出发,赞扬正义的人所说的是真实的,
C 赞扬不正义的人所说的是虚假的。因为无论我们考虑的是快乐、
名誉,还是利益,主张正义的人都说出了真理,而反对正义的人则
对他反对的东西缺乏健全的或真正的知识。

他说,我认为反对者完全没有这种知识。

那么我们要不要温和地劝说这种人,因为他并不想犯错误。
我们可以这样向他提问:亲爱的朋友,我们是否也可以说,那些被
法律和习俗认定为美或丑的东西之所以被认定为是美的或丑的,
乃是由于一个相同的原因,美好的和荣耀的事物之所以如此,乃是
D 由于我们本性中的兽性部分臣服于我们本性中的人性部分,或者
更加确切地说,受制于我们本性中的神性部分,而丑恶和卑鄙的事
物之所以如此,乃是由于我们本性中的温驯部分受到野性部分的
奴役? 对此他会表示同意吗?

如果由我来向他提建议,他会听从我的劝告。

按照这一思路,如果一个人不正义地接受金钱是由于他的最优秀的部分受到最坏部分的奴役,那么这种事会对他有益吗? 换句话来说,如果有人把自己的儿子或女儿卖给一位凶恶的主人为奴,不管他得到多少钱,这件事也不会对他有益。同样,如果一个人忍心让自己身上最神圣的部分受制于最可恶、最不神圣的部分,那么他难道不会被看做可悲的人,比厄律斐勒① 接受一条项链的贿赂而出卖自己丈夫生命更可悲吗?

格老孔说,如果要我来代他回答,那么我会说要可悲得多。

你不认为放荡在过去受到许多谴责,也是由于过度放松对我们身上的多头怪兽的约束吗?

他说,显然如此。

当我们身上的狮性或龙性过于强烈,以至于不适当的时候,不就会有人谴责我们固执和暴躁吗?

必定如此。

当我们身上的狮性或龙性朝着相反方向发展,当这些成分大大减弱的时候,不就会有人谴责我们奢侈和柔弱吗?

确实如此。

如果我们身上的激情受制于暴民般的怪兽的野性,并且为了钱财和无法控制的兽欲忍受各种侮辱,结果长大以后成为猴子而不是狮子,难道不会有人谴责我们的谄媚和卑鄙吗?

他说,会的,确实会有的。

---

① 安菲阿拉俄斯(Amphiaraus)是希腊传说中攻打底比斯的七英雄之一,厄律斐勒(Eriphyle)是他的妻子。安菲阿拉俄斯预见攻打底比斯必遭失败,所以不愿参战,隐藏起来,而他的妻子经不住波吕尼克斯用项链的诱惑,领着人找到丈夫隐藏的地方。

　　你说手工技艺为什么会受到人们的轻视,被说成是下贱的?我们只能回答说,那是因为一个人的最优秀部分天生软弱,不能统治和控制体内的野兽,而只能为它们服务,学会如何去讨好它们,是吗?

　　他说,看起来是这样的。

D　　那么我们之所以说这种人应当成为最优秀的人的奴隶,最优秀的人也就是自身有着神圣统治原则的人,其目的不是因为我们认为奴隶应当接受对自己有害的统治,就像塞拉西马柯对被统治者的看法一样,而是因为接受神圣的、理智的统治对大家都比较好。这种神圣的和理智的统治最好来自个人内心,来自他自身,但若缺乏这种统治,就要从外部强加于他,为的是我们大家能尽可能成为亲朋好友,因为我们的统治和引导是一回事。是吗?

E　　他说,是的,你说得很对。

　　我说,制定法律的目的显然就是为了让国家的所有等级都成为盟友,我们对儿童进行管教的目的也在于此。我们不让他们自
591　由,直到我们已经在他们身上建立了习惯性的自制为止。我们用自己心中最优秀的部分帮助他们,在他们心中培育出最优秀的部分,使之成为儿童心灵的卫士和统治者,只有到了那个时候,我们才让他们自由。

　　他说,对,这很清楚。

　　那么,格老孔,我们以什么方式、依据什么原则可以说,行事不正义、自我放纵,或者做那些使他变成坏,但能给他带来更多的财富或权力的可耻的事是对他有益的?

　　他说,没有办法。

B　　一个人做了坏事没有被发现,逃避了惩罚,这对他来说怎么会有好处呢?一个人做坏事而没有被发现会使他变得更坏,而一个人做坏事被发现了,就能使他的兽性部分受到约束和驯化,而他温

顺的部分也会释放出来,这样一来,他整个灵魂的本性就会回归最佳部分,达到一种节制、公义和智慧的更加难能可贵的状态。人的身体在获得力量、美貌和健康的时候也能达到可贵的状态,但灵魂的这种状态比身体的这种状态更加可贵,是吗?

他说,千真万确。

那么聪明人会尽一切努力,终生朝着这个目标前进。他从一开始就会重视那些能给他的灵魂带来这种品质的学习,而会轻视其他学问。　　　　　　　　　　　　　　　　　　　　　　C

他说,这很清楚。

我说,还有,他不仅不会醉心于养成身体方面兽性的、非理智的快乐,把生活的旨趣定在这个方面,而且也不会把健康定为自己的主要目标,更不会把寻求强壮、健康或美貌的方法放在首位,除非这些事情会给他带来精神上的节制,但是他会为了灵魂的协和而时刻调节身体的和谐。　　　　　　　　　　　　　　　　D

他答道,如果要成为一名真正的音乐家,他务必这样做。

他不也应当以同样的方式去处理他拥有的东西,使之有序与和谐吗? 他不会因为众人的恭维而变得忘乎所以,也不会无限地聚敛财富,给自己带来无穷的危害,是吗?

他说,是的,我认为他不会这样做。

我说,他宁可凝视自己灵魂的构成,小心加以照料和监察,免　　E
得因为财富过多或缺乏而引起灵魂的纷扰,他会按照这一原则尽可能补充或散去一点自己的财富,以保持灵魂的常态。

他说,确实如此。

在荣誉和职位方面,他也遵循同一原则。凡是能使他变得更　　592
好的荣誉和职位,他会乐意接受和参与,但在公共与私人生活中,他会尽量避开那些会破坏自己灵魂已有习惯的事情。

他说,如果这就是他主要关心的事,那么他不会自觉自愿地参与政治。

　　我说,我以埃及神犬的名义起誓,在他自己的城邦里他肯定愿意参与,但要是那个城邦不是他的出生地,那么要说他愿意参与,除非出现神迹。

　　他说,我明白。你说的城邦指的是我们已经描述过该如何建
B 立的那个城邦,这个城邦是这种人的家,是一个理想的城邦,但我认为世界上任何地方都找不到这样的国家。

　　我说,那好吧,也许在天上有这样一个国家的模型,愿意的人可以对它进行沉思,并看着它思考自己如何能够成为这个理想城邦的公民。至于它现在是否存在,或是将来会不会出现,这没有什么关系。反正他只有在这个城邦里才能参与政治,而不能在别的任何国家里参与。

　　他说,好像是这么回事。

第 十 卷

595　　我说,出于其他方面的许多考虑,我确实认为我们对这个国家的建构是完全正确的,尤其是对诗歌的处理。

　　他说,怎么个处理法?

　　我认为,这个国家要拒绝接受大部分诗歌,因为它们是模仿性
B 的。由于我们现在已经区别了灵魂的几个组成部分,拒绝接受模仿的理由也就更加明显了。

　　你这是什么意思?

　　就在我们中间说说吧,我想你们大概不会把我出卖给悲剧诗人或其他模仿者。这种艺术对所有那些不懂诗歌真实性质的听众来说,似乎都会腐蚀他们的心灵。

　　他说,你这样说到底想表示什么?

我说,尽管我从小就对荷马怀着热爱和敬畏之心,不愿说他的
坏话,但我现在不得不直说了。因为他好像是所有悲剧的第一位　C
教师,首创了悲剧之美。然而,我们毕竟不能把对一个人的尊敬看
得高于真理,而应该像我刚才说的那样,把心里话讲出来。

他说,务必如此。

那么你注意听,或者说请你回答我的问题。

他说,你问吧。

你能不能告诉我,一般说来,什么是模仿? 你要知道,我自己
也不太清楚模仿的目的何在?

他说,要是连你都不懂,我怎么会懂呢!

我说,说你比我懂其实也没什么可奇怪的,因为经常有这样的　596
事,视力差的人比视力好的人看得更清楚。

他说,是这样的,但是在你面前,哪怕我能看到向我显现的东
西,也不急于告诉你。你还是自己考虑吧。

那么还是按我们通常的步骤来考察,行吗? 我想,我们习惯于
为多种多样的同类事物确定一个类型,并用这个类型的名称来称
呼这些事物。你明白吗?

我明白。

现在让我们以你喜欢的任何一类杂多的事物为例,比方说有　B
许多床和桌子。

当然可以。

但我认为只有两个类型可以用于这些家具:一个是床的类型,
一个是桌子的类型。

是的。

我们也习惯于说,制造床和桌子的匠人用他们的眼睛注视着
它们的类型,把我们使用的床和桌子制造出来,其他事物也一样,
不是吗? 但是类型本身肯定不是匠人制造的。匠人怎么可能造出

类型来呢?

绝无可能。

C　　现在考虑一下,你会给这位匠人起个什么样的名称?

哪一位匠人?

一位万能的工匠,能制造各种匠人所制造的一切。

你讲的这位工匠真的非常能干,简直神了。

啊,等一下,你确实可以这么说,因为他不仅能够制造各种用具,而且还能制造一切植物和动物,包括他自己,此外还能制造天、地、诸神,还有天上的各种东西以及冥府间的一切。

D　　他说,真是一位最神奇的智者!

我说,难道你不信? 告诉我,你是否根本否认有这样一位工匠,或者说,你是否在某种意义上承认可以有这样一位万物的创造者,在另一种意义上又认为没有这样一位创造者呢? 或者说,你难道不明白你自己也能在某种意义上以某种方式创造一切吗?

他说,告诉我,我能以什么样的方式创造一切。

我说,这一点也不难,匠人可以到处制造,而且造得很快。如

E　果你拿上一面镜子到处照,那么这是最快的方式了。你能很快地造出太阳和天空中的一切,也能很快地造出大地和你自己,以及其他动物、用具、植物和我们刚才提到的一切。

他说,是的,但它们都是影子,而不是实体和真相。

我说,好极了,你的话正巧有助于我们的论证。因为我认为画家也属于这一类制造者,是吗?

当然是的。

但我想你会说,他的制造不是真正的制造。然而,他确实以某种方式造出一张床来,难道不是吗?

他说,是的,他制造了一张床的影子。

　　木匠怎么样? 你刚才不是说他不能制造床的类型,而只能制

造某些具体的床,而我们把床的类型视为真正的床、床本身,是吗?

是的,我说过。

如果他不能制造真正的事物,那么他就不能制造真正的存在,而只能制造与真正的存在相似,但并非真正的存在的东西。但若有人说木匠或其他手艺人的作品是完全意义上的存在,那么他的话好像是错的。

他说,那些不善于进行这种推理的人可能会有这种观点。

那么要是有人说这种东西① 与实在相比也只不过是一种暗　　B
淡的阴影,那么我们一定不会感到吃惊。

不会,我们一定不会吃惊。

那么,我们要不要使用这些例子来研究这位模仿者的真正本质呢?

他说,随你的便。

那么我们有了三张床。我认为,一张床从本质上来看,我们得说是神造的。或者说你认为是别的什么造的吗?

我不认为是别的什么造的。

另一张床是木匠造的。

他说,是的。

还有一张是画家画出来的,是吗?

就算是吧。

那么,画家、木匠、神这三位制造者与三张床分别对应。

是的,是这三者。

那么,神出于自愿或由于某种压力不在那张本质的床之外再　　C
制造其他的床,所以他只制造一张本质的床,真正的床,床本身。而另外两张床绝对不是神制造的,也不是神让它们产生的。

---

① 指上文所说的木匠制造的床一类的东西。

他说,为什么会是这样?

我说,这是因为,要是神应当制造两张床,那么就会有第二张床出现,而且两张床都会拥有床的类型,这个床的类型才是真正的床,是床本身,而那两张床则不是。

他说,对。

D　因此我认为神知道这一点,并且希望自己成为真实的床的真正制造者,他不想制造那些具体的床,成为那些具体的床的制造者,所以他就只造了惟一的一张床。

看起来是这么回事。

那么我们要不要把神称作床之真实性或本性的创造者,或者用某个同类的名字称呼他?

他说,这个名称肯定正确,因为这张床是由神创造的,神创造了床的本质,其他一切事物的本质也是由神创造的。

木匠怎么样? 我们难道不可以把他叫做床的制造者吗?

可以。

我们也可以称画家为这类东西的创造者或制造者吗?

绝对不行。

那你说他与那张床是什么关系?

E　他说,他是那些由其他人制造出来的东西的模仿者,在我看来这个称号对他来说是最合理的。

我说,很好。你把和那本质隔着两层的作品的制造者称作模仿者,是吗?

他说,务必如此。

这个说法也可用于悲剧的制造者,要是悲剧家是模仿者,他的本质与真正的国王① 或真理隔着两层,就像其他所有模仿者

---

① 这里国王一词是比喻性用语,"国王"表示"最高的"。

一样。

似乎是这么回事。

那么关于模仿者我们已经有了一致意见。现在请你告诉我，这位画家在具体处境中努力模仿的是什么，是每一事物本身还是匠人的作品？ 598

他说，匠人的作品。

那么他模仿的是事物的实在还是事物的影像？这是需要进一步明确的。

他说，我不明白你的意思。

我的意思是，一张床会随着你看它的角度不同而有异于它自身吗，比如从侧面看、从前面看，或者以其他任何方式看？或者说尽管床显示的样子不同，但与它自身根本没有什么不同，其他事物也莫不如此，是吗？

他说，是这么回事。它的样子显得不一样，但实际上并没有什么不同。 B

那么请考虑下面这个要点。在具体的绘画中，画家是在对实在本身进行模仿呢，还是在对实在显示出来的影像进行模仿？绘画是对影像的模仿，还是对真相的模仿？

他说，是对影像的模仿。

那么模仿术远离真相，而且这似乎正是它能制造一切的原因，因为它只触及或把握对象的一小部分，亦即触及对象的影像。举例来说，一名画家能给我们画一个鞋匠、一个木匠，或别的什么工匠，尽管画家本人对这些技艺并不在行，但若他是个优秀的画家，只要他把他的木匠肖像远远地陈列在那里，那么还是能够欺骗一些小孩和蠢人，使他们相信那幅画就是一个真正的木匠。 C

我们没有理由说他不能。

不管怎么说，我的朋友，我认为在各种情况我们都应该牢记：

要是有人告诉我们说他遇到过一个无所不能、无所不知、精通一切技艺的人,那些只有行家才懂的事情他也懂,任何事情他都比别人

D 更清楚,那么听了这些话我们必须对这个人说,你真是一个头脑简单的人,你遇到的显然是魔术师或善于模仿的人,你上了他的当,以为他无所不知,无所不能,这是因为你自己缺乏能力,不能证明和区别知识、无知和模仿。

他说,你说得很对。

我说,那么我们下面要做的事就是对悲剧及其领袖荷马进行

E 仔细的考察,因为有人告诉我们这些诗人懂得一切技艺,也懂得一切与善恶相关的人事,还懂得一切神事。他们一定会争辩说,要是好诗人能正确地创造事物,那么他在创造的时候一定伴有知识,否则他就不能创造。所以我们必须考虑这些争辩者是否碰上了魔术

599 师般的模仿者,受了他们的骗,以至于看不出他们的作品与真正的实在还隔着两层。若是没有关于真理的知识相伴,其实也很容易创造。因为他们创造的是影像,而不是真正的实在。或者说,这些争辩者讲的话还有些道理,优秀的诗人对自己描述的事物确有真知,听众都认为他们讲得很好?

他说,我们确实必须对此进行考察。

那么你认为,如果一个人既能制造模型又能制造仿制品,那么他还会醉心于制造影像,并以此作为今生最重要的工作和最珍贵的东西吗?

B 我不这样看。

但我认为,要是他对自己模仿的事物拥有真正的知识,那么他一定会献身于这些真正的事物,而不会热衷于对真实事物的模仿。他会努力为后世留下许多高尚的行为和作品,作为自己身后的纪念。他更渴望成为受到称羡的对象,而不会热衷于做一个称羡者。

他说,我同意,因为荣誉和利益并不相等。

那么,我们不要求荷马或任何其他诗人为我们解释其他问题。我们不会向他们发问:你们当中是否有人是医生,而不仅仅是模仿医生说话的人? 是否曾有哪位诗人,古时候的或现在的,帮助什么人恢复过健康,就像阿斯克勒庇俄斯一样? 或者你们是否身后也留有掌握医术的学生,就像阿斯克勒庇俄斯对他的后代一样? 我们不要和诗人谈论其他技艺,也不向他们提出关于这些技艺的问题。我们只涉及荷马谈论过的他所关心的最重要、最美好的事情,例如战争、统帅、城邦的治理、人的教育,等等。我们这样向他提问肯定是公平的:"亲爱的朋友荷马,如果你在才干方面并非与真理和实在隔着两层,不是我们所说的那种只制造影像的模仿者,而是只隔着一层,知道什么样的教育和训练能使人在公私生活中变好或变坏,那么就请你告诉我们,有哪一个城邦是因为你而被治理好了的? 比如,拉栖代蒙治理得好是因为有莱喀古斯,其他大大小小的城邦治理好了也是因为有其他立法者。但是有哪一个城邦把你说成是一位优秀的立法家,有益于那里的民众? 意大利和西西里把这一点归功于卡隆达斯,① 我们说我们的城邦治理得好是因为梭伦。但是有谁曾归功于你?"面对这个问题, 荷马能答得上来吗?

格老孔说,我认为他答不上来。不管怎么说,连荷马的崇拜者也一个都不曾提到过他有这种功绩。

好吧,那么荷马时代有哪一场战争是由他指挥或策划的?

这方面的传说一个也没有。

好吧,人们通常期待一个人在处理实际事务方面表现得聪明。你可曾听说过荷马在技艺和人生事务中有许多精巧的发明,就像

---

　　① 卡隆达斯(Charondas),公元前 5 世纪西西里的立法家,曾经为其家乡和意大利的许多城邦立法。

米利都的泰勒斯[1] 和司奇提亚人阿那卡尔西斯?[2]

我一样也没有听说过。

B 如果荷马从未担任过什么公职，那么你有没有听说过他生前是一个从事教育的老师，学生们乐意跟随他游历，并在死后将某种荷马的生活方式传给后人，就好像毕泰戈拉[3] 因为这方面的事迹而备受尊敬，他的继承者时至今日还在把某种生活方式称作"毕泰戈拉的生活方式"，以这种生活方式而著称于他们的同时代人?

没有，我从来没听说过荷马有这种事。苏格拉底，据说荷马有个朋友叫克瑞奥菲鲁斯，但若把他当作接受荷马教育的一个代表
C 人物，那么这种说法也许比他的名字更加显得可笑。据说这位荷马的朋友在世的时候就完全否定荷马。[4]

我说，对，是有这样的传说。但是，格老孔，如果荷马真的能够教育人，使人变好，拥有真正的知识而非模仿术，那么你难道不认为他可以赢得许多同伴，得到他们的尊敬和热爱吗? 阿布德拉的普罗泰戈拉、开奥斯的普罗狄科，还有其他许多人，都能通过私人
D 教育使他们的同时代人确信，除非接受智者的教育，否则就不能管理好他们的家庭或城邦。他们依靠这种智慧，赢得了民众深深的敬爱，只差没把他们扛在肩上行进了。然而，荷马要是真的能够帮助人们获取美德，他的同时代人还能让他，或赫西奥德，流离颠沛，

---

① 泰勒斯(Thales)是公元前 6 世纪古希腊最早的哲学家，有多项科技发明。米利都(Miletus)是伊奥尼亚的一个希腊殖民城邦。

② 第欧根尼·拉尔修提到阿那卡尔西斯(Anacharsis)是锚和陶轮的发明者。参阅《著名哲学家的生平和学说》第 1 卷，第 105 节。

③ 毕泰戈拉(Pythagoras)公元前 6 世纪希腊哲学家，毕泰戈拉学派的创始人，曾组织毕泰戈拉盟会。

④ 克瑞奥菲鲁斯(Creophylus)是最早的希腊史诗作家之一，生于萨摩斯(Samos)，据说是荷马的朋友。他的名字的字面含义是"食肉部落的人"。

卖唱为生吗？人们难道不会依依不舍，把诗人看得胜过黄金，强留他们住在自己家中？万一留不住，人们也会追随他，陪伴他，直到　E
充分接受他们的教育为止，是吗？

他说，苏格拉底，我觉得你的话完全正确。

那么我们是否可以确定，从荷马开始的诗人这一族都是美德影像的模仿者，或者是他们"制造的"其他事物的影像的模仿者。他们完全没有把握真相，而是我们刚才所说的那种画家。这种画　601
家本人虽然对鞋匠的手艺一无所知，但能画出像是鞋匠的人来，只要他自己以及那些只依据外形和颜色判断事物的人觉得像鞋匠就行了，是吗？

确实如此。

同样，我还认为，诗人本人除了知道如何模仿外一无所知，他只是在用语句向那些听众绘声绘色地描述各种技艺，而听众们和他一样对他描述的事物一无所知，只知道通过语辞来认识事物，无　B
论描述的技艺是制鞋还是统兵，诗人总是按照诗歌的节奏和韵律讲述，因此听众们认为诗人的言辞是最出色的。这些有着天然装饰的咒语具有巨大的影响力，但若剥去诗歌的音乐色彩，只剩下诗歌本身，那么诗人的语言将会变成什么样子我想你是知道的。我相信，你已经对诗歌进行过观察。

他说，我观察过了。

我说，它们难道不像年轻人的脸孔，虽然年轻但并不具有真正的美，一旦青春逝去，也有容华尽失了？

他说，确实如此。

我说，那么再来考虑下一个要点。我们说影像的创造者，亦即　C
模仿者，全然不知实在而只知事物外表。是这样的吗？

是的。

让我们把这一点说完，不要半途而废。

他说,请继续说。

我们说,画家既能画缰绳,又能画嚼子,对吗?

对。

但是能制造这些东西的是皮匠和铜匠,是吗?

当然。

那么画家也知道缰绳和嚼子具有什么样的恰当性质吗? 或者说,连制造这些东西的皮匠和铜匠也不知道,只有使用这些东西的骑手才知道?

非常正确。

我们可否说这个道理对一切事物都适用?

D　　你这是什么意思?

有三种技艺和每一事物都相关:使用者的技艺、制造者的技艺和模仿者的技术。

对。

那么一切器具、生灵和行为的善、美、正确都只与它们的用途有关,这些东西不都是因为有用才被制造出来或在自然中产生的吗?

是这么回事。

E　　那么从中必然可以推论,任何事物的使用者凭着经验乃是最了解该事物的人,使用者把他在使用中看到的事物的性能好坏告诉该事物的制造者。例如,吹长笛的人把各种长笛在演奏中表现出来的性能告诉长笛制造者,向制造者定制某种长笛,而制造者则按照他的吩咐去制造。

当然。

那么我们可以说这两个人中一个人拥有知识,能说出笛子的好坏,而另一个人相信他的话,按照他的要求去制造。

是的。

那么就某一器具来说,制造者对这种器具的好坏拥有正确的信念,因为制造者在和拥有真知的人交往,而且被迫听从他的话,而使用者拥有真正的知识。

没错。

那么模仿者能从经验和使用中得到关于自己所描绘的事物是否美丽或正确的知识吗,或者说,由于他不得不与拥有真知的人交往,听从后者关于正确制造的要求,因此拥有正确的意见,是吗?

他既不可能拥有真知,也不可能拥有正确的意见。

那么模仿者对于自己模仿的优劣既无真知,也无正确的意见。

好像是这样的。

那么,就他在创造中所拥有的真正智慧而言,作为一名模仿者的诗人的心灵状态是最迷人的。

根本不迷人。

尽管不知道自己作品的优劣,但他还是一个劲地模仿下去。在那些无知民众的眼中,他模仿出来的东西还是很美的。

还能不这样吗?

那么看来在这一点上我们已经取得了一致意见,模仿者对于他自己模仿的东西并不具有什么有价值的知识,模仿只是一种游戏的形式,不能当真,那些想要尝试悲剧创作的人,无论是用抑扬格还是用史诗格,充其量都只是模仿者。

必定如此。

那么我以上苍的名义起誓,模仿位于和真理隔着两个层次的第三级,是吗?

是的。

还有,人的什么要素与模仿的功能和潜力相关?

你在说什么?

我的意思是说,同一样东西从远处看和从近处看,在人的眼睛

602

B

C

里显得不一样大。

是的,不一样大。

D　　同一事物在水里看和在水面上看曲直不同,或者说由于视觉对颜色产生同样的错误,同一事物的外表看起来会凹凸不同,而我们的灵魂显然也会有诸如此类的混乱。绘画就像魔术和其他各种类似的把戏一样,正是利用了我们天性中的这个弱点。

对。

测量、计数和称重已被证明是对这些弱点最好的补救,可以防止我们的灵魂受到"好像比较大","好像比较小"、"好像比较多"、"好像比较重"这类观念的支配,而把支配权赋予确定的数量、数字和重量,是吗?

E　　确实如此。

计量肯定是灵魂理性部分的功能。

对,是这部分的功能。

但经常有这样的事,当它量出某个事物比其他事物大些、小些,或相等时,在同一时刻这个事物看上去正好相反。

是的。

但我们不是说过,对同一事物同时具有正好相反的看法是不可能的吗?

我们肯定这一点,这样做是对的。

603　　那么对度量产生相反意见的那部分灵魂与对度量产生相同意见的那部分灵魂不可能是同一部分。

不可能。

进一步说,信赖度量与计算的那部分灵魂是最优秀的。

一定是的。

因此,与之相反的那部分灵魂是最低劣的。

必定如此。

在完成它的任务时,诗歌,以及一般的模仿术创造出来的东西是远离真实的,与之相关联的则是我们灵魂中远离理智的那个部分,它们之间的交往就像是心怀鬼胎的同伴或朋友。之所以说这些话,我就是想要达到上面那个结论。

他说,务必如此。

那么,模仿术乃是卑贱的父母生出来的卑贱的孩子。

看来是的。

我说,这个道理只适用于视力和听力,或是也适用于我们所说的诗歌?

他说,可能也适用吧。

那么让我们不要只相信从绘画的类比中得出来的看法,而要转过来面对模仿的诗歌所诉诸的那部分心灵,看它到底是卑贱的还是高贵的。

我们必须这样做。

让我们以下面这种方式提问。我们说,模仿性的诗歌模仿人们被迫的或自愿的行为,在这样做的时候,他们假定自己交了好运或厄运,并且感受到悲哀或欢乐。除了这种结果,我们还能找到别的什么吗?

别无其他。

那么一个人是否在所有这些感受中都只有一个心灵,或者说,就像由于视觉出现混乱和纷争,一个人在同一时间对同一事物会有对立的看法一样,一个人在行为中也会出现分裂和自我冲突呢?不过,我想起来了,在这一点上我们现在没有必要再去寻求一致,因为我们在前面的讨论中已经充分取得一致意见了,我们的灵魂在任何时候都充满着无数的自相矛盾。

他说,对。

我说,对,是没错,但我想我们必须把当时省略掉的内容补上。

E　　　他说,什么内容?

　　　我说,我相信,我们在前面说过,当遇到不幸的时候,比如失去儿子或别的什么最心爱的东西,一个优秀的、理性的人会比其他人更容易承受不幸。

　　　确实如此。

　　　现在让我们来考虑这样一个要点:这是因为他不觉得痛苦呢,还是说,他不可能不感到痛苦,而只是因为他对他的悲伤能够加以节制?

　　　他说,后一种说法才是正确的。

604　　　现在请你告诉我,你认为他在哪一种场合下更会克制他的悲伤,是当着众人的面,还是在他独处的时候?

　　　他说,在众目睽睽之下,他更会克制自己。

　　　我想,当他独处的时候,他会允许自己说出许多话来,这些话要是别人听到会丢他的脸,也会做出许多不愿被别人看到的事情来。

　　　他说,是这样的。

B　　　鼓励他抗拒悲哀的是理性与法律,而怂恿他对悲伤让步的是纯粹的情感,难道不是吗?

　　　是的。

　　　一个人面对同一事物会同时表现出两种对立的力量,那么我们可以说他身上必定要有两种成分。

　　　当然要。

　　　一种成分在法律对它进行指导时打算听从法律的指导,难道不是吗?

　　　怎么会这样呢?

　　　我想法律会对它说:遇到不幸时你要尽可能保持冷静而不要
C　　急于诉苦,这样做是最好的,因为这类事情的好坏是不得而知的,哪怕你不克制也无济于事,尘世的生活本来就没什么大不了,更何况悲伤只能妨碍我们在这种情况下尽快取得我们所需要的帮助。

他说,你指的是什么帮助?

我说,周密地思考所发生的事,就好比掷骰子,骰子落下知道掷出的点数以后要决定下一步怎么办,在这种情况下按理性的指示去办是最好的办法,而不能像小孩摔倒受了伤一样,在啼哭中浪费时间。一定要使灵魂养成习惯,能够尽快地设法治疗伤痛,以求消除痛苦。　　D

他说,这的确是面对不幸加以处置的最佳办法。

那么我们说,我们身上最优秀的部分愿意接受理性的训诲。

显然如此。

我们是不是也得说,那个一味引导我们生活在痛苦的回忆之中,只知叹息而不能充分取得帮助的那个部分,是无理性的、无益的,与懦弱联系在一起?

是的,我们应当这样说。

还有,我们那个不冷静的部分为模仿提供了多种多样的机会,　　E
而那理智的、有节制的精神几乎总是保持原样,不容易被模仿,模仿了也不容易看懂,尤其不易被那些涌到剧场里来的那些乌七八糟的人看懂,不是吗? 因为在这种情况下被模仿的是一种他们所不熟悉的精神类型。

必定如此。

从事模仿的诗人与灵魂的这个优秀部分无关,即使想要赢得　　605
观众的好评,他的技巧也不是为了让灵魂的这个部分高兴,而是与暴躁多变的性格相连,因为这种性格很容易模仿,是吗?

显然如此。

出于这种考虑,我们可以正当地把诗人拿来与画家并列,因为像画家一样,诗人的创造真实程度很低,因为事实上他的创作诉之　　B

于灵魂的低劣部分,而非诉之于灵魂的最佳部分,这是另一个相同点。我们终于可以说,不让诗人进入治理良好的城邦是正确的,因为他会把灵魂的低劣成分激发、培育起来,而灵魂低劣成分的强化会导致理性部分的毁灭,就好比把一个城邦的权力交给坏人,就会颠覆城邦,危害城邦里的好人。以同样的方式我们要说,模仿的诗

C 人通过制造一个远离真实的影像,讨好那个不能辨别大小、把同一事物一会儿说成大一会儿说成小的无理性的部分,在每个人的灵魂里建起一个邪恶的体制。

确实如此。

但是我们还没有指控诗歌的主要罪状。它具有强大的腐蚀性,甚至连优秀人士也要高度警惕,因为很少有人能够避免它的腐蚀。

如果它确实具有这样的力量,那么还会有别的什么结果吗?

D 请注意听,仔细想一想。当我们听荷马或者某个悲剧诗人模仿一位悲伤的英雄,长时间地悲叹吟唱,或者捶打自己的胸膛的时候,那么你知道,在这种时候即使我们中间最优秀的人也会抱着同情心热切地聆听,同时感到快乐,像着了迷似的,我们还会赞扬能用这种手段最有力地拨动我们心弦的诗人是一位杰出的诗人。

我当然知道。

然而你也知道,在现实生活中要是遇到什么不幸,我们就会反过来,以能够承受痛苦、保持平静而自豪,相信只有这样做才是一

E 个男子汉的品行,而我们过去在剧场里所赞扬的乃是妇道人家的行为。

我确实也注意到了。

我说,这种品行我们非但不会接受,而且还会感到可耻,然而在剧场里我们非但不厌恶这种表演,而且还要以此为乐,批准它上演。你认为我们对这种行为的赞扬有道理吗?

他说，不，我以宙斯的名义起誓，看起来没什么道理。　　　606

我说，不知你是否愿意以这样的方式来思考这个问题。

什么方式？

请这样想。在前一个例子中，亦即在现实生活中遇上不幸，灵魂中的那个部分受到强制性的约束，想要痛哭流涕以求发泄，这是一种本性的需要，诗人的表演可以满足我们身上的这种成分，使之感到快乐，而在这个时候，我们本性中的最优秀的成分由于从来没　　　B
有受到过理性甚至习惯的教育，会放松对哭诉的警惕，理由是它只是在看别人受苦，这个人宣称自己是好人，但沉浸在痛苦之中，赞扬和怜悯这种人并不可耻。此外，它还认为自己得到的这种快乐非常好，不能因为反对全部诗歌而让这种快乐一起遭殃。我认为，这是因为很少有人能够想到，别人的感受也会不可避免地影响我们自己。在那种场合下滋长起来的悲哀之情，轮到我们自己受苦时就不容易制服了。

他说，非常正确。　　　C

同样的原则不也适用于使人发笑的表演吗？我说的是喜剧表演，尽管你自己本来羞于开玩笑，但在观看喜剧或在日常谈话中听到滑稽的笑话时，你不会嫌它粗俗，反而觉得非常快乐，这和怜悯别人的痛苦不是一回事吗？因为在这里，你的理性又由于担心别人把你看成小丑，因而在你跃跃欲试时压制了你说笑话的本能，而在剧场里就放任自流了。你知道，长此以往，你自己也就受到感染，以至于在私人生活中也成为一名喜剧家。

他说，确实如此。　　　D

我们说，爱情、愤怒，以及心灵的其他各种欲望和苦乐与我们的所有行为相伴随，诗歌在模仿这些情感时对我们也起着同样的作用。当我们必须让这些情感枯萎死亡的时候，诗歌却在给它们浇水施肥；当我们必须统治情感，以便我们可以生活得更美好、更幸福,而不是更糟糕、更可悲时,诗歌却让情感统治了我们。

E　　　他说,我不否认这一点。

　　　我说,那么格老孔,当你遇见颂扬荷马的人,他们说荷马是希
607 腊的教育者,我们应当在人生修为方面向他学习,应当按照这位诗
人的教导来安排我们的全部生活,在这种时候,你必须敬爱和尊重
说这种话的人,因为这已经是他们的最高认识了。你还要向他们
承认,荷马的确是最高明的诗人和第一位悲剧家。但我们必须明
白这个真理,只有歌颂神明和赞扬好人的颂歌才被允许进入我们
的城邦。如果你允许甜蜜的抒情诗和史诗进入城邦,那么快乐和
痛苦就会取代公认为至善之道的法律和理性,成为你们的统治
者。

　　　他说,非常正确。

B　　　现在让我们结束对诗歌的再次讨论,总结一下我们的申辩,肯
定我们确实有很好的理由把诗歌从我们的城邦里驱逐出去,因为
诗歌确实具有这样的特点。理性要求我们这样做。但为了不让诗
歌责怪我们过于简单粗暴,让我们进一步对它说,哲学和诗歌之间
的争吵古已有之。什么"对着主人狂吠的狗"、"咿哑学语的婴儿中
C 的巨人"、"穷鬼中的精明之士",① 以及其他无数说法都是这种争
吵的证据。尽管我们仍旧要声明:要是消遣的、悦耳的诗歌能够证
明它在一个管理良好的城邦里有存在的理由,那么我们非常乐意
接纳它,因为我们自己也能感受到它的迷人,但是要背弃我们相
信是真理的东西总是不虔诚的。我的朋友,难道不是这样吗? 你
D 自己难道没有感受到它的魔力吗,尤其是荷马本人在吟诵的时
候?

　　　它的魔力大得很。

---

　　① 这些引语出处不明。

那么,当诗歌用抒情诗或用别的什么格律为自己作了辩护之后,它难道不可以公正地从流放中回来吗?

当然可以。

我们也要允许诗歌的拥护者用无韵的散文为它申述,他们自己不是诗人,但爱好诗歌,他们会说,诗歌不仅令人娱悦,而且有益于有序的管理和全部人生。我们将仁慈地聆听他们的申诉,如果他们能够说明诗歌不仅带来快乐,而且带来利益,那么诗歌显然对我们是有益的。

他说,我们怎样才能有所收益呢?

你别急,我的朋友,他们也可能说不出理由来。这就好比落入情网的恋人,当他们发现这种爱情对自己不利时就想冲破情网,无论这样做有多么不易。在这些美好制度的教育下,我们已经养成对诗歌的热爱,因而乐意听到他们能提出尽可能有力的理由来证明诗歌的善与真;但若他们做不到这一点,我们仍旧要在心中对自己默念一遍我们的理由,作为抵御诗歌之魅力的箴言,以免堕入众人那种幼稚的热爱。因为我们已经看到一定不能把诗歌当作一种能把握真理的严肃的事情来看待,那些聆听诗歌的人一定要在心中警惕,不要让诗歌对他灵魂的构成起不良影响,一定要相信我们已经说过的那些对诗歌的看法。

他说,我同意,务必如此。

我说,亲爱的格老孔,这场斗争是重大的,其重要性远远超过我们的想象,决定着人的善恶,因此不要让荣誉、财富、权力迷惑我们,也不要受诗歌的诱惑,以免使我们对正义和一切美德漫不经心。

他答道,依据我们已经提出的理由,我同意你的结论,我想其他人也会同意。

我说,然而我们还没有讨论美德的最大回报和应得的奖励呢。

他答道,如果还有什么别的东西比我们已经讲过的事情更加重大,那么你心中的想法真是深不可测。

我说,短短的时间哪能说出什么重大的事情? 因为与整个时间相比,一个人从小到老终其一生也还是很短的一瞬。

他说,对,确实微不足道。

那么我们该怎么办? 你认为不朽的事物只应当与这短短的一 D 瞬有关,而不和整个时间相关吗?

他说,我认为它应当和整个时间相关,但这个不朽事物你指的是什么呢?

我说,你难道不明白我们的灵魂是不朽、不灭的吗?

他满脸惊讶地看着我说,以宙斯的名义起誓,我真的不知道,你打算这样主张吗?

我说,我必须这样做,我想你也应该这样做,因为这并不困难。

他说,但对我很难,不过我还是乐意听你说一说这个不难的主张。

我说,请听。

他答道,你尽管说吧。

你谈论过善与恶,是吗?

是的。

E 你对它们的看法和我相同吗?

你怎么看?

凡能带来毁灭和腐败的就是恶,凡能保存和带来益处的就是善。

他说,对,我也这样想。

你对这一点怎么看? 是不是每一具体事物都有专门的善与 609 恶,比如眼睛发炎、身体得病、粮食发霉、木头腐烂、铜铁生锈,依我看,实际上一切事物都有先天的恶或病,对吗?

他说,对。

当某种恶附着于某个事物,它会使这个事物整个儿地变坏,最终导致崩溃和毁灭吗?

当然会。

那么是每一事物先天的恶或它自身的恶毁灭了该事物,或者说,如果这种恶不能毁灭该事物,那就不会再有别的什么东西能毁灭它了。这是因为善显然决不会毁灭任何事物,而中性的东西或既不善又不恶的东西也不会毁灭任何事物。　　　　　　B

他说,中性的东西怎么能带来毁灭呢?

要是我们发现有某样事物虽有一种恶在腐蚀它,但却不能使之崩溃或毁灭,那么我们就可以知道如此构成的事物是不可摧毁的,对吗?

他说,好像是这么回事。

我说,那么有没有什么东西使灵魂邪恶呢?

他说,的确有,我们刚才列举的那些东西,不正义、无节制、胆　　C
怯、无知,都会使灵魂邪恶。

这些东西中有哪个能使灵魂崩溃或毁灭吗? 你仔细想一想,不要被误导,以为一个施行不义的、不正义的蠢人是被不正义毁灭的,不正义是灵魂的邪恶。其实倒不如这样去理解,就好像疾病作为身体的恶在削弱和毁灭身体,使之最终不再是身体,同理,在所有我们列举的例子中,是那些专门的恶附着于具体事物,对该事物　　D
进行腐蚀,最终使之不再是该事物。是这样的吗?

是的。

那么让我们也以同样的方式思考灵魂。不正义和居于灵魂中的其他邪恶,能够通过居于灵魂之中和依附于灵魂而腐蚀灵魂,直到最后使灵魂死亡,与肉体分离,是这样的吗?

他说,它们肯定做不到这一点。

我说,要是某事物自身之恶没有毁灭它,但却被其他事物之恶所毁灭,这种假设肯定是不合理的。

是的,不合理。

E 我说,格老孔,请你注意,有人说身体被食物之恶所毁灭,无论是食物发霉、腐烂,还是别的什么,但我们并不认为这个说法是恰当的,当食物之恶在人体中造成疾病时,我们会说身体毁灭的"原因"是这些食物,但毁灭身体的却是它自身的恶,也就是疾病。身610 体是一样事物,食物是另一样事物,我们一定不要指望身体会被食物之恶所毁灭,食物之恶是一种外来的恶,如果它不能造成属于身体本性之恶,也就是疾病,那就不可能毁灭身体。

他答道,你说得完全正确。

我说,按照同样的原则,如果说身体之恶不能在灵魂中产生灵魂之恶,那么我们也不能指望灵魂能被一个外来之恶,与其自身缺陷无关之恶所毁灭,也就是说,一事物不能被另一事物之恶所毁灭。

他说,这样说是合理的。

B 那么,我们要么必须拒斥这种观点,说我们弄错了,要么在这种观点还没有被驳倒的时候决不要说,由于发烧或别的什么疾病、被刀割断喉咙、整个身子被碎尸万段,结果使得灵魂灭亡这样的话,直到能够证明灵魂本身由于这些身体的遭遇而变得更加不正C 义或不神圣。当某事物之恶出现在另一不同事物中,但并没有在其中产生属于该事物的恶时,我们一定不要说灵魂或其他任何事物是以这种方式被毁灭的。

他说,你可以放心,没有任何人能证明死亡能使将死的灵魂变得更加不正义。

我说,但若有人为了避免被迫承认灵魂不朽而大胆地对此进行证明,说将死之人变得更加邪恶和更加不义了,那么我们会指出:如果他的话是对的,那么不正义对于拥有不正义的人确实是致命的,就像疾病致死一样,那些感染上不正义的人会死亡,因为不 **D**正义能通过他们的内在本性来杀死他们,不正义越多,人就死得越快,不正义越少,人就死得越慢,但当前的事实却不是这样,不正义者不是死于他自己的不正义,而是死于别人对他的不正义所施加的惩罚。

他说,对,我以宙斯的名义起誓,如果不正义对于它的拥有者是命中注定的,那么它就不会显得非常可怕,因为这样一来,它反倒是一种摆脱一切麻烦的解脱了。但我宁可认为它实际上正好相反,它是一个只要一有可能就会杀死其他事物的东西,还赋予它的 **E**拥有者活力,使之不仅活着,而且还很清醒,我认为就此而言,它与死亡无关。

我答道,你说得很好,因为当天生的恶和专门的恶不能杀死和摧毁灵魂,除了特定的事物之外,那个指定用来毁灭这个事物的恶更不能摧毁灵魂或其他事物。

他说,就可能性来说,确实更加不可能。

既然任何邪恶都不能毁灭它,无论是内在的还是外来的,那么 **611**它显然必定是永恒存在的;既然是永恒存在的,那么必定是不朽的。

他说,必定如此。

我说,关于这一点我们就假定如此。但若是这么回事,那么你会注意到这些灵魂一定总是保持老样子。我想,要是灵魂不会灭亡,那么灵魂就不会减少或增加。这是因为,如果某类不朽的事物增加了,那么新增的事物必定来自可朽的事物,这样一来也就表明一切事物都可以变得不朽。

你说得很对。

我说,我们一定不能有这种想法,因为理性不会容忍这种想

B 法,我们也一定不能相信灵魂是这样一种东西,其最真实的本性之中拥有无数的不同、不朽和矛盾。

他说,我该怎样理解你的话?

我说,一个事物如果由多种元素构成但又不以最佳方式合成,就像我们现在看到的灵魂那样,那么它要想不朽是不容易的。

是不容易。

但是,我们当前的论证以及其他证据都在迫使我们承认灵魂
C 不朽。[①] 要想知道灵魂的真实本性,我们一定不能像现在这样考察灵魂与肉体或其他邪恶混杂在一起的状态,而必须依靠理性的帮助,考察灵魂的纯净状态,然后你就会发现它要美得多,正义、不正义,以及我们刚才讨论过的所有问题也能区别得更加清楚。尽管我们已经讲了灵魂当前的真实情况,但我们所见的灵魂的样子
D 还是不能使我们对它的本性一目了然,就像看见海神格劳科斯[②],他原来的肢体由于多年被海水浸泡已经断裂破碎,身上又蒙着一层贝壳、海草和石块,以致本相尽失,看上去倒更像一个怪物。这就是我们所看到的灵魂,它被无数的邪恶糟蹋成这个样子。因此,格老孔,我们必须把目光转向别处。

转向哪里?

E 转向灵魂对智慧的热爱。我们必须注意灵魂渴望加以理解并与之交往的事物,因为灵魂与神圣者、不朽者、永恒者有亲缘关系,如果灵魂能毫无保留地追随这道微弱的光,在这束光线的引导下
612 从眼下沉没的深海中上升,除去身上的石块和贝壳,这个时候我们就能对灵魂进行思考了,而灵魂现在身上裹满了野蛮的尘俗之物,在尘世间游荡,这种状态还被人们视之为快乐。这时候,无论灵魂

---

① 此处提到的"其他证据"可参阅《斐多篇》和《斐德罗篇》。

② 格劳科斯(Glaucus)希腊海神,善作预言。

的形式是复合的还是单一的,无论它是个什么样子,我们都能看到
灵魂的真相。至于灵魂在我们人的今生会受到的痛苦,以及它会
具有的形象,我想我们已经描述得够清楚了。

他说,的确如此。

我说,那么我们已经满足了这个论证的其他要求,我们没有像　B
荷马和赫西奥德那样①祈求正义的报酬和美名,但我们已经证
明,对灵魂本身来说正义是最好的东西,无论灵魂有没有吉格斯的
戒指或哈得斯的帽子②,灵魂都必须行正义之事。

他说,你说得很对。

我说,那么格老孔,如果现在我们把人生前或死后来自人和神　C
的各种报酬和奖励归于正义和美德,这样做不再会有任何反对意
见了,是吗?

他说,肯定不会再有了。

那么你愿意把你在论证中从我这里借去的东西还给我吗?

请你说清楚,是什么东西?

我曾经允许你们说正义者被认为是不正义的,而不正义者被
认为是正义的,因为当时你们认为,尽管这种事情实际上瞒不过神
和人,但为了开始讨论,还是应当做出让步,以便能判明绝对的正
义和绝对的不正义。你还记得吗?　　　　　　　　　　　　　　　D

他说,如果我说不记得了,那么我是不正义的。

现在既然已经判明了正义和不正义,那么我代表正义要求你
把正义在诸神和凡人中实际享有的名声送回来,我要求人们尊敬

---

①　参阅本篇363B—C。

②　参阅本篇359D 以下,367A。吉格斯(Gyges)是希腊神话人物,有隐身
戒指。哈得斯(Hades)是希腊冥王,有隐身帽,见荷马:《伊利亚特》第 5 卷,第
845 行。

正义,使正义能够把那些似乎正义的人赢得的奖品收集起来,赠给那些真正拥有正义的人,因为我们已经证明她能够把真正的幸福赐予正义者,不会欺骗那些真正追求正义、赢得她的芳心的人。

E　　他说,这个要求挺公道。

我说,那么,我们首先要你归还的是,诸神并非不明白正义与不正义的真正性质,是吗?

他说,好吧,我们还给你。

既然瞒不了诸神,那么一种人是神所喜爱的,另一种人是神所憎恶的,① 我们一开始就对此有过一致的意见。②

是这样的。

613　　那么我们应该同意,来自诸神的一切都将尽力为诸神所钟爱的人造福,除非他的前世罪孽给他带来不可避免的邪恶,是吗?

我必须表示同意。

那么,这就是我们关于正义者的信念,无论陷于贫困、疾病,还是陷于别的什么不幸,最终都将证明这些事情对他的今生和来世

B　都是好事。因为他愿意并且热切地追求正义,在人力所及的范围内实践神一般的美德,而诸神一定永远不会忽视这样的人。

他说,这种人既然像神一样,理应不会被神忽视。

那么对不正义者,我们不是必须持有正好相反的信念吗?

理所当然。

这些就是诸神赐给正义者的胜利奖品。

他说,至少我是这样认为的。

我说,但正义者从凡人那里得到些什么呢? 如果我们面对现实,情况难道不是这样的吗? 那些很能干但又很邪恶的人不是很

---

① 参阅《斐莱布篇》39E。
② 参阅本篇 352B。

像那些前半段跑得很快，但后半段就不行了的运动员吗？他们一
开始跑得很快，但到后来就精疲力竭，跑完后遭到人们的嗤笑和辱　　　C
骂，被撵出操场，拿不到胜利花冠。而真正的运动员能跑到终点，
得到奖品并戴上花冠。正义者的结局不也是这样的吗？他的每个
行动、他与他人的交往，以及他的一生，最后都能从人们那里得到
荣誉和奖励。

确实如此。

那么，要是我说你们过去讲的不正义者的那些好处都要归于
正义者，你们能容忍我这样说吗？我要说，随着年龄增长，正义者　　D
只要愿意就可以担任城邦要职，愿意跟谁结婚就可以跟谁结婚，想
跟谁家联姻就可以跟谁家联姻，过去被你们说成是不正义者的好
处，现在我都可以说成是正义者的好处。我还要说，不正义者即使
年轻时没有被人看破，但他们中的大多数到了人生的最后阶段会
被抓住，受到嘲弄，他们的晚年会过得很惨，受到外邦人和本国同
胞的唾骂。他们将受到严刑拷打，承受各种刑罚，①　你正确地说　　E
过这些刑罚很难说出口。假定你们现在已经听我讲完了他们将要
遭受的一切，请你们考虑是否还能容忍我的看法。

当然能容忍，因为你的话是公正的。

这就是正义者活着的时候从诸神和凡人处得到的奖励、报酬　　614
和馈赠，此外还有正义本身赐予的幸福。

他说，这些东西是美好的、稳固的。

我说，但若与正义者和不正义者死后的遭遇相比，这些东西在
数量和大小上就算不上什么了。我们必须听一听关于这两种人的
故事，使我们每个人都能完全明白我们的论证所蕴涵的意义。

他说，你讲吧，让我这么乐意听的事情是不多的。　　　　　　　B

---

① 参阅本篇 361E。

　　我说,好吧,我讲给你听。我的故事不如讲给阿尔喀诺俄斯听的那个故事那么长①,讲的是潘斐利亚人阿尔美纽斯之子厄尔。厄尔在一次战斗中被杀死,死后第十天,已经腐烂的尸体被找到,运回家来。第十二天举行葬礼,当尸体被放上火葬堆时,他竟然复活了。后来他对人们讲述了自己在另一个世界所看到的情景。他

C 说,他的灵魂离开躯体以后,便和一大群鬼魂结伴前行,来到一个神秘的地方。那里的地上有两个并排的洞口,而与这两个洞口相对的天上也有两个洞口。判官们就坐在这天地之间,灵魂逐个儿从他们面前经过,接受审判,凡正义的便吩咐他走右边的路上天,

D 胸前贴着判决证书,凡不正义的便命令他走左边的路下地,背上也贴着表明其生前所作所为的标记。厄尔说,当他已经临近接受审判时,判官却委派他做一名给人类传递消息的使者,要他注意聆听和观察这里发生的一切,以便日后把这个世界的情况告诉人类。所以,后来他就把看到的事情都说了出来。他看到,灵魂在接受审判后纷纷离开,有的上天,有的下地,各走不同的洞口。也有灵魂从另一地下的洞口上来,风尘仆仆,形容污秽,同时也有灵魂从另

E 一天上的洞口下来,干净而又纯洁。这些不断到来的灵魂看上去都像是经过了长途跋涉,现在欣然来到一片草地,驻扎在那里,好像准备过节似的。熟悉的互致问候,从地下上来的向从天上下来的询问那里的情况,而从天上下来的则询问对方在地下的情况。它们相互讲述自己的经历,地下上来的讲着讲着就痛哭流涕,因为

615 他们回想起自己的可怕经历和一路上在地下见到的恐怖事情,它们在地下已经呆了一千年;而那些从天上下来的则谈论那些难以

----

　　① 阿尔喀诺俄斯(Alcinous)是一位国王,奥德修斯对他讲述了自己遇险的经历,后来"讲给阿尔喀诺俄斯听的故事"就成了长篇故事的代名词。参见《奥德赛》,第9—12卷。

言表的良辰美景。格老孔，我要是把它们全都说出来，那就太费时间了。简言之，厄尔告诉人们说，它们生前对任何人做过的错事，死后每一件都要受十倍的报应，也就是说它们每一百年要受一次惩罚，人的一生以一百年计，因此受到的惩罚十倍于所犯的罪恶。举例来说，假如有人曾经造成许多人的死亡，或者出卖过城邦和战友，使他们成为战俘，或者曾参与过其他罪恶勾当，那么他一定会为他所犯下的每一桩罪行遭受十倍的苦难；又比如，某人在世时曾做善事，是一个正义、虔诚的人，那么他也会因此而受到十倍的报答。厄尔还讲到那些刚出生便死去的婴儿，讲到崇拜诸神和孝敬父母的人得到更大的回报，不崇拜诸神和不孝敬父母的人受到更大的惩罚，还讲到自杀的人，等等，但这些事都不值得在此一提。厄尔说，他在那里听到有人问："阿狄埃乌斯大王在哪里？"这位阿狄埃乌斯正是此前整整一千年潘斐利亚某个城邦的暴君，据说曾杀死自己的老父和长兄，还有过其他许多不虔诚的行为。回答这个问题的人说："他没来这里，大概也不会来这里了。"这件事的确是我们所见过的最可怕的事情之一，当时我们就快要走出洞口了，我们所有的苦难就快要到头了，这时候我们突然看见他，还有其他一些鬼魂，我可以说他们大部分是暴君，也有少数是在私人生活中犯了大罪的。他们以为自己终于可以通过洞口走出去了，但实际上并非如此，凡是罪不容赦的或还没有受够惩罚的想要出洞，洞口就会发出吼声。有一些面目狰狞的野人守候在那里，他们能听懂洞口发出的吼声，把此时经过的鬼魂抓起来带走。像阿狄埃乌斯这样的人会被五花大绑，拖到路边，剥他们的皮，用荆条抽打。这些野人还把这些人为什么要受这种折磨的缘由，以及他们将要被抛进塔塔洛斯①的事情告诉不时从旁边走过的鬼魂。

① 塔塔洛斯(Tartarus)是希腊神话冥府中的无底深渊。

尽管我们遇到许许多多可怕的事情,但最可怕的还是担心自己想出去的时候听到洞口发出吼声,要是走出来的时候洞口没有

B 吼声,那就再高兴不过了。审判和惩罚的情况大体上就是这样,而与此对应的是给正义者的赐福。

每一群鬼魂在草地上只能住七天,第八天就要他们动身,继续上路。他们又走了四天,来到一个地方,从这里能看见一道笔直的光柱,自上而下贯通天地,颜色像彩虹,但比彩虹更加明亮和纯净。他们又朝着光柱的方向走了大约一天的路程,看见这道从天而降

C 的光柱有两个端点。这光柱就是诸天的枢纽,好比海船的龙骨,把整个旋转着的碗形圆拱维系在一起。那个"必然"的纺锤吊在光柱的顶端,所有球形天体的运转都以这道光柱为轴心。光柱和它的

D 挂钩是金刚石造的,圆拱是金刚石和其他合金的。圆拱的性质如下:它的形状就像人间的圆拱,但是按照厄尔的描述,我们必须想象最外边是一个中空的大圆拱。由外向内的第二个圆拱比第一个小,正好可以置于其中。第二个圆拱中间也是空的,正好可以放进第三个圆拱。第三个里面可以放进第四个,依此类推,直到最后第八个。这就好像木匠制造的套箱,大小不同的箱子形状相同,一个套一个。由于八个碗状的圆拱彼此里外契合,从上面看去它们的

E 边缘呈圆形,所以它们合起来就在光柱的周围形成一个连续的圆拱面,那道光柱笔直穿过第八个圆拱的中心。最外面的那个圆拱的边最宽,次宽的是第六个,其余依次是第四、第八、第七、第五、第

617 三,最窄的是第二个。最外层的那个碗边颜色最复杂;第七条边最亮,第八条边反射第七条的亮光,颜色同它一样;第二条和第五条边颜色彼此相同,但比前两条黄一些;第二条边颜色最白;第四条边稍红;第六条边次白。这些圆拱作为一个整体处于同一运动中,但在其内部,里面七层转得慢一些,方向和整个运动相反;第八层

B 转动得最快;第七、第六、第五层合在一起转动,速度其次;好像要

返回原处的第四层在他们看起来运动速度第三;第三层的速度排第四;第二层的速度排第五。① 整个纺锤在"必然"的膝上旋转,每一碗形圆拱的边口上都站着一位"塞壬",她们随着圆拱一起旋转,各自发出一个音,八个音符合在一起就形成一句和谐的音调。另外还有三位女神,她们围成一圈,各自坐在自己的宝座上,相互之间的距离相等。她们是"必然"的女儿,命运三女神,身穿白袍,头束发带。她们的名字分别是拉刻西斯、克罗托、阿特洛波斯。② 她们与塞壬一起合唱,拉刻西斯唱过去的事情,克罗托唱当前的事情,阿特洛波斯唱将来的事情。克罗托的右手不时接触纺锤外面,帮它转动;阿特洛波斯用左手以同样的方式帮助它的里面转动;拉刻西斯两手交替,帮助它的里外两面转动。

　　厄尔一行到达后,他们接到吩咐直接来到拉刻西斯面前,然后有一位神的使者出来,指挥他们排好队。神使从拉刻西斯膝上取下阄和生活方式,然后登上一座高坛宣布道:请听"必然"之女拉刻西斯的如下旨意。"诸多一日之魂,你们包含死亡的另一轮新生即将开始。决定你们命运的不是神,而是你们自己的选择。谁拈得第一号,谁就第一个挑选自己将来必定要过的生活。但是美德没有既定的主人,可以任人自取,每个人将来有多少美德,全看他对美德重视到什么程度。过错由选择者自己负责,与神无涉。"说完,神的使者便把阄撒到他们中间,每个灵魂就近拾起一阄,只有厄尔除外,因为神不让他拾取。拾到阄的人都看清了自己抽得的号码。接着,神的使者又把生活方式放在他们面前的地上,数目比在场人

C

D

E

618

---

① 参阅本篇末"柏拉图的宇宙构想图"。

② 希腊"命运三女神"(ai Moirai, Fates)掌管人类命运和生死,克罗托(Clotho)纺织生命之线,拉刻西斯(Lachesis)决定生命之线的长短,阿特洛波斯(Atropos)负责切断生命之线。

数还要多得多。这些生活多种多样,因为所有动物的生活方式都
在这里,所有人的生活方式也在这里,其中有僭主的生活方式,有
些僭主终身在位,有些中途垮台而受穷,有些被放逐或成为乞丐,
其中也有名人的生活方式,有些因其体形和美貌而成名,有些因其
B　身体强健和孔武有力而成名,有些因其出身高贵而成名,有些因其
祖先福荫而成名,其中也还有在这些方面拥有坏名声的生活方式,
对女人来说也一样。但灵魂的性质是没法选择的,因为选择不同
的生活方式必然决定了不同的品性。其他事物在选定的生活方式
中不同程度地混合在一起,与富裕或贫穷、疾病或健康,以及其他
中间状态混合在一起。

C　　　亲爱的格老孔,这件事对人来说似乎是一种极大的冒险。正
是由于这个主要原因,我们每个人都要关心这件事,寻求和学习这
件事,宁可忽略其他所有学习。如果他能以某种方式学到这种知
识,或者能找到一位老师把这种知识传给他,那么他就能区别生活
方式之善恶,并能在各处总是选择条件允许的最佳生活,对我们已
经讲过的这些事情进行计算,分别或者一道估价它们对良好生活
D　的影响,懂得美貌如何与贫困或富裕混合在一起,懂得与美貌结合
的心灵习惯对善或恶有什么影响,懂得出身贵贱、社会地位、职位
高低、体质强弱、思想敏捷或迟钝,以及一切诸如此类先天的或后
天养成的心灵习惯彼此联系结合在一起时对善或恶有什么影响。
E　对上述一切进行考虑之后,一个人就能用目光注视自己灵魂的本
性,把能使灵魂本性更加不正义的生活称作比较恶的生活,把能使
灵魂本性更加正义的生活称作比较善的生活,进而能在较善的生
活和较恶的生活之间做出合理的抉择。其他事情他一概不予考
虑,因为我们已经知道,无论是活着还是死去,这都是最好的选
619　择。人死了也应当把这个坚定的信念带去冥间,让他即使在那里
也可以不被财富或其他同样华而不实的东西所迷惑,可以不让他

陷入僭主的暴行或其他许多同类的行为，并因此而遭受更大的苦难。他可以知道在整个今生和所有的来世如何在这些事情上总是选择中庸之道而避免两种极端，而这正是一个人的最大幸福之所在。　　　　　　　　　　　　　　　　　　　　　　　　　　　B

　　厄尔这个来自另一个世界的使者还告诉我们，那位神使还说："你们即使最后一个上来选也没什么关系，只要他的选择是明智的，他的生活是努力的，就会有他可接受的生活为他保留，不会选到邪恶的生活。愿第一个选择者审慎对待，最后一个选择者也不要灰心。"神使说完，那个拈得头一号的灵魂就走上来，选了一个最大僭主的生活方式。由于愚蠢和贪婪，他做出这个选择时并没有进行全面考察，没能看到这种生活还包含着吃自己的孩子这样的　　C命运在内，还有其他一些恐怖的事情。等定下心来仔细一想，他后悔自己没有听从神使的警告，于是就捶打胸膛，嚎啕痛哭。他责怪命运和诸神，但就是不责怪他自己。他是从天上下来的灵魂之一，前世生活在一个秩序良好的城邦里，生活循规蹈矩，但他的美德来自风俗习惯而不是学习哲学。人们也许可以说，凡是受到这种诱　　D惑的灵魂大多数来自天上，没有吃过什么苦。而那些来自地下的灵魂不但自己受过苦，也看见别人受过苦，因此也就不会那么匆忙草率地做出选择了。大多数灵魂的善恶互换，除了拈阄的偶然性之外，这也是一个原因。如果一个人在今生能够忠实地追求智慧，　　E而在拈阄时又不是拈到最后一号的话，那么根据故事中所说的情况，我们可以大胆肯定，这样的人不仅在今生是幸福的，而且在死后前往冥府的旅途中，以及再返回人间的时候走的也不是一条崎岖不平的地下之路，而是一条平坦的通天大道。厄尔告诉我们，某些灵魂选择自己的生活很值得一看。他说当时的场景非常奇怪，又可怜又可笑，因为这些选择大部分取决于这些灵魂前世的习性。他说，他看到一个灵魂曾经是奥菲斯的灵魂，它选择了天鹅的生活

方式。由于死在妇女手里，它痛恨一切妇女而不愿再从女人腹中

B 出生。他看到萨弥拉斯① 的灵魂选择了夜莺的生活，也有天鹅或
其他会唱歌的鸟选择了人的生活。抽到第二十号的灵魂选择了雄
狮的生活，那是忒拉蒙之子埃阿斯的灵魂，因为他还记得那次关于
阿喀琉斯武器的归属的裁判，不愿再投生为人。② 接下去轮到阿
伽门农，他也因为自己遭受的苦难而痛恨人类，于是选择了鹰的生
活。③ 选择进行到一半时轮到阿特兰塔④，看到运动员生活中有巨
大的荣誉，于是她抵挡不住荣誉的诱惑而选择了运动员的生活。

C 在她之后，厄尔说，他看见了帕诺培乌斯之子厄培乌斯⑤ 的灵魂，
他愿意投生为一名具有高超技艺的妇女。在很后面的地方，厄尔
看到滑稽家忒耳西忒斯⑥ 的灵魂正在给自己套上一个猿猴的身
体。奥德修斯的灵魂在拈阄时竟然拿到最后一号。他走上来选择
的时候由于没能忘记前生的辛苦和劳累，已经抛弃了以往的雄心
壮志。他花了很多时间到处走，想找一种只需关心自身事务的普
通公民的生活。这种方式很难找到，躺在一个角落里不受别人注

---

① 萨弥拉斯(Thamyras)是希腊神话中的一名歌手，据说向缪斯挑战比
赛唱歌，遭到失败后被罚成瞎子，并被剥夺唱歌的天赋。参阅荷马：《伊利亚
特》第 2 卷，第 595 行。

② 忒拉蒙(Telamon)之子埃阿斯(Ajax)是特洛伊战争中的希腊英雄。
参阅索福克勒斯：《埃阿斯》。

③ 阿伽门农(Agamemnon)是特洛伊战争中的希腊联军统帅，出征之初
被迫以女儿祭神，战争结束后返国，被妻子所杀。

④ 阿特兰塔(Atlanta)是阿卡狄亚公主，优秀的女猎手，传说向她求婚者
必须与她赛跑，输给她的就被杀。

⑤ 帕诺培乌斯(Panopeus)之子厄培乌斯(Epeus)是著名的特洛伊木马
的制造者。

⑥ 忒耳西忒斯(Thersites)是荷马史诗中的人物，参阅荷马：《伊利亚特》
第 2 卷，第 212 行。

意。他在找到这种方式时说，哪怕抽到第一号，他也乐意选择它。　D
同样，也有动物变成人或一种动物变成另一种动物的，不正义的人
变成野兽，正义的人变成温驯的动物，也还有其他各种混杂与结
合。

　　我们最后总结一下。当所有灵魂按照拈阄的顺序选定了自己
的生活以后，它们列队走到拉刻西斯跟前。她给每个灵魂派一位　E
守护神，带领它们过完自己的一生，完成它们自己的选择。这位守
护神① 首先把灵魂领到克罗托那里，在她的手下和由她转动的纺
锤的旋转中批准各自选择的命运。跟她接触之后，守护神再把灵
魂领到阿特洛波斯纺线的地方，使命运之线不可更改。然后每个　621
灵魂头也不回地从"必然"的宝座下走过。一个灵魂经过那里以
后，要等其他所有灵魂都过来，然后大家一起上路，历经可怕的闷
热，一直走到勒忒② 河平原，因为那里没有树木和任何植物。它
们来到阿米勒斯河畔宿营，③ 河里的水没有任何器皿可以盛放。
它们全都被要求在这河里喝一定量的水，而其中有些不够聪明的　B
灵魂便喝得过了量，喝得忘掉了一切。它们全都睡着了。到了半
夜里，雷声大作，大地震撼，所有灵魂都被突然抛起，像流星四射一
样各自投生去了。厄尔说他自己没有被允许喝这河里的水，但他
说不知道自己是怎样回到自己肉体里来的。等他睁开眼睛的时
候，他看到天已经亮了，自己正躺在火葬用的柴堆上。

　　格老孔啊，这个故事就这样被保存下来，没有亡佚。如果我们　C
相信它，那么它能拯救我们，我们能够平安渡过勒忒河，而不在这

---

　　①　个人的守护神。

　　②　勒忒(Lethe)是希腊神话中的"忘记"女神，亦为冥府中河名，意译为
"忘川"。

　　③　阿米勒斯河(Ameleis)是传说中的一条冥府河流，字义为"疏忽"。在
后来的文学作品中就被混同于"忘川"。

个世界玷污我们的灵魂。如果大家接受我的指点,那么我们要相信灵魂是不朽的,能够忍受一切极端的善和恶。无论是寓居在这个世界上的今生,还是在死后像竞赛胜利者领取奖品一样领取报酬的时候,让我们永远坚持走上升之路,追求正义和智慧,只有这样我们才能得到我们自己和神的珍爱。只要按我说的去做,那么无论是今生今世,还是去赴我已经描述过的千年之旅,我们都能诸事顺遂。

附:柏拉图的宇宙构想图①

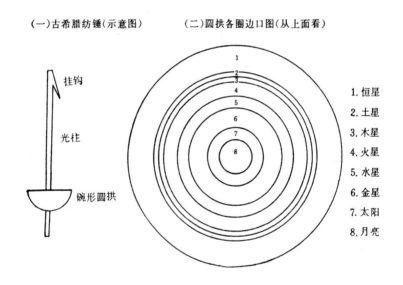

(一)古希腊纺锤(示意图)　　(二)圆拱各圈边口图(从上面看)

挂钩
光柱
碗形圆拱

1. 恒星
2. 土星
3. 木星
4. 火星
5. 水星
6. 金星
7. 太阳
8. 月亮

① 参考郭斌和、张竹明译《理想国》第421页图画绘制。

泰阿泰德篇

提　要

　　这篇对话中有三个人在讨论什么是知识,苏格拉底、塞奥多洛和泰阿泰德。塞奥多洛是个老人,一位杰出的数学家,而泰阿泰德是塞奥多洛的学生,年轻、可爱、有礼貌,受过良好的教养,理解力敏锐。苏格拉底说自己怀疑泰阿泰德是否真的很聪明,泰阿泰德则回答说自己并不聪明,但想要有知识。苏格拉底说:"那么你确实具有哲学家的气质,因为哲学始于疑惑。"由此出发,他们开始讨论什么是智慧?"知道"是什么意思?

　　仅当读者牢记苏格拉底的观点,美德就是知识,才能明白这种对知识性质的探讨是深刻的,严肃的。成为聪明人就是成为善人。对话的文本与基督的话语在精神上一致,"愿行神之旨意者会知道这个教义。"对柏拉图来说,苏格拉底的生活和死亡是对他的真理的最终证明。

　　然而,对话没有给出知识的定义。我们只看到知识不是什么。知识既不是感觉①,又不是真实的意见,亦非伴有理性解释的真实

---

　　① 对话中所用感觉一词的希腊文是αισθησιs(英文译成 perception),该词含义较广,既包括视、听、触等感觉,也指对事物的察觉,还包括快乐和痛苦等情感,以及欲望和恐惧等情绪。柏拉图在本篇对话中主要是在感觉的意义上使用该词,故中译文在大多数场合下译为感觉,作动词时译为觉察。

看法。即便如此,我们仍旧可以从对话中的一段离题话中得到启示。对话中的苏格拉底被允许离题发挥,因为在此处,苏格拉底说他们是三个自由人,能够支配他们的时间,绝对没有必要匆匆忙忙,塞奥多洛和泰阿泰德对此则表示热烈欢迎。塞奥多洛说:"对我来说,我宁可听你讲离题话。"他也相当理解苏格拉底的论证,"以你知道的事物为例。你可以假设它们是你既知道又感觉到的其他事物,或者是你不知道但确实感觉到的事物,或者你会把你既知道又感觉到的两样事物混淆。"

这个时候泰阿泰德绝望地想要放弃。他说:"我现在比先前更加茫然了。"

塞奥多洛和泰阿泰德,以及读者,看到苏格拉底停止争论时会有不同的体会。智慧之人反对那个老是忙忙碌碌的世俗之人。对那个大忙人来说,生命就是一场追求成功的赛跑。他会因此而变得非常敏感和胆小,他的灵魂是渺小、邪恶的。对危险的恐惧过多地得到证实,会对他的诚实、成长和独立起恶劣影响。然而,他确实知道什么是生命,该如何对待生命。除了这种人之外,还有智慧之人。他确实有知识,但经常显得非常贫穷。他甚至不擅长日常谈话,因为他不知道那些可供大众消遣的丑闻,这些事不会使他感兴趣。如果有人在骄傲地炫耀家世的高贵和富裕,他会忍不住嘲笑这种人。他会对自己说:"这个家伙如果一直往前追溯自己的祖宗,那会怎么样?"这句希腊语如果译成英文谚语,就是"亚当掘地、夏娃纺纱的时候,有谁是贵族?"但若情况发生改变,那个智慧之人把世俗之人引向高空,沉思公正与不公正、幸福与不幸,它们是什么样一类问题,那么这颗狭隘、渺小的心灵会感到沮丧和困惑。他只相信能用手把握住的东西,对他来说,不可见就是不存在。他不懂得什么是生活,而真正地活着就是努力变得尽可能像神。他不知道对活人有什么惩罚,这种惩罚不是坐牢,也不是死亡,而是必定会长得越来越像他自己。①

　　在对话结尾处,苏格拉底对泰阿泰德说,尽管他们没有得出结论,但这场争论仍旧对他们有用,因为他们现在已经学会了"不知为不知"。

正　文

　　欧几里德　你才到镇上来吗,忒尔西翁?　　　　　　　　142

　　忒尔西翁　不,有些时候了。而且,我到市场上找你,但奇怪的是竟然找不到你。

　　欧几里德　我不在城里。

　　忒尔西翁　那么你去哪里了?

　　欧几里德　我去港口。在半路上,我碰到他们抬着泰阿泰德从科林斯的军营去雅典。

　　忒尔西翁　他活着还是死了?

　　欧几里德　还有一口气。他受了重伤,又染上了军中流传的　　B
疾病。

　　忒尔西翁　是痢疾吗?

　　欧几里德　是的。

　　忒尔西翁　这样一个人就要死了,真是太悲惨了!

　　欧几里德　忒尔西翁,他是一位值得人们尊敬的勇士。我刚刚才听到人们热烈赞扬他在战斗中的行为。

　　忒尔西翁　这不值得奇怪,如果他不这样做反倒是值得惊讶　　C
的。但他为什么不在麦加拉停留,却呆在这里?

　　欧几里德　他非常想回家。我恳求他留下,但他不听我的劝

---

　　①　意即越来越恶。

告。我和他同行了一段路,当我往回走的时候,我回想起苏格拉底
对泰阿泰德的评论,这是苏格拉底那预言家般的洞察力的一个重
要范例,使我惊讶极了。苏格拉底死前不久一定见过他,那时候泰
D 阿泰德还是个小青年。他们在一起谈话,苏格拉底对他的表现高
兴极了。我去雅典访问的时候,苏格拉底把谈话内容告诉我,很值
得一听。苏格拉底还说过,如果泰阿泰德能够长寿,必定成为杰出
人物。

忒尔西翁 他显然说中了。不过他们那些谈话讲的是什么内
容?你能复述一下吗?

143 **欧几里德** 单凭记忆当然不行。不过我当时一回家就做了一
些笔记,后来空闲时又作了一些补充。以后每次去雅典,我都向苏
格拉底询问我记不太清楚的地方,回家后再作补正。就这样,整篇
对话都相当好地被我写了下来。

忒尔西翁 没错。我以前听你提到过这件事,一直想向你要
来看,但一见面又总是忘记。为什么我们不现在就来了却我的心
愿呢?步行了那么长时间,我需要休息。

B **欧几里德** 好吧,我陪泰阿泰德一直走到了伊利纽,也很高兴
有机会休息。让我们进屋去,我们歇着,让我的仆人读给我们
听。

忒尔西翁 好极了。

欧几里德 书在这里,忒尔西翁。你瞧我是怎样把这场对话
写下来的,不是按照我从苏格拉底那里听来的那样进行转述,而是
采用他和他告诉我的其他谈话人之间对话的形式。这些谈话人是
C 几何学家塞奥多洛和泰阿泰德。我想在记录中避免那些叙述性的
文字,例如苏格拉底讲述自己说话时的"我说"、"我认为",或者他
在讲述别人的回答时的"他赞成"、"他不同意",等等,这些引介性
的用词过多会打断对话,产生令人厌烦的效果。所以我将此类用

语文字一概去掉，把谈话者的实际话语直接写下来。

忒尔西翁　这是一个相当好的主意，欧几里德。

欧几里德　那么好吧，仆人，把书拿起来读给我们听。

苏格拉底　如果我对居勒尼地方的事情更加感兴趣，塞奥多　D
洛，那么我会向你打听那个地方有无青年醉心于研究几何学，或其
他任何一种自由探讨的艺术。但实际上，我更加关心此地的青年，
更急于知道他们中有谁将来会出类拔萃。我经常这样做，竭力察
访我遇见的青年打算归属的团体。你现在吸引了一大批追随者，
你在几何学方面的造诣配得上他们向你学习，更不必提你的其他　E
功绩。因此，如果你认为有谁值得一提，我很乐意聆听。

塞奥多洛　好吧，苏格拉底，我遇见过这座城里的一位青年，
肯定值得一提，也值得你倾听。他若长得非常俊美，我就不敢用一
些感情色彩强烈的话语，免得被人怀疑我与他有恋情。他长得并
不美，但是，请原谅我这样说，他长得像你一样，塌鼻暴睛，只是不
如你那么显著罢了。所以，我可以畅抒己见，而不必担心什么。我　144
向你保证，我和许多青年打过交道，在他们中间我还没有发现有人
像他那样拥有极好的资质。他敏捷的理智和从容的气度，与无比
的勇敢精神结合在一起，这是我连想都不敢想的，更别说以前曾经
见过。一般说来，理智敏捷而又博闻强记的人经常性情暴躁，莽撞　B
得就像没有压舱物的船，他们的脾气与其说是坚强，不如说是热
情；而那些性情比较稳重者在学习中又经常显得愚拙健忘。但是，
他的学习和探讨平稳而又坚定，不断有所进展，就像一条油河无
声无息地流淌。如此小小年纪就能取得这样的造诣真是令人惊
讶。

苏格拉底　这真是一个好消息。他的父亲是谁？

塞奥多洛　我听说过名字，但我记不住了。不过，你瞧，他来　C
了！朝我们走过来的三个人中间的那个就是他。他和朋友去柱廊

外涂油,现在已经结束了。他们好像正朝我们走来。看看你是否认识他?

苏格拉底　是的,我认识他。他的父亲是索尼昂的欧佛洛纽,照你刚才的描绘,他们父子真是像极了。他的名声不错,而且我也相信他留下了一大笔财产。但我不知道这个小伙子的名字。

D　　**塞奥多洛**　他的名字是泰阿泰德,苏格拉底,但我想这笔遗产大概已经被托管人挥霍完了。不管怎么说,在钱财上慷慨大方也是他的另一项优点。

苏格拉底　你给了他一项高尚的品质。请他过来跟我们坐一会儿。

塞奥多洛　我会的。泰阿泰德,到这边来,坐在苏格拉底身边。

苏格拉底　坐过来,泰阿泰德,让我看看我的相貌到底长得怎
E　么样,塞奥多洛说我们长得很像。假定我们各有一张七弦琴,塞奥多洛说它们都能调到同样的音调,那么我们应当马上就相信他的话,还是应当先来确定他是不是音乐家?

泰阿泰德　应该先确定他是不是音乐家。

苏格拉底　如果我们发现他懂音乐,那么就相信他的话,否则就不信。

泰阿泰德　对。

苏格拉底　那么,如果这里断定的是我们的相貌很相似,这件事使我们很感兴趣,那么我们必须问,告诉我们这件事的人是否精通绘画。

泰阿泰德　我同意。

145　**苏格拉底**　那么,塞奥多洛是一名画家吗?

泰阿泰德　据我所知,他不是。

苏格拉底　他也不是几何学家吗?

泰阿泰德 他当然是几何学家,苏格拉底,他肯定是。

苏格拉底 那么他也是天文、计算、音乐和其他一切自由艺术的行家吗?

泰阿泰德 我敢肯定他是。

苏格拉底 那么,如果他以赞美或其他别的方式告诉我们,说 B
我们之间有某些身体上的相似之处,那么我们并没有特殊的理由
要注意他的说法。

泰阿泰德 也许没有。

苏格拉底 假定他赞美的是我们中的某个人心灵上的美德和
理智。那个听到赞扬的人会渴望对受到赞扬者进行考察,而被赞
扬者也渴望表现他的品质,这样做同样也没有很好的理由吗?

泰阿泰德 当然有理由,苏格拉底。

苏格拉底 那么,现在是时候了,我亲爱的泰阿泰德,你表现
你的品质,而我对之进行考察。我向你保证,塞奥多洛经常向我称
赞某些公民或外邦人,但从来没有人得到过像他刚才对你那样的
赞扬。

泰阿泰德 那倒挺不错,苏格拉底。但他讲那番话可能不是 C
认真的。

苏格拉底 他是认真的,否则他就不是塞奥多洛了。别因为
怀疑他不是认真的而向后退缩。我们总不能要他向我们发誓。更
何况无人会去告他发假誓。所以,别害怕,遵守你刚才的诺言。

泰阿泰德 好吧,如果你愿意,我们就这样做吧。

苏格拉底 那么,告诉我,你正在跟塞奥多洛学几何吗?

泰阿泰德 是的。

苏格拉底 也学天文学、和声学、算术吗? D

泰阿泰德 我当然尽力而为。

苏格拉底 我也在学,向他或者向其他似乎懂得这些事情的

人学。一般说来,我学得挺不错,但同时我也一直对一件小事感到困惑,你和你的朋友一定得帮助我解除这个困惑。请告诉我,学习某件事情意味着在那件事情上变得比较聪明,这是真的吗?

泰阿泰德 当然是真的。

苏格拉底 我假定,智慧使人们变得聪明。

泰阿泰德 对。

E **苏格拉底** 它在任何方面与知识有什么不同吗?

泰阿泰德 你说什么与知识有差别?

苏格拉底 智慧。说人聪明不就是说他们对事物拥有知识吗?

泰阿泰德 当然。

苏格拉底 那么,知识与智慧是一回事吗?

泰阿泰德 是。

146 **苏格拉底** 好吧,这正是令我一直感到困惑的问题。我无法对知识是什么这个问题做出令自己满意的回答。我们能回答这个问题吗?你们大家的看法如何?谁第一个讲?就好像玩传球游戏的儿童说,掉了球的就"坐下当驴子",不掉球的就做王,有权要我们回答他喜欢提出的问题。你们怎么都不说话?塞奥多洛,莫非我的争论热情使我失态,变得鲁莽了?我渴望开始一场亲密无间的谈话,相互之间就像朋友那样轻松自在。

B **塞奥多洛** 一点也不,苏格拉底,你没有什么失态的地方。不过,还是在这些年轻人中找一位回答你的问题。我不太习惯这种抽象的讨论,我这样的年纪也不太可能再习惯了。这种事正是他们应该做的事,他们的进步要快得多,而年轻人确实在任何事情上都能改进。所以,别让泰阿泰德走,继续向他提问吧。

C **苏格拉底** 你听到塞奥多洛怎么说了吧,泰阿泰德。我想你不会违背他的意愿,不按长者和聪明人的吩咐去做是错的。所以,请慷慨大方地告诉我,你认为知识是什么。

泰阿泰德 好吧,苏格拉底,既然有你和塞奥多洛的吩咐,我不能拒绝。不过,如果我有错,请给予纠正。

苏格拉底 那当然,如果我们能做到的话。

泰阿泰德 那么,我认为,一个人能从塞奥多洛那里学到的东西就是知识,比如你刚才提到的几何,以及其他所有科学,此外还有皮匠和其他匠人的技艺。知识就是这些东西中的某一种或者全部,而不是别的什么。

D

苏格拉底 你确实慷慨大方,我亲爱的泰阿泰德。我们向你要一样简单的东西,你给了我们一大堆。

泰阿泰德 你这是什么意思,苏格拉底?

苏格拉底 也许没什么意思,但我会解释我想说的是什么。你提到"制革"的时候,确实是在用这个词表示制鞋的知识吗?

泰阿泰德 正是这样。

苏格拉底 当你讲到"作木",你是指如何制作木头家具的知识吗?

E

泰阿泰德 是的。

苏格拉底 那么,在两个例子中,你都在解释某种技艺是关于某事的知识,是吗?

泰阿泰德 是的。

苏格拉底 但是,泰阿泰德,我问你的问题不是知识的对象是什么,也不是有多少种知识。我们不想数清知识的门类,而是想发现知识本身是什么。我的话是否没什么意思?

泰阿泰德 不,你说得很对。

苏格拉底 再举一个例子。假定有人就一些非常明显的普通事物向我们发问,比如问,什么是泥,那么如果我们回答说陶工的泥、砌炉工的泥、砖瓦匠的泥,这样的回答是荒唐可笑的。

147

泰阿泰德　很可能。

苏格拉底　当我们使用"泥"这个词,而不论我们把它称作谁的泥,是制俑工的泥或是其他匠人的泥,并设想我们的回答能对提问者传达某种意义,这样做从一开始就非常可笑。当一个人不知道某个事物是什么的时候,你不会设想他能理解这个事物的名称吧?

泰阿泰德　肯定不会。

苏格拉底　那么,如果他不知道知识是什么,"关于鞋子的知识"也不会向他传达任何意义?

泰阿泰德　不会。

苏格拉底　实际上,"皮匠的技艺"或其他任何技艺的名称对那些根本不懂得知识是什么的人来说是没有意义的。

泰阿泰德　是这么回事。

苏格拉底　那么,当有人问我们知识是什么的时候,用某些技艺的名称作答是荒唐的。这种回答是:知识是"关于某某事情的知识",但这不是这个问题所需要的回答。

泰阿泰德　似乎如此。

苏格拉底　此外,我们的回答可以是非常简短的,但我们却提出一种漫无止境的回答。在关于泥的这个问题中,最简洁而又普通的回答就是"泥是和了水的土",而无论它可能是谁的泥。

泰阿泰德　经你这么一说,苏格拉底,事情现在显得容易了。你提出的这个问题的意义似乎与此地一位与你同名的苏格拉底发现的问题属于同一类,前不久我与他交谈过。

苏格拉底　那是什么问题,泰阿泰德?

泰阿泰德　当时塞奥多洛在这里给我们讲平方根,面积为三平方尺或五平方尺的正方形的每一边(或根)都无法用代表一尺的线段来度量,以这种方式,他逐一举例,一直讲到十七平方尺。然后由于某些原因而停了下来。这个时候我们想到，这些平方根显然是无穷的，我们应该尝试着找一个集合名词，用它来表示所有这样的平方根。

苏格拉底 你们找到了吗？ E

泰阿泰德 我想是的，但我想听听你的看法。

苏格拉底 你先说完。

泰阿泰德 我们把所有的数分成两类。我们把任何作为某数自身相乘而得到的数比作正方形，称之为正方形数或等边形数。

苏格拉底 太好了！

泰阿泰德 任何介于此类数之间的数，例如三、五，或者任何 148
不能靠某数自身相乘获得，但有一个因子大于或小于其他因子，因而其相应图形的对边也总是不相等的数，我们把它们比作长方形，称作长方形数。

苏格拉底 好极了！请说下去。

泰阿泰德 我们把所有用来代表等边形数、构成这个平面图 B
形的所有相等的边的线段定义为边长，而由正方形的边长构成的平面图形的面积与某个长方形的面积相等，我们把作为正方形的边长的线段称之为平方根（不尽根），因为这些线段不能用其他长度的线段来度量，而只有用面积与以它们为边长构成的平面图形相等的正方形的边长才能加以度量。关于立方体的同类问题还有另一个区别。

苏格拉底 无法再好了，我的年轻朋友们，我敢肯定没有人会指控塞奥多洛作伪证。

泰阿泰德 但是，苏格拉底，我无法像回答长度与平方根的问题那样来回答你的知识问题。然而，你似乎想要得到这种回答，所以，和你的说法相反，塞奥多洛对我的赞扬确实不是真话。

苏格拉底 为什么？如果他曾经称赞你的跑步能力，并声称 C

从来没有见过像你这样擅长跑步的青年,但是后来,你在赛场上被一位正处于力量顶峰的最伟大的选手击败,你会认为他对你的赞扬是不真诚的吗?

　　泰阿泰德　不,我不会这样想。

　　苏格拉底　那么好吧,我刚才说过,你以为发现知识的性质是一件小事吗?这个问题不是最困难的问题之一吗?

　　泰阿泰德　我应该说,这是最困难的问题之一。

D　　**苏格拉底**　那么,你可以对塞奥多洛的赞扬再次放心了。好吧,用你支配着的全部热情,集中精力去发现知识的定义,就像发现其他事物的定义一样。

　　泰阿泰德　如果这种事取决于我的热情,苏格拉底,那么获得真理就容易了。

　　苏格拉底　按照你刚才有过良好表现的方式前进吧。以你对平方根问题的回答为榜样。好比你刚才发现了一个可以适用于全体杂多的性质,所以现在你应该试一试,寻找一个适用于多种知识的公式。

E　　**泰阿泰德**　我向你保证,苏格拉底,以前听到你的这个问题的传闻,我经常加以研究。不过我无法对自己说,我能满意地解决这个问题,或者说有人曾把你需要的这种回答告诉过我。然而,我也无法忘掉这个问题。

　　苏格拉底　我亲爱的泰阿泰德,这是因为你的心灵不是空虚的,或不育的。你正在承受分娩的剧痛。

　　泰阿泰德　我不知道是不是这样,苏格拉底。我只是把我的感觉告诉你。

149　　**苏格拉底**　你真是太可笑了!难道你从来没有听说过,我是一位名叫斐那瑞特的产婆的儿子,她很优秀,身体健壮?

　　泰阿泰德　我听说过。

苏格拉底 你听说过我也使用同样的技艺吗？

泰阿泰德 没有，从来没有。

苏格拉底 尽管这是真的，但别把我的秘密泄露出去。正是因为不知道我拥有这种技艺，所以这个无知的世界把我说成行为古怪，引诱他人，使人困惑无望。你也听说过这些流言蜚语吗？ B

泰阿泰德 听说过。

苏格拉底 想知道原因吗？

泰阿泰德 请说。

苏格拉底 你想一想所有产婆是怎么回事，这样做能够帮助你理解我的意思。我敢说你知道，尚能怀孕生育的妇女决不会为人接生，只有年纪太大而不能怀孕生育的妇女才会这样做。

泰阿泰德 当然。

苏格拉底 人们说，这是因为生育的保护女神阿耳忒弥自己 C 没有孩子，因此，她不允许不育的妇女做产婆，因为自身没有生育经验的人无法获得生育的技艺。她把接生这种特权赐给过去曾经生育的妇女，因为考虑到这些人现在与她相似。

泰阿泰德 这种说法似乎有些道理。

苏格拉底 没有人比产婆更能准确地判断妇女是否怀孕，这样说不是更有道理吗？

泰阿泰德 那当然。

苏格拉底 还有，产婆使用药物和符咒，可以随意加剧或减轻 D 产妇分娩的痛苦，可以使难产者顺产，也能在妇女怀孕之初想要流产时给她们引产。

泰阿泰德 对。

苏格拉底 你是否也注意到，她们是最能干的媒婆，能准确无误地给男女配对，以便生出最优秀的后代？

泰阿泰德 这我倒不清楚。

E　　　**苏格拉底**　好吧,你要知道她们对这种技艺比剪脐带的技术还要自豪。你想一想在任何特定土壤中种植或播种的知识。这种知识不是与管理、收获大地的出产的技艺联系在一起吗?播种与收获并非两种不同的技艺,对吗?

　　　　泰阿泰德　它们属于同一种技艺。

　　　　苏格拉底　同理,对一名妇女来说,播种的技艺与收获的技艺也不能分离,对吗?

150　　**泰阿泰德**　可能分不开。

　　　　苏格拉底　是不能分开。因为这世上有一种错误愚蠢的撮合男女的方式,被称作拉皮条,而产婆出于自我尊重,甚至羞于做媒,因为她们害怕受到拉皮条的指控。然而,只有真正的产婆才能成为成功的媒婆。

　　　　泰阿泰德　这一点很清楚。

　　　　苏格拉底　所有这些都与产婆的职司有关,但她的职司还不
B　如我的重大。妇女不会有时生下真正的子女,有时只是假孕,令人难以辨别。如果有这种情况发生,那么产婆最伟大、最高尚的任务就在于察觉真孕还是假孕,对吗?

　　　　泰阿泰德　我同意。

　　　　苏格拉底　我的助产术与她们的助产术总的说来是相同的,惟一的区别在于我的病人是男人而不是女人,我关心的不是处在
C　分娩剧痛中的身体,而是灵魂。我的技艺最高明的地方就是通过各种考查,证明一位青年的思想产物是一个虚假的怪胎,还是包含生命和真理的直觉。就我本人不能产出智慧来说,我和产婆是一样的,人们对我的普遍责备是对的,说我只管向别人提问,但自己却由于没有智慧而不能做出任何回答。这里的原因就在于上苍强
D　逼我接生,但禁止我生育。所以我自己没有任何种类的智慧,也不会有任何堪称我的灵魂之子的发现。那些与我为伴的人,有些人

开始时显得笨拙，但随着我们不断地讨论问题，他们全都蒙上天之青睐而取得惊人的进步。别人感到奇怪，他们自己也感到惊讶，不过有一点是清楚的，他们从来没有向我学到过什么东西。由他们生育出来的许多奇妙的真理都是由他们自己从内心发现的，但接生是上苍的安排和我的工作。

关于这一点我可以证明如下。有许多人没有意识到有我的助产而轻视我，以为发现真理全是他们自己的功劳，受他人影响或出于自愿，他们在不应该离开我的时候就离开了，以后又因为结交恶伴而使他们的思想流产，由于得不到很好的抚养，我已经为他们接生下来的孩子也失去了，他们对假胎的关心胜过对真正的孩子的关心。最后，他们自己和所有人都清楚地知道他们缺乏理智。吕西玛库之子阿里斯底德就是这样一个人，还有许多人也是这样。他们后来回到我这里来，向我提出重新参加讨论的要求，降临于我的神有时候禁止我接纳他们，有时候又允许我接纳他们，而那些重新参加讨论的人又开始取得进步。另一方面，那些寻求与我为伴的人与孕妇有着同样的经验，他们日夜承受着分娩之苦，他们的不幸远胜于孕妇，而我的技艺既能引起痛苦也能止痛。对这些人来说，这样做是公平的。但还有一些人，泰阿泰德，在我看来，他们的心灵从不生育。我明白他们不需要我，但是抱着良好的意愿，我想为他们做媒。一点也不吹牛，我能准确地猜出谁的团体能给他们带来好处。我已经把他们中的许多人介绍给普罗狄科和其他一些受神灵激励的贤人。

话说得这么长，现在我说一下其中的要点。我怀疑你的心灵正处在分娩它所孕育的某些思想的过程中，你本人也相信。那么，请接受一位自己也会接生的产婆的儿子对你使用这种技艺，尽你所能回答我的提问。在考察你的论断时，我可能会把其中的一些判定为假胎。如果我对它引产，将它抛弃，请别像一位被夺走头生

E

151

B

C

D　子的妇女那样说我残忍。人们经常对我怀有那样的感觉,并想指责我消除了他们孕育的某些愚蠢的观念。他们看不到我正在对他们行善。他们不知道神不会恶意对待人,也不知道我的行为并非出于恶意。我的所作所为只是因为我不能容忍对谬误的默认和对真理的压迫罢了。

所以,泰阿泰德,重新开始吧,试着解释知识是什么。绝对不要再说这件事超越了你的能力。如果上苍要你这样做,而你又鼓足勇气,你会有能力这样做的。

E　**泰阿泰德**　好吧,苏格拉底,有你这样的人对我进行鼓励,如果我再不尽力而为,把心中的话都说出来,那真是一种耻辱。我想,说某人知道某事就是觉察到他知道的事情,因此,就我现在的理解来说,知识无非就是感觉。

苏格拉底　好得很。这才是表达意见的正确精神。但是现在假定我们一起考察你的产物,看它究竟是一枚未受精的卵,还是已经有生命在其中。你说,知识就是感觉?

泰阿泰德　是的。

152　**苏格拉底**　你提出的关于知识性质的解释无论如何都不会被轻视。你的解释与普罗泰戈拉的解释是一样的,只不过叙述方式有些不同。他说,你要记住,"人是万物的尺度,是存在的事物存在的尺度,也是不存在的事物不存在的尺度。"无疑,你读过这段话。

泰阿泰德　是的,读过好几遍。

苏格拉底　他的意思岂不是在说,你我都是人,因此事物"对于我就是它向我呈现的样子,对于你就是它向你呈现的样子",对吗?

泰阿泰德　对,他就是这个意思。

B　**苏格拉底**　一个聪明人说的话不会是胡说八道。所以,让我们来了解一下他的意思吧。有时候一阵风吹来，我们中间的一个人感到冷，另一个人感到不冷，或者一个人感到有点冷，而另一个感到非常冷。

泰阿泰德 当然是这样。

苏格拉底 那么，在这个例子中我们可以说风本身是冷的或不冷的吗？或者我们得赞成普罗泰戈拉的看法，风对于感到冷的人来说是冷的，风对另一个人来说是不冷的？

泰阿泰德 后一种说法似乎是合理的。

苏格拉底 那么，风就是这样对我们每个人"呈现"的吗？

泰阿泰德 是的。

苏格拉底 "对他呈现"的意思就是他"感觉到"它是这个样子的吗？

泰阿泰德 对。

苏格拉底 那么，"呈现"与"感觉"在热和冷这个事例中，以及一些类似的例子中，是一回事。对每个感觉到它们的人来说，它们就是存在的。

C

泰阿泰德 似乎如此。

苏格拉底 因此，感觉总是对于存在的感觉，作为知识，它是无误的。

泰阿泰德 这一点很清楚。

苏格拉底 那么，足智多谋的普罗泰戈拉把这句隐晦的话甩给像我们这样的凡夫俗子，还说是为我们好，而把真理保留下来，作为秘密的学说启示给他的门徒，是这样吗？

泰阿泰德 你这样说是什么意思，苏格拉底？

D

苏格拉底 我会让你明白这种学说确实值得注意。它宣称，没有任何事物仅凭自身就可以是"一"事物，你也不能正确地用某些确定的名称称呼任何事物，甚至不能说出它属于任何确定的种类。相反,如果你称它为"大",那么你会发现它也是小;如果你称它为"重",那么你会发现它也是轻,其他所有名称亦莫不如此,因为无物是"一"物或"某"物,或属于任何确定的种类。我们喜欢说的一切"存在的"事物,实际上都处在变化的过程中,是运动、变化、彼此混合的结果。把它们叫做"存在"是错误的,因为没有什么东西是永远常存的,一切事物都在变化中。在这一点上让我们注意到,除了巴门尼德以外,一长串哲学家,普罗泰戈拉、赫拉克利特、恩培多克勒,都赞同这种看法;而在诗人中,两种诗体的大师们,写喜剧的厄庇卡尔谟和写悲剧的荷马,也同意这种看法。荷马说:"俄刻阿诺,诸神之来源,诸神之母是忒提斯。"① 他的意思是,万物都是流动、变化的产物。你是这样理解的吗?

泰阿泰德 确实应当这样理解。

苏格拉底 那么有谁能向这支以荷马为首的伟大军队发起挑战,与之战斗而不显得可笑呢?

泰阿泰德 这决非易事,苏格拉底。

苏格拉底 确实不易,泰阿泰德。他们的学说,所谓运动是"存在"和"变化"的源泉,静止是"非存在"和"毁灭"的源泉,有很好的证据加以支撑。比如,热或火,它们产生并支配其他所有事物,而其本身是通过移动和摩擦这两种变化形式产生的。这是两种生火的方式,不是吗?

泰阿泰德 是的。

苏格拉底 进一步说,一切有生命的事物也是依据同样的过程产生的吗?

泰阿泰德 肯定是。

苏格拉底 还有,懒惰有害身体健康,而运动与锻炼可以最大

---

① 《伊利亚特》,第14卷,第201行,第302行。

程度地保持身体健康,对吗?

泰阿泰德　对。

苏格拉底　灵魂的状况也是这样。依靠学习,灵魂获得知识,不断进步和改善,学习具有运动的性质。灵魂如果懒惰、迟钝,放弃练习,那么它就什么也学不到,并且会忘记从前学到的东西。

泰阿泰德　对。

苏格拉底　所以,在这两个例子中,运动对身体和灵魂都是好的,而不动是坏的。

泰阿泰德　看起来是这样。

苏格拉底　我是否还需要谈论不流动的空气或水这样的事情?静止使它们腐败和衰亡,而运动则使事物保持新鲜。或者说,为了完成我的论证,我要引荷马所说的"金链"① 为证吗?他的意思无非就是指太阳,并借此指出只要苍穹和太阳不断旋转,天地间万事万物就会不断前进;而一旦它们停止不动,万物就会毁灭,而整个世界确实如谚语所说,也就上下颠倒了。

泰阿泰德　我同意你的解释,苏格拉底。

苏格拉底　那么,按这样一种方式来思考。首先,以眼睛为例,你一定明白你所说的白在你眼睛之外或之内都不具有像个别事物那样的存在,你也一定不会给它指定一个确定的位置。否则的话,白在那个指定的位置中就有了它的存在并滞留在那里,而不是处在变化的上升过程中。

泰阿泰德　好吧,但我该如何看待颜色呢?

苏格拉底　让我们遵循前不久作出的陈述,并把它明确下来,没有任何事物可以在其自身之中并依靠其自身而成为一物。据此我们可以明白,黑、白,或你选择的任何颜色,是我们的眼睛与某些

---

① 《伊利亚特》,第8卷,第18行。

154 恰当的运动相遇时产生的一种东西。我们说"是"这种或那种颜色的东西,既非与运动相遇的眼睛,又非被眼睛碰上的运动,而是二者之间产生的东西,对每个不同的感觉者都是独特的。或者说你打算坚持,对一只狗或任何一个生灵显示的每一种颜色就是这种颜色向你显示的那个样子?

泰阿泰德 我肯定不会这样认为。

苏格拉底 或者对另一个人? 你喜欢的任何东西对你显得如何,对他也显得如何吗? 你对此相当肯定吗? 你甚至不敢保证它会以同样的情况向你显现,因为你决不会保持相同的状况?

泰阿泰德 我想最后这种说法比较合理。

B **苏格拉底** 那么,假定事物本身不会发生变化,我们测量的事物或我们真实触摸到的事物是大的、白的,或热的,当这个事物与另一个不同的人相遇时,它不会变得不同。还有,如果被测量被触摸的事物就是这些东西(大、白,等等)中的任何一个,某个不同的事物与之发生接触,或者想要修正它,而事物自身是不受影响的,那么这些事物也不会因此而变得不同。由此可见,我们很容易被引导着做出某些论断,普罗泰戈拉和任何坚持与他相同立场的人会将这些论断称作奇谈怪论。

泰阿泰德 怎么会这样呢? 你指的是什么论断?

C **苏格拉底** 举一个简单的例子,你就可以明白我的意思。比骰子的时候,拿六点与四点比,我们说六点多于四点,或者说六点比四点多一半;如果拿六点与十二点比,那么六点少于十二点,只有十二点的一半,此外就没有什么可说了。或者,你认为还有什么可说吗?

泰阿泰德 肯定没有了。

苏格拉底 那么好吧,假定普罗泰戈拉或者别的什么人问你,除了通过增长,事物能否变得更大或变得更多? 对此你会怎样回答？

泰阿泰德 如果我心里想的就是这个问题,我应当回答不能; 但若我心里想着你前面那个问题,我会回答能,以免自相矛盾。 D

苏格拉底 一个绝妙的回答,你确实像有神通。但若你说能, 那么你的处境显然像欧里庇得斯说的那样,"舌头已经发誓,但心里还没有发誓。"

泰阿泰德 对。

苏格拉底 如果你我也像这些能人,能够详细考察心中的所有想法,那么我们可以允许自己按照智者的做法,提出一些伟大的 E 论证来交锋,彼此试探对方的能力。但我们只是普通人,宁可首先研究我们自己心中的观念,确定它们是什么,当我们拿它们做比较时,确定它们是一致的,还是完全不一致。

泰阿泰德 我肯定愿意这样做。

苏格拉底 我也愿意。既然如此,设想我们现在平心静气地再次审视这个问题,没有任何焦虑,真正地考察我们自己,看我们 155 对这些在我们心灵中呈现的幻象能说些什么。首先,看第一个幻象,我想我们得肯定,只要事物保持与自身相同,那么没有任何事物会变大或变小,无论是体积还是数量。是这样吗？

泰阿泰德 是。

苏格拉底 第二,如果对一个事物没有增加什么,也没有减少 B 什么,那么它既不会增加,也不会减少,而是始终在量上保持相同。

泰阿泰德 没错。

苏格拉底 第三,没有变化和变化过程中的存在,我们就一定不能说某物先不存在而后存在,这样说对吗？

泰阿泰德 确实应当这样说。

苏格拉底 我想,每当我们做出那些关于骰子的论断时,这三

个我们承认的前提就在我们心中打架。比如我的身材就是你现在
看到的这个样子,不会长高也不会变矮。但与一位像你这样的青
年相比,我可以在一年内既是较高的,后来又变成较矮的,这不是
C　因为我变矮了,而是因为你长高了。如果说后来的这个我显然不
是先前的那个我,那么这样的结果是不可能的,因为没有变化的过
程,我的身体没有什么变化,所以我没有在变化的过程中变矮。如
果我们接受这些说法,我还能给你提供无数其他的例子。我想你
跟得上我的话,泰阿泰德,不管怎样,我认为这样的难题对你并非
完全陌生。

　　泰阿泰德　不,这些难题确实很离奇,我对它们到底是什么意
思感到疑惑。有时候我一想起来就头晕。

D　　**苏格拉底**　这表明塞奥多洛对你的本质所作的评价没有错。
这种疑惑感是哲学家的一个标志。哲学确实没有别的起源,把伊
里斯说成是萨乌玛斯的女儿的人,真是一位好系谱学家。①

　　你现在开始明白,所有这些解释都是根据我们归于普罗泰戈
拉的理论提出来的了吧? 或者说,这种解释还不清楚?

　　泰阿泰德　我不能说已经清楚了。

　　苏格拉底　如果说我帮助你看穿隐藏在一位,或者我应当说
多位杰出人士思想中的真理,那么你可能会感谢我。

E　　**泰阿泰德**　那当然了,我会非常感谢你。

　　苏格拉底　请看一下四周,确信没有未入门者偶然听到我们
的谈话。我说未入门者指的是这样一些人,他们认为,除非能用他

---

　　①　伊里斯是希腊宗教中的彩虹女神,在荷马史诗中职掌向人传达神的
旨意。彩虹象征启发人的智慧,使其走向光明。萨乌玛斯(Thaumas)是神名,
与名词"疑惑"(thauma)同源。柏拉图认为哲学始于疑惑,所以说,伊里斯是
萨乌玛斯的女儿。

们的双手把握,否则没有什么东西是真实的,而且他们不承认行为、过程,或任何不可见的事物,可以被当作真实的。

泰阿泰德　这些人似乎非常固执,令人厌恶。

苏格拉底　不错,他们非常粗野。我就要向你介绍其秘密的 156 另一些人比他们要文雅精细得多。他们的第一原则是,这个宇宙实际上就是运动而非其他,我们刚才所说的各种看法就依赖于这个原则。运动有两种,每一种都有无数的例子,但它们的区别在于,一种具有主动的能力,另一种则是被动的。从两种运动的相互 作用和摩擦中产生无数的后果,但都是成双成对的。例如,一个是 B 被感觉的东西,另一个是感觉,感觉的产生总是与被感觉的东西相对应。关于感觉,我们有这样一些名称,"看"、"听"、"嗅"、"感到冷"、"感到热",如他们所说,还有快乐、痛苦、欲望、恐惧,等等。尽管名称有许多,但仍有无数的事物没有名称。另一方面,被感事物的产物总是与某种感觉在同一时刻产生,以视觉为例,会有相应的各种颜色,以听觉为例,会有相应的各种声音,对其他各种感觉来 C 说,也都会有与其相应的东西产生。这段故事对前面说的话有什么影响,泰阿泰德? 你看得出来吗?

泰阿泰德　我不是很清楚,苏格拉底。

苏格拉底　那好吧,看我们能否换个说法。这个观点是,一切事物,如我们刚才说的那样,都处在运动之中,但是它们的运动有快有慢。慢的运动没有位置的变化,只有其自身范围之内的变化,从中产生结果。但是产生出来的结果运动很快,因为它们从一处 D 移往另一处,它们的运动由位置的变化组成。因此,一旦有结构适合被眼睛看的事物来到眼睛能看的范围之内,就有白与同源的白的感觉一道产生,而若被眼睛看的事物和眼睛接触其他事物,这种白和同源的白的感觉决不会产生。所以,作为来自眼睛的影像和来自事物的白结合起来,产生在二者之间活动的颜色,眼睛由此变

得充满影像,能够看见。但眼睛不是变成影像,而是变成一只正在

E 看的眼睛;而颜色的另一位父母① 被白渗透,它没有变成白,而是
变成白的东西,木头、石头,或其他东西,都有机会成为白的。

因此,我们也必须以同样的方式思考其他所有感觉,"硬"、
"热",等等。它们确实如我们前面所说的那样,没有一个仅凭自身
就具有任何存在,而是作为运动的产物以多种多样的形式在相互
作用中产生。如他们所说,在任何事例中,不可能有"明确的观点"
来区分它们哪个是主动的,哪个是被动的,就像明确它们是否存在

157 一样。作用者不遇上承受者就不成其为作用者,而承受者不遇上
作用者也不成其为承受者。还有,某事物可以和作为承受者的事
物相遇,起作用者的作用,但若它在不同的时间与另一作为作用者
的事物相遇,它也可起承受者的作用。

从上述论述我们可以得出的结论,就像我们在开始时说的那
样,是没有任何事物仅凭自身而"存在",而总是处在变成某物的过

B 程中。这样,存在就被完全消除了,尽管我们不需要说,由于习惯
所使然,我们无法遵守这个用词规则,除了刚才用过的一次之外,
不再使用这个词。但是这些智者告诉我们,这是错的,我们一定不
能接受"某事"、"某物"、"我的"、"这个"、"那个"这样的说法,以及
其他任何使事物静止的语词,而应当与自然相一致,说"正在变化
的"、"正在产生的"、"正在毁灭的"、"正在改变的"。这是因为,任
何人以这种方式谈话,使事物成为静止的,都很容易遭到驳斥。所
以,无论提到个别事物,还是谈论多个事物的集合,我们都应当采

C 用这样的说法。人们给这种集合起名,称之为"人"、"石头",或任
何种类的生灵。

---

① 指被眼睛看的事物。此处柏拉图把眼睛和被眼睛看到的事物比做
颜色的父母。

这些话是否使你开心，泰阿泰德？你会把它当作美味佳肴来接受吗？

泰阿泰德　说实话，我不敢肯定，苏格拉底。我甚至无法确定你说的这些是你自己相信的，还是仅仅用来考验我的。

苏格拉底　我的朋友，你忘了，我对此类事一无所知，也不敢声称自己能产生什么结果。我想做的只是为你接生，为了实现这个目的，我对你念咒，用智慧餐桌上的各种美味佳肴试探你的胃口，直到最后你能在我的帮助下说出你自己的信念来。一旦达到这一步，我就来看它是否具有生命力。请你鼓足勇气，耐心而又勇敢地回答我的问题，把你确实相信的东西说出来。

泰阿泰德　你继续提问吧。

苏格拉底　那么再说一遍，请告诉我，你是否喜欢这样的看法，没有任何事物是善的、美的，或具有我们刚才提到的其他东西，一切都处在永恒的变化之中？

泰阿泰德　我听到你把它当作自己的看法来解释，令我感到非常合理，想要按照你的叙述来接受这种看法。

苏格拉底　那么我们不要在还没有完全把握它的时候就丢下它。剩下的问题还有做梦和身心失调，尤其是疯狂，以及据说是由疯狂引起的在视与听或其他方面产生的所有错觉。你当然知道，所有这些例子都可以用来否定我们刚才假定要接受的理论，因为在这些状况下，我们确实有虚假的感觉，这就表明，并非它对任何人显得如何便是如何，而是正好相反，这些呈现没有一样是真实的。

泰阿泰德　你说的非常正确，苏格拉底。

苏格拉底　这样一来，那些主张感觉就是知识、事物就是它对某人呈现的那个样子的人还有什么论证剩下来呢？

泰阿泰德　我不敢说我不知道，苏格拉底，因为我在前面这样

B 说的时候遭到你的驳斥。不过,我真的无法否认疯子和做梦的人相信的事情是虚假的,疯子想象自己是神,而做梦的人以为自己长了翅膀,在梦中飞翔。

苏格拉底 你有无注意到这些事例中产生的另一个疑点,尤其是关于睡眠和苏醒?

泰阿泰德 什么疑点?

苏格拉底 这个问题我想你听说过不止一次。假定有人问我

C 们此刻是睡着了还是醒着,是在梦中想心中的事,还是在清醒状态下谈话,我们该诉诸什么样的证据呢?

泰阿泰德 苏格拉底,我确实看不出有什么证据可以使用,因为这两种状态在各种情况下都极为相似。我们刚才进行的这场谈话同样可以很好地被认为是在梦中进行的,我们的谈话进到对梦的思考,也可以被看做是在梦中谈梦,这两种状态是极为相似的。

D **苏格拉底** 你瞧,值得怀疑的地方还不少,我们甚至怀疑自己是睡着了还是醒着。我们的时间实际上同样被划分为睡眠与清醒,在各种状况下,我们的心灵都在努力坚持对当时确定为真的事物的信念,所以我们对一个世界的真实性的肯定与对另一个世界的真实性的肯定在时间上是相同的,正如我们对这两个世界抱着同样的信心。

泰阿泰德 确实如此。

苏格拉底 除了时间不一样,我们是否也可以认为由于身心不调和疯狂产生的感觉是真实的。

泰阿泰德 是这样的。

苏格拉底 那么,真实性是由时间长短来决定的吗?

E **泰阿泰德** 不对,这样说在许多方面都是荒谬的。

苏格拉底 你还有其他任何确定的试验能够证明这些信念中哪一个是真的吗?

泰阿泰德　我没有。

苏格拉底　那么让我来告诉你,那些主张事物就是它在某个时候对某人呈现的那个样子的人会给这些例子提出什么样的解释。我想他们会提出这样的问题,请告诉我们,泰阿泰德,如果某个事物与其他事物完全不同,那么它就不能在任何方面与其他事物按同样的方式行动,对吗? 注意,我们说的这个事物不是在某些方面与其他事物不同,而在其他方面与其他事物相同,而是完全的不同。

泰阿泰德　如果是这样的话,那么当它与其他事物完全不同时,它就不会在行为的能力上,或其他任何方面,与其他事物有什么相同之处。

苏格拉底　我们难道还不该承认这样的事物与其他事物不相似吗?

泰阿泰德　应该承认。

苏格拉底　所以,如果某事物与它自身或别的事物相似或不相似,我们就得说使之相似,它就变成"相同",使之不相似,它就变成"相异"。

泰阿泰德　那是一定的。

苏格拉底　我们早些时候说过,主动的事物或被动的事物在数量上是无限的。

泰阿泰德　对。

苏格拉底　还有,如果一个事物与一连串不同的事物结合,其结果不会是相同的,而是相异的。

泰阿泰德　确实如此。

苏格拉底　现在让我们把这个原则用于你、我,或其他任何例子。一个健康的苏格拉底和一个生病的苏格拉底,我们会说他们一个与另一个相似,还是一个与另一个不相似?

159

B

泰阿泰德　你的意思是说,整个生病的苏格拉底与整个健康的苏格拉底相似吗?

苏格拉底　你的理解完全对,我正是这个意思。

泰阿泰德　那么这个回答当然是不相似。

苏格拉底　既然说他是不相似的,那么必然认为他是一个相异的事物?

泰阿泰德　必然如此。

C　　苏格拉底　对睡眠中的,或我们刚才提到过的任何一种状态中的苏格拉底,你也会说同样的话吗?

泰阿泰德　是的。

苏格拉底　那么,按照我们在健康的或生病的苏格拉底的例子中的发现,任何一个本质上能对其他事物起作用的事物都会把我当作一个相异的事物吗?

泰阿泰德　它当然会这样做。

苏格拉底　于是,我们讲的这一对事物,即起承受作用的我和对我起作用的事物,在两种情况中都会有相异的结果吗?

泰阿泰德　当然。

苏格拉底　当我健康的时候喝酒,酒对我显得可口和甘甜。

泰阿泰德　是的。

D　　苏格拉底　因为,按照我们前些时候接受的解释,作用者和承受者产生甜和甜的感觉,两者都同时在运动。在承受者这方面,感觉使舌头成为感觉者,而在酒这方面,在酒中移动的甜既使酒是甜的,又使它对健康的舌头呈现为甜的。

泰阿泰德　我们以前确实同意过这些观点。

苏格拉底　如果酒碰上的是不健康的我,那么它碰上的人确实是不同的人,因为它现在碰上的人与其他人相异。

泰阿泰德　是的。

苏格拉底 所以这样一对事物，即处在这种状况下的苏格拉 E
底与喝酒，产生了相异的结果，在舌头的区域内是酸的感觉，在酒
的区域内产生酸，并在那里运动。这个酒不是变成酸，而是变成酸
的，而我不是变成感觉，而是变成感觉者。

泰阿泰德 确实如此。

苏格拉底 那么，由此可以推论：第一，在我这一方，我决不会 160
按照其他事物的这种方式变成感觉者，因为不同的物体会产生不
同的感觉，在作用于它的感觉者时，它作用于一个处在不同状态中
的人，因此这个感觉者是一个不同的人；第二，在事物这一方，作用
于我的事物决不会与其他人相遇而又产生出与作用于我相同的后
果，也不会正好具有相同的性质，因为当它从其他人那里产生出其
他事物时，它自身也会变成具有其他性质的事物了。

泰阿泰德 是这样的。

苏格拉底 还有，第三，我将不会"为我自己"拥有这种感觉，
这个物体也不会"为它自己"具有这样的性质。

泰阿泰德 不会。

苏格拉底 倒不如说，当我成为感觉者的时候，我必须成为某
物的感觉者，因为我不可能拥有一个与任何事物无关的感觉；物体 B
也同样，当它变甜或变酸的时候，它必定要对某人如此呈现，它不
可能变成甜的而又不对任何人呈现为甜的。

泰阿泰德 确实如此。

苏格拉底 我已经把要说的全都说了，所以我只能假定，无论
我们如何表达，物与我应当"相互为对方"而存在或变化。必然性
把我们的存在捆在一起，但没有把我们分别与其他事物捆在一起，
更没有把我们分别与必然性本身捆在一起，所以我们只能相互捆
在一起。同理，无论我们谈论某事物的"存在"，还是谈论它的"变
化"，我们都必须把它作为"为某事物的"，或"关于某事物的"，或

C 　"朝着某事物的"存在或变化来谈论,我们也一定不能把某事物当作仅仅存在于自身,或依靠它自身而存在或变化的事物来谈论,也不能允许别人这样说。这就是我们的论证所得出的结论。

　　泰阿泰德　当然是,苏格拉底。

　　苏格拉底　既然如此,那么由于作用于我的事物是为了我,而不是为了别人,所以只有我,而不是其他任何人,才能真正地感觉到它。

　　泰阿泰德　当然。

　　苏格拉底　所以我的感觉对我来说是真实的,因为它的对象在任何时候都是真实的我,如普罗泰戈拉所说,我是一名审判者,如果它为我而存在,那么它就存在;如果它不为我而存在,那么它就不存在。

　　泰阿泰德　似乎应该如此。

D 　　**苏格拉底**　如果我不会犯错误,在讨论存在或变化时也没有犯什么错误,那么我怎么会在被我感觉到的那些事物的知识问题上犯错误呢?

　　泰阿泰德　你不可能犯错误。

　　苏格拉底　所以你说的完全正确,知识无非就是感觉。在这一点上,三种伟大的学说是一致的:荷马、赫拉克利特,及其所有同类人的学说,一切事物都像河水那样流动;最聪明的人普罗泰戈拉
E 的学说,人是万物的尺度;还有泰阿泰德依据这些学说得出的结论,知识就是感觉。

　　事情是不是这样,泰阿泰德? 我们能说这就是我为你接生下来的你的新生儿吗? 你有什么要说的?

　　泰阿泰德　我只能表示同意,苏格拉底。

　　苏格拉底　经过痛苦的分娩,我们的婴儿终于诞生了,而无论它是什么样的生灵。我们应当为它举行仪式,抱着它绕灶数周;我

们必须从各个角度观察我们的婴儿,弄清它绝不是一个不值得养　161
育的无生命的怪物。或者你认为,你的婴儿在任何情况下都必须
抚养,而不能抛弃?你能忍受看着它接受检查,而不是大发雷霆,
好像你的头生子要被抢走似的?

塞奥多洛　泰阿泰德会忍受的,苏格拉底,他的脾气非常好。
但是请解释一下,那个结论有什么错。

苏格拉底　对讨论问题,你绝对有热情,塞奥多洛。我喜欢你
对待我的方式,以为我有一大包论证,我能轻易地从中取出一个证
据来说明我们的结论错在哪里。你不明白这是怎么回事。这些论　B
证从来不是出自于我,而总是出自与我谈话的人。我只不过有那
么一点儿便利,善于从他人的智慧中得到某些解释,并以公正的态
度对待它。所以,我现在不会提出自己的解释,而只想从我们的朋
友那里得到解释。

塞奥多洛　这样更好,苏格拉底,按照你说的去做吧。

苏格拉底　好吧,塞奥多洛,我能告诉你一件令我惊讶的事
吗,与你的朋友普罗泰戈拉有关?

塞奥多洛　什么事?　　　　　　　　　　　　　　　　C

苏格拉底　他的论文的开场白。一般说来,我对他的论断感
到高兴,事物对任何人来说就是它向他呈现的那个样子,但我感到
奇怪的是,他竟然没有在他的《真理》一文的开头说,万物的尺度是
猪、狒狒,或某些非常陌生的有感觉的生灵。有人一直对我们说,
如此倨傲不恭的开场白一定非常伟大,我们由于他的智慧超越凡
人而尊敬他,但实际上他并不比一只蝌蚪更聪明,更不要说比其他　D
人更聪明了。此外我们还能说些什么,塞奥多洛?如果每个人相
信的东西作为感觉的结果对他来说确实是真的,如果无人可以比
他人更有资格思考别人所想是真是假,正如无人可以比他人对他
人的经验作更好的判断一样,还有,如我们不止一次地说过,如果

每个人都有自己独有的信念，而它们又全都是正确的、真实的，那么，我的朋友，普罗泰戈拉的智慧在哪里，可以使他有资格教导他人，还能得到相当可观的学费？如果我们每个人都是自己的智慧的尺度，我们相对的无知又在哪里？我们又有什么必要去投靠在他的门下呢？我们一定不能设想普罗泰戈拉以这种方式讲话是为了吹捧公众的耳朵，对吗？我自己从来不这样做，也不对我的助产术会有什么结果作荒唐可笑的预测。如果普罗泰戈拉的《真理》确实是在宣布真理，而不是在用供奉他这本书的不可靠近的神龛中传出来的神谕自娱，不是在每个人的观点都正确的时候对各自的观点进行详细考察，那么哲学对话的整个事业只不过是在冗长而又可怕地展示愚蠢。

塞奥多洛　苏格拉底，如你所说，普罗泰戈拉是我的朋友，我宁愿他没有受到这种我允许的方法的驳斥。另一方面，我也不能违心地抗拒你，所以你最好还是与泰阿泰德交谈，他刚才的回答已经表明，他在任何情况下都能很好地理解你的意思。

苏格拉底　塞奥多洛，假如你去斯巴达的一所摔跤学校，有些人在那里裸体角力，难道你只希望在那里看人们献丑，而不愿脱衣与他们一搏吗？

塞奥多洛　如果他们愿意听我的话，也不坚持要我下场，就好像现在我相信能说服你让我旁观一样，我这样做有什么不可以？我这个年纪，肢体已经僵硬，还是找一位身手敏捷的青年尝尝失败的滋味，而不必强拉我与你对峙。

苏格拉底　好吧，塞奥多洛，常言道，"己所不欲，勿施与人。"①所以，我还是求助于泰阿泰德的智慧吧。

那么，泰阿泰德，先把我们刚才提出的观点告诉我。实然明白

①　原文直译为："你喜欢的事情我也不会厌恶。"

自己与其他所有人,甚至任何神,一样聪明,你难道不感到惊讶吗?
或者你会说,普罗泰戈拉关于尺度的箴言不能像用于人那样用于
神?

泰阿泰德　我认为这话确实可以用于神。回答你的问题,我
惊讶极了。我们在讨论他们说的那些话是什么意思的时候,我感
到相当满意,他们说的是任何事物对于任何人就是它向他呈现的
样子,只要他认为这个事物是真实的,它就是真实的;但是现在,突
然间,这些话的意思又成了另外一个样子。

苏格拉底　我的朋友,那是因为你太年轻,容易听信华而不实
的言论。普罗泰戈拉或他的代言人对此会这样做答。他会说:"在
座的老少诸君,这完全是华而不实的言词。你们把诸神扯进来,它
们的存在与否是我拒绝在我的言谈和著作中加以讨论的,而你们
为了博得大众的青睐就这样做。说一个人并不比最低级的动物更
聪明,这种说法是多么奇怪啊! 你们这样说,依据的完全是看起来
似乎有理的东西,而没有提出任何论证或证明。如果像塞奥多洛
那样的数学家在几何学中只是依据可能性来争论,那么他会一钱
不值。所以你和塞奥多洛应当考虑,是否允许用基于相似性的似
乎有理的东西来确定这样重要的问题。"

泰阿泰德　你不会认为这样做是正确的,苏格拉底,你比我们
更加不会。

苏格拉底　看来我们必须用另一种方式向这个问题发起进
攻。你和塞奥多洛是这样想的吗?

泰阿泰德　我们必须这样做。

苏格拉底　让我们采用这样一种方式,看知识与感觉到底是
相同的还是不同的。你们记得,这正是引导我们整个讨论的要点,
正是为了这个要点,我们才好像捅了马蜂窝,引出了所有这些奇谈
怪论,不是吗?

D

E

163

B　　**泰阿泰德**　你说的非常对。

苏格拉底　我们是否应当同意,每当我们依靠看与听感觉到某事物时,我们同时也认识了它? 以我们没有学过的外语为例。我们应当说我们听不到外国人发出的声音,或者应当说我们既听到又知道他们在说些什么? 还有,当我们不认识字母时,我们应当在看到它们时也坚持说没看见,或者说,由于我们看见了字母,所以我们确实认识字母?

泰阿泰德　我们应当说,苏格拉底,我们对字母的认识像我们
C　看见或听见它们一样多。我们既看见又认识字母的形状和颜色;我们同时既听到又知道语音的上升与下降。但是我们依靠看与听,既不能感觉到又不能认识到一位老师或翻译能告诉我们的东西。

苏格拉底　好极了,泰阿泰德。看到你的成长,我最好还是不要对你的看法提出反对意见。但是你瞧,这里还有另一种可怕的异议。对此我们该如何抵挡?

泰阿泰德　什么异议?

D　　**苏格拉底**　是这样的。假定有人问:"一个知道某物而且仍然记得此物的人,有可能在他记得此物时却已经不认识此物吗?"我这样说可能太累赘了。我的意思是,一个人熟知某物并且记得它,但却不认识它,这种事可能吗?

泰阿泰德　当然不可能,苏格拉底,这个假设是极为荒谬的。

苏格拉底　那么我也许是在胡说。但是请想一想,你把看叫做"感到",你把视叫做"感觉",不是吗?

泰阿泰德　我是这样说的。

E　　**苏格拉底**　那么,按照我们先前的说法,看到某物的人从看那一刻起就获得了他看见的那个事物的知识,对吗?

泰阿泰德　对。

苏格拉底 还有，你承认有记忆这回事吧？

泰阿泰德 是的。

苏格拉底 记忆是关于某物的记忆，还是没有任何对象的记忆？

泰阿泰德 当然是关于某物的记忆。

苏格拉底 这个某物也就是一个人熟悉的或被他感觉到的这一类东西吧？

泰阿泰德 当然。

苏格拉底 所以一个人有时候记得他看到过的东西，对吗？

泰阿泰德 他记得。

苏格拉底 甚至当他闭上眼睛的时候也记得吗？或者说，当他闭上眼睛的时候就忘记了？

泰阿泰德 不会的，苏格拉底，说闭目就忘那就太可笑了。 164

苏格拉底 如果我们仍然保留前面的说法，那么我们不得不这样说。否则就得放弃前面的说法。

泰阿泰德 我确实有点疑心，不知你是否正确，但我不太明白为什么会这样。你必须告诉我。

苏格拉底 这个过程是这样的。我们说，看的人获得他所看的事物的知识，因为我们同意，看或感觉与知识是一回事。

泰阿泰德 确实如此。

苏格拉底 假定这个看并获得他所看事物的知识的人闭上了眼睛，那么这个时候他记得那个事物，但并不在看它。是这样的吗？

泰阿泰德 是的。

苏格拉底 但是"不看它"意味着"不认识它"，因为"看"和"认 B 识"是一回事。

泰阿泰德 对。

苏格拉底　那么这个结论就是,认识一事物并仍旧记得它的人并不认识它,因为他没有看它,我们说过这是一个十分荒谬的结论。

泰阿泰德　非常正确。

苏格拉底　事情很清楚,如果你说知识就是感觉,那么就会引出不可能的结论来。

泰阿泰德　似乎是这样。

C　**苏格拉底**　那么,知识又能是什么呢? 我们显然应当再次从头开始。但是,等一等,泰阿泰德,我们现在在做什么?

泰阿泰德　你这是什么意思?

苏格拉底　在我看来,我们对待理论的态度,就像一只调教不良的斗鸡,尚未交战便逃离对手,在遭到痛击之前就长啼不止。

泰阿泰德　怎么会是这样?

苏格拉底　我们看起来好像是满足于仅仅依靠语词上的一致性来达成一致的意见,并获得按照职业辩论家的方法取得的较好的理论。尽管我们自称要寻求智慧,而不是为了取胜而从事争论,
D　但我们的行为不知不觉地就像是一名令人畏惧的辩论家。

泰阿泰德　我还是不明白你的意思。

苏格拉底　好吧,如果我能做到,我就试着说得清楚一些。我们的问题是,熟悉某物并记得它的人会不认识它吗? 我们指出,一个人在看到某物后闭上眼睛,他还记得它,但不在看它,从中得出结论,这个人在同一时刻记得那个事物,但不认识它。我们说,这
E　是不可能的。所以,没有人再会相信普罗泰戈拉的谎言,或你的谎言,说知识与感觉是一回事。

泰阿泰德　看起来是这样的。

苏格拉底　我想,如果前一个故事的作者①　仍旧活着,情况

————————

①　指普罗泰戈拉。

可能就不一样了。他一定会挺身而出保护他的后代。但是他已经死了,而我们正在摧残他的遗孤。甚至连指定的保护人,像这里的塞奥多洛,也不能来拯救他。但我们还是要挺身而出,以保证公道。

塞奥多洛　苏格拉底,实际上希波尼库的儿子卡里亚才是普　165
罗泰戈拉的受托人。我的个人爱好使我很早就从玄谈转向几何。不过,如果你能给他什么援助,我还是会感谢你的。

苏格拉底　很好,塞奥多洛。你会看到我的帮助在什么地方。如果粗心地使用语言,就好像我们通常在肯定或否定时那样,就会得出奇怪的结论。我需要详细向你,或向泰阿泰德,说明这一点吗?

塞奥多洛　对大家说吧,但是让年轻人回答你的问题。他们　B
即使犯了错误也不是什么丑事。

苏格拉底　那么让我把所有问题中最难对付的问题提出来,我认为这个问题是最难对付的。同一个人能够既认识某事物,又不认识他认识的这个事物吗?

塞奥多洛　泰阿泰德,我们该如何回答?

泰阿泰德　我想这是不可能的。

苏格拉底　如果你说看就是知,那么这并非不可能。如果你像一只野兽落入陷阱,一个头脑冷静的人用手捂住你的一只眼睛,问你能否用被捂住的那只眼睛看见他的上衣,那么你该怎样处理　C
这个没有留下任何漏洞的问题?

泰阿泰德　我想我应该说,噢,不,我不能用那只眼看,但我可以用另一只眼看。

苏格拉底　所以,你在同一时候既看又不看同一事物吗?

泰阿泰德　是的,在这种方式下。

苏格拉底　那个捂住你眼睛的人会说,别在乎什么方式。这并不是我向你提出的问题,而我的问题是,你认识某事物的时候是否也不认识它。在这个事例中,你显然在看你没有看的东西,并且你同意看就是知,不看就是不知。现在得出你的结论来。结果会怎样?

D　　**泰阿泰德**　我想这个推论与我的前提是矛盾的。

　　苏格拉底　对,在其他一系列进一步的问题中,你还会落到相同的境地。比如,知是敏锐的还是迟钝的,你是否能知近在眼前之物而不能知遥远之物,或者,你能否程度不同地知同一事物。一旦你把知识等同于感觉,舌战中贪财的散兵就会乘机用成千上万这样的问题向你发起进攻。他会对听、嗅,以及其他类似的感觉发起

E　　进攻,使你混乱不堪,他会连续向你进攻,让你苦不堪言,直至你钦佩他的娴熟的技艺,引颈受缚。这个时候他会要你付钱赎身,赎金的数目他会与你商量。

　　此刻,你可能会猜想,普罗泰戈拉会用什么样的论证来捍卫他的立场。我们该尝试着说出来吗?

　　泰阿泰德　完全应该。

　　苏格拉底　普罗泰戈拉自己无疑也会说出我们试着为他辩护

166　的话,同时,他也会带着打手来到我们面前,轻蔑地把我们打发掉。他会说,你们德高望重的苏格拉底找了一个小孩作对手,把他吓坏了,因为他得回答这样的问题,同一个人能否同时记得某物而又不知该物。那个小孩吓呆了,回答说不能,因为他无法预见到后果,于是苏格拉底就转变话题,拿我这样不幸的人来开玩笑。你把事

B　情看得太简单了,苏格拉底!事实真相是这样的。你为了考察我的一些观点而向他人提问,并使他失足。在这种时候,如果他的回答像我会提供的回答一样,那么是我被驳倒了;如果他的回答和我的不一样,那么被驳倒的是他,而不是我。比如,你以为能找到人承认,一个人现有关于以往印象的记忆,具有与那个现在已经不存

在的最初印象相同的性质。其实并非如此。还有,有人会回避承认同一人既知又不知同一事物是可能的吗？或者,如果他吓坏了,不敢这样说,那么他会承认发生变化的人和变化发生前的人是相同的人吗？如果我们不是在挑剔对方的字眼,那么我们倒不如说,他就是"一"个人,而不是几个人的连续,或无数人的连续,只要变化继续发生。 C

他会说,如果你们能够做到的话,请表现得光明正大些,向我真正说过的话发起攻击,并请证明,我们每个人并不具有独特的感觉；如果肯定它们是独特的,那么也不能由此推论,对每个人呈现的事物只对他才变得(或"是",如果我们可以用"是"这个词的话)像它呈现的那个样子。在这个问题上讲什么猪和狒狒,而你自己的行为就像一头猪。更有甚者,你诱导你的听众以同样的方式对待我的著作,这是不公平的。我确实像我在著作中写的那样,肯定这是一条真理。我们每个人都是存在与不存在的尺度,但是,这个世界上的这个人与那个人之间全是有区别的,这正是因为存在并对某人呈现的东西,与存在并对另一个人呈现的东西是不一样的。至于智慧和聪明人,我从未说过他们不存在。我用聪明人这个词指的是这样的人,他能改变我们中的任何人,当某事物存在并对他呈现为坏时,他能使它对他呈现为好。再次提醒,不要对我刚才说的话咬文嚼字,允许我作更清晰的解释。回忆一下我前面是怎么讲的。对病人来说,他的食物呈现为酸的,而且就是酸的；对健康人来说,它的食物的呈现和存在正好相反。我们现在不需要判断这两个人哪个更聪明,这样做也不可能。既不能说那个病人愚蠢,因为他竟然认为食物是酸的；也不能说那个健康人聪明,因为他的想法与病人不同。所需要的是使病人发生改变,因为另一种状态更好。 D E 167

在教育方面也是这样,使较差的状态转变为较好的状态,只是

医生用药物产生变化,而智者用的是谈话。这并不是一个人在使
另一个认为某事是正确的,而他先前认为某事是错误的,因为,思
考不存在的事物是不可能的,思考任何事物都是在对思考者所经
B　历的事物进行思考,一切经验都是真实的。倒不如说,当某人因心
灵堕落而思考堕落的事物时,另一个人依靠健全的理性使他思考
其他健全的事物,有些人无知地把某些思想称作真实的,而我认为
应该说这套想法比其他想法好,但并不比其他想法更真实。至于
聪明人,苏格拉底,我从来没有把他们称作青蛙,如果他们做的事
与身体有关,我称他们为医生;如果他们必须与庄稼打交道,我称
C　他们为农夫。我肯定,庄稼有病、萎靡不振时,农夫会设法用生机
勃勃和健康来替代原有的状态,而那些聪明而又诚实的演说家会
用健全的观点替换社团中虽然正确但不健全的观点。我认为,针
对具体国家而实施的似乎正确的行动,只要是为了这个国家,只要
所采取的行动还能掌握国家,都是值得赞扬的。在任何具体事例
中,仅当这些行动在聪明人看来是不健全的时候,他们才会用其他
显得比较健全的行动来替代原来的行动。按同样的原则,智者是
D　聪明的,应该在教育结束时得到一大笔学费,因为他能以同样的方
式指导他的学生按着他们应当走的道路前进。按这种方式来理
解,有些人比别的人更聪明,没有人会错误地思想,每个人的想法
都是对的,无论你是否喜欢我的学说,你都必须忍受它,以它为标
准。凭着这些思考,我的学说得救了,不会翻船了。

　　现在,如果你能从根本上驳斥这种学说,请用反证法来进行,
或者如果你愿意的话,也可以用提问的方法进行反驳。对一个通
情达理的人来说,这样做并没有什么可怕;相反,他一定会非常赞
E　同这样的做法。只有一条规则需要遵守。提问要公道。一个自称
关心美德的人在辩论中不公道是极不合理的,也是有罪的。不公
道是因为看不到辩论和谈话的区别。辩论不需要严肃地进行,只

要尽己所能抓住对方的差错，而谈话应当诚实地进行；谈话人要帮助对方找到归于他本人或归于他以前的教师的那些疏忽和错误。如果你遵循这条规则，你的同伴就会责备他们自己的混乱和困惑，不会责备你；他们会喜欢你，会向你的社团表示亲善，会自惭形秽，希望能转向哲学，以此摆脱先前那个自我而成为不同的人。但若你像其他许多人一样，反其道而行之，那么你会得到相反的结果：不是把你的同伴引向哲学，而是使他们在年老时痛恨整个事业。所以，如果你接受我的建议，你会以我说的这种公正精神与我们相遇，不带敌意，不挑起争端，诚实地考虑我们的话是什么意思，一切事物都处在运动之中，事物就是对人呈现的那个样子，而无论这个人是任何个人还是社团。进一步的问题是，知识与感觉是否一回事，你认为这是上述原则的推论，而非如你刚才所说，是依据你的那些关于这些语词的一般用法的论证提出来的，而普通民众正是用这样的方法按自己的喜好曲解词义，使对方困惑。

　　这就是我为你的朋友作的辩护，塞奥多洛，我能力微薄，但已竭尽全力了。如果普罗泰戈拉还能活着为自己辩护，那一定会雄辩得多。

塞奥多洛　你在开玩笑，苏格拉底，你的辩护真是气壮山河。

苏格拉底　谢谢你，我的朋友。现在，你注意到普罗泰戈拉如何斥责我们了吗，说我们拿一个孩子来做对手，利用孩子的胆怯来谋取有利的地位，我们的讨论被他称作智力游戏，而与此相反的是他的万物尺度的庄严性，你注意到他如何敦促我们严肃对待他的学说吗？

塞奥多洛　我当然注意到了，苏格拉底。

苏格拉底　那么我们该怎么办？按他说的去做吗？

塞奥多洛　当然应该这样做。

苏格拉底　那么好吧，你瞧，除了你自己，在座的全是孩子。

如果我们严肃地对待他的学说,像他吩咐的那样,你和我必须相互提问。我们无论如何得避免这种指责,与孩子讨论他的学说表示轻视他的学说。

塞奥多洛 为什么要这样做?泰阿泰德确实比许多长着长胡子的大人能够更好地跟随这种考察。

169 **苏格拉底** 但不会比你更好,塞奥多洛。所以别以为你自己对你过世了的朋友没有义务,而把为他辩护的事留给我,说我为他作了最好的辩护。来吧,无论如何帮我们一把,直到我们知道在数学证明中是否应当以你为尺度,或者任何人是否都像你一样有能力从事几何、天文,以及其他所有学问。人们认为,你在这些方面是无与伦比的。

塞奥多洛 苏格拉底,跟你坐在一起,想要逃避提问真不容易。我上当了,我说过要你让我安静,不要像斯巴达人那样强迫我

B 上场摔跤;你就像斯基隆① 那样冷酷无情。如果你不想摔跤,斯巴达人会叫你走开,而你像安泰俄斯② 一样强人所难;你不让任何靠近你的人走开,直到你在这场角力中战胜他。

苏格拉底 你的比喻完全切合我的毛病,塞奥多洛,但我的倔强甚至胜过他们。我曾经在辩论中与许多赫丘利③ 或忒修斯④ 式的英雄相遇,无数次被他们打破头,但我毫不退缩,仍旧抱着极

C 大的热情,一直从事这种练习。所以,别拒绝与我交锋,因为你和我一样也会从中得益。

塞奥多洛 我已经无话可说,按你说的办吧。你就像命运之

---

① 斯基隆(Sciron),希腊神话中的大力士。
② 安泰俄斯(Antaeus),希腊神话中的巨人,遇见行人便强迫与之角力。
③ 赫丘利(Hercules),罗马神话中的英雄,即希腊神话中的英雄赫拉克勒斯(Heracles)。
④ 忒修斯(Theseus),希腊神话故事中的英雄。

神,无人能够回避你要他进行的论战。但若超过你刚才建议的范
围,恕我不能从命。

苏格拉底　如果你愿意这样做,那就已经够了。让我们小心
谨慎,别在论证中变得琐屑轻浮,以免再遭谴责。　　　　　　　D

塞奥多洛　我会尽力而为。

苏格拉底　那么,让我们开始吧。先将前面的观点理解一下。
当我们批判它,说它使每个人在智慧方面都成为自足的时候,我们
对它的不满是否公正。然后,普罗泰戈拉承认有些人比其他人更
擅长判断事情的好坏,他说这些人就是聪明人。他说过这些话吗?

塞奥多洛　是的。

苏格拉底　如果是他本人在这里承认,而不是我们在为他作　E
的辩护中这样说,那么就没有必要重提这个问题来确定我们的依
据,但是事实上,我们没有权力代表他承认。对这个要点的理解会
造成巨大分歧,若能更加完整清楚地弄懂他的本意,那就令人更加
满意了。

塞奥多洛　没错。

苏格拉底　让我们尽可能简洁地获得他的本意,不通过任何　170
第三者,而是根据他自己的论断。

塞奥多洛　我们该怎么办?

苏格拉底　是这样的。他不是说过,对任何人呈现为真实的
事物对他来说就是真实的吗?

塞奥多洛　他说过。

苏格拉底　那么好吧,普罗泰戈拉,① 当我们说每个人都毫
无例外地认为他在某些方面比他的邻居或其他人更聪明,而在别
的方面他们比他更聪明的时候,我们正在表达对一个人,或者倒不

———————

①　此处和以下几段,苏格拉底以面对普罗泰戈拉的口吻说话。

如说对所有人,呈现得像是真实的事情。这方面的例子有,遭遇巨

B 大的危险和困顿的时候,无论是在战场上,还是在患病时,或是在
海上,如果有谁能控制局势,那么人们就会把他当作神,请求他的
拯救,而实际上他比其他人优秀的地方只在于他的知识。确实,这
个世界上充满了这样两批人:一批人寻找那些能够教导和统治人
和动物,并能指导它们的行为的人;另一批人认为他们自己有能力
从事教导和统治。如果人并不拥有智慧,他们是无知的,上述事例
又从何谈起呢?

　　塞奥多洛　我们必须这样看。

　　苏格拉底　他们认为,智慧就在于真实地思想,而无知就在于
虚假的信念,对吗?

C 　　**塞奥多洛**　当然对。

　　苏格拉底　在这种情况下,普罗泰戈拉,我们该如何对待你的
学说?我们得说,人的想法总是真的,还是时真时假?无论从哪个
假设出发,结论都不会是人的想法总是真的,而是有真有假。请想
一想,塞奥多洛。你,或者任何一位普罗泰戈拉主义者,打算坚持,
无人可以把其他人当作无知的,或者认为他会做出虚假判断吗?

　　塞奥多洛　这是不可信的,苏格拉底。

D 　　**苏格拉底**　然而,这是那个以人为万物尺度的学说带来的不
可避免的后果。

　　塞奥多洛　怎么会是这样?

　　苏格拉底　每当你在心中就某事作判断,就让我们按普罗泰
戈拉的理论来肯定它对你来说是真的,但我们也明白,我们这些在
座的其他人不可能对你的判断作任何判断,如果我们能对你的判
断作判断,我们也总是声称你的意见是真的,是这样的吗?但你实
际上不是看到有成千上万的反对者在各种场合用他们的观点反对
你的意见,认为你的判断和信念是虚假的吗?

塞奥多洛　确实如此,苏格拉底,如荷马所说,这世上有无数　　E
反对者在给我找麻烦。

苏格拉底　那该怎么办? 在这种情况下,你要我们说你拥有
对你来说是真的意见,而成千上万的反对者拥有的意见是假的吗?

塞奥多洛　看起来,这个学说肯定含有这样的意思。

苏格拉底　普罗泰戈拉本人得出的结论是什么? 不就是这样
吗? 如果连他也不相信人是万物的尺度,世人事实上也不相信,那　　171
么他写的《真理》对任何人来说都不会是真的。另一方面,如果他
相信这个学说,但是民众不相信,那么你会看到,就像不信者的数
量超过相信者一样,它的虚假超过真实。

塞奥多洛　由此可见,如果它的真假因每个人的看法而各异,
结果就是如此。

苏格拉底　是的,除此之外,它还包含一个真正精巧的结论。
从他那方面说,就像普罗泰戈拉承认每个人的意见都是真的一样,
他必须承认他的对手们的看法为真,而他们认为他错了。

塞奥多洛　确实如此。

苏格拉底　这岂不就是说,如果他承认那些认为他错了的人　　B
的观点是真的,他就得承认他自己的信念是假的?

塞奥多洛　必然如此。

苏格拉底　但其他人,就他们这方面来说,并不承认他们自己
是错的。

塞奥多洛　不承认。

苏格拉底　而普罗泰戈拉按照他写下来的那些话,又得承认
他们这种看法像其他任何人的看法一样真。

塞奥多洛　显然如此。

苏格拉底　那么,包括普罗泰戈拉本人在内的各方都在驳斥
他的观点,或者倒不如说,普罗泰戈拉会附和众议,一旦承认与他

C 观点相反的对手们的看法为真,普罗泰戈拉就得承认街上的一条狗或一个人并非是他不懂的任何事物的尺度。不是这样吗?

塞奥多洛 是这样的。

苏格拉底 由于已经遭到所有人的驳斥,普罗泰戈拉的《真理》对任何人来说都不是真的,对他本人更是如此。

塞奥多洛 我们对我的这位老朋友太苛刻了,苏格拉底。

D **苏格拉底** 但我们似乎并没有超越合理的范围,我的朋友。当然,他比我们年长,也可能比我们聪明,如果此刻他能从地下伸出头来,那么在他重新沉入地下之前,他很可能会严厉责备我们,说我胡说八道,说你随声附和。然而,我们必须像我们已经做的那样尽力而为,继续说出我们的想法。比如,我们现在一定不能说每个人都至少会同意,一个人会比其他人聪明,或比其他人无知吗?

塞奥多洛 我肯定会这样想。

苏格拉底 还有,我们在为普罗泰戈拉辩护时追溯过他的观
E 点,热、干、甜的事物,或该类事物中的任何一个就是它对某人呈现的那个样子,我们能说在这个观点中我们可以找到他的理论最稳固的立足点吗?如果这种理论在某个事例中承认某人优于他人,那么它也得同意,在健康好坏与否的问题上,并非任何妇女、儿童,或者动物,知道什么东西对自己的健康有益,或者能给自己治病。所以在这个事例中,或在别的什么地方,确实有某些人优于其他人。

塞奥多洛 我确实应当这样说。

172 **苏格拉底** 还有,在社会事务中,这个理论会说,关于风俗习惯是好是坏、宗教事务是对是错,任何国家都可以做出自己的决定,只要国家认为它们是合法的,那么它们就是合法的,在这个领域中,没有人或国家比其他人或国家更聪明。但是,凡有某事物对之有无利益之类的问题存在,在这里或在别处,这个理论就得承认
B 两位顾问或两个不同国家作出的决定之间在真实程度上有差别,

几乎无法冒险断言某个国家采取的任何举措看起来对它有益，就一定对它有益。

但是在我正在谈论的那个领域，有其自身真实性的宗教事务的对错，人们想要肯定这些事情没有一样是自然的，或者倒不如说公众的决定使它为真，只要这个决定还成立，它就一直是真的。那些人尽管不参加争论，但普罗泰戈拉在这些方面影响着他们的哲学。　　C

一个又一个的理论接踵而至，塞奥多洛，最新的理论比前面的理论更重要。

塞奥多洛　没关系，苏格拉底，我们有的是时间。

苏格拉底　那当然。我现在仍像从前那样经常感到奇怪，在哲学研究中花费了大量时间的人为什么一上法庭辩护就显得荒唐可笑。

塞奥多洛　你这是什么意思？

苏格拉底　你可以拿两种人作比较：一种从小就在法庭这样的地方厮混，另一种在哲学探讨中长大；一种像是被训练成奴隶，　　D
另一种则被训练成自由人。

塞奥多洛　以何种方式？

苏格拉底　以你正在说的这种方式。自由人总是有闲暇，从容悠闲地谈话。他会像我们现在正在做的那样，从一个论证进到另一个论证，我们刚进到第三个。像我们一样，他会丢下陈旧的论证，接受更加费神的新的论证，只要能获得真理，他不在乎需要讨论多久。演讲者总是匆匆忙忙，计时说话。他对自己选定的主题　　E
没有发挥的余地，而站在一旁的对手则在不断地说时间就要到了，以此对他进行牵制。他是一个从事辩论的奴隶，与别的从事辩论的奴隶一道，面对坐在那里要对许多诉讼进行审判的主人；他要做的事情从来没有什么区别，他的个人利益，乃至他的身家性命，才

173　是他一直关心的。因此,他变得焦虑而狡诈,知道如何奉承主人来
　　博得恩宠,但他心地狭隘,心术不正。自幼为奴的经历扭曲了他的
　　成长,剥夺了他的自由精神,驱使他走上邪恶之路,恐惧和危险使
　　他胆战心惊,青年时期的脆弱使他无法面对真理和诚实;所以,他
　B　起先是撒谎,然后是用犯错误来补偿先前之错,性情乖戾偏激,从
　　青年到成年全无健全观念,最后终于如他自己想象的那样,成为所
　　谓具有难以对付的才智的人。

　　　　关于演讲者我们就讲到这里,塞奥多洛。我现在该描述我们
　　所属的那个哲学群体吗,或者你宁可放弃这种描述,返回我们刚才
　　的讨论? 我们声称自己拥有从一个主题进入另一个主题的自由,
　　但我们一定不能滥用这种自由。

　C　　　**塞奥多洛**　不,苏格拉底,我们还是先听听你的描述。你说得
　　很对,在进行讨论时要等候恰当的时机,以求得出这样或那样的结
　　论,我们不是这种论证的奴隶。我们并不是在法庭上,在法官的眼
　　皮底下,也不在剧场里,有观众批评我们的哲学进程。

　　　　苏格拉底　好吧,如果这是你的希望,那就让我们来谈谈首要
　D　的哲学家,比较差的哲学家可以忽略不谈。他们自幼不知道去市
　　场、法庭、议事厅,或其他公共场所的路,也从来没有听到过宣读政
　　令,或者读过法律条文。在政治集团的斗争中谋利、集会、宴饮、与
　　吹笛女结婚,这些事对他们来说,甚至连梦中都没有出现过。公民
　　的高贵或低贱,或者他们的劣性是否有父母双方世系的遗传,对此
　　类事,哲学家所知并不比对大海里有多少水知道得更多。他甚至
　E　不知道自己对所有这些一无所知,如果他们离群索居,那么不是为
　　了获得名声,而是因为实际上只有他们的身体居住在城市里,而他
　　们的思想已将世上的这些事物全都视为毫无价值的。他们的思想
　　好像插上了翅膀,如品达所说,"上抵苍穹,下达黄泉",观察天象,
174　测量大地,到处寻求作为一个整体的事物的真正本质,从来不会屈

尊思考身边的俗事。

塞奥多洛　你这话是什么意思，苏格拉底？

苏格拉底　我的意思和那个故事的含义相同，相传泰勒斯在仰望星辰时不慎落入井中，受到一位机智伶俐的色雷斯女仆的嘲笑，说他渴望知道天上的事，但却看不到脚下的东西。任何人献身于哲学就得准备接受这样的嘲笑。他确实不知道他的邻居在干什么，甚至也不知道那位邻居是不是人；而对什么是人、什么力量和能力使人与其他生灵相区别这样一类问题，他会竭尽全力去弄懂。你明白我的意思吗，塞奥多洛？

塞奥多洛　明白，你说得对。

苏格拉底　所以，我的朋友，如我前述，在公开的或私下的场合，在法庭或其他任何地方，当哲学家被迫谈论在他脚下或在他眼前的东西时，所有人都会与那位女仆一道嘲笑他，好像他会闭着眼睛行走，坠入陷阱。他的笨拙使他显得格外愚蠢。他不会反唇相讥，因为他从来不研究他人的弱点，也不会说他人的坏话，因此在这种孤立无助的状况下，他就像个大傻瓜。当人们在吹嘘自己或他人的功劳时，他真挚的笑声引起他人的注目，认为他是轻浮的。当一位僭主或国王得到颂扬，他设想自己就好像在听有人向猪倌、羊倌、牛倌祝贺，说他们挤奶挤得多；只有他才想到，由国王们照料并挤奶的牲畜，比羊或牛提供了更多的东西去喂饱那些贪得无厌的人，这种盘踞在城堡中的牧人必定残酷蛮横，就像居住在山里的牧人。有人巨富，拥有上万亩土地，但在他看来实在是微不足道，因为他习惯于思考整个大地。人们热衷于唠叨他们的出生，有人能够历数七代富有的祖先，他认为这样的吹嘘必定出自心灵迟钝之人，他们太无教养以至于不能从总体上思考问题，看不到任何人都有无数代祖先。其中必有许多富人，也有许多乞丐；有国王，也有奴隶；有希腊人，也有野蛮人。有人为自己是安菲特律翁之子赫

拉克勒斯的二十五代后裔而感到自豪,在他看来这种自豪实在是

B 太浅薄了。他会嘲笑不能放弃这种空洞想法的人,因为,安菲特律翁之前还有二十五代祖先,再往前还有五十代祖先,他们的幸运全是命运所致。然而在这些事情上,世人全都嘲笑哲学家,部分原因是他的固执,部分原因是他对日常生活茫然无知,张皇失措。

　　塞奥多洛　对,苏格拉底,你说的全是事实。

　　苏格拉底　另一方面,我的朋友,当哲学家拉着其他人向上飞

C 升,问他们"是我对你们不公正,还是你们对我不公正",并思考公正与不公正本身,问它们各自是什么,它们相互之间如何不同,或它们与其他事物有什么不同,或者停下来,引用歌颂国王的幸福或拥有黄金者的幸福的诗歌,并考虑王权的意义和人类的幸福与不

D 幸的整个问题,它们的性质是什么,人类怎样才能获得幸福而避免不幸。在所有这些方面,当那些渺小怯懦、懂得法律的心灵被迫回答这些问题的时候,形势就完全扭转过来。现在轮到这些不习惯登高远望的人在半空中头晕目眩。他会心慌意乱、不知所措、结结巴巴,受到人们的嘲笑,不过不是被女仆或未受教养的人嘲笑,他们看不到这些事,而是被每一位在与奴隶相反的处境下成长起来的人嘲笑。

E 　　这就是两种人,塞奥多洛。一种人是在自由和闲暇中培养出来的,如你所说,是哲学家。如果他在做某些琐事时显得愚蠢或无能,比如不会铺床、不会烹调、不会说奉承话,那么可以得到原谅。

176 另一种人做起这些伺候人的事来非常能干,但就是没有学会像一名贵族那样穿衣,或者掌握正确的说话语调,可以用来颂扬诸神和人的真正的幸福生活。

　　塞奥多洛　如果你能说服每个人,苏格拉底,就像说服我一样,那么这个世界上就会有较多的和平与较少的邪恶。

苏格拉底　恶永远不可能消失,塞奥多洛,因为善永远会有它的对立面;不过,邪恶的魔鬼在神的世界里也没有任何位置,所以它们要出没于我们凡人居住的这个区域。这就是为什么我们要尽快逃离这个世界去另一个世界的原因,这样做意味着变得尽可能像神,而像神意味着在智慧的帮助下变得公正。但是要用这样一些并非由这个世界提供的理由说服人们避恶求善不是一件易事。在我看来,人应当无罪和善良并不是正确的动机,而是无知乡村老妇的愚蠢之谈,还是让我们换个方式来讲述这个真理。在神那里,没有不公正的影子,只有公正的完满,我们每个人都要尽可能变得公正,没有什么比这样做更像神了。在这一点上,人可以显示他的真正精神和力量,或者表明他缺乏精神和力量。因为知道这一点就是智慧,是真正优秀的, 不知道这一点显然是盲目的、低劣的。社会统治者的所有其他形式的力量和理智就像手工匠人的技艺那样低劣和粗陋。如果一个人的言语和行为是不公正的、亵渎的,那么他最好不要相信自己是一个伟大的人,因为他无所顾忌, 以耻为荣,把他人的指责当作对他的赞美,以为自己不是傻瓜,不是大地无用的负担,而是经受公共生活狂风暴雨考验的正义的人。

让我们言明真相。他们正是他们想象自己不是的那种人,他们在欺骗自己,因为他们不知道不公正会遭到什么惩罚,而这正是他们最应当关心的事。这种惩罚并非像他们所想象的那样是鞭笞和死亡,这些事情并非总是落在做错事的人身上,而是一种无法逃避的惩罚。

塞奥多洛　这种惩罚是什么?

苏格拉底　我的朋友,事物不变的性质有两种类型:一种是神圣的幸福,另一种是不敬神的不幸。他们的愚蠢使他们对这个真理完全无知,他们不明白行不义之事使他们变得不像前一类型,而

177 像后一类型。他们要支付的罚款就是他们要过一种与他们的生活相似的那种类型的生活。但若我们对他们说,若不放弃他们极端的狡诈,另一个没有任何邪恶的世界在他们死后不会接受他们,他们会以某种与他们自己相似的生命形式一直住在这个世界上,居住在像他们一样邪恶的社会中,那么这些话对这些强硬而又肆无忌惮的心灵来说,听起来无疑像是一堆蠢话。

塞奥多洛 是这样的,苏格拉底。

B **苏格拉底** 我非常明白这一点,我的朋友。他们还有这样一个特点,当你单独与他们在一起,让他们解释为什么反对哲学时,如果他们还能面对漫长的考察而不逃跑,那么他们的回答会以发现他们自己的论证不能令人满意而告终,这是非常奇特的。不知怎么搞的,他们江郎才尽了,像婴儿那样哑口无言。

然而,所有这些都是离题话。我们现在必须停止,要筑起一道
C 大坝来,免得大量的论题把我们原先的论证淹没。请原谅,让我们返回前面的论题吧。

塞奥多洛 对我来说,我宁可听你讲离题话,苏格拉底,像我这把年纪的人,这些话反而更容易懂。不过,既然你不想再说,那么就让我们言归正传吧。

苏格拉底 很好。我想我们已经进到如此地步。我们刚才说,相信事物处在永恒变化之中、相信事物在任何时候就是它对某人呈现的那个样子的人,在大多数事情上会强烈地坚持他们的原则,而在并非最不重要的什么是公正的问题上,他们也坚持说一个国家可以决定的任何法令都是公正的,只要它们还在起作用。但
D 若问什么是好,那么我们说最大胆的人都不会坚持这样的主张,一个国家相信或宣布某件事情对她有益,那么当它被宣称为有益的时候,它就在事实上有益,除非他能继续保持"有益"这个词的确定含义,但是这样一来就会把我们的主题转变成一个笑话。

塞奥多洛　当然。

苏格拉底　那么我们要假定,他并非只是在使用这个名称,而 E
是指这个名称所负荷的那个事物。

塞奥多洛　我们要这样做。

苏格拉底　无论国家把利益叫做什么,她确实是国家立法的
目标,在国家的信仰和力量的范围内,国家的全部法律的制定都是
为了国家本身的最佳利益。或者说,国家在立法时还有别的什么
目标吗?

塞奥多洛　没有。 178

苏格拉底　那么国家每次都能达到目的,或者说每个国家都
经常完全不能达到目的?

塞奥多洛　我得说错误是常犯的。

苏格拉底　如果我们从一个包括利益问题在内的涵盖整类事
物的问题出发,我们还有一个更好的机会使每个人都同意这一点。
我的建议是从一个必然与将来有关的事情出发。立法时,我们带
着这些法律将会是有益的这样的想法制定法律。我们可以称这类
事物为“将来的”。

塞奥多洛　当然可以。 B

苏格拉底　那么,这里有个问题给普罗泰戈拉或任何赞同他
的观点的人。按照你和你的朋友们的说法,人是万物的尺度,无论
它是白的、重的、轻的,还是该类事物中的任何一个。个人本身拥
有判断事物的标准,可以相信它们就是被他感觉到的那个样子,他
相信某个事物是真的,它对他来说就是真的,对吗?

塞奥多洛　对。

苏格拉底　我们还得继续下去,普罗泰戈拉。① 人自身也拥 C

――――――――

① 此处苏格拉底又像前面那样,以面对普罗泰戈拉的口吻说话。

有检验将要发生的事物的标准,一个人相信将会如何,对这个相信的人来说,事物实际上也将会如何,这样说也是对的吗? 以热为例。如果有人相信自己将要发热,这个热将会存在,而另一人是医生,他的看法正好相反,那么我们应当假定这个将要发生的事情会按照两种看法中的某一种发生,还是按照两种看法发生,所以对医生来说,那个病人不会发热或发烧,而对那个病人来说,两种情况都将在他身上发生吗?

塞奥多洛　这是十分荒谬的。

D　　**苏格拉底**　要判断酒将会变甜还是不甜,我想酿酒师的判断是权威性的,笛手的判断没有权威。

塞奥多洛　当然。

苏格拉底　还有,一段音乐是否将会变得和谐悦耳还是走调,对这个问题,一名体育教练的看法不会比一名乐师更好,乐师的判断一定胜过教练。

塞奥多洛　那是一定的。

苏格拉底　假定正在准备一桌宴席,受邀而来的宾客如果并非精通烹饪,那么他对菜肴将会带来的快乐所作的判断一定不如E　　制造蜜饯者那么权威。我们不是在争论某事物过去或现在对任何人是否令人愉快的问题,而是争论它在将来对任何人如何呈现和如何存在,这个时候,每个人对他自己来说都是最好的判断者吗,或者你,普罗泰戈拉,至少在某人的辩论是否会使法庭信服这个问题上,比任何没有受过训练的人具有更好的预见吗?

塞奥多洛　当然,苏格拉底,在这种事情上他显然会认为自己比其他所有人都要强。

179　　**苏格拉底**　你倒真会说活,我想他会这样看的。如果他不能说服对方,在事物将如何存在和将会怎样呈现的问题上,无论是谁,哪怕是预言家,都不能比他有更好的预见,那么就不会有人花一大笔钱来向他请教了。

塞奥多洛　非常正确。

苏格拉底　再来看立法,利益问题是关系到将来的事务,每个人都会同意,国家在制定法律时,一定经常不能实现她自己的最大利益吗?

塞奥多洛　确实如此。

苏格拉底　那么我们可以相当合理地向你的老师指出,他必 B 须承认某个人比其他人聪明,这个比较聪明的人是判断事物的尺度,就好比无论我是否喜欢,我们为普罗泰戈拉作的辩护都在使我成为尺度,而像我这样无知的人在任何方面都一定不会成为尺度。

塞奥多洛　我想,这是这个理论最薄弱的地方,尽管在其他方面,这个理论使其他人的观点也具有适用性,因此他们也可以回过头来认为普罗泰戈拉的论断极不真实。

苏格拉底　塞奥多洛,攻击这样的论断可以有许多方法,并且 C 可以证明并非每个人的每个观点都是正确的。但若将问题限定在个人在某一时刻的经验的范围内,按照他们的看法这是他的感觉和判断的源泉,那么这个观点的正确性很难驳倒。我们说"很难"可能是错的,因为它们也许无懈可击。那些人说这种经验非常清晰,它们就是知识,他们的看法也许是正确的。泰阿泰德说感觉和 D 知识是同一的,他可能并没有说错。

因此,就像在我们的普罗泰戈拉的辩护中他所吩咐的那样,我们必须进一步推敲这个问题,研究这个变动着的实在,鸣金听音,看它是健全的,还是有缺陷的。不管怎样,关于这个问题的战斗已经不小,参战者亦非少数。

塞奥多洛　确实不小,这场战斗实际上正在伊奥尼亚蔓延。赫拉克利特的追随者正在以极大的热情进行大合唱,劝说人们接受这个学说。

E **苏格拉底** 我亲爱的塞奥多洛,我们还有更多的理由要对它进行仔细考察,追随他们的踪迹来寻找这个学说的根源。

塞奥多洛 我们一定要这样做。但是无人会去与自称熟悉赫拉克利特原则的那些爱菲斯人讨论这些原则,或者如你所说,这是荷马的原则,或者更加古老的原则,与这些爱菲斯人谈话就好像与

180 疯子谈话。与他们自己的学说相一致,他们处在永久的变动之中;他们不能安详地思考一些论证或问题,或者平静地回答问题,连用负数来表示这些家伙的安静程度都嫌太大。你一发问,他们就从箭袋中拔箭向你射来,用神谕般的格言作答;如果你想得到有关这些格言的解释,马上就会被另一句格言钉死,或者被一些新造的比喻钩住。无论与他们中的哪一位讨论都不会有任何结果,他们相互之间讨论这个问题也不会有任何结果;但是,他们在讨论中或在

B 他们自己心中都小心翼翼地不留下任何确定的东西。我想,他们一定是把静止的事物当作他们要与之奋斗到底、竭力逐出这个世界的东西了。

苏格拉底 塞奥多洛,你可能只在争论中看见过这些人,但从来没有在安静时与他们相会;他们确实不是你的朋友。我要大胆地说,他们会把这些事情留在闲暇时传给他们的学生,使学生变得和他们一样。

塞奥多洛 学生! 我亲爱的朋友,他们中间没有老师和学生

C 这回事;他们就像蘑菇一样长出来。如果有的话,他们各自得到一些灵感,然后就认为他人一无所知。所以我刚才说过,无论他们是否同意,你都不能向他们提问。我们必须自己把这个问题接过来,试着解决它。

苏格拉底 这个建议很合理。至于解决这个问题,我们不是

D 有古人的遗训吗? 他们隐晦地用来自民间的、诗歌中的人物表达他们的意思,说俄刻阿诺和忒提斯是万物的源泉,是不断流动的河

流,没有任何东西是静止的。为了使皮匠也能聆听并理解他们的智慧,放弃某些事物静止、某些事物运动这样一种简单的信仰,那些有着卓越智慧的现代人敬重那些教导他们说万物皆动的人,他们不也相当公开地道出了与古人相同的思想吗?

但我几乎忘了,塞奥多洛,另一个学派的教导正好相反,认为"只有'存在'始终不动,这是用来称呼一切的名称",像麦里梭和巴门尼德这样的人更是反对其他所有人的看法,他们告诉我们,万物都是自身保持静止的个体,在其内部并无运动的余地。我们该如何对待所有这些参战者呢?我们的进展不知不觉地一步步把我们带到两条路线之间,除非我们能够抵挡他们,或者从中间溜过去,否则我们就会遭殃,就好像在摔跤学校里玩的游戏,站在线两边的人都竭力把对方朝自己这边拉。我想,最好的办法是先看一下我们首先接近的那一派,即主张流变的那派。如果一切事物都以他们所说的这种方式呈现,那么我们就帮助他们把对手拉到这边来,并试图将对方难倒。但若我们发现更多的真理在主张静止的那些人手里,我们就抛弃这些没有给静止留下任何余地的革新家。如果我们发现双方的主张都非常不合理,并设想没有人能像我们这样在拒斥了这些古代智慧的典范以后做出新贡献,那么我们就会显得非常愚蠢。你认为我们值得冒如此大的危险继续前进吗,塞奥多洛?

塞奥多洛 当然值得,苏格拉底。在我们发现双方的主张之前,就此停顿令我无法忍受。

苏格拉底 好吗,如果你有这种强烈的感觉,那么我们一定得继续考察。我想我们对变化的研究应当从这个问题开始:他们说一切事物都处在变化之中,这到底是什么意思呢?我的意思是,他们承认一种变化还是两种变化?我认为有两种变化,但我不能一个人坚持这个看法,你必须分担危险,这样我们才能共同面对将会遭遇的命运。告诉我,当某物从一处移到另一处,或在原处旋转,你称之为变化吗?

塞奥多洛　是的。

苏格拉底　那么,这是一种变化。现在假定某物停留在某处,

D 但是长大了、从白变成黑、从软变成硬,或在其他方面发生改变,称之为另一种变化合适吗?

塞奥多洛　当然应该这样说。

苏格拉底　因此我应当承认有两种变化,改变和位移。

塞奥多洛　你说得对。

苏格拉底　做出了这种区别,那么让我们现在与这些认为一

E 切事物都处在变化之中的人交谈,向他们发问,你们说一切事物都处在改变和位移这两种变化中,还是一部分事物处在两种变化中,一部分事物只有其中一种变化?

塞奥多洛　我真的无法确定,但我想他们会说"处在两种变化中"。

苏格拉底　对,我的朋友,否则他们就会发现事物既有静止的也有变化的,这样一来,说一切事物都是变化的并不比说一切事物都是静止的更加正确。

塞奥多洛　对。

182　　**苏格拉底**　由于事物都处在变化之中,不变在任何地方都必定不可能,所以一切事物总是处在各种变化之中。

塞奥多洛　这个结论可以推得出来。

苏格拉底　现在来考虑他们理论中的这个要点。我们说过,他们按这样的方式对热、白、或者其他什么的来源作解释,任何事物总是在移动,同时有感觉在行动者和承受者之间产生,承受者变成感觉者,而行动者会拥有性质,而不是成为性质,对吗?"性质"

B 这个词也许使你感到陌生和困惑,你不懂它的一般含义是什么,所

以让我来举例说明。行动者不会成为热或白,而是成为热的或白的,余者类推。无疑你记得我们原先是怎么讲的,无物仅凭其自身就可以具有任何存在,也不能凭自身而成为行动者或承受者,而是作为它们相互之间作用的结果,产生感觉和被感觉到的事物,行动者变得具有这种或那种性质,而承受者成为感觉者。

塞奥多洛　我当然记得。

苏格拉底　那么很好,暂且不论他们理论中的其他部分,"这"和"那"是什么意思,让我们来记住复述的要点,就此向他们提问。按照你们的解释,一切事物都处在永恒变化的河流之中。是这样吗? C

塞奥多洛　是的。

苏格拉底　变化包括我们区别的两种变化,位移和改变吗?

塞奥多洛　如果事物完全变化,那么当然应当包括。

苏格拉底　好吧,如果它们只有位移而没有性质的改变,我们就可以说出处在变化之河中的事物具有什么性质,是吗?

塞奥多洛　是。

苏格拉底　然而,即使在这个地方也没有任何东西是稳定的,流变中的事物不是保持白色,而是在变化,所以白本身也在流动,变成其他颜色,这样它就可以避免遭到来自稳定性这方面的指责了。那么我们还能称它为某种颜色,并且确信我们这样的称呼是正确的吗? D

塞奥多洛　这怎么可能,苏格拉底? 如果说这个事物在我们说话时就已经在这条变化之河中逝去,我们又怎能用正确的名称来称呼你所说的这类事物中的其他事物呢?

苏格拉底　还有,关于某种感觉我们该怎么讲,比如视觉或听觉? 我们能说它们作为视或听而永远保持它们的本性吗? E

塞奥多洛　如果说一切事物都处在变化之中,那么这样说肯定不行。

　　苏格拉底　那么,它就并不比"非视"更有权力被称作视;如果一切事物都在以各种形式发生变化,那么被冠以"感觉"之名的任何其他感觉也并不比"非感觉"更有权力被称作感觉。

　　塞奥多洛　对,它们没有这种权力。

　　苏格拉底　还有,按照泰阿泰德和我的讨论,感觉是知识。

　　塞奥多洛　是的,你们以前这样说过。

　　苏格拉底　然而按我们刚才的说法,那么我们对什么是知识这个问题的回答岂非意味着,感觉不是知识,反而更应当是"非知识"。

　　塞奥多洛　似乎如此。

183　　**苏格拉底**　我们渴望通过说明一切事物都处在变化之中来证明这个观点是正确的,这个时候,我们对原先的回答作出的改进带来了一个很好的结果。它实际上告诉我们,如果一切事物处在变化之中,那么对任何问题作出的任何回答都同样正确;如果你宁可避免使用任何会使这些人静止的术语,那么你可以说它是这样和不是这样,或者使用"变成"这个词。

　　塞奥多洛　你说得对。

　　苏格拉底　可是,塞奥多洛,我刚才还是用了"是这样"和"不
B　是这样"这些词。而实际上我们没有权力使用"是这样",因为这样说就意味着变化停止了,也不能使用"不是这样",这样说也会否定变化。为了叙述这种理论的范例,我们得确定一些新的用语,因为根本没有任何术语适宜用来表达他们的基本主张,除非这个主张是"用任何方法都无法"道出的。这个说法倒非常适合他们。

　　塞奥多洛　这个习语非常合适。

　　苏格拉底　所以,塞奥多洛,我们要扔下你的老朋友不管了,
C　哪怕他是一个聪明人,我们也还不准备承认每个人都是万物的尺

度。还有,至少以一切事物都处在变化之中的理论为依据,我们不承认知识就是感觉,除非泰阿泰德还有反对意见。

塞奥多洛 好极了,苏格拉底。这些问题已经得到处理,我们刚才商议过,对普罗泰戈拉理论的讨论一旦结束,我就不再回答你的问题。

泰阿泰德 不行,塞奥多洛,按你刚才的建议,在你和苏格拉底讨论完另一派的主张之前,你不能溜之大吉,这一派主张一切事物都是静止的。

塞奥多洛 泰阿泰德,你在教你的长辈违约吗?不行,你必须准备自己与苏格拉底讨论余下的问题。

泰阿泰德 行,如果他愿意的话,尽管讨论这个主题,我宁可当一名听众。

塞奥多洛 请苏格拉底讨论问题,就好像请一名骑兵在平地上驰骋。如果你向他提问,你会有东西可听。

苏格拉底 好吧,塞奥多洛,但我不想依从泰阿泰德的请求。

塞奥多洛 不依从?你这是什么意思?

苏格拉底 对那些主张宇宙是一,并且是静止的人,我出于对他们的敬重,甚至不愿与麦里梭这个不值一提的家伙争论,但是有一个人我对他的尊敬超过所有人。巴门尼德在我眼中,就如荷马所说,是"令人敬畏的"[①]。我在还很年轻的时候见过他,而当时他已经很老了。他是那么深邃和高贵,我担心我们听不懂他的话,更不能跟上这些话所表达的意思。我最担心的是,如果我们参与这些重要主题的讨论而引发一系列问题,我们讨论的最初目的,即知识的性质,反倒会看不见了。尤其是,我们现在提出的这个主题范

---

① 《伊利亚特》,第 3 卷,第 172 行;《奥德赛》,第 8 卷,第 22 行,第 14 卷,第 234 行。

围极广。把它当作一个枝节问题来处理是不公正的,而对之进行
恰当的讨论需要很长时间,这样一来,我们就得搁置我们的知识问
B 题。这两种做法都是错的。所以我宁可使用我的产婆的技艺,尝
试着帮泰阿泰德把知识概念生下来。

塞奥多洛 如果你认为这是最好的办法,那就这样做吧。

苏格拉底 好吧,泰阿泰德,这里有个问题请你考虑。知识就
是感觉是你提供的答案,对吗?

泰阿泰德 对。

苏格拉底 假定有人问你,当某人看到白的或黑的事物,或听
到高的或低的声音,他用什么看或用什么听? 我想你会回答说,用
眼睛和耳朵。

泰阿泰德 对,我会这样回答。

C **苏格拉底** 随意用词而不加严肃仔细的推敲一般说来并非教
养不好的标志,相反,吹毛求疵才是教养差的表现。尽管推敲用词
没有什么用处,但是考虑到你的答案的形式,我必须破个例。请你
考虑,如果说,我们用我们的眼睛和耳朵并通过它们来看和听,这
样说是否更加正确?

泰阿泰德 我会说,我们总是通过它们来感觉,而非用它们来
感觉。

D **苏格拉底** 对。我们身上藏有许多感觉器官,就像在特洛伊
木马中藏身的勇士,一切事物会在某个单一性质中会聚和集中,这
个性质被人们称作心灵或其他什么东西,我们通过那些作为工具
的感官,用心灵感觉一切感觉的对象。如果不是这样的话,那确实
太奇怪了。

泰阿泰德 对。我认为这个描述比较好。

苏格拉底 我作这番推敲的目的是想知道,在我们身上是否
E 有某个部分在各种情况下都通过眼睛感觉到黑或白,通过其他感

官感觉到其他各种感觉对象。如果有人向你提出这个问题,你会把所有这样的认识行为归之于身体吗?你最好先对自己回答这个问题,而不是由我来替你说话。告诉我,所有这些工具,你通过它们来感觉到热、硬、轻、甜的东西,都是身体的部分,而不是别的什么东西的部分,对吗?

泰阿泰德 它们不是别的什么东西的部分。

苏格拉底 现在你也同意,通过一种官能感觉到的对象不能通过另一种官能来感觉到吗? 比如,听的对象不能通过看的官能来感觉到,或看的对象不能通过听的官能来感觉到。 185

泰阿泰德 我当然会同意。

苏格拉底 如果你马上想到两种感觉对象,那么你不能通过两种器官中的某一种马上得到关于两种感觉对象的感觉。

泰阿泰德 不能。

苏格拉底 现在考虑声音和颜色。一开始就同时想到它们,你认为它们都存在吗?

泰阿泰德 它们存在。

苏格拉底 进一步问,它们各自与对方不同,而与自身相同吗?

泰阿泰德 当然。 B

苏格拉底 还有,它们在一起就是二,它们各自都是一,对吗?

泰阿泰德 对。

苏格拉底 你还可以问自己,它们之间是不同的还是相同的?

泰阿泰德 当然可以这样问。

苏格拉底 那么,通过什么器官你可以思考有关它们的这一切? 什么东西对它们来说是共同的,但不能通过听或看来理解? 此外,我的看法在这里还有进一步的证明。假定有可能弄清声音或颜色是否都是令人恶心的,那么你无疑能够告诉我要用什么官 C

能,这个官能显然既不是看又不是听,而是别的。

泰阿泰德 当然,要用通过舌头起作用的官能。

苏格拉底 很好。那么现在请告诉我,这个官能起作用要通过什么样的感官,不仅可以告诉你对这些对象来说相同的东西,而且可以告诉你对一切事物来说相同的东西,亦即你使用"存在"、"不存在"这些术语时表示的意思,以及我在前面提问时用过的其他术语表示的意思? 你能说出有什么样的器官与这些术语一一对应,并通过我们的这些感官感知到它们中的每一个?

泰阿泰德 你指的是存在与不存在、相似与不似、相同与相
D   异,还有一般用于事物的单一和数目,显然还包括"偶数"、"奇数",以及所有这一类概念。你正在问的是,通过身体的什么部分,我们的心灵觉察到这些东西?

苏格拉底 你领会得极为透彻,泰阿泰德,这正是我的问题。

泰阿泰德 说真话,苏格拉底,我无法指出是什么器官,除非我想根本就没有什么专门的器官可以感觉到所有这些东西,就像
E   有器官是用来感觉其他东西的那样。我很清楚,心灵本身就是它思考这些适用于一切事物的普遍术语的工具。

苏格拉底 实际上,泰阿泰德,你很漂亮,不像塞奥多洛说的那么丑,因为在讨论中,行为漂亮才是漂亮。如果你明白心灵以它自己为工具,凭借自己思考某些事物,而通过身体的官能思考其他事物,那么你对我何止是做得漂亮,因为这样一来省掉了我的麻烦,不必再对此作漫长论证了。这确实是我自己的想法,但我希望你也能同意。

泰阿泰德 好吧,我明白这一点。

186 **苏格拉底** 那么你把存在归入哪一类? 它属于一切事物,这是事物的首要性质。

泰阿泰德 我想把它归入心灵凭借自身来理解的那一类

事物。

苏格拉底　相似与不似、相同与相异也是这样吗？

泰阿泰德　是的。

苏格拉底　关于"荣耀"与"耻辱"、"善"与"恶"又怎样？

泰阿泰德　首先，在我看来，它们属于那种其存在性要加以考虑的事物，它们之间要进行比较，心灵在其自身中对过去和现在进行反思，用眼睛看到未来。　　　　　　　　　　　　　　　　B

苏格拉底　等一等。心灵通过触觉器官感觉到坚硬事物的硬和柔软事物的软，对吗？

泰阿泰德　对。

苏格拉底　但是，它们的存在、它们存在的事实、它们之间的对立，以及这种对立的存在，当心灵对这些事情进行反思和相互比较时，它们都是心灵本身为我们作出的判断。

泰阿泰德　当然。

苏格拉底　那么，一切通过身体渗入心灵的印象是人和动物一生下来都能对感知到的东西，而对它们的存在和有用性的反思却是后来才有的，要通过漫长的、困难的教育过程才能出现，这样说对吗？　　　　　　　　　　　　　　　　　　　　C

泰阿泰德　肯定对。

苏格拉底　不能达到存在的人有可能达到真理吗？

泰阿泰德　不可能。

苏格拉底　如果一个人不能达到某事物的真理，他有可能认识那个事物吗？

泰阿泰德　不，苏格拉底，这怎么可能呢？　　　　　　　　　D

苏格拉底　如果这样的话，那么知识并不在于印象，而在于我们对印象的反思。似乎在反思而非在印象中，才有可能把握存在与真理。

泰阿泰德　显然如此。

苏格拉底　对有着如此巨大差别的两样事物,你会给它们起同样的名称吗?

泰阿泰德　这样做当然是不对的。

苏格拉底　那么你把第一类事物称作什么,视、听、嗅、感到冷、感到热?

E　泰阿泰德　感觉。其他还能有什么名称?

苏格拉底　你把它们统称为感觉吗?

泰阿泰德　当然。

苏格拉底　我们同意过,事物与认识真理是不相干的,因为它并不具有认知的存在。

泰阿泰德　不相干。

苏格拉底　由此可见,它也和知识不相干。

泰阿泰德　不相干。

苏格拉底　那么,泰阿泰德,感觉和知识不可能是一回事。

泰阿泰德　显然不是,苏格拉底。现在完全清楚了,知识是和感觉不同的某些东西。

187　苏格拉底　但我们开始谈话时的目的并不是发现知识不是什么,而是知识是什么。可是我们现在却已经进到这一步,明白了我们根本不能在感觉中寻找知识,而应当到心灵被事物充满时发生的事情中去寻找,而无论你把这种事情叫做什么。

泰阿泰德　苏格拉底,我想它的名称是"作判断"。

B　苏格拉底　你说对了,我的朋友。现在让我们再一次从头来过。把我们已经说过的话统统抹掉,看你能否从现在的立场出发获得比较清楚的看法。请再次告诉我们什么是知识。

泰阿泰德　我不能说所有判断都是知识,因为有虚假的判断;但也许真实的判断是知识。你可以把这句话作为我的回答。如果随着讨论深入,这个回答变得不像现在那么令人信服了,那么我会试着寻找其他答案。

苏格拉底　很好,泰阿泰德。这样及时的回答比你一开始那 C
种迟疑的态度要好得多。如果我们的讨论继续这样进行,我们就会找到我们要找的东西,也不太会去想象我们自己知道实际上对其一无所知的事情,这确实是一种不可轻视的回报。现在你说有两种判断,一种是真实的,另一种是虚假的,你把知识定义为真实的判断,对吗?

泰阿泰德　对,这是我现在的看法。

苏格拉底　那么,我们是否应当回到有关判断的要点上来比较好?

泰阿泰德　你指的是什么要点?

苏格拉底　现在我心里有一个问题在困扰着我,过去当我与 D
他人谈话时,这个问题也使我困惑。我无法解释我们拥有的这种体验的性质,或者说明它如何在我们心中产生。

泰阿泰德　是什么体验?

苏格拉底　作虚假的判断。我现在仍然犹豫不决,不知是应该放弃这个问题,还是作进一步讨论,不过不像我们前不久所做的那样,而是以一种新的方式。

泰阿泰德　苏格拉底,如果这样做似乎是必要的,为什么不加以讨论?刚才你还在和塞奥多洛谈论闲暇,你说得很对,进行这种讨论没有必要匆匆忙忙。

苏格拉底　你提醒得好,现在也许是我们重新开始跟踪的恰 E
当时候。伤其十指不如断其一指。

泰阿泰德　确实如此。

苏格拉底　那么我们该怎么个开始法?我们的意思到底是什么?我们肯定,对任何事物来说,我们中有人思考虚假的东西而做出一个虚假的判断,其他人思考真实的东西而做出一个真实的判断,这就是事物的性质,对吗?

泰阿泰德 我们确实这样说过。

188　　**苏格拉底** 在个别事例中或在所有事例中,我们可以既知又不知某个事物吗? 在这里我不想解释当下熟知然后遗忘这种居间状况,而只涉及知与不知。因为我们现在的问题与居间状况无关。

泰阿泰德 好吧,苏格拉底,除了知与不知,在任何事例中都没有第三种可能性。

苏格拉底 由此马上可以推论,当一个人在思考时,他一定在思考着他知道的某些事物或他不知道的某些事物,对吗?

泰阿泰德 必然如此。

B　　**苏格拉底** 进一步说,如果你知道某物,你不能也不知道它,如果你不知道某物,你不能也知道它,对吗?

泰阿泰德 当然对。

苏格拉底 假定一个人在思考虚假的事物,而又设想他知道的事物并不是这些事物,而是他知道的其他事物,因此,当这个人知道两种事物时,他实际上对两种事物都不认识?

泰阿泰德 不,这是不可能的,苏格拉底。

苏格拉底 好吧,这个人会设想他不知道的事物是他不知道的另一些事物吗? 一个人既不认识泰阿泰德又不认识苏格拉底,他会认为苏格拉底是泰阿泰德,或泰阿泰德是苏格拉底,这有可能吗?

泰阿泰德 不可能。他怎么会这样想?

C　　**苏格拉底** 所以一个人确实不会想象他知道的事物是他不知道的事物,或者他不知道的事物是他知道的事物?

泰阿泰德 不会,否则的话简直是个奇迹。

苏格拉底　那么,对虚假地作判断来说,还有其他出路吗?我们推测,一切事物或是被我们所知或是未被我们所知,此外没有别的可能性,两者之间没有给虚假的判断留下任何余地。

泰阿泰德　相当正确。

苏格拉底　那么,我们最好还是换一个办法来接近我们想要寻找的东西。不用"知或不知",而用"存在或不存在"。

泰阿泰德　你这是什么意思?

苏格拉底　一个人无论处于什么样的心灵状态,他对不存在的事物的思考只能是对虚假的事物的思考,这不是很简单吗?

泰阿泰德　这个说法有些道理,苏格拉底。

苏格拉底　那么,泰阿泰德,如果有人问,"你们所说的这种情况是否对任何人都可能?人有可能思考不存在的东西吗,这个不存在的东西是关于存在的某事物的或是绝对不存在的?"对此我们该怎么说?我想,我们必须这样回答,"是的。他相信某事物,而他相信的事物又是不真实的,他在这种时候就是在思考不存在的东西。"或者,我们还会有别的回答吗?

泰阿泰德　我们必须这样说。

苏格拉底　那么这种事情在任何情况下都是可能的吗?

泰阿泰德　什么事情?

苏格拉底　一个人看见某物,然而他看见的东西却是无。

泰阿泰德　不。这怎么可能呢?

苏格拉底　然而,如果他看见某物,那么该物一定是存在的某物。或者你把某物设想为可以算作根本不具有存在的事物吗?

泰阿泰德　不,我不这样想。

苏格拉底　那么,如果他看见某个事物,他就看到了一个存在的事物。

泰阿泰德　显然如此。

189　　　　**苏格拉底**　如果他听见一个事物,那么他就听到了某个事物,并且听到了一个存在的事物。

泰阿泰德　对。

苏格拉底　如果他触到一个事物,那么他就触到了某个事物;如果他触到了某个事物,那么他触到的这个事物是存在的。

泰阿泰德　这也是对的。

苏格拉底　如果他在想,那么他一定在想某个事物,对吗?

泰阿泰德　必然如此。

苏格拉底　当他想某个事物的时候,他在想某个存在的事物吗?

泰阿泰德　我同意。

苏格拉底　所以想不存在的事物就是想无。

泰阿泰德　这很清楚。

苏格拉底　但是,想无和不想不就是一回事吗?

泰阿泰德　这很明白。

B　　　　**苏格拉底**　如果这样的话,无论这个被想的事物是存在着的某物,还是绝对的不存在,想不存在的事物是不可能的?

泰阿泰德　显然如此。

苏格拉底　那么虚假的思考必定与想不存在的东西不同。

泰阿泰德　似乎如此。

苏格拉底　除了我们正在追踪的这些线路外,虚假的判断对我们来说没有其他可能产生的途径。

泰阿泰德　没有,确实没有。

苏格拉底　好吧,被我们称作虚假判断的东西是以这种方式产生的吗?

泰阿泰德　如何产生?

苏格拉底　我们承认虚假的判断作为一种错误的判断而存

在,当一个人在他的心中将两个存在的事物互换,并断言其中一个　C
事物是另一个事物。以这种方式,他总是想着存在的某物,但总是
将之置于另一事物的位置上,由于他错认事物的标记,因此说他虚
假地作判断是公正的。

　　泰阿泰德　我相信你现在的看法相当正确。当一个人在"美"
的位置上想着"丑",或在"丑"的位置上想着"美",那么他确实真的
在思考虚假的东西。

　　苏格拉底　我看到你现在不再对我敬畏,泰阿泰德,并且开始
藐视我了。

　　泰阿泰德　为什么,你能说清楚一点吗?

　　苏格拉底　我相信,你以为我会忽略你说的"真的思考虚假的　D
东西"这句话,不会问你一个事物能否慢的快、重的轻,或者是一个
背离其自身性质,像它的对立面一样行事的事物。但无论如何,我
赞赏你的勇敢,把这个问题放过去是正当的。所以,你喜欢这样一
种观念,虚假的判断是一种误解。

　　泰阿泰德　对。

　　苏格拉底　那么按照你的看法,心灵可以把一物当作另一物,
而不是当作该物本身。

　　泰阿泰德　是的,有这种可能。

　　苏格拉底　当心灵这样做的时候,它一定不会同时想着两个　E
事物,或者其中之一吗?

　　泰阿泰德　它一定会,或者同时想,或者先想一个,后想另一
个?

　　苏格拉底　好极了。你接受我对思维过程的描述吗?

　　泰阿泰德　你如何描述这个过程?

　　苏格拉底　我把思维说成心灵与它自身围绕正在思考的某个
主题而进行的谈话。你必须把这个解释当作一个无知者的看法。

190　但我有这种想法,当心灵在思考时,它只是在与自己谈话,提出问题,回答问题,说出对错。一旦它做出决定,无论是缓慢的还是突如其来的,此时疑问已经消除,两个声音肯定了相同的事情,于是我们就称之为"判断"。所以我会把思维描述成谈话,把判断说成是宣布了的陈述——不是大声地对别人说,而是沉默地对自己说。

　　泰阿泰德　我同意。

　　苏格拉底　这就意味着,当一个人把某物当作他物来思想时,他对自己肯定该物就是他物。

B　　**泰阿泰德**　当然。

　　苏格拉底　那么回想一下,你有无对自己说过"没错,美的东西就是丑",或者"不公正的东西就是公正"。更一般地说,想想你有没有使自己信服过,某物肯定是他物,或者相反,甚至连梦中你也从来没有达到这种地步,对自己说奇数一定是偶数,或者说出其他类似的话来。

　　泰阿泰德　你说得对,我没说过。

C　　**苏格拉底**　你设想其他人,疯子或精神不正常的,会这样做:在心中对他自己认真地说,牛一定是马,或者二者为一?

　　泰阿泰德　我当然不会这样想。

　　苏格拉底　如果对自己作陈述与下判断是一回事,那么只要一个人正在同时对两样事物作陈述或下判断,他的心灵拥有这两样事物,那么他就不能说或下判断,认为它们中的一个事物是它们中的另一事物。你在答话时一定不要对我的用语进行挑剔,我指

D　的是没有人会认为"丑就是美"或其他类似的说法。

　　泰阿泰德　我不会吹毛求疵,苏格拉底。我同意你的看法。

　　苏格拉底　那么,正在思考两样事物的人不会把其中的一个当作另一个。

泰阿泰德　似乎如此。

苏格拉底　另一方面，如果他只思考一个事物，根本没有想到其他事物，他也决不会认为这个事物是其他事物。

泰阿泰德　对，否则他心中一定有从前有过而现在并没有想到的事物。

苏格拉底　由此可见，无论想到两样事物还是只想到一样事物，"误解"都是不可能的。所以，把虚假的判断定义为"误判"是没有意义的。以这种形式存在于我们中间的虚假的判断比我们前面打消了的那些形式更不会出现。 E

泰阿泰德　似乎如此。

苏格拉底　然而，泰阿泰德，如果我们不能说明虚假的判断是存在的，我们就会被迫承认所有这些荒谬的东西。

泰阿泰德　例子呢？

苏格拉底　在我试着从各方面考察这个问题之前，我不会提到这些例子。在我们还没有看到出路时，被迫承认这些事情会使 191 我感到羞耻。如果我们找到了出路，有幸逃脱，那么我们就有时间谈论他人的看法，说他们落入陷阱，荒唐可笑；但若我们遭到重创，那么我想我们必须谦卑，承受这个论证给我们带来的后果，就像水手轻蔑地对待晕船的旅客。所以让我来告诉你，仍旧为我们敞开的大道在哪里。

泰阿泰德　快告诉我。

苏格拉底　我要说的是，我们错误地赞同一个人不会认为他 B 知道的事物是他不知道的，因此我们受骗了。而实际上这种情况可能以某种方式出现。

泰阿泰德　你是指在我们说不可能的那一刻在我心中出现的某件事吗？我与你苏格拉底熟悉，但我有时候会把远处的陌生人误认为我认识的苏格拉底。这个例子就像你描述的那种错误，它确实可能出现。

苏格拉底　但我们不好意思这样说,因为这样一来我们就成了既知又不知我们知道的事物,对吗?

泰阿泰德　对啊。

苏格拉底　实际上,我们必须按不同的方式来考虑这种情况。当我们这样做的时候,可能会在某些地方产生障碍,我们的努力会遭受挫折。然而,我们行进在一条狭窄的通道上,我们必须回过头来对每个论证加以考察。现在来看我这样说有没有用。以前不知道,后来变得熟悉起来,这种事情有可能吗?

泰阿泰德　当然。

苏格拉底　这样的过程能一件事一件事地重复吗?

泰阿泰德　当然。

苏格拉底　那么,为了进行论证,想象我们心中有一块蜡板,在个人心中或大或小,蜡板的构成或纯或杂、或软或硬,有时候则正好适宜。

泰阿泰德　很好。

苏格拉底　让我们称之为缪斯女神之母记忆女神的馈赠,并且说当我们想要记住某个事物,我们就在自己的心灵中视、听、感觉,我们将蜡放在知觉或意念之下,让它们在蜡上留下痕迹,就好像用印章戒指盖印。这样印下来的东西我们都能记住,只要印记还保存着,我们就知道它;如果印记被磨去,或者没能成功地留下印记,我们就会忘记,就不知道它。

泰阿泰德　可以这样设想。

苏格拉底　现在假定有人以这种方式认知,而他现在正在关注他看或听的某样事物。在这种情况下,他不可能做出虚假的判断吗?

泰阿泰德　怎么会呢?

苏格拉底 通过这样的方式，即某人认为他知道某事物，但该事物是他知道的其他事物，或者有的时候该事物是他不知道的事物。我们在前面错误地同意说这是不可能的。

泰阿泰德 你现在怎么看？

苏格拉底 在下列情况下，虚假的判断不可能产生：第一，某 192 人没有感觉到两个事物，但在他的记忆中或在心灵上留有两个事物的印记，那么没有人会认为这两个事物中某一事物是另一事物；当他只知道一事物，不知道另一事物，并且没有关于另一事物的印象时，也不会发生某人将一事物误认为另一事物这种事；他也不会认为他不知道的某事物是他不知道的另一事物，或者认为他不知道的某事物是他知道的另一事物。第二，他也不会认为他感觉到的某事物是他感觉到的另一事物，或者有时候认为他没有感觉到 B 的某事物是他没有感觉到的另一事物，或者认为他没有感觉到的某事物是他感觉到的某事物。第三，他也不会认为他知道和感到的某事物，关于该事物他拥有与感觉一致的印象，是他知道和感到的其他事物，关于其他事物他也拥有与感觉一致的印象，后一种情况如果可能的话，那么比其他情况更加不可思议。第四，他也不会认为他知道和感到的某事物，关于该事物他拥有与感觉一致的记忆，是他知道的其他事物；只要它们是一致的，他就不会认为他知 C 道和感到的一个事物是他感到的另一个事物，或者他不知道和没有感觉到的事物与另一个他不知道和没有感觉到的事物相同；他也不会假定他不知道和没有感觉到的一个事物与他不知道的另一个事物相同，或者一个他不知道和没有感觉到的事物是他没有感觉到的另一个事物。所有这些情况都完全、绝对地排除了得出虚假看法的可能性。

还剩下一些情况，如果这些情况存在，那么会产生虚假的判断。

泰阿泰德　还有哪些情况？它们也许能帮助我理解。现在我有点跟不上你了。

苏格拉底　以你知道的事物为例。你可以假设它们是你既知 D 道又感觉到的其他事物,或者是你不知道但确实感觉到的事物,或者你会把你既知道又感觉到的两样事物混淆。

泰阿泰德　我现在比先前更加茫然了。

苏格拉底　让我重新开始,换个方式说。我认识塞奥多洛,在心中记得他长得什么样,对你泰阿泰德也同样。在某个时刻,我看、触、听,或以其他方式感觉到他们;在其他时间,尽管我没有觉察到你和塞奥多洛,但我仍然在心中记得你们。是这样吗？

E 　**泰阿泰德**　肯定是。

苏格拉底　那么,这就是我想弄清楚的第一个要点,某人既感到又不感到他熟悉的某个事物是可能的。

泰阿泰德　对。

苏格拉底　某人不熟悉某事物,有时候觉察不到有时候觉察到该事物,除此另无其他,这种情况也是可能的。

泰阿泰德　对。

193　**苏格拉底**　现在来看你是否比较好地跟上我了。如果苏格拉底认识塞奥多洛和泰阿泰德,但是既没有看见他们,又没有关于他们的当前知觉,那么他决不会在心中想泰阿泰德是塞奥多洛。这样说有意思吗？

泰阿泰德　是的,这样说是对的。

苏格拉底　好吧,这就是我提到的第一种情况。

泰阿泰德　是的。

苏格拉底　第二种情况是这样的。如果我认识你们中的某一位,但不认识也没有感觉到另一位,在此情况下我同样不会想我认识的这一位是我不认识的另一位。

泰阿泰德　对。

苏格拉底　第三种情况，如果我既不认识又没有感觉到你们，那么我不会想我不认识的某个人是我不认识的另一个人。现在以此为例，将我刚才列举的各种情况都说一遍，无论我认识还是不认识你们两个，或是认识你们中的一个，我都不会对你和塞奥多洛做出虚假的判断。如果你跟得上，那么感觉方面也是同样的。

泰阿泰德　我现在跟得上。

苏格拉底　还剩下一些会发生虚假判断的情况。比如，我认识你和塞奥多洛，在我的蜡板上留有你们两个的印记，像图章盖印一样。我远远地、模糊不清地看见你们两个，匆忙之中却把你们各自专门的印记指定给专门的视觉印象，就好比把脚伸进它自己的脚印以求得确认，犯下把它们互换的错误，就好像一个人穿错了鞋子，把某个人的感觉用于另一个人的印记。我的这个错误还可以用镜子中的事物来说明，视线使事物的右边在镜中变换成事物的左边。在这种情况下，确实会产生误解或虚假的判断。

泰阿泰德　我认为是这样的，苏格拉底。你对判断的描述令人敬佩。

苏格拉底　还有一种情况，我认识两样事物但只感觉到一样，并且没有得到与我的感觉相应的那样事物的知识。这是我前面用过的表达方式，但你当时不明白。

泰阿泰德　对，我不明白。

苏格拉底　好吧，这是我当时说的意思。如果你认识两个人中的一个，也感觉到他，如果你得到与你的感觉相应的关于他的知识，如果你关于他的知识正好与你的感觉相同，你就不会想他是另一个你既认识又感觉到的人。情况就是这样，对吗？

泰阿泰德　对。

苏格拉底　我现在已经描述了的这种情况是前面遗留下来

194 的,我们说过在这种情况下会产生虚假的判断,这种可能性是你既认识又看见两个人,或者感觉到两个人,但没有得到与有关他们的专门感觉相应的印记。像一位拙劣的弓箭手,你会射偏了,错过了靶子,这确实是我们用来表示犯错误的另一个短语。①

泰阿泰德　有道理。

苏格拉底　还有,当属于某个印记的某个感觉呈现,但没有属于其他印记的其他感觉呈现时,心灵用属于没有感觉呈现的印记去适应呈现的感觉,一旦这种情况发生,错误就出现了。总之,如果我们现在的解释是健全的,那么在某人不知道和从未感觉过的

B 对象的情况下,谬误或虚假判断的可能性似乎是不存在的,但在既知道又感觉到对象的情况下,判断会发生转移和曲解,判断证实的事情可以是虚假的或真实的。当心灵将影像直接带往它们的专门印记,这时候的判断就是真实的;当心灵误导影像,使之趋向错误的印记,这时候的判断就是虚假的。

泰阿泰德　这确实是一个令人满意的解释,不是吗,苏格拉底?

苏格拉底　你听了剩余的解释,感觉还会更好些。真实地作

C 判断是一件好事,而在谬误中总有某些可疑的事情。

泰阿泰德　当然。

苏格拉底　他们说这种差别是以这样的方式产生的。有些人的心灵中有一块质地均匀、厚实平滑的好蜡板,通过感官而来的影像被印在这些"心"板上,荷马用这个词暗示心灵与蜡相似,② 因

D 此这些印记是清晰的、深刻的,足以延续很长时间。这种人学得

---

① "错过了靶子"就是犯错误的意思。

② 参阅《伊利亚特》,第 2 卷,第 815 行;第 16 卷,第 554 行。在希腊文中,"心"(καρδία)和"蜡"(καρός)二词读法相近,故作此比。καρός是κηρός一词的多立斯方言形式。

快、记性好，不会把他们的感觉印记搞错，能真实地思考。这些清晰深刻的印记被很快地指定给它们的图章，亦即所谓"真实的事物"，这样的人据说比较能干。你同意吗？

泰阿泰德　我非常赞成。

苏格拉底　有些人像诗人的智慧评价的那样，有一颗"粗糙的心"，或者说他们心中的蜡板是用质地不纯的蜡制成的，太软或者太硬。蜡板太软的人学得快，忘得也快；蜡板太硬的人正好相反，学得慢，忘得也慢。粗糙的蜡板混杂有许多泥土或灰尘，它包含的影像是不清晰的。如果蜡太硬，影像会不清晰，因为印记刻不深；而如果蜡太软，影像也不会清晰，因为蜡会融化，使印记马上就变得模糊不清。此外，如果在某些邪恶狭隘的心灵上，印记拥挤而重叠，那就更不清晰了。所有这些类型的人都好像会虚假地作判断。当他们看、听、想某个事物的时候，他们不能很快地把事物指定给蜡板的那些印记。他们心思迟缓，把事物纳入错误的位置。他们一直错误地看、听、想。因此我们可以说，他们关于事物的看法是错误的，他们是愚蠢的。

泰阿泰德　你的描述好得无法再好了，苏格拉底。

苏格拉底　那么我们能否得出结论，虚假的判断在我们中间是存在的？

泰阿泰德　当然能。

苏格拉底　我想，真实的判断在我们中间也存在吗？

泰阿泰德　真实的判断也存在。

苏格拉底　那么我们终于相信我们已经获得了满意的一致意见，这两种判断确实是存在的？

泰阿泰德　确实如此。

苏格拉底　饶舌之徒既讨厌又奇怪，泰阿泰德，看起来确实如此。

E

195

B

泰阿泰德　你为什么要这样说?

C　　**苏格拉底**　因为我对自己的愚蠢感到厌恶。我确实饶舌。如果一个人翻来覆去地摆弄一大堆论证,那么他是一个笨蛋,无法决定他的心思,确定哪一个论证可以信服。这样的人你还能把他称作什么?

泰阿泰德　为什么你要对自己感到厌恶?

苏格拉底　我不仅厌恶自己,而且还对无法回答这样的问题而感到焦虑,假定有人问我,苏格拉底,你已经发现虚假的判断不

D　存在于我们的感觉之中,也不存在于我们的思想之中,而是存在于感觉与思想是否相适合之中,对吗? 对此我会回答说,对,并且为我们这个发现而自鸣得意。

泰阿泰德　我看不出你讲的这些事有什么可耻之处,苏格拉底。

苏格拉底　但另一方面,那个人还会继续问道,你也说我们决不会想象,我们只是想到但并没有看到的一个人是一匹马,而这匹马是我们既没有看到或触到,也没有以任何方式觉察到的吗? 我想对这个问题我得说是。

泰阿泰德　答得对。

E　　**苏格拉底**　他会说,如此看来,一个人决不会以为他仅仅只是想到的十一是他仅仅只是想到的十二。

来吧,请你回答,你现在一定已经有了答案。

泰阿泰德　好吧,让我来回答这个问题。如果一个人看见或处理十一样事物,他会以为它们共有十二样,但是他决不会对他仅仅在思想上才有的十一和十二作判断。

196　　**苏格拉底**　那么,是否会有人在他自己心中想到五加七,我指的不是五个人和七个人,或这样一类东西,而是五和七本身,我们把这些东西描述为在我们的蜡板上留下的记录,其中不会有虚假

的判断,是否有人会对它们进行思考,并在他内心的对话中问自己,它们相加等于多少,一个人相信并说等于十一,而另一个人说等于十二,或者说每个人都同意五加七等于十二?

泰阿泰德 远非如此。许多人会说等于十一,如果涉及更大 B
的数字,犯错误的可能性就更多了,因为我想,你正在对数字进行一般的谈论。

苏格拉底 对,正是如此。现在想一想在这个事例中发生了什么事。被印在蜡板上的十二本身不会被当作十一吗?

泰阿泰德 似乎不会。

苏格拉底 那么我们岂不是又回到我们最初的论点上来了吗?这种情况在某人那里发生,就等于说他认为他知道的某物是他知道的另一物,而我们说过这是不可能的。这一点是我们否认 C
会有虚假判断的根据;要想避免这个结论,就得说同一个人同时既知道又不知道同一样事物。

泰阿泰德 非常正确。

苏格拉底 既然如此,我们必须以别的方式解释虚假判断的由来,而不是把它作为思想对感觉的误适。如果是这样的话,那么我们在思维中决不会犯错误。事实上,或者是根本不存在虚假的判断,或者是某人有可能不知道他知道的事物,对此你会作什么样的选择?

泰阿泰德 我看不出有什么可能的选择,苏格拉底。

苏格拉底 但是这个论证不允许两种说法都存在。我们一定 D
不能就此而被难住。暂且认为我们所作的尝试是很可耻的。

泰阿泰德 这话怎么讲?

苏格拉底 我们下定决心要描述什么是知道。

泰阿泰德 这怎么能说是可耻呢?

苏格拉底 你似乎不明白,我们的整个对话从一开始就是在我们并不知道知识是什么的前提下寻求知识的性质。

泰阿泰德 我相当明白。

苏格拉底 那么，我们在不知道知识是什么的时候去解释什
E 么是知道，你难道不认为这样做是可耻的吗？事实上，泰阿泰德，
我们刚才的讨论已经有一点腐败了。我们无数次说，"我们知道"、
"我们不知道"、"我们有知识"、"我们没有知识"，就好像我们明白
这些用语的意思，而实际上我们对知识是什么一无所知。你瞧，当
我们仍旧缺乏知识的时候，我们又一次使用了"一无所知"和"明
白"这些词，不知你是否高兴。

泰阿泰德 但是，如果把这些字眼都消除掉，苏格拉底，你还
能进行讨论吗？

197 **苏格拉底** 我不能，因为我是个凡夫俗子，尽管我好像是个辩
论专家。如果真有辩论专家在此，他会避免使用这些字眼，并严厉
指责我们用语不慎。既然我们如此笨拙，我还应当大胆地描述什
么是知道吗？我想这样做也许会有帮助。

泰阿泰德 无论如何，就这样做吧。如果你不能避免这些字
眼，也不会受到责备。

苏格拉底 好吧，你听说过人们一般认为"知道"是什么意思
吗？

泰阿泰德 可能听说过，但我一下子想不起来了。

B **苏格拉底** 他们说，知道就是"持有知识"。

泰阿泰德 对。

苏格拉底 让我们做一个小小的修正，说知道就是"拥有知
识"。

泰阿泰德 这样说有什么区别？

苏格拉底 也许没有区别，但是让我把我的想法告诉你，你帮
助我对它进行考察。

泰阿泰德　如果能做到的话,我会做的。

苏格拉底　"持有"在我看来与"拥有"不同。如果某人买了一 C
件上衣,拥有了这件上衣,但是现在没有穿着这件上衣,我们应当
说他拥有这件上衣,但并没有持有它。

泰阿泰德　对。

苏格拉底　现在想一想知识是否也是一种你可以不持有但仍
旧可以拥有的东西,就像一个人捉住了一些小鸟,鸽子或其他,把
它们关在家中的鸟笼中。当然,在某种意义上,我们也可以说他 D
"持有"它们,就像他拥有它们一样,对吗?

泰阿泰德　对。

苏格拉底　但在另一种意义上,尽管他已经控制了这些小鸟,
使它们成为被禁闭的俘虏,如果他喜欢,他可以随时捉住他选中的
任何一只鸟,也可以让它们飞走,只要他喜欢,他愿意这样做几次
就做几次,但仍旧可以说他并不"持有"它们。

泰阿泰德　是这样的。 E

苏格拉底　正如我们在前面想象我们的心灵中有一块蜡板,
现在让我们再次设想每个心灵都包含着一个装有各种鸟类的笼
子。这些鸟有些三五成群,有些独栖一处,随处飞跃。

泰阿泰德　就算如此。再往下呢?

苏格拉底　我们以鸟比喻知识,如果我们还处在婴儿时期,我
们就得说这时候鸟笼是空的。每当一个人获得某些知识,便将之
关在鸟笼中,我们必须说他学到了或发现了被称作知识的东西,这
就是"知道"的意思。

泰阿泰德　就算这样吧。

苏格拉底　现在再次设想一下这个人捕捉他想要得到的知 198
识,追捕、提住、再放飞。我们该用什么样的术语来描述这个过程,
用一些与我们用来描述最初的获得过程相同的术语,还是用其他

不同的术语？举个例子也许可以帮助你明白我的意思。有一门被你们称为"算术"的科学。

泰阿泰德　对。

苏格拉底　那么把这门科学想象为追逐所有数,偶数和奇数。

泰阿泰德　我会这样做的。

B　　**苏格拉底**　我想,在这门科学中,一个人控制着他的关于数的各种知识,还能把它们交给其他人。

泰阿泰德　对。

苏格拉底　当他把知识交出去的时候,我们称之为"教",而当别人从他那里得到知识时,我们称之为"学",当他把知识关在他的鸟笼中,在此意义上拥有它们时,我们称之为"知道"。

泰阿泰德　确实如此。

苏格拉底　现在注意看下面的话。顶尖的算术家知道所有数,对吗？所有关于数的知识都在他的心中。

泰阿泰德　那当然。

C　　**苏格拉底**　这样的人既可以在某个时候在心中计数,又可以在另外一些时候计算那些具有数的外在的事物。

泰阿泰德　当然。

苏格拉底　凭着计数,我们想要做的只不过是找到一个具体的数字,对吗？

泰阿泰德　对。

苏格拉底　那么,那个人,我们承认他知道每一个数,显得并无关于数的知识。你肯定听说过这一类论辩的难题。

泰阿泰德　我确实听说过。

D　　**苏格拉底**　好吧,我们关于捕捉鸽子并拥有它们的例子使我们能够解释捕捉以两种形式出现:第一,为了拥有鸽子而在拥有它们之前发生;第二,为了把已经拥有一段时候的鸽子捉在手中而去捕捉,这在拥有它们之后发生。按同样的方式,如果你长时间拥有关于事物的一些知识,这些知识是你已经学到的和知道的,那么通过发现关于某些具体事物的知识的过程想要再次知道相同的事情是可能的。这些知识你拥有了一段时间,但它们在你心中并非随时可得。

泰阿泰德 对。

苏格拉底 这就是我前面那个问题的由来,我们该用什么样的术语来描述那位着手计数的算术家,或者着手阅读的文化人,因为在这样的情况下,那个人似乎都是在着手向他自己再次学习他已经知道的事情。

泰阿泰德 这样说很奇怪,苏格拉底。

苏格拉底 但是,如果我们已经肯定他知道一切字母或一切数,我们能说他要阅读或计算他不知道的东西吗?

泰阿泰德 不能,这样说也是荒谬的。

苏格拉底 那么我们难道应该说,如果改变和曲解"知道"和"学习"这些表达法的含义可以使人高兴,我们不在乎如何用词?我们已经区分了拥有知识和持有知识,我们同意不拥有某个拥有的东西是不可能的,所以我们要避免这样的结果,一个人会不知道他知道的事情,但是我们说,对他来说得到关于这件事情的虚假判断是可能的。因为在这样的情况下,他不会持有关于那件事情的知识,但却会持有另一个不同的知识来替代,此时他在那些振翅扑腾的知识中捕捉某些具体的知识,他错过了他要捉的,而误捉了其他的。你看,在这种情况下他会把十一当作十二,因为他捉住了在他内心关于十一的知识,而不是关于十二的知识,就好像他本想捉鸽子,却捉了一只斑鸠。

泰阿泰德 这样的解释似乎是合理的。

苏格拉底 当他捉到了他想要捕捉的那个知识,他就没有犯

E

199

B

C 　错误,而是正确地进行了思维。以这样的方式,虚假的判断和真实的判断都能存在,使我们感到困惑的障碍消除了。也许,你会同意这种说法,对吗? 或者你不同意?

　　泰阿泰德　我同意。

　　苏格拉底　对,我们现在已经消除了那个矛盾,即人们不知道他们所知道的事物。无论我们知道还是不知道某些事物,都不再会蕴涵着我们并不拥有我们拥有的东西。但是,从这一点将会导出的更加奇怪的推论,令我震惊。

　　泰阿泰德　那是什么?

　　苏格拉底　知识的互置竟会导致虚假的判断。

　　泰阿泰德　你这样说是什么意思?

D 　　**苏格拉底**　首先,某人会持有关于某事物的知识,但同时又会认不出那个事物,这不是因为他缺乏知识,而是由于他拥有关于该事物的自己的知识;其次,他会将一事物断定为另一事物,或将另一事物断定为该事物,知识呈现自己,而心灵却会无法认识任何事物,或一无所知,这岂非极不合理吗? 由此看来,如果知识会使我们不知,那么无知的出现可以使我们知,或盲目的呈现会使我们看到。

E 　　**泰阿泰德**　苏格拉底,把知识比做一群鸟,我们也许错了,我们必须想象无知在心灵中与知识一道飞跃扑腾。然后,在捕捉无知的时候,我们人有时候会捉住一片知识,有时候捉住一片无知,无知会使他做出虚假的判断,而关于同一事物的真正的知识则会使他做出真实的判断。

200 　　**苏格拉底**　想要否定你的话不容易,泰阿泰德,但请再想一想你的建议。假定按你所说,当那个人伸手捉住一片无知时,就会做出虚假的判断。对吗?

　　泰阿泰德　对。

苏格拉底　但他此时当然不会认为自己做出了虚假的判断。

泰阿泰德　当然不会。

苏格拉底　他会认为自己的判断是真实的,他此时的心灵状态与他知道自己关于某事物的看法是正确的一个样。

泰阿泰德　那当然。

苏格拉底　所以,作为一种捕捉的结果,他会认为自己捉住了一片知识,而不是一片无知。

泰阿泰德　这很清楚。

苏格拉底　这样一来,我们绕了一大圈,结果再次碰上了最初 B
的困难。我们毁灭性的批判者一定会笑话我们。他会说,你们这些奇妙的人啊,我们是否得认为一个人既知道一片知识,又知道一片无知,然后假定他知道的某个事物是他也知道的另一事物? 或者说,他不知道这两个事物,但却判断这些他不知道的事物之一是其他事物? 或者说,他只知道其中的一个事物,并把这个他知道的事物等同于他不知道的另一个事物? 或者说,你得告诉我,关于你的知识和无知还有进一步的知识,被它们的拥有者关在你的另一 C
个可笑的鸟笼里,或印在蜡板上,只要他拥有它们,他就知道它们,尽管在他心灵中这些知识并不处在随时可得的状态下? 据此,你会发现自己一直在兜圈子,一点儿都没有进步。

对此我们该如何回答,泰阿泰德?

泰阿泰德　确实,苏格拉底,我不知道该如何回答。

苏格拉底　我的年轻朋友,也许,我们应该得到这样的驳斥,这个论证表明,我们把知识撇在一边去寻找关于虚假判断的解释, D
这样做是错误的。除非我们对知识的性质有一个满意的解释,否则我们就不能理解什么是虚假判断。

泰阿泰德　事情到了这个地步,苏格拉底,无人能避免这个结论。

苏格拉底　那么,让我们再次从头开始,知识是什么? 我们肯定还没有想要放弃这个问题。

泰阿泰德　没有,除非你放弃。

E　**苏格拉底**　那么告诉我,我们能提供什么样的定义而自相矛盾的危险最小?

泰阿泰德　我们前面尝试过的那个定义,苏格拉底。其他我没有什么建议可提。

苏格拉底　那个定义是什么?

泰阿泰德　知识就是真正的信念。相信真实的事物确实不会有错,结果也总是令人满意的。

201　**苏格拉底**　当被问及这条河能否涉水而过时,泰阿泰德,人们常说,试试看你就会明白了。所以,如果继续我们的探索,我们会碰上我们正在寻找的东西。如果我们停留在原地,我们就什么都找不到。

泰阿泰德　对。让我们继续前进,看看到底有什么。

苏格拉底　好吧,不过在这一点上我们不需要走得很远。你会发现有种职业完全证明了真正的信念不是知识。

泰阿泰德　怎么会这样? 什么职业?

苏格拉底　那些理智的完人从事的职业,人们称之为演说家和律师。这些人使用他们的技艺使他人产生信念,不是通过教导,
B　而是通过使人相信他们想要他相信的任何事情。你几乎无法想象竟有如此能干的教师,能在计时沙漏允许的短暂时间里用那些听众并未亲眼所见的抢劫案或其他暴力的事实教导听众。

泰阿泰德　我很难想象,但他们能使听众信服。

苏格拉底　你所说的信服指的是使他们相信某事。

泰阿泰德　当然。

苏格拉底　陪审团正当地相信了只有目击者才知道的事实,

于是他们根据传闻作出判决，并接受一种真实的信念。尽管我们可以说，如果他们找到了正确的裁决，表明他们的信念是正确的，但他们是在没有知识的情况下做出判决的，对吗？　　　　C

泰阿泰德　当然对。

苏格拉底　如果真实的信念和知识是一回事，那么最优秀的陪审员决不会拥有正确的信念而没有知识。而现在我们似乎得说，真实的信念和知识一定是不同的。

泰阿泰德　你说得对，苏格拉底，我听某人作过这种区别。我已经把它给忘了，不过现在又想起来了。他说，真实的信念加上解　　D
释(逻各斯)就是知识，不加解释的信念不属于知识的范围。如果对一个事物无法作解释，那么该事物不是"可知的"，这个词是他的用法；如果能作解释，那么该事物是可知的。

苏格拉底　这个建议很好。但请告诉我，他如何把这些可知的事物从不可知的事物中区别出来。也许你听说过的这些事与我听说过的有些吻合。

泰阿泰德　我不敢肯定我是否能回想得起来，但如果我听到有人能讲述一遍，我想我能认得出来。

苏格拉底　就好比你做了一个梦，却让我把我的梦告诉你。我好像听说过，某些人说我们和其他一切事物均由某些所谓的基　　E
本元素组成，对基本元素无法作任何解释。每个基本元素只有用　　202
它自身来指称，我们不能将它进一步归于任何事物，或者说它们存在或不存在，因为这样一说，马上就会把存在或不存在附加于它，而如果我们要做到只用它自身来表达它，那么我们什么都不能添加。我们甚至一定不能添加"只有"、"它"、"各自"、"独自"、"这"，或者任何一个该类术语。这些术语可以随处使用，添加于一切事物，而与它们所添加于其上的事物有别。如果某个元素有可能用完全包括某类事物的公式来表达，那么其他术语一定不能进入这

B 个公式。但是事实上,没有这样能用来表述任何元素的公式,元素只能用来指称,因为名称就是属于它的全部东西。但是,当我们说到由这些元素构成的事物时,正像这些事物是复合的一样,名称也结合起来构成一个描述(逻各斯),所谓描述就是名称的结合。同理,元素是不可解释的和不可知的,但是它们能够被察觉,而元素的复合体("音节")是可解释的和可知的,你可以拥有关于它们的真实的观念。所以当一个人拥有关于某事物的真实的观念但没有

C 解释时,他的心灵确实真实地想到了这个事物,但他不知道这个事物,因为如果说一个人不能给出或接受关于某事物的解释,那么他就没有关于该事物的知识。但若他也拥有了一个解释,那么知识这件事对他来说就变成可能的了,他完全拥有了知识。

这番梦话与你听说的一样,还是不一样?

泰阿泰德 完全一样。

苏格拉底 所以这个梦得到了青睐。你认为真实的观念加上解释就是知识,对吗?

泰阿泰德 完全对。

D **苏格拉底** 泰阿泰德,我们今天此刻发现的东西,就是那么多聪明人长年累月,到老都没能发现的东西吗?

泰阿泰德 无论如何,我对我们现在的论断相当满意,苏格拉底。

苏格拉底 对,这个论断就其本身而言是令人满意的,因为没有解释和正确的信仰怎么会有知识呢?但是在我们所陈述的这个理论中有一个要点我感到不妥。

泰阿泰德 什么要点?

苏格拉底 这个要点可以视为这个理论最单纯的特点。它说那些元素是不可知的,但是复合物("音节")是可知的。

E **泰阿泰德** 这样说不对吗?

苏格拉底　我们必须把问题找到。我们在陈述这个理论时用的例子可以作为把柄。

泰阿泰德　亦即?

苏格拉底　字母和音节,字母就是写作的元素。除此之外,这个理论的作者在心中并无其他原型,你不这样认为吗?

泰阿泰德　是这样的。

苏格拉底　那么就让我们来考察这个例子,向它提问,或者倒不如说向我们自己提问。我们按照这个原则学习字母,还是不按照这个原则学习字母? 让我们从这个地方开始,音节可以作解释,而字母不能作解释,对吗?

泰阿泰德　可能是这样的。

苏格拉底　我明确地表示同意。假定有人问"苏格拉底"这个词的第一个音节。请解释一下,泰阿泰德,什么是"SO"①? 你会怎样回答?

泰阿泰德　SO 就是 S 和 O。

苏格拉底　这样你就有了对这个音节的解释吗?

泰阿泰德　是的。

苏格拉底　那么继续,给我一个同样的关于 S 的解释。

泰阿泰德　对这个元素的元素如何能够加以说明? 当然,苏格拉底,S 是辅音之一,这是一个事实,它除了是声响以外什么也不是,就像舌头发出的嘶嘶声,而另一个辅音字母 B 不仅没有清晰的声响,而且甚至连声响都不是,大部分字母都是这样。当字母中最清晰的七个元音本身只是声响时,其他字母确实可以说是无法加以说明的,对它们提不出任何种类的解释。

① 苏格拉底名字的第一个音节。此处以及下面出现的字母在希腊原文中均为希腊文字母,在英译文中已经转译为拉丁字母。

苏格拉底　那么,到此为止,我们获得了关于知识的正确结论。

泰阿泰德　这很清楚。

C　苏格拉底　那么,我们现在要正确地宣布,尽管音节可知,但字母是不可知的吗?

泰阿泰德　这样说似乎完全正确。

苏格拉底　那么,让我们来看音节。所谓音节我们指的是这两个字母吗?或者如果一个音节由两个以上字母组成,我们指的是组成音节的全部字母吗?或者说,音节指的是一个单一的实体,从字母被放在一起的那一时刻,这个实体就存在了?

泰阿泰德　我应该说,我们指的是构成音节的全部字母。

苏格拉底　那么以字母 S 和 O 为例。这两个字母放在一起

D　是我的名字的第一个音节。任何人知道这个音节就知道这两个字母,对吗?

泰阿泰德　当然了。

苏格拉底　所以这个人知道 S 和 O。

泰阿泰德　对。

苏格拉底　但是他并没有关于它们中每个字母的知识,所以他知道这两个字母而又没有关于这两个字母的知识吗?

E　泰阿泰德　这是极端荒谬的,苏格拉底。

苏格拉底　然而,一个人要知道这两个字母,他就必须先知道它们中的每一个,如果他知道音节,那么他就必须先知道字母,这样一来,我们精致的理论就崩溃了,它把我们给抛弃了。

泰阿泰德　这真是突如其来。

苏格拉底　对,因为我们疏忽了。我们也许得假定音节并非若干个字母的结合,而是一个单一的整体,有其自身统一的与字母不同的性质。

泰阿泰德 务必如此。这样的假设一定会比其他假设好。

苏格拉底 让我们仔细考虑一下。我们一定不能心情沮丧地抛弃一种给人深刻印象的理论。

泰阿泰德 当然不能这样。

204

苏格拉底 那么,把我们现在说的话当作假设提出来。作为一个单一整体的音节产生于能够结合在一起的字母构成的组合,音节把握着每个复合体,但不仅仅是字母的结合。

泰阿泰德 务必如此。

苏格拉底 在这种情况下,它一定没有部分。

泰阿泰德 为什么?

苏格拉底 因为,如果某事物有组成部分,那么整个事物必定等于它的所有部分。或者你会说,这个整体是从部分中产生出来的单一实体,与各部分的聚合不同?

泰阿泰德 对,我会这样说。

苏格拉底 那么你认为总和与整体是一回事, 还是有所不同?

B

泰阿泰德 我完全不清楚,但是你让我大胆地回答问题,所以我要冒险说它们是不同的。

苏格拉底 泰阿泰德,你的大胆是正确的,但对你作出的这个回答,我们必须加以考虑。

泰阿泰德 是的,确实如此。

苏格拉底 那么好吧,按照我们现在的观点,整体与总和不同。

泰阿泰德 对。

苏格拉底 现在的问题是,总和与它包括的所有事物有什么区别吗? 例如,当我们数"一,二,三,四,五,六",或者说"三的二倍"、"三乘二"、"四加二"、"三加二加一",我们用这些说法表达的

C

是相同的事物还是不同的事物?

泰阿泰德　相同的事物。

苏格拉底　无非都表示六,对吗?

泰阿泰德　对。

苏格拉底　我们所使用的各种表达法实际上都表示六。

泰阿泰德　对。

苏格拉底　但是,当我们使用这些表达法时,没有总和吗?

泰阿泰德　一定有。

苏格拉底　除了"六"还有别的总和吗?

泰阿泰德　没有。

D　　**苏格拉底**　那么,在任何包含数的事物中,"总和"与"全部事物"这些词表示的是一回事。

泰阿泰德　似乎如此。

苏格拉底　那么,让我们用另一种方式提出我们的论证。表示一亩的方尺数与一亩是一回事,对吗?

泰阿泰德　对。

苏格拉底　那么,表示一平方公里的方尺数与一平方公里也是一回事?

泰阿泰德　对。

苏格拉底　还有,一支军队士兵的总数就是这支军队,等等,在所有例子中皆如此。总数与每个例子中的事物的总体是一样的。

泰阿泰德　对。

E　　**苏格拉底**　但是,在任何集合中事物的数目只能是该集合中的所有部分,而不会是别的什么?

泰阿泰德　不会。

苏格拉底　凡拥有部分的事物皆由部分组成。

泰阿泰德 显然如此。

苏格拉底 但是我们已经同意,如果总数与总体是一回事,那么所有部分就是总和。

泰阿泰德 对。

苏格拉底 那么整体并非由部分组成,因为如果它是所有部分,它就是总和了。

泰阿泰德 显然。

苏格拉底 但是,部分只能是它的整体的部分,而不能是别的什么,对吗?

泰阿泰德 对,部分是总和的一部分。

苏格拉底 你的应战颇为壮烈,泰阿泰德。但是"总和"的意思不就是一点儿都没有遗漏吗?

泰阿泰德 必然如此。

苏格拉底 那么整体不也是一回事,就是一点儿都没有遗漏吗?但若从中去掉点什么,这个事物就变得既不是整体也不是总和,它在同一时刻从既是整体又是总和变成既不是整体又不是总和。

泰阿泰德 我现在认为整体和总和并无差别。

苏格拉底 对,我们不是刚说过,当一个事物有部分时,整体或总和与所有部分是一回事吗?

泰阿泰德 确实如此。

苏格拉底 那么返回到刚才我试着想要作出的论点上来。如果音节与构成音节的字母不是一回事,那么从中不是可以推论出音节不能以字母作为它自身的部分,否则作为与字母同样的东西,音节就会与字母一样不可知了吗?

泰阿泰德 对。

苏格拉底 为了避免这样的结果,我们假定音节不等于构成它的字母。

泰阿泰德 对。

苏格拉底 好吧,如果字母不是音节的部分,那么除了字母,你能说出音节的部分是什么吗?

泰阿泰德 肯定不能,苏格拉底。如果我承认音节有部分,那么撇开字母而去寻找其他种类的部分肯定是荒谬的。

C **苏格拉底** 那么由此可见,音节绝对是一,不能划分成其他任何种类的部分,对吗?

泰阿泰德 显然如此。

苏格拉底 那么,我亲爱的泰阿泰德,你还记得我们前不久接受过一个我们感到满意的论断吗?对那些构成其他事物的基本事物无法进行解释,因为这些基本事物中的每一个就是它自身,它们是非组合的,甚至把"存在"附加于它或称之为"这个"都是不对的,因为这些词所表达的不同事物对它来说都是多余的,这就是我们说基本事物不可解释和不可知的根据。

泰阿泰德 我记得。

D **苏格拉底** 那么,说它们性质上是简单的,不可能分成部分的根据不也就是这一点吗?我看不出还有其他什么根据?

泰阿泰德 显然没有其他依据。

苏格拉底 如果音节没有部分,是一个单一的事物,那么它现在不也成了同一类基本事物了吗?

泰阿泰德 当然。

苏格拉底 那么结论是:一方面,音节和构成它的字母的数目是一回事,是以字母为其组成部分的一个整体,所以字母和音节一样不可知和无法解释,因为我们指出过所有部分和整体是一回事。

E **泰阿泰德** 对。

苏格拉底 但是另一方面,音节是一个没有部分的单一体,音节和字母同样都是无法解释的和不可知的。同样的原因使它们如此。

泰阿泰德 我看不出有什么办法摆脱困境。

苏格拉底 既然如此,我们一定不能接受这样的论点,说音节可知和可解释,而字母不能。

泰阿泰德 不能。要坚持我们的论证就不能接受这样的论点。

苏格拉底 还有,你自己学习字母的经验难道不会使你倾向于接受对立的观点吗?

泰阿泰德 你指什么观点?

苏格拉底 这种观点是,你在任何时候学习都只是在试图通过视听来区别字母,使之不与口语或书面语中排列的其他字母混淆。

泰阿泰德 你说得很对。

苏格拉底 在音乐学校中,最高的造诣就在于能精确地识别那几个音符,说出它们出自什么弦,而每个人都同意,音符是音乐的元素。

泰阿泰德 完全正确。

苏格拉底 那么,如果我们依据自己对元素和复合体的体验对其他事例进行论证,那么我们会得出结论:一般说来,元素产生出来的知识比复合体产生的知识要清晰得多,要想完整地把握任何事物,使用这种元素的知识也要有效得多。如果有人告诉我们复合体的本性是可知的,而元素是不可知的,那么我们都会以为他正在有意无意地开玩笑。

泰阿泰德 确实如此。

苏格拉底 我想我们确实还能找到其他论据来证明这一点。但是我们一定不能让它们把我们的注意力引向别处,以至于遗忘

206

B

C

当前的问题,亦即真实的信念加上说明原因的解释产生最完善的知识,这样说到底是什么意思。

泰阿泰德　对,我们一定得弄清这种说法的意思。

苏格拉底　那么好吧,"解释"这个术语想要向我们表达的是什么意思? 我想无非就是三个意思。

泰阿泰德　哪三个?

D　　**苏格拉底**　第一,通过语音用名称和动词为某人的思想提供明显的表达,用嘴唇间流出的话语构造出人的观念的影像,就像镜中或水中的倒影。你同意对"解释"做这样的表述吗?

泰阿泰德　我同意。我们确实把这样做称作用语言表达自己的想法。

苏格拉底　另一方面,任何人都能程度不同地进行解释。如果一个人不是天生聋哑,就能指出他对任何事情的想法。所以在这个意义上,任何人只要拥有正确的观念,就会拥有"对它的解

E　释",而正确的观念只能是知识而不会是其他东西。

泰阿泰德　对。

苏格拉底　但是我们一定不要过于轻率地指责我们面前这位

207　知识定义的作者是在胡说。这可能并非他的本意。他的本意可能是为了能够通过列举某事物的元素,来回答该事物是什么的问题。

泰阿泰德　请举例,苏格拉底。

苏格拉底　行。赫西奥德说过"聚百木而成车"①。我不能叫出车上每块木头的名字,我想你可能也做不到。但若有人问什么是车,如果我们能提到车轮、车轴、车身、车厢、车辕,也就可以满足了。

---

①　《工作与时日》,第 456 行。

泰阿泰德　确实如此。

苏格拉底　但我要大胆地说,他会认为我们的回答是可笑的,就好像有人问你的名字,而你用构成你的名字的那些音节加以回答。我们要正确地思考和表达,但若我们以为自己是语法学家,能够给泰阿泰德这个名字提供像语法学家会提供的那种解释,那么我们是荒唐可笑的。他会说,如果不给你的真实观念列举一个完整的构成该物的元素表,要想对任何事物做出科学的解释都是不可能的,我想这是我在前面说过的。

B

泰阿泰德　对,我们前面是这样说过。

苏格拉底　他还会说,以同样的方式,我们可以拥有关于车的正确观念,能够一一列举构成车的上百个部分并对车的性质做出完整陈述的人也就给他的正确观念增添了一种解释,通过历数车这个整体的所有元素,他获得了关于车的性质的专门知识,而不再是仅仅拥有信念。

C

泰阿泰德　你是否赞成这种说法,苏格拉底?

苏格拉底　我的朋友,如果你赞成,请告诉我,你是否接受这种观点,完整地列举元素才是对某事物的解释,而用音节或任何更大的单位作描述仍然没有解释该事物。然后我们可以作进一步的考察。

D

泰阿泰德　好吧,我接受这种看法。

苏格拉底　那么,当某人认为某事物有时是一事物的组成部分,有时是另一事物的组成部分,或者说,他一会儿相信一事物是某事物的组成部分,一会儿相信另一事物是该事物的组成部分,在这些情况下,你认为他拥有对该事物的知识吗?

泰阿泰德　当然没有。

苏格拉底　那么你忘了,当你开始学习阅读和写字,你和你的同学不就是处在这种状况下吗?

E 　　**泰阿泰德**　你的意思是，我们一会儿认为一个字母，一会儿认为另一个字母是某音节的组成部分，我们把某个字母有时候放入某个特定的音节，有时候放入其他音节？

　　苏格拉底　这正是我的意思。

　　泰阿泰德　那我肯定没有忘记，只要这个人还处在这种状态下，我就不认为他获得了知识。

208 　　**苏格拉底**　好吗，假定你正处在学写"泰阿泰德"这个名字的阶段，你想你必须写 T、H、E，等等，而且这样做了，然后当你想写"塞奥多洛"的时候，你认为你必须写 T、E，等等，在这种情况下，我们能说你知道这两个名字的第一个音节吗？

　　泰阿泰德　不能，我们刚刚才同意，只要处在这种状况下，一个人就没有知识。

　　苏格拉底　对名字的第二、三、四个音节，我们没有理由否认他也处在这种情况下？

　　泰阿泰德　无法否认。

　　苏格拉底　我们能说在写"泰阿泰德"时，只要将字母按序写下来，他就拥有了正确的信仰和完整的元素表？

　　泰阿泰德　显然能。

B 　　**苏格拉底**　但是在这种情况下，他仍旧像我们同意过的那样，尽管他的信念是正确的，但他没有知识，对吗？

　　泰阿泰德　对。

　　苏格拉底　尽管他在正确的信念之外还拥有"解释"，对吗？因为我们同意他写下那些字母就表明他拥有元素表，而这个元素表是一种"解释"。

　　泰阿泰德　对。

　　苏格拉底　所以我的朋友，正确的信念加上解释还不能被称作知识。

泰阿泰德　恐怕是这样的。

苏格拉底　那么,我们以为自己找到了知识的完全正确的定义,而这个定义显然并不比黄粱美梦更好些。或者说,我们还不应该谴责这个理论吗? 也许"解释"的意思并非如此,而是三种意思中剩下的那一种,我们说过,任何想把知识定义为正确的信念加上解释的人都一定会对此表示满意。 C

泰阿泰德　提醒得好。还剩下一种意思。第一种意思是说话声音中的思想的影像,第二种就是我们刚才讨论的列举所有元素而达到整体。第三种是什么?

苏格拉底　这是大多数人会赞同的意思,亦即能够指出一事物与其他任何事物相区别的标志。

泰阿泰德　你能举个例子来说明这种对事物的解释吗?

苏格拉底　以太阳为例。我大胆地说,你会对这样一个解释感到满意,太阳是围绕大地的最明亮的天体。 D

泰阿泰德　当然。

苏格拉底　让我再解释一下这个例子中的要点。这个例子可以说明我们正在说的意思,如果你拥有了一事物与其他一切事物的区别,那么如某些人所说,你就拥有了对该事物的"解释";而如果你只是确定了该事物与其他事物的共同点,你的解释就是对分有这个共同点的所有事物的解释。

泰阿泰德　我明白。我同意你所说的完全可以被称作"解释"。 E

苏格拉底　还有,除了关于任一事物的正确观念之外,你也把握了该事物与其他一切事物的区别,到了这个时候,你就获得了你原先只拥有观念的该事物的知识。

泰阿泰德　我们确实这样说过。

苏格拉底　泰阿泰德,我现在真的逼近这个论断进行观察,发现它就像一幅风景画。尽管我在远处观看时觉得它有些意思，但我现在根本无法理解它。

泰阿泰德　你这是什么意思？为什么会这样？

209　**苏格拉底**　如果我能做到，我会作解释。假定我拥有关于你的正确观念，再加上关于你的一个解释，那么我们就会明白，我认识你。否则的话，我只拥有一个观念。

泰阿泰德　是的。

苏格拉底　"解释"意味着把你与其他事物的区别用话语说出来。

泰阿泰德　对。

苏格拉底　所以，当我只拥有观念的时候，我的心灵不能把握你与其他事物的任何区别吗？

泰阿泰德　当然不能。

B　**苏格拉底**　那么，我的心灵必定拥有你和其他人的某个共同点。

泰阿泰德　这是可以推论出来的。

苏格拉底　但是请看！如果是这样的话，我怎么可能拥有关于你的观念而不是别人的？假定我正在想，泰阿泰德是一个男人，有鼻子、眼睛、嘴巴，等等，并列举身体的每个部分。这样想就能使我认为这是泰阿泰德，而不是塞奥多洛，或如常言所说的街头流浪汉吗？

泰阿泰德　这怎么可能呢？

苏格拉底　好吧，现在假定我不仅想到一个有鼻有眼之人，而C　且想到一个塌鼻暴睛之人。这样一来，就能使我拥有一个关于你的观念，而不是关于我的，或者关于其他塌鼻暴睛之人的吗？

泰阿泰德　不能。

苏格拉底　我想，除非这个特殊的塌鼻子被标示出来，在我心中留下可以与其他我曾见过的塌鼻子相区别的记录,你的身体的每一个其他部分也都得这样做,否则,在我心中实际上不会有关于泰阿泰德的观念。如果我明天碰到你,这些标记会唤醒我的记忆,向我提供一个关于你的正确观念。

泰阿泰德　相当正确。

苏格拉底　如果是这样的话,那么关于任何事物的正确观念 D 必须包括该事物与其他事物的差异。

泰阿泰德　显然如此。

苏格拉底　那么把握添加于正确观念的"解释"还有什么意思呢? 一方面,如果它的意思只是添加某事物与其他事物的差异点,那么这样的叮嘱是非常荒唐的。

泰阿泰德　怎么会这样?

苏格拉底　我们已经拥有某些事物与其他事物之差异的正确观念,而它告诉我们要添加一个关于这些事物与其他事物之差异的正确观念。由此可见,这种叮嘱无非是一个最邪恶的圈套。称 E 之为盲人指路或者更为恰当。为了认识某些我们正在思考的事物,它要我们去把握我们已经拥有的东西,这样的建议正是盲人所为。

泰阿泰德　你前面讲了一方面,这表明你的假设蕴涵着你还要说出另一种替换。那么另一方面是什么?

苏格拉底　另一方面,如果添加"解释"意味着我们将去认识差异,而非仅仅是拥有关于差异的一个观念,那么按照这个所有知识定义中最令人尊敬的定义去做就是一项优秀的事业,因为"去认识"的意思就是去获得知识,对吗?

泰阿泰德　对。

苏格拉底　所以,对"什么是知识"这个问题来说,我们的定义 210 会答以"正确的信念伴以差异的知识"。因为,按照这个定义,"添加解释"的意思就是说出差异。

　　泰阿泰德　似乎如此。

　　苏格拉底　是啊,当我们在探索知识性质的时候,没有什么比说它是正确的信念伴以差异的知识,或者伴以别的什么的知识,更加愚蠢的说法了。①

B　　所以,泰阿泰德,感觉、真实的信念、真实的信仰加上解释,都不会是知识。

　　泰阿泰德　显然不是。

　　苏格拉底　我们还要继续分娩吗,我的朋友,或者说关于知识我们已经把我们必须说的都已经说了出来?

　　泰阿泰德　我们确实已经说完了,至少我已经说完了,我得感谢你,你说出来的事情比我知道的事情还要多。

　　苏格拉底　我们的产婆技艺宣布所有这些产物都是未受精之卵,不值得养育吗?

　　泰阿泰德　确定无疑。

　　苏格拉底　那么,假定你从今以后都尝试着怀上新胎,泰阿泰
C　德,如果你成功了,作为你今日接受检查的一个后果,你的思想胚胎会比较好;但若你仍然不育,你也会对你的同伴更加温和,与他们更加融洽,因为你现在明白了,自己不知道的时候不要想象自己知道。我的技艺所能产生的结果就是这些,没有别的,我也并不拥有古代和我们这个时代的所有那些令人敬仰的伟大人物所拥有的知识。但是这种产婆的技艺是上天所赐,我的母亲用它来帮助妇
D　女生育,而我用它来帮助年轻的男人,让他们拥有慷慨大方的精神和美的气质。

---

　　①　此处,苏格拉底指出这个定义实际上也是要人们去把握已经拥有的东西,因此是愚蠢的。参阅上文。

现在我得去王宫门廊,对付美勒托对我的控告。明天上午,塞奥多洛,让我们在这里再会。

巴门尼德篇

提　要

要想读懂《巴门尼德篇》难度很大，因为连最优秀的柏拉图主义者对它的含义都持有不同的看法。普通人读起来会感到它毫无意义。整篇论证好像有点意思，但却无法在读者心中留下任何痕迹。对话的每一页都有一些例证，比如，"在变得年长的时候，当一与现在吻合的时候，一也比它自身年轻。但是现在总是伴随着一贯穿它存在的始终。因此，在所有时间里，一既比它自身年长或年轻，又变得比它自身年长或年轻"。

苏格拉底在这篇对话中被说成是一个少年。他在巴门尼德面前感到敬畏，因为后者是老一辈最伟大的思想家。苏格拉底后来说过，巴门尼德是"可敬可畏的"，还说"我在他已高龄时见到他，那个时候我还很年轻，在我看来他有一颗非常深邃的心灵"。

在对话中，苏格拉底关注的内容是我们所谓的"柏拉图的相"的思想，并对之进行批判。这样做好像很奇怪，因为在最后他显然既不想消灭相，又不想建立相，对此我们只好存疑。柏拉图为什么要这样做是一个持久的讨论话题，并且一直会延续下去。然而在有些人看来，这是可以在柏拉图那里预料得到的事，因为柏拉图从来不固执自己的观点，他只有一个目标，认识真理，并总是对他自己的欲望和感觉保持警惕。如果他试着想要尽力看一看他自己建立起来的理论能不能被摧毁，那对他来说是很自然的事。

巴门尼德似乎放弃想要取得任何确定的成果。这位伟大人物最后对听众说："看起来，无论一存在或不存在，其他事物存在或不存在，它们都以所有事物的方式和样式，对它们自身或在它们之间，显得既存在又不存在。"

苏格拉底则说："非常正确。"对话到此结束。至于这种真理是维护还是反对"相论"的，仍旧没能解决。

正　　文

离开在克拉佐门尼① 的家以后，我们抵达了雅典，在市场上遇上阿狄曼图和格老孔。② 阿狄曼图拉着我的手说，欢迎你，凯发卢斯！在这里要是有什么要我们帮忙的，你一定要让我们知道。 126

我答道，我正是为此而来的。你和你的兄弟可以为我们做一件事。

请告诉我们是什么事。

我问道，你同母异父的兄弟叫什么名字？我忘了他的名字。你要知道，我很久以前来过这里，那时候他只不过是个小孩子。我想，他父亲的名字是皮里兰佩。③ B

对，皮里兰佩自己的儿子是安提丰。但你为什么要问这些？

---

①　克拉佐门尼(Clazomenae)是希腊伊奥尼亚地区的一个城邦，是哲学家阿那克萨戈拉的故乡。

②　阿狄曼图(Adimantus)和格老孔(Glaucon)是柏拉图的哥哥，都是苏格拉底的追随者。

③　柏拉图的生父去世后，她的母亲改嫁给她的堂叔皮里兰佩(Pyrilampes)，又为柏拉图生了一个弟弟安提丰(Antiphon)。因此皮里兰佩是柏拉图的继父，安提丰是柏拉图同母异父的兄弟。皮里兰佩是雅典民主派政治家伯里克利的支持者。

　　我答道,这几位同伴是我的同乡,对哲学非常感兴趣。他们听说这位安提丰经常和一位名叫皮索多鲁① 的人来往,皮索多鲁是

C　芝诺② 的朋友。他对安提丰讲述了当年苏格拉底与芝诺和巴门尼德的谈话。据说安提丰听了许多遍,能够凭记忆复述这场对话。

　　你说得没错。

　　我说,那么好,这就是我们想要得到的——听这场谈话。

　　他答道,这一点也不难。尽管安提丰现在像他那同名的祖父一样热衷于骑术,把大部分时间花在马身上,但在还没有成年的时候,他曾经努力用心记忆这场对话。要是你们愿意,我们可以去看望他。他刚刚离开这里回家去。他家很近,就在梅利特。③

127　　　于是我们就出发去他家。我们发现安提丰在家,正在吩咐一名铜匠打造一个马嚼子或其他一类的东西。等他把事情谈完,他的兄弟就把我们的来意告诉他,而他竟然还能认出我来,对我上次的访问仍有印象,并且说很高兴见到我。然后我们要求他复述那场谈话。他起初有些犹豫。他说,这不是一件易事。然而,到了最后,他还是把整个故事告诉了我们。

B　　　安提丰说,皮索多鲁是这样讲的:芝诺和巴门尼德曾在泛雅典娜大节时来到雅典。巴门尼德在这次访问雅典的时候大约六十五岁,由于年老,所以头发雪白,但是相貌堂堂。芝诺当时接近四十

C　岁,身材高大,看起来很美。据说他曾为巴门尼德所钟爱。他们和皮索多鲁呆在一起,就在城墙外的凯拉米库。④ 苏格拉底和其他

---

　　① 皮索多鲁(Pythodorus)是爱利亚学派哲学家芝诺的学生,后来成为一名智者,并负有盛名。

　　② 芝诺(Zeno)是公元前 5 世纪爱利亚学派哲学家。

　　③ 梅利特(Melite)是雅典城西的一个地方。

　　④ 凯拉米库(Ceramicus)是雅典西北部的陶器市场,一部分在城墙外,一部分在城墙里。

一些人来到那里,渴望聆听芝诺宣读一篇论文,这篇文章是由两位来访者头一次带到雅典来的。苏格拉底当时还很年轻。芝诺本人为他们诵读论文,而巴门尼德当时正好出去了。当皮索多鲁自己 D 从外面进来时,这篇论文已经快要读完了,与他一起进来的还有巴门尼德和后来成为"三十僭主"之一的阿里斯多特勒①,所以他们只听了论文的一小部分。不过,皮索多鲁本人以前听芝诺读过整篇文章。②

芝诺读完以后,苏格拉底要他把第一个论证中的第一个假设再读一遍。芝诺照办了。然后苏格拉底问道,你这样说是什么意 E 思? 你说"假定事物是多,③ 那么它们必定既相似又不相似。但这是不可能的,因为不相似的事物不会相似,相似的事物也不会不相似。"你是这样说的吗?

芝诺答道,是的。

那么,假定不相似的事物不会相似,或相似的事物不会不相似,那么事物是多数也是不可能的;假定确实存在着许多事物,那么它们就会有许多不可能的属性。你想要坚持事物不是多,反对所有认为事物是多的成见,这确实就是你的论证目的吗? 你把你的论文中的每一个论证都当作可以证明那个结论的一个证据,因此你在论文中每提出一项论证,你都只不过是在再次证明多并不存在? 这是你的意思吗,或者说我误解了你的意思?

芝诺说,你没有误解,你对我整篇论文的目的理解得非常 128

---

① 公元前 403 年,雅典民主政制被推翻,由"三十人委员会"掌权,施行暴政。史称"三十僭主"。阿里斯多特勒(Aristoteles)是其中一名成员。

② 以上部分是整部对话的场景,它的讲述是三重式的:凯发卢斯转述安提丰的话,安提丰转述皮索多鲁的话,皮索多鲁转述苏格拉底、芝诺、巴门尼德的对话。柏拉图借此表明这场对话被想象为发生在几十年以前。

③ "一"与"多"是希腊哲学中的一对范畴,有"一元"与"多元"的意思。

准确。

　　苏格拉底说,巴门尼德,我明白芝诺想通过这篇论文加强与你的友谊,其意向不亚于和你保持亲密的个人关系。他的论文以某种方式表达了和你相同的立场,只是形式上有所不同,他想要以此
B　哄骗我们,让我们误以为他的论文与你的看法不同。你在你的诗歌中断言一切是一,并且对此做出了卓越的证明。而芝诺这一方则断言一切不是多,并为此提出许多有说服力的证据。你肯定一,他否定多,以这样的方式你们各自表达了自己的看法,你们的论证看起来没有什么共同点,而实际上完全是一回事。这就是我们似乎无法理解你和他的言谈的原因。

　　芝诺答道,对,苏格拉底,你说得对,但是你并没有完全明了我
C　的作品的真实性质。不错,你机灵得就像一只斯巴达的猎犬,善于寻找和跟踪论证的线索,但有一点你却从一开始就疏忽了。这篇作品并不像你所说的那样想要存心欺骗公众,好像这种欺骗是一
D　件值得骄傲的事情似的。你指出的这些事情都不是主要的,我这个作品实际上是为巴门尼德的论证辩护,反对那些试图取笑他的论证的人,这些人试图从他那个"一存在"的前提推导出许多谬误和矛盾。因此,这篇作品是对那些肯定多的人的一个驳斥。它有意把他们的攻击还置他们自己,旨在通过彻底的考察,揭示从他们那个"多存在"的前提中推导出来的结论比假定"一存在"更加可笑。这篇作品是在我年轻好胜时写成的,有些人偷偷摸摸地把它
E　抄了下来,以至于我甚至没有机会考虑是否要将它公开。苏格拉底,你错就错在这里,尽管像我说过的那样,你对这篇作品的描述并无大错,但你以为它是灵感的产物,以为它不是在一种年轻的好胜心的支配下写成的,而是出于一个成年人的比较冷静的目标。

　　苏格拉底说,我接受你的意见,并且不再怀疑事实是否像你说的这样。但请你告诉我,你是否承认存在着一个自在的名为"相

似"的相和另一个与之相反的名为"不相似"的相,而且你和我,以 129
及所有被我们称为多的事物,都分有这两个相? 还有,你是否承
认,凡是分有相似这个相的事物,在这个方面并在其分有的范围
内,就变成相似的,凡是分有不相似这个相的事物就变成不相似
的,而那些分有这两个相的事物就变成既相似又不相似的? 我认
为,哪怕一切事物都分有这两个对立的相,并且因为分有这两个相
而相互之间立刻变得既相似又不相似,那又有什么可奇怪的? 但 B
若有人指出那些只分有"相似"或"不相似"的事物可以证明为是不
相似的或相似的,那才真是一桩咄咄怪事,而那些同时分有两个相
的事物显示出具有相似和不相似两种性质,那么芝诺啊,我看不出
有什么可奇怪的,更不必提要证明一切事物由于分有一而是一,同
时又因为分有多而是多了。但若有人能够证明一本身就是多,或 C
多本身就是一,那我倒要开始感到奇怪了。

　　在其他所有情况下也一样,如果种或相本身在它们自身之中
表现出具有对立的性质,那么就有理由表示惊讶,但若有人指出我
既是一又是多,那么又有什么可惊讶的呢? 当他想要说明我是许
多事物的时候,他可以说我的右身与我的左身是不同的事物,我的
前身与我的后背是不同的事物,我的上身和我的下身是不同的事
物,这样说的理由无疑是我分有多。当他想要证明我是一个事物 D
的时候,他会说我是我们这七个人中的一个,因为我也分有一。所
以这两个陈述都是对的。同理,如果有人想要说明某个木棍、石头
一类的事物既是一又是多,我们得说他正在证明的是某个既是一
又是多的事物,而不是在证明一是多或多是一。他不是在把某样
神奇的事情告诉我们,而只是把一件我们全都承认的事情说了出
来。但是,如我刚才所说,如果他开始仅仅按照相本身来区别相,
比如相似和不相似、多和一、静止和运动,等等,然后说明这些相本 E
身可以在它们之间相互结合或分离,那么芝诺,我对这样的做法充

130　　满敬意。我肯定你已经非常有力地做了这项工作,但如我所说,要
是有人能够像你和巴门尼德在我们所见的事物中解决这个令人困
惑的问题一样,在我们的思想所涉及的对象中把握这个与相本身
到处纠缠在一起的问题,那么我的敬意就会更大了。

　　　　皮索多鲁说,当苏格拉底在那里高谈阔论的时候,他以为巴门
尼德和芝诺随时都有可能被激怒,然而他们却听得非常仔细,不断
地相互交换着眼神,对苏格拉底表达的钦佩之情报以微笑。等苏
格拉底讲完了,巴门尼德表达了他的感想。

B　　　巴门尼德说,苏格拉底,你对讨论的热情令人羡慕。现在请你
告诉我,你自己是否已经作了你说的这种区分,一方面是相本身,
一方面是分有相的事物,把相本身和分有相的事物区别开来? 你
相信有相似这样的相,相似这个相本身和我们所拥有的一切相似
的东西是分离的,此外还有一、多,以及其他所有你刚才在芝诺的
论证中听到的那些相,是吗?

　　　　苏格拉底说,我确实相信。

　　　　巴门尼德问道,那么你也相信有这样一些相,比如公正、善、
美,以及所有诸如此类的事物的相?

　　　　是的,我相信。

C　　　还有,有没有人的相,这个相和我们以及其他所有人都分离,
是独立自存的? 或者说有没有火的相或水的相?

　　　　对这些东西我经常感到困惑,巴门尼德,我不知道说这些事物
也有独立自存的相是否正确。

　　　　说头发、泥土、污垢这样一些微不足道的、卑贱的事物也有相
可能会被认为是荒谬的,苏格拉底,对此你是否也感到困惑? 你怀
D　　疑每一个这样的事物有一个与该事物相分离、与我们用手拿的事
物不同的相吗,或者说你不能肯定?

　　　　苏格拉底说,我不困惑。在这些事例中,事物就是我们能看见

的事物,如果假定这样的事物也有相,那就太荒谬了。尽管如此,我有时候还是有点不安,不明白为什么在一种情况下这样说是对的,但却不能在所有情况下都这样说。所以每当我想到这一点,我就后退,害怕失足掉进愚昧的无底深渊。不管怎么说,我返回我们正在谈论的有相的事物,花时间对这些事物进行思考。

巴门尼德答道,这是因为你还年轻,苏格拉底,你现在还没有　E
把握哲学,但我相信,你将会牢牢地把握哲学。到那个时候你就不会轻视任何事物了,而在当前你由于年轻,仍旧需要注意世人们的想法。不管将来如何,现在请你告诉我,你说你认为存在着某些相,其他事物分有这些相,并且具有相的名称,通过分有相似、大、　131
美、正义,这些事物成为相似的、大的、美的、正义的,是吗?

苏格拉底说,确实如此。

那么每个分有相的事物分有的是整个相还是相的一部分? 或者说,除此之外还有别的分有方式吗?

没有。怎么可能还会有别的方式?

那么你认为作为单一整体的相存在于许多事物中的每一事物中,或者说是别的什么样子吗?

相为什么不能存在于每一事物中,巴门尼德?

如果是这样的话,那么自身是一又是同的相就会同时作为一　B
个整体存在于分离的多个事物中,结果这个相就会与它自身分离开来。

苏格拉底答道,如果你说的这个相就像同一个日子,自身是一又是同,同时存在于许多地方,但决不会与自身分离,那么这个相也不会与其自身分离。所以我们可以假定任何一个相也以这样的方式同时既是一又是同。

我喜欢你用这种方式使同一事物同时处于许多地方,苏格拉底。你就好比用一张帆去遮盖许多人,然后说这张帆作为一个整体把他们全都覆盖了。你认为这个比喻合理吗?

也许是吧。

C　那么覆盖在每人身上的是整张帆,还是帆的一部分覆盖在一个人身上,帆的另一个部分覆盖在另一个人身上?

覆盖在每个人身上的只是帆的一部分。

在这种情况下,相本身必定会被分割成部分,分有相的事物分有相的一部分。每一事物拥有的只是某个特定相的一部分,而不再是整个相。

如此说来,显然如此。

那么你打算肯定,我们发现的单一的相实际上是被分割开来的? 这样的话,它还仍旧是一个相吗?

肯定不是。

D　对,再请作如下考虑:假定你要把大本身分割成部分,许多大的事物都由于分有大本身的部分而是大的,但这些大本身的部分却又比大本身小。这岂非不合理吗?

确实不合理。

还有,如果某个事物得到一小部分相等本身,相等本身的这个部分小于相等本身,那么这个相等本身的部分能使它的拥有者与其他事物相等吗?

不能,这是不可能的。

再以小本身为例。我们中的某人拥有小本身的一部分,小本身大于小本身的这个部分,因为这个部分是小本身的一部分,是

E　吗? 按照这个假设,小本身又会成为较大的,但任何取得小本身的某个部分的事物都会变得比它以前更小, 而不会变得比以前较大。

不会是这种样子。

那么好吧,苏格拉底,如果事物既不可能部分地分有相,又不

可能整个儿地拥有相,那么其他事物将如何分有你的相呢?

苏格拉底说,没错,要以某种方式确定这一点决非易事。

还有另外一个问题。

什么问题?

我认为你基于下述理由相信存在着单一的相:你看到有许多 **132** 事物是大的,当你看着它们的时候,就好像它们有一种相同的性 质,因此你就认为大本身也是一个单一的事物。对此你怎么看?

他答道,你说得对。

现在就以大本身和其他那些大的事物为例。假定你用你心灵 的眼睛以同样的方式看着它们,岂不又会呈现一个大,由于有了这 个大,原先那个大本身和其他大的事物才呈现为大的,是吗?

好像是这么回事。

如果是这样的话,那么第二个大的相要显现它自己,这个相高 **B** 于第一个大的相以及分有这个相的事物,并且覆盖它们,是另一 个使之成为大的相。所以你的每一个相都不再是一,而是无限的 多。

苏格拉底说,但也许这些相中的每一个都是一个思想,它不能 恰当地存在于任何地方,而只能存在于心中。以这样的方式它们 中的每一个都是单一的,这样一来刚才讲的那些困难对它来说也 就不存在了。

那么,每个相都是这些思想之一,然而却可以没有思想的对象 吗?

不,这是不可能的。

那么它是关于某事物的思想?

是的。

它是对存在着的某事物的思想,还是对不存在的某事物的思 **C** 想?

它是对存在着的某事物的思想。

作为思想对象的某一事物,实际上就是思想观察到的、能覆盖所有例证的一个性质,是吗?

是的。

那么这个被认为是一,在各种情况下都保持相同的事物不就是一个相吗?

这也是可以推论得出来的。

巴门尼德说,此外,按照你肯定其他事物分有相的方式,你是否认为这些事物中的每一个必须由思想组成,所以一切事物皆思,或者说它们都是思想但却不思?

D　　苏格拉底答道,这也是不合理的。但是巴门尼德啊,我最多只能这样讲:这些相就好像是确定在事物本性中的类型。其他事物按照这个类型的形象制造出来,与这个模型相似,所谓事物对相的分有无非就是按照相的形象把事物制造出来。

好吧,如果事物是按照某个相的形象造出来的,那么就其模仿而言,它还会与这个模型的形象不相似吗? 如果说某事物相似,那么它必定要与某个与它相似的事物相似,对吗?

必定如此。

E　　那么这个相似的事物必定要与那个与它相似的事物分享一个相同的事物(性质),是吗?

是的。

相似的事物分有的东西,就其相似而言,不就是你说的那个相本身吗?

确实如此。

如果是这样的话,那么没有任何事物可以与这个相相似,这个相也不能与其他事物相似。否则就总是会有第二个相出现在第一
133　个相之上;如果第二个相与某事物相似,那么又会有第三个相出

现。如果相与分有它的事物相似,就会有无穷无尽的新的相产生。

你说得很对。

由此可知,其他事物并不因为与相相似而分有相,我们必须寻找它们分有相的其他方式。

好像应该这样做。

巴门尼德说,那么苏格拉底,你已经明白把这些东西的存在确定为仅仅依靠自身而存在的相会遇到多么大的困难,是吗?

我确实明白了。

那么我向你保证,如果你继续为你所区分出来的每一类事物　　B
建立一个相,那么你还几乎没有弄明白这个困难有多么大。

此话怎讲?

尽管困难重重,但最严重的困难是这样的:假定这些相就像我们说的这个样子,那么有人会说这样的相根本无法认识。我们无法使讲这种话的人相信他自己错了,除非他正好是一名经验丰富、禀赋极强的人,愿意追随别人接受漫长的论证训练,否则我们就无法令那些坚持相不可知的人信服。

原因何在,巴门尼德?　　　　　　　　　　　　　　　　　　　　C

因为我想,你或其他任何一个肯定每个相都“仅仅凭自身”而具有真实存在的人,都会一开始就承认,在我们这个世界上并没有这样的真实存在。

没错,因为相怎么能够仅仅凭自身而存在呢?

巴门尼德说,很好。进一步说,这些相的存在是由于处在它们之间的相互关系之中,而非由于处在那些与这些相相似的、存在于我们这个世界上的事物的关系之中才具有存在;无论我们把这些　　D
相称作什么,由于我们拥有这些相,因此用这些相的名字来称呼它们。另一方面,我们这个世界里的事物拥有和这些相同样的名字,这些事物就和相一样,相互之间联系在一起,但与这些相无关,这些事物拥有的诸如此类的名称都与事物之间的相互关系有关,但与这些相无关。

苏格拉底问道,你这是什么意思?

举例来说,假定我们中某人是主人,或者是另一个人的奴隶。

E 如果他是奴隶,那么他当然不是主人这个相本身,亦即主人的本质的奴隶;如果他是主人,那么他也不是奴隶这个相本身,亦即奴隶的本质的主人;而是作为一个人,他是另一个人的主人或奴隶,而主人这个相是奴隶这个相的主人,奴隶这个相是主人这个相的奴隶。我们这个世界里的事物的意义与另一个世界里的事物的意义无关,这些相也不会因为与我们有某种关系而具有它们的意义,

134 而是如我所说,那个世界里的事物因其相互之间的关系而产生意义,就像我们这个世界上的事物一样。这下子你明白我的意思了吗?

我确实明白了。

知识本身,亦即知识的本质,也一样,知识本身是关于那个实在本身的知识,本质上是真实的。

确实如此。

还有,任何特定的知识部门本身都是关于真实事物本身的某个部门的知识,难道不是吗?

是的。

我们这个世界上的知识是关于我们这个世界上的实在的知

B 识,我们接下去还要说,我们这个世界上的每个知识部门必定是关于我们这个世界上存在着的事物的某个部门的知识。

必然如此。

但你承认,我们并不拥有相本身,相也不能存在于我们这个世界上。

不能。

假定这些相本身可以被知识这个相本身所认识,行吗?

行。

但我们并不拥有知识这个相。

对。

那么我们对相一无所知,因为我们并不拥有知识本身的某个部分。

显然不拥有。

所以美本身、善本身,以及所有被我们当作相的那些事物本身,对我们来说是不可知的。　　　　C

恐怕是这么回事。

那么到此还有一个更加可怕的推论供你考虑。

什么推论?

我认为你会肯定,如果存在着相这样的东西,那么知识本身比我们这个世界上的知识要完善得多,对美和其他所有相来说也一样。

是的。

如果任何事物都拥有这种知识本身的一部分,那么你会同意神比其他任何东西更有资格拥有最完善的知识吗?

这是确定无疑的。

那么拥有知识本身的神能认识我们这个世界上的事情吗?　　　　D

为什么不能?

因为我们同意这些相与我们这个世界上的事情无关,没有意义,我们世界上的事物也不会由于和它们有关而具有任何意义。每一类事物要产生意义,仅在于该类事物之间。

是的,我们同意过。

如果这种最完善的统治和最完善的知识存在于神的世界里,那么这种神的统治决不可能对我们实施,他们的知识也不可能认

E 识我们和我们这个世界上的任何事物。正如我们不会用存在于我们这个世界上的统治术去统治他们,也不想用我们的知识去认识那些神圣的事物一样,按照同一原则,他们作为诸神既不是我们的主人,也不知道任何凡人关心的事情。

苏格拉底说,这个论证剥夺了神的知识,确实太奇怪了。

135 巴门尼德继续说道,然而,苏格拉底啊,如果事物的这些性质真的存在,人们继续把相当作仅凭自身存在的事物,那么必然产生这些困难,此外还有其他许多困难。结果就使得听者困惑不已,要么倾向于怀疑相的存在,要么提出如果相确实存在,也必定不能被我们的禀赋所认识。还有,这些反对意见似乎挺有分量,就像我们说过的那样,我们很难使反对者改变信念。只有那些天资非凡的
B 人才能够看见相或仅凭自身存在的本质确实存在于每个实例中,如果有人能够发现它,并能指导他人彻底地考察这些困难,那就更加惊人了。

我承认这一点,巴门尼德。我完全同意你的意见。

巴门尼德继续说道,但另一方面,如果一个人在考察所有这些
C 困难以及其他相似的困难时拒绝承认事物的相存在,或拒绝在每一实例中区别出某个确定的相来,那么只要他不允许每一事物具有始终相同的性质,那么他就无法使他的思想确定在某一点上,这样一来,他也就彻底摧毁了一切讨论的意义。对这种后果,我想你非常清楚。

对。

那么你会怎样研究哲学呢?当这些问题的答案仍旧不可知的时候,你会转向哪里?

眼下我还看不到有什么出路。

D 这是因为你还没有接受预备性的训练,就匆匆忙忙地去给"美"、"正义"、"善",以及其他具体的相下定义。那天我听到你和

阿里斯多特勒在这里谈话，你要相信我，我注意到你的论证中有一种高尚的、受到激励的精神，但由于你还很年轻，所以你必须努力接受更加严格的训练。尽管这种训练在这个世界上被称作无聊的闲谈，被谴责为无用的，否则的话，真理将逃避你。

这种训练会采取什么样的方式，巴门尼德？

就是芝诺在你听到的这篇论文中使用的方式。只有一点例外，你刚才对他说的一句话给我留下深刻印象，你不允许把考察的范围局限于可见事物或只涉及可见事物的领域，而要扩展到那些必须通过论证来把握的、可以被当作相来思考的对象。

对，因为在另外一个领域中要证明事物既相似又不相似，或证明事物拥有其他任何性质并不困难。

你说得对。但还有一件事情你必须做。如果你想要充分地练习，你一定不能只假设某某事物存在，然后考虑从中推出来的结果，而且也要假设某某事物不存在。

此话怎讲？

要是你乐意的话，让我们以芝诺假设的前提为例——"如果事物的多存在"。你必须考虑从这个前提中一定可以推出什么样的结论，不仅要考虑多个事物之间的相互关系和多与一的关系，而且也要考虑一与其自身的关系和一与多的关系。然后再从相反的前提出发——"多不存在"，你必须考虑从这个前提中可以推出什么样的结论，既要考虑一，又要考虑多，既涉及与它们自身的关系，又涉及它们之间的关系。或者说，你可以再次做出假设，"相似存在"或"相似不存在"，然后就考虑从这两个前提中可以推出什么样的结论，既涉及相似和不相似这两个假定的术语，又涉及其他事物，既涉及与它们自身的关系，又涉及它们之间的关系。你还可以假设不相似存在或不存在，还有静止、变化、灭亡，以及存在与非存在本身。简言之，无论你假设任何事物存在或不存在，或拥有其他性

质,你必须考虑从前提中可以推出什么样的结论来,既涉及与其自
身的关系,也涉及与你选择的其他事物中的任何一个事物的关系,
或者与你选择的其他事物中的若干事物的关系,或者与你选择的
C　所有事物的关系;还有,无论你假设某事物存在或不存在,如果你
真的想要通过完整的论证过程发现真理,那么你必须研究你所选
择的事物之间的相互关系及其与某一事物的关系。

　　那岂不是没完没了,巴门尼德,我一点儿也不明白。你倒不如
现身说法,选择某些假设来演示一下这种方法,也好让我受点启
发?

D　　这是一项繁重的工作,苏格拉底,尤其对我这把年纪的人来
说。

　　苏格拉底说,你怎么样,芝诺,你来演示一番如何?

　　芝诺笑着答道,苏格拉底,还是让我们恳求巴门尼德自己来演
示。我想他说的这项工作决不轻松。如果在场的人更多一些,那
么要他讲解可能不太公平。这样的讲解在大批听众面前是不适宜
的,尤其是让他这样年纪的人来讲,因为大多数人不会明白,不经
E　过这样详细的考察就不能发现真理,就不能理解整个领域。所以,
巴门尼德,我加入苏格拉底这一方向你请求,希望我本人又能在多
年之后重新坐在你的面前,聆听你的讲解。

　　芝诺的话说完以后,皮索多鲁、阿里斯多特勒,以及其他人也
加入进来,恳求巴门尼德别让他们失望,请他演示他心目中的方
法。

137　　巴门尼德答道,尽管我感到自己就像伊彼库斯① 说的那匹老
迈的赛马站在起跑线上战栗,凭着以往的丰富经验知道自己面对
的是什么,但我无法拒绝你们的盛情。这位诗人把自己比做那匹

---

① 伊彼库斯(Ibycus)是公元前 6 世纪希腊抒情诗人。

老马,发现自己在晚年被迫坠入一连串的爱情时犹豫不决,我在这把年纪要执行这样的任务,我的记忆也使我在出发前感到恐惧,就好比要开始穿越汪洋大海。然而我必须满足你们的希望,毕竟如芝诺所说,我们在场的都是朋友。那么我们从哪里开始呢?首先做什么样的假设?我们将要开始的这场游戏是十分吃力的,如果我从自己,从我那个最初的假设开始,你们会同意吗?我能否以一为例,假设一存在或不存在,然后进行推论吗?

　　芝诺说,务必如此。

　　那么谁来回答我的提问?让年纪最轻的人来回答好吗?他可能最少挑剔,也最能说出心中的想法,而我在他回答时也可以喘口气。

　　阿里斯多特勒说,巴门尼德,我是这里最年轻的,我已经准备好了。你问吧,我会回答你的问题。①

　　巴门尼德说,很好。假如一存在,那么一当然不是多。由此推论,一不能有任何部分或者是一个整体。因为所谓部分就是某个整体的部分,而所谓整体的意思则是没有任何部分从这个整体中失去;所以,无论你把一说成是"一个整体"或者说它"有部分",在这两种情况下,一都会由部分组成,并以这种方式是多而不是一。但是一应当是一而不是多。因此,如果一是一,那么一不是一个整体或有部分。

　　如果一没有部分,那么它也不会有开端、终端和中间,因为这些东西都是某事物的部分。再进一步说,某事物的开端与终端都

---

　　① 在下述对话中,阿里斯多特勒仅起一个简单应答的作用,对巴门尼德的陈述未提任何异议。为使对巴门尼德的论证读起来更加清晰,康福德(F. M. Cornford)在翻译这部分时将阿里斯多特勒的大部分应答去掉,而相关的问句亦改为陈述句。这个译本亦采取这种做法。

是它的界限。因此,如果一既无开端又无终端,那么它也无界限。

E 　　接下去可以推论一没有形状。一既不是圆的又不是直的。圆形的任何一个端点到圆心的距离都相等,而直形的中间部分在两

138 端之前。如果一有直的或圆的形状,它就会有部分,就会是多。由于一没有部分,因此一既不是直的又不是圆的。

　　从上所述,我们可以进一步推论一不能存在于任何地方,因为它既不能在其他事物中,又不能在它自身中。

　　如果一存在于其他事物中,那么一就会被它所在的那个事物包围,就会与那个事物有许多接触,但是一个没有部分也不是圆形的事物不可能与那个事物有许多接触,被那个事物包围。

　　另一方面,如果一存在于它自身中,那么它的包围者无非就是

B 它自己,因为它实际上就在自身中,而没有任何事物可以存在于某事物之中却又不被那个事物包围。这样,包围的是一个事物,被包围的是另一个事物,因为同一事物不可能作为一个整体既包围又被包围,因此在这种情况下,一就不再是一,而是二。

　　因此,一不存在于任何地方,既不在它自身里,又不在其他事物里。

　　接下去我们再来考虑,如果一是这样的话,它能否运动或静止。

C 　　如果它能运动,那么它要么在处所中运动,要么发生变化,因为除此之外没有别的运动种类。

　　如果一发生变化,以至于变得与它自身不同,那么一肯定不再是一。因此,一决不会有变化意义上的运动。

　　那么它会在处所中运动吗? 如果它会,那么它必定要么是在同一处旋转,要么是从一处转移到另一处。如果它旋转,那么它的中心必定静止不动,而它的其他部分则作为它本身的不同部分围

D 绕中心旋转。但一个既无中心又无部分的事物不可能围绕它的中

心旋转。所以如果它运动，它必定改变位置，在不同的时间抵达不同地方。不过，我们已经看到一不能处于任何地方，处于任何事物中。它更不可能将要处于任何事物中。如果一个事物将要处于某事物之中，那么只要它还在进入那事物，它就还没有在那事物之中，它也不可能完全外在于那个事物，因为它已经在进入那事物了。同理，这种情况只会发生在有部分的事物，它的一部分已经进 E
入另一事物，而同时它的另一部分还在该事物之外；而没有部分的事物肯定不可能同时既整个儿地在某事物之中，又整个儿地在某事物之外。说一个既无部分又非一个整体的事物将会处于任何事物之中更加不可能，因为它既不能一部分一部分地这样做，也不可能作为一个整体这样做。因此，一不会改变它的位置，既不会移动 139
到任何地方，也不会处于某事物之中，或者说一既不会原地旋转，也不会发生改变。

　　因此，就运动的所有种类来看，一是不动的。

　　另一方面，我们也肯定一实际上不能在任何事物中。因此它也决不会位于相同的地方或处境下，因为如果它能这样的话，它就会位于它自身原有的那个相同的地方和处境下，而我们看到它既不能在它自身中，又不能在其他任何事物中。所以，一决不会处在相同的地方或处境下。而所谓处在相同的地方或处境下就是静止 B
或不变。

　　那么，这样看来，一既不静止又不运动。

　　再说，一既不能与其他事物相同又不能与自身相同，既不能与它自身相异，也不能与其他事物相异。

　　如果它与自身相异，那么它就异于一，就会不是一。如果它与其他事物相同，那么它就是其他事物，而不再是它自身，所以在这种情况下，它不只是它所是的一，而是异于一。 C

　　因此，一不会与其他事物相同，也不会与它自身相异。

只要它还是一,它就不会与其他事物相异。所谓与某事物相异恰当地说和"一"无关,而只和一个"相异于其他的事物"有关。因而,它不会异于本质上是一的其他事物,因此也不会在本质上是它自身,所以也不会是它自身,因为如果它是它自身,它就不会是任何意义上的其他事物,就不会异于任何事物。

D　　　它也不会与它自身相同。因为一的性质是一回事,相同的性质是另一回事。这是显而易见的,因为当一个事物变得与某事物"相同"时,它并没有变成"一"。例如,如果它要变得与多相同,那么它必须变成多,而不是一,但若一与相同没有什么区别,那么每当一个事物变成"相同",那么它一定也会变成一,每当一个事物变

E　　成"一",那么它一定也会变成"相同"。所以,一若是与它自身相同,它就不再与它自身为一,这样一也就不是一了,但这是不可能的。因此,一异于其他事物或一与自身相同,都是不可能的。

这样,一既不会异于它自身或其他事物,也不会与它自身或其他事物相同。

一也不会与任何事物相似或不相似,无论这个事物是它自身还是其他事物。

一个相似的事物会有相同的性质。但我们已经看到"相同"这

140　种性质与"一"这种性质是有区别的。但若一具有任何与一有区别的性质,那么它具有更多事物的性质,而不是只拥有一的性质了,而这是不可能的。所以说一应当是一个拥有和其他事物或其自身"相同性质"的事物是极不可能的。

因此,一既不会与其他事物相似,也不会与它自身相似。

但要说一是相异也是不对的,因为在这种情况下,它就是多而

B　不是一了。但若"相似"的意思指的是相同,那么一个与它自身或其他事物不相似的事物确实可以说与它自身或别的事物不同。而一似乎不能以任何方式说它是不同,一不会以任何方式与它自身

或其他任何事物不相似。

因此,一既不会与其他事物或其自身相似,也不会与其他事物或其自身不相似。

再说,像我们描述过的这样的一,既不会与它自身或其他事物相等,也不会与它自身或其他事物不等。

如果它与某事物相等,那么它就会和与它相等的事物拥有同样的度量单位。如果它比某事物大些或小些,那么它就会比那些 C 有度量单位的比它大些或小些的事物拥有较多或较少的度量单位。或者说,如果这些事物没有度量单位,那么在有些情况下它会小些,有些情况下它会大些。

一个不具有相同本身的事物不会拥有相同的度量单位,也不会与其他任何事物相同。因此,一不拥有相同的度量单位,不能够与它自身或其他事物相等。

另一方面,如果它拥有较多或较少的度量单位,它会拥有如同 D 度量单位一样多的部分,这样一来,它又不再是一,而是与它拥有的度量单位一样多得多了。但若它是一个度量单位,那么它会与那个度量单位相等,而我们已经看到它不会与任何事物相等。

因此,由于它既不拥有一个度量单位,也不拥有多个或一些度量单位,它根本不拥有"相同"本身,所以它决不会与它自身或其他事物相等,也不会比它自身或其他事物大些或小些。

还有,一能够比其他任何事物年长、年轻或同龄吗? E

如果它与其自身或其他事物同龄,那么它就会拥有相等的时间或相似本身,而我们已经说过一既不拥有相似,也不拥有相等。我们还说过,一不拥有不相似或不相等。因此,这样的一个事物不 141 会比任何事物年长、年轻或与之同龄。

如果一就像我们描述的这个样子,那么我们甚至可以推论一根本不拥有时间。无论什么拥有时间的东西一定总是变得比它自

B 身年长,"年长"总是意味着比某些比较年轻的事物老一些。因此,要是有某些年长事物之外的事物,那么凡变得比它自身年长些的必也同时变得比它自身年轻。① 我的意思是这样的。如果一个事物已经与另一事物相异,那么就其变成相异的来说就没有什么问题;二者现在、过去或将来都是相异的。但若一事物正处在变得相异的过程中,那么你就不能说另一事物已经与该事物相异,或将变得相异,或现在是相异的,而只能说它正处在变得相异的过程中。

C "年长"总是表示一种与比较年轻的事物的差别。因而,凡变得比它自身年长些的事物必然同时也在变得比它自身年轻。处在变化的过程中,该事物不能拥有它本身之外的较长的或较短的时间,它必须拥有与其自身相同的时间,无论它正在变化,还是现在、过去或将来已经变了。所以看起来,任何拥有时间或具有时间性质的事物必须与它自身同龄,也必须同时变得比它自身年长些或年轻

D 些。但我们看到这些性质都不能附加在一身上。

因此,一与时间无关,不拥有任何长度的时间。

还有,"过去是"、"过去变为"、"过去变得"这些词的意思都与

E 过去的时间相连;"将是"、"将变为"、"将变得"这些词的意思都与将来的时间相连;而"现在是"、"现在变为"、"现在变得"这些词都与现在的时间相连。因而,如果一与任何时间无关,它就决不会过去是、过去变为、过去变得,也不会现在是、现在变为、现在变得,更不会将是、将变为、将变得。一个事物只能以这些方式之一存在。据此,一不能以任何方式存在。

因此,一不是任何意义上的存在。

那么,一也不会是"存在"范围内的一,因为这样的话它就将是

---

① 这句话的意思可做这样的理解:年长些的事物与年轻些的事物相对,年长些的事物比"它自身"年长,与此同时年轻些的事物比"它自身"年轻。

一个存在的事物,已经拥有存在了。如果我们可以相信这样的论
证,那么我们倒不如说,一似乎既不是一,又根本不存在。

142

如果一个事物不存在,你就不能说它"拥有"任何事物,或者说
存在着它"的"事物。因此,它不能拥有名字或被谈论,也不会存在
任何关于它"的"知识、感觉或意见。它没有名称,不被谈论、不是
意见或知识的对象,不被任何生灵所感知。

一有可能是这种情况吗?

阿里斯多特勒说,我不这样想。

那么我们要不要返回我们的前提,重新对它进行考察,看能否
产生什么不同的结果?

B

我们的前提是:"假定一存在",我们必须同意从这个前提推出
的结论。现在让我们重新开始吧。如果一存在,它不能一方面存
在,一方面不具有存在。所以也要有这个一具有的存在,这个一具
有的存在不是与一相同的事物;否则的话,这个存在就不会是"它
的"存在了,一也不会拥有这个存在了,但是说"一存在"就相当于
说"一是一"。但事实上,我们将要考虑其推论的这个前提不是"假
定一是一",而是"假定一存在"。这就意味着"存在"和"一"代表不
同的事物。这样,"一存在"这个简短的陈述只意味着一拥有存在。

C

那么让我们再次陈述从"假定一存在"这个前提能推出的结
论。我们来考虑这样的前提是否必然不蕴涵一拥有部分这样的结
论。这个推论是这样的:由于我们肯定"存在"属于那个存在的一,
我们也肯定"一"属于这个是一的存在,由于"存在"和"一"不是同
一个事物,而是同属于一个事物,也就是说从我们假定的"存在的
一"可以推论它是一个作为整体的"一存在","一"和"存在"是它的
部分。所以我们必须分别谈论这两个部分中的每一个,不仅作为
部分来谈,而且作为一个整体的部分来谈。

D

因此,任何"存在的一"既是一个整体又有部分。

E　　再分别取这个"一存在"的两个部分——它的一和它的存在。
一决不能缺乏"存在"的部分,存在也不能缺乏"一"的部分。这样
一来,这两个部分的每一个分别都会拥有一和存在;任何部分都至
少由两个部分组成,按照同样的推论可以一直推下去。无论抵达
哪一步,我们总是拥有这两个部分,因为"一"总是拥有存在,而"存
143　在"也总是拥有一。这就证明了任何部分总是二,而决不会是
一。

　　那么,以这种方式可以证明所谓"一存在"必定是无限的多。

　　我们也可以按另一种方式开始,证明如下:我们说一拥有存
在,这就是一之所以存在的原因,由于这个原因,这个"存在的一"
被视为多。现在仅仅考虑我们说的这个拥有存在的"一"本身,领
悟它与它拥有的存在分离的自身。那么,这个"一"本身仅仅是一
B　呢,或者也是多? 请你考虑吧。这个"一"本身与它的存在必定是
不同的事物,因为一不是存在,但它作为一拥有存在。如果一与它
的存在是相互不同的,那么它并非由于本性是一而与存在相异,亦
非由于本性是"存在"而使这个存在是这个一以外的他物;它们之
所以相异乃是因为它们的本性是"不同"或"其他"。这样,"不同"
这个术语既与"一"不同,又与"存在"不同。

C　　现在假定我们对这些术语作一选择,说"存在"和"不同",或者
说"存在"和"一",或者说"一"和"不同"。在每一情况下我们都在
选择可以说成"双方"的一对术语。我的意思是,我们能谈论"存
在",又能谈论"一"。就这样,我们给对子中的每一个成员命名。
当我说"存在和一"、"存在和不同"、"不同和一",以及其他各种可
D　能结合的对子时,在各种情况下我说的都是"双方"。所以恰当地
被称作"双方"的对子必定是"二"。如果一对事物是二,那么它们
中的每一个必定是一。把这一点运用于我们的术语。由于每一套
相都是一个对子,那么每一个术语必定是一。如果是这样的话,那

么当任何一加到任何对子上去的时候,总数必定是三。三是奇数,二是偶数。如果有二,必定也有两倍;如果有三,必定也有三倍,因 **E** 为二是一的两倍,三是一的三倍。如果有二和两倍、三和三倍,那么也必定有二的两倍、三的三倍。还有,如果有三的两倍和二的三倍,那么必定有两倍的三和三倍的二。这样一来就有偶倍的偶数、 **144** 奇倍的奇数、奇倍的偶数,甚至有偶倍的奇数。如果是这样的话,就没有什么数会遗漏了,如果说有什么数遗漏的话,那它必定不存在。

因此,如果一存在,数也必定存在。

如果数存在,那么必定存在许多事物,而且确实有无限多的事物存在,因为我们必须承认,可以证明无限多的数也拥有存在。但若所有数拥有存在,数的每一部分必定也拥有存在。这样存在就 **B** 被分配到一个存在的多的所有成员,这些存在从最小到最大没有一个会缺乏存在;如果认为任何存在的事物会缺乏存在,那确实是胡说。这样,存在就在各种可能的从最小到最大的序列中被分布在各个部分了;它还会被进一步划分为可能有的点,而这些部分的数目是无限的。所以,存在的部分所形成的多是最大的。

还有,在所有这些部分中,没有一个既是存在的一部分又不是 **C** 存在的一部分。那么如果它是一部分,只要它还是,它就必定总是某个"一"部分;它不会不是一部分。因此,一必定属于存在的每个部分,无论这个部分是大还是小,都不会缺乏存在。作为一的一, **D** 不能作为一个整体同时处于多处。但若一不作为整体,那么一必定被划分为部分;只有这样它才能同时呈现于存在的所有部分。进一步说,被分成部分的东西必定像它的部分一样多。所以我们刚才说存在分布到最大数目的多个部分中去,这样说是错误的。存在的部分不会多于被分割了的一的部分的数目,而是在数目上 **E** 与之相等,因为没有任何事物会缺乏一;二者会一直保持它们数目上的相等。如此看来,一本身被存在所分割,分割后的部分在数目上不仅是多,而且是无限的多。

因此,不仅"存在的一"是多,而且一本身也由于被存在所分割而必然是多。

145　　进一步说,由于存在的一的部分是一个整体的部分,一就其整体而言,将会受到限制。因为部分被整体包含,而包含者必定是有限的。

因此,"存在的一"既是一又是多,既是整体又是部分,既是有限的又是数量上无限的。

那么,由于存在的一是有限的,它就有端点,并且如果它是一个整体,它就有开端、中间和终端。一个事物不会是一个没有这三者的整体;缺乏其中的任何一个,它就不再是一个整体。这样,一B 有开端、终端和中间。但是中间只能与各端点距离相等。

所以,像我们所描述的一会有形状——直形、圆形,或两种形状的混合。

如果一有这些属性,那么它既在自身中,又在其他事物中。

C 每一部分当然处在整体中,没有任何部分外在于整体。所有部分都被整体所包含。于是一就是它自己的所有部分,既不会多也不会少。一也是整体。同理,由于所有部分都处在整体中,所以一既是所有部分又是整体,所有部分都包含在整体中,这个一必定被一所包含。在此意义上,一必定在其自身中。

D 另一方面,整体并非位于部分中,所有部分也好,某个部分也罢。

如果整体位于所有部分中,那么整体也要位于某个部分中,因为如果整体不在某些部分中,它就不可能位于所有部分中。但若某一个部分是所有部分之一,而整体又不在这个部分中,那么我们就不能说它位于所有部分中了。

整体也不能位于某些部分中。如果整体位于某些部分中，那么较大的会被较小的包含，而这是不可能的。

若是整体不位于它的若干部分中，也不位于它的一个部分中，也不位于它的所有部分中，那么它必定要么在其他事物中，要么根本不在任何地方。但若它不存在于任何地方，它就根本不存在，无论它是否整体。由此还可推论，既然作为一个整体它不位于自身中，它必定位于其他事物中。

这样一来，一作为一个整体位于其他事物中；一作为所有部分位于它自身中，因此，一必定既在自身中又在其他事物中。

如果一具有这种性质，它必定既处在静止中又处在运动中。

一处在静止中，因为一处在自身中。因为，若是它位于一个事物中，没有跃出那个事物，那么它就在同一个地方，亦即在它自身中，始终位于同一地方的事物当然总是处在静止中。

另一方面，始终处在其他事物中的东西决不会位于同一处，因此它决不会处在静止中，既然它不处在静止中，那么它必定处于运动中。

因此，总是既位于自身又位于其他事物的一必定总是既运动又静止。

进一步说，如果一具有上述属性，那么它必定既与其自身相同，又与其自身相异，同样，它既与其他事物相异又与其他事物相同。

任何事物与其他事物相连必定采取下列方式之一：或者是相同，或者是相异；要是既不相同也不相异，那么它们必定是部分与整体或整体与部分的关系。一既不能是它自身的部分，也不能作为一个整体与作为一个部分的它自身相对。还有，一不会与一相异，因此一也不会与它自身相异。

因此，既然一并不与其自身相异，也不与其自身有整体对部分或部分对整体的关系，那么一必定与它自身相同。

再说，如果一事物所处的地方既与其自身所处的地方相同，也处在它自身所处的地方以外的地方，那么它必定与自身相异；否则它就不会处在一个不同的地方。但是我们已经看到这种情况对一来说是真实的。一既在其自身中又在其他事物中。

因此，在这个方面，一必定与它自身不同。

再说，如果一事物与其他事物相异，那么这个其他事物也必定与该事物相异。一切"非一"的事物必定与一相异，一也必定与它们相异。

D　　因此，一与其他事物相异。

现在请作如下考虑：相同本身和相异本身是相互对立的。所以相同本身决不会处于相异的事物之中，相异本身也不会处于相同的事物之中。如果相异决不会处于相同的事物之中，那么没有任何事物可以在任何长度的时间里在其中呈现相异，因为相异若

E　是可以在任何长度的时间里在任何事物中呈现，那么在这段时间里相异就会存在于相同的事物之中。由于相异决不会存在于相同的事物之中，所以相异决不会存在于任何存在着的事物之中，因此相异既不处于"非一"中，又不处于一中。因此，能够使一与"非一"

147　不同，或者能使"非一"与一不同的不是相异。但若"非一"或一不拥有相异，它们也不会由于它们自身的本性而相互之间不同。

因此，如果它们自己的性质或相异都不能使它们相异，那么它们相异的各种可能性都远离了我们。

进一步说，"非一"的事物并不拥有一；如果它们拥有一，它们就不是"非一"，而是某种意义上的一了。所以"非一"的事物不能是一；但若它们拥有数，那么它们会再一次不是任何意义上的"非一"。还有，"非一"的事物不能是一的部分，因为如果是这样的话，

B　它们会再次拥有一。因此，如果这个一是任何意义上的一，那么

"非一"的事物不是任何意义上的一,这个一不能与"非一"的事物相对,既不能作为整体与部分相对,又不能作为部分与整体相对,"非一"的事物不能作为一的部分或作为以一为部分的整体的部分。但是我们说过,相互之间既不是部分和整体、也不相异的事物必定相互之间相同。因此,我们必须说,由于这个一以这种方式与"非一"的事物相对,所以它与它们是相同的。

那么,看起来,这个一既与其他事物及其自身相异,又与其他事物及其自身相同。

阿里斯多特勒说,这个论证似乎必然得出这个结论。

那么一既相似又不相似于它自身和其他事物吗? C

从上所见,由于一异于其他事物,其他事物当然也必定与一相异。一与其他事物相异的程度既不强于也不弱于其他事物与一相异的程度,而是正好与其他事物与一相异的程度一样,既然既不强又不弱,那么它们相异的样式是相似的。同理,一具有与其他事物"相异"的性质,其他事物也以相同的方式具有与一"相异"的性质,在此范围内,我们说一和其他事物具有相同的性质。

我的意思是这样的:当你使用任何语辞的时候,你用它来指代 D 某个事物。你能使用它一次或多次,但无论是一次还是多次,你都在谈论以这个语辞为名字的那个事物。无论你多少次说出这个词,你必定总是用它来指代同一个事物。现在"相异"是一个指代 E 某事物的词,所以当你说出这个词来的时候,无论一次还是多次,你都在用它指代或称呼拥有这个名称的事物。因此当我们说"其他事物与一相异"和"一与其他事物相异"时,我们两次使用了"相异"这个词,但不管怎么说,我们总是在用它指代拥有这个名字的那些事物的这种性质。因此,在一与其他事物相异和其他事物与一相异的范围内,就拥有"相异"这一性质来说,一和其他事物确实 148 拥有相同的性质,而拥有相同的性质就是相似。

　　因此，就一拥有与其他事物相异的性质而言，在这个方面一与其他事物必定完全相似，因为它们完全不同。

　　另一方面，"相似"和"不相似"是对立的，"相异"和"相同"也是对立的。现在我们也已经看到一与其他事物相同。而"与其他事物相同"和"与其他事物相异"相对立。这就表明，就一与其他事物相异这一点来说，一和其他事物是相似的。因此，就一与其他事物相同来说，一与其他事物不相似，这是相对于使一与其他事物相似的性质而言，相对于和这种性质相对立的性质而言，亦即相对于相异而言。所以，相同本身会使之不相似，否则的话相同本身就不会与相异对立了。

B

　　因此，一与其他事物既相似又不相似——就其相异来说它们是相似的，就其相同来说它们是不相似的。

C

　　阿里斯多特勒插话说，对，以这种方式进行论证似乎是可能的。

　　对，我们还可以继续论证。我们可以说，就一拥有"相同"这一性质而言，一并不拥有一种和某事物不一样的性质，所以它不是不相似，而是相似。就一拥有"相异"这一性质而言，一拥有一种和某事物不一样的性质，所以它是不相似。

　　因此，一既与其他事物相同，又与其他事物相异，基于这两条理由或其中一条理由，一与其他事物既相似又不相似。

D

　　同理，就一与其自身的关系而言。我们已经看到，一既与其自身相异，又与其自身相同，基于这两条理由或其中一条理由，一既与其自身相似又与其自身不相似。

　　还有一个问题要考虑，一是否与它自身或其他事物接触。

　　我们已经看到一作为一个整体处于其自身中。一也处于其他事物中。同理，当一处于其他事物中，它就会与其他事物接触；当一处于自身中，它与其他事物的接触就受到阻碍，就会与自身

E

接触。

那么以这种方式，一既与它自身又与其他事物接触。

从另一个观点看，如果任何事物与某物接触，它必定位于与该物相邻的地方，占据与该物所处位置相连的位置。

同理，如果一与它自身接触，它必须位于与它自身相邻的地方，占据与它自身所处位置相连的位置。如果一是二，那么它还能够这样做，可以同时位于两处，但只要它还是一，它就不能这样做。

因此，同样的必然性禁止一是二，禁止一接触它自身。

另一方面，出于同样的原因，一也不会接触其他事物。我们断言，为了接触某事物，一事物必定要有别于并相邻于被接触的事物，它们之间一定不能有第三样事物。所以，要有接触，至少要有两样事物。但若在这两样事物之外再加上第三样事物，事物的数目就会是三，而接触的次数就是二。所以每增加一样新的事物也就意味着增加一次新的接触，其结果就是接触的次数总是比事物的数目少一。每一次后续的增加，事物数目的总和总是超过接触次数的总和，而其超过的量与原先事物数目超过接触次数的量一样，因为每一步都增加了一样事物和一次接触。这样，无论有多少事物，它们的接触次数总是比事物的数目少一。如果只有一，而没有成对的事物，那就不会有接触。

我们说，一以外的事物不是一，不拥有一，因为它们是其他事物。因此，它们不拥有数，因为它们中间没有一。这样它们就既不是一，也不是二，也不是你能说得出来的其他任何数。那么一是惟一是一的事物，不会有二出现，因此也没有接触。因此，接触是不存在的，一不与其他事物接触，其他事物也不与一接触。

因此，上述考虑的总的结果是：一既接触又不接触它自身和其他事物。

接下去我们可以考察，一是否与它自身和其他事物既相等又不相等。

E　　如果一大于或小于其他事物，或者其他事物大于或小于一，那么它们之所以如此，并非仅仅由于它们是如此这般的存在——一是一，其他事物是一以外的其他事物——而是因为，除了它们各自是这样的存在以外，它们还应当各自拥有相等，这样才能相互之间相等。或者说如果其他事物拥有大，一拥有小，或者倒过来，一拥有大，其他事物拥有小，那么拥有大的就大些，拥有小的就小些。

那么这一对性质，大与小，必定存在，因为若是它们不存在，它们就确实不会相互之间对立并存在于事物之中。

150　　那么，如果小存在于一之中，它必定要么是处在作为一个整体的一中，要么是处在一的一部分中。

假定小存在于作为一个整体的一之中。那么它必定要么延伸到一的整个范围，要么包含一。如果小与一具有的范围一样大，那么小就与一相等；如果小包含一，那么小就比一大。但是小不能等于或大于任何事物，它不能放弃它自己的功能，而去担负大或相等的功能。因此，小不能存在于作为一个整体的一中。

B　　因此，如果小确实存在于一中，它必定存在于一个部分中。但它不存在于一的所有部分中，否则就会产生像存在于作为整体的一之中同样的结果。它会等于或大于它可能存在的任何部分。因此，小决不存在于任何事物中，要是小既不能存在于一个部分中，又不能存在于一个整体，那么除了小本身就不会有任何小的事物了。

接下去可以推论大也不存在于一中，因为要是这样的话，除了大本身还会有别的"较大的"事物，亦即有大存在于其中的事物——
C　尽管这个事物不拥有小，但若它是大，那么它必须超过小。而这样的小是不存在的，因为小不存在于任何地方的任何事物中。

再说,大本身可以大于的惟一事物是小本身,小本身可以小于的惟一事物是大本身。因此,其他并不拥有大或小的事物并不比一大些或小些;这个对子(大与小)本身拥有它们超越或被超越的能力,或者说,它们的被超越是仅就它们之间的相互关系而言,而与一无关,而一既不拥有大又不拥有小,它不能大于或小于大和小本身,也不能比其他事物大些或小些。

接下去可以推论,如果一既不比其他事物大,也不比其他事物小,那么一既不能被它们超过,也不能超过它们,而既不超过又不被超过必定是同样大小,因此是相等。

还有,一也以这种关系与其自身相对。如果一自身既没有大也没有小,那么它既不能超过它自身,也不能被它自身超过,而必定与其自身同样大小,与它自身相等。

因此,一既与自身相等又与其他事物相等。

进一步说,如果一在它自身中,它必定也从外面包围它自身,作为包围者,它比它自身大,作为被包围者,它比它自身小。以这种方式,一既大于又小于它自身。

还有,一与其他事物之间不会有任何东西。因任何事物必定总是存在于某个地方。而一个事物要处于某事物之中必定要作为较小的事物存在于较大的事物之中,只有这样,一个事物才能处于其他事物中。

由于其他事物和一之间没有任何事物,而它们又必定处于某事物中,由此马上可以推论,它们必定相互处于对方之中——其他事物处于一中,一处于其他事物中——或者说根本不存在于任何地方。因此,由于一处于其他事物中,而其他事物由于包含着一,必定大于一,而一被其他事物所包含,必定小于其他事物。并且由于其他事物处在一之中,依照同样的推论,一必定大于其他事物,而其他事物必定小于一。

因此,一等于、大于、小于一本身和其他事物。

进一步说,如果一大于、小于或等于一本身和其他事物,那么一必定拥有和它自身及其他事物相同的度量单位,也会有较大的或较小的度量单位,如果有度量单位,那么就有部分。由于有相等的、较大的或较小的度量单位,那么它也会在数量上相应地少于、多于或等于它自身和其他事物。因为,它若是大于任何事物,它就包含较大数目的度量单位,也会拥有部分,如果它小于任何事物,它就包含较小数目的度量单位,如果它与任何事物相等,它就包含相等数目的度量单位。

因此,大于、小于,并且也等于它自身的一包含较多、较少,或者相同的度量单位的数目,因此拥有部分。所以,由于拥有相同数目的部分,它在数目上与它自身相等,由于拥有较多或较少数目的部分,它在数目上多于或少于它自身。

一也会以同样的方式与其他事物相对。由于它被看做大于、小于或等于其他事物,所以它必定也会在数目上多于、少于或等于其他事物。

这样一来,一似乎再次在数目上等于、多于和少于它自身及其他事物。

下一个问题是:一是否存在于时间中;如果一存在于时间中,它是否变得比它自身和其他事物既年轻又年长,又不变得比它自身和其他事物既年轻又年长。

由于一"是"一,它当然具有存在,"现在是"的意思确实是与现在的时间相连拥有存在,就好像"过去是"或"将来是"的意思是与过去或将来的时间相连拥有存在。所以,如果一是,那么一在时间中。

还有,时间在前进。因此,由于一在时间中向前迈进,它总是变得比自身年长。我们记得,所谓变得年长就是变得比某个变得

年轻的事物年长。所以，由于一变得比自身年长，它自身也必定变
得比较年轻。

因此，在这个意义上，一既变得比它自身年轻，又变得比它自 B
身年长。

还有，在这个变化过程中，当一处在连接"过去是"和"将来是"
的现在时间中的时候，一是年长的，因为在从过去驰向将来的旅行
中，它决不会跨越现在。所以，当它与现在相吻合的时候，它就停
止变得年长，在这个时候，它不是变得年长，而已经是年长的。因 C
为，它若是向前进，就决不会被现在抓住，因为向前进的意思是既
触及现在又触及将来，把现在丢在后面而走向将来，并穿越二者之
间。但若任何变化的事物决不能超越现在这样说是对的，那么当
它处于现在，它就会一直停止变化，它就会是它正在变成的任何东西。

同样的道理也可以运用于一。当一变得年长时，一与现在相 D
吻合，它停止了变化，并且就"是"年长的。再说，它比变得较为年
长的那个事物，亦即它自身，年长。年长意味着比较为年轻的事物
年长。因此，在与现在吻合而变得较为年长时，一也比它自身较为
年轻。但是现在总是伴随着一贯穿它存在的始终，因为无论它在 E
什么时间存在，它都存在于"现在"。

因此，一在所有时间里既比它自身年长或年轻，又变得比它自
身年长或年轻。

还有，在这样的存在或变化中，它不能得到比它自身更长的时
间，而必然得到相同的时间。但若它存在或变化，由于具有同样长
的时间，那么它是同龄，因此它既不会年长也不会年轻。

因此，在同样长的时间里存在或变化着的一，既不会比它自身
年长或年轻，也不会变得比它自身年长或年轻。

下一个问题是：一与其他事物也具有这样的联系吗？

一以外的其他事物不止一个，它们是不同的事物，而不是"一 153

个"不同的事物;"一个"不同的事物就会是一,但不同的事物必定多于一,是多。因此它们拥有的数目大于一拥有的数目。而较小的数目所代表的较小的部分来到或已经存在于较大的部分之先,

B 最小的是最先的,这就是一。这样,一切事物最先出现的数是一,而其他事物作为他物而非一个其他,总是拥有数的事物。最先出现的东西来得较早,而其他事物来得较迟,比较年轻。

以这种方式,其他事物比一年轻,一比其他事物年长。

C 还有,一只能以一种与其自身本性一致的方式存在。现在我们看到一有部分,因此也有开端、终端和中间。无论一本身还是其他事物之一,开端总是先产生,然后才出现其他一切,直至终端。还有,所谓"其他一切",我们的意思是整体或一的部分,而这个开端本身作为一或整体,同时又是终端。但是终端是最后产生的部

D 分,这就是那个与最后同时产生的事物的本性。因此,如果一必定以一种与其本性相一致的方式存在,那么我们必须说这就是一的本性,由于它与终端同时产生,所以它的产生比其他一切事物都要晚。

因此,一比其他事物年轻,其他事物比一年长。

还有,一个开端、一的任何部分或其他任何事物的任何部分,

E 如果它是"一个"部分而不是(多个)部分,那么它必定是一。所以"一"必定与第一个部分一起产生,再与第二个部分一起产生,后续产生的每个部分也不能缺少一,直至抵达最后一部分,一个整体就这样形成了;在任何部分的形成中都不能缺少一,无论是最先的部分、中间的部分,还是最后的部分。因此,一与其他一切事物同龄,所以,如果一不与其自身的本性相对立,那么一不会比其他事物先产生,也不会比其他事物后产生,而是与其他事物同时产生。

154 这样,按照这个论证,一既不会比其他事物年长,又不会比其他事物年轻,其他事物也不会比一年长或年轻,而按照我们前面的

论证，一比其他事物既年长又年轻，而其他事物也比一既年长又年轻。

关于一是什么和变成什么就说这些。

下一个问题是：一是否变得比其他事物既年长又年轻，其他事物是否变得比一既年长又年轻，还有，一或其他事物是否不变得既年轻或年长。在这种情况下，变化是否也一样存在？

如果一事物实际上比另一事物年长，那么它不会变得更加年　B
长，如果一事物比另一事物年轻，那么它也不会变得更加年轻，它们年龄上的最初的差距不会变大。因为，若将相等添加到不相等之上，其结果之间的差距总是与原初的差距相同，无论是时间还是其他任何大小。因此，年长或年轻的东西决不会变得比较为年轻或年长的事物更加年轻或年长，它们年龄上的差距会在所有时间　C
里保持一致。一存在或较为年长，其他事物较为年轻，但二者都不是变得如此。

因此，如果情况是这样的话，一不会变得比这样的其他事物年长或年轻。

但从另一个观点看，二者都变得更加年长或更加年轻。我们已经看到，一比其他事物年长，其他事物比一年长。当一比其他事物年长时，它存在的时间当然比它们长。如果将相等的时间添加　D
到一个较大的时间和一个较小的时间，其结果较大的时间会超过较小的时间一小部分。因此一与其他事物在年龄上的差就不会保持其原初的差了，它们各自增添相同的时间会使年龄之差不断变小。①

---

① 前面讲的"差距"指两个年龄之间的差距，比如六岁与二岁的年龄差距是四岁。各增加四岁以后，年龄差距仍然是四岁。而此处讲的年龄上的"差"指年龄数值的比值之差，比如六岁与二岁之比是六比二，而各增加四岁以后就变成十比六，六比二的比值大于十比六的比值。

E　　如果一事物的年龄与另一事物的年龄之差比原先要小，那么相对于它原先与该事物的年龄之差而言，它必定变得比原先年轻。如果它变得比较年轻，那么其他事物倒过来，相对于它们原先与它的年龄之差而言，它们必定变得比较年长。因此较晚产生并较为年轻的事物相对于那些较早产生并较为年长的事物来说，变得较老。它最后决不会是比其他事物年长的，但它一直在朝这个方向变化，因为其他事物正在朝着较为年轻的方向前进，而它则朝着较为年

155　老的方向前进。较为年长的事物转过来以同样的方式变得比较为年轻的事物年轻。二者朝着相反的方向运动，向对方转化——较为年轻的变得比较为年长的年长，较为年长的变得比较为年轻的年轻——但它们最终决不会变成年长的或年轻的；但若它们做到了这一点，那么它们就不再是变得，而是就是这样了。既然如此，它们各自变得比较年长，而又变得比其他事物年轻。一变得比其

B　　他事物年轻，因为我们看到，它是较为年长的，最早出现和存在；其他事物变得比一年长，因为它们较晚产生和存在。按照同样的推理，其他事物以同样的方式与一相对，因为我们看到，它们较为年长，较早产生和存在。

　　　　那么，从一个观点看，一事物无疑变得比另一事物较为年长或年轻，因为它们之间的年龄差距始终保持相同，所以一不会变得比其他事物较为年长或年轻，其他事物也不会变得比一较为年长或

C　　年轻。但从另一个观点看，较早或较晚产生并存在的事物之间的年龄之差必定在不断减少，所以一和其他事物相互之间必定变得比对方年长和年轻。

　　　　所以上述论证的结论是：一既是又变得比它自身和其他事物年长和年轻；而且一既不是又不变得比它自身或其他事物年长和年轻。

D　　　　由于一处在时间中，具有变得较为年长或年轻的属性，所以它

有过去、将来和现在。因此，一过去是，现在是，将来也是；它过去变，现在变，将来也变。

还有，可以说一"有"某些事物，也会有一"的"某些事物，无论是过去、现在，还是将来。所以，有关于一"的"知识、意见和感觉；我们现在正在实施的所有这些活动事实上都是关于一的。进一步说，一"有"名字，可以被谈论；它确实能够被命名和被谈论。上面 E 提到的、属于其他任何事物的所有性质同样也属于一。

让我们第三次提到这个论证，如果一像我们所说的这个样子——既是一又是多，既不是一又不是多，处在时间中——那么可以推论由于它"是"一，它在某些时间存在，又由于它"不是"一，它在某些时间不存在。由于它不能同时既拥有又不拥有存在，它只能在某个时间存在而在另一个时间不存在。它也必定会有一个时 156 间拥有存在，有另一个时间停止拥有存在；只要有它获得那个事物的时间和失去它的时间，那么它能在某个时间拥有一个事物，而在另一个时间不拥有一个事物。获得存在现在被称作"开始存在"，而失去存在被称作"停止存在"。

那么看起来，当一获得或失去存在时，一开始存在或停止存 B 在。

还有，由于它既是一又是多，是一个开始存在和停止存在的事物，所以当它开始是一的时候，它作为多的存在就停止了，而当它开始是多的时候，它作为一的存在就停止了。开始作为一存在，它必定是结合的，开始作为多存在，它必定是分离的。

进一步说，当它变得相似或不相似时，它屈服于同化或异化。

还有，当变得较大、较小或相等时，它必定增加、减少或等量化。

但是一在运动时静止，在静止时转变为运动，由于这个原因，C 它本身根本不能占有任何时间。假定它起先静止然后运动，或起先运动然后静止,若无变化就不会有这种事发生。但是不存在这样一个时间,在这个时间里一个事物可以既不运动又不静止。另一方面,没有过渡就不会有改变。那么它什么时候发生过渡呢?

D 既不是它静止的时候,又不是它运动的时候,也不是它占有时间的时候。因此,它发生过渡的时间必定是十分奇特的,是瞬间发生的。"瞬间"这个词似乎意味着一事物从自身原有状况过渡到另一种状况。只要事物仍旧保持着静止,那么它就没有从静止状态向其他状态过渡,只要事物仍旧在运动,那么它也没有从运动状态向其他状态过渡,但这个奇特的事物,这个瞬间,位于运动和静止之间;它根本不占有时间,但运动的事物却过渡到静止状态,或者静止的事物过渡到运动状态,就在这瞬间发生。同理,由于一既静止

E 又运动,它必定要从一种状态过渡到另一种状态——只有这样它才能同时处于两种状态——当它发生这种过渡时,这种过渡是在瞬间完成的,不占有时间,而在那瞬间,它并非既运动又静止。

157 　　这种情况对于其他过渡也适用。当一从存在状态过渡到停止存在,或从不存在过渡到开始存在时,一处在某种运动和静止之间,因此它既非存在,亦非不存在,它既非开始存在,亦非停止存在。按照同样的推理,当它从一过渡到多,或从多过渡到一的时候,它既不是一又不是多,它既不是分离的又不是结合的。同样,当它从相似过渡到不相似,或从不相似过渡到相似的时候,它既不

B 相似,又非不相似,它既不变得相似,亦非变得不相似。当它从小过渡到大或相等,或发生反方向的过渡时,它既不是小,又不是大,也不是相等,它也没有增大、减少或等量化。

　　那么如果一存在,所有这些变化都有可能对一发生。

　　下面我们要考虑,如果一存在,那么对其他事物来说有哪些性质是真的。我们要问,如果一存在,一以外的其他事物必定有什么性质?

因为它们是一以外的其他事物，所以它们不是一；如果它们是 C
一，它们就不会是异于一的事物。然而这些其他事物并非完全缺
乏一，而是以某种方式分有一。因为一以外的其他事物是拥有部
分的他者；如果它们没有部分，它们就绝对是一。我们说过，所谓
部分是某个整体的部分，一个整体必定是由多组成的一，而这些部
分就是这个整体的部分。

由于这个原因，每个部分必定不是多的部分，而是一个整体的
部分。如果一事物是一个多的部分，而其自身被包括在其中，那么 D
它就会是它自身的一个部分——这是荒谬的——也是其他某个事
物的部分，因为它被假定为所有其他事物的部分。如果一不是其
他事物中的某一个事物的部分，那么它就是除那个事物之外的其
他事物的部分，如果我们以这种方式开始，那么可以证明它也不是
我们所取的后续每一事物的部分，这样一来，由于它不是每一个事
物的部分，它就不是多个事物中任何一个事物的部分。但若一事
物不是多个事物之一的一个部分，或者随你高兴把它说成是什么，
那么它不会是所有这些事物的一个部分，因为其中没有一个事物
以它为部分。因此，所谓部分不是多个事物的部分，或所有事物的
部分，而是一个"全"或"一"的部分，我们称之为一个整体，它是一 E
个由一切构成的完整的"一"。因此，如果其他事物拥有部分，它们
必定也拥有整体和一。

因此，一以外的事物必定是一个完整的、拥有部分的一。

进一步说，同样的推理对每个部分也适用。每个部分必定拥
有一，这样说也是对的。因此，如果它们中的每一个都是一个部 158
分，"每一个"的意思是"一个"事物，如果我们称之为"每一个"，那
么它们有别于其他事物，拥有它独立的存在。既然它拥有一，那么
它显然是一以外的事物，否则它就不会拥有一，而就是一本身，但
除了一本身以外没有别的事物可以是一。但若整体和部分都必须

"拥有"一,因为整体是"一个"整体,而所谓部分之所以是部分,乃是因为这个整体的每一个部分都是这个整体的"一个"部分。

B　　　分有(拥有)一的事物与被事物分有(拥有)的一不同。与一不同的事物当然是多,因为一以外的事物如果既不是一又不比一多,那么它们必定什么都不是。

再说,由于事物"拥有"部分的一和拥有一以外的整体的一,那么可以推论,那些开始"获得"一的事物必定没有多的限制,就好像它们自身一样。让我们以这种方式来看问题。当它们获得一的时候,它们显然还不是一,因为它们还没有拥有一。所以它们是不包含一的多。现在让我们在思想上从这样的多中挑选我们可以察觉的最小部分,如果这个部分不拥有一,那么这个部分也必定不是一而是多。如果我们继续以这种方式考虑,仅从它自身看,仅从相以外的性质看,那么它的任何部分都是无限的多。

进一步说,当每个部分变成一个部分时,它们相互之间或相对于整体来说就有了一个限制,并因此有了整体与部分的关系。这样,一以外的后续事物好像来自一与它们自身的结合,似乎是新东西,这就在它们之间赋予了一个限制,而它们自己的本性则赋予它们自身以无限。

因此,一以外的其他事物既作为整体又作为部分的部分,既是无限的又是有限的。

E　　　再说,它们相互之间以及与它们自身既是相似的又是不相似的。

就它们自己的本性来说,它们全都是无限的,拥有这种性质,但它们又全都拥有限制。但就其拥有有限和无限这两种性质来说,它们拥有相互对立的性质,而对立的性质是最不可能有的性质。因此,就这两种性质之一来说,它们与自身相似并相互之间相似,但就两种性质合在一起来说,它们是极为对立的,与其自身不

C

D

159

相似,相互之间也不相似。

这样,其他事物既与它们自身相似和不相似,又相互之间相似和不相似。

还有,由于我们发现它们具有这种性质,那么进一步揭示一以外的其他事物相互之间的相同和相异、运动和静止、拥有所有对立的性质,也就不难了。　　B

那么,假定我们把那些进一步的推论都当作显而易见的放过去,让我们再来考虑:如果一存在,一以外的其他事物不拥有上述这些性质,这样说是否也是正确的。让我们从头开始问:如果一存在,那么一以外的其他事物必定具有哪些性质?

一必定与其他事物分离,其他事物来自一。因为除了一和其他事物之外,无法进一步区分别的事物;当我们提到一和其他事物时,我们就已经提到了一切事物。所以在它们之外没有别的事物,　　C
一和其他事物同样都是存在的。因此它们决不会是同一事物,因此它们必定分离。

我们也不能承认真正的一拥有部分。因此,如果一与其他事物分离并且没有部分,那么一不能处在作为一个整体的其他事物中,也不能处在这个整体的部分中。

因此,一以外的其他事物不拥有作为部分的一或作为整体的一,不能以任何方式拥有一。那么,其他事物不是任何意义上的　　D
一,在它们中间找不到“一事物”。

由此可见,其他事物也不是多。因为它们若是多,它们各自就会是整体的“一”部分,而事实上,由于不能拥有任何意义上的一,它们既不是一也不是多,既不是整体也不是部分。

因此,其他事物也不是二或三,它们中间也不会有两个事物或三个事物,因为它们完全缺乏一。

由此可见,其他事物不和一相似,也不和一不相似;因为它们　　E

中间不存在相似和不相似。如果它们相似或不相似,或者拥有相似和不相似,那么它们相互之间就拥有两个相互对立的性质。但是我们已经看到,要一个连一都不拥有的事物拥有两个事物是不160 可能的。因此其他事物既不会相似,也不会不相似,因为它们若是相似或不相似,它们就会拥有这两个性质中的"一"个;而要拥有"两个"对立的性质,我们已经看到,这是不可能的。

同理,它们也不会相同、相异、运动、静止、开始存在、停止存在、大于、小于、等于,更不会拥有其他任何诸如此类的性质。如果B 其他事物接受这样的性质,它们也要接受一、二、三、奇、偶,而我们已经看到,由于它们完全缺乏一,它们不能拥有这些性质。

这样,如果一存在,那么相对于它自身或其他事物来说,一既是一切事物,又不是其他任何事物。

接下来,我们要考虑从一不存在这个前提能推出什么结论。

那么"假如一(一事物)不存在"这个假设的意思是什么呢?它C 与"假如非一(非事物)不存在"的意思不同,不仅意思不同,而且直接对立。

现在假定有人说,"假如大不存在"、"假如小不存在",或其他诸如此类的话。显然在每一事例中,不存在的东西是不同的事物。所以在当前事例中,如果有人说,"假如一(一事物)不存在",那么他说不存在的事物显然是与其他事物不同的事物,我们知道他在说的是什么。所以说,他正在讲的"一"(一事物)首先指某个可知的事物,其次指某个与其他事物不同的事物,无论他将之归于存在D 还是非存在;即使他说它是非存在,我们也可以知道什么不存在,知道它有别于其他事物。

那么让我们重新开始,"假定一(一事物)不存在",我们要考虑从中可以做出哪些推论。

首先,似乎有关于这个一的知识,这样说必定是对的;否则的话,"一不存在"这个假设的意思就是不可知的。

还有,其他事物与这个一不同,这样说必定也是对的;否则的话就不能把这个一当作与其他事物不同的事物来谈论。所以,除了可知以外,它必定在性质上不同,因为当你把某事物当作与其他事物不同的事物加以谈论,你讲的是它在性质上的不同,而不是讲其他事物的不同性质。

E

进一步说,这个不存在的一具有"那个事物"、"某事物"、"与这个事物相关的"、"与这些事物相关的"的性质,以及诸如此类的性质。如果它不是"某事物",不具有上述这些性质,那么我们就不能谈论"这个一"、与一不同的事物、任何属于一的事情或作为一的事情,我们也不能把它当作"某事物"来谈论。这样,尽管一不拥有存在,但正因为它不存在,所以不会有任何事物反对它拥有许多性质;如果它是"这个"一,那么不存在的确实是它,而不是其他事物。如果不存在的既不是"这个一",又不是"这个",而是别的事物,那么我们一定不要如此多嘴,而要保证我们假定的不存在是"这个一",而不是别的事物,但作为"这一个",它必定也拥有许多其他的性质。

161

由此可见,涉及其他事物,这个一拥有不相似。因为其他事物作为与这个一相异的事物,实际上拥有不同的性质——亦即拥有其他性质——这就是不相似。如果它们与这个一不相似,那么不相似必定是不相似于不相似的事物。因此,这个一也拥有不相似,这是就其他事物与这个一不相似而言。

B

还有,如果这个一与其他事物不相似,那么它必定与其自身相似。因为,如果这个一与这个一不相似,我们所说的就不会是这个一的性质了,我们的假设就不是关于一的,而是关于一以外的某个事物的。而这是不可接受的。

因此,这个一必定与其自身相似。

C

进一步说，这个一不与其他事物相等。如果它相等，马上就蕴涵着它存在的意思，马上就表明在相等这种关系上它与它们"是"相似的。但若一不存在，这两种含义是不可能的。由于这个一不与其他事物相等，其他事物必定也不与这个一相等。不相等的事物是不等，不等的事物是对于一个不等的事物的不等。所以相对于和这个一不等的其他事物来说，这个一拥有不等。

另一方面，不等包含着大和小，这两种性质必定也属于我们描述的这样的一。大和小总是相互分开的。所以总有某些事物处于它们之间，这些事物只能是相等。同理，任何拥有大和小的事物必定有相等处于大与小之间。

所以看起来，不存在的一拥有相等、大、小。

进一步说，它甚至必定在某种意义上拥有存在。因为它必须处于我们所描述的这种状态下；否则我们就不会谈论这个不存在的一的真相了。如果我们在谈论真相，那么我们正在谈论的事物显然必定存在。因此，由于我们声称正在谈论真相，我们也必须断言我们正在谈论的事物是存在的。所以看起来，这个一"是"非存在。如果它"不是"非存在，如果它以某种方式偏离存在，以至于不再是存在，那么马上就可以推论出它"是"存在。同理，如果它是不存在的，那么它必定要用"是"不存在的事实来保证它的非存在，正如存在必定要拥有它"不是"非存在的事实，以便有可能完全存在。确保这种存在将存在，这种非存在将不存在的惟一方式是这样的：如果这个存在要拥有完全的存在，它必须拥有蕴涵在"是存在"中的"存在"和蕴涵在"不是非存在"中的"非存在"；如果这个非存在要拥有完全的非存在，它必须拥有蕴涵在"不是存在"中的"不存在"和蕴涵在"是非存在"中的"存在"。这样一来，由于这个存在拥有非存在，这个非存在拥有存在，那么这个一的情况也同样，由于这个一不存在，所以它为了能是非存在而必须拥有存在。

如此看来，如果这个一"是"非存在，那么这个一拥有存在，同样又由于这个一"不是"存在，所以它拥有非存在。

处于某种状态下的一个事物只有摆脱这种状态才能不处在这种状态下。所以任何存在或不存在的事物，在如此这般的状态下就蕴涵着转变，而转变就是运动。现在我们已经看到，这个一是存在也是非存在，据此，它既处在某种状态下，又不处在某种状态下。因此，这个作为非存在的一已经表明是一个运动着的事物，因为它承认从存在转变为不存在。 C

另一方面，如果这个一不在这个存在的世界中的任何地方——如果它不存在，那么它不在——它就不能从一处移动到另一处。因此它不能通过移动位置来运动。它也不能在原处旋转，因为它与相同的东西没有接触点，因为相同的东西是存在的，而非存在不能处在存在的事物中。因此这个一如果是非存在，它就不能在它不在的事物中旋转。 D

这个一也不能在存在或不存在的时候更改它自身的性质；如果它这样做了，我们谈的就不再是这个一，而是这个一以外的其他事物了。

那么，如果它不更改性质，既不在同一处旋转，又不从一处移向另一处，那么它就不会有其他运动。而无运动必定是静止，如果是静止，那就是稳定不变。 E

所以看起来，这个不存在的一既静止又运动。

进一步说，如果它运动，它必定变得不相似，因为一个事物无论发生哪方面的运动，都会使之不再处于原先状态，而进入另一不同的状态。所以，作为运动，这个一确实变得不相似。但只要它不发生任何方面的运动，它就不会以任何方式变得不相似。因此，这个非存在的一，就其运动来说，变得不相似，而在它没有发生运动的那些方面，它不变得不相似。 163

因此,这个非存在的一既变得相似,又不变得相似。

一个变得不相似的事物必定"开始"与它过去不同,必定"停
B 止"处于它先前的状态,而不变得不相似的事物是不会开始或停止
的。所以这个非存在的一,作为变得不相似,会开始和停止,而作
为不变得不相似,既不会开始也不会停止。

这样,这个非存在的一既开始和停止,又不开始和不停止。

那么,让我们再一次返回起点,看我们是否能得出与此不同的
C 结论。我们的问题是:假如一不存在,从中可以做出哪些关于它的
推论?

"不存在"这些词的意思只表示我们所说的任何不存在的事物
缺乏存在。尽管这个事物在一种意义上是存在的,但我们的意思
并不是这个事物在另一种意义上不存在。这些词并不在任何意义
上或以任何方式表示对这个不存在的事物的限定,而只表示该事
物不拥有任何方式的存在。所以,不存在的事物不能存在或拥有
任何意义、任何方式的存在。

D 还有,我们说过,"开始存在"和"停止存在"的意思无非就是获
得存在或失去存在。但与存在没有任何关系的事物不能获得存在
和失去存在。所以这个一,由于它不是任何意义上的存在,所以它
必定不拥有存在,也不会以任何方式获得或失去存在。因此,这个
不存在的一不拥有任何意义的存在,也不会停止存在或开始存
在。

E 因此,它既不会以任何方式改变性质,因为如果发生这样的改
变,它就会开始或停止存在。

因此,如果它不会在性质上发生改变,那么它也不会运动。另
一方面,我们不能把不处于任何地方的事物当作静止的存在来谈
论,因为静止的事物必定总是处在某个相同事物(某地或某种状
态)之中。这样一来,不存在的事物必定不能被说成始终运动或始

终静止。

进一步说，没有任何东西可以属于它；拥有一种存在的性质也就意味着拥有存在。因此，它没有大、小、相等。它也不能对它自身或其他事物具有相同或相异的性质。

如果没有任何事物可以与它相关，那么其他事物不能是它的任何东西。它们既不能与它相似，也不能与它不相似，既不能与它相同，也不能与它不同。

还有，我们不能把任何存在的东西归于"不存在"；我们也不能说它是"某物"或"此物"，或者说不存在的"这"或"那"，或不存在"与其他事物"如何，或者说不存在处于任何时间中，过去、现在或将来，或者说有"它的"任何事物——任何关于它的知识、意见或感觉——或者说它拥有任何事物，甚至拥有名字，乃至于把它当作讨论的主题。

这样的不存在的一不能拥有任何性质。

那么让我们继续考虑另一个问题：如果一不存在，其他事物必定会有什么性质？

如果一不存在，我们就不能谈论"其他事物"，这样说对作为其他事物的这些事物来说必定正确。如果我们正在讨论这些其他事物，作为其他事物的这些事物必定是不同的；"其他"和"不同"是同一事物的两个名字。再说，我们把一事物当作不同的或其他的来谈论，它一定不同于某个事物或是某个事物之外的其他事物。所以其他事物必定拥有某些"其他"事物。这个事物能是什么呢？它不是一，因为一不存在。所以，它们必定相互之间不同；如果它们不是和无不同，那么留下的只有这种可能性。

因此，它们必定相互之间不同，就像多与多不同；它们不能作为一个事物与另一个事物不同，因为一（一事物）不存在。倒不如说，看起来它们中的每一簇都是无限的多；即使你拿来的好像是最小的一簇,但都好像在梦中发生的事一样,你当作一拿来的东西都是多,看起来最小的东西与它的微小改变相比都是巨大的。因此,如果它们是没有任何一存在的其他事物,那么作为该类事物的簇类的其他事物相互之间不同。

E　　会有许多这样的簇类,各自显得像是一,但若一不存在,那么它们并非真正如此。所以它们似乎有数目,因为它们各自显得好像是一,而实际上它们是多。它们中有些好像是偶数,有些好像是奇数,但如果一不存在,那么这种现象是虚假的。

165　　进一步说,我们讲过它们中间好像有最小的,但这个最小的作为"多"呈现,与这种多的每一个相比是大。还有,每一簇都可以被想象为与众多的小相等,因为它不能超越中间阶段而直接从大到小,而在大与小之间的中间是一个起平衡作用的相等。

　　还有,每一簇都会显得好像与另一相关联的簇有一界限。至B　于它自身,它既没有开端和终端,又没有中间,因为无论你如何把你的思想固定在它们的任何部分,视之为开端、中间或终端,总会在这个开端之前出现另一个开端,在这个终端之后出现另一个终端,在这个中间里又有更多的中间,更小的中间,因为你不能把它们中的任何一个理解为"一",因为一不存在。所以任何存在的事物,只要你对之思考,加以再次划分,必定是在浪费时间;我们可以取来作为思考对象的任何事物总是没有一的混沌。在昏暗中遥远C　地看去,这样的东西好像是一,但走近以后用敏锐的眼光一看,这样的事物每一个都必定像是没有界线的多,这都是由于缺乏那个不存在的一。

　　这样一来,如果一不存在,只有一以外的其他事物,那么这些事物中的每一个都必定显得既是无限的多又是有限的多,既是一又是多。

　　还有,它们会显得既相似又不相似。就好像一幅风景画,对于远立的人来说,画上的所有东西都像是一件事物,都具有同样的性质,因此都是相似的,但若你接近它,它们就显得多样和不同,这种差异的平衡使它们看起来在性质上不同,相互之间不相似。这样一来,这些混沌般的东西,就它们自身和相互之间来说,显得既相似又不相似。

还有,它们必定显得相互之间既相同又不同,既接触又分离,既有各种运动又有各方面的静止,既开始存在又停止存在,或既不开始存在又不停止存在,其他所有诸如此类的性质也很容易列举。从上可知,如果多存在,那么一不存在。

现在让我们最后一次返回起点,问题是:如果一不存在,而只有一以外的其他事物,从中可以做出什么推论?

其他事物不是一,但它们也不是多。因为它们若是多,它们中必定有一,因为要是它们中没有任何事物是一个事物,那么它们就全都是非存在,因此它们也就不是多了。但若它们中没有一,那么其他事物既不是一又不是多。

它们也不呈现为一或多。因为其他事物不能在任何意义上或以任何方式与一个非存在的东西发生任何联系,它们中的任何事物也不能呈现出非存在的任何成分,因为非存在没有成分。因此在其他事物中找不到非存在的事物的任何现象或意见,也不能将任何关于非存在的事物的观念运用于其他事物。所以,要是一不存在,其他事物中的任何事物都不能被想象为一,也不能将之想象为多,因为你不能没有一而想象多。

因此,如果一不存在,那么其他事物也不存在,更不能想象一或多存在。

还有,如果一不存在,那么其他事物也不能存在或显得相似或不相似、相同或不同、接触或分离,以及所有那些我们刚才说过的它们好像拥有的性质。

　　小结一下，从上我们可以认为，如果一不存在，那么就根本没有任何事物存在。

　　此外，我们还可以添上这个结论：看起来，无论一存在或不存在，其他事物存在或不存在，它们都以所有事物的方式和样式，对它们自身或在它们之间，显得既存在又不存在。

　　苏格拉底说，非常正确。